Global Network
GN21
グローバルネットワーク21
人類再生シリーズ
5

ブラック・アテナ

古代ギリシア文明のアフロ・アジア的ルーツ

I. 古代ギリシアの捏造 1785-1985

マーティン・バナール
片岡幸彦❖監訳

新評論

グローバルネットワーク21

人類再生シリーズ

「発刊のことば」

今日世界はあらゆる分野でグローバル化が進行し、かつてない急激な変動に直面しています。地域紛争、資源食糧問題、環境破壊、文化的想像力の喪失など次々に襲う深刻な問題群に対して、近代科学技術を総動員してもなお有効に対処することができないでいます。

アメリカ一極支配の幻想の下で喧伝された「自由と民主主義」の希望も実体を失い、先進国主導で進めてきた「自由主義市場経済」なるものの普遍性も、地球的規模で呆気なく崩壊の危機を迎えようとしています。またアジアへの期待は日本、韓国、タイから中国大陸へ移ろうとし、アメリカの世紀の終幕はユーロへの期待にすり替えられようとしていますが、弱肉強食とカジノ資本主義経済のグローバリズムに明るい展望がないことはもはや火を見るより明らかです。

私たちGN21は、このような終末的現実と闘っている南側の大多数の人々や少数ですが次第に数を増しつつある北側の人々と連帯し、特に問題意識を同じくする世界各地の個人・団体と率直に意見や情報を交換することによって、破滅的な第三次世界戦争や世界総テロ化の防止に向け、また地球村に未来をもたらすオルタナティブ・システム&プラクティスの創造のために、世界に発信したいと考え、本シリーズを刊行することにしました。

1999年4月

GN21

日本の読者のみなさまへ

片岡教授をはじめとするグローバル・ネットワーク21（GN21）のみなさま方が、『ブラック・アテナ』第Ⅰ巻の日本語への翻訳という難事業に取り組んでいただいたことは、私にとってうれしいというだけでなく、たいへん意義深いことでもあると感じています。『ブラック・アテナ』シリーズが読書界に一石を投じたことによって、大きな論争が巻き起こりました。その出発点となった本書が、日本の読者のお手元に届き、今後さらにこの論争に関する書籍をお読みいただくことになれば、著者にとってこれ以上の喜びはありません。

本書は、もともとヨーロッパの読者を念頭に置いて執筆されたものですが、アカデミックな意図としては、ギリシア史に関する根も葉もない話――それが、ひいてはヨーロッパ中心主義にもとづく自立的発展論へとつながっていくのですが――を排除するねらいをもつものでした。このことは、必然的にヨーロッパや北アメリカの文化的傲慢さをそぎ落とすことへと向かうものでした。今日、アメリカ合衆国の政治的ヘゲモニーはグローバル化しており、また「西欧文明」のヘゲモニーもこれに歩調をあわせて進展しています。こうした今日の状況を考えると、歴史の歪みを正すことは、他の文明一般にとっても、また日本の文明にとっても、ますます緊急、重要な課題となっていると言うことができるでしょう。

マーティン・バナール

二〇〇七年四月

ものごとのつながりの霊妙さを教えてくれた父、
ジョン・デスモント・バナールの想い出に。

目次

本書刊行にあたって
――国際社会に衝撃を与えた新しいパラダイム提起

■片岡幸彦

歴史記述の置かれた立場と著者バナールの立場

本書は著者マーティン・バナールが全四巻計画（第Ⅳ巻未刊）で刊行中の大冊『ブラック・アテナ　古代ギリシア文明のアフロ・アジア的ルーツ』（*Black Athena*― *The Afroasiatic Roots of Classical Civilization*）の第Ⅰ巻『古代ギリシアの捏造　一七八五―一九八五』（Volume I: *The Fabrication of Ancient Greece 1785-1985*）の邦訳である。第Ⅱ・Ⅲ巻は、本書第Ⅰ巻の著者の主張にかかわる古代史の考古学的・言語学的証明である（文献データは後掲）。本書第Ⅰ巻は、日本語訳を含めると七カ国語に翻訳され（ドイツ、イタリア、スペイン、フランス、スウェーデン、アラビアの各言語）、なお中国語、ギリシア語、アルバニア語など数カ国語への翻訳が予定されており、後述の「ブラック・アテナ論争」を世界じゅうの論壇に巻き起こした。著者は本書で、それまでヨーロッパの通念とされていた「古代モデル」が、「ギリシア文明は白人アーリア人によって発明された」とする「アーリア・モデル」によって取って代わられた事実を、後述するようにヨーロッパ中心主義のイデオロギーによる捏造であると主張して、見事に覆したのである。

実は、バナールの本書刊行に先立つことおよそ三〇年前、二〇世紀の後半に活躍した西アフリカ・セネガルの歴史家シェック・アンタ・ディォプ（一九二三～八六）は、『黒人国家と文化』（一九五四）などの著書や、講演・インタビューなどを通して、「古代エジプト人は黒人であったこと」、また「古代ギリシアへのエジプトの貢献」などを熱く語っていた。しかし、ブラック・アフリカからの発言は一部の論壇を除けば、ほとんど無視されてきたと言える。その意味で本書が中近東アフリカ諸国はもとより、とくに欧米社会で取り上げられたこと、そして何より本書がアメリカ東部の著名な大学のイギリス人学者によって心血を注いで書かれたこと、つまり、欧米社会のまさに内側からあらためてブラック・アフリカと西アジアによる古代ギリシアへの貢献が立証され、新しい歴史的パラダイムが提起された意義はきわめて大きい。言うならば、歴史的パラダイムを問う重要な発言が、奇しくもブラック・アフリカと欧米の二つの文明地域から東地中海のアジアを舞台に響き合い、結び合ったのである。

「歴史はつねに書き換えられる運命にある」とは多くの先人によって指摘されてきたことではあるが、本書が現代の世界史観に与えたインパクトは想像を超えるものであった。事実、欧米の論壇は本書の主張に激しく反応し、いわゆる「ブラック・アテナ論争」が世界の論壇を駆けるめぐることとなった。しかもこの「古代史論争」は今なお決着がついていない。

それにしても、歴史とはいったい何ものであろうか？　またその記述に根拠を与える歴史的事実（史実）とは何か？　そもそも、史実の接合によって歴史が書かれるとしても、史実の取捨選択、それを構成する歴史家の視点、想像力、方法論なしには、歴史は書かれ得ないであろう。とすれば、このようにして語られ書かれる歴史は、その時々の時代・社会の思潮や学説・言説から影響を受ける歴史家集団の歴史観から自由であることが困難であることは推測に難くない。そしてどうやら、このような「新しい歴史」への衝動が歴史家や思想家の創造力を刺激するのは、一つは、新たなる「文明」が立ち上がり、既成の文明を押しのけて自己主張し始める時代に、今一つはその新たなる「文明」そのものが成熟し、やがて腐食の兆候が顕在化して、それに代わる新しい代替文明が求められる時代と符合するように思われる。そこに本書刊行の背景があり、また著者バナールの本書におけるねらいがある。ここでは三〇〇〇年をはるかに超えるオリエントと欧米の歴史が、また数千年さかのぼるアジア・アフリカの歴史が根底から問い直されている。

私たちが明治以降これまでに欧米から学んだ世界史の常識では、古代ギリシア文明の歴史は、北方からやって来た白人アーリア人が今日のギリシア世界に進出して、そこに人類の英知が集まったとするギリシア文明を彼らが創造したというものであった。そして以来、ルネサンスを経て今日まで、これを基礎とする欧米文化文明がその普遍性ゆえに世界を支配するに至った、というのが私たちの大方の歴史認識であったと言ってよい。また、日本の歴史教科書『世界史Ｂ』に見られるように、今なお多くの国・地域でこのような歴史観がいわば体制的に制度化されたままなのである。二〇〇八年度に改訂が予定される日本の教科書においてどのような記述の補正があるのか興味をもって見守りたい。

これに対して本書の著者バナールは、古代文明の真相は、アジア・アフリカ人が数千年かけて積みあげてきたエジプト・レヴァント（東地中海）文明をギリシア人たち（果たして白人か黒人か）が受け継ぎながら、新たな混成的文化文明世界を切り開いたとする、新たな「修正古代モデル」を提示することによって、これまで通念となっていた「アーリア・モデル」を古代文明史の誤った記述であると主張した。とくに著者バナールは本書第Ⅰ巻において、一八世紀末から二〇世紀末に至るおよそ二〇〇年間をかけて、欧米の支配的論壇がヨーロッパ白人中心主義の根幹となるこの「アーリア・モデル」を入念に捏造してきた事実、経過、根拠を、四五〇ページにわたって仔細に展開した。そして、とくにここで私たちが注目しなければならない問題は、本来人類共通の認識とすべき歴史的事実が、欧米文化中心主義という自己完結的なイデオロギーの捏造と普及のために、以来、他の世界の文化文明が後景に追いやられて、単一の誤った文明観・歴史観が広く世界に跋扈してきたという、近代世界史上の偽れぬ現実である。こうして私たちは、文明は白人のものであって、黒人に無縁であるかのような言説によって長いあいだ迷わされてきた。そのことは、著者ならずとも多くの近現代人が大なり小なり自ら経験し、また味わってきた苦い事実かと思う。

本書が国際社会に与えたインパクトと、バナール自身が語る本書執筆の動機

一九八九年末冷戦が終結し、一九九〇年旧ユーゴスラビアで長い悲劇が始まり、一九九一年いわゆる湾岸戦争が起こる。ご承知のように、こうして世界中で民族紛争や人種・宗教対立が激しくなり、人々はこれまでとは異なった新たな不安をもち始め、欧米主流の現代文明に対して疑念をいだくようになっていく。日本でも一九九〇年代も半ばになると、ジャーナリズムだけでなく、学者たちの論壇も、この新たな問題群に敏感になっていった。その頃「不寛容

の時代」に直面するアメリカを取り上げた日本のある新聞の紙面で、ニューヨーク市立大学のレナード・ジェフリーズの論評の一部が次のように紹介された。

「人類はアフリカに誕生し、ナイル流域の黒人が最初の文明を生み出した。アフリカの文明は西アフリカを経てギリシアに伝わった。つまりギリシア文明はアフリカ人が生んだものだ。最近『ブラック・アテナ』という学術書も書かれた。欧州はその頃氷に覆われ、白人は洞窟で獣のような生活をしていた」。「人類の文明は太陽光線の下ではぐくまれた。したがって、赤外線から身を守り、肌を有色にするメラニン色素があるかどうかが分かれ道になった。陽光で育ったアフリカ人は『太陽の人種』であり、メラニン色素のおかげで、知的体力的に優れ、温かい人間的な資質を備える」「洞窟で暮らした肌の白い人々は『氷の人種』である。冷たく、利己的、実利的で攻撃性に富み、この世界に三つのD、すなわち支配、破壊、死をもたらした」。（「アメリカの分裂　4」朝日新聞、一九九五年九月一一日）

当時、この衝撃的言説が読者たちの胸をゆさぶったはずである。そして本書『ブラック・アテナ』は、欧米のジャーナリズムや学界において、冷戦崩壊の時期とも重なり、広く話題を集めるようになった（*Newsweek*, September 23, 1991. *Current Anthropology*, Vol. 33, 1, No. 1, February, 1992）。日本でも板垣雄三氏が『世界史の構想』（一九九三年一〇月、朝日新聞社）や『続アジアをめぐる知の冒険』（斉藤次郎・石井米雄編、一九九七年八月、読売新聞社）などにおいていち早く本書に言及した。これをきっかけに古代史の専門家のあいだでもやや後になってではあるが、世界史の記述の問題として取り上げられるようになっていく。欧米を中心に中近東・アフリカの学界や論壇では激しい反響が巻き起こり、たとえば、欧米の学者一九人が名を連ねる『ブラック・アテナ再考』（一九九六、後掲）がこの議論に火をつけ、未だに決着を見ない「ブラック・アテナ論争」へと発展していくことになったのである。これらの議論の詳しい推移と論点は本書に付した幸泉による「解説」（五四二頁）を参照していただくとして、ここではまず、その直前にあたる一九九五年、当時筆者が購読していたエジプトの英字週刊誌『アル・アハラーム *Al-Ahram*』一二月二一〜二七日号に掲載された、著者マーティン・バナールに対するフランス国立科学研究センター教授アンワル・アブデル・マレクの長いインタビュー記事の一部を紹介しておきたい。このインタビューのなかで著者は、『ブラック・アテナ』の執筆の動機と刊行の目的について次のように簡潔にのべている。

「本書は学問上と政治上の二つの目的をもって書かれています。まずお尋ねの政治的な目的について言えば、横柄な欧米文化中心主義の弊害を軽減することでした。良いことはすべてヨーロッパからやって来たのだという考えを問い直し、異議申し立てをすることでしたが、ヨーロッパ人の正当な誇りを攻撃するのが目的ではもとよりありません。またギリシアに焦点を当てたのは、ヨーロッパ文化の良きことすべてがギリシアを起源としているように見られているからです。たとえば、民主主義、美術、哲学、数学、科学などです。そこで私は、ギリシアを東地中海圏の一部と見、その地域ではむしろエジプトとレバノンが一義的な役割を果たしていたのではないかと思いました。

だからと言って、良きことすべてがエジプトやシリア・パレスチナから生まれたと言いたいのではなくて、きわめて強力な雑種文化からそれらは生まれたのだと言いたいのです。

次に学問的な目的ですが、私は二つの意図をもって書きました。一つは歴史地理学的目論見です。古代ギリシアの起源は歴史家によってどのように認識されたか、つまりヘレニズム、ローマ、初期キリスト教、初期イスラム、中世の各時代において、ギリシア文化がどのように見られてきたかを通して、歴史家たちがそれぞれの文化の起源をどのように見たかを検証することでした。それが一九八七年に上梓した第Ⅰ巻の内容です。また同時に第Ⅰ巻の序章で、もう一つの意図、つまりギリシア文化がかつて形成された時代にいったい何が起きたのか、その本質にできるかぎり迫りたいという目論見について、その要点をのべています」。

さらにその後で、バナールは自分の著書の評価をめぐる議論を、次のように紹介している。

「さて本書の反響ですが、その歴史地理学的意図については大方の評価を得ています。その部分はいくらか論争を仕掛けたものになっているわけですが、一九世紀から二〇世紀に至る二〇〇年間に形成された解釈イデオロギー、つまりギリシアを北ヨーロッパの地中海地域への神秘的な投影としてとらえることで、イメージアップして来たという指摘などは、多くの評者に受け入れられました。しかし、後者の歴史的な学説の見直しについては、かなりの批判をいただきました。本書の歴史地理学的な議論は認めるが、古代史に関わる議論は疑わしいというのが、大方の反響です。また、ギリシア語の語彙の四〇％は古代エジプトもしくはセム語の起源をもつという、私の言語学上の今も変わらぬ主張は、狂気の沙汰という受け止め方だったと思います。大筋は評価を受けたが、古代史に関わる議論は半信半疑、言語学的な部分はとうてい認められないという結果になります。いずれもすばらしい多くの自由なご批判をいろいろな形でいただきました」。

著者自身の謙虚で冷静な分析と言えよう。しかし『ブラック・アテナ』をめぐる本格的な論争は、むしろここから始まり、今に至っていると言ってよいであろう。その詳細は上述したように本書の「解説」に譲りたい。ここでは当時から今日に至る私たちの思想的立場、というより私たちが遭遇している思想的隘路について若干触れておきたい。

バナールの新しい「歴史的パラダイム提起」と日本における本書刊行の意義

前述したように、私たちは一九九〇年、雑誌『グリオ』を平凡社から発刊し始めていた。加藤周一、板垣雄三両氏をはじめとする私たち編集者は、欧米文明社会が支配する当時の世界を、ワシントン、ロンドン、パリ、ベルリン、東京など欧米先進国社会や論壇から見るだけではなく、それ以外の地域からも生の情報・思想・文化を集め、そこから現代世界の実像を見直してみようと試みていた。第一〇巻をもって一九九六年に終刊するまで、私たちは驚くような新鮮な知識や文化・価値観に触れることになったが、その溢れるような豊かな情報の波間の中に、現代世界が直面している「破滅のシナリオ」に代わる幾筋もの「希望のシナリオ」を読み取ることができるように感じた読者も少なくなかったと思う。雑誌『グリオ』を終刊してのちも、九七年には学際的NGO「グローバルネットワーク21」（GN21）を立ち上げ、セミナーや〈人類再生シリーズ〉（本書奥付裏参照）などの発刊を通して欧米近代を問い直し、希望のシナリオに通じる道筋を提示する試みに私たちは取り組んできた。しかし残念ながら今なお決定的なオルタナティブを発見し、提示するには至っていない。

では次に、その中で今回本書を〈人類再生シリーズ〉の一冊として日本で刊行する意義は何処にあるのか。それについて私たちが本書を翻訳する過程で考え、議論してきた中から、いくつかの点をのべておきたいと思う。第一に、現代世界を席巻する欧米近代文明のルーツを、シェック・アンタ・ディォプのブラック・アフリカからの視点だけでなく、あらためて欧米近代社会の内側からも明確に見直すことができたこと。第二には、冒頭でのべたように、人間の文明の歴史は、勃興と衰退を繰り返すたびに、その時代社会の支配的イデオロギーによって、つねに書き改められるだけでなく、捏造される可能性があるということ。第三に、一定の時代社会によって限定される個別の文化文明が、軍事、政治、経済、文化などの力をいわば総動員し、その影響力を行使して、他の文化文明世界に対してつねに自己の普遍性を主張し、支配してきたということ。第四に、したがって私たちが問題にしている現代の欧米文化文明について言えば、その先進社会に生きる人々はもとより、その支配を受ける他の文化文明社会に生きる人々も、普遍性を装った欧米の支配的価値観に翻弄されて生きることを強いられてきたということ。第五に、欧米の文化文明が、その支配の過程で、修正を繰り返し、あるいは他の文化文明圏の台頭によって変容を余儀なくされることがあったとしても、その本質が変わらない以上、内部矛盾がその限界に達して内部崩壊に至ることは歴史の必然であること。第六に、では、それに代わる新たな混成的文化文明を、かつて文化文明がアジア・アフリカからギリシア・ローマに引き継がれたように、いかにすれば戦争や力による支配ではなく、異文化異文明の理解や他者との共生を通して、平和的に融合的に誕生させることができるのかということ。そして最後に、欧米が主導するグローバリゼーションが今日世界の隅々までその触手を伸ばし、ほぼこの地球を縦断支配しているときに、そのグローバリゼーション本体が瓦解の憂き目を見るなら、それに代わる混成的融合的文化文明を創造する知恵と力は、いったい誰がどこでどのようにして生み出すことができるのかということである。本書が端緒となって沸騰した「ブラック・アテナ論争」ともあいまって、本書は以上のべたような問題認識と鍵が随所にあふれている。

なお本書は、日本の論壇でもすでに三〇年前にエドワード・サイードがその著書『オリエンタリズム』（一九七八、邦訳一九九三、平凡社）において、一八世紀後半以降、西洋《オクシデント》が「東洋《オリエント》を支配し、再構成し、威圧するために」、作家を含めたあらゆる分野の学者を総動員して作り上げた西洋人《ウェスタン》の言説の特徴を分析したことと気脈を通ずるものであることは言うまでもない。しかしバナールの本書の功績は、まさに欧米社会の内側からそのイデオロギー捏造の仕組みを三〇〇〇年をはるかに超える射程をもって具体的かつ徹底的に検証し、解明した点にある。つまり本書は、前述したように、欧米文明の現実と本質を、その拠って来るルーツにさかのぼってとらえ直し、未来を展望するうえでの重要な「パラダイム提起」となっているのである。本書の読者の方々には、専門的な関心の異同とは別に、ぜひその要諦を読み取っていただきたいと思う。

日本近代一五〇年史を問い直す最近の事例

最近の日本の論壇にも、日本近代化一五〇年の各種の歴史的歩みを振り返り、問い直す注目すべき動きがいくつか見られる。民俗学や社会史など学際的な手法を駆使して新しい日本中世史観を提示した網野善彦の仕事もパラダイム提起のおそらく重要な事例の一つであろう。しかしこれについてはすでに日本史学界において賛否両論さまざまに論じられて来ているので、ここでは割愛させていただくとして、それぞれ部分的な指摘ではあるが、最近筆者が目に触れた興味深い事例を、今日の日本社会や論壇における一つの新しい思想的胎動として、いくつか紹介しておきたい。

たとえば、近代日本人が歴史のギャップを越えて長く親しんできた「万葉集歌」については、最近そのイメージャ解釈の見直しが行われている。なかでも、品田悦一氏の著書『万葉集の発明』（二〇〇一、新曜社）では、万葉集が「国民歌集」となったのは、実は万葉時代から遠く時代を下った近代日本が「国民国家」発揚のために、虚実をない交ぜにして「発明した」ものだったという主張となって表れている。

一方、日本の近代文化の発展は、欧米文化を輸入し、これを積極的に摂取することによって形成された側面をもっている。しかしこの分野でも最近になって、たとえば、著名な欧米の美術史家や、その影響を受けた多くの日本人作家・知識人などが古代ギリシアの歴史的事実やその認識とは別に、いわば自分たちの観念や幻想によって「古代ギリシア」をユートピアとして作り上げてしまった事実が指摘されている（周藤芳幸『物語・古代ギリシア人の歴史』二〇〇四、光文社新書）。また、ドイツ古典音楽についてはどうか。筆者のような戦後の貧乏学生の精神を慰撫し励ましてくれたバッハ、モーツァルト、ベートーヴェン、ブラームスなどのドイツ古典音楽は、ラヴェルやドビュッシーなどのフランス音楽以上に、今なお私たちにとって捨てがたい財産のように思える。事実少し前に読んだ著名な評論家二人による対談のなかでも、「モーツァルトからリヒャルト・シュトラウスまで、オペラ、オペレッタならウィーンだ」というドイツ音楽礼賛の言辞がある（丸谷才一・山崎正和『二十世紀を読む』一九九六、中央公論社）。しかし、最近刊行された石井宏著『反音楽史』（二〇〇四、新潮社）によれば、そういう私たちが払拭できないでいる近代音楽観は、他の文物とともに明治以降に日本に輸入されたドイツイデオロギーによって捏造されたということになる。以下若干長いが興味深い指摘なので引用しておきたい。

「一七世紀から一九世紀まで全盛を誇ったイタリア人音楽家とその音楽をこの世から追い払い、最初からなかったような顔をするために、ドイツ音楽史観を作り上げ、その普及に成功し、あたかもこの世にはドイツ音楽しか存在してこなかったような印象を塗り上げた」。そしてその世界観を覆す事件をおこしたのが、ローマで一九五二年に結成されたイ・ムジチ室内合奏団によるヴィヴァルディの「四季」の演奏であり、録音であり、その圧倒的な普及であったと著者は指摘し、次いで「忘れてならないのは大衆の力であった。音楽史と音楽史観は大衆のあずかり知らないところで書かれたにもかかわらず、大衆の上に君臨してきたが、ある日、その史書に書かれていない音楽が突然に現われ、一人歩きを始めたのである。それを支えたのは学者でも評論家でもなく、大衆であった。人々はなんの先入観もなしに、（本に書かれていない）人物の音楽を聴いて、その美しさに驚き、それに飛びついたのである」。こうして、「きのうまで音楽史に書かれていなかった『四季』はベストセラーという形で古典音楽の世界の頂点に立ったのである」。（以上、六九～七〇頁）

ヨーロッパの文化芸術史を冷静に振り返れば、イタリアの都市勃興とともに栄えた地中海文化が近世以降久しくヨーロッパ文化を担ってきたことはすぐに理解できることである。モーツァルト親子がいかにイタリア音楽支配のウィーンで苦労を重ねたかも、今や誰もが知るところとなっている。最近たまたま筆者がハノイで聴いたベトナム国立交響楽団の音楽プログラムが、リムスキー・コルサコフの「シェエラザード」以外すべてイタリアの作曲家による作品プログラムだったことも思い起こされる。筆者自身の苦い思い出も含め、これらは私たちがいかにその時代社会の支配層がつくるイデオロギーや価値観に左右され、その影響の下で自分たちの労働と生活をおくる羽目に陥りやすいかを、雄弁に説明してくれる。

それにしても、少子高齢化と巨大な財政赤字を抱え、近隣諸国の不信を払拭できず、しかも労働、福祉、教育など多くの国民が具体的に抱える深刻な問題を省みないまま、自己の権力基盤や利権に固執して迷走を続ける今日の日本の政治経済状況は、近代日本社会の終末を告げる警鐘でなくして何であろうか。また、世界の圧倒的多数の地球人（＝生活者）の日常環境に目をふさいで、ドル、ユーロ、元（あるいは円）の三極金融支配への移行にのみ世界の政治家、官僚、企業家、ジャーナリスト、学者の注目が集まる、今日の世界の政治経済文化状況を目の前にして、いったい誰がいつ「自由と民主主義」の神話やグローバリゼーションの行方を占う思考回路にたどり着くことができるのであろうか。私たち自身も正直なところ未だ五里霧中と言わなければならない。しかし私たちは〈人類再生シリーズ〉の作業を通して、東へ西へ、南へ北へ、諦めず、挫けず、希望のオルタナティブに向かってたゆまず努力を続けたいと思う。

本著者マーティン・バナールの紹介

最後に、本書の著者、マーティン・バナールの主要な履歴と業績を簡単に紹介しておきたい。

一九三七年ロンドンに生まれる。一九五七年ケンブリッジのキングス・カレッジで大学入学資格を取得。一九六〇年北京大学の中国語学科卒業。一九六三年カリフォルニア大学バークレー校大学院入学。一九六四年ハーバード大学院入学。一九六五年ケンブリッジ大学キングス・カレッジ特別奨学生。一九六六年ケンブリッジ大学より東洋学博士号授与。一九七二年コーネル大学政治学部準教授。一九八四年同大学近東学併任教授。一九八八年同大学政治学部正教授に就任、二〇〇一年退職。著書・論文は多数にのぼるが、主要なもののみ以下に記す（巻末参考文献も参照）。

●一九七六年『一九〇七年以前の中国の社会主義 *Chinese Sociolism Before 1907*』（New York, Corne l University Press）

●一九八七年『ブラック・アテナ　古代ギリシア文明のアフロ・アジア的ルーツ――I．古代ギリシアの捏造　一七八五―一九八五』（本訳書）（New Jersey, Rutgers University Press: London, Free Association Books）

●一九八八年「イギリスの功利主義、帝国主義と古代モデルの凋落 *The British Utilitarians, Imperiatism and the Fall of the Ancient Model*」（*Culture and History* 3, 98-127）

●一九八九年「古典学の危機 *Classics in Crisis*」（*Classics:A discipline and Profession in Crisis*, 67-76）

●一九九〇年「『ブラック・アテナ』第I巻に対する批判への反論 *Responses to Critical Reviews of "Black Athena Volume I"*」（*Journal of Mediterranean Archaeology* 3/1, 111-137）

これを機に、『ブラック・アテナ』をめぐる著者バナールと多くの学者のあいだでの論争が始まる。

●一九九一年『ブラック・アテナ　古代ギリシア文明のアフロ・アジア的ルーツ――II．考古学と文書にみる証拠 *Black Athena— The Afroasiatic Roots of Classical Civilization, Volume II : The Archaeological and Documentary Evidence*』（邦訳『黒いアテナ　古典文明のアフロ・アジア的ルーツ――II．考古学と文書にみる証拠』上・下、二〇〇四・二〇〇五、藤原書店）

一九九六年には一九人の欧米の学者による五〇〇ページを超える徹底的なバナール批判論集『ブラック・アテナ再考 *Black Athena Revisited*』（M・レフコビッツ、G・ロジャーズ編）がノースカロライナ大学出版局より刊行される。その後両者の主張の論点を客観的に整理して、「ブラック・アテナ論争」の意義をのべた『大学における異端 *Heresy in the University*』（Rutgers University Press）がJ・バーリナブラウの手により一九九九年に出版され、いわゆる「ブラック・アテナ論争」が世界の論壇を賑わせることになる。

●二〇〇一年『ブラック・アテナの反論 *Black Athena Writes Back*』（Duke University Press, 本書も五〇〇ページを超える大作である）

●二〇〇六年『ブラック・アテナ　古代ギリシア文明のアフロ・アジア的ルーツ――Ⅲ．言語学的証明 *Black Athena ― The Afroasiatic Roots of Classical Civilization, Volume III : The Linguistic Evidence*』

最後になるが、本翻訳書を手がけて一〇年になる。その間、日本ではバナールの右の経歴の中で紹介した『ブラック・アテナ――Ⅱ．考古学と文書にみる証拠』が先に刊行された。本来第Ⅰ巻を読んでいただいたうえで、第Ⅱ巻をお読みいただくのが読者の方々への訳者の誠意だと思う。今回上梓される『ブラック・アテナ――Ⅰ．古代ギリシアの捏造　一七八五―一九八五』の完成が遅れ今日に至ったことを、関係者、読者の方々に対して、この場を借りてお詫びするとともに、私たちの仕事に対する忌憚のないご批判をお願いしたい。

なお、本書の翻訳の主要部分の分担は以下の通りである（五〇音順）。北島義信（第1・2章）、小林和弘（第8章）、佐伯学（序・第3・4・5章）、松本祥志（第9・10章）、山本伸（第6・7章）。そして筆者、片岡が監訳者としての任を務めさせていただいた。

●グローバルネットワーク21〈人類再生シリーズ〉⑤

ブラック・アテナ　古代ギリシア文明のアフロ・アジア的ルーツ

Ⅰ．古代ギリシアの捏造　一七八五―一九八五

凡例

1、本書は、Martin Bernal, *Black Athena — The Afroasiatic Roots of Classical Civilization, Vol.I : The Fabrication of Ancient Greece, 1785-1985*, New Jersey, Rutgers University Press: London, Free Association Books, 1987の全訳である。

2、本書第I巻は、ペーパーバック版が一九九一年にVintage Booksより、イギリスはじめ、オーストラリア、ニュージーランド、南アフリカにおいて刊行され、一〇版以上を重ねている。また、最初に出された右記1についても少なくとも数版を重ねている。これらの間に部分的な異同が見られるものの、内容に重大な変更はなく、原則として右記1の二〇〇三年版を参照しつつ適宜判断し、訳を決定した。

3、本文中の原註指示は、原書同様、行間にアラビア数字で示した。

4、原文中の' '(クォート)およびイタリック体で表記された熟語は基本的に「 」で示した。

5、著者によるイタリック体での強調は傍点で示した。

6、訳注は〔 〕で示した。

7、著者が引用文中に付した補足は［ ］で示し、訳註〔 〕と区別した。

8、著者が用語解説で取り上げたキーワードには初出ページを記し、本文中の該当個所には印を付けた。

9、古代オリエント、ギリシアおよび西欧などの人名、地名、特殊用語などの日本語表記は、複数の専門家の意見を参考にさせていただいたうえで、主として日本オリエント学会編『古代オリエント事典』(二〇〇五、岩波書店)、高津春繁『ギリシャ・ローマ神話辞典』(一九六〇、岩波書店)、「世界文学事典」編集委員会編『集英社　世界文学事典』(二〇〇二、集英社)、京大西洋史辞典編纂会『西洋史辞典』(改定増補版、一九九三、東京創元社)、桜井万里子編『新版各国史17　ギリシア史』(二〇〇五、山川出版社)などを参照した。

10、古代言語の翻字処理については、発音が決定し難いという専門家の意見に従い、文字の名前以外のカタカナ表記は原則として行わなかった。

11、索引は原書に則って英語表記・ローマ字表記も併記したが、主として人名についてはできるだけ原語表記に努めた。また、邦訳では、該当ページをすべて拾った。

序文および謝辞

『ブラック・アテナ』の背後にある物語は、知識・学問を扱う社会学の分野でさらに掘り下げた研究対象としてもよい位の、長く、複雑で、必ずや興味あふれるものとなるに違いない。しかし、ここではただその概略をのべるにとどめたい。私が専門とする分野はもともと中国研究であった。約二〇年にわたって、中国について講義する一方、研究面では二〇世紀初頭における中国と西欧の知的交流と現代中国政治という二つの課題に取り組んできた。一九六二年以降は、私の内部でインドシナ戦争に対する関心が強まるにつれて、イギリスにおける本格的なベトナム文化研究が事実上存在しないことから、自分自身がそれに取り組まなくてはならないとの義務感にかられた。ベトナム研究は、ベトナムにおけるアメリカの抑圧に反対する運動の一助となろうし、それだけでなく、ベトナム文明はあらゆる面で混合的でありながら、完全な独自性も備えているという点で、魅力的な研究対象であった。また、私はそれまでにベトナムと日本の歴史について学んでいたが、両者はいろいろな面で私がギリシアの歴史モデルを構成するうえで大きな助けとなった。

一九七五年に私には人生上の危機がおとずれた。その個人的理由はここで論じるには及ばないが、政治的な理由としては、アメリカのインドシナ介入が終結したこと、さらに中国においても毛沢東主義者の時代が終わろうとしていたことなどに関係している。私は、世界の危険および関心の焦点がもはや東アジアではなく、東地中海地域にあるのではなかろうかと感じた。私のユダヤ人の歴史に対する関心は、この転換によってもたらされたものである。何代にもわたるユダヤ人の離散の歴史があったので、ニュルンベルク法の適用範囲の査定に携わった人々は困ったであろうが、私としてはユダヤ人の広がりの中に身を置き、自らがその一部分を成していることに喜びを感じてはいた。しかし、そうは言っても、それまでユダヤ人やユダヤ文化に対する格段の思い入れがあったわけではない。ここに至ってやっとロマンティックではあるが、自分自身の「ルーツ」に引き寄せられたのである。私はユダヤ古代史の研究を始めたが、自分自身が新参の非主流であることもあって、とりわけイスラエル人とその周辺民であるカナン人およびフェニキア人[*用語解説]の関係について興味を引かれた。後者がセム語を使用していたことはすでに知っていたが、ヘブライ語[*用語解説]とフェニキア語とのあいだでは相互理解が可能であり、しかも両者ともに単一のカナン語[*用語解説]の「方言」として扱う言語学者の本格的研究があることを知るに及び衝撃を受けた。

私は、ちょうどこの時期にヘブライ語の研究を始めたところであったが、ヘブライ語とギリシア語とのあいだには数多くの驚くべき類似があることに自分なりに気づいていた。これを偶然の一致として片付けることにためらいを感じた。その理由は、第一に、すでに中国語、日本語、ベトナム語、それにわずかではあるがチチェワ語（ザンビア、マラウィで話されているバンツー語の一種）を学んだ経験から、言語間にこれだけ多くの対応関係が見られるということは、まず相互の接触があったのではないかと想定することが自然ではなかろうかと感じたからである。第二に、ヘブライ語・カナン語は決してパレスチナ山中に孤立して存在していたわけではなく、かつては、フェニキア人が海を渡り移住した先々で用いられていた地中海全域にわたって通用していた言語であったことを知ったからである。ギリシア語、ヘブライ語、あるいは少なくともインド・ヨーロッパ語起源ではない多くの語とのあいだに発音・意味の類似する重要語がなぜそれほど数多く見られるのか？　これらはカナン語、フェニキア語からギリシア語の中に採り入れられた借用語ではないのか？　そう考えると何か不都合な点があるのか？　疑問が次々と浮かんできた。

その頃、私は友人のデイヴィッド・オーエンの勧めもあって、セムおよびギリシアの両文明間の幅広い接触を研究していたサイラス・ゴードン〔一九〇八～二〇〇一〕とマイケル・アストゥア〔一九一六～二〇〇四〕の著作に親しみ、大きな影響を受けた。フェニキア人だとされるカドモスがテーベを建設したという伝承の中に真実の核心部分があると私が確信したのも、アストゥアのおかげである。しかしながら、彼も私もエジプト人による植民があったという伝承については、まったくの空想の産物か、それともたんなる取り違えによるものだろうと考え、注意を払うことはなかった。たとえ、ギリシア人がどのような記録を残しているにせよ、植民者たちは間違いなくセム語を話す人々であったはずだ。頭からそう決めてかかっていたのである。

私はこの線に沿って四年間研究を続け、ギリシア語彙の約四分の一はセム語起源のものであることを確信した。それにしても、これにインド・ヨーロッパ語族[*用語解説]と思えるもの四〇～五〇％を加えたとしても、ギリシア語彙の残り四分の一は依然出自不明ということになる。私はぎりぎりに絞りこんだこの語彙部分を、これまでどおり「先ギリシア」的要素としてみなすか、それとも第三の新たな言語——アナトリア[*用語解説]から来たものか、それとも私が期待していたフリ語[*用語解説]など——を想定するか、二つの選択肢のあいだで迷っていた。しかしながら、これらをいくら調査して見ても、これぞといったものは何も出てこなかった。一九七九年になって、たまたまチェルニーの『コプト語語源辞典』をパラパラめくっていた時にひらめきを得た。コプト語[*用語解説]こそが古代後期エジプト語[*用語解説]であったのだ。こうして私は、求めていた第三の新たな言語にめぐり逢うことができたのである。数カ月のうちに、私はさらにギリシア語彙の二〇～二五％、ギリシアの神々の名前や地名のほとんどがエジプト起源であることに確信をもった。すでに判明しているインド・ヨーロッパ語族、セム語、エジプト語から発している語を合わせ、さらにこれから先の研究成果をも含めるなら、ギリシア語彙の八〇～九〇％についてかなりの信憑性をもった語源説明ができるに違いないと思った。どの言語を取り上げて見ても、これほどの高率には及ばないはずである。もはや「先ギリシア」的要素などは問題外であった。

研究を始めるにあたって、私は次のような問いに直面しなくてはならなかった。「もしも何もかもが、かくも簡単明瞭だと言うなら、なぜこれまで誰も気がつかなかったのか？」と。これに対する答えは、すでにゴードンとアストゥアによって準備されていた。二人は東地中海を文化的に独立した一つの地域とみなしており、アストゥアは、ギリシア文明の建設においてフェニキア人が果たした役割が否定されているのは、反ユダヤ主義によるものだと説明していた。私はエジプトの存在に気づいて以来、「なぜこれまでエジプトが自分の脳裏をかすめることすらなかったのか」真剣に振り返ってみた。不思議といえば不思議なことであった。これほど明瞭なことはまたとあるまいと思えるのに！　ギリシア文明の建設が行われていた一〇〇〇年の期間を通じて、東地中海においてもっとも偉大な文明を誇り、他を圧倒していたのは他ならぬエジプトであった。ギリシアの文献には、ギリシアがいかに宗教をはじめとする文化の多くの分野でエジプトに依存していたかが詳細に記されているのである。もう一つ私自身奇異に感じたことがある。実は私の祖父がエジプト学者であった影響から、私も子どもの頃から古代エジプトにはたいへん興味をいだいていた。振り返ってみると、この経験とエジプトとギリシアを結びつけることへの文化的な抑制心理とは根の深いところでつながっていたのではないかと思うのである。

私はまず研究の手始めに、ギリシアの起源に関する歴史文献の調査に取りかかった。ギリシアがエジプト人およびフェニキア人によって植民地化されたこと、ギリシア文化の大部分はこれらの植民地を通して、またギリシア人が後にレヴァントの地で学ぶことを通して得られたものであったことなどについて、他ならぬギリシア人自身が認め、かつ信じていたのではないか。このことを文献上確認しようとしたのである。

さらにもう一つ驚くべき発見があった。私がすでに「古代モデル」と命名していたものが、実は一九世紀初めになって排斥されるまで、実際に長いあいだ生き続けてきたこと、また私たちが学校で習ったギリシア史などというものは、一八四〇～五〇年代になってにわかに作り上げられたものであって、ギリシアのはるかな昔から存在したものではないことである。アストゥアがかつて私に語ったことであるが、歴史研究の世界では、フェニキア人の扱いが反ユダヤ主義の大きな影響を蒙っているという。私にとって、一九世紀におけるエジプト人無視の態度と北ヨーロッパにおける人種主義の蔓延との関連を見出すことはたやすいことであった。それに比べれば、ロマン主義をめぐる動きやエジプト宗教・キリスト教間の対立関係を解明する方がはるかに手間のかかる作業であった。

私の構想を『ブラック・アテナ』という形でまとめ上げるまでに、あれやこれやで結局一〇年を費やした。この間私はケンブリッジおよびコーネルの両大学においてたいへんな厄介者であった。コールリッジ〔イギリスの詩人、一七七二～一八三四〕の書いた物語詩に出てくる「老水夫」のごとく、私は通りがかりの人を誰彼なしに待ち受けては醗酵不十分なアイデアを次々と投げかけた。私は、兎にも角にも辛抱して耳を貸してくれたこれらの「婚礼客」のみなさんに深甚なる感謝を奉げたい。それにも増して、これらの方々から与えられたご意見は、いまだそのすべてにお礼を申し上げていないが、たいへん貴重なものであり、このうえなくありがたいものであった。また、彼らが私の議論に興味を示したり、多くの学問分野の権威に楯つくことが決して向こう見ずな行為ではないと励ましてくれたことは、何より大きな支えであった。彼らは私の主張を信じ、よしんばその中に誤った部分があったにしても、全体としては正しい方向に向かっていることを、私に確信させてくれた。

専門家のみなさんに対しては、お一人ずつそれぞれに特別な感謝の念をもっている。畑の異なる方々からのご協力も得た。私宅にまで押しかけていって、初歩的なことから始まり、専門家としてのご意見・主張や従来からある諸説の解説に至るまでいろいろとお伺いした。貴重な時間を割いて論争に応じてもらった上に、さらにいろいろとお力添えまでいただいたことも数え切れない。「婚礼客」および専門家たちのご援助こそが私のこの事業を支える中心的で不可欠の要素であった。いろいろな意味で、この事業のすべては個人ではなく集団の努力の成果である。一人の力では関係するすべての分野をカバーすることはとうていできなかったであろう。ただ私が不本意とするところは、多くの方々からいただいた有益なアドバイスを、私の理解不足から十分に活かしきれなかったことである。結果として専門的論文として期待されるだけの完璧さに達しているかどうか危惧している。言うまでもないが、本書の事実誤認や解釈の誤りについての責任は私一人のものであって、次に記す方々とは関係ない。しかし、もし本書で見るべき点があるなら、それらすべては彼らに帰すべきものである。

まず最初に、以下のみなさんにお礼申し上げたい。どの一人が欠けてもこの本は完成しなかったであろう。フレドリック・アール、グレゴリー・ブルー、その死が悔やまれてならないロバート・ボルガー、エドワード・フォックス、エドムンド・リーチ、サウル・レビン、ジョセフ・ナヴェ、ジョセフ・ニーダム、デイヴィッド・オーエン、バーバラ・リーブスの各氏。彼らは自らのきわめて重要で魅力ある研究で超多忙であったにもかかわらず、私にさまざまな情報、アドバイス、建設的批判を提供してくれ、私を最後まで支え、励ましてくれた。私のために、とりわけ本書の構想の初期段階において、多大な時間を割いていただいたことには言い表せないほどの感動を覚える。

故人を含め次のみなさんも時間、労力を惜しまれなかった。厚くお礼申し上げたい。アンワル・アブデル・マレク、リン・エイベル、ヨエル・アルバイトマン、マイケル・アストゥア、シュロモ・アビネリ、ウィルフレッド・バーナー、アルビン・バーンスタイン、ルース・ブレア、アラン・ボンハード、ジム・ブーン、マルコム・ボウイ、スーザン・バック・モース、アンソニー・バロー、キャロル・キャスキー、アラン・クラグストン、ジョン・コールマン、メアリー・コリンズ、ジェロルド・クーパー、ドロシー・クロフォード、トム・クリスティナ、ジョナサン・カラー、アナ・デイヴィス、フレドリック・ド・グラフ、ルース・エドワーズ、エウダ・エルカナ、モーゼス・フィンレイ、マイヤー・フォーテス、ヘンリ・ゲイツ、サンダー・ギルマン、ジョー・グラッドストン、ジョスリン・ゴッドウィン、ジャック・グディ、サイラス・ゴードン、ジョナス・グリンフィールド、マーゴット・ハイネマン、ロバート・ホバマン、カールトン・ホッジ、パウル・ホッホ、レオナルド・ホフバーグ、スーザン・ホリス、クライブ・ホームズ、ニコラス・ジャーデーン、ジェイ・ジャサノフ、アレクス・ジョフ、ピーター・カーン、リチャード・カーン、ジョエル・クーパーマン、ウディ・ケリー、ピーター・コロッチ、リチャード・クライン、ダイアン・ケスター、アイザック・クラムニック、ピーター・クニホルム、アンヌマリ・クンツル、ケネス・ラーセン、ルロイ・ラズリ、フィリップ・ラマス、ジェフリ・ロイド、ブルース・ロング、リリ・マコーマク、ジョン・マッコイ、ルイス・マキー、エドムンド・メルツァー、ローリー・ミルロワ、リヴィア・モルガン、ジョン・ペアマン・ブラウン、ジョヴァンニ・ペティナト、ジョー・ピア、マクス・プラウスニツ、ジャミル・ラゲブ、アンドリュ・ラマジ、ジョン・レイ、デイヴィッド・レズニク、ジョーン・ロビンソン、エドワード・サイード、スーザン・サンドマン、ジャック・サソン、エリノア・シェイファー、マイケル・シュブ、クェンティン・スキナー、トム・スミス、アンソニー・スノドグラス、レイチェル・シュタインバーグ、バリ・シュトラウス、マリリン・ストラサーン、カレン・スワン、ハイム・タドモア、ロミラ・タパル、ジェイムス・ターナー、スティーヴン・ターナー、ロバート・タネンバウム、イヴァン・ヴァン・サーティマ、コルネリウス・ヴァミユール、エミリー・ヴァミユール、ゲイル・ワルハフト、ピーター・ウォレン、リンダ・ウォフ、ゲイル・ワインシュタイン、ジェイムス・ワインシュタイン、ハインツ・ヴィスマンの各氏。これらの中には数は多くはないが、私の企てには強く反対しながらも、それを承知のうえで有益な援助をしてくれた人々も含まれている。ここであらためて御礼申し上げたい。

コーネル大学政治学部のみなさんも、私の取り組みの政治的意味合いを理解され、寛容を示されただけでなく、激励もくださった。心から感謝したい。またテルル・ハウスのみなさんにも、私の新分野での挑戦に長年にわたり友情と知的刺激を与え続けてくれたことに感謝したい。コーネル大学の人文学会にも一九七七～七八年にかけてたいへんお世話になった。

この本の出版を引き受けてくれたロバート・ヤング氏にも、この事業に信頼を寄せ、絶えず援助と励ましをいただいたことに厚くお礼申し上げる。編集者のアン・スコットさんにも多大の労力をおかけした。彼女の忍耐、気配りによって、非常に良質な本に仕上げることができた。ネイル・フラナガンおよびホルフォード・スティーブンス博士の両氏には本の内容について、ギリアン・ボーモント氏には編集面でのアドバイスをいただいた。この本には誤り、首尾一貫性に欠ける部分、あるいは表現上の問題点などが多少なりとも残っているかもしれないが、しかし彼らの優れた専門的能力の助けにより最小限に抑えることができたものと確信する。労を要するたいへんな仕事であったにもかかわらず、私にはつねに気持ちよく接して下さりありがたいことであった。ケート・グリレットさんは地図・表などの下書きの作成作業などで、私の不十分な指示にもかかわらずてきぱきと仕事を進めてくれた。また、娘のソフィー・バナールは引用文献の作成の他、諸雑用をいやな顔一つせずに引き受けてくれた。

母のマーガレット・ガーディナーには計り知れないお陰を蒙っている。私に基礎的教育を授け、自信を植え付けてくれたのは彼女であった。また、母は本の完成のためのあらゆる援助を惜しまなかっただけでなく、序論の編集にも手を貸してくれた。妻レスリー・ミラー・バナールの的確な意見と批評はたいへん有益であった。しかし何にも増して、つねに温かい心で、この大がかりな知的事業を支えてくれたことに感謝したい。最後になったが、ソフィー、ウィリアム、ポール、アダム、パトリックの愛情と仕事への励ましにも礼を言っておきたい。

本書における音声表記と転写法について

エジプト語

エジプト語の単語の表記は、エジプト学研究者のあいだで現在広く用いられている標準的な正書法によった。ただし、ꜣだけは例外で、「ハゲワシ（聖刻文字《ヒエログリフ》）あるいはダブル・アーレフ ʾaleph」を表すのに用い、しばしばコンマを縦に重ねたような形〔ꜣ〕で印字される。

古エジプト語におけるꜣの実際の音価はともかくとして、セム語の表記ではrやl、場合によってはnに転写されている。この子音としての音価は、少なくとも紀元前一七世紀の第二中間期までは保持されていた。後期エジプト語ではシングル・アーレフ ʾaleph へと変化し、遂には南部英語のrのように、隣接母音に音変化をもたらすだけのものとなったようである。エジプト学者はꜣを通例アルファベットの先頭に置いている。後続の文字についても音価の定まっていないもの、推定困難なものがいくつかある。

エジプト語のỉはセム語アルファベット*用語解説のアーレフ ʾaleph とヨード yōd の両方に相当する。アーレフ ʾAleph は多くの言語に見られるが、アフロ・アジア語族においてはほぼすべての言語がこれをもつ。母音の前で発音される声門閉鎖音*用語解説である。コックニー〔ロンドン訛の英語〕では bottle と butter が boʾle と buʾe のように発音されるが、そのときに生じる音と同じである。

エジプト語のアイン ʿayin もまたセム語系言語のほとんどに見られるもので、アーレフ ʾaleph が実際に発音されるときに有声音化*用語解説したものである〔咽頭摩擦音〕。エジプト語での音価は後舌母音のoやuに近い音であったらしい。

初期のエジプト語で、ウズラの雛鳥を形どった記号で表されている w は純粋の子音文字であった可能性がある。

しかし、ギリシア語にきわめて大きな影響を与えた後期エジプト語の時代には、しばしばoやuなどの母音として発音されたようである。

エジプト語におけるrの記号はセム語およびギリシア語ではおおむねlに転写されている。その後ꜣと同様にだんだん発音が弱化し、たんに隣接母音に影響を与えるだけのものになった。

エジプト語およびセム語の文字で、ḥとローマ字表記されている文字はhの強勢音だったように思える。

エジプト語およびセム語のḫはlochのchの音にあたる。後代šと完全に混用されるようになった。

エジプト語のẖの文字はḫyの音を表していたようであるが、これもšと混同されるに至った。

ここでsとして用いられている文字は、同じようにsに転写されている場合もあれば、zに転写されている場合もある。

šの発音はshまたはskhであった。後代になってḫとẖと混用された。

ḳはkの強勢音である。セム語学者の習慣に従い、セム語と同じ音を表すのにqを用いたが、一貫していない部分もある。

ṯの文字はおそらく本来はtʸと発音されたであろう。しかしながら、中エジプト語においてすでにtと混同されていた。

同様にして、ḏもまたしばしばdで表されていた。

エジプト語の名前

エジプト神の名前は、たとえばアモン神の場合Ỉmnを Amonとするように、もっとも一般的なギリシア語転写法による綴り字の表記にしている。

王族名は、ラメセス Ramessēs などよく知られた人物については、ガーディナーの古代史概説書『ファラオのエジプト』（一九六一年版）に従って表記している。

コプト語

コプト語アルファベット文字のほとんどはギリシア文字から来たものなので転写による違いはない。他にエジプトデモティック（民衆文字）*用語解説に由来するものが六個あり、以下のように転写している。

ϣ š　ϧ ḫ　ϫ ḏ

ϥ f　ϩ h　ϭ ǧ

セム語

セム語の子音はおおむね従来から用いられている転写方式によった。エジプト語の表記の際に見られる若干の不統一についてはすでに触れた。その他については以下を参照されたい。

カナン語の ḫ音は ḥ音と一体となった。しかしながら、語源を反映している部分については ḥではなく、もとどおりに ḫと転写したところもある。ṭは tの強勢音である。

アラビア語音で、通常 th と表記されているものは、本書では ť と転写している。同様に dh も ď と記す。

ウガリト語で、アラビア・アルファベットのガイン *ghain* に相当する文字は ġ と転写している。

セム語の k の強勢音は、エジプト語では ḳ と記すが、ここでは q としている。

セム・アルファベットのツァーデ *tsade* の文字はほぼ間違いなく ts と発音されたはずであるが、ṣ〔sの強勢音〕と転写している。

ヘブライ語文字シーン *shin* は紀元前一〇〇〇年紀以来 š と表記されている。しかしながら、年代や音価の幅について疑問がある場合には、 š ではなく、たんに s とした（Bernal, 1990, pp. 102-5, 巻末参考文献参照）。このため同じく s と転写されるサーメフ文字と混同が生じた。スィーン *sin* は ś と転写している。

ダーゲシュ dagesh〔文字に加える強調記号〕もベガドケファト begadkephat〔b, g, d, k, p, t の発音上の違い〕も転記からはずしてある。その理由は、表記が複雑になるのを避けるためと、それらが古代言語音の中で実際にどの程度の範囲・頻度で用いられていたか疑問が残るからである。

母音表記

ヘブライ語聖書は子音のみで表記されているが、これに母音表記を加える作業はマソラ学者〔ヘブライ語聖書の標準化をめざした学者たち〕によって、西暦九〜一〇世紀に完成された。しかしこれには相当古い音が含まれているため、本書では以下のような転写法をとった。

記号名	単独	י y との組合せ	ו w との組合せ	ה h との組合せ
Pataḥ	בַ ba	–	–	––
Qåmeṣ	בָ bå	בָי bâ	–	בָה båh
Ḥîreq	בִ bi	בִי bî	–	––
Ṣērê	בֵ bē	בֵי bê	–	בֵה bēh
S^egōl	בֶ be	בֶי bệ	–	בֶה beh
Ḥōlem	בֹ bō	––	בוֹ bô	בֹה bōh
Qibûṣ	בֻ bu	––	בוּ bû	––

弱化母音は次のように表記している。

בְ b^{e}　חֲ ḥă　חֱ ḥĕ　חֳ ḥŏ.

アクセントおよびイントネーションの符号は特殊な場合を除いて示していない。

ギリシア語

子音の転写は通常の方式に従っている。

υはyと記す。

長母音ηとωはそれぞれēとōとし、長母音αは区別の必要のある場合に限りāと記している。

アクセント記号は原則として記していない。

ギリシア語人名・地名の表記

ギリシア語の名前の転写を一つの方式で首尾一貫させるのは不可能である。たとえばギリシア語でThoukydidēs、Platōnのように綴られるトゥキュディデスやプラトンなどは、すでによく知られた人物であるから、ラテン語式にThucydides、Platoと表記せざるを得ないが、だからと言って、めったに出てこないような人名・地名までをもいちいちラテン語式に直すのはどうかと思われる。そこですでになじみのある名前はラテン語で、それ以外はギリシア語表記を用いることにした。ピーター・レヴィがパウサニアスの『ギリシア案内記』の翻訳で用いた表記法は私も妥当だと思うので、可能な限りこれに従うことにした。このため名前に長母音がよく出てくるが、そのことを示す記号は付していない。

地図と表

表1 （本書54ページ参照）

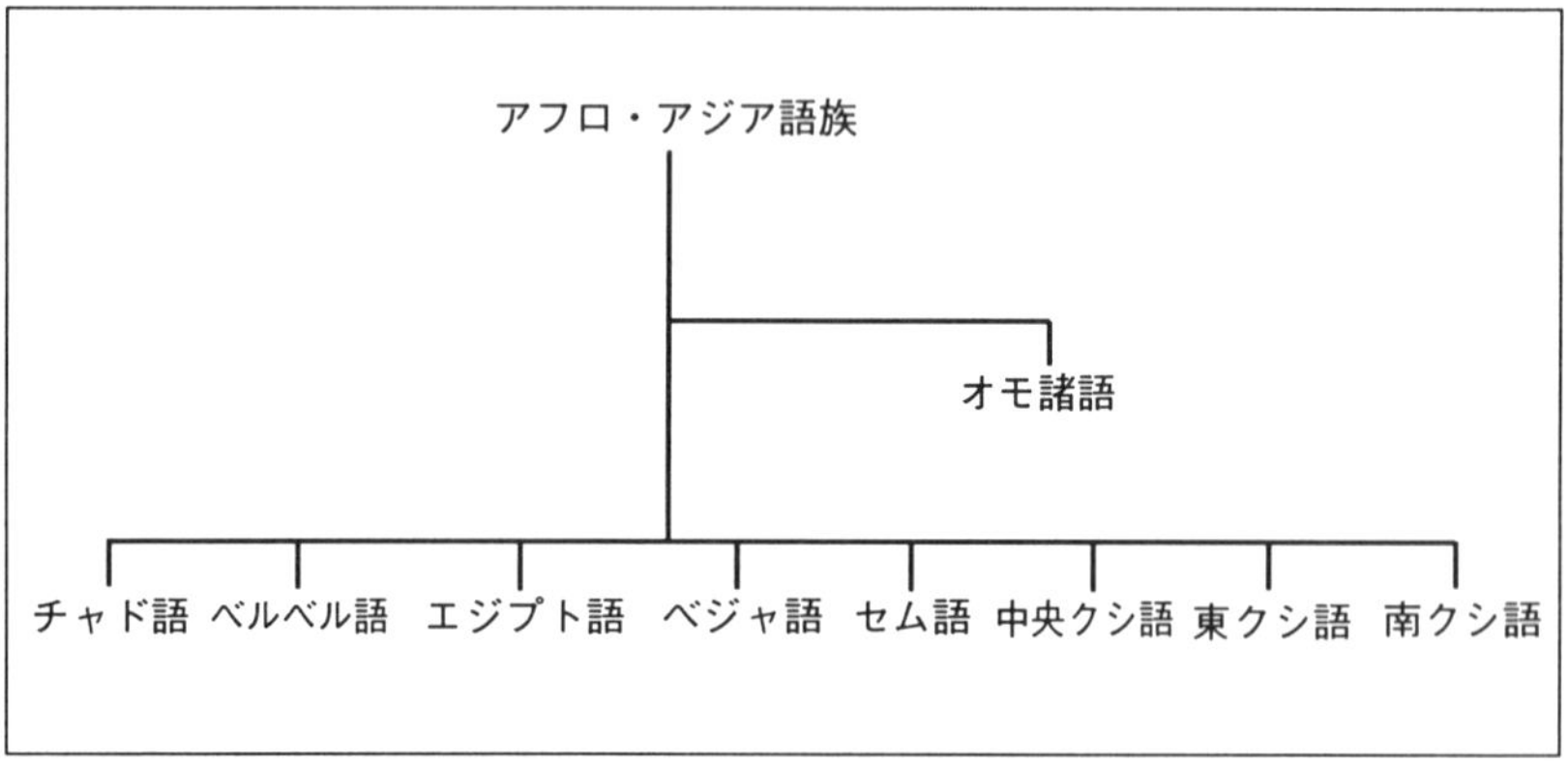

地図1 （本書54ページ参照） アフロ・アジア諸語の伝播

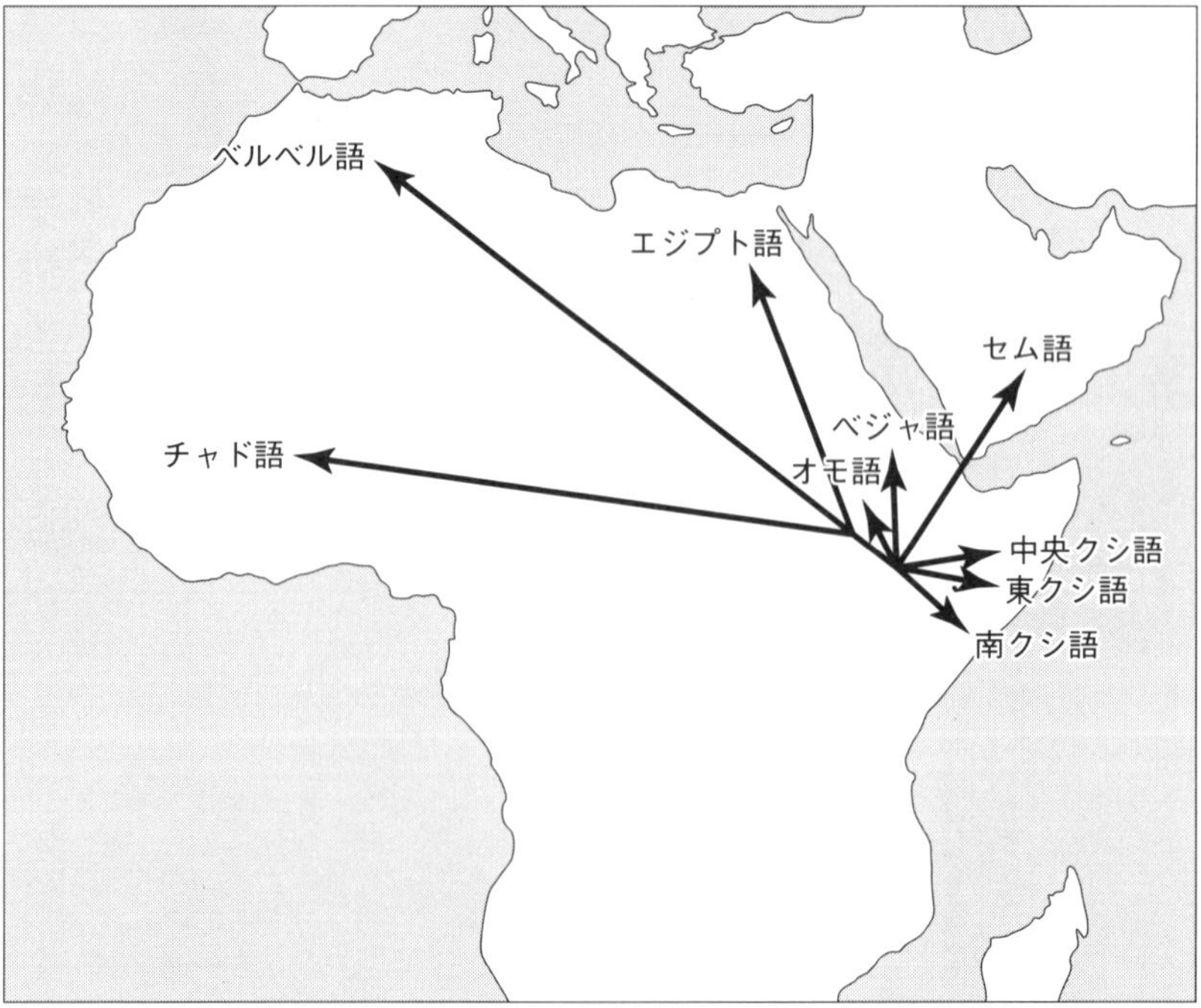

表2（本書56ページ参照）インド・ヒッタイト語族

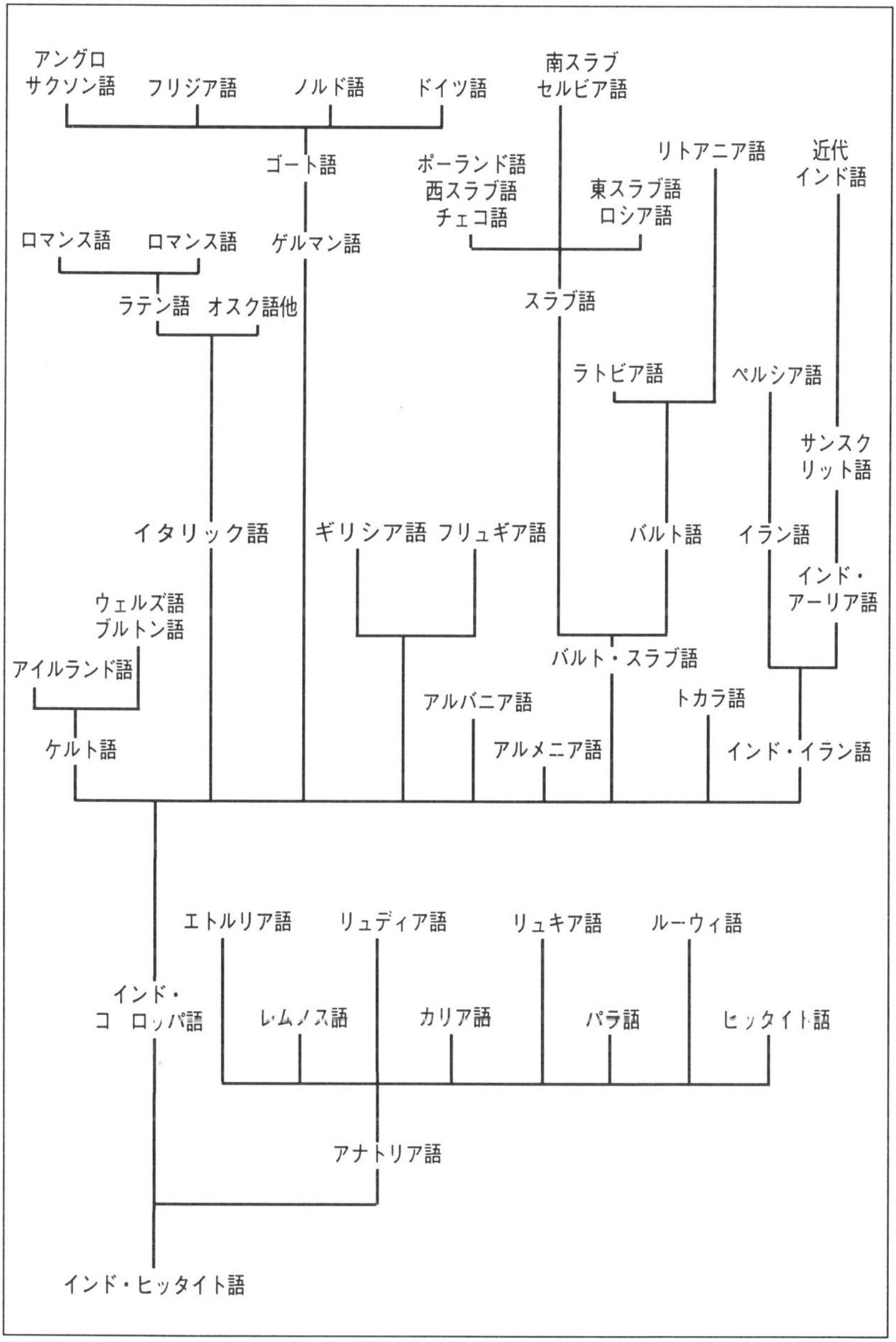
アングロ
サクソン語
フリジア語
ノルド語
ドイツ語
南スラブ
セルビア語
ゴート語
ポーランド語
西スラブ語
チェコ語
東スラブ語
ロシア語
リトアニア語
近代
インド語
ロマンス語
ロマンス語
ゲルマン語
ラテン語
オスク語他
スラブ語
ラトビア語
ペルシア語
サンスク
リット語
イタリック語
ギリシア語
フリュギア語
バルト語
イラン語
インド・
アーリア語
ウェルズ語
ブルトン語
アイルランド語
バルト・スラブ語
アルバニア語
トカラ語
ケルト語
アルメニア語
インド・イラン語
エトルリア語
リュディア語
リュキア語
ルーウィ語
インド・
ヨーロッパ語
レムノス語
カリア語
パラ語
ヒッタイト語
アナトリア語
インド・ヒッタイト語

地図２（本書54ページ参照）セム語の伝播

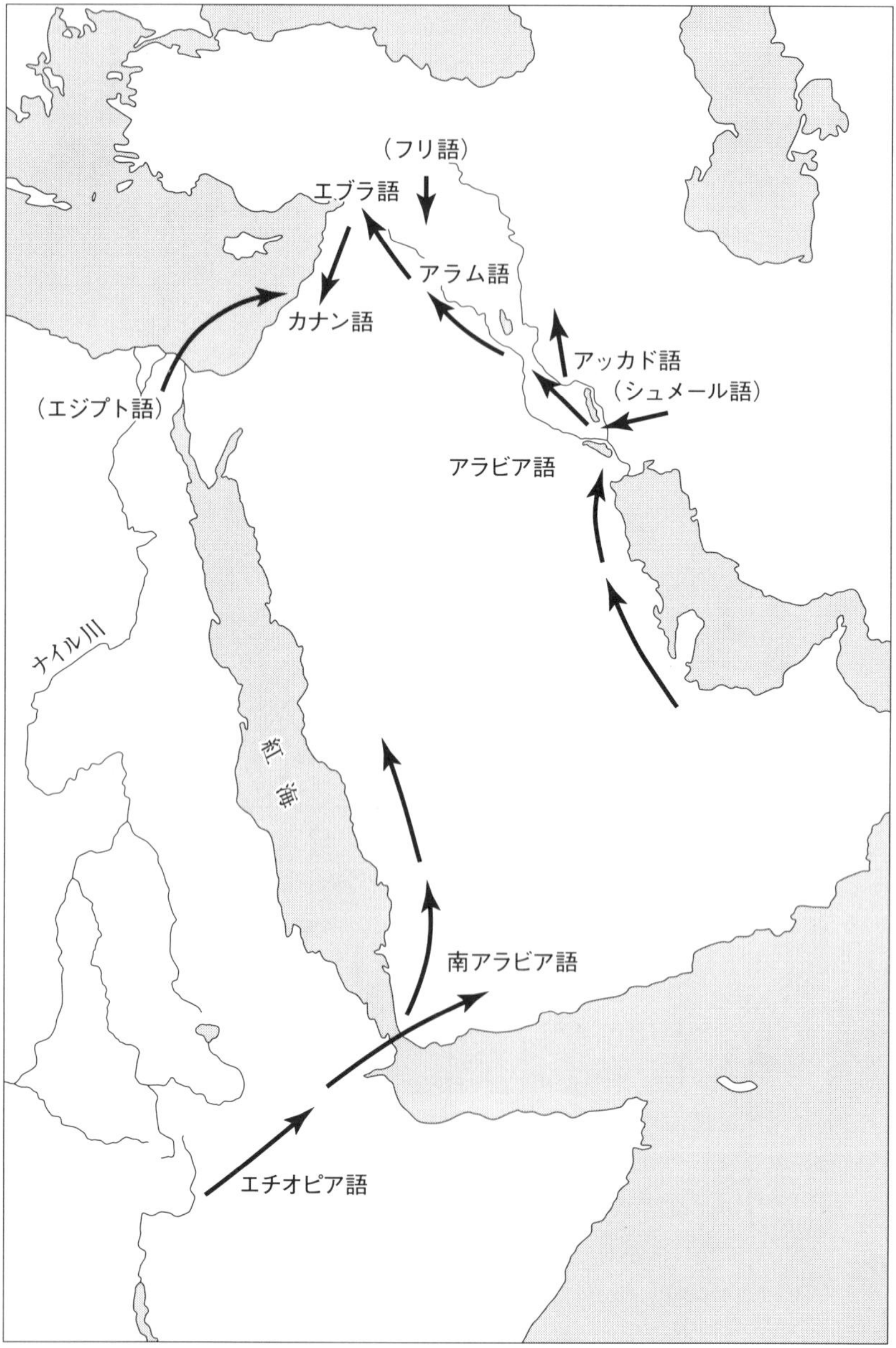

地図3（本書55ページ参照）インド・ヨーロッパ語の伝播

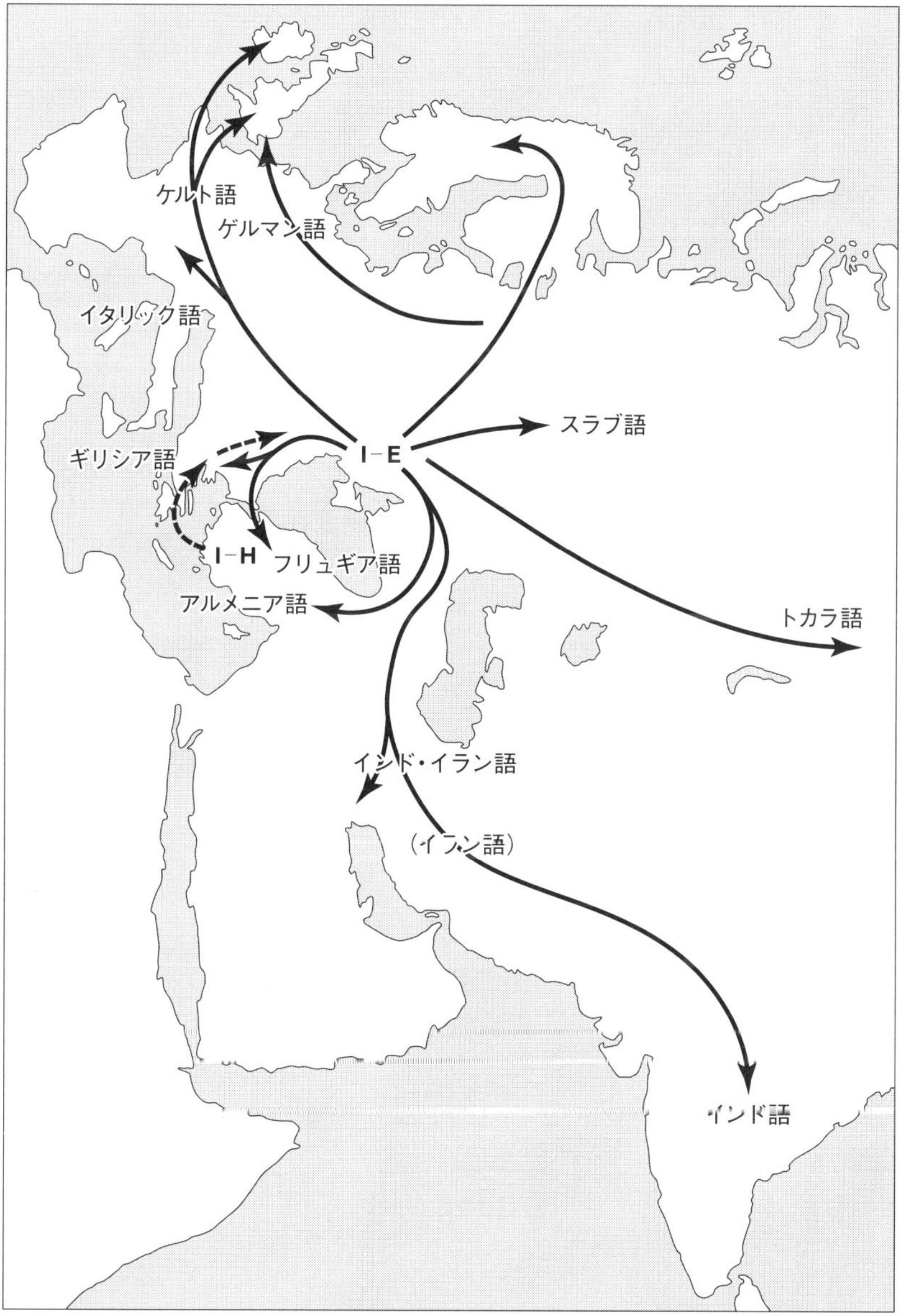

註： **I–E**はインド・ヨーロッパ語の略、**I–H**はインド・ヒッタイト語の略。

地図4・5　エジプトおよび古代東地中海地域

地図6　エーゲ海地域

ト　ラ　キ　ア
トロイ
フリュギア
レムノス島
ドドナ
テッサリア
エウボイア（島）
コパイス（湖）
ボイオティア
リュディア
テーベ
アテネ
アッティカ
イオニア人
エリス
コリントス
ミケーネ
ミレトス
カリア
アルゴス
エギナ島
アルカディア
ハリカルナッソス
メッセニア
スパルタ
クニードス
ラコニア
ドーリス人
テラ島
キティラ島
ロードス（島）
クノッソス
クレタ（島）
地　中　海

1600	後期ミノア文化期IA		
		後期ミノア文化期IA	
		ミケーネ文化期IA	
			後期ミノア文化期IB
1500	後期ミノア文化期IB	テラ島火山噴火？	
		テラ島火山噴火？	後期ミノア文化期Ⅱ
	後期ミノア文化期 Ⅱ	後期ヘラドス／ミケーネ文化期Ⅱ	ミケーネ人のクレタ占領、エ
	ミケーネ人による占領		ジプト人宗主
1400	クノッソス宮殿の最後の破壊	後期ヘラドス／ミケーネ文化期Ⅲ	後期ヘラドス／ミケーネ文化期Ⅲ
		ミケーネ人の宮殿	ペロプスの侵入？
1300	後期ヘラドス／ミケーネ文化期ⅢB	後期ヘラドス／ミケーネ文化期ⅢB	後期ヘラドス／ミケーネ文化期ⅢB
		テーベの破壊	テーベの破壊
1200	トロイ戦争	トロイ戦争	トロイ戦争
		ドーリス人の侵入	ヘーラクレイダイの帰還
		ミケーネ文明の破壊	ミケーネ文明の破壊
	後期ヘラドス／ミケーネ文化期ⅢC	後期ヘラドス／ミケーネ文化期ⅢC	後期ヘラドス／ミケーネ文化期ⅢC
1100			ペリシテ人
		イオニア人の移住	イオニア人の移住
1000			ヘシオドス
900		コリントスがバクチャイダイ	コリントスがバクチャイダイ
		に支配	に支配
			ホメロス
		アルファベットの導入？	リュクルゴスのスパルタ改革
800		ホメロス	
		最初のオリンピア競技会	最初のオリンピア競技会
			イタリアとシチリアへ植民地
700		イタリアとシチリアに植民地	建設
		建設	
		ヘシオドス	
600		最初の東方からの影響	ソロンの改革
		アテネ	
		ペルシアがアナトリアを支配	ペルシアがアナトリアを支配
500		ペルシア戦争	ペルシア戦争
		ヘロドトス	ヘロドトス
		ペロポネソス戦争	ペロポネソス戦争
400		ソクラテス	ソクラテス
		プラトン、イソクラテス	プラトン、イソクラテス
		マケドニアの勃興	マケドニアの勃興
		アレクサンドロス大王	アレクサンドロス大王
		アリストテレス	アリストテレス

年　表

ＢＣ	アーリア・モデル クレタ島	アーリア・モデル ギリシア	修正古代モデル
3300			
3200			
3100			
3000	初期ミノア文化期Ⅰ		初期ミノア文化期Ⅰ
		初期ヘラドス文化期Ⅰ	初期ヘラドス文化期Ⅰ
2900			
2800			
2700			
2600			
2500			初期ミノア文化期Ⅱ
2400	初期ミノア文化期Ⅱ	初期ヘラドス文化期Ⅱ	初期ヘラドス文化期Ⅱ
2300			
2200	初期ミノア文化期Ⅲ	初期ヘラドス文化期Ⅲ	初期ミノア文化期Ⅲ
		ギリシア人の到来??	初期ヘラドス文化期Ⅲ
2100	中期ミノア文化期Ⅰ	中期ミノア文化期Ⅰ	
	最初のクノッソス宮殿		メンチュヘテプ／ラダマンチュス王がクレタとボイオティアの宗主となる??
2000			
		中期ヘラドス文化期Ⅰ ギリシア人の到来？	センウセレト／ケクロプスがアッティカの宗主となる??
1900			
1800	クノッソス宮殿の破壊		中期ミノア文化期Ⅲ ヒクソスの侵入
1700	中期ミノア文化期Ⅲ		
		中期ヘラドス文化期Ⅲ 最初の竪穴墓（ミケーネ）	ダナオスとカドモスの到着 最初の竪穴墓（ミケーネ） 後期ミノア文化期IA アルファベットの導入 テラ島火山噴火

序章

ある分野で、新しいパラダイムの基本を創り出した者は、これまでほとんど例外なしに、その分野での若輩者かそれとも新参者かのどちらかであった。
（トーマス・クーン『科学革命の構造』）

トーマス・クーン〔科学史家、一八八七～一九九二〕の引用を冒頭に掲げたが、これは私のような中国史を専門とする者が、おおよそそこからかけ離れた分野に嘴《くちばし》を入れようという、厚かましさへの弁明の辞として受け取っていただいて結構である。というのも、私がこれから提起しようとする新たな見解は、厳密な意味でのパラダイムの転換とは言えないかもしれないが、少なくとも、歴史の根底にかかわる問題提起であることだけは確かだと信じるからである。

本書は、ギリシア史についての二つのモデルを取り上げ、検証を加えたものである。一つのモデルは、ギリシアを本質的にヨーロッパあるいはアーリア的なものとしてとらえたものであり、もう一つのモデルは、ギリシアをレヴァント的、すなわちエジプトおよびセム文化の周辺的なものとみなす立場から、これを理解しようとするものである。これから先、前者を「アーリア・モデル」、後者を「古代モデル」と呼ぶことにする。「古代モデル」は、古典時代およびヘレニズム時代に、ギリシア人のあいだで信じられていた伝統的な見方である。この説によると次のようになる。ギリシア文明は、エジプト人およびフェニキア人の植民地化によって原住民の文明化が行われた結果として、紀元前一五〇〇年頃に発生したものである。さらに、その後においても、ギリシア人は近東文化から多大な文化的借用を続けた。

私たちはこれまでアーリア・モデルを教えられて育ってきた。そのため、たいていの人はこれが一九世紀前半に作り上げられたものだと聞かされて驚く。この新しいモデルは、時とともに変化してきているが、初期の、すなわち「穏健」アーリア・モデルの場合には、エジプト人によるギリシア植民地化の事実はなかったとされ、フェニキア人によるそれは疑問視される。これが後に一八九〇年代および一九二〇〜三〇年代の、反ユダヤ主義の二つのピークを迎えると、私が「急進」アーリア・モデルと呼ぶものにまで飛躍を遂げるのである。そしてここでは、もはやギリシアにはフェニキア文化の影響すらなかったことにされてしまう。さらに、アーリア・モデルでは、北方からの侵入が実際にあったと想定する。それまで各地に存在していた「エーゲ海」文明および「先ギリシア」文明は、このために消滅させられたのだという。しかし、北方からの侵入があったなどという話は、古代伝承のどこをどう探しても出てこない代物である。それにもかかわらず、ギリシア文明はインド・ヨーロッパ語を話すヘレネス（古代ギリシア人）*用語解説と、彼らが支配した原住民との文化混交の結果として生じたものだなどという説明が、今日でも通用している。本巻を『古代ギリシアの捏造　一七八五―一九八五』と名づけたのも、そのためである。

そこで私たちは、今や古代モデルへと回帰すべき時に来ていると思う。しかしその際、多少の手直しが必要であろう。これを「修正古代モデル」と呼ぶことにする。詳細は『ブラック・アテナ』第Ⅱ巻で論じるが、ここでは要点を紹介するだけにとどめておこう。古代モデルでは、エジプト人とフェニキア人がギリシアを植民地化したとの立場をとるが、修正古代モデルにおいても、やはりこの説には確かな根拠があることを認める。ただし、問題はその時期である。私は、これをやや早めに設定し直して、紀元前二千年紀の前半頃としておきたい。また古代モデルでは、ギリシア文明の発生は、植民地化とその後の東地中海を媒体とする文化借用によって文化混交が行なわれ、その結果としてもたらされたものだと考える。その修正モデルもこの立場を継承する。次に、アーリア・モデルは、紀元前四千年紀あるいは三千年紀において、北方からインド・ヨーロッパ系言語をもつ人々の侵略または浸透があったと主張しているのであるが、とりあえず私たちもこれはこのまま受け入れておきたい。ただし、修正古代モデルでは、ギリシアの初期の住民の言語は現在のギリシア語の中にほとんどその痕跡を残していないが、一応、インド・ヒッタイト系言語に関連した言語だと見なしておく。しかしいずれにしても、後になって流入した多くの非インド・ヨーロッパ系言語の要素が、アーリア・モデルによって説明できるわけではない。

もしアーリア・モデルを取り除き、修正古代モデルに置き換えることに正当性があるとするなら、「西洋文明」の土台そのものの再検討と、歴史学および歴史記述の哲学の中に浸透している「人種主義」および「ヨーロッパ排外主義」の検証もまた必要を迫られてくるだろう。古代モデルには、それ自体に「内在」する大きな欠陥や、説得力不足とみなすべきものはどこにもない。それにもかかわらず転覆させられてしまったのは、ひとえに外部的理由による。一八～一九世紀のロマン主義者および人種主義者にとって、ギリシアはヨーロッパ文明の雛型《ひながた》であり、その少年時代であった。そのギリシアが、ヨーロッパ系原住民と、これを植民地化したアフリカ人・セム人との混合の産物だなどとされたことは、彼らの自尊心が許さなかった。古代モデルは、なんとしても打倒しなくてはならないものとなったのである。そして、代わりに何か別の受け入れ可能なモデルが必要となった。

ここで「モデル」および「パラダイム」という、二つの言葉の意味について取り上げておきたい。まず言葉の定義づけの問題がある。ここでどのような定義づけをしようと、しょせん一定の限界は免れないであろう。まず、語の厳密な適用自体が困難であろうし、それに語の定義は語を以ってせざるを得ないという事情があるからである。しかし、それらの語によって表そうとしている意味を、何らかの形で示しておくことは必要であろう。最初に「モデル」の語であるが、私はこれを、複雑な現実を煮詰めて、簡約に表現した枠組みを指すのに用いたい。「翻訳者は反逆者（traduttore traditore）」というイタリアの格言にあるように、言葉による表現とその内容は、食い違うのがつねである。

しかし、思想や言説にとって、言葉を欠かすことができないように、モデルもまたそれなしで済ませるわけにはいかない。しかしながら、モデルは人工的なものであり、しかも程度の差はあれ、きわめて恣意的なものであることを、つねに肝に銘じておかなくてはならない。光の諸相を明らかにするには、波動性や粒子性から説明するのが有効であるように、物理以外の現象においても、二つまたはそれ以上の方法を用いたアプローチが必要である。すなわち、複数のモデルを使用することである。俎上の対象をいかに分析するか、その能力にもとづいてモデルの優劣が決定する。モデル間の競争によって、解明への道がさらに拓ける。次に「パラダイム」であるが、ここでは単純に、思想をモデルまたはパターンとして一般化したもの、という意味で用いることにする。個人や社会にとっての「現実」の多くの側面、あるいは総体に対して、実際に作用を及ぼしているもののことである。

どの学問分野でも同じであるが、その根底を揺るがすような挑戦は、外部から仕掛けられることが多い。なぜそういうことになるのだろうか。まず第一の理由としては、学生たちが専門分野の知識を身につける方法に問題がある。彼らは、あたかも推理小説の謎解きのように、小出しされる知識を一つ一つ習得していくという方法で学ぶ。そこで、全体が見わたせるほど上に登った頃には、すっかり既存の知識や思考パターンの虜《とりこ》になっているというわけである。こうなれば、もはや物事の土台から疑ってかかろうなどとは、夢にも思わなくなる。古代史に関わる分野では、とりわけこのような傾向が強い。彼らの学問の初歩は、まず難渋きわまりない語学の習得から始まる。規則動詞の活用や小詞《しょうし》の文法的機能は絶対的なものであり、理屈抜きに記憶しなければならない。それが文法というものである。しかし、これが文法だけの話にとどまるならまだしも、社会的、歴史的知識までもが、まるで当然のように、同じような調子で教えられる。しかも彼らの受身の姿勢は、語学教育が少年時代に開始されることによって、いっそう強化される。このような育ちをした学者たちに、ギリシア語やヘブライ語に対する一方ならぬ思い入れが生じるのは、けだし当然と言うべきであろう。ギリシア語やヘブライ語特有の語義・語形、概念が、その発生や機能のさしたる検討も経ないで、そのまま彼らにすんなりと受け入れられてしまうのもこのせいである。

人々を萎縮させる第二の理由は、「西洋」文明の源泉とされる古典文化およびユダヤ文化に対する畏怖の念、もしくはそれに近い感情が働くという点である。自らのモデルを提示することは、冒涜の名に値しないだろうかと省みて、思わず尻込みをしてしまう。ただし、これには例外がある。民俗学と神話学の二分野である。二〇世紀初のジェームス・フレーザー〔社会人類学者、一八五四～一九四一〕やジェーン・ハリソン〔神話学者〕の時代以来、この分野では比較研究が活発に行なわれてきた。もっとも、それも古代モデルを破壊したカール・オットフリート・ミュラー〔ギリシア史家、一七九七～一八四〇〕によって、一八二〇年代に作られた枠組みの中だけでの話だったのだが。彼はギリシア神話を、人類文化全体の中でとらえるよう盛んに主張しておきながら、その一方で、東方から借用した神話はなかったとの立場を頑固に守り通した。[1] 学者たちは、精神性の高い文化レベルでの、本格的な東西の比較研究ともなると、不思議に腰が引けてしまうようである。

このような状況がもっとも極端であったのは、言語とその系統に関する分野であった。インド・ヨーロッパ言語学、つまり言語系統の研究はアーリア・モデルの中核を占めていた。当時のインド・ヨーロッパ言語研究者もギリシア語学者も、一方の極にあるギリシア語と、その対極としての古代東地中海の代表的な非インド・ヨーロッパ系言語であるエジプト語およびセム語とのあいだに一定の関係性を認めることにきわめて消極的であった。このことは今日でも同じである。エジプト語、西セム語、ギリシア語は、今日の第三世界と呼ばれる地域内で互いに交じりあった重要言語であった。したがって、これらの比較研究が行なわれていれば、三者間の言語的、文化的な相互依存関係がかなり解明されていたはずである。ギリシアおよびヘブライ文化に対する畏敬の念ゆえに、そのような研究は自ずと差し控えられたのであろう。

専門外の人間は、専門家たちが悪戦苦闘の末に手にした詳細な研究成果を自在に操ることはできない。複雑な専門知識の不足から、表面的な類似にも惑わされやすい。しかしそうだからと言って、部外者の言うことはすべて間違いだとは結論づけられない。ドイツの傑物[*用語解説]ハインリヒ・シュリーマン〔考古学者、一八二二～九〇〕が格好の例である。彼は一八七〇年代にトロイおよびミケーネの発掘を初めて企てた人物であるが、伝承、文献、地形などの知識を初歩的ではあったが、巧みに総合して成功を収めた。素人考えでも、ときには正しい場合もあり得ることを示した。

専門家は、状況に関する倫理的原則という風に私が呼ぶものと現実とを混同してしまうことが多い。その道の研究に生涯をかけている専門家が、向こう見ずな新参者に専門知識でひけを取ることはまずない。それは確かである。しかし物事はそれほど単純ではない。新参者には新参者なりの利点があるからである。彼らには案外全体を見通す能力がある。また、外部からの類推を利用することもできる。これはパラドックスであるが、既存のモデルやパラダイムの中で、学問的貢献をあまり期待できない彼らにこそ、これらへの挑戦という面で、もっとも期待がもてるのである。一八五〇年以降のギリシア研究でもっともめざましい成果といえば、ミケーネにおける考古学的発見と線文字B*用語解説の解読である。この二大成果を挙げたのは、すでにのべたシュリーマンと、イギリス人とギリシア人とのあいだに生まれた建築家のヴェントリス〔一九二二～五六〕である。どちらもまがうことなき素人ではなかったのか。

学問の分野で根底からの革新をもたらすようなアプローチが、しばしば外部からもたらされるのは事実である。しかし、外からの提案の中で、正しいものや実際の役に立つものは全体から見れば数少ない。そこで、見分けが重要となってくる。すなわち、誰が、どのようにしてそれを行なうのかという問題である。当然のことであるが、まず最初に意見を聞くべき相手は専門家である。アイデアの信頼性や有効性について適正な判断を下すのに十分な知識を持っているのは、彼らしかいない。もしヴェントリスの線文字Bの解読の場合のように、専門家のほとんどが彼の説を、部分的承認をも含めて受け入れている場合には、アマチュアがいくらこれに異を唱えても無駄である。しかし、専門家の否定意見が出た場合には、同じようにはいかない。というのは、彼らには判断に必要な専門技量の備えはあっても、その結果についての直接的な利害関係においては当事者だからである。彼らは自己の学問領域での現状維持に躍起となったり、時としては感情的な判断が入ることもある。学者の中には、「今はアマチュアがでしゃばる時代ではない」などと言って、彼らの参入を拒む風潮もある。アマチュアの切り開いた土地であっても、アマチュアは立ち入ることができないのだろうか。非専門家の説は、いくら有望に見えても、しょせんは真理足り得ず、ということなのだろうか。

「軍人だけにまかせていては戦に勝てない」とよく言われるが、これと同じことで、学問も専門家だけにまかせてばかりはいられない。新しい挑戦が学者たちから実際に拒否されたものであっても、本当に見込みがないのかどうか。専門家だけでなく、学識ある素人の意見も幅広く聞いてみる必要があろう。専門家が、一般大衆よりも多くの知識を備えていることは間違いない。しかし往々にして、これが裏目に出る場合もある。大陸移動説がそのよい例である。この説は一九世紀末にヴェーゲナー教授によって初めて提唱されたものであるが、二〇世紀前半のほとんどの地質学者は、アフリカと南米、紅海の両岸、その他の海岸の輪郭線が重なりあうことの重要性について気づいていなかった。もう一つ別の例を挙げよう。一八八〇～九〇年代に、アメリカのポピュリストたちは、金本位制の廃止を提案したが、これにあからさまな非難を浴びせたのは象牙の塔に陣取った学者たちであった。これらのケースを見ると、大衆の方が学者よりも賢明な場合もあることがわかる。もちろん専門家の意見は尊重されなくてはならないが、それをそのまま最終判断にしてはならないということである。

　学識あるアマチュアが、建設的でラディカルな外部からの変革者なのか、それともたんなる変わり者であるのか、その見極めはどうすればよいのか。すなわち、クレタ島の音節文字を解読したヴェントリスと、歴史的事実をいっさい無視して勝手な歴史を組み立てたヴェリコフスキー〔聖書にある不思議現象の解説『衝突する宇宙』の作者〕を、どのようにして区別したらよいのか。素人陪審員が頼りにするのは、もっぱら個人の主観とセンスである。しかし、それ以外には手立てはないのだろうか。ヒントとなるものはある。変わり者がもっともらしい説を練り上げたものの、権威ある学界筋からの注目がなかなか得られそうもないという時には、えてして前代未聞の、あるいは検証不可能なことがらを、理論根拠として持ち出してくるものである。大陸の消失、宇宙人、惑星衝突……などの類である。もちろん時として、このような仮説が、その前提とされている未知のことがらの発見によって、立証されることはあり得る。スイスの偉大な言語学者フェルナン・ド・ソシュールは、インド・ヨーロッパ語族における母音の不規則性を説明するのに、「共機能要素」という仮説を立てた。後になって、彼の予言どおりにヒッタイト語*用語解説の中に喉頭音*用語解説が発見され、彼の仮説が正しかったことが証明された。しかしそこに至るまでは、彼の理論はたんなる検証不能な仮説にすぎなかった。したがって、人の興味を引くこともあまりなかった。
これに対して、大きな想像力に頼らない革新者もいる。彼らの手法は足し算ではなく、引き算である。ヴェントリスは、線文字Bによって書き表されていると想像される未知のエーゲ海言語をまず取り除く作業から始めた。その上で、既知の要素であるホメロスの言語と古典ギリシア語とを、線文字B粘土板資料全体と対置させ、直接比較・照合することによって解読に成功した。このような方法で、彼は新しい学問の創設者となったのである。

本書の目的は、ギリシア史に関する古代モデルの復活であるが、ここで採用しているのは、第二のカテゴリーに属する方法である。ここにはまだ知られていない事実や、検証不能のことがらは新たに何も持ち出されていない。それとは逆に、アーリア・モデルの提唱者たちの持ち込んできた二つの要素が排除されている。すなわち、一つは、ギリシア文化の説明で困った時には必ず用いられる切り札として使われてきた、非インド・ヨーロッパ語族系「先ギリシ《プレヘレ》ア人《ネス》」の存在。もう一つは「エジプト熱中病」、「異文化偏愛症」、「ギリシア的解釈」（エジプトのアモン神をゼウス神とみなすようなギリシア中心的な解釈）などの不可解な病。「アーリア中心主義者」たちによると、知的で教養がありバランス感覚にすぐれた古代ギリシア人ともあろうものが、これらの病に罹《かか》ったお陰で、彼らの文化形成においてエジプト人やフェニキア人が中心的役割を果したなどという戯言に、すっかり騙されてしまったのだという。何の得にもならないことで騙されてしまったのでは立つ瀬がなかろう。これらの二つの要素を除去し、古代モデルを復活させることによって、ギリシア、西セム、エジプトの文化および言語が、初めて同じ俎上で扱われることになった。これで、文字どおり数え切れないほどの仮説や推論の検証への道が開けて来た。すなわち、もしも文化xにaという語や概念が見出された場合、文化yにも等価なものがあるのではないかと期待することも可能となった。これらの三つの文明のあらゆる側面の、とりわけアーリア・モデルでは説明できない分野での解明が、今後おおいに期待できるゆえんである。

古代モデル、アーリア・モデル、修正古代モデルのいずれもが、一つのパラダイムを共有している。すなわち、征服による言語・文化の伝播の可能性を前提としていることである。しかしながら、これは今日の考古学界の主流には受け入れられていない。むしろ伝播ではなく、土着的発展の方が強調されていてたいへん興味深い。この流れを受けて、最近ではギリシア先史時代研究において「原住地文化起源モデル」が提起されている。[2] しかしながら、本書においては古代モデルとアーリア・モデルの競いあいの方に焦点をおいて論じていくつもりである。

一九～二〇世紀は、「進歩」と科学のパラダイムが支配した時代であった。学問世界では、そのほとんどの分野で「近代化」もしくは「真の科学」へ向けての飛躍があり、それ以降着実な学問的進歩が蓄積されていった。これが共通認識となっている。古代東地中海の歴史研究においても、一九世紀にこのような「飛躍」があったとされる。そして、それ以降の学者たちには、自分たちのあげた学問成果は、すべて先行学問よりも質的に優れているとの思い込みが見られる。この時期における自然科学の発展も、このような独りよがりの態度を後ろから支える力となった。しかし歴史分野では必ずしも科学的であったとは言えない。古代モデルを破壊し、アーリア・モデルを築いた人々は、自分たちが科学的であることを信じて疑わなかった。ドイツやイギリスの学者にとって、エジプト人がギリシアを植民地化し、文明化したなどという話は、「科学的人種研究」を冒涜するものであった。ちょうど、ギリシア神話に出てくるセイレーンやケンタウロスのような魔物や怪物の荒唐無稽な話が、自然科学と両立できないのと同じことであった。こうして、あらゆるものが非科学的で信用できないというレッテルを貼り付けられ、捨て去られたのである。

歴史家は、過去一五〇年間にわたって、自然科学に匹敵するような研究の方法・手段を歴史学に採用してきたと自負している。今日の歴史家と「科学以前」の歴史家とが、いろいろな面で異なることは確かである。では、どのように異なるのであろうか。いくら昔であってもすぐれた歴史家なら、史料の信憑性の検証や、内容的な首尾一貫性が重要である位のことは十分に自覚しており、引用する場合にはその面での評価も加えている。一九～二〇世紀の「科学的」歴史家たちは、「証明」の公式的定義や確たる歴史法則なるものを、未だに提示し得ていない。さらに今日においては、「方法論的不備」という非難の投げつけによって、できの悪い論文を攻撃するのならまだしも、気に入らない論文までをも槍玉にあげている。このような非難の仕方は公正さを欠いている。なぜなら、これに対峙できる別の適正な方法論があるかのような、間違った印象を与えるからである。

このように見てくると、実証主義とそれに必然的にともなう「立証」という問題に行き着く。確実性を証明することは、実験科学においても、ましてや文献史学においても、きわめて困難な課題である。したがって、この証明が必要とされる場合には、結局のところ、その信憑性の度合いに期待するしかない。これは論ずるまでもないことである。学問的議論と刑法とを混同してはならない。後者の場合、犯人の放免はあり得ても、無実の人間に有罪判決を下すことは許されない。法廷で有罪判決を下すには、当然のことながら「合理的嫌疑」を上まわる犯罪証明が求められる。しかし、古来からの伝承も、今ある学問も、ともに被告人に与えられるべき法的権利を持たない。となれば、判断基準としては「証拠」ではなく、「信憑性の度合い」だけが頼りとなる。以上の理由から、『ブラック・アテナ』シリーズのねらいは、アーリア・モデルが「誤り」であることを「証明」するところにあるのではなく、これが修正古代モデルに比較して、信憑性の度合いが低いことを明らかにするところにある。そのことにより、より大きな研究成果が期待できると思うからである。

二〇世紀の先史学は証拠探求の一つの特殊な形式――これを私は「考古学的実証主義」と呼ぶが――によって振り回されてきたと言えるだろう。客観的事物を扱うのだから、扱う当人も当然「客観的」にならざるを得ないだろうと考えるのは、まったくの誤解である。考古学的証拠の解釈は、考古学的証拠そのものほど確実とは言えない。考古学にもとづく仮説をそのまま「科学的」だと見なしたり、あるいは伝承、地名、宗教信仰、言語、非標準的な言語・文字資料などから得られる情報などを軽視するのは、このような誤解から発したものに他ならない。本書シリーズでは、これらの史料の取り扱いには、慎重を期すつもりである。また、これらが考古学証拠よりも無条件に信憑性に劣るものだという立場はもとよりとらない。

考古学的実証主義の常套手段は、いわば「沈黙論証」とでも言うべきものである。この論法によれば、もし何かが発見されていないなら、その何かは有意味とするに足る分量を持った存在であったはずはない、というものである。このような論法が有効なのは、きわめて稀な場合であって、たとえば、ある有力なモデルによれば当然見つかっていてよいはずものものが、当該地域をいくら掘っても出てこないなどという場合である。具体例を挙げよう。テラ島の*用語解説大噴火は、この五〇年来、陶器年代区分*用語解説の後期ミノア文化期*用語解説ＩＢ期に発生したものと考えられてきた。しかしながら、この小島のどこを発掘して見ても、噴火層の下からこのタイプの土器のかけら一つ出てこなかった。このことから、噴火年代を再考する必要性が浮上してきた。しかしながらこの場合でも、同じタイプの容器が今後出てこないとも限らないし、また陶器様式の区分方法が適当かどうかの問題も、絶えずついてまわることになる。考古学のほとんどの分野において――自然科学の場合も同様であろうが――不在を証明することは事実上不可能に近い。

現代の考古学者は実証主義に取り憑《つ》かれるほど単純ではないとか、あるいは現代の真面目な学者で、「人種」の存在を、ましてやその意義を認める者などはいない、などという議論がある。ここで、ありもしない敵を攻撃しようと言うのではない。これら二つの言い分は正しいかもしれない。問題にしたいのは、この分野における現代の考古学者や古代学者のあいだで、今なお露骨な実証主義者や人種主義者が打ち立てたモデルに沿った研究が、実際に行なわれているということである。モデルは、それを作った人の理論を反映するものである。しかしそうであるからと言って、これらのモデルがただちに間違いだなどと短絡的に言うつもりはない。ただ出自のいかがわしさがある以上、これらを十分に検証してみなくてはならない。さらに、これらと同等か、あるいはよりすぐれた代替モデルがないかという議論も真剣に行なわなくてはならない。もしも古代モデルが覆されたのが、外的な理由によるものであると証明されるなら、アーリア・モデルが勝利したのは、決して説明理論として優れていたからではないことになる。二つのモデル間で競争したり相互調整することは、十分意義があることだと思われる。

序章の、ここから先の構成について説明しておきたい。本書のような大きな企画では、あらかじめ議論の要点を、その論拠とともに提示しておくことが適当であろう。そのため、本巻の各章ごとのアウトラインをまず示しておくことにした。本書のテーマに関連して、私自身の説は既存の学説とはしばしば異なる。そこで、説明の便宜を考えて、アウトラインの記述に入る前に二〇〇〇年にわたる西欧・旧世界の歴史背景を図式的に概観した。その上で『ブラック・アテナ』が問題としている紀元前二千年紀を取り上げることにした。私が史実とみなすことと、他の史家の所説との間の違いが際立つように図った。

そしてこの図式的概観の次に本巻『古代ギリシアの捏造』の概要がくる。さらにその次に、本書のシリーズとして出版予定の第Ⅱ巻および第Ⅲ巻の概要をも紹介しておきたい。第Ⅱ巻は『考古学と文書にみる証拠』のタイトルで刊行の予定〔一九九一既刊〕であるが、ここでは考古学、言語学およびその他の史料にもとづく古代モデルの復活の試みを、またそれに続く第Ⅲ巻『スフィンクスの謎を解く』〔『言語学的証明』のタイトルで二〇〇六既刊〕については、修正古代モデルによってギリシア神話を読み解くとどうなるかという興味深い問題を、それぞれ概略的に示していくつもりである〔序章における第Ⅱ巻、第Ⅲ巻の内容要約は、バナールの当時の構想にもとづくものであり、実際に刊行されたものとのあいだに異同がみられるため、翻訳を割愛した〕。

予備的知識

本書の概略の紹介に入る前に、歴史に関する予備的知識について、とりわけ従来の定説とは異なる私の個人的な見解について簡単に触れておきたい。まず言語起源に関してであるが、一元説と多元説とがあるが、いったいどちらが正しいのだろうか？　ほとんどの学者が、判断不可能だとの立場に立っているし、私もまったく同感である。しかし重ねて強いてどちらかと問われれば一元説へと傾きつつあると言える。一方、インド・ヨーロッパ諸語とアフロ・アジア諸語*用語解説とのあいだに、系統関係の存在を認める説が、現在なお少数派であるとはいえ、じょじょに支持を集めつつあり、私も有力視している。[3]言語グループはある一つの派生言語から発生するという従来からある説で、しかも賛否の分かれている議論がある。私はこれを受け入れている。したがって、私は「アフロ・アジア＝インド・ヨーロッパ祖語」を話した人々が、実際に存在していたに違いないと考える。このようなもともと一つであった言語・文化が分岐するのは、かなり古い時代のことであるが、最低でも三〜五万年前のムスティア期まで、場合によってはそれよりも前にまでたどれるかもしれない。一方、分岐時期の終了をどのあたりと見るのか、すなわち、インド・ヨーロッパ諸語とアフロ・アジア諸語とのあいだでの差異が、それぞれの内部間での差異よりも顕著となった段階がいつ頃なのか。私は、後者が分離した時期は紀元前九千年紀までさかのぼると見ている。

アフロ・アジア諸語の拡大は一つの文化の、すなわち東アフリカ地溝帯における長い歴史をもった文化の拡散である。その文化は、紀元前一〇～九千年紀の最後の氷期の終末に発生したと私は考えている。氷期においては、水は極地の氷帽《アイスキャップ》に閉じ込められ、降雨量は現在よりもかなり少ないものであった。サハラおよびアラビア砂漠地帯は今よりもはるかに広く、人々を寄せつけなかった。それに続く数世紀のあいだ、気温の上昇と降雨量の増大によって、これらの地域はサバンナとなり、周辺に住む人々が移住してきた。それらの中でもっとも成功したのが、大地溝帯からやって来たアフロ・アジア諸語を話す人々であったと私は想像する。彼らは銛《もり》を使ったカバの狩猟、畜牛、作物の栽培などの技術をもっていた。彼らはサバンナを越えて、チャド語を話す人々はチャド湖へ、ベルベル語*用語解説を話す人々はマグレブへ、そしてエジプト祖語を話す人々は上エジプトへと移り住んだ。セム祖語使用者たちは、エチオピア高原に定住した後、紅海を越えてアラビアのサバンナにまで至った（地図1、表1）。

紀元前七～六千年紀におけるサハラ砂漠の長期にわたる乾燥時代に、スーダンやサハラ砂漠周辺から、ナイル峡谷へと向かっての人々の移動が起こった。私は少数意見に属するが、アラビアのサバンナ地帯からメソポタミア川下流域へ向かっての同様の移住があったと考えている。この地域には、もともとシュメール人あるいは原シュメール人が居住していた。セム人がアラビア砂漠から侵入してきたのは、せいぜい三千年紀だというのが、大方の学者の意見である。私の見解では、セム語はウバイド土器〔ろくろを使用して造られた土器〕とともに、アッシリア*用語解説およびシリアに拡がり、だいたい今日のセム語圏（地図2）である南西アジア一帯を占めるに至った。シュメール人は、すでに四千年紀初めには北東からメソポタミアへと移動していたものであろう。いずれにせよ、紀元前三〇〇〇年頃のウルク〔イラク南部の都市遺跡〕[4]から出土した最古の文書から、セム語とシュメール語の二言語併用が、すでに行われていたことが判明している。

メソポタミアが文明発祥の地だという説に異論を唱える学者はいないだろう。この地では、都市、農業用灌漑、金属加工、石造建築、ろくろ・車輪などの回転装置など、文明を構成する要素が他に先駆けてすべて備わっていた。ただし、文字の使用はまだ行われていなかったようである。これらに文字の使用が加わることによって、文字どおり文明に不可欠な要素である、経済的、政治的蓄積が可能となったのである。

この文明の勃興と発展を取り上げる前に、インド・ヨーロッパ語族の分離と、その後の独自の展開について見ておきたい。一九世紀前半には、インド・ヨーロッパ語族はアジアの山岳地帯で発生したと考えられていた。世紀が進行していくにつれて、「原郷《ウーアハイマート》」あるいは「本貫の地」とされる場所は西へと移動し、ついには、インド・ヨーロッパ祖語を最初に使用したのは、黒海北方に住む遊牧民たちだったということになった。ここ三〇年来は、この地域で紀元前四～三千年紀に存在したことが判明しているいわゆるクルガン文化が、彼らにあたるものではないかとされている。この物質文化の担い手たちは、西にはヨーロッパ、南東にはイランおよびインド、南にはバルカンとギリシアへと拡散していったと見られている。

中央アジアあるいはステップ地方からこの言語の拡散が始まったという説は、ヒッタイト語が解読される前に出されたものであった。ヒッタイト語が解読されたことにより、これがインド・ヨーロッパ語族の原初的言語であること、さらには一つのまとまりをもったアナトリア語族というものが存在していたことなどの事実が判明した。ここで確認しておきたいのは、言語学者が言うところの「アナトリア諸語*用語解説」の中には、フリュギア語*用語解説やアルメニア語*用語解説などは含まれていないことである。これらは現在のトルコ領内で話されていた言語であるが、インド・ヨーロッパ語族であることは明らかである。アナトリア系言語とみなして間違いのないものとしては、ヒッタイト語、パラ語、ルーウィ語、リュキア語*用語解説、リュディア語*用語解説、レムノス語などがあるが、エトルリア語*用語解説やカリア語*用語解説もこのグループに含まれる可能性がある。これらのアナトリア系言語は、従来からインド・ヨーロッパ語族起源のものだとされてきたが、新たな問題が数多く出てきている（地図3）。アナトリア祖語が、インド・ヨーロッパ祖語から分離したのは、後者が分裂する以前のことであったと一般には認められている。しかしながら、この二つのできごとのあいだに、どれくらいの間隔があったかは判然としない。おそらくは五〇〇〜一〇〇〇〇年位ではなかろうか。いずれにせよ、この間にアナトリア諸語を含まないインド・ヨーロッパ語族と、両者を包摂するインド・ヒッタイト語族*用語解説とのあいだで、言語学者が区分を立てるに足るだけの違いが発生したのである（表2）。

もしも大多数の歴史言語学者が考えているように、インド・ヨーロッパ語族だけでなく、インド・ヒッタイト語も黒海北方で発生したというのであれば、アナトリア諸語を話す人々が、アナトリアにいつ、どのようにしてやって来たのであろうか。メソポタミアの史料によると、紀元前三千年紀末に蛮族の侵入があったとされているので、その頃にあたるのではないかという説がある。侵入者たちはフリュギア語やアルメニア祖語を話す人々であった可能性が高い。ヒッタイト語やパラ語の存在が確認されている時期に先立つわずか数百年の期間に、インド・ヨーロッパ語族とアナトリア諸語とのあいだに、またアナトリア語族間において顕著な差異が生じたとはとても考えられない。紀元前三千年紀の考古学史料はきわめて断片的であるが、このような大きな言語変化があったことを想定させるようなはっきりとした物質文化の転換はない。ここでまた、例の「沈黙論証」への用心が肝要であるが、紀元前五〜四千年紀におけるアナトリア諸語使用者たちの大挙侵入説もむげには否定できないのである。

ゲオルギエフとレンフルーの両教授の説はなかなか有力に思える。[5] これによると、インド・ヨーロッパ語は——私はインド・ヒッタイト語と言いたいところであるが——アナトリア南部において、よく知られているコンヤ平原のチャタル・フユック〔コンヤ南東四〇キロにある集落遺跡〕などを含めて、紀元前八〜七千年紀の新石器文化の担い手たちによって、すでに話されていたというのである。両教授は、さらにこの言語は七千年紀には、農業とともにギリシア本土やクレタ島へと広がっていたと主張しているが、これらの地域では、ちょうど物質文化の転換期にあったという考古学上の証拠とも符合する。インド・ヒッタイト語から派生した言語が、五〜四千年紀にギリシアおよびバルカンの新石器「文明」の言語であったかもしれない。アメリカのグデナフ教授は、クルガン文化における牧畜文化はバルカン文化の混合農業方式から影響を受けたものであり、言語についても同様にバルカン文化から採り入れられたとの立場をとっている。たいへん受け入れやすい説である。[6] インド・ヨーロッパ語族のクルガン文化が、インド・ヒッタイト語を話す人々の住むバルカン半島やギリシアへと還流し、拡散したと仮定すれば、ゲオルギエフ＝レンフルー説とインド・ヨーロッパ語を中心に考える正統派の説との両立が可能となる。

　地中海の南と北では言語・文化上の根本的な違いが存在するが、紀元前九～八千年紀にアフリカ農業とともにアフロ・アジア語が地中海南岸に伝播し、八～七千年紀に南西アジア農業とともにインド・ヒッタイト語が北岸に伝播したという仮定を立てることで、この違いは無理なく説明できる。人々がどのような手段で移動したかについては、少なくとも九千年紀には地中海を船で渡ることが可能となったであろうが、航海の危険や造船の労力を考えるなら、おおむね陸路によったものと想像される。移動手段が大きく転換したのは五千年紀および四千年紀である。遊牧民たちは動物たちとともに引き続き平原を渡って行ったにしても、紀元前四千年紀から一九世紀の鉄道時代の到来まで、交通・通信は海路の方がはるかに便利であった。この長い期間を通じて、海や河川が遠く離れた地域を結びつけた一方、砂漠や山岳は人々を隔てる役割を果たした。このように、最初に陸路による移動が行なわれ、その後に海上交通が主要な移動手段となったという、交通手段の歴史的転換を設定することによって、本書が取り上げている根本的なパラドックスを説明することが可能となる。つまり、地中海地域全域にわたって際立った文化的類似性が存在する一方、その南と北の沿岸のあいだに言語・文化上の根本的な差異が存在するという、大きな矛盾が解決できるのである。[7]

　紀元前四千年紀に、メソポタミアに誕生した文明は、瞬く間に拡がって行った。文字の使用というアイデアは、文字発祥の地で楔形文字*用語解説が体系化される前に、すでにインドや東地中海各地に伝わっていたようである。ヒエログリフ（聖刻文字*用語解説）は、同じ四千年紀の第二・四半期にはすでに用いられていたことがわかっている。また、これは立証までには至っていないことだが、ヒッタイト象形文字も、レヴァント、キプロス、アナトリア音節文字の原型と同様に、三千年紀初に全盛期を迎えたシュメール・セム文明が規範化された楔形文字体系とともにやって来る前の段階で、すでに完成していたようである。

　エジプト文明が、上エジプトとその南の地域ヌビアの豊かな先王朝文化を基礎に成立したアフリカ起源の文明であることに間違いはない。しかしながら、先王朝末および第一王朝の遺物から見ても明らかなように、メソポタミアからの影響がきわめて大きかったことも事実である。紀元前三一五〇年頃とされる統一と王朝成立が、何らかの意味で東方への進出をきっかけとしているのも、このことを裏づけるものである。エジプトとメソポタミア文明の、主としてセム的要素間での言語的、文化的結びつきにより、文化混合がいっそう緊密なものとなった。

奇跡的な四千年紀の後に、繁栄の三千年紀が続いた。シリアのエブラ[*用語解説]で発見された紀元前二五〇〇年頃の記録には、クルディスタンからキプロスにおよぶ地域の、豊かで、教養があり、発達した国々の様子がのべられている。当時の文明圏は、インダス川流域からアフガニスタンに至るハラッパ文化[*用語解説]、さらにはカスピ海、黒海、エーゲ海の金属文化まで含むものであった。メソポタミアのセム・シュメール文明は、同じ文字と文化とで固く結ばれていた。周辺地域もまたこれに劣らない高度な文明を形成し、独自の言語、文字、文化を保持していた。たとえばクレタ島であるが、ここでは陶器年代区分の初期ミノア文化期Ⅰ[*用語解説]に、レヴァントからかなりの文化的流入があったと見られている。しかしながら、楔形文字が主要な文字となることはなかった。クレタ島が、シリア・メソポタミア文明にすっかり飲み込まれてしまうことがなかった理由としては、地理的条件を別にすれば、現地文化の弾力性と、クレタ島が文化的にはセムとエジプトの両文化圏の中間に位置していたことがあげられよう。

クレタ島のレヴァントおよびアフリカとの二重の関係は、考古学的に裏づけることもできる。シリアやエジプト製の品々が、クレタ島だけでなくその他のエーゲ海諸島でも発見されている。また、紀元前三〇〇〇年頃には、近東同様に、銅と砒素の混合による青銅の生産、ろくろを使った陶器生産が始まるだけでなく、要塞の構築方法においても、キクラデス諸島〔南エーゲ海〕とパレスチナのあいだでの顕著な類似性が認められる。考古学が専門のブリストルのピーター・ウォレン教授およびケンブリッジのコリン・レンフルー教授は、これらの発展は、それぞれ単独に達成されたものだと主張している。しかしながら、これらの変化の発生は、近東でやや早いという時間的なずれがあるうえ、両地域間に交流があったことは疑いのない事実である。[8] したがってこの点での両教授の説は信憑性に乏しい。エーゲ海地域の発展は、レヴァントとのあいだの貿易や植民を通じての接触や、外からの刺激を受けたそれぞれの地方のイニシアティブによって達成されたものと見るべきであろう。

紀元前三千年紀の金属器使用地域では、楔形文字にせよ、その土地独自の文字にせよ、文字をもたないなどというケースはほとんどない。しかしながら、この時期のエーゲ海地域においては、文字の痕跡が見受けられないのである。「沈黙論証」は、この問題の解決に少しは役に立つのであろうか。これに代わる解釈法はある。まず何よりも、ギリシアやアナトリアのような気候のもとでは、中東や北西インドに比較して、粘土板やパピルスの保存条件がきわめて劣悪だということである。乾燥地帯であるとはいえ、証拠物件は残りにくい。一九七五年にエブラで粘土板が見つかるまで、シリアでは三千年紀の文字史料はまったく発見されていなかった。現在では、当時のシリアには文字を使う教養階層が存在していたことや、エブラの学校でユーフラテスからやって来た人々が学んでいたこともわかっている。

初期青銅器時代のエーゲ海地域で、実際に文字の使用が行なわれていたことを示す証拠らしきものはある。紀元前二千年紀の線文字AおよびB*用語解説、キプロス音節文字はおなじ祖形から出たもののようであるが、その差異はきわめて大きい。書記体系の発展の歴史から見て、このような違いが発生するためには、通常多くの世紀を要する。これらの文字変種による証拠から見て、もともとの形は三千年紀には存在していたはずであり、そこに至るまでの発展時期を想定するなら、上記の理由から、その出現は四千年紀ということになろう。最後に、アルファベットのエーゲ海地域への伝播は、遅くても二千年紀中頃であると私は考える。[9] このように見てくると、音節文字が生きのびていったことは、とりもなおさず、これらが相当この地域に根を張っていたことを物語るものであり、三千年紀における存在を裏づけるものといえよう。

初期青銅器文明の終わりは、紀元前二三世紀にやって来る。エジプトでは、すでに第一・中間期に入っていた。メソポタミアでは、北方から山岳民族グティの侵入があった。文明世界はことごとく蛮族の侵入と社会的混乱にさいなまれたのであるが、それらの原因は急激な気候変動にあったのかもしれない。アナトリアが侵略されたのもちょうどこの頃である。侵攻してきたのは、私の考えるところでは、フリュギア語やアルメニア祖語を話す人々であった。ギリシア本土では、この世紀およびこれに続く世紀において、広汎な破壊があった。この時期は陶器年代区分の初期ヘラドス文化期*用語解説Ⅱの末期にあたるが、「アーリア人」*用語解説または「古代ギリシア人」によるギリシアへの侵入か、あるいはエジプト中王朝初期における彼らの侵入と植民の結果である可能性もある。三世紀ほど後の紀元前一九〇〇年頃、初期ヘラドス文化期Ⅲの末期に、それほど大規模ではないが、もう一度破壊があった。これはエジプトのセンウセレト一世、すなわちギリシアではセソストリスの名で知られるファラオの征服に伴うものかもしれない。

紀元前三千年紀におけるエーゲ海と近東の接触がこのように緊密なものであったとするなら、エジプトやセム起源の言葉、地名、さらには宗教信仰・儀式が、この時期この地域にもたらされたことはおおいにあり得る。ギリシア本土では、北方からの侵入や浸透による混乱があったので、これらがそのまま残された可能性は少ない。しかしながら、クレタ島やキクラデス諸島では、このような混乱から免れたことや、おおむねセム語を使用していたため、文化的な断絶ははるかに少なかったはずである。

ここでもう一度念を押しておきたいのだが、これまでのべてきた歴史の再構成は、本書のシリーズが扱う直接のテーマではない。ただ私の予備的理解を示したものにすぎない。私は第Ⅱ巻において多くの言語に関する問題を取り上げるつもりであるし、すでに本書第Ⅰ巻でも折に触れて取り上げている。しかし、これらの主張を、ここで全面的に論証するつもりはない。[10]

新しい歴史の見取り図

『ブラック・アテナ』は紀元前二千年紀、より正確に言うと、紀元前二一〇〇〜一一〇〇年までの一〇〇〇年間における、ギリシア文明のエジプトおよびレヴァントからの文化借用に焦点を当てている。これらの中には少し早い時期のもの、あるいは遅れた時期のものも若干含まれる。なぜ、この時期を俎上に置いたかというと、理由が二つある。一つには、この時期にギリシア文化が形成されたということであり、二つ目には、これに先立つ時代における借用を示すものが、近東からもあるいはギリシアに残る伝承、文化、語源の中からも見出すことが不可能だからである。

私の基本的立場は、この一〇〇〇年間を通じて、エーゲ海地域における近東の影響は、全体として継続的であったが、その大きさは時期よってかなりの違いがあったと見る。何らかの証拠により確認できるこの最初のピークは、紀元前二一世紀にあった。エジプトはちょうどこの時期に第一・中間期の混乱から立ち直り、第一一王朝による中王朝が成立した。これによりエジプトが再統一されただけでなく、レヴァントへの侵攻までもが可能となった。考古学的証拠の示すところによると、エジプト進出による接触は広範囲にわたるものであり、クレタ島にとどまらず、さらにはギリシア本土にまで及んだと想像される。上エジプトの黒人ファラオは代々メンチュヘテプ（Menthotpe）の名を称し、鷹と牡牛の守護神モントゥ（Mntw または Mont）を奉じていた。クレタ宮殿が建てられ、牡牛崇拝が始まるとされるのも、まさにこの世紀のことであった。牡牛は宮殿壁にも描かれており、ギリシア神話に登場するミノス王やクレタ島の物語でも重要な位置を占める。クレタの発展は直接的あるいは間接的にエジプト中王朝の勢力拡大を反映したものだと考えて差しつかえなかろう。

ギリシアのテーベ北方に、アムピオン王とゼトス王の墓と伝えられる大型の墳丘がある。最近発掘にあたった著名な考古学者スピロプロスによると、これは土製の階段状ピラミッドで、頂上部はレンガ造りで副葬品を納めてあった――盗掘されているが――という。出土した陶器や装身具から陶器年代区分の初期ヘラドス文化期Ⅲ、紀元前二一世紀のものと推定されている。彼は、近くにあり、同時代のものとされるコパイス湖のきわめて高度な排水設備、この地域とエジプトとを結びつける古典文学の存在なども合わせて検討した結果、この時期にボイオティア[*用語解説]地方にエジプトの植民地があったと考えている。[11] これを裏づける別の証拠もあるが、『ブラック・アテナ』シリーズの続刊で取り扱うことにする。

一方、ホメロスが取り上げている伝承によれば、テーベの最初の建設者はアムピオン王とゼトス王であり、また別のもう一人の建設者であるカドモスが近東からやって来るのは、最初の都市が破壊されてはるか後のことであったとされている。アムピオン王とゼトス王の墓は、エジプトのピラミッドと同様に、太陽に関係している。ギリシアのテーベもやはり同様にスフィンクスと密接な関連がある。さらに、黄道十二宮牡牛座とも何らかの結びつきがあり、テーベとクレタ島の牡牛信仰とのあいだの類似を認める学者も少なくない。墳丘の造営や最初のテーベ建設とエジプト第一一王朝とのつながりを示す確たる証拠はないが、状況証拠なら有力なものがある。

クレタ島では牡牛信仰が信仰の中心としてその後の六〇〇年間継続した。エジプトでは紀元前二〇〇〇年直後の第一二王朝の成立とともに、王家の奉じるモントゥ信仰が放棄された。新王朝が取り入れた守護神は上エジプトの牡羊神アモン〔アメン〕であった。エーゲ海地域の、しかもゼウスに関連した牡羊信仰のほとんどは、その時代に流行していたアモン神信仰および下エジプトのメンデス神（牡羊・牡山羊神）信仰の影響を受けたものであったと考えられる。

ヘロドトス[*用語解説]やその後の著作者たちは、ヘロドトスがセソストリス〔エジプト語ではセンウセレト〕と呼ぶファラオ——第一二王朝にたくさんの同名のファラオたちがいるが——が行なった大規模な征服事業について詳細な記録を残している。しかしながら、ヘロドトスのこの件についての記述は、これまでたいへんなあざけりをもって扱われてきた。同様な仕打ちはエジプトあるいはエチオピアの王子メムノンの大遠征の伝承に対しても加えられてきた。メムノンの名前は ʾImn-m-ḥ3t（後代のギリシア人はアメネメス Ammenemēs と記している）から出ている可能性があるが、これは第一二王朝のもう一つ別の重要なファラオたちの名でもある。どちらの伝承譚も最近解読されたメンフィス出土の碑文によって史実であることが明らかになった。そこには第一二王朝の二人のファラオ、センウセレト一世とアメネメス二世によって、陸路および海路からの遠征があったことが詳しくのべられている。センウセレトのもう一つの名前である Ḫpr k3Rʿ と、伝説上のアテネの建設者で、古代史料ではエジプト人とされることもあるケクロプス[*用語解説]との間の名前の類似にも関心がもたれるところである。[12]

次にやって来た影響の大波は、伝承の上でもはっきりしているが、ヒクソス時代のものである。ヒクソスの名前は、エジプト語で「異国の支配者」を意味する Ḥk3 Ḫ3st から来ている。彼らは北方から侵入し、少なくとも紀元前一七二〇～一五七五年のあいだ下エジプトを征服し支配した。ヒクソス人[*用語解説]は他民族の、たとえばフリ人などとの関連要素はあるが、基本的にはセム系の人々であった。

古代モデルについて、私がその修正を提案したい点は、第一に、紀元前三千～四千年紀に北方からインド・ヨーロッパ語を使う人々がギリシアに侵入または浸透してきたという説を、そのまま受け入れようという点である。第二の修正は、ダナオスのギリシア上陸時期に関してであるが、これを古代の年代記どおりに、ヒクソス時代が終った紀元前一五七五年またはその直後に設定するのではなく、ヒクソス時代の開始時期である紀元前一七二〇年あたりに設定してはどうかという点である。古典古代後期以来、著述家たちは、エジプト第一八王朝によるヒクソス人撃退の記録、聖書に記されたイスラエル人のエジプト退去の物語、ダナオスがアルゴスにやって来たというギリシアの伝承などのあいだに、何らかのつながりがあることを認めていた。ギリシア人の伝承によれば、ダナオスはエジプト人かシリア人かのどちらかだとされてはいるが、彼はとりもなおさずエジプトからやって来たのであり、しかもその時は、彼の双子の兄弟で、その名も出自そのものを表すアイギュプトスとの争いの真っ最中かその直後のことであった。こうした三様の関係には現実味があり、考古学的証拠との整合性もあるという権威筋の意見もある。しかしながら、最近の放射性炭素年代測定法や年輪年代学*用語解説の発達によって、ギリシアにおける新植民をヒクソク時代末期に想定することはもはや不可能となった。これらの新証拠やクレタ島の考古学的証拠から判断するなら、上陸は紀元前一八世紀末の、ヒクソス時代開始時期に合致するように思える。

カドモスの到着およびテーベの二度目の建設の時期については、古代の記録はさまざまである。これらの伝承上のできごとがヒクソスよりも後代に起こったものと見ることは可能ではあろうが、私としてはヒクソスと関連づけて考えたい。ギリシア人の伝えるところでは、灌漑技術はダナオスによって、また特殊な武器、アルファベット、さまざまな宗教儀式などはカドモスによって持ち込まれたとされている。修正古代モデルにおいては、灌漑技術は早期の波によってもたらされたものであり、また二輪戦車《チャリオット》や刀を含めて——どちらもヒクソス時代にエジプトに導入された——その他の借用はその後短期間にエーゲ海地域に及んだものと考える。宗教については、この時期に持ち込まれてきた信仰は、ポセイドンとアテナ神を中心としたものであったようだ。前者はエジプトの砂漠や海の神であり、ヒクソスも崇拝したセト、さらにはセムのヤム（海）神およびヤハウェに同定することができると私は考えている。アテナ神の方はエジプトのネイト女神であり、またおそらくはセムのアナト（ʿAnat）神であったろう。後者はヒクソクも信仰していたようである。アフロディテやアルテミスなどの諸神もまたこの時期に採り入れられたものかもしれない。

一般にギリシア語が成立したのは紀元前一七～一六世紀のことだとされている。ギリシア語は、インド・ヨーロッパ語族としての基本的文法構造と語彙の上に、非インド・ヨーロッパ語族のより複雑な語彙が組み合わさり、混入し一体化したものである。後者の要素としてはエジプトおよび西セムから来たものが少なくないと私は見ている。長期にわたるエジプト・セム支配があったとすれば当然のことである。

第一八王朝は一五世紀中ごろにレヴァントに強力な帝国を樹立し、エーゲ海地域から貢納を受けた。第一八王朝の品々もまたこの地域で広範囲に発見されている。私はこの時期がエジプトの影響が高まったもう一つの時期であると考える。ディオニュソス〔ギリシア神話の酒の神〕崇拝がギリシアにもたらされたのもこの時期のことであろうと私は見ているが、これまで一般には、それよりも後代のこととして考えられてきたものである。デーメーテール女神〔ゼウスやヘラの姉妹〕を崇拝するエレウシス〔アテネの西北にある町〕の秘儀もまたこの時期に確立したという古代伝承があるが、私はこれもそのまま受け入れたいと思う。[13] 紀元前一四世紀初、ギリシアにはまた別の侵入があったと私は信じている。アナトリアからのペロプスあるいはアカイア人によるものである。このおかげで新しい要塞の様式だけでなく、二輪戦車《チャリオット》競争ももたらされた可能性もあるが、ここではこれ以上触れない。

紀元前一二世紀にはいっそう大きな歴史的断絶が生じた。今日私たちが「ドーリス人の侵攻」*用語解説と呼ぶものであるが、古代においては「ヘーラクレイダイ〔ヘラクレスの子孫〕の帰還」というのが通り名であった。侵入者たちがギリシア辺境の北西部からやって来たことは間違いない。彼らが破壊したミケーネ宮殿を中心とした中東文化の影響は、この地にはそれほど及んではいなかった。彼らが自分たちを「ヘラクレスの子孫」と称していたことは注目に値する。このことは彼らがヘラクレス神の血を引くものであるというだけでなく、同時にペロプスによって転覆させられたエジプトおよびフェニキア王家の後裔を称することにもなるからである。征服者たちの子孫、すなわち古典時代およびヘレニズム時代のドーリス人の王たちは、自分たちがエジプト人およびフェニキア人の子孫だと信じていたことに疑いはない。[14]

『ブラック・アテナ——I．古代ギリシアの捏造』の論点の概要

『ブラック・アテナ』第I巻で取り上げたのは、古代モデルとアーリア・モデルの形成・発展である。

第1章「古典古代における古代モデル」では、古典時代とヘレニズム時代のギリシア人が、遠い過去に対してどのように向きあっていたか、その姿勢を論じている。当時の文献が、いわゆる古代モデルの主張に合致するものであり、そこにはエジプト人によるテーベやアテネでの植民地建設、アルゴリス地方〔ペロポネソス半島東北部、アルゴス近辺〕の征服、フェニキア人によるテーベの建設などについて詳しい言及があることを検証した。次に一九〜二〇世紀の「文献批評家」によってなされた、古代モデルは紀元前五世紀にでっち上げられたものだという主張を取り上げて、これに論評を加えた。私はそれよりも数世紀も早い段階で古代モデルが存在していたことを、イコンその他の史料を用いて立証した。

次いでこの章では、ギリシアの悲劇詩人アイスキュロス〔前五二五〜四五六〕の悲劇『救いを求める人々』に焦点をあてた。この作品は、ダナオスと彼の五〇人の娘たちがアルゴスへと難を逃れる物語である。ここでは語源の考察にもとづき、この作品に用いられた特定語彙の中に、かなりのエジプトの影響が見られることを明らかにした。これによってアイスキュロスが、はるか遠い昔からの伝承に精通していたことがわかる。私がとりわけ強調したかったのは、劇のテーマ自体が、ヒケシオス（hikes(ios)、救いを求める人）とヒクソスの二つの語の語呂合わせにもとづくものであったという点である。さらには、エジプトからの移住者たちが、救いを求める人々であったと設定することによって、ギリシア人の民族的プライドをくすぐるものだったのではないかとの推測も成り立つ。エジプト人侵入の衝撃をやわらげようとする試みは、プラトンの『ティマイオス』にも見ることができる。プラトンは古代のエジプトとギリシアとのあいだに、一般的な「血縁関係」があったことを認めるにとどまらず、さらに踏み込んで、アテネとナ

イルデルタの北西端に位置する主要都市サイスとのあいだに緊密な関係が存在していたことを指摘している。しかしながら、彼はここで不可解にも、アテネの方がサイスよりも上位にあったと見なしている。

ギリシアが植民地化されたという伝承をそのまま認めることは、ギリシア文化の方がエジプト人やフェニキア人の文化よりも劣っていることを事実上認めたことになるので、アイスキュロスやプラトンも、他のギリシア人たちと同様に、心穏やかではなかったであろう。当時のギリシア人は、彼らにたいして愛憎半ばする感情を抱いていたようである。彼らは軽蔑と恐怖の対象ではあったが、同時にその歴史の古さと、宗教・哲学の忠実な継承者であるがゆえに、深い尊敬も受けていたのである。

多くのギリシア人が、エジプト人に対する嫌悪感を克服し、民族的偏見を最小限にくいとめて、この植民地化の伝承を後世に伝えてきたという事実に感銘を受けたのは、一八世紀の歴史家ウィリアム・ミットフォードであった。彼はこれらの伝承がどのような状況のもとで維持されてきたのか、その本質を見るなら、伝承の信憑性について何の疑念もないと主張した。彼の見解を前にして、古代モデルへの疑念を口にしたものは誰もいなかった。したがって、古代モデルを擁護するための弁明を、あれこれとひねり出す必要もなかったのである。トゥキュディデス*用語解説が、この伝承を知らなかったはずはない。だが彼は沈黙したままであった。民族的偏見がそうさせたのであろうか。

さらにこの章では、ギリシアとエジプトの特定の神々と宗教儀式とのあいだには対応関係が見られ、より古い形をとどめているのはエジプトの方であること、またエジプト宗教こそがその起源であることについて論じている。遅くとも紀元前五世紀に至って、エジプト神崇拝が、エジプトでの神の名前や儀式もそのまま変更を加えることなく、ギリシアや東地中海、後にはさらに全ローマ世界で始まるのはなぜか。この疑問に答えるためには、もともとの古い宗教形態にまでさかのぼって検討しなくてはならない。エジプト宗教がキリスト教をはじめとするオリエント宗教によって取って代わられるのは、紀元後二世紀になってエジプト宗教が崩壊した後の話にすぎない。

第2章「エジプトの英知とその後の西欧へのギリシア人による伝播」では、教父たちのエジプトに対する姿勢を考察している。キリスト教思想家たちは、新プラトン主義*用語解説、非キリスト教徒ギリシア人により引き継がれたエジプト宗教、グノーシス主義*用語解説などを打ち破った後、エジプト宗教を哲学に仕立て直すことによって、これを無害化してしまった。このプロセスは、エジプトの知恵の神であるトト神に、エウヘメロス説*用語解説〔神は人間英雄を神格化したものだとする説〕をほどこしたり、これを合理化することにより、この神をヘルメス・トリスメギストス〔三重に偉大なるヘルメスの意〕と同一化させる動きと符合していた。エジプト宗教の最後の数世紀のあいだに著されたトト神に関連した数多くの文献は、ヘルメス・トリスメギストスの手になるものだとされている。トリスメギストスとその教えが、時代的にモーセ〔ヘブライ人預言者で、ユダヤ人の祖〕やキリスト教倫理よりも先行したものであるかどうかについて、教父たちのあいだで意見が分かれていた。重鎮聖アウグスティヌス〔三五四～四三〇〕の裁定により、モーセと聖書の側に一応の軍配が上がり、その権威と優位性が認められた。とはいえ、教父たちは依然として、ギリシア人の哲学のほとんどはエジプトから学んだものであることを――よしんばエジプト人の側にあっても、彼らの哲学の幾分かは、メソポタミアやペルシアから取り入れられたものであったにせよ――固く信じていた。このようにして、中世時代を通じて、ヘルメス・トリスメギストスは、非聖書的あるいは非キリスト教的哲学・文化の創始者として見なされていた。

　このような見方はルネサンス期を通じても変わることはなかった。一五世紀になって、ギリシア学の復興があり、ギリシア文学や語学への愛好、ギリシア文化への帰属意識などが発生した。しかし、かつてギリシア人とエジプト人とは師弟関係にあったことは自明のこととして受け入れられていたので、このことに疑問をいだく者はなかった。当時エジプトに対する関心も、熱気とまではいかないにしても、決してギリシアにひけをとるものではなかった。ギリシア人が賞賛を受けたのは、エジプト人のもっていた古い英知の何がしかを継承し、これを後世に伝えたからであった。ルネサンス期のスイスの医科学者パラケルスス〔一四九三～一五四一〕*用語解説やニュートンなどの実験技術の展開には、失われたエジプトやヘルメスの英知を回復する意図が働いていた。暗黒時代から中世にかけて、ラテン語に翻訳されたヘルメス関係の文書がいくつか用いられていたが、一四六〇年に大量の文書が発見され、フィレンツェの支配者メディチ家のコジモ〔一三八九～一四六四〕のもとへと持ち込まれ、当代随一の哲学者マルシリオ・フィチーノ〔一四三三～九九〕の手で翻訳された。これらの文書やそこに含まれた思想は、フィチーノによって蘇《よみが》えった新プラトン主義の、さらにはルネサンス人文主義の中核を形成することになる。

コペルニクス〔ポーランドの天文学者、一四七三～一五四三〕の数学はイスラム科学から派生したものであるが、彼の太陽中心説はエジプト的太陽観の復活と関わりをもっている。太陽中心説は、ヘルメス主義*用語解説という新たな知的環境のもとで復活を遂げたのであり、彼自身の思想もまたその中で形成されたのである。一六世紀末にコペルニクスを支持したのはジョルダーノ・ブルーノ〔イタリアの哲学者、一五四八～一六〇〇〕であった。彼は臆《おく》することなくフィチーノのキリスト教的新プラトン主義・ヘルメス主義を踏み越え、コペルニクスの説にもとづく彼の宇宙論を展開した。宗教戦争や宗教的非寛容に対する危機感から、彼は宗教の基本である自然宗教、すなわちエジプト宗教への回帰を主張した。このため一六〇〇年異端審問にかけられ焚刑《ふんけい》に処せられた。

ブルーノの死に続くのが、**第3章「一七～一八世紀におけるエジプトの勝利」**である。ブルーノの影響は彼の死後もなお継続した。彼と薔薇十字団の創設者とのあいだには、何らかの接触があったようである。この組織は謎に満ちており、とらえどころがないのが特徴であるが、彼らの文書は誰の手になるものかは不明のままに、一七世紀初頭には多くの人々を惹きつけていた。この薔薇十字団もまた、エジプトを宗教および哲学の発祥地とみなしていた。ヘルメス文書*用語解説の権威が失墜したのは、一六一四年に碩学イザーク・カゾボン〔一五五九～一六一四〕によって、この文書が言われているほどに古いものではなく、せいぜいキリスト教成立後のものにすぎないことが立証されたことによるものだと、一般的には見られている。このような見解は一九世紀に始まったものであるが、「反骨」の学者フランシス・イェーツ〔イギリスの歴史家、一八九九～一九八一〕までもが賛同する有様であった。そして、今日に至るまでも依然受け入れられているのである。私は、エジプト学のフリンダーズ・ピートリ卿〔一八五三～一九四二〕の提起している説、すなわちこの文書の中でもっとも古いものは、紀元前五世紀にまでさかのぼるという説を有力視しているが、

第3章においてその理由を明らかにするつもりである。正確な文書の成立がいつだったかという問題はさておき、カゾボンがこの文書の信用を打ち砕いたというのはまったくの誤りである。ヘルメス主義は一七世紀後半に入ってからも依然として勢力を保ち、その後に至っても相当の影響力を残していた。この文書の魅力が失せてきたのは、一七世紀末に上層階級での魔術信仰が下火になってきたのと歩調を合わせたものであった。

啓蒙主義思想家たちのヘルメス文書への関心が薄れてきたとはいえ、彼らのエジプトへの興味や評価が低下したわけではない。全体として、一八世紀は古典主義の時代であり、尚古と安定志向の気風のみなぎった時代であった。このため、ギリシアよりはローマの方が時代の好みに合致していた。また、ヨーロッパの遺物である封建制度や迷信的キリスト教からの脱皮をはかるうえからも、他の非ヨーロッパ文明への関心がおおいに高まった時期でもあった。この世紀にとりわけ大きな影響を与えたのは、エジプトと中国であった。どちらも優れた文字使用の体系を持ち、表音文字ではなく表意文字を用い、深遠で歴史のある哲学をもっていた。しかしながら、もっとも魅力的だったのは、どちらにおいても迷信ではなく理性による統治が行なわれ、役人には倫理的に優れた者が選抜され、しかも厳しい教育と訓練を経て初めてその任に就くことができたことであった。

エジプトの聖職者制度は、少なくともプラトンが彼の守護者としての範をそこに定めて以来、保守的思想家たちにとっては憧れの的であった。一八世紀になって、この伝統はフリーメイソン（石工職人組合を起源とする秘密結社）たちによって受け継がれていった。もっとも中世時代においてもフリーメイソンたちのエジプトへの関心はきわめて高かったように見える。彼らは、幾何学や石工術《メイソンリー》の故郷はエジプトであるという古代伝承を信じていた。一八世紀初に思索的フリーメイソンが形成され、それが薔薇十字団やブルーノの二重哲学の発生を促すことになった。この哲学によれば、大衆は迷信や宗教の制約の内にとどまらざるを得ないが、開明的な知識人はエジプト宗教に回帰すべきだという。エジプト宗教こそは自然で純粋な本来の宗教であり、その他のあらゆる宗教はその残滓《ざんし》からでき上がったものにすぎないと考えるからである。一八世紀の主要人物のほとんどはフリーメイソンだったと見てよかろう。彼らは自分たちの宗教はエジプト宗教として、彼らが用いる各種の独特の標識はヒエログリフ（聖刻文字）として、またロッジと称される集会所はエジプト神殿としてみなしていただけでなく、自らをエジプト神官階級にあたるものとして位置づけていた。フリーメイソンのエジプト崇拝は、エジプトの威信が学者・知識人のあいだで下落した後もなお生き延びている。フリーメイソンは今日ではやや身を低くしてはいるが、カルトとして依然健在である。ただし、「真の」歴史はギリシアに始まると信じてやまぬ世界の中にあっては、孤立した異端者としてではあるが。

急進的フリーメイソンが最高潮に達し、キリスト教的秩序がもっとも深刻な危機に直面したのは、フランス革命の時期であった。政治的、軍事的脅威と足並みをそろえて、知的分野からやって来た挑戦者こそ、偉大なフランス人学者で聖職者との対決をも辞さない革命家のシャルル・フランソワ・デュピュイであった。彼は著作の中で、エジプト神話――ヘロドトスにならって、彼はこれをギリシア神話と同一視している――は基本的に星座の動きの寓話化によって構成されたものであり、またキリスト教はこれらの伝承の断片を寄せ集め、間違った解釈を加えたものにすぎないと断じている。これがデュピュイからの脅威というものであった。

第4章のテーマは「一八世紀におけるエジプトに対する敵対意識」である。キリスト教に対してエジプトが脅威となっている以上、これへの反撃が始まったのは当然のなりゆきであろう。ブルーノを焚刑に処したのも、カゾボンがヘルメス文書の成立年代に関する論争を挑んだのもその表われであった。しかし再度火の手が上がったのは、一七世紀末にフリーメイソン組織の再編が行なわれ、急進主義が採用された時である。「急進的啓蒙主義」による脅威がいかに大きなものであったかは、ニュートン〔一六四二～一七二七〕のエジプトに対する態度が一変したことにもよく表れている。ニュートンの初期の作品では、ケンブリッジの新プラトン主義者にならって、エジプトへの敬意を忘れてはいなかった。ところが晩年の数十年間は、エジプトの建国はトロイ戦争〔前一二〇〇年頃のギリシアと小アジアのトロイとの戦争〕の時期にまで引き下げるべきだと主張するなど、エジプトの評価を低めることに躍起となっていた。ニュートンは自ら解明した物理的法則・秩序およびその神学的・政治的表現である恒常不変の神性への信仰、ホイッグ党立憲王政などが脅威にさらされていることに危機感を抱いていたのであろう。*用語解説汎神論によれば、宇宙の営みの中に主宰者も創造主も要らないことになる。これこそ大きな脅威であった。

汎神論はスピノザ〔オランダの哲学者、一六三二〜七七〕に至る前をたどるなら、ブルーノ、新プラトン主義、さらにはエジプトにまでさかのぼることができる。急進的啓蒙主義の挑戦に対して最初の体系的な反論を行なったのは、ニュートンの友人で懐疑論者の古典学者リチャード・ベントリーであった。この反論は同時に科学、政治、宗教の分野でのニュートン主義者によるホイッグ党政策を世に知らしめる最初期の文書でもあった。ベントリーが彼自身およびニュートンへの敵対者に対して採用した戦術の一つは、カゾボン的手法を用いることであった。ベントリーは自分の古典学の学識を活かし、ギリシア文献の成立年代やそのエジプトに関する記述についての信憑性を覆そうと試みた。このように一八〜一九世紀にかけて、ギリシア古典研究や文献批判学は、キリスト教擁護運動と事実上一体化していたのである。エジプトとフリーメイソンの結びつきから生じた脅威と比較するなら、シェリー〔イギリスのロマン派抒情詩人、一七九二〜一八二二〕やスウィンバーン〔イギリスの詩人、一八三七〜一九〇九〕などのギリシア贔屓《びいき》の無神論者が引き起こした散発的な混乱などは、たいしたことではなかった。

ニュートンがエジプトの地位を引き降ろそうとしたのは、ギリシアを持ち上げるための意図的なものではなく、ただたんに、キリスト教との関係において成り行き上そうなってしまったまでの話であった。しかし一八世紀半ばに達する頃には、多くのキリスト教擁護者たちが、「新しいものほど優れている」という「進歩」のパラダイムを受け入れつつあった。天秤の片方が上がればもう一方は下がるのと同じで、エジプトが下がったおかげでギリシアは上昇した。この新思考は、当時肩を並べて勢いを増しつつあった二つの思想潮流、すなわち人種主義とロマン主義に程なく合流することになる。

第4章では、一七世紀末における肌の色にもとづく人種主義の高まりについても取り上げている。ここでは、先住民絶滅と黒人奴隷化とを政策の両輪として強力に推し進められた、アメリカ植民地化の動きと合わせて見ておくことにする。人種主義はロック〔イギリスの哲学者、一六三二〜一七〇四〕、ヒューム〔イギリスの哲学者、一七一一〜七六〕などをはじめとするイギリス思想にもその影を落としている。彼らの影響は、ヨーロッパ人の大陸探検家たちへと同様に、とりわけゲッティンゲン大学においても顕著であった。この大学は一七三四年にハノーバー選挙侯も兼ねたイギリス国王ジョージ二世によって創設され、イギリス・ドイツ間の文化的架け橋となった。この大学における人種分類に関する最初の学問成果は、一七七〇年代にブルーメンバッハ教授〔ドイツの人類学者、一七五二～一八四〇〕によって唱えられた。人種階梯の最上位に位置するのは白人、すなわち彼自身の用語で言えば「コーカソイド〔白色人種〕」だという説である。奇とするには及ぶまい。

ゲッティンゲン大学は、近代的学問確立の上でのパイオニア的存在であった。ほぼ時を同じくして、その他の教授たちも世にその成果を問い始めた。とりわけ歴史学の分野では、個人史ではなく、民族や人種の歴史とその社会制度に関する研究書が次々と出版された。これらの最新の研究は、徹底した史料批判の手法を採り入れたものであるが、当時ドイツやイギリス社会で流行していたロマン主義者の民族特性へのこだわりが、科学の装いをまとったものとみなしてもよかろう。一八世紀ロマン主義は、たんに感情を至上のものと考え、理性の限界を主張するなどという一本調子のものではなく、活力に満ち、堕落とは無縁で、素朴な人々へのあこがれ、さらには、彼らを生み出した景観、地勢、とりわけ未開地、遠隔地、寒冷地への尊崇の念などで彩られたものであった。こうした感情は、ヨーロッパの風景や気候が他大陸よりも優れており、ヨーロッパ人が他の人種・民族よりも秀《ひい》でているという信念と結びついたものであった。それを代表するのが、モンテスキュー〔フランスの政治思想家、一六八九～一七五五〕とルソー〔フランスの思想家、一七一二～七八〕であるが、そのもともとのルーツはイギリスとドイツにあったのである。

一八世紀末までには「進歩」概念が支配的パラダイムとなり、安定よりはダイナミズムと変化に重きが置かれ、世界の理解は、距離的空間ではなく、時の流れを軸にして行なわれるようになった。しかしながら、ロマン主義においては、それぞれの住民や民族はその土地の特性に応じて形成されると考えるため、空間は依然として重要な要素であった。民族は時代とともにその形を変えるが、エッセンスだけは不変のままに保存されていくと信じられた。真のコミュニケーションは、もはや、合理的人間なら誰でも備えている理性によって達成されるものではないと考えられるようになった。そして今やそれを可能とするのは、親族関係すなわち「血」のつながりと、共通「遺産」を分けあうものだけがもつ特別な感情のみに限られることになった。

話題を人種主義に戻そう。古代ギリシア人は今日のナショナリズムに似た感情を少なからず持っていた。彼らは他民族を蔑視しただけでなく、中にはアリストテレスのように、ギリシアの地理的位置を根拠に、ギリシア人がいかに優れているかを理論的に裏づけしようとする者も出てきた。この感情に幾分なりともブレーキをかけていたのは、当時の多くのギリシアの著作家たちがいだいていた外国文化、とりわけエジプト、フェニキア、メソポタミアなどの文化に対する心からの尊敬心であった。しかしいずれにしても、この古代ギリシア人の「ナショナリズム」は、一八世紀末にロマン主義の流行とともに北ヨーロッパを席巻《せっけん》し、キリスト教ヨーロッパと北方信仰と結合した、民族的偏見と人種主義の大波に比べれば、まことに他愛のないものであった。「人種」のパラダイムは本質的に人間の精神と肉体において生得的優劣があることを前提とするが、これが学問のすべての分野にわたって浸透し始めた。とりわけそれが顕著だったのは歴史学であった。人種混合は破滅的とは言わないまでも、望ましくないものとされるようになった。文明が創造力を維持するためには「血の純潔」を守ることが必要とされた。ロマン主義的考えによれば、ギリシアはたんにヨーロッパの理想を体現しているだけでなく、ヨーロッパの無垢な幼年時代であった。したがって、ギリシアがヨーロッパの原住民と、これを植民地化したアフリカ人・セム人との混合の産物であると考えることは、ますます耐えがたいものとなってきたのである。

第5章「ロマン主義言語学――インドの上昇とエジプトの下降　一七四〇〜一八八〇年」は、まず最初に、ロマン主義に起源をもつ歴史言語学および一八世紀初の古代インドに対する関心[*用語解説]の高まりについて取り上げている。どちらもサンスクリット語とインド・ヨーロッパ語族とが、基本的に親縁関係にあることが判明したことによって始まったものである。次いで、ヨーロッパにおける中国の評価が、貿易においてヨーロッパが優位に転じたこと、イギリスおよびフランスの中国攻撃がますます激しさを加えていったことなどを受けて、急速に低下していく様子を追っている。これらの要素が、かつては洗練され進んだ文明をもつ国から、麻薬、腐敗、堕落、苦難に満ちた国へと、そのイメージを一変させる原動力となった。古代エジプトもまた、一八世紀においては、中国に重ねあわせて見られていたものであるが、ヨーロッパ人の他大陸への進出と先住民虐待が強まり、その合理化が図られる中で、同じ命運をたどっていった。両者ともに、人類の中の至上最高の存在であるアーリア人とセム人のダイナミックな発展に奉仕すべき踏み石として、有史前の世界へと投げ込まれてしまった。

エジプトの名声が地に墜ちたにもかかわらず、エジプトへの関心自体は一九世紀を通じて保たれていた。それどころか、ある面ではいっそう強まったともいえる。一七九八年のナポレオンのエジプト遠征がきっかけとなり、エジプトに関する知識が一気に拡大したからである。なかでももっとも重要なものは、シャンポリヨン〔フランスのエジプト学者、一七九〇〜一八三二〕のヒエログリフ(聖刻文字)の解読であった。この章ではシャンポリヨンの複雑な学問的動機・背景、研究者としての歩みを、フリーメイソンとの関係、さらには古代エジプト・古代ギリシア・キリスト教の三者関係などの社会背景の中に、跡づけようとしている。ここでは彼が死を迎える一八三二年までに、彼のエジプト擁護の姿勢が、体制側のキリスト教政治勢力と、新興の親ギリシア《フィルヘレニック》精神旺盛な学者勢力の双方から、二重の反感を招いていたことだけを指摘しておく。シャンポリヨンの解読は当初熱狂をもって迎えられたが、たちまち忘れ去られてしまい、四半世紀にわたって棚ざらしにされてしまった。それがやっと息を吹き返すのは、一八五〇年代後半になってからのことである。しかし、依然、学者たちは、エジプトやシャンポリヨンの業績を評価する立場と、その当時の強力な人種主義とのあいだの大きな亀裂に悩まされた。一八八〇年代末までに、学者たちはエジプト文化を、発展の望みのない、停滞した不毛なものとしてみなすようになっていた。

一九世紀には、多くの数学者や天文学者が、ピラミッドの数学的エレガンスの誘惑に抗しきれず、その虜《とりこ》となってしまった。ピラミッドは高度な古代知識・技術の詰まった宝庫だと彼らは信じた。そのおかげで彼らは変人のレッテルを貼られ、専門的アカデミズム、人種主義、そして「進歩」の概念という一九世紀の三大基本理念に楯突く者として敵視された。「健全」な学者たちにとって、エジプト人の評価は依然として低いものであった。一八世紀末〜一九世紀初めのロマン主義の学者は、エジプト人を本質的に不健全で活力に欠ける人々だとみなしていた。一九世紀末になると、これまでとは多少の趣は異なるが、しかし侮蔑的という点ではなんら変わりのない、新手のエジプトイメージが現われてきた。当時のヨーロッパ人がいだいていたアフリカ人のイメージに合わせたエジプト人像である。すなわち、同性愛と享楽に耽溺し、子どもじみた空威張りが好きで、精神性に欠けた物欲だけの人間だというのである。

この新たな動きを別の視点からとらえるとどうなるであろうか。黒人奴隷化と人種主義が勢いを得るにしたがい、ヨーロッパの思想家たちには、黒人であるアフリカ人を可能な限りヨーロッパ文明から遠ざけようとする意志が働き始めた。エジプト愛好家であるフリーメイソンたちは、中世・ルネサンス期の人物でエジプト人としての肌の色がはっきりとしない場合には、男女を問わず白人とみなす傾向があった。次に、一九世紀初のギリシア愛好家たちは、逆に彼らが白人であることに疑いをもち、さらには彼らが文明化されていたことまで否定し始めた。エジプト人がアフリカ人と親縁関係にあることが再び主張されるようになるのは、一九世紀末になってからのことで、エジプト人が哲学とは縁もゆかりもない存在であったとしきりに喧伝されたことを受け入れたことで、そうなったのである。ここで注意しておかなくてはならないことは、いずれの場合にも、黒人と文明とのあいだには、はっきりと一線を画す必要があったということである。しかしながら、ヘレニズムの勝利とエジプトの切り捨てがあったにもかかわらず、エジプトが「文明の揺籃」であったという説が完全に払拭されたわけではなかった。エジプト宗教や哲学を賛美する「訳のわからぬ怪しげな声」が飛び交う一方で、「まともな」エジプト学の専門家たちはいらだちを覚えていた。エリオット・スミス〔オーストラリアの人類学者、一八七一〜一九三七〕の「伝播論」と長い伝統をもつ「ピラミッド学」とは、これらへの抵抗勢力であった。両者について、この章で触れておきたい。

第6章は「ギリシア至上主義　その1――古代モデルの衰退　一七九〇〜一八三〇年」と題している。人種主義こそは、つねに古代モデルの主敵の一つであり、同時にアーリア・モデルを支える大黒柱でもあった。これに同調して、一八〜一九世紀初にかけて、エジプト宗教、知識を脅威と感じ、危機感をもったキリスト教徒が、エジプトの評価を下げようと懸命になっていた。彼らは、ギリシア文献の中でエジプトの役割の重要性がのべられている箇所を見つけ出してきては、これに異論を唱え、ギリシアの創造性の源はすべてギリシア人自身の中にあったと主張して、エジプトによる影響の排除に努めた。古代モデルに対する最初の攻撃が行なわれたのは、一八一五～一八三〇年であった。この時期はフランス革命後のフリーメイソン合理主義に対する反動が吹き荒れるとともに、ロマン主義とキリスト教復活の時期でもあったという点できわめて重要である。さらには、キリスト教とヨーロッパとが一体化したことにより、両者は親ギリシア主義《フィルヘレニズム》の時代風潮の中で、進歩の概念とも結びつくことになった。親ギリシア主義《フィルヘレニズム》は、「古き」アジア人、異教徒トルコ人に対して、勇猛果敢に戦いを挑むキリスト教徒、ヨーロッパ人、「若き」ギリシア人たちをおおいに鼓舞激励するものであった。

一八二〇年代にゲッティンゲン大学教授のカール・オットフリート・ミュラーは文献批判に新しい技術を導入し、エジプトによる植民地化について記したあらゆるギリシア文献の信憑性を失墜させるとともに、フェニキア人に関するそれについても少なからぬ打撃を与えた。このような手法は、ここで初めて出てきたものではない。多くのギリシア人が、文化習得のためエジプトの地を訪れたことを示す文献の攻撃にも、すでに採用されたものであった。ギリシア文化が本質的にヨーロッパ的なものであり、哲学と文明はギリシアに始まるという新たな信仰の前に、障害物として立ちはだかっていたのが、他ならぬ古代モデルであった。インド・ヨーロッパ語族という概念が一般に受け入れられるのは、この時期よりも後のことであるが、それよりも前の段階ですでにこの障害物を「科学的に」除去しておく必要が生じていたのである。

第7章のテーマは「**ギリシア至上主義　その2——古代学のイギリスへの伝播とアーリア・モデルの興隆　一八三〇～六〇年**」である。古代・近代優越論争における古代支持派とは異なり、アーリア・モデルの主唱者たちは「進歩」の信奉者でもあった。勝利者は敗北者よりも一段高い進歩を遂げていたからそうなったのであり、したがって「より優れている」ことを証明したものと解される。今や歴史は民族の伝記となり、そこには強くたくましい者がそうでない者を屈服させた記録で満たされるものとなった——たとえ、表面的、一時的な変則が生じたにしても。「民族」は故郷の土地と気候とによって形成されるものであり、時代の流れの中では、見た目での変化はあるにしても、そのエッセンス自体は決して変わることなく受け継がれていくものだと考えられた。アーリア・モデル支持の学者たちにとっては、世界史においてもっとも優れた存在は、言うまでもなく、ヨーロッパ人すなわちアーリア人であった。過去、将来ともに唯一彼らだけが、他のすべての人々を征服し、より進歩したダイナミックな文明を創造する能力の保有者であるとされた。アジア人やアフリカ人はこれとは対極に位置し、彼らの支配する社会は停滞そのものであった。ヨーロッパ人の周辺にあるスラブ人やスペイン人は、他民族による征服を受けることがあるかもしれないが、しかし、ヨーロッパ人による劣等民族征服の場合とは事情が異なるので、それは長続きもしなければ恩恵をもたらすこともないという。

「人種」と「進歩」のパラダイム、その当然の帰結である「民族の純潔」、さらには人種・民族における主従の秩序に従った征服は利益をもたらす、などといった理論が、古代モデルと共存できるはずもなかった。エジプト人がギリシアを植民地化したという伝承に対するミュラーの反証が受け入れられるのに時間はかからなかった。アーリア・モデルはミュラーの成功の踵《きびす》に接して、新しいパラダイムの枠組みの中で形作られていった。アーリア・モデルにとって有利な条件もいくつかあった。その第一はインド・ヨーロッパ語族の発見であった。「インド・ヨーロッパ」あるいは「アーリア」の語は、やがて言語だけでなく人種や民族を表す語としても用いられるようになった。第二に、インド・ヨーロッパ祖語を使用した人々の故郷の推定地が、中央アジアとされたことが挙げられる。第三として、ギリシア語が基本的にはインド・ヨーロッパ語族に属することを説明する必要性が生じてきたことである。有利な条件はこれだけにとどまらなかった。一九世紀初め、まさにこれらと時を同じくして歴史への関心がにわかに高まってきた。一つは五世紀の西ローマ帝国におけるゲルマン族の大規模な侵入、もう一つは紀元前二〇世紀におけるアーリア人のインド征服の二つの話題がきっかけであった。北方征服モデルをギリシアへ適用するとどうなるか。活気に満ちた北方からの征服者たちが、自分たちの故郷が発動する力によりギリシア北部へと移動してきた。一方、「先ギリシア人《プレヘレネス》」

としての原住民たちは、故郷の温和な気候によってすでに順化されていた。これがその図式である。わかりやすく、なかなか魅力的なものであった。ギリシア文化の中には、現に多くの非インド・アーリア的要素がある。このためアーリアとしてのギリシアの完璧な純粋性という理想的な形は望むべくもなかったが、それでも北方征服説は、避けることのできない人種混合の痛みを最小限に食い止めることはできそうであった。より純粋で、より北方的なギリシア人は、主人としての資格を十分に備えた征服者であった。先ギリシア人《プレヘレネス》としてのエーゲ海住民はしばしば周辺的ヨーロッパ人と見なされていたが、つねに白人としての扱いは受けていた。このようにして、ギリシア原住民がアフリカ人やセム人の「血」によって汚される危機は回避されたのである。

第8章「フェニキア人の興隆と衰退　一八三〇～八五年」では、まず「セム人の血」問題から取り上げる。ミュラーの一八二〇年代の著作によれば、フェニキア人によるギリシアへの影響はなかったとされている。しかし彼は自らのロマン主義において極端に走り、人種主義と反ユダヤ主義においても時代に先んじていた。ある意味では、エジプト人評価の下落の結果として利を得たのはフェニキア人自身であった。エジプト人がギリシアを植民地化したという伝承は、フェニキア人に置き換えて解釈できることになったからである。意図的かどうかは別にして、フェニキア人は古代ユダヤ人であり、商才豊かな「セム人」であったという説がヨーロッパ知識人の常識となった。一九世紀中葉における世界史のとらえ方は、アーリア人とセム人との対話であるとの考えが主流であった。セム人は宗教と詩の創造者であり、アーリア人は征服、科学、哲学、自由、そしてもつに値するすべてのものを創り出した人々であった。このようなセム人の評価にあらかじめ一定の枠をはめてしまうやり方は、ユダヤ人への宗教的憎悪の消失と、「人種的」反ユダヤ主義の高揚との中間期にあった、いわゆる西ヨーロッパでの制限つきの「機会の窓」と変わるところはなかった。伝統的にイギリスはユダヤ人に対する愛と憎しみが混在する国であるが、概してフェニキア人に対しては賞賛の気持ちを強くもっていた。というのも、彼らは布の売買、市場開拓、商道徳の公正さにおいて、きわめてヴィクトリア時代的だとの評価が、イギリス人だけでなく、その他の国の人々からも与えられていたからである。他方、大陸諸国にあっては、フェニキア人やその他のセム人が、贅沢、残忍、狡猾であるとの反感はつねに存在しており、一般的にはそれが通り相場となっていた。

イギリス的であり同時にオリエント的でもあるとされたフェニキア人に対する憎悪は、フランスの偉大なロマン主義歴史家ジュール・ミシュレ〔一七九八〜一八七四〕においても際立っていた。彼のフェニキア人に対する見方は、一八六一年に出版されたフローベール〔フランスの小説家、一八二一〜八〇〕の大ヒットした大衆的な歴史小説『サラムボー』の中で、いっそう拡大利用された。この小説では退廃の極にあったカルタゴが生き生きと写し出されているが、これがただでさえ広がっていた反ユダヤ、反オリエントへの偏見をいっそうあおりたてた。さらに大きな打撃を与えることになったのは、精彩な筆致で描かれたモロク神への子どもの人身御供の物語である。この聖書のおぞましい話が作り出した大衆の嫌悪感は、カルタゴ人やフェニキア人へと向けられることになり、もはや彼らを擁護することは事実上困難となった。このようにして彼らに対する高い評価は、一八七〇〜八〇年代に急速に降下していった。その速度はユダヤ人に対するそれを上回るものであった。

第9章は「フェニキア問題の最終的解決　一八八五〜一九四五年」である。一八八〇年代におけるフェニキア人の名声の失墜、反ユダヤ主義の拡大の背景にあったのは、絶えざるフェニキア人攻撃であった。その攻撃は、フェニキア人がギリシア人と接触し、影響を与えたという伝承が取り上げられる時、とりわけ苛烈さを増した。ギリシアはすでに半ば宗教的崇拝の対象のごとく祭り上げられていたのである。

一〇年後の一八九〇年代に、短いものではあったがきわめて大きな影響を与えた二つの論文が発表された。イタリアで教鞭をとるドイツ人学者ジュリアス・ベロッホ〔一八五四〜一九二九〕と、アルザスの帰化ユダヤ人でパリの文化人・学者社会の中心にいたサロモン・レナック〔フランスの考古学者・言語学者、一八五八〜一九三二〕の手になるものである。両者ともにミュラーに対しては先駆者としての高い評価を与えているが、この他にギリシア文明は純粋にヨーロッパ的なものであり、フェニキア人のギリシア文化への寄与はアルファベット子音文字を伝えたことを除いて何もなかったと主張した。むろん多くの学者はこの立場をそのまますんなりと受け入れたわけではないが、それでも私が「急進アーリア・モデル」と呼ぶこの立場の基礎は、二〇世紀が始まるまでには強固なものとなっていた。一つ例を挙げておこう。一八七〇年代のシュリーマンによるミケーネ文明*用語解説の発掘と、一九〇〇年にアーサー・エヴァンズ〔イギリスの考古学者、一八五一～一九四一〕がクレタ文明の中心、クノッソス宮殿を発掘したことに対する反応は、きわめて対照的であった。前者の場合、遺跡は古典ギリシア時代のものとは完全に様相が異なっていたために、当初フェニキア人の残したものではないかとの説を唱える学者もいた。その後の一〇年は、もっぱらこの説の打ち消しにエネルギーが注がれたと言ってもよい。これにひきかえ後者の場合は、発見から間髪置かずに「ミノア*用語解説」という新しい名前がつけられたうえで、「先ギリシア」的なものだとされた。むろんそこには「セム」の「セ」の字すら顔を出す余地はなかった――クレタ文明はセム人が作り上げたものだという古代伝承はまったく無視されたのであった。

　フェニキア人がギリシアに影響を与えたという説が最終的に葬り去られてしまうのは、反ユダヤ主義の動きが強まっていく一九二〇年代になってからのことであった。反ユダヤ主義は、ロシア革命と社会主義・共産主義者国際組織の第三インターナショナルにおけるユダヤ人の果たした実際上および想像上の大きな役割がきっかけとなって、いっそう拍車がかかることになった。フェニキア人がギリシアを植民地化したという伝承は、紀元前九～八世紀にフェニキア人がエーゲ海およびイタリアを航海していたという記録とともに、一九二〇～三〇年代にきれいさっぱりと洗い流されてしまった。ついでにギリシアの地名や言葉でこれまでセム語起源ではないかとされていたものまでもが、すべて否定されてしまった。

　唯一消し去ることのできないセム文化からの借用が、アルファベットであった。しかしそれについてさえ、影響を最小限に押さえ込むために、涙ぐましいほどの努力がなされた。まず最初に、ギリシア人が発明したとされる母音字の重要性が強調された。これこそ「本物のアルファベット」にとって欠かせないものであり、これなくして人間の論理的思考は不可能だという議論であった。二番目に、アルファベットの借用がどこで行なわれたかという問題である。その場所はロードス島、キプロス島などを転々としたあげくに、存在したとされるシリア沿岸のギリシア植民地に落ち着くことになった。「ダイナミック」なギリシア人が、中東の地から自ら持ち込んだものだとする方が、彼らの性格に合致しているように思えたからである。伝承にあるような、セム人の手を経て受け入れたとするならば、受身になってしまう。それに加えて、借用したことにすると、いかにも社会的な混交があったかのような印象を与えてしまう。ギリシアでの「人種的汚染」は、あってはならないことであった。三番目に、アルファベットの伝播時期は、紀元前七二〇年頃にまで引き下げて設定された。こうしておけば、余裕を持ってポリスの成立および古典ギリシア文化形成時期以降のできごとにすることができた。こうすると、エヴァンズが発見した線文字の消滅とアルファベットの導入までのあいだに、長期にわたる無文字時代が出来てしまうのであるが、これにはかえって好都合な面もあった。第一に、無文字社会における盲目の吟遊詩人とされるホメロスを、北方イメージを保ちつつ、時代的*用語解説に矛盾なく取り込むことができる。第二に、ミケーネ時代と古典時代とのあいだに遮断壁、すなわち完全な暗黒時代を築くことができる。後のギリシアの文献にのべられた古い時代の歴史や古代モデルは、このようにして次々に信用を失墜させられていった。

一九三〇年代は「ハード」な科学が推し進められる中で、実証主義がその力を失っていったが、論理学や古代史などの周辺領域では逆に力を得ていった。このようにして、古典学においてはフェニキア問題はきれいに片付き、これからは後顧の憂いなくひたすら「科学的」な研究に邁進するのみとなった。すなわち当世風に言えば一つのパラダイムが成立したのである。これを否定する学者は、無能、不適格者、変人として社会から爪弾きされた。この傾向は、一九四五年に反ユダヤ主義の行き着く先が明らかになり、反フェニキア主義の思想的な基礎が根底から揺らいでから三〇年以上たっても依然として残っていた。しかしながら、長い目で見るなら、「急進アーリア・モデル」の戦線は縮小をたどっている。

こうした経過を見ていくのが、**第10章「戦後の状況——穏健アーリア・モデルへの回帰　一九四五〜八五年」**である。

フェニキア人復権へのきっかけとしては、ホロコーストよりも、おそらくイスラエル建国の影響の方が大きかったであろう。一九四九年以降ユダヤ人、あるいは少なくともイスラエル人は、完全なヨーロッパ人としてますます広く受け入れられるようになっていた。そしてセム語使用者がいつも戦に負けてばかりいるのではないことを誰の目にもはっきりとさせた。さらに一九五〇年代はユダヤ人が自らのルーツがセムであることにおおいに自信を深めていった時期でもあった。

このようなユダヤ人の意識変化の中で、あるいはそれに加えて多分に正統ユダヤ主義やシオニズムの排他性への反発から、サイラス・ゴードンとマイケル・アストゥアの二人の偉大なセム学者が、一つのまとまりとしての西セム文明の擁護に立ち上がり、「急進アーリア・モデル」に対する攻撃を始めた。ゴードンは古代東地中海地域の言語に関して当代随一の学者であるが、彼のライフワークはヘブライ文化とギリシア文化の内部関連性の証明である。両者の橋渡しとなるものが、シリアの古代港湾都市ウガリトとクレタ島であった。彼は紀元前一四～一三世紀にウガリトで記録され、一九四〇～五〇年代に翻訳されたウガリト神話の中に、聖書およびホメロスとの関連性があると見ている。これを取り上げたモノグラフが一九五五年に出版されたが、そのおかげで「健全な」学者という評価は消し飛んでしまったが、一部の学者や素人歴史ファンの心をとらえた。それから程なく、彼は前にも増して正統派の神経を逆なでするような事を起こした。クレタ島の線文字Aはセム語で書かれていると主張したのである。彼はたちまち集中砲火を浴びることになったが、その反論のほとんどすべては後の研究によって退けられている。彼の解釈を受け入れている学者はあまりいない。一方、これよりも数年前に発表された、線文字Bはギリシア語であるというヴェントリスの解読は、意表をつくものではあったが暖かく迎えられた。ギリシア文化の地理的な広がりと歴史的な深さとを示すものとして受け止められたからであろう。線文字Aをセム語とするならミノア*用語解説文明の担い手もセム語使用者ということになり、これまでのギリシアの、ひいてはヨーロッパのユニークさに関するあらゆる概念を覆すことになるに違いなかった。

ゴードンの同僚であったアストゥアの著した『ヘレノセミティカ』が最初に世に出たのは一九六七年のことである

が、この重要著作もまた今に至るまで既存の説の信奉者たちを悩まし続けている。彼の一連の研究は西セムとギリシアの神話とのあいだに驚くべき類似があることを指摘したものである。すなわち、両者の構造や命名法における類似は、たんなる人間心理の偶然として片付けられないほど接近しているという。この説の内容とは直接関係はないが、彼は同時に三つの戦いを挑んだことになる。一つは、彼の本の出版自体が今ある学界の秩序そのものに揺さぶりをかけたことである。主流学問領域に身を置く古典学者は、ギリシア・ローマとの関連で中東に嘴《くちばし》を入れても咎《とが》められることはなかったが、逆は真ならずであった。セム学者には一般にギリシアについて論じる権利はないものとされてきた。二番目に、考古学が先史時代の証拠史料として、神話、伝承、名称などの他の史料に対する絶対優位性を主張するのに異を唱え、古代史の「科学性」に脅威を与えたことである。三番目に、古典学における知識社会学のあり方を明るみに出し、学問的発展と社会発展との関連を問題にしたことである。さらに彼は反ユダヤ主義とフェニキア人への敵対感情との結びつきを指摘し、学問がその蓄積によって着実に発展していくなどという説への疑問を提起している。しかしながら、彼から発せられた最悪の脅威は、ダナオスとカドモスの伝承の核心には事実が潜んでいるとの主張であったろう。

誰であろうと異端者が大道を大手を振って歩ける時代はまだ先の話らしい。手ひどい批判を浴びせられたアストゥアは、せっかく自らが華々しく切り開いた研究を中断してしまった。とはいえ、彼の仕事はゴードンのそれとともに計り知れないほどの影響を与えた。エーゲ海地域の後期青銅器時代および初期鉄器時代の遺跡から、ますます多くのレヴァント遺物が発見されているが、これとあいまって彼らの業績が、ついに「急進アーリア・モデル」を崩壊へと導いたのである。この分野での研究者の大半は一九八五年までに「穏健アーリア・モデル」の中へと退却していった。このようにのべても、公正さを欠くことにはならないであろう。彼らは、青銅器時代の西セム人の植民者たちが島嶼部だけでなくギリシア本土にまで、少なくともテーベには達していた可能性があることを認めただけでなく、鉄器時代のギリシアにフェニキア人の影響が及んだ時期についても、優に紀元前八世紀にまで、ことによると一〇世紀にまでさかのぼるという説を信じるに至っている。

他方、ゴードンとアストゥアはこのような知的大胆さをもちながらも、アーリア・モデルそのものへの挑戦の姿勢を見せてはいない。ギリシア語の語彙の中に大量のセム語要素が取り込まれている可能性があることや、彼らのセムの位置づけから言っても当然エジプト人によるギリシア植民地化の問題や、ギリシア文明形成においてエジプトの言語・文化が同等もしくはそれ以上に中心的役割を果たしたなどの仮説について、何らの考察があってしかるべきだと、私は思うのだが。

ギリシアにおいてエジプトの影響があったという伝説を復活させる企てが、これまでに何度か試みられている。東ドイツのエジプト学者のジークフリート・モレンツは、この問題をヨーロッパ全体の中に位置づけ、多岐にわたる詳細な研究をおこない、一九六八年にその成果を出版した。しかしドイツ以外ではめぼしい反響は得られなかった。スピロプロス博士の、紀元前二一世紀にテーベにエジプト人の植民地があったという説は、敬意をもって遠ざけられていた。しかし学者の中には、彼の風変わりな結論にはできるだけ触れず、ただ年代設定のみをねらい撃ちする者もいた。[15] 全体として、ギリシアにおけるエジプト人の大きな影響について取り上げたのは、アカデミックな世界の周辺もしくはその外に位置している人々だけであった。その例を挙げておこう。ピーター・トンプキンスはジャーナリスティックな視点から多くの問題について書いているが、そのうちの『大ピラミッドの秘密』は大胆なタイトルがつけられているが慎重な記述がなされている。アフロ・アメリカ系学者のジョージ・ジェイムスは、小品ながら『盗まれた遺産』の中で、ギリシアの科学・哲学はエジプトから大量に借用されたものであろうとの説を展開している。

さて、本巻は次のような予想をのべつつ筆を置いた。すなわち、穏健アーリア・モデルの克服には、急進アーリア・モデルの克服に要したよりもいっそう時間がかかるかもしれないが、二一世紀初頭には、修正古代モデルは一般に受け入れられるようになるのではないかと。

第1章　古典古代における古代モデル

エジプト人がどのようにしてペロポネソス半島に渡って来るに至ったのか、どうして彼らがエジプト人でありながら、ギリシアの地の王となったのかは、他の著者たちが年代記で詳述している。それゆえ、私は何もつけ加えるつもりはないから、まだ誰も触れていない幾つかの点についてのべることにしよう。[1]（ヘロドトス『歴史』第6巻、邦訳『歴史』（中）岩波文庫、二二八～二二九ページ）

私たちの大多数はヘロドトスを「歴史の父」と考えるように教えられてきた。しかし、プルタルコス〔ギリシアの著述家・歴史家、四六?～一二七〕に従って、ヘロドトスを「嘘つきの父」とみなす人たちでさえ、右の引用にのべられている年代記の存在について彼が嘘をついているなどとは主張できないだろう。ヘロドトスののべていることは、遠方の人々についての立証できないような主張ではない。たとえ知っていなかったとしても、読者がたやすく調べることができるものである。ヘロドトスが『歴史』を書く以前の一〇〇〇年間にわたって実際に起きたことの問題はさておいても、紀元前五世紀には、英雄時代〔ミケーネ文明が栄えた時代〕の初期におけるギリシアは、エジプト人の植民地であったと一般的には信じられていた。このことをヘロドトスの主張は強く示唆している。エジプト人とフェニキア人がギリシアに定住していたことについてのヘロドトスの見解に対しては、多くの現代の古典学者や古代の歴史家が恩着せがましく、あるいはまた軽蔑的に論じている。しかしヘロドトスの見解は、彼の時代のみならず、ギリシア前古典期*用語解説〔前八世紀前半～六世紀末、アルカイック時代とも呼ぶ〕、ギリシア古典期*用語解説〔前五～四世紀後半〕、および古典期後〔ヘレニズム時代以降〕を通して広く人々に受け入れられるものであった。私はこのことを第1章で証明したい。

ペラスギ人

エジプト人やその他の人々によってギリシアへの侵入が何度かなされたという仮説はいくつかあるが、このことに関する古典時代のギリシア人の見解を検討する前に、ギリシアの原住民について、ギリシア人自身がどう考えていたかを見てみるのは有益であろう。というのも、近東の影響は以前から存在したとギリシア人が考えていた根拠が、これらギリシアの原住民の問題にあったからだ。ここで私たちは、やっかいな問題に出くわす。ギリシアに土着の住民がいたことはよく知られているが、それがいかなる人々であったのかは、いまだに未解決の問題なのだ。この土着の住民は、何人かのギリシア人の歴史家によって、ペラスゴイ人ともペラスギ人*用語解説とも記述されている。ホメロス〔前八世紀頃の人とされる叙事詩人〕によれば、トロイ戦争の敵と味方の双方にペラスギ人はいたという。[1] ギリシア人とアカイア人から編成されたアキレウスの軍隊の中には、「ペラスギ人のいるアルゴス」というところに住んでいた人々もいたと想定される。その場所は、テッサリア〔ギリシア北部〕地方ではないかと考えられていた。[2] また他方、トロイに味方して戦ったのは、ラリサ〔テッサリアの都市〕出身のペラスギ人、ヒッポートゥーンスの率いる戦士たちであった。[3] ラリサ（Laris(s)a）という地名は、「肥沃な土地への入り口」を表すエジプトの地名 R-ɜḥt から派生したものであり、その地名は東部ナイルデルタの豊かな土地にあるヒクソス人〔前二千年紀初めにエジプトの統治者となったセム系民族〕の首都アヴァリスを表すために用いられた地名であろう。[4] こうしてこれらの地名を表す言葉、R-ɜḥ と Laris(s)a は意味論的に完全に適合する。さらに、ホメロスは別々の地名を示すLarisaiという言葉にeribōlax（土が深い）という意味の形容詞を使っている。[5] 紀元前・後一世紀の地理学者ストラボン*用語解説が指摘したように、ギリシアのラリサイ（Laris(s)ai）という名前をもった多くの場所は沖積土の上にあった。[6]

ヒクソス人による植民地化を便宜上の仮説として考えるならば、ペロポネソス半島のアクロポリスのあるアルゴス、すなわちダナオスによる創設と想像され、多くの宗教儀式が行われた都市がラリサと呼ばれたことは、注目に値する。[7]さらに、ストラボンは彼の『地理誌』の別のくだりで、ギリシア語のアルゴスは「平地」を意味するとのべている。[8]とすればアルゴスという地名は、ヒクソス人の首都の名前として、「肥沃な土地への入り口」から派生したラリサの語源とうまく一致する。しかしながら、アルゴスという語には「すばやさ」、「イヌ」、あるいは「狼」という意味もあり、これらの語は、ペロポネソス半島の都市の神話や聖像においても受け継がれていた。[9]そのアルゴスという語の中心的意味は、「きらめく」、「銀」という意味である。これは、下エジプトの首都、メンフィスを表すのにもっとも頻繁に使用された名前、>Inb hd インブ・フド、すなわち「銀の壁」とうまく適合する。[10]ペラスギ人、ラリサ、アルゴスの三様の結びつきは、テッサリアにおいて記録されている二つのラリサイという地域にペラスギ人の住むアルゴスという場所が存在したという先のホメロスの言及によって、強固なものとなる。[11]

ホメロスは、エピルス〔ギリシアの北西地方〕のドドナに古代からある格式の高いゼウス神〔ギリシア神話の主神、神々の長〕の神託所が「ペラスギ人」によるものだと言い、その後の作家もそれを踏襲している。[12]ペラスギ人は、アカイア人、エテオクレタ人（クレタ島先住民）、キュドーニア人、ドーリス人とともに、ホメロスが挙げたクレタ島の住民リストに現われている。[13]ヘシオドス〔前八世紀頃の叙事詩人〕とミレトスのケルコプス〔不詳〕も、「三つのギリシア系部族、すなわち、ペラスギ人、アカイア人、ドーリス人がクレタ島に移住した」と記している。[14]ずっと後に、ディオドロス・シケリオテス*用語解説は「ペラスギ人が、クレタ島先住民より後ではあるが、ドーリス人より前にクレタ島へ移住してきた」と主張した。[15]

ペラスギ人についてのべているこの説は、古代モデルでは紀元前一〇世紀に生きていたとされるヘシオドスまでは遡れないにしても、ホメロスのリストとはうまく一致する。ホメロスのリストにおいては、ペラスギ人は先住民であり、エテオすなわち「真の」クレタ人とは区別されている。その理由は、彼らは非ギリシア人、おそらくアナトリア人だと想定され、セム系言語を話す人々である可能性が高いからだという。[16]その一方で、ホメロスはクレタ島のダナオイ人やアルゴス人についてはいっさい触れていない。これらの事実や、「土着の」*用語解説という一般的な意味が込められていたペラスギ人という名前のことを考えあわせると、ペラスギ人は一番最初のギリシア人、あるいはクレタ島のギリシア語を話す住民であったと想定することは、信憑性があるであろう。こう考えてみると、ヘシオドスがリストに並べた「ペラスギ人―アカイア人―ドーリス人」という順番は、彼らがクレタ島に到着した順番を示していると思われる。すなわち、ペラスギ人は紀元前一二世紀のドーリス人の侵入以前に、さらに紀元前一四世紀のアカイア人の侵入以前にクレタ島に到着していたのだ。かくして、ペラスギ人はダナオイ人と同一のものとして、ホメロスのリストに載ることになったのであろう。

クレタ島のペラスギ人は古代ギリシア人であったという指摘が、この他にも幾人かの学者によってなされている。これらの見解は、ペラスギ人とともに紀元前一二世紀にパレスチナに移住したペリシテ人*用語解説との関連付けから生まれたものである。実在の聖書の伝記によれば、ペリシテ人はクレタ島からやって来たと想定されていた。「ペラスグ(Pelasg)」と「ペラスト(Pelast)」の同一視は、一般的には、ギリシア人には「グ(g)」と聞こえ、エジプト語とセム語を話す人々には「ト(t)」と聞こえるような、初期の「先ギリシア語」の語尾の破裂音を仮定することで説明されている。「先ギリシア人《プレヘレネス》」なる人々が実際に存在していたかどうかは別にして、「グ」にも聞こえ「ト」にも聞こえる子音を想定することには無理がある。

しかし、ペラスギ人とペリシテ人を結びつけるもう一つの方法がある。一九五一年、ジャン・ベナールは、紀元五世紀のヘシキオス〔アレクサンドリアの文法学者〕の大辞典と、『イリアス』〔トロイ戦争を描いたホメロス作の叙事詩〕一六巻二三三節の注釈の中にある、「ペラスギコン(Pelasgikon)」、「ペラスティコン(Pelastikon)」という言葉のつづりの変型の語に注目することによって、「ペラスグ」と「ペラスト」の結びつきを主張した。[17] このことは、ΓとΤの筆記体を取り違えたのではないかということを示している。本書の第9章でのべているように、もしギリシア語のアルファベットが紀元前一五世紀から使用されていたのなら、そのような間違いはこれらのテキストのつづりの変型ばかりでなく、ペラスゴイという名前についても説明し得るであろう。これはカナン語の音形式に合うように、有声音化された発音ペラストから来たのかもしれない[18](本来のヘブデスの誤読から生まれたヘブリデスも、この類推と同様の例である)[19]。ペリシテ人の言語が一つであったか、複数であったかは別にして、その言語の性格は不確かである。もっとも可能性のある候補は、リュディア語のような西アナトリア系言語か、あるいはギリシア語系の言語である。ギリシア語である可能性が高いと私は思う[20]。かくして、ペラスギ人とペリシテ人が同一の人々であったと想定できるが、ペリシテ人がギリシア語を話していた可能性もある。もしそうであるとすれば、クレタ島のペラスギ人がギリシア系言語を話したことは確実なものとなるだろう。

　ホメロスと同じように、ヘシオドスはテッサリア地方ピティオティスのペラスギ人と出会ったのではないだろうか[21]。彼は、ペラスギという名前がそこから由来したと言われているアルカディア〔ペロポネソス半島中部〕の地でもペラスギ人と出会ったのだ[22]。紀元前六、五世紀のアクーシラオス〔アルゴス出身の著名な著述家〕は、テッサリア以南のギリシア全土を指して「ペラスギア」だと記述している。紀元前五世紀のアイスキュロス〔古代ギリシア三大悲劇詩人の一人〕は、北部ギリシアをもさらに含めて「ペラスギ」の地とした[23]。ヘロドトスはというと、ペラスギ人についていくつかの、興味深くはあるがかなり混乱した記述を残している。つまり、ペラスギ人はギリシア全土に暮らしていたが、彼らはイオニア人[*用語解説]の先祖であって、「古代ギリシア人」たるドーリス人の先祖ではないというのだ。さらに、ペラスギ的であると想像されるヘレスポント[*用語解説]海峡両岸の二つの都市で話されていた言葉は外国語であるという観察にもとづいて、ペラスギ人の言葉はギリシア語ではないとも主張した。ヘロドトスの記述にもとづいて、古代アテネ人ともいう人々がヘレネス（古代ギリシア人）となる前はペラスギ人であったと仮定すれば、彼らは時代の推移とともに自分たちの言葉を変えていったことになる[24]。

　アテネとは別に、ヘロドトスがペラスギ人と結びつけている場所は、ドドナとペロポネソス半島の海岸部、およびレムノス島[*用語解説]やサモトラケ島など北東エーゲ海全体である[25]。ヘロドトスの主張は、近年、エトルリア語に似た言語で書かれた記念石柱[*用語解説]がレムノス島で発見されたことによって、信憑性が増しているように思える。また、彼が言及したヘレスポント海峡の都市でもアナトリア系言語が話されていたと推測できる確かな理由がある[26]。

　一般的に言って、ペラスギ人についてのヘロドトスの描写は、彼より一世代後のトゥキュディデスのそれと似通っているようにみえる。この二人によれば、ペラスギ人は、ギリシア本土とエーゲ海地域の初期の人々のすべてではないにしても、大半を占めていた。そして彼らの多くがじょじょにギリシア人に同化していったのだ。[27]ヘロドトスはこの推移をダナオイ人による侵略後のできごとだと考えた。彼はその時期を、紀元前二千年紀だと想定した。そして彼は、エジプト系ダナオイ人をギリシア人にではなく、ペラスギ人に神々の崇拝を教えた人々だとのべている。ディオドロスは、カドモスがペラスギ人にフェニキア文字の使用を教えたとのべている。[28]さらに、アテネの創始者ケクロプスがエジプト人であったとする伝承は、おそらくヘロドトスの時代には流布していたのであろう。すなわち、アテネ人はアルゴス人やテーベ人とは違う原住民、つまり土着民であったという右の伝承の主張とは異なる次のような〔ヘロドトスによる〕興味ある文章が見出されるからである。

今日ヘラス〔ギリシア〕と呼ばれている場所がペラスギ人に占領されていた時、アテネ人、すなわちペラスギ人はクラナオイ人と呼ばれていた。ケクロプスの治政の下では、彼らはケクロピダイ人という名前を得ていた。エレクテウス〔アテネの伝説の王〕が王位継承の際、彼らは名前をアテネ人に変えた。[29]

土着民であったペラスギ人が、侵入してきたエジプト人〔ダナオイ人〕によって前にもましてギリシア化していったという見解は、アイスキュロスやエウリピデス〔前五世紀の古代ギリシア三大悲劇詩人の一人〕の戯曲にもはっきりと現われている。これらの戯曲はヘロドトスの『歴史』と同じ頃に書かれたものであるが、アイスキュロスやエウリピデスによれば、ペラスギ人は土着民であったが、アルゴリス地方でダナオスと対峙して、打ち負かされたというのである。

五〇人の娘の父親であるダナオスは、アルゴスにやって来ると、イナコスの町に住居を定め、「今までペラスギ人と呼ばれた人々は、すべてダナオイ人と呼ばれるべし」とギリシア〔ヘラス〕全土に言い渡した。[30]

アイスキュロスによれば、ペラスギ人は明らかに後のギリシア人と同一であった。つまり、彼はペラスギ人の習慣はギリシア的であったと時代錯誤的にのべていのである。[31]

ストラボンは紀元前一～後一世紀にペラスギ人に関する多くの史料を集め、ボイオティア[*用語解説]からアッティカまでペラスギ人が移住したことについて詳細な物語をつけ加えている。[32] パウサニアスは紀元後二世紀にアテネ、コリントス、アルゴス、ラコニア〔ペロポネソス半島南部〕、メッセニア〔ペロポネソス半島南西部〕のペラスギ人について言及したが、これらの地域の中でメッセニアのペラスギ人はテッサリア出身であると想定されていた。[33] しかし彼は、ペラスギ人とアルカディア人に関係があることを強調した。ペラスギ人をアルカディア人の先祖と考えたパウサニアスは、紀元前六世紀の詩人サモスのアシオスの言葉、「そして、黒き大地は神に等しいペラスギ人を生み出した」[34]を引用している。

これらのさまざまな言及から、いかなることがわかるのであろうか？ これらの言及を整合させることに苦労したのは、ヘシオドスやストラボンのような古代の作家たちだけではなかった。近代の学者たちも同じような問題の困難さに悩まされてきたのだ。近代における古代史の基礎を築いた一九世紀の博学者ニーブール〔ドイツの歴史家、一七七六～一八三一〕も、「おそらくペラスギ人という呼び名は一般的な民族名であったのだろう。少なくとも古代ギリシア人たちのペラスギ人についての説明はばかげている」[35]とのべている。また、その一世紀後、二〇世紀初頭に古代史料集を独占的に支配していたエドゥアルト・マイヤー〔ドイツの歴史学者、一八五五～一九三〇〕も、同じような否定的見解である。[36] 他の二〇世紀の歴史学者はその問題を無視する傾向があり、ペラスギ人は初期のギリシアを構成する人種の重要な要素であったという一般的見解をのべているにすぎない。[37]

北方からギリシア人の征服が行なわれたというアーリア・モデルの枠組みの中で、このペラスギ人問題を解決することはむずかしい。一九世紀のアーリア・モデルの開拓者エルンスト・クルティウス〔ドイツの古代ギリシア史家・考古学者、一八一四～九六〕のように、ペラスギ人を少数の優れたアーリア系ギリシア人によって征服された「準アーリア人」だとみなす人もいた。[38] この主張は、ヘロドトスが記述したアナトリア諸語を話していたとされる北東エーゲ海地域のペラスギ人に関してはぴったり符合する。しかしながらこの仮説では、ペラスギ人についてさまざまな記述が残されているにもかかわらず、ギリシア人によるペラスギ人征服の記録がまったくないのはなぜか、ということを説明することが困難となる。トゥキュディデスでさえ、テッサリア近くのピティオティスに源を発する「ヘレン〔ギリシア人の祖先とされる伝説上の人物〕の息子たち」とじょじょに「混合」することによって、ペラスギ人は「ギリシア人化」されてきたとのべている。[39]

この問題を解決するために、二〇世紀初期において古典期考古学を支配したウィリアム・リッジウェイと同じ世紀の学者エルンスト・グルマッハおよびシンクレア・フードは次のような方法をとった。彼らは、ギリシア人によるペラスギ人の征服は「ヘーラクレイダイの帰還」と「ドーリス人の侵入」として伝承に記録されており、この二つは実際、紀元前一二世紀における北部から南部への部族移動であったと主張している。[40]そのようなとらえ方は、ドーリス人をギリシア人に、イオニア人をペラスギ人に結びつけるヘロドトスの説とうまく符合している。[41]だが、伝えられている「ペラスギ人的」アテネ人のギリシア化と、アテネは決してドーリス人によって征服されなかったという、これらの伝承を整合させることには少し問題が残る。しかし、一九世紀以降の大多数の歴史家によって受け入れられている次の「史実」に照らして考えると、この問題は容易に解決できる。その史実とは、ミケーネ文明の形成者であった先ドーリス人はギリシア語を話していたということである。「ドーリス人の侵入」を「アーリア人の征服」に結びつけ得る唯一の方法は、幾波もの移住の最後に征服が行われたということである。しかしながら、これではギリシアにおけるギリシア語、あるいは「原ギリシア語」[*用語解説]を話す人々の最初の到着がどのようなものであったのかはわからない。

古代ギリシアの著述家たちの言及を見てきたように、古代モデルもまたペラスギ人問題について困難に直面している。修正古代モデルを新たに提起するうえで、ペラスギ人問題の最良の解決方は、一九世紀の文献史学の主流、ジョージ・グロート〔イギリスのギリシア史家、一七九四～一八七一〕やヴィラモーヴィッツ＝メーレンドルフ〔ドイツのギリシア古典文献学者、一八四八～一九三一〕が主張しているように、ペラスギ人は土着民、または原住民に与えられた総称であったと解釈することである。[42]しかしさらに言えば、この解釈はエジプト・フェニキア人の侵入によって植民地化され、文化的に一定同化された、インド・ヨーロッパ語族を話していた土着の人々に対する呼び名としてもある程度あてはまると私は主張したい。このことは、すでにのべたアイスキュロスやエウリピデスの叙述ともうまく適合するであろう。かくして、「ペラスギ人はダナオイ人になるべし」というダナオスの命令は、近東文明をギリシア人が受け入れていたことを示唆している。こうした土着民のギリシアへの同化というとらえ方は、ケクロプスやエレクテウスの力によってアテネ人がペラスギ人からイオニア人へと変わった過程と一致する。

　したがって、古代モデルの枠の中で考えるなら、古典時代の作家たちがペラスギ人を昔からいた「異質な」人々とみなしたのと同時に、ギリシアの住民としてもみなしていたと理解することができ、アーリア・モデルに従う学者たちが直面した難題は一挙に解決されるのである。また、後の時代に、ペラスギ人がアルカディア、エピルス、テッサリアのような辺境の地と結びつけられる傾向があったことにも注目すべきである。この場合、ペラスギ人は完全には同化されていない「原ギリシア人」[*用語解説]と見られてしかるべきなのだ（これと同じような類推は、紅河デルタに住むベトナム人と南部の山岳地帯に住むモン人との区別が不鮮明なことにもあてはまるだろう。モン人の言語と文化はベトナム人のそれに似ているが、中国からの文化的借用語がほとんどないという点で、ベトナム人の文化とは大きく異なっている。しかし、そのような推測を裏付ける証拠はない）。少なくともミケーネ時代の終わりまでには、アルカディア人がギリシア語を話していたことは知られている。アルカディアはエジプト的、セム的影響がとりわけ濃厚な地域であったのだ。[43] このことは、この地でゆっくりとではあるが、完全な同化が行なわれたことを仮定することで説明がつく。かくして、かつてローマの支配に抵抗したことがあるウェールズ人が、多くのラテン語からの借用語とローマのキリスト教を保持していた例とまったく同じように、アルカディア人も以前には抵抗していた外国人の高度な文化の伝統を保持するようになったのだ。しかし、この見解とは異なり、アルカディア人は自己の伝統主義を守っていたという理由だけで「ペラスギ人」と呼ばれたのだと論じる学者もいる。

　アルカディア人だけが、ミケーネ文明の要素を鉄器時代へと持ち込み、保持した唯一のギリシア人ではなかった。イオニア人やアイオリス人にも、同じことが言えるからである。大きな例外はドーリス人である。このことは、ドーリス文化、すなわち彼らの出生地と想定される北部、北西部ギリシアの文明がどのような性格のものであったかという問題を呼び起こす。北部ギリシアとトラキア全土にはエジプト的、セム的宗教の影響があったことはほぼ疑いの余地がない。ギリシアのもっとも重要かつもっとも古い神託の中心地は「ペラスギ人」のドドナであったが、この神託と、リビア砂漠のシワ・オアシスにあるアモン神のエジプト・リビア的神託、すなわちテーベ〔エジプト〕のアモン神の偉大な神託とのあいだには特別なつながりが存在する。この点に関しては、本書第Ⅲ巻で論じるつもりである。

さらに、ドーリス人の指導者たちは、自分たちはヘラクレスの子孫、「ヘーラクレイダイ」だと主張した。それは、ダナオイ人・エジプト人植民者の後裔であるという意味であり、彼らは紀元前一四世紀にアナトリアから到着したと考えられている後のタンタリッド王朝、ペロピド王朝に取って代わった。ドーリス人の諸王は、ヘレニズム時代〔前四～一世紀〕に至るまで自分の先祖であるエジプト系ヒクソス人に誇りをもち続けた。[44] にもかかわらず、ミケーネ人の宮殿は北西ギリシアではまったく発見されていない。一般的に見て、この地域はギリシアの他の地域ほど近東の影響を受けなかった。加えて、ドーリス人はダナオイ人の血筋を強調する一方で、自らが「ヘーラクレイダイの帰還」を果たしたことをしきりに宣揚したのであるが、このことは社会的、民族的な面から見て革命的な意義をもつものであったかもしれない。前ミケーネ文明、すなわちミケーネ宮殿の崩壊後の、中期青銅器文化の復活に注目した考古学者もいるにはいた。ミケーネ時代の終焉をもたらしたものは、非同化のドーリス人による侵入だったのではなかろうか。彼らは宮殿経済の枠組みの中で生活する部分的同化者である農民の支持を、少なくともいくつかの地域で得ることによって、この侵入を成功させたのではなかろうか。[45]

このように、ギリシア本土のペラスギ人に対するすべての言及は、古代モデルに矛盾なく適合している。それに従えば、「ペラスギ人」とは同化されていない土着のギリシア人に対して与えられた、たんなる総称であったということである。このような枠組みは、初期のクレタのギリシア的ペラスギ人にはうまく当てはまる。[46] しかし他方、修正古代モデルの大きな難点は、ペラスギ人はギリシア語を話していなかったという、ヘロドトスの明快な主張から生じる。ヘロドトスは北東エーゲ海からの証拠を徹底的に駆使して、この主張を行っていたと考えられる。ヘロドトスの場合も「ペラスギ人」は「土着」という広い意味で使われていたとすることは可能であろう。古代および現代の著述家たちに混乱を引き起こさせた要因は、異なった人々に対して使用された一般的な呼称を、特定の民族を指す呼称としてとらえたからではないだろうか。

イオニア人

イオニア人は、ドーリス人とともにギリシアの二大民族である。古典時代、イオニア人はギリシア本土のアッティカからアナトリア海岸のイオニアまで、中央エーゲ海を囲む地域に居住していた。彼らはドーリス人の侵攻後、東方へ移民を開始したのであるが、それ以前はギリシア全土に住んでいた。このことに関するはっきりとした伝承が残されている。ヘロドトスが「ペラスギ人はイオニア人だ」と主張したのも、この古い伝承をもとにしたからに違いない。[47]

> イオニア人は……ギリシア人の説明によれば、ダナオスやクスートス〔ギリシア人の祖先とされるヘレンの三人の子の一人〕の侵入以前に今日ペロポネソス半島のアカイアと称される地域に住んでいた時は、海岸のペラスギ人と呼ばれていたのだ。……イオニア地域の島民たちもまた、……ペラスギ人であった。彼らもまた、アテネから建設が始まった一二の都市に住んでいる人々がイオニア人と呼ばれていたように、後になってイオニア人として知られることになる。[48]

アッティカとアナトリア海岸のイオニアに住んでいるイオニア人は、自分たちが古代からの土着の起源をもつことを誇っていた。**I(a)ōn**という名称は、線文字Bでは **ia-wo-ne** となっているが、西セム語の **Yåwån** 、アッシリア語の **Yawani** あるいは **Yamani** 、ペルシア語の **Yauna** 、エジプト語のデモティック（民衆文字）の **Wynn** と同じであることを否定するものは誰もいない。これらは、すべて「ギリシア人」を意味する。しかしながら、権威筋はイオンという語がインド・ヨーロッパ語に由来する語源的確証がないにもかかわらず、ギリシア語であると決めてかかっている。[49]

ギリシアを意味するそれらの語群と、伝承ではボイオティアに侵略したとされるエジプト・フェニキア人が耳にした土着のアオネ人とヒュアンテス人という名前の起源に関してもっとも信頼できるのは、エジプト語の ỉwn(ty(w))（漕ぎ手、異邦人《バーバリアン》）であると思われる。[50] 少なくともこの語の証拠性に関しては一〇〇〇年以上前から十分に認められていたし、ỉwnt（船首）と ỉwn（柱、木の幹）という明確な語源をすでにもっていた。

　他のアフリカ人に対する呼び名としてエジプト語の原義を適用する傾向がある一方、ギリシア人には別の呼び名がすでにあったためにそれが適用されなかったとしても、この原義の意義は弱められるものではない。まったく異なった人々に適用される、英語の「インディアン」という名前を見境なく使用することによって、いかにたやすくその言葉が「土着人」「野蛮人《バーバリアン》」を指す差別的な言葉へと変わったという例もある。この場合、西セム語を話す人々は、少なくとも紀元前一千年紀の始めまでには、ギリシア人を特定して呼ぶためにこれと著しく類似した語を使っていたのだ。序論でのべたように、ナイル川流域の住民にとって周囲の砂漠や荒野の神は、St であった。この語はギリシア語では Seth（セト）、アッカド語*用語解説では Sutekh と書き写されている。Seth がポセイドン〔ギリシア神話の海と地震の神〕にあたることは、本書第Ⅲ巻において論ぜられることになる。そして、紀元前五世紀のギリシアで一般的に知られているところによれば、イオンの父親はつねに紛争を引き起こすクスートスという名の人であった。イオンは伝説上の名祖であって、イオニア人はそれにちなんで名づけられた。そのクスートスという名前は、音声的には St から派生した可能性は十分ありうる。この二つの間の意味的な結びつきは、ポセイドンがイオニア人の保護者であったという事実によって強められている。[51]

　このようにして、修正古代モデルはクスートスとイオンという名前を語源的にうまく説明できるし、また古代の作家たちが指摘していたペラスギ人とイオニア人の密接な関係についても説明が可能となる。修正古代モデルを使えば、アーリア・モデルによって両者を理解しようとした多くの輝かしい学者たちの、絶望的混乱をもたらしている史料を理解する手がかりになるのである。

植民地化

ギリシア人の植民地化の伝承を扱う際に、その伝承を三つに分類することが有益だと私は考える。まず第一に、辻褄が合わないとまでは言わないにせよ、アルゴスのイナコス王やテーベのアムピオンやゼトス王に関するはっきりとしない伝承である。第二には古代の論争の主題であった、アッティカのケクロプス、クレタとイオニアのラダマンテュス王〔エウロペとゼウスとのあいだに生まれた三人の男子の一人〕に関する伝承である。第三に、カドモス、ダナオス、ペロプス〔小アジアのタンタロス王の息子で、ペロポネソス半島の地名の起源〕などの記録が残っており、それが一般に受け入れられていた伝承である。これまで見てきたように、ギリシア人は自らの文化に誇りをもっていたために、近東の影響と植民地化の広がりを軽視する傾向があったと私は考える。さらに、すべての伝承には歴史的事実の興味深い核心が含まれており、その不明瞭さの度あいは時代の古さによってある程度説明できると、私は確信している。植民地化が時代的に新しければ新しいほど、その状況は明確になる。この第Ⅰ巻は、ダナオスとカドモスの伝承に大きくかかっている。なぜなら、古代モデルの没落とアーリア・モデルの勝利もたらした中心的論点は、ギリシアの植民地化の時期をめぐる問題であったからだ。

まず、私たちはカドモスによるテーベの植民地化をよく考えるべきである。これが古代モデルの砦であったのは、このできごとが力強く広範に立証されているからであり、また、アフリカ系エジプト人に対する尊敬の念が失せてからも、セム系フェニキア人に対する尊敬の念は数十年続いたからである。カドモスについての英語圏の古典学は、一九一三年にA・W・ゴンムが出版した論文によって強い影響を受けている。ゴンムは、カドモス人による植民地化の伝承は（カドモス人以外のものも含め）、ヘロドトスが生まれる前の紀元前五世紀初期において、「合理主義者」の歴史家たちによってでっち上げられたと主張する。[52] しかし、このような極端な立場の主張は、当時においても現在においても支持を得ていない。まず第一に、極度に民族主義的であった紀元前五世紀に、そんなにも詳細にわたる多様な非愛国主義的伝承が、そんなにも突然、広範囲に出現することはとうていあり得ないことである。第二に、絵で表された証拠が存在している。紀元前七世紀の壷のレリーフの断片には、オリエント風の衣服をまとったエウロペが描かれており、またエウロペとダナオスの娘たちの同じような描写も存在している。[53]

しかし、中心的議論は文学から起こっている。ホメロスはこれまでのべてきた植民地化については沈黙していたが、なぜ沈黙していたのか彼はのべていない。確かに、彼の叙事詩には植民地化以前の記述が含まれていたが、それらはミケーネ時代の終わりに関するものであり、その数百年前のミケーネの始まりの時代に関するものではなかった。『イリアス』にはダナオイ人とカドモス人について記述されているが（その名の由来はダナオスとカドモスである）、その彼らがエジプトあるいはフェニキアからやって来たことは、少なくとも後のギリシア人ならすぐさま認めたであろう。ホメロスもヘシオドスも、カドモスの妹あるいは近親者だとつねに見られていたエウロペを「フェニックスの娘」と呼んでいた。カール・オットフリート・ミュラーと史料批判研究者たちは、エウロペとフェニキアとの関係を認めようとしなかったので、フェニックスには多くの意味があり、ただちにレヴァント地方と結びつくものではないと、正しくも指摘した。[54]

しかし、ホメロスがフェニックスという言葉を「フェニキア人」という意味でよく使い、エウロペとカドモスを後にすべてフェニキアと同一視したと仮定するなら、ヘシオドスがフェニックスをアドニスの父親だとのべているのであるから、ミュラーたちの議論には無理があるように思われる。というのも、アドニスがフェニキア人の血を引いていることは、カナン語の ʾădôn（主人）に由来する名前の起源と同様に確かであるからだ。[55] 実際、ゴンムがその論文を書いたときから、ヘシオドスの著作『女たちのカタログ』の断片が出版されていた。そこでは、エウロペは「高貴なフェニキア人」の娘であると書かれており、誘惑者ゼウスは彼女を背に乗せて、「塩水（海）」を渡るのである。[56]『イリアス』第一二章二九二節について、古典評釈者は、すでにこのエウロペの物語をヘシオドスと紀元前五世紀の詩人バッキュリデスの二人の手による作品だと考えたが、その物語はヘシオドスの時代に存在していたと思われる。

ダナオスについては、ダナオスと彼の娘たちはアルゴスという都市のため井戸を掘ったというヘシオドスの証言があり、またダナオスとアイギュプトスとの深い関係が存在する。また、失われた叙事詩『ダナオイ人』の断片が存在し、そこには、ナイル川の堤防のそばでダナオスの娘たちが武装していることがのべられている。[57] かくして、アイスキュロス、エウリピデス、ヘロドトスの史料の古さを疑いたく思っても、他の証拠によって、ダナオスとカドモスの伝承は叙事詩時代にまでさかのぼれることがきわめて有望となるのだ。

ここで議論していることをはっきりさせるために、もっとも偉大な叙事詩人ホメロスと彼とほぼ同時代人だとされるヘシオドスの二人は、生きた時代が違うのではないかと疑ってみることは無駄ではないだろう。古代人はヘシオドスが活躍した時代をホメロスの前の時代に置いたり、また両者を紀元前一一〇〇～八五〇年のあいだに置いたり、いずれにしても明確に紀元前七七六年の最初のオリンピア競技会*用語解説より前に置きがちであった。[58] ところが、現代の学者たちの中にはこの二人の時代の順序をひっくり返すむきもある。現代の学者は、ホメロスを紀元前八〇〇年と七〇〇年のあいだに置き、ヘシオドスを時には紀元前七〇〇年頃に置いている。この時代をより新しい時代に近づける論拠の重要な基盤となっているのは、一九三〇年代以来、一般の人々がいだいている通念では、アルファベットは紀元前八世紀なってやっともたらされたと考えていたことであった。そのことは、現代の学者ジョージ・フォレストが記している通りである。

ヘシオドスはホメロスと同様に、口承文学から記述文学への移行期時代に暮らしていた。二人は、自分たちがこれまで口承によって伝えてきたものを文字によって残そうとした最初の人、最初の人々の中に位置付けられてもおかしくないように思われる。[59]

しかしながら今日においては、古典学者でさえ、ギリシアへのフェニキア文字の導入を紀元前九世紀、あるいは一〇世紀に定める傾向がある。カナン文字の導入を紀元前一一世紀に定めたセム語学者もいるが、私はその伝播は紀元前一四〇〇年以前に起きたに違いないと考える。[60] かくして、アルファベット文字を基盤として古代の年代を設定する企ては、根拠薄弱なように思われる。ホメロスの時代を新しい時代に近づけるさらなる理由は、『イリアス』において、もっとも洗練された品物はフェニキアから来たと言っていること、『オデュッセイア』において、エーゲ海を行き来するフェニキア人のことを引き合いに出していることである。それゆえ、フェニキア人は早くても紀元前九世紀にやって来たと想定されることから、ホメロスという名前の詩人がいたとしても、その時代以前に生きていたはずはないのだ。[61] しかしながら、この議論は、フェニキア人は紀元前一一世紀末ではないにせよ、一〇世紀からエーゲ海にいたことを示す、最近の考古学上の発見以前に打ち出されたものである。この新しい証拠は、紀元前一千年から八五〇年のあいだに起こったフェニキア拡張の絶頂期を示す強力な歴史的事件とうまく一致する。[62]

ホメロスを紀元前八世紀末期、あるいは七世紀に位置付けるもう一つの理由は、次の点にある。すなわち、『オデュッセイア』は、主としてギリシア西部が舞台になっている点である。そしてまた、シチリアと南部イタリアを植民地化する紀元前八世紀末以前に、ギリシア人は地中海中部について知るはずはなかったと論ぜられている点である。[63] 私はこの叙事詩をエジプトの『死者の書』〔富者の墳墓に入れられたパピルス紙の巻物。死者の安寧を祈る呪文が書かれている〕のギリシア版と見ることは、多くの点で有益だと思う。そしてまた、エジプト人の宇宙観においても、ギリシア人の宇宙観においても、日が没する西方の島々は、地下の世界や死者の天界と結びつけられていたのだと思う。[64] このような仮説がなかったとしても、青銅器時代には西方世界とミケーネ間にかなりの交易があったことは明らかであり、また直接ギリシア人が関係していなくても、ギリシア人は紀元前一一世紀、一〇世紀、九世紀には西地中海を航行しているフェニキア人を知っていたに違いない。

ヘシオドスをホメロスの後の時代に置く理由は、まず、次の点にある。

〔ヘシオドスは〕英雄時代詩人と同系ではなく、……彼はつねに世界観において個性的であり、同時代人的である……
……ヘシオドスは、鉄器時代、とりわけ紀元前八世紀と七世紀の古代ギリシア世界そのものであることだ。[65]

次のような主張もなされている。すなわち、ヘシオドスの『神統記』*用語解説〔神々の誕生、ゼウスの支配の確立などを系譜的に説明し、ギリシア神話を体系化した書物〕は、明らかにやっと紀元前一一〇〇年以後に発展したタイプの近東モデルにもとづいたものであるから、これらの近東モデルは、ギリシアの植民地がシリア海岸のアル・ミナに建設された時代だとされる紀元前八〇〇年以後にやっとギリシアにもたらされたのだ、と。[66] しかし、ヘシオドスの『神統記』は紀元前三千年紀から中東全体に跡づけられる一般的タイプに属するものであり、そのような形態のものが、ミケーネ期のギリシアに存在していたことは、ほとんど疑いの余地はない。[67] にもかかわらず、ヘシオドスの記述は、第一千年紀の初期の伝承を備えているように見える。[68] 他方、アル・ミナのギリシア植民地の存在はまったく疑わしい。結局、ヘシオドスが好物のワインを手に入れたであろうフェニキアを通じて、ヘシオドスと彼の同時代人が新しい数々の神統系譜学について触れたことはおおいにあり得ることであろう。[69]

全般的に見て、ホメロスとヘシオドスの時代を決定するために古代の伝承を擁護することの基盤ははなはだ弱い。ヘシオドスはホメロスに先行し、ヘシオドスは紀元前一〇世紀に、ホメロスは九世紀の初期に活躍したという、古典期とヘレニズム期の合意事項を作業仮説として受け入れることは理にかなっていると思う。たとえ二人の時代がどこに特定されようと、エジプトとフェニキアによる植民地化の伝承の痕跡が、もっとも古くから生き続けているギリシアの伝承に現われていることを疑う理由はないであろう。

ギリシア悲劇に描かれた植民地化

エジプト人やフェニキア人への言及がなされているこの時代の戯曲は、他にも存在するが、私はここで、ギリシア本土への植民を中心テーマとしている戯曲、アイスキュロスの『救いを求める人々』に焦点を合わせたい。この作品は一般的には、悲劇三部作、あるいは四部作の最初の作品にして唯一現存している作品である。散逸している作品群のタイトルは、『エジプト人』、『ダナオスの五〇人の娘』、風刺劇『アミューモーネー』であると推測されている。そして、『救いを求める人々』と、神話と伝承に関する後の作品から、それらの戯曲の全体がのべているテーマは明らかである。

アルゴスのイナコス王の娘であるイーオーは、ゼウスに愛された。ゼウスの正妻ヘラは、嫉妬のあまりイーオーを牝牛に変え、耳に虻を入れて苦しめた。イーオーは諸国をさまよい歩き、ついにエジプトに定住した。そしてそこで、ゼウスの子エパポスを生んだ。エパポスの子孫とその配偶者には、リビュエー、ポセイドン、ベーロス、ティルス[*用語解説]のアゲノール王（カドモスとエウロペの父親）、双子の兄弟ダナオスとアイギュプトスなどがいた。[70] ダナオスには五〇人の娘がおり、アイギュプトスには五〇人の息子がいた。息子たちは口論し、その後アルゴスに逃れたダナオスの五〇人の娘を追ってきて、五〇人の娘との結婚式が行なわれた。ところがその夜、ダナオスの娘たちは一人の息子を除いて、アイギュプトスの息子たちを殺した。こうしてダナオスはアルゴスの王位を自分のものにした。この物語をめぐってはさまざまな作品があり、それぞれ大きく異なっている。とりわけ、これらの行為が行われた場所がエジプトであったり、アルゴスであったりしている。

『救いを求める人々』は、この物語をめぐる一つの逸話である。この話は、ダナオスの娘たちがアイギュプトスの息子たちの悪意から逃れるために、エジプトを離れ、救いを求めてアルゴスに到着するというところから始まる。そこで彼女たちには、現地の王ペラスゴスによって、「救いを求める人」として、ゼウス・ヒケシオスの庇護が与えられる。アイギュプトスと彼の息子たちは使者を派遣し、ダナオスの娘たちを返せと尊大にも命ずる。頑強なギリシア人としての愛国心に燃えるペラスゴスは、それを拒否する。そしてこの戯曲は、アルゴスにおけるペラスゴス王とその臣民たちの合意を得て、ダナオスおよびその娘たちが定住することで終わる。この戯曲と三部作についての現代の研究では、これらの作品が著しく政治的意図にもとづいて書かれたものとして広く認識されているわけではない。ドイツのロマン主義的実証主義者や後の学者たちは、この作品がアイスキュロスか他の誰かによって書かれた、現存する最古の戯曲であると主張している。事実、この年代は近代の古典学の基準として措定されている。

学者たちは今まで『救いを求める人々』を、アイスキュロスのもっとも古い現存する戯曲とみなしてきた。もし、その年代をそれよりも後の時代に決定することに同意するなら、文献学研究自体が無駄になるであろう。[71]

しかしながら、一九五二年に公表されたパピルスには、この作品を含む三部作が紀元前四六四～四六三年に競演で受賞したこと、それゆえ、これらが悲劇作家としての円熟の作品であることが強く示唆されている。[72] このことは、この戯曲が紀元前五～四世紀のアテネにおいて高い評価得ていたことと符合する。現代の古典学者アラン・ガーヴィー博士は、韻律、語彙、戯曲の構造に準拠して、その戯曲の成立年代を初期に求める主張の空虚さを痛烈に批判した。[73] では、その作品が「未熟」だという、一貫した非難は何によってもたらされたのか？ エジプト人がペロポネソス半島にすでに移住していたということがそれとなくわかるような話題を扱うこと自体、絶頂期のもっとも偉大なギリシア悲劇作家にはふさわしくないと考えられていたことが、その一番もっともらしい理由である。

また同様に、その戯曲におけるエジプト的側面を軽んじさせようとする試みが執拗になされてきている。だが、このエジプト人の役割が、後に古代モデルを支える非常に重要なものとなったのである。たとえば、イーオーはアルゴスの出身と見られているものの、多くの史料は、彼女がアイギュプトスとダナオスの遠い先祖にすぎないことに同意している。かくして、兄弟やその子どもたちは、純粋にエジプト人ではないにせよ、エジプト人化されていたのだ。そして、ダナオスの五〇人の娘は「黒人」として明確にのべられている。[74] しかし、ドイツの学問の主流は、あいまいながらも、双子のダナオスの兄弟はイーオー自身の子どもであったとする古典評釈者の立場の方を好んだ。その同じ古典評釈者は、また三部作のすべての行為はアルゴスで起こったとも主張している。この解釈の方が、すべての他の史料よりも尊重されていた。それらの史料のなかには、すべてのできごとはエジプトを舞台にしたものであると考えている史料もあるが、そのいずれも右記の『ダナオスの五〇人の娘』での記述を含めて、それらの史料のすべてはダナオス家の人々がエジプトから到着したとしている。[75]

こうしたアーリア主義的な学者からの批判があるにしても、アイスキュロスがギリシア的ナショナリズムとも言えるような叙述に溢れていた作家であったことは間違いない。だから、外から来た侵略者の影響を最小限にしておきたかったのであろう。アイスキュロスはペルシア戦争〔前五〇〇～四七九年のギリシアとアケメネス朝ペルシアとの戦争〕のさなかに生活を送っていたのだ。彼は、アテネの貴族としてペルシアの侵略を阻止した紀元前四九二年の雌雄を決するマラトンの戦いに参加していた。彼の『ペルシア人』は、その世代の外国嫌いの感情を直接表現している。『救いを求める人々』においても、こうした感情を少しも隠そうとしていない。

おい、汝〔アイギュプトスの息子たちの使者〕は何をしているのだ？　ペラスギ人のこの国に、どういう考えで無礼を働きかけるのか？　実際、おまえが来たのは、女ばかりが住む市《まち》へ来たとでも思っておるのか？　ギリシア人と協調すべき異邦人のくせに、汝は高慢ちきになってきておる。[76]

そのような熱狂的で愛国主義的雰囲気のなかで、アイスキュロスがその神話劇におけるエジプト的要素を誇張するよりも、むしろそれを少なくしたかったと考える方が妥当であると思われる。このような主張を裏書きするような、かなりの証拠が『救いを求める人々』にはある。しかし、それを証明するためには、さらに詳細な議論が必要であり、また別の研究方法もこの著書の第Ⅱ巻とⅢ巻では用いなければならないであろう。

伝承に描かれているさまざまな要素は、その歴史的価値によっていくつかに選別される。もっとも役に立たないものは、どこにもあるような民話に共通しているモチーフであるが、五〇人の息子と結婚し彼らを殺す五〇人の娘の話は、まさにその典型的な例である。フォークロア的テーマは他の重要な文献でもよく見られる。ディオドロス・シケリオテスに情報を伝えたエジプト人は、ギリシア人がイーオーの出身地をエジプトからアルゴスへ移したのだと語っている。[77]マイケル・アストゥアは、さきに紹介したイーオー、ゼウス、ヘラをめぐる物語が、次のような旧約聖書におけるハガルについてのセム的な物語といかに似ているかを指摘している。ハガルの名前はセム語の √hgr（ハガル、さ迷う）から派生したと考えられるが、そのハガルはアブラハムに愛され、身ごもった。そのため、彼の嫉妬深い妻サラによって砂漠へ追い出される。砂漠で死にかけたハガルは、神からオアシスでの休息を与えられ、そこで半人半獣のイシュマイルを生んだ。さらに、アストゥアはエレミア書の衝撃的な次のようなくだりを引用している。「美しき牝牛はエジプト人であるが、北方からの虻が取りついている」。そうすることで、預言者の子孫であるイスラエル人ならこの伝承を知っていることを示唆したのである。つまり、アストゥアは、セム的影響力がダナオスの移住にまつわる伝承に見られることを主張するために、これらの二つを利用しているのである。[78]

しかしながら、エジプトの神話の存在をさらに示唆するものが他にもあるように思われる。たとえば、『救いを求める人々』の二一二行において、ダナオスは「ゼウスの鳥」という言葉で呼びかける。するとコーラスは「太陽の救いの光り」という言葉で応答する。研究者たちは、ここでゼウスに相当するエジプトのアモン＝ラー神〔太陽神〕の「太陽の鷹」という呼び方との驚くべき類似を認めざるを得ない。しかし、彼らはこの意義を低く抑えるために、これを「エジプト化」によるものだなどと称し、よほど後になってから生じた派生的な事象にすぎないものにしようとしている。[79] 他の場所でも、死者を迎える「地獄の」あるいは「地下の」ゼウスへの言及があり、また、人間の誤った行為に対する冥界での審判を行なう「もう一人のゼウス」への言及がある。これらのことは古代エジプトの神オシリスによる死者の審判に非常に似ている。そして、この「もう一人のゼウス」が、「オルペウス的」、最終的にはエジプト的なるものとして広く受け入れられている『オデュッセイア』にある記述と共通したものをもっていたとしても、驚くべきことではない。[80]

これらの言及は示唆的である。伝承の中から見つかる「確固たる」歴史的証拠は、固有名詞から現われる。この点から見て、古典学者であり文献批評家でもあるフレドリック・アールの最近の研究は注目に値するだろう。アールは古典作家の該博な知識を示し、ジェームズ・ジョイス〔アイルランドの作家〕の小説『フィネガンズ・ウェイク』を読む時と同じ姿勢で、テキストにアプローチする必要性を示した。アールの見解は次のようなものである。多くの古典学者たちが行なったような「唯一主義」、すなわち、ただ一つの意味をテキストに押しつけることを避けるべきである、と。彼はさらに次のように論じている。実際に、語呂合わせ、綴り字遊び、対句がもつ密なる相互のつながりを捜すべきである。というのも、それらはテキストを多様化させ、しばしば矛盾した意味や「読み」を与えてくれるからである。さらに、聖なるものではなくとも、語呂合わせは軽く扱われるべきではなく、奥底にあるつながりと真理を明らかにするものとして、考えられるべきだ。[81]

おそらく、『救いを求める人々』はそのような対応をすれば、内容はそれに報いるものとなるであろう。ガーヴィーは次のように言及している。

それ自身の意味がまったく異なっていても、その音、あるいは語形がモチーフの一つを暗示している語群の使用がある。『救いを求める人』の一一七行において、βοῦνιν は「丘の陵」を意味するが、「牝牛の土地」を暗示する［語根 bou-は「牛」を意味する］。他方、Ἀπίαν はアピスを思い起こさせる。それはエパフス（Epaphus）と同義のエジプト語である（二六二行を参照）。これは言葉遊び以上のものである。それは、ものの名前はたんなる習慣の問題ではなく、それが表すものに密接に結びついているものだという思想から生まれるのである。[82]

ガーヴィーは続いて、エパポス（Epaphos）と語根[*用語解説] ephap-の間の特別な類似を指摘する。ephap-は戯曲によく現われ、そしてそれは「つかまえる」という意味と「愛撫する」という二つの意味をもっている。また、epipnoiaという言葉があるが、それはイーオーを妊娠させるゼウスの優しい呼吸と、後にダナオスの娘たちを怯えさせる嵐の両方の意味をもっている。[83] これら以外にも、エパポスという名前とApia(n)の関連が、ジャン・ベラールによって示されている。>Ip.pyという名前は三人のヒクソスのファラオの名前であり、ギリシア語ではAp(h)ōphisと訳されてきた。[84] アストゥアが指摘しているように、発声における差異は次の事実によって説明することができる。それは、後期エジプト語では紀元前二千年紀の末期頃にaからoへの母音移動があったという事実である。[85] もしそうだとすれば、エパポス（Epaphos）という名前は、その時期以前にもたらされたこととなるので、「エジプト化」の発生が後代のものであるとの主張は、根拠薄弱ということになる。

アピア（Apia）という地名は、この戯曲以外にはめったに使われていないが、これは一般的にはアルゴスを意味する。しかし、ペロポネソス半島全体を指すものとして他の場所では使われている。それはホメロスに出てくるapios（遠い）、あるいはapiē gaiē（遠い土地）と結びつけられていたのであろう。[86] しかし、アピアはその語源との関係は考えられてはおらず、他の多くの関連を持っている。アピアという名前はエジプトの牡牛アピスを思い起こさせ、またそれゆえ牡牛にされたイーオーとそのエジプト人の息子エパポスと関係があるということは、古代ギリシア人には明らかであったし、一九一一年以降は近代の学問もそれを認めていた。[87] メンフィスにおける牡牛アピス信仰は第一王朝までさかのぼるが、その影響力の頂点は紀元前一八世紀以降であり、本来のエジプト名はHpwである。[88] Hpあるいは Hpy は、『死者の書』において有名な太陽神ホルスの息子の一人の名であった。その人物の特別な責務は北方の守りであった。[89] かくして、その人物は、エジプト人の目から見れば、ギリシアと結びつけられるであろう。太陽神ホルスの息子とギリシア人アピアとを結びつけることは、一見するとあまりにもこじつけ過ぎのように思えるかも知れない。しかしながら、『救いを求める人々』において、次のようなくだりがある。

われわれが立っている大地はアピアの国そのものである。そして、昔に、「医者」を讃えて、その名が生み出された。というのは、預言者であり医者であり、アポロン〔ギリシア神話の音楽の神〕の息子であるアピスは、遠く離れた岸辺にあるナウパクトスの出身であり、人間にとって恐ろしい怪物どもをこの国から完全に追い出したからなのだ。昔、血なまぐさい行為によって汚されたこの国の大地は怒りに満ちて、疫病と災いをもたらすたくさんの蛇をともに棲まわせたのだが、アピスは悪を断ち切る外科治療を行い、アルギヴの国が満足ゆくまで講じてやったのだ……。[90]

エジプトの神々において、ヘピ（Hpy）は死者の小腸を入れたカノープスの壺の守護者であり、また『死者の書』において、死者を守る守護者の主要な機能の一つは、蛇の姿に化けた悪魔を殺すことであった。[91] 一般的に、アポロンはヘピの父親である太陽神ホルスと同一視されていたが、混み入った言葉のつながりの対応関係を見ることによって、このことは完全に納得できるものとなる。しかしながら、エパポスという名前が明らかに古代起源であるのとは異なって、アピスの起源は、少なくともこの文脈においては、より新しいものであったように思われる。アピアという名前はホメロスの作品の中には現われておらず、右に引用した物語のこのくだりにおいてのみ現われるだけであり、より一般的な伝承に属していたとは考えられない。

エパポスやアピア以外にも『救いを求める人々』に出てくる名前の大部分には、エジプト的意味あいが強く感じられる。このことに関していくつか例を挙げてみよう。イナコスという名前は、今日ではこの戯曲におけるもっともアルゴス人的な名前であると一般的には考えられているが、その名前はアルゴスの王でありイーオーの父親であると考えられている。イナコスは、後にエジプトのナイル川に対比されるアルゴスの大河となった。ところが、一八世紀においては、このことがらに対する対応は非常に異なっていた。たとえば、大胆かつ異彩を放つ学者ニコラス・フレーレは、キリスト教会の司教エウセビオスの見解にもとづいて、イナコスはエジプト人の植民者であるとまどいながら主張した。[92] フレーレは、イナコスという名前は中東地域ではよく見かける名前であり、それは「力と勇敢さで有名な人々」を意味していると主張した。そして彼は、聖書に現われるアナク（ʿănāq）は『七十人訳聖書』（セプトゥアギンタ、最古のギリシア語訳旧約聖書）では、Enak あるいは Enach と転写され、ギリシア語の anax, anaktos（王）となっていることを引用している。

アナク（ʿănāq）という名前は多義的である。その名前は、キリヤト・アルバ（Qiryat ʾArbaʿ）の支配者たちを示すために用いられ、その支配者たちはヒッタイト人であったようだ。しかし、その名前は一般的には、背の高い強力なペリシテ人を指すものだとも言われており、そのペリシテ人はエーゲ海の出身だと広く認められている。[93] (w)anakt- という語はギリシア語にも、フリュギア語にも現われているのであるから、ʿănāq はフリュギア語から派生したと見ることもできる。この語源学的なこうしたあいまいさ以外にも、キリヤト・アルバの都市が紀元前一七ないし一八世紀に建国されたという明確な証拠があるか否かという問題もある。[94] もしも、ペリシテ人がおもにギリシア語を話していたとするならば、アナクはギリシア語からの借用語であるのも十分あり得る。[95]

フレーレは、自説の補強となるエジプト語の語根 ʿnḫ の存在を見落としていた。この基本的な意味は、エジプト式輪頭十字のシンボルと同じく、「生命」であった。しかし、これにはいろいろと拡大された意味がともなっていた。

決まり文句であるʿnḫ ḏt（命永遠なれ）は、生きているファラオの名前の後ろに付けることになっていた。このことに加えて、インド・ヨーロッパ語にこれに該当する語源が見当たらないことも合わせて考えるなら、ギリシア語の(w)anax, (w)anaktos（王）の有力な語源である可能性もある。[96] ʿnḫのもう一つの用法は、「棺桶」であるが、この語はギリシア語のアナクトロン、すなわちエレウシスの秘儀の中心にある聖骨箱の語源であるように思われる。

私たちの現在の関心にとってより意義があるのは、「生きている」水を表すmwʿnḫという句におけるアネク ʿnḫ の用法である。アナクトス（Anaktos）は、『ダナイスたち』という失われた叙事詩からの行、ποταμοῦ Νείλοιο Ἄνακτοσ すなわち「王の／生きた川たるナイル」にはっきりと、同じような用法で使用されている。ナイル川はその肥沃さと生命を与える力ゆえに高名であった。さらに、おそらく紀元前一世紀に生きていたであろう神話収集家アポロドロスによれば、アイギュプトスとダナオスの母はナイル河神の娘であり、アンキノエー（Anchinoē）と呼ばれていた。この語がエジプト語のʿnḫ nwy（生きている水、あるいは水の命）から派生している可能性は、アンキッロエー（Anchirrhoē）あるいはアンキロエー（Anchirhoē）という彼女の名前の異形によって高まる。というのは、rhoēはギリシア語では「水流、流れ」を意味するからだ。[97]

王族、棺、流れる川の語に関して、エジプト語とギリシア語にこのような特別な語義的な関係が存在することは、無作為の偶然の一致ではないことは明らかである。イナコスが王、先祖、川として一人三役を果たしていること、および彼とナイル川が頻繁に対比されることは、前述のḤpw/y ― Apis/Apiaのタイプの、エジプト語とギリシア語における複雑な語呂合わせを暗示させるであろう。ここでもまた、叙事詩においてアナクトス（Ἄνακτοσ）という言葉の使用があるにもかかわらず、ホメロスもヘシオドスもイナコスという名前を使用していないという事実、そして、ヘシオドスがイーオーの父親には別の名前を使用しているという事実は、このようなエジプト語とギリシア語にある特別の関係は、後の時代になってから発生したものであることを示唆している。

イナコスの娘イーオーという名前は、ienai（さ迷う）という動詞から派生したものであるが、これは語根√hgr（さ迷う）から派生したハガルの場合とぴったり符合している。[98] しかし、等しく明らかなエジプト語とセム語の語源がある。現代の注釈者は戯曲において、Ἴω《イオン》 ʻἸοʼ《イオ》 Ἴων《イオーン》、ʻIonianʼ《イオニア人》と Ἴον《イオン》 ʻvioletʼ とのあいだにある明らかな語呂合わせを認めている。[99] イオニア人がエジプト人に起源をもつことは、すでにのべた通りである。イーオー自身はエジプト語とギリシア語に二重の語源をもっているように思われる。それはコプト語のボハイル方言*用語解説においては、iōḥと表記されている。[100] さらに、イーオー（iō）はアルゴスの「月」にあたる方言だという言い伝えも存在する。アールが指摘しているように、これと結びついているのが、イーオーとイシス〔古代エジプトの女神、オリシスの妻、ホルスの母〕の関連である。イシスはエジプト末期の宗教では月と関連していた。さらに、アールは月という語に内在する諸関連を示し、「牝牛」という語において角と女性が合体されていることを示した。[101] 私が思うに、イーオーを表す二番めのエジプト語の語源が見出されるのはこの点なのである。つまり、ỉḥt（牝牛、複数形は ỉḥw）と ỉw3（長い角を持つ家畜）からきているのである。

イーオーの子孫の名前に関して、すでにエパポスについては考察ずみである。後期エジプト語のレブ Rb から派生したリビュエー〔エパポスの娘〕は、女神アテナの姿をとっていることもあると私は思う。[102] 多くの学者たちは、リビュエーの双子の息子ベーロス〔アイギュプトスとダナオスの父〕の名前を「主」という一般的意味、あるいはとくにその名をもつ神として、セム語の √bʿl から引き出したのだ。[103] フォイニクス（Phoinix）という名前は、明らかにフェニキアと結びついている。[104] 逆に、ティルスのアゲノール王〔リビュエーのもう一人の双子の息子〕は「男らしい」あるいは「大胆な」を意味するギリシア語の名前をもつグループの唯一の例である。アイギュプトスという名前の語源は、明らかである。本来、Ḥ(t)-K3-Ptḥ（プタ神の魂の神殿）は下エジプトの首都メンフィスの名前であった。青銅器時代の終わりまでには、その言葉は東地中海全般にわたって、「エジプト人」を表すために共通に用いられたようである。そして、Ai-ku-pi-ti-joという個人名はミケーネ時代のギリシアにおいて現われたものである。[105]

アイギュプトスの双子の兄弟でありライバルでもあるダナオスの名前は、線文字Bにおいて、Da-na-joという記述で表されている。しかし、これはさらに混み入った魅力的な問題を提起している。エジプト史や神話学で知られている限りでは、このような名前は存在しない。しかし、この名前はおそらく紀元前三千年紀にまでさかのぼるエーゲ文明との長いつながりを持っているのである。[106] Da-na-ne は線文字Aにおいてその存在が立証されている。Tˇinȝy あるいは ta-na-yu は、紀元前一五世紀からギリシアを表すエジプト語の名前として現われている。また、Dȝ-ǐn という語は紀元前一三世紀までには、すでに用いられていた。[107] アストゥアは、その語根を Danˇel あるいは Daniel のような名前に見られるように、セム語の語根 √dn(n)（ダーン、裁く）と結びつけた。そして彼は、ダナオスを語源とするダナオイ人はセム語を話す部族であって、彼らはおそらく後期青銅器時代にアナトリア南東部のキリキアからギリシアに到達したものと考えている。[108] 東地中海では、Dani/a あるいは Tani/a と呼ばれるさまざまな人々のあいだには、おそらくつながりがあったことが認められ、キリキアにおいて後に発見されたキリキア人も南部エーゲ人も、ほぼ青銅器時代を通じて著しくセム化されたのであろうが、そしてまたキリキア人も南部エーゲ人も、ほぼ青銅器時代を通じて著しくセム化されたのであろうが、キリキアにおいて後に発見されたダニム（the Dnnym）とダン（Dan）という聖書に出てくる部族は、キリキアの出身ではなくて、エーゲ海出身であると主張している学者たちの説に私は従いたい。[109] 私たちが関心をもっている植民化はかなり早い時期に起こっており、このことに関するすべての伝承は、ダナオスがギリシアへの移入者であったと主張している。

確かに、Dan- という名前にはエジプト語、西セム語、ギリシア語における理解困難な数多くの古い語呂合わせが存在する。ガーディナーは、紀元前一一世紀までには、Dȝ-ǐn あるいは Dene という場所名は限定詞、あるいは腰の曲がった老人を表すヒエログリフ（聖刻文字）とともに書かれたということを指摘している。彼は Dan- とエジプト語の ṯnǐ（後には tnǐ と書かれた言葉）とを結びつけている。この時代までには、d と ṯ と t は同じ音で発音されていた。そして Dan- は「年老いた」、「疲れた」を意味しているので、彼はその土地の名前を「疲れた土地」と呼んでいる。[110] それゆえ、『救いを求める人々』や他の作品において、ダナオスが老いぼれて疲れ切った人物として強い印象で描かれていることは注目に値する。また、ダナオスはアルゴスを平定した賢い裁判官兼立法者としても知られており、彼とその娘たちはとりわけ灌漑に関わっていたことでよく知られていた。かくして、彼の名前はエジプト語の dnǐw（配置者あるいは灌漑者）、dnǐ（配置する、灌漑する）という語形に由来したものであることは十分にあり得る。その語形はセム語の √dn(n)（ダーン、裁く）と明らかに関係している。ここでは語呂合わせのつながりが複雑すぎて、エーゲ海のダナオイ人が先行するのか、それとも土地の植民地的分配者・立法者・灌漑者であったエジプト系セム人が先行するのかを判断するのは不可能となる。

　ダナオスという名前から引き出される結論があいまいなものであったとしても、アイギュプトスとダナオスの闘いについての伝承は、少なくとも紀元前三世紀以来、ダナオスが第一八王朝のエジプト王国の復活によって追放されたヒクソスの族長であったことを疑問の余地なく伝えている。[111] この関連では、私たちは『救いを求める人々』のギリシア名（Hiketides）に注目すべきである。これは、その戯曲を初めから終わりまで支配している神であるゼウスの核心的副名であるヒケシオス（救いを求める人）と明らかに結びつく。[112] どちらかというと、奇妙な副名であり精霊への祈祷の言葉でもあるヒケシオス（Hikesios）はギリシア全土で、とくにギリシア南部でしばしば用いられた。そして、それは、よそ者たちを守る神の一般的な働きを表す言葉である。[113] Hiketides（救いを求める人々）という二つの戯曲は、ともに後にヒクソスの植民化ととくに関連づけられる街、アルゴスに言及している。[114] Hikesiosはエジプト語の Ḥḳ3 ḫ3st に驚くほど似ており、このエジプト語は紀元前三世紀には、Hyksosという語としてギリシア語に翻訳されている。

　以上見てきたような戯曲における広範な語呂あわせの存在を考慮するならば、アイギュプトスとダナオスの闘い、三部作を成す戯曲、とくにダナオスがエジプトからアルゴスへ到着した部分では、ヒケシオスという語が二重の意味をもっていることにアイスキュロスと彼の情報提供者たちが気づいていたことは、おおいにあり得ると思われる。「ヒクソス」が第一義的意味であり、「救いを求める人」という考え方がそこから派生したと想定するのは、理にかなっているだろう。ゼウスがヒケシオスであるということが広範に立証されていることは、その語呂合わせが古いものであることを暗示している。したがって、それがアイスキュロスとともに始まったということはとてもあり得ない。征服者としてダナオスを描くよりも、土着の人々から難民の一人として暖かく受け入れられ、後に不思議にも支配者となった人物として彼を描く方が、ギリシア人のナショナリズムを満足させることは疑いがない。こうしたダナオスの描き方は、古来の伝統と民族的誇りのあいだに起こった軋轢《あつれき》を緩和するのに役立ったに違いない。紀元前二千年紀において、ヒクソスによるアルゴスの植民化が実際にあったのか、なかったのかの問題は、第Ⅱ巻で論じることになる。ここで私が強調したいのは、『救いを求める人々』のテーマとその作品における膨大な量のエジプト的要素は、紀元前七世紀あるいはそれ以前における『ダナイス』の著述までさかのぼるアイスキュロスと彼の情報提供者たちが、ヒクソスによるアルゴスの植民地を史実として受けとめていたことを証明しているということだ。

最後に、『救いを求める人々』以外にも、植民化について言及しているギリシア悲劇が存在していることをつけ加えておきたい。テーベを取り扱うギリシア悲劇の多くは、カドモスがフェニキア出身であることをのべている。たとえば、エウリピデスの『フェニキアの女たち』においては、まさにカドモスがティルス出身であったため、そのカドモス王朝の最後を見とどけるために、フェニキアの女性コーラス隊がやって来るのである。[115] これもまた、紀元前五世紀には、この伝承が広くそのまま信じられていたことを示す証拠となろう。[116]

ヘロドトス

以上の見解をもっとも明確に表明しているのが、偉大な『歴史』を紀元前四五〇年頃に書いたヘロドトスである。彼の主要テーマは、ヨーロッパ（その言葉は彼にとってはギリシアを意味していた）とアジア、アフリカの間の関係であった。彼はこの関係を類似と相違、接触と抗争の関係として見ていた。そして彼は、バビロニアからエジプトに至るまでペルシア帝国[*用語解説]内を旅しただけでなく、その北方および西方の周辺地域であるエピルス、ギリシア、黒海沿岸まで足を運び、このテーマに関する多くの問題を提起している。この章の文頭の引用から、ヘロドトスはエジプトによるギリシアの植民地化について記述を残していなかったことがわかる。彼の沈黙の理由は、自分がのべなくても他の人たちが記述していると彼が考えたからである。しかし『歴史』の他の記述からは、彼は植民地化が史実であることを固く信じていたことがうかがえるし、さらには植民地化自体についての言及も満ちあふれている。

当地［ロードス島のリンドス］の女神アテナの神殿は、アイギュプトスの息子たちから逃亡する途中にその島に立ち寄ったダナオスの娘たちによって建立された。[117]

アゲノールの息子であるカドモスは、エウロペの探索中にそこ［テラ島］に立ち寄った。そして……たくさんのフェニキア人をそこに残した。[118]

ヘロドトスは植民地化自体にはさほど大きな関心を持っていなかったようであるが、彼らがエジプトやフェニキア文明をギリシアにもたらしたうえで大きな力を果たした点には、強い関心をもっていた。

ギリシア人がテスモポリアと呼んでいる、神秘的なデーメーテールの入信儀式については、私は口を慎むことにしよう。……たとえば、この儀式をエジプトから持ち込み、ペラスギ人の女性たちに儀式の執り行い方を授けたのは、ダナオスの娘たちであったということは言えるのだ[119]……。

カドモスとともにやって来たフェニキア人は、……ギリシアに移住してから、その地に幾多の文化文明をもたらした。そのうちでもっとも重要なものは、文字の使用であり、私が思うには、そのような技術は当時までギリシア人には知られていなかった。[120]

ヘロドトスは他の場所で、政治家や軍人に従属していた文化人に対して、近東文明がもたらされたことをのべた。その過程は最初の植民地化の後も続いたのだ。

メラムプースは、ディオニュソスという名前を、その栄誉を讃えた生贄と男根崇拝行列とともに、ギリシアにもたらしたと私は考えている。しかしながら、メラムプースはその教義を十分に理解してはいなかった。あるいは、完全には伝えることはなかった。そのもっとも完全な発展は、後の教師たちの仕事であった。にもかかわらず男根崇拝行列をもたらしたのはメラムプースであった。そして、ギリシア人が今日執り行っている儀式を学んだのはメラムプースからであった。メラムプースは、私の見解では、占い術を獲得し、自分がエジプトで学んだ幾多のことがらを、ほとんど形を変えずにギリシアにもたらした有能な人物であったのだ。それらの幾多のことがらの中に、ディオニュソス崇拝も入っているのである。……おそらく、メラムプースはディオニュソスについての知識をティルスのカドモスを通じて、また今日ボイオティアと呼ばれている国へフェニキアから一緒にやって来た人々を通じて得たのであろう。ほぼすべての神々の名前はエジプトからギリシアへもたらされたのだ［強調はバナール］。私は、自ら行った調査から次のようなことがらを知っている。すなわち、それらの名前は外国から来たものであり、エジプトから来たものであることは、おおいにあり得るように思われる。というのは、すべての神々の名前は、ずっと昔から知られていたからである。……これらの行為、および後に私が語るであろうことがらは、エジプトからギリシア人によって借用されたものであった。……古代においては、ドドナで聞いて知ったことであるが、ペラスギ人はすべての種類の生贄を捧げ、神々に祈ったが、名前やタイトルの区別はまったくなかった。それというのも、そんなことはまだ聞いていなかったからだ。彼らは神々をギリシア語の「テオイ（theoi）、定めを行う人々」という言葉で呼んだ。……ずっと後になって、神々の名前はエジプトからギリシアへもたらされ、ペラスギ人はそれを学んだ。……そして、時が経つにつれて、彼らは外国からその国へ入って来た名前の採用の適否についての助言を求めるために、ドドナの神託所（当時もっとも古い、ギリシアにおける唯一の神託所）へ人を送った。祭司は、それらの名前を使用することは正当であろうと答えた。それゆえ、その時からペラスギ人は生贄を捧げる時、エジプトの神々の名前を使用したのである。そして、ペラスギ人からそれらの名前がギリシアに伝えられた。[121]

さらに、ヘロドトスは近東の思想が植民地入植者だけに導入されたのではないとのべている。エピルスのドドナの神託所がエジプトおよびリビア起源であることについてのヘロドトスの叙述は、ドドナの巫女とエジプトのテーベの神官の話にもとづいているが、この叙述はダナオスやカドモスとはまったく関係がない。[122]

すでにのべたように、ヘロドトスは紀元二世紀にプルタルコスによって「嘘つきの父」だと批判された。そして、彼はアーリア・モデルの枠組みの範囲内で研究している今日の学者たちによって取り上げられながらも、これらの研究者たちはヘロドトスの「軽信」を冷笑しているのである。しかしながら、ヘロドトスはギリシアの諸習慣が一般的には東方から、とりわけエジプトから採り入れられたとのべているが、それは決して伝承だけを頼りにしていたわけではない。[123]

ギリシアとエジプトで行われている似かよった儀式は、たんなる偶然の一致であることを私は認めるつもりはない。もし、そうであったなら、われわれの儀式はもう少しギリシア的性格をもっていたであろうし、起源においてもう少し古いものであったであろう。エジプト人がギリシア人からこのような習慣を受け継いだということを私は認めるつもりはない。[124]

このようにして、ヘロドトスが依拠していたのは、伝承の盲信というよりはむしろ理性であり、もっとも適当と思われる方法、すなわち、諸説を比較検討してより信憑性の高いものを採用するという方法である。ここで私たちが問題にしているのは、彼の結論が正しいのか、それとも誤りがあるのかではない。私たちにとっての関心は、ただ彼が自分自身の引き出した結論に確信をもっていたことであり、それがおおむね従来からの見解の踏襲であったという点である。ヘロドトスの見解が旧来の説の踏襲であったという点に関しては、植民地化については彼以前にすでに言及されていることであるし、またヘロドトスの見解に対して、その後のギリシアの圧倒的多数の著述家たちが異を唱えていないことなどによっても立証されているように思う。こうしたヘロドトスの見解が受け入れられていたことは、当時のギリシア人の熱狂的、狂信的愛国主義を考えてみると、特筆すべきことである。そしてまた、その後も周囲に多くいるエジプト人やフェニキア人に対して、自分たちに文化的な劣等感をもたせるような伝承に対するギリシア人の不安感や嫌悪感を考えてみると、さらに興味深い。まさに、このような状況があったからこそ、ヘロドトスは植民地化が実際あったかどうかではなく、どの程度ギリシア文化がエジプトやフェニキアから借用しているかという問題の立て方をすることで、ギリシア擁護にまわったのであろう。次に、こうしたギリシア人の不本意な思いについて、紀元前四六〇～四〇〇年に暮らしていた、ヘロドトスに次いで偉大なギリシアの歴史家トゥキュディデスを通して見ていくことにしよう。

トゥキュディデス

一九世紀初期の批評家たちは、植民地化が存在したことについての権威者の「沈黙」をおおいに強調しているが、これらの批評家たちがその代表としている歴史家は、トゥキュディデスであった。トゥキュディデスが描く歴史では、アナトリアからギリシアへのペロプスの侵略についてはのべているものの、カドモスやダナオスのことには触れていない。トゥキュディデスは、昔は「ガリア人やフェニキア人がたいていの島々に住んでいた」とのべた。そして、ダナーンとカドメイアはいずれも、ボイオティアの旧名であるとしている。[125] 彼はまた、ペロプスに先立つアルゴスの王たちは、ペルセウスの後裔だとのべている。このペルセウスは、ヘロドトスが「紛れもないエジプト人」あるいは「アッシリア人」と見ていた人物である。[126] にもかかわらず、カドモスあるいはダナオスや彼らの侵略については、何ものべられていないのである。

トゥキュディデスが筆を執る数十年前に、ヘロドトスの作品やギリシア悲劇がしばしばギリシアの植民地化について取り上げていたことを考えると、トゥキュディデスは植民地化についての伝承を知っていたことは間違いない。にもかかわらず、そのことに関して彼が沈黙していることは、意図的にそうしたと考えざるを得ない。トゥキュディデスは植民地化について論駁する証拠をもっていたのに、このことに言及しないとはとうてい考えられないことである。それというのも、その場合、トゥキュディデスなら歴史家としての名声を強めるためにも、また以下に論じるように彼の歴史観に沿わないような侵略の問題を黙って見過ごすようなことはしないに違いない。より寛大な説明をすれば、自意識の強い「批判的」歴史家として、彼は立証できない伝承を扱うのは気乗りがしなかったのだろう。彼は洪水の生き残りであるデウカリオン〔ギリシア神話でプロメテウスの子〕の息子ヘレンの、さらに昔の神話についてものべているので、カドモスやダナオスの侵略についてのべていないことを正当化することは説得力がない。[127]

一八世紀以降今日に至るまで、トゥキュディデスが影響力を持っていたことの理由の一つは、彼の歴史観が「進歩的」であったということである。[128] 彼の考えによれば、政治制度は時代が進むにつれてより改善され効率化されたものになるのだという。それゆえ、トゥキュディデスはミケーネ文明の業績を軽く扱い、その社会の不安定さとそれに続く「暗黒時代」の混沌を強調する傾向にあった。このことから、ホメロスが単一民族としてのヘレネス〔古代ギリシア人〕という何らかの意識をもっていたことについて、トゥキュディデスは否定的であった。[129] トゥキュディデスにとっての関心事は、彼にとっての二つの主役であるアテネとスパルタが、これまで前例のないほど力量を備えた勢力として歴史の舞台に登場したということであった。「ギリシア人の歴史において未曾有の混乱であり、それは非ギリシア社会の大半にまで影響を与えるような、いやそれどころか私に言わせれば、全人類に関わるような」と彼自身が表現するように、彼は自分の人生がペロポネソス戦争〔アテネとスパルタの戦争、前四三一～四〇四〕と直接関わるものであったと言いたかったのであろう。[130]

このような彼の主張は、ギリシア人を民族全体として巻き込んだトロイ戦争に比べるべくもない大げさな表現である。また、ギリシアが植民地化されたという事実を受け入れるなら、このようなペロポネソス戦争を過大に評価する彼の歴史観は、さらに大きな打撃を受けたであろう。伝承で語られているトロイ戦争の地理的な範囲、軍事行動の規模、そして長期にわたる占領などと比べれば、ペロポネソス戦争はごく普通のできごとにすぎない。一人トゥキュディデスのみが自著の中で誇大に持ち上げることによって、あたかも巨大な歴史的事件のように記録されたのである。

トゥキュディデスのこのような主張の背景となっているさらに重要な要因は、彼の「一過性の排外主義」と言うよりは、彼一流の民族主義と呼ぶべきものだと、私は考える。トゥキュディデスはギリシア人と「異邦人《バーバリアン》」のあいだに、厳格な一線を引いた。そして彼の全作品は、たとえさんざんな内容であったとしても、ギリシア人の功績は他に代えがたいものであるという賛歌と言ってもよいだろう。したがって、今やアテネの人々が征服の対象とし得るエジプト人、ペルシアの軍事力、とりわけ艦隊の恐るべき手足であったフェニキア人が、ギリシア文化の形成において中心的役割を果たしたなどという説は、明らかにトゥキュディデスの同世代人にとって邪魔者なのであった。

このように考えるならば、伝承を拒否した「批判的歴史家」であったはずのトゥキュディデスが、ダナオス、カドモス、エジプト人ケクロプスのような文明開化を担った外国人をではなく、なぜ伝説上の人物にすぎないヘレンのことを純粋民族を代表する人物として持ち上げることができたかを説明できるだろう（不愉快な伝承を取り除こうする熱意が批判的アプローチに弾みを与えることができるか否かについては、第4章と第6章において論じている）。この種の「民族主義」は紀元前五世紀初期のペルシア戦争の直後と、またそれに続くギリシアの勢力拡張期に典型的に見られたように思われる。なぜなら、この時期からギリシア人のあいだに程度の差こそあれ、「異邦人」に対する憎しみと軽蔑が見られるからである。このような雰囲気の中で、ギリシアの作家たちが、フェニキアやエジプトなど近東に対してギリシアが文化的負い目を感じるような伝承を軽く扱おうとしたことは、想像に固くない。それゆえ、たとえば、ケクロプスがエジプト人であることを示唆する伝承が、なぜギリシアの先住民の伝承に取り替えられたのか、あるいはなぜトゥキュディデスが伝承をすべて除去したのかが容易に理解されるであろう。そのことに比べて見れは、なぜ、ギリシア人が行なった外国の植民地化や文明開化についての「新しい」物語を創り出す必要があったのか、その理由を考える方がむずかしい。

イソクラテスとプラトン

紀元前四世紀初期において、汎ヘレニズムとギリシア文化の誇りを擁護する傑出したスポークスマンは、アテネの雄弁家イソクラテス*用語解説であった。彼は紀元前三八〇年のオリンピア競技会の演説において、スパルタ人とアテネ人に向かって差異を捨ててペルシアと異邦人《バーバリアン》に抗する汎ギリシア人連合に結集するよう訴えかけた。ギリシアが文化的に安定した新しい段階を迎えたことを受けて、彼は次のように宣言した。

わが都市［アテネ］は思想並びに言論において他の都市より格段に抜きん出ているため、その弟子たちは世界の教師となったのである。わが都市は、「ヘレネス」という名前がもはや一民族をではなく、一つの英知を意味すること、また同じ血を分けた人々を指すよりも、われわれの文化を共有する人々を指すことになったと考えるに至ったのだ。[131]

紀元前四世紀のもっとも偉大な数学者であり天文学者でもあったクニードスのエウドクソス*用語解説を含めて、多くの文明開化されたギリシア人たちが当時なおエジプトで学問をする必要を感じていたことを考える時、彼の演説の尊大さは驚くべきものである。[132]したがって、イソクラテスがかつてギリシアが植民地化されたことに関心を寄せていたことも、不思議ではない。

古い時代には、［たとえば］エジプトからの亡命者であるダナオスがアルゴスを占領し、シドン*用語解説からやって来たカドモスがテーベの王となったなど……、異邦人《バーバリアン》がギリシアの都市の支配者であったと想定されることは不幸なことである。[133]

このように、イソクラテスはギリシアが侵略されたことに強い不快感をもっていたにもかかわらず、侵略という歴史的事実に関しては疑問をもっていなかったことにおおいに注目すべきである。しかしながら、この問題についてのイソクラテスの主張には、一見矛盾するような二つの内容があった。彼は『ブシリス』において、エジプトを実際以上に極度に褒めあげている。ギリシア神話に出てくるエジプト王ブシリス〔ポセイドンとエジプト王エパポスの娘の子〕は、外国人を生贄にすることで有名だが、イソクラテスはこの王を美辞麗句を駆使して擁護している。にもかかわらず、その演説は説得性をもたせるために、これまで人々が信じてきた伝承を踏まえて人々に訴えかけるものでなければならなかった。このことは非常に重要な意味をもっていた。そこでは、エジプトという国とそこに暮らす人々を世界でもっとも祝福されるべきものとして描いている。何よりその演説は、神話上の立法者としてのブシリスを讃え、また彼がエジプトのために考案した憲法の完璧性を賛辞するために書かれたものであった。[134]

イソクラテスは、エジプトのカースト制度、哲学者の指導性、国家の利益のために優れた知恵を用いる思索的人間（anēr theōrētikos）を生み出す神官・哲学者への厳しい教育（paideia）を賞賛した。[135] 労働の分割は「余暇」（scholē）を可能にし、その余暇が「学び」（scholē）を可能にしたと指摘した。さらに、何よりも哲学（philosophia）こそエジプトが生み出したものであったと主張した。[136] この哲学という言葉は、以前から、おそらく前六世紀以来、エジプト化したピタゴラス学派*用語解説によって使用されたように思われる。しかし、その現存する用例のもっとも古いものの一つは『ブシリス』からのものであった。[137]

イソクラテスのこのようなエジプトに対する深い尊敬に満ちた態度と一方での熱狂的な外国嫌いとは、決して矛盾するものではなかった。ギリシアが植民地されたことと、エジプト宗教がギリシアへ移植されたことは、少なくともヘロドトスの時代からは別個のできごととしてはとらえられていない。さらに、彼のアテネとギリシアの文化的勝利への賛歌は、彼の時代にのみあてはまるものであり、過去についての何らの主張を意味しているのではない。イソクラテスがもっとも関心をもっていた「異邦人」とは、ペルシア人とフェニキア人であった。その理由は、フェニキア人がペルシア艦隊の基礎の多くを作ったからであり、また、そのパトロンである僭主エヴァゴラスがフェニキア人からキプロスの領土であるサラミスを奪ったからであった。さらに、『ブシリス』が書かれた紀元前三九〇年頃には、エヴァゴラスとエジプトのファラオであるアコーリスとアテネのあいだに、三者同盟が結ばれていた。[138]

イソクラテスの異国礼賛と排外主義の二つの異なる視点も、ペルシアに抗してアテネとスパルタを団結させようと試みた才知として見れば、矛盾のないものとして受け入れることができよう。おそらく、アテネの人々は紀元前四世紀初期のペロポネソス戦争の終わり頃、非常に強力であった敵国スパルタの政体に魅せられていたのであろう。だからこそ、アーリア・モデルの枠組みの中で研究していた一九世紀のドイツの古典学者ヴィラモーヴィッツ=メーレンドルフは、イソクラテスが『ブシリス』を書こうと考えた理由を、彼がスパルタ的政治制度にいたく感動したからだと論じているのである。さらに彼は、イソクラテスが『ブシリス』を彼の理想的作品とすることができたのは、ヘロドトスがスパルタの政体はエジプトに由来すると主張したからだ、と論じている。[139] しかし、近代フランスの学者シャルル・フロワドフォンは、『ブシリス』は、クセノフォン〔古代アテネの軍人・歴史家、前五～四世紀〕によって書かれた『スパルタ人の国政』にはもとづいてないという立場に立って、この問題に反論している。第一に、イソクラテスが、スパルタの人々はエジプトからは部分的にしか借用していないと主張していること、次に彼の同世代の人々に大きな印象を与えたスパルタ社会の軍事体制は、リュクルゴス〔アテネの弁論家・政治家、前四世紀〕によるものであったと、フロワドフォンは考えたからである。もっともこのリュクルゴスなる人物が実はエジプトの模倣者であったとプルタルコスが主張したのは、ずいぶん後の紀元前二世紀になってからのことであった。[140]

　私は、『スパルタ人の国政』という本の存在を前提にする必要はないという、フロワドフォンの意見に同意する。他方、ペロポネソス戦争の「戦後」、アテネの人々がスパルタの成功の秘密に関心をもっていたことが知られている。さらに、スパルタの、とくにリュクルゴスがエジプトから政治制度を借用していたことは、紀元前四世紀の初期には、一般に認められていた。というのも、その借用が事実であったからである。このことに疑いをはさむ者は、古代モデルの枠組みの中で研究している学者の中にはいない。すなわち、その伝承はたんにスパルタ社会のいくつかの側面の性質によってだけではなく、古代スパルタの芸術にエジプトの影響が強く見られることによっても確認されるし、とりわけスパルタの諸制度の名前の多くが語源的にも後期エジプトから来たと考えられるからである。[141]

　イソクラテスは、スパルタ人は仕事の役割の区分と分担、すなわち分業システムというエジプトの原則を適用することができず、スパルタの政体もエジプトモデルの完成には至らなかったと主張した。彼は次のように論じた。「そのようなテーマを取り上げることで、最大の名声を得た哲学者たちは、何よりもエジプト的政治形態を好んでいるのだ……」[142]。

　イソクラテスがここで言う「哲学者たち」とはいったい誰のことであろうか？　それはピタゴラス学派の学者たちのことをのべていたのであり、イソクラテスはピタゴラス学派の「エジプト政治」という概念や、その政治についての実際の記述も知っていてそう描いていたのではないかと、フロワドフォンはのべている。[143] つまり、ピタゴラス[*用語解説]のような人物がいて、その学派がエジプトでの長い研究によって成り立っていたという、ヘロドトスが言及しまた後の作家たちによって詳細が記されている強力な古代の伝承を、アーリア主義者が否定するためにはよほど手のこんだ細工が必要である。にもかかわらず、そんな細工が実際に試みられてきている。[144] しかし、イソクラテスは、「エジプトを訪れた際に、彼［ピタゴラス］はエジプト人が信仰する宗教の学徒となった。しかもギリシア人にすべての哲学をもたらした最初の人物であった」[145]と明快にのべている。

イソクラテスが「哲学者たち」という言葉によって、自分の偉大なライバルであるプラトンと彼の著作『国家』を意味したという可能性は低い。[146]『国家』は紀元前三八〇～三七〇年のあいだに書かれたと一般的には考えられており、それは三九〇年の『ブシリス』の後のことである。プラトンのこの作品は長年の思索と教育の所産であり、また初期の草稿があったということも信じられている。[147] とはいえ、書かれた時代の順番としては『ブシリス』の方が前に置かれるべきであろう。にもかかわらず、『ブシリス』とプラトンの『国家』のあいだには際だった類似性がみられる。たとえば、『国家』においても、階級に基礎を置いた分業システムへの言及があり、そこでは、この制度が注意深い選抜と厳しい教育によって育てられた聡明な保護官によって管理されている、とのべられている。プラトンは、アテネの民主政治の動乱に激しい敵意を抱いていたので、彼にとってスパルタ的政体は明らかに慰めとなる存在なのであった。

プラトンの思想は、どの程度までエジプトと関係があったのであろうか？　明らかにエジプト的なイソクラテスの『ブシリス』と似ていることはさておき、プラトンが一定の年月を過ごした紀元前三九〇年頃のエジプトが彼の『国家』の中心的テーマであった。[148]『パイドロス』において、プラトンはソクラテスに次のように言明させた。「彼［エジプトの知恵の神であるテウト＝トト（Theuth-Thoth）］こそ、数字と算数と幾何学と……すべての学問のもっとも重要なものを発明したのだ……」[149]。

プラトンは『ピレボス』と『エピノミス』において、文字の使用、言語、すべての科学の創造者としてのトト神についてさらに詳細にのべている。[150]彼は他の箇所ではエジプトの芸術と音楽を賞賛し、それらをギリシアでも普及させるべきだと論じている。[151]実際、彼の『国家』がエジプトにもとづいて書かれたものではないとする理由があるとすれば、彼がテキストの中でそう言っていないという事実だけである。しかしながら、なぜ言っていないかには、すでに古代において説明されていた。初期のプラトンの注釈者で、プラトンとは数世代しか離れていないクラントルは次のように書いた。

プラトンの同世代の人々は、彼が発明したとされる共和国は彼自身が考えたものではなく、エジプトの政治制度の引き写しにすぎないとこき下ろした。こうした批判に過剰に反応したプラトンは、アテネ人は過去のある時期にエジプトの支配下で暮らしたことが実際にあったという、アテネ人とアトランティス人をめぐる物語を仕立て上げたのはエジプト人であったと反論したのであった。[152]

エジプト起源を裏づけるこれらの証拠に直面して、近代初期の学者たちは、エジプトとプラトンの共和国とを結びつけた。マルクスがのべているように、「プラトンの共和国は、国家の構成原理としての労働分割に関する限り、エジプトのカースト制度のアテネ的理想化にすぎない」[153]のである。

プラトンを憎んでいるポッパー〔二〇世紀の哲学者〕なら、エジプト人の刷毛で彼にタールを塗りつけたかったであろう。しかしながら彼は、すでにアーリアニストたちが以前にも増して組織的に活動していた時代の人であったから か、クラントルの非難には十分に気づいていながらそれを脚注にとどめ、マルクスの言及に至っては当惑しているようにさえ見える。[154]プラトンに好感をもつ何人かの学者は、プラトンがエジプト型のカースト制度を好んでいたという思想を公然と激しく非難したが、大多数の学者は『国家』と関連するエジプトの言及のすべてを無視したにすぎない。[155]

プラトンは『ティマイオス』と『クリティアス』の二つの対話の中で、アトランティス文明の驚嘆すべき内容と火災によるその崩壊に言及している。このできごとは、紀元前一六二六年のテラ島火山の大噴火が引き起こした大惨事によるものであった。プラトンがここで言及しているアトランティス人は、北方諸民族と紀元前二千年紀中期にエジプトに侵攻したヒクソス人と、紀元前二千年紀終わりにエジプトを攻撃した「海の人々」とが混じりあって一つになった人々と想定されている（このことは本書第Ⅱ巻において論じるつもりである）。なおここで私たちの関心を引くのは、ギリシアとエジプトの間の歴史的関係についてのプラトンの考えである。

本書の序論においてのべたように、アテネはエジプトの西方デルタにある都市サイス出身のエジプト人ケクロプスによって設立されたという伝承があった。この伝承は、後世になってようやく立証されたものであるが、サイスの女神ネイトが女神アテナと同じであることも認められている。[156] アトランティス*用語解説神話の有名なくだりのなかに、偉大なアテネの立法者ソロン〔前六四〇頃～五五九頃〕が紀元前六世紀初期に当時エジプトの首都であったサイスに赴いた時、サイスの人々がアテネ人に対して特別な親近感をもち、あたかも同族の人間のように彼を遇してくれたという話がある。この話をプラトンはクリティアスによるものであるとしていた。ソロンは位の高いエジプト人神官たちとの謁見も許されている。その神官の一人は、「ソロンよ、お前たちギリシア人はまだ子どもじゃ。ギリシア人に長老と呼べる者などどこを探してもおらぬ」という有名な言葉でソロンを非難する一方で、実はエジプトのサイス朝（第二六王朝）がアテネの基礎を創ったというよりは、むしろ女神アテナがサイス朝以前にアテネの基礎を創ったのであって、その逆ではないと語り出した。[157] アテネ人がこのことを知らない理由、またギリシア人が一般に自分自身の過去に無知である理由は、ギリシア文化が定期的に火災と水害によって破壊され、アテネの以前の栄光の記憶が残っていないからだと神官は説明した。しかし一方、エジプトでは幸運に恵まれて諸制度が保持されてきたのだという。[158]

それゆえプラトンは、自分たちが古代アテネの諸制度に戻りたければ、エジプトに戻らなければならないと考えていた。この点で、プラトンはイソクラテスに似ている。そのイソクラテスはといえば、アテネとスパルタの汎ギリシア的同盟を提起し、かつ、スパルタの政治制度の純粋な原型であるエジプトの政治制度を絶賛したのである。こうしてギリシアは自分たちの真実なる根源へと掘り進んで行けば行くほど、エジプトに近づいて行くのである。それと言うのは、イソクラテスもプラトンも、リュクルゴス、ソロン、ピタゴラスなどの偉大な立法者にして哲学者たちが、みなエジプト人の知識を持ち帰ったと考えたからである。さらに、イソクラテスもプラトンも、ともにペロプス、カドモス、アイギュプトス、ダナオスによる植民地化を信じていたし、「異邦人」が重要な文化的成果をもたらしたという点では、ヘロドトスの見解を受け入れていたように思われる。[159] プラトンは、アテネ建設の起源に関しても、アテネとサイスのあいだに「親縁的」な文化的血縁関係があることを受け入れる点においては、古代モデルの枠組みのなかにいたのである。このような見方は敵対的でないにせよ、愛憎なかばするものであったであろう。にもかかわらず、紀元前四世紀初期のギリシアを代表する知識人であった二人は、結局は外国勢力による植民地化という決定的重要性を認めざるを得なくなり、二人がかくも熱烈に愛したギリシア文明の形成において、エジプトとレヴァントからの巨大な文化借用を認めざるを得なかったのだ。

アリストテレス

アリストテレス〔古代ギリシアの哲学者、前三八四～三二二〕はプラトンの弟子であったばかりではなく、クニードスのエウドクソスの弟子としてもアカデメイアで学んだ。エウドクソスは偉大な数学者であり天文学者であって、神官たちとともに学ぶために頭を剃り、エジプトで一年半を過ごしたと伝えられる人物である。[160] アリストテレスはエジプトに関してヘロドトスから大きな影響を受けており、明らかにこの国に魅せられていた。アリストテレスはメソポタミア文明やイラン文明が偉大なる古代文明であることを強調していたが、エジプト人がもっとも古い民であるというのが彼の熟慮された意見であったと思われる。[161] アリストテレスは伝播論の問題では矛盾していた。彼は異なった文化を介してそれとは独立した発明が成されるものと信じるとのべているのに、エジプト人はカースト制を創り出し、それゆえ「エジプトは神官カーストが十分な余暇（scholē）を与えられたために数学発祥の地となった」[162]とのべている。アリストテレスの見解によれば、これらエジプトの神官たちが幾何学、算術、天文学を含む数学を発明し、それらをギリシア人が習得し始めたということになる。[163] 事実、エジプトに対するアリストテレスの驚嘆は、ある点ではヘロドトスを上回るものであった。エジプト人は土地の標識がナイル川の氾濫によって流されてしまった後、土地を測量し直す必要があるという現実的理由のために、その解決手段として幾何学を発展させたのだとヘロドトスが信じていたのに対し、アリストテレスは幾何学が神官たちによってむしろ理論的に発展させられたと主張したのである。[164]

植民地化とその後のギリシア世界の文化借用をめぐる議論

よく知られているようにアリストテレスは、アレクサンドロス大王の家庭教師であった。[165] 紀元前三三〇年代のペルシア帝国のマケドニア征服は歴史を揺るがす大事件であったが、これを契機に、オリエント文明、とりわけエジプト文明に対するギリシア人の関心が大きく高まった。エジプトの神官、マネトン〔エジプトの歴史家、前三世紀頃〕がギリシア語でエジプトの歴史を書いたのは、マケドニア征服直後の時代であった。そこで彼は、古代エジプトの歴史史料の基盤となっている三三王朝の概要をのべている。[166] また、エジプトがヒクソスを駆逐したという伝承、イスラエル人がエジプトを出国したという伝承、ダナオスがアルゴスへ上陸したという伝承などについて、アブデラのヘカタイオスが自分の見解をのべたのもこの頃であった。そして彼が論評した三つの伝承は、次のような話が雛形《ひながた》になっているとのべている。

その土地の原住民たちは、外国人を追放させなければごたごたは解決しないであろうと考えた。それゆえ、ただちに居留外国人はその国から追い出された。そして、彼らの中でももっとも傑出した活動的な人たちは団結し、一部で言われているように、ギリシアや他のいくつかの地方に上陸した。彼らが師と仰いでいた有名な人物の中にダナオスやカドモスが含まれていた。しかし、大多数のものは今日ユダヤ人の国と呼ばれている土地へ追放された。そのユダヤの地はエジプトから近いうえに、当時はまったく人が住んでいなかった。そして人々はこの植民地にモーセという人物に率いられてやって来たのである。[167]

紀元前三〇〇年頃に、スパルタのアレイオス王がエルサレムの起源について次のように認《したた》めたのは、一つは右の話が根拠となっており、いま一つはスパルタの諸王の先祖をたどって行くとヒクソスの植民者にたどり着くという、ヘロドトスがのべた見解にもとづいていると思われる。

高僧オニアス様にご挨拶申し上げます。スパルタ人とユダヤ人は、同じアブラハムの末裔として同族の者であることを示す書類が出てきたのです。[168]

古代ギリシアにおけるエジプト人とフェニキア人による植民について言及した史料はあまりにも多すぎて、ここでは十分には取り上げることができない。ここで論点となっているのは、上陸があったかどうかではなく、植民のリーダーはどこの国の人であったのか、彼らの出発地点や日時はどうかなど、具体的なことがらであった。[169]
ギリシア文化に対する誇りと古代文明に対する尊敬のあいだに生じた緊張関係は、紀元前三三〇年以前のアレクサンドロスの大征服を境により激しくなったように思われる。たとえば、アテネに移住したフェニキア人であるキティオンのゼノン[*用語解説]に対する反応に表れている。ゼノンは、紀元前三世紀初期にストア哲学[*用語解説]の基礎を打ち立てた人物であったが、敵対者たちから「卑小なフェニキア人」としてばかにされていた。彼の弟子の一人は次のように書いている。

たいそう苦労して、あなたは偉大な新しき学派
すなわち、恐れを知らぬ自由の生みの親を打ち立てた
もし、あなたの生まれ故郷がフェニキアであるなら
どうして、あなたを軽視する必要があろうぞ?
ギリシアに書物と記述のすべを与えたのは
フェニキア出身のカドモスではなかったというのか?[170]

ディオドロス・シケリオテスは、紀元前一世紀に著した著作の中で、ギリシアを文明開化した「バーバリアン」の問題について、精神分裂症とまでは言わないまでも、同じような混乱ぶりを示している。彼は大著『歴史文庫』の始まりに近い部分で、その「非ギリシア人」の問題について、次のように書いた。

われわれがこれから論じる最初の人々は、「異邦人」ということになろう。その理由は、エフォロスが言ったように、彼らがギリシア人よりもより古い人々だとわれわれが考えているからではなく、議論の便宜上、最初に彼らについてのあらかたの事実をのべたいからなのである。そうしておけば、ギリシア人の彼らに対するさまざまな見方から始めることができるし、彼らの初期の異なる歴史物語の中に彼らと別の民族との間のできごとを、組み込む手間が省けるからである。[171]

ディオドロスは同書の第5巻において、ロードス島の歴史家ゼノンを引用している。ゼノンは、ギリシア人――ロードス島出身の神秘的なヘリアダイという人物――がギリシアの文化をエジプト人にもたらしたが、ちょうどアテネがサイスより古いことをアテネ人が忘れてしまったように、大洪水がその記憶のすべてをぬぐい去ってしまったのだと主張しているのである。

今挙げたような理由により、アゲノールの息子であるカドモスが文字をフェニキアからギリシアへもたらした最初の人物であると、後の人々は長年にわたり考えていたのだ。[172]

おそらく、ディオドロスはゼノンに従いつつも、ダナオスとカドモスの両者がギリシアを植民地化する途中で、いかにロードス島に痕跡を残したか、その細部についてさらにのべたと思われる。[173] エジプトのサイス朝よりもアテネの方が重要であることをプラトンは確信していたが、それと同様に、ゼノンの体系はアーリア・モデルの枠組みの中にあるというよりは、むしろ古代モデルの裏返しなのである。ギリシア北方からの侵入についての言及はなく、その体系はなおギリシア文化文明と、エジプト・フェニキア文化文明との間の「発生論的」関係を支持している。ギリシアがエジプトを文明化したという見解は、もっとも熱烈なアーリアニストにとってさえ、あまりにも度が過ぎていた。ディオドロスの現代の翻訳者であるオールドファザー教授は、この点に関して次のように指摘している。

第1巻『パッシム』〔『世界史』四〇巻の第一巻『エジプト』〕では、至る所でエジプト人が自らの文明の方がより古いものだと主張しているのが見られるが、これに対するギリシア人の反論はたんなる空威張りでしかない。[174]

ディオドロスの主張を支える力となっているのは、世界文明の源流となったのはエジプトであり、それとはやや劣るが、その他の東方文明がこれに続くものであるとの確信である。

エジプトでは、神話が神々の起源を定め、星の観察が一番早く行われ、そしてまたさらに偉大な人々の多くの注目すべき行為が記録されている場所であるから、われわれはエジプトと関連したできごとから先ず歴史を始めることにしよう。[175]

ディオドロスは、カドモスやダナオスによるテーベやアルゴスの植民地化にしばしば言及しているうえに、著書の冒頭に近い部分ではかなりの部分をさいて、ケクロプスとアテネの初期の王たちがエジプト人であったとするサイス王朝側の主張や、アテネとエジプトとの特別な関係を支持する彼らの信憑性のある議論に言及しているのである。[176]

こうした植民地化があったことは、ヘレニズム時代とローマ時代に入るともはや広く受け入れられることはなかった。しかし、ペロポネソス半島西部とテーベが植民地化されていたという認識は普遍的であったようだ。紀元二世紀に確かに書かれたパウサニアスの『ギリシア案内記』には、このことへの言及がひんぱんに出てくる。

［アルゴリド Argolid の］トロイゼン Troizen の人々は、……自分たちの国に存在した最初の人々はオロス（Oros）であったと言っているが、オロスという名前は確かにギリシアの名前ではなく、エジプトの名前のように私には思える。[177]

海沿いのすぐ近くのレナの地からオロス誕生の地と呼ばれている所へはもう一本の道がついている。海辺にはポセイドン誕生の小さな祠がある。この祠の隣に波止場があるが、人々は、その場所をダナオスと彼の息子たちが初めてアルゴリドに上陸した場所だとしている。[178]

伝説上の上陸の地と誕生の地との結びつきは魅力的である。それは、ポセイドンがミケーネ人の主神であり、セト――エジプト人の片われと私は見ているのだが――がヒクソスの主神であったという事実があるからである。[179]

私の意見では、初期の時代、ナウプリア人はエジプト人であった。彼らはダナオスの艦隊とともにアルゴリドに到着し、三世代後、ナウプリアの地にアミューモーネーの息子ナウプリオスによって定住させられたのだ。[180]

カドモスがフェニキアの軍隊とともに［テーベドへ］進撃し、彼ら［ヒュアンテス人とアオネ人］が戦いに負けた時、ヒュアンテス人はまさにその翌日の夜に逃げ出したが、アオネ人は儀式に則って嘆願した。その結果、カドモスは彼らをその地にとどめ、フェニキア人と通婚させたのである。[181]

イオニア人とエジプト人の名前 ˀIwn(tyw)（異邦人《バーバリアン》）に対するヒュアンテス人とアオネ人の名前との関係は、すでに本章で論じてきた[182]（九六～九七ページ）。したがって、パウサニアスが植民地化の事実を確信していたこと、そして彼の生きていた二世紀に、なお植民地化を示す多くの直接的な証拠が残っていたことは、もはや疑いないことである。

プルタルコスのヘロドトス攻撃

二世紀には、古代モデルへの攻撃と呼べるような主張が現われた。それは、プルタルコスの『ヘロドトスの悪意について』という長文の評論のなかで始まった。そこでプルタルコスはヘロドトスにあれこれと非難を浴びせたが、その一つが「異邦人《バーバリアン》愛好」であった。

ヘロドトスは、ギリシア人は十二神の崇拝とともに、行列祈祷祭礼や民族の祭典〔祭神像の行列、劇の競演などが行なわれるディオニュソス神の祭〕についてもエジプト人から学んだとのべている。彼が言うには、ディオニュソスという名前自体、メランプス〔ディオニュソス神の神官〕によればエジプトから教わったものだ。それをまたメランプスはギリシア人に教えたのだ。デーメーテールと結びついた神秘的な秘儀式はと言えば、ダナオスの娘たちによってエジプトからもたらされたのである。……最悪なのはこのことではない。ペルシア人の説明によれば、ヘロドトスはヘラクレス〔ゼウスの子〕の先祖をペルセウスにまで跡づけ、ペルセウスはアッシリア人であるとのべて、次のように言っている。「そして、ドーリス人の族長たちは純血のエジプト人だと認められるであろう」。ヘロドトスは、ヘラクレスをエジプト人として、またフェニキア人として認定することを願ったばかりではなく、本来ギリシア人であるヘラクレスを、エジプト人とフェニキア人の後に生まれたと言って、ギリシアからヘラクレスを排除し、彼を外国人に仕立て上げたのである。しかし、ホメロスにしてもヘシオドスにしても、古い時代の学者のあいだでは、ヘラクレスをエジプト人やフェニキア人だとのべているものは誰もいない。彼らはみな、ボイオティア人でありアルゴス人であって、われわれと同じギリシア人としてのヘラクレスだけしか知らないのである[183]……。

プルタルコスは、これらの問題についてのヘロドトスの考えが自分の聴衆を憤慨させるに違いないと確信していた。しかし、ヘラクレスの問題については古代の権威ある人たちの意見しか引用していないし、ダナオスとカドモスによる植民地化があったことには直接反論を加えていない。これは注目に値することである。プルタルコスはエジプト人について深い知識があり、自著『イシスとオシリス』に表されているエジプト人の宗教を評価しており、またとりわけ、ギリシアの宗教とエジプト宗教との同一性について深い確信を示していた。だから、それほど多くのギリシア文化が外国起源であるというヘロドトスの主張に、はたしてプルタルコス自身が不信を抱いていたかどうかはおおいに疑わしい。ヘロドトスの「異邦人愛好」に対するプルタルコスの攻撃は、ヘロドトスを全体として攻撃するために利用した一つの道具であったように思われる。古代モデルに対する現代の中傷者がこの評論に依拠しなかった事実もまた殊の外注目すべきことである。その理由については、たとえばプルタルコスの二人の翻訳者が書いた、以下のような記述が明らかにしてくれている。

この評論はヘロドトス愛好家の気分を害する一方で、プルタルコスの賞賛者をも混乱させたのだ。それというのも、プルタルコスの賞賛者たちは、かくも優しく温厚な著者自身が、それほどまでに激しい悪意を込めてヘロドトスを攻撃したために、ヘロドトスに対して浴びせたのと同じ激しい非難を、今度はプルタルコス自身が受けることになると考えることは耐え難いことだったからである。[184]

さらに重要なのは、現代の学者たちは「古代」の史料に依拠することに意欲的であって、「それ以後」の史料については軽視する傾向が見られることである。ただし、ここで言う「古代」の史料というのは、一九世紀あるいは二〇世紀に生きている研究者たちにとっては、紀元前五世紀以降の文献のことを指している。このえり好みは、どこから来ているのであろうか。古典後の時代およびヘレニズム時代のギリシアにおいては、文献証拠の圧倒的比重は異邦人による植民地化説とギリシア宗教のエジプト起源説の方へと傾いている。この事実があるためとはあえて言わないが、その影響があったことは否めないだろう。しかし、この問題を取り上げる前に、ヘレニズム時代のギリシアとローマ時代のギリシアに対してエジプト宗教が与えた影響について考えてみることにしよう。

エジプト宗教の勝利

ギリシア本土や地中海地域の人々のあいだでは、エジプトの名前をもつ神々を崇拝する傾向が見られるが、それはアレクサンドロスの征服とヘレニズム時代のシンクレティズムの時代より前に始まっていたものに間違いない。紀元前五世紀初期に、詩人ピンダロスは『アモンへの賛歌』を著したが、この書は「オリュンポスのアモン王」崇拝への道をひらいた。エジプトに起源を発するアモン神信仰はリビアで採り入れられたが、その祭儀はピンダロスの生まれたテーベの町で行われていたものであった。[185] しかし、スパルタでもアモン神崇拝は根強く行われていた。そのため、パウサニアスはスパルタのアフィリスに祭られるアモン神殿について次のように記している。

ラコニア人は「初めから」、ギリシア人の誰よりもリビアの神託を採用してきたようである。今もアモン神はリビアよりもアフィリスにおける方が、より強く信者たちから礼拝されている。[186]

パウサニアスが、「初めから」という言葉でいつの時代を指していたのかは特定することができない。スパルタの名将リュクサンドロス（前四五五頃～三九五）の兄がリビスと呼ばれているのは、紀元前五世紀末頃のことに違いないが、そう呼ばれたのは、彼の家族がアモン信者のバシレイス（諸王あるいは神官たち）と昔から深いつながりをもっていたからであり、リュクサンドロス自身、神託に助言を求めていた。[187] 紀元前四世紀に至るまで、アモン神はアテネで崇拝され、聖なる三段櫂船*用語解説がアモン神に捧げられていたのである。[188]

アモンの息子アレクサンドロス

アレクサンドロス大王は、自分はアモンの息子であると明確に考えていた。エジプト征服の後、彼はリビアのシワ・オアシスで偉大なアモン神の神託を受けるため、砂漠へと出発した。シワ・オアシスでの神託により、アレクサンドロスは神の子息だというお告げを受けた。このことは、なぜ、アレクサンドロスの硬貨に彼が角のあるアモンとして描かれていたのかの説明となる。[189] 現代の歴史家は、次のような多くの報告を中傷的にのべている。それは、アレクサンドロスが人生最後の年に、多くの神々や女神たちの身なりをした自分を崇拝するよう要求し、また、「フィリッポス二世が自分の父親であるというよりも、アモンが自分の父親だという思いから、アレクサンドロスは目の前で臣民たちが大地にひれ伏すよう求めた」[190] というものである。

では、アモンの息子とはいったい誰であったのか？ 初期エジプトの伝承によれば、オシリスはラー神の息子であった。第一二王朝において、アモンの信仰の高まりとともに、オシリスとラーはアモン＝ラーとして一体化した。新王国末期までには、ラーとオシリスの神秘的結合が見られた。[191] かくして、ディオドロス・シケリオテスや、あるいは彼が紀元前二世紀からの史料として用いた、アレクサンドリアのディオニュシオス・スキトブラキオンはアモンとディオニュソスを完全に混同するようになったのだが、その先例は早くもエジプト神学の中にあったように見える。[192] それはともかくとして、アレクサンドロス大王は、自分をアモンかつアモンの息子としての統合神としてみなしていたようである。

アレクサンドロス大王が実際に行なった征服によって、ディオニュソス――ディオドロスはオシリスだとするが――が行なったという東方世界を文明化する遠大な遠征神話の重要性が増したことは間違いない。その遠征神話の痕跡は、エジプト第一八王朝や中王国の伝承の中にも見出されるものである。[193] ジェイムズ・フレーザーが指摘したように、ギリシアにおいてさえ、その計画はアレクサンドロスが生まれる前にエウリピデスによって輪郭が描かれていたのだ。[194] しかし、ディオニュソスとアレクサンドロスを関係づけることはこじつけであり、アレクサンドロスは少なくとも征服の後、ディオニュソスに対してライバル意識を感じていた。[195] アレクサンドロスが北西インドの山脈にあるニケーアに到達し、その地はディオニュソスとつながりがあるという話を住民から聞かされた時、次のことが報じられている。

アレクサンドロスはディオニュソスの旅についての話をそのまま信じただけでなく、彼はまた、ニケーアはディオニュソスによって建設されたという話にも何ら疑いをいだかなかった。話の通りなら、彼はディオニュソスが到着した地点にすでに到着していることになり、それよりもさらに先へさえ行くつもりであった。[196]

「ディオニュソスのバッカスのお祭り騒ぎをまねて」アレクサンドロスがインド旅行をしたという報告もあるが、[197] これは信憑性に欠ける。彼が開く連夜の大宴会には、彼の特別な政治的、文化的意図が含まれていた。また、彼がオシリス／ディオニュソスが行なった東方文明化の使命を自らに課したことにより、彼の一連の行動にはきわめて特異な性格が与えられることになった。これらのことを疑う余地はない。自分をアモン神に重ね合わせ、ディオニュソスと並び立つと同時に競いあうことが、彼の人生にとっての中心課題となったのである。

アーリア・モデルに依拠する歴史家たちは、アレクサンドロスがクセノフォンを読んでいたこと、またアレクサンドロスが自分をアキレウスになぞらえ、しかも彼を凌ぐ存在になろうとしていたことを、これまでしきりに強調してきた。むろん、これらのことがアレクサンドロスのアジア侵略の重要な要因であったことは疑いない。しかし、彼を駆り立てていたものは、本質的には彼のエジプト宗教に対する使命感であった。アレクサンドロスの遺体が埋葬された場所が、ギリシアやペルシアではなくてエジプトであったという事実は、エジプトの支配者として彼の跡を継いだプトレマイオス将軍の計算高さによるものだとは、簡単に言えない。アレクサンドロスにとってのエジプトは、自分自身の内面にあった心象と、そして実際にたどった人生のつねに中心を占めていた土地であり、彼の墓所としてもっともふさわしい場所であった。[198]

それから三〇〇年後の、カエサル〔ローマの政治家、前一〇〇頃～四四〕とアントニウス〔ローマの将軍、前八二～三〇〕に寵愛されたクレオパトラ七世〔エジプト・プトレマイオス朝最後の女王、前六九～三〇〕*用語解説 に至るまで、プトレマイオスと彼の後継者たちは、エジプト人民衆の尊敬と愛情を得るために、またアレクサンドロス帝国分割後に生じた各国との交渉を有利に進めるため、エジプトの文化的力量を見せつけようとして、エジプト宗教を最大限に利用したのだ。[199] この重要性を忘れてはならないが、それだけでは「東方世界の宗教による西方世界の征服」[200] とでも呼び得るような、この時代に広がった想像を超えるようなエジプト宗教の繁栄を説明するには不十分である。

紀元前五世紀以来、アテネではエジプトの母なる女神イシスは、アテネ在住のエジプト人のあいだだけではなく、土着のアテネ人によっても崇拝されていた。[201] 紀元前二世紀までには、アクロポリスの近くにイシスの神殿があった。そして、アテネは政策として、エジプトの祭儀をもっぱら受け入れるよう勧めていた。[202] とくにアポロンを神聖視していたデロス島では、プトレマイオス朝はすでにその島の支配力を失っていて何の関係もないのに、イシスとアヌビスの祭儀が公的なものとされた。[203] 事実、紀元後二世紀までには、パウサニアスは東方の祭儀については何も言及していないのに、アテネ、コリントス、テーベにおけるエジプト神殿や祠のことを報じており、またアルゴリド、メセニア、アカイア、フォーキスの多くの場所におけるエジプト神殿や祠のことも報じている。[204]

ギリシアは、ローマ帝国じゅうに広がったエジプトの祭儀の波のほんの一部を経験したにすぎないことを強調しなければならない。[205] たとえば、紀元七九年のベスビオ火山の噴火によって埋没したポンペイから発見されたもっとも重要な祠は、「エジプト風」のものだった。ティベリウス帝〔在位一四〜三七〕は、エジプト的、ユダヤ的宗教をローマから一掃したが、その祭儀はすぐに復活し、後の皇帝、とくにドミティアヌス帝〔在位八一〜九六〕とハドリアヌス帝〔在位一一七〜一三八〕は熱狂的にエジプトの神々を信仰した。[206] ハドリアヌス帝は寵愛するアンティノスをエジプト神として神格化しようとさえ試みた（第2章参照）。ローマ東方のチボリにある彼のすばらしい楽園は、アンティノスを神同然に崇め、偲ぶためのエジプト式墓所であったと考えられる理由がいくつかある。[207] マルクス・アウレリウス、ルキウス・セプティミウス・セヴェルス、カラカラ、ディオクレティアヌスなどの皇帝たちはエジプトを実際に訪れ、彼らがエジプト宗教やその文化に対して深く尊敬の念を持っていたことは数多くの報告が強調している。[208] 彼らの個人的感情が何であれ、ローマ帝国の全領域においてエジプト宗教が中心的役割を果たしていた状況を考えるならば、こうした尊敬の態度は政治的に必要だったに違いない。

エジプト宗教への熱狂の嵐は、やがて反発を引き起こすことになる。現代のオランダの学者スメリクとヘメルリークは、エジプト文化に対するギリシア人の敵意の例を懸命に収集したが、ローマ人の場合のように簡単にはいかなかった。隙がなさそうに見えるエジプト人であるが、唯一の弱点は動物崇拝であった。たとえば、キケロは、「太古からの歴史について文字で書かれた記録を保持しており、退廃がまったく見られないエジプト人の国家において」[209] 動物崇拝が行われていることの不思議に気づいた。後のユウェナリス〔ローマの風刺詩人、五〇頃～一三〇頃〕とルキアノス〔ギリシアの風刺作家、一二〇頃～一八〇以降〕は、こうした動物崇拝やエジプト全体に対して容赦ない攻撃を加えた。[210]

多くの作家たちは、プルタルコスの『イシスとオシリス』の中で明確に論じられているように、この動物崇拝は象徴的で寓意的なものに過ぎないと理解していた。この作品は、アーリア・モデルの枠組みのもとで研究している学者によっても、エジプト宗教についてのもっとも重要な史料として認められているものであるが、エジプト学の前進によってその解釈の正しさはますます確認されてきている。[211]

プルタルコスは、少なくとも紀元前四世紀以来、洗練されたギリシア人のあいだで一般的に受け取られていたエジプト宗教のイメージを詳細に紹介した。その説明によれば、エジプト宗教の動物崇拝と空想的神話は、大衆にとって寓意的で表面的なものにすぎなかったという。神官や見習い神官たちは、動物崇拝と空想的神話には宇宙についての深遠な抽象念化と理解が隠されていることを知っていた。『イシスとオシリス』では、エジプトの宗教や哲学が対象とするものは不可避的に生成、消滅などの「変化」を伴う一時的な物質世界ではなくて、数学、幾何学、天文学などが体現している永遠・不死の「実在」についてであった。

もちろん、これらのすべてはプラトンの思想やピタゴラス学派、オルペウス教団*用語解説の思想と、その内容のみならず、それらをのべるために用いられた言葉の形式においてもしばしば似ていた。それゆえ、一九世紀から二〇世紀にかけての学者たちは、プルタルコスの作品をギリシア中心主義的解釈と呼ばれるものの最重要な例と見ていたのであった。

ギリシアの観察者は通常、内部からエジプト宗教を理解する位置にはいなかった。その第一の障害物は、エジプト語を知らなかったことである。エジプトの事象の誤解や、似たようなギリシアの事象に修正を施したものを基礎にして、比較や解説をすることが多々あった。大小の差はあれ、こうした食い違いによって実態からの逸脱が生じたのである。[212]

現代の一流学者とあろう者〔フロワドフォン〕が、このようなエジプトに関するギリシアの「幻想」に対して一冊の書物を捧げている。[213] エジプト宗教と哲学は必然的に粗野で浅薄なものであったなどというドイツ中心主義的解釈は、エウドクソスのような超知的な人々を前にして通用するものであろうか。多くの報告によれば、エウドクソスは神官たちと暮らし、エジプト語を学び、エジプト文化に対する大いなる尊敬と情熱をもっていたのである。現代の学問体系がもつ弱点は、歴史的な自己認識や、古代人以上に「よりよく知ること」という知的好奇心に欠けていることである。このことは、愛すべきギリシア人にもそのまま当てはまることであった。つまり、ギリシア文化はあらゆる面で他から抜きん出ていたことは確かだが、古代史についての彼らの著述や、ギリシア文化がそれ以外の文化と深い関わりをもっていたことへの理解については、問題があった。

プルタルコスの同時代人や後世の古代モデルの枠内にある後の思想家たちにとって、プルタルコスの描くエジプト人の宗教や哲学と、プラトンやピタゴラスの描くそれらとの間の驚くべき類似点が見られることは、不思議でも何でもない。これらの類似は、プラトン、ピタゴラス、オルペウス教団が自分たちの思想をエジプトから取り入れたという広く知られている事実を考えれば、当然の結果であった。さらに、プルタルコスは、エジプト宗教とギリシアの宗教のあいだにはより大きな基本的な結合があると主張した。『イシスとオシリス』は、クレアに捧げられたものであり、プルタルコスはクレアに対して次のように書いた。

　オシリスがディオニュソスと同一人物だということを、あなた自身以上に知っているものはいないのです。というのは、あなたはデルフォイの霊感を受けた乙女たち〔ディオニュソスの敬虔な信者たち〕の頭《かしら》であるからなのです。そしてまた、あなたはオシリスの聖なる儀式において、あなたの父母によって清められたからなのです。

プルタルコスは、エジプトの宗教儀式とデルフォイの宗教儀式のあいだにある類似性の詳細をのべている。[214] この作品では、プルタルコスはまったくディオニュソスとオシリスが同一であることを、三度も繰り返している。[215] イシスとデーメーテールの同一性の説明については明快ではないが、そのことについても彼は同様に確信していたことは疑いない。たとえばビブロス*用語解説においてイシスが遭遇した苦難についてのプルタルコスの叙述と、『デーメーテールへのホメロスの賛歌』で描かれているエレウシスにおける苦難とのあいだには、多くの細かな類似が存在している。これはプルタルコスのギリシア中心主義的解釈の明らかな例として、アーリア主義的学者たちによってしばしば用いられている。[216]

この場合はそうかもしれない。しかし私は、エレウシスの秘儀は明らかにその賛歌とつながりをもつものだが、その儀式は古代ギリシア人が信じていたように、エジプトに起源を発していたことはあり得ると考える。[217] たとえ、そうでなくても、紀元前九世紀までには、すなわち、従来から賛歌が作られたとされている時期設定の以前に、イシスはエレウシスのデーメーテールと同一であったことを示す考古学的証拠が存在している。[218] ともかく、プルタルコスは、両者は同じ神を表すものとみなしていた。全般的に見て、ギリシア哲学の多くがエジプトからもたらされたこと、エジプトとギリシアの宗教のあいだには基本的一体性があること、この二つのことをプルタルコスが信じていたことは明らかである。さらに彼は前者の方が後者より純粋で古いと主張したのである。

このようなエジプト宗教に対する見方は、二世紀の二つの主要な「小説」であるヘリオドロス〔ギリシアの作家〕の『エチオピア物語』と、アプレイウス〔ラテン文学の代表的作家〕の『黄金の驢馬（変身譚）』において中心的役割を演じた。ヘリオドロスは、美しくかつ美徳にあふれたエチオピアの、黒人ではないヒロインの演じる士気高揚的かつロマンチックな物語のなかで、エチオピア人とエチオピアの裸行者*用語解説への大きな賞賛を送っていたが、『エチオピア物語』はエジプトとエジプト宗教の道徳的優越性に焦点を絞ったものである。同時に、ギリシアの神官たちがもつエジプト宗教への熱烈な関心を強調している。その物語は、またギリシアの神官たちが自らの儀式の中心と見ている、自らのもつ情熱的な関心を強調している。彼らがそれを自分たちの儀式への鍵であると見ていたのだ。やって来たエジプト人に質問の砲火を浴びせるデルフォイの神官たちについて語る際、作者は次のように書いている。

要するに、彼らはエジプトのもの珍しいことがらについて耳にしたことを忘れてしまったなどということは、何ひとつなかった。ギリシア人がわざわざ聞き耳を立てるに値すると思っている国は、エジプト以外にはないからだ。[219]

アプレイウスの『黄金の驢馬（変身譚）』は、これとは対照的に風刺であるが、そのまじめな中心部分はエジプトの神秘とイシスの人物像、すなわち変身した女王と彼女の背後にいるオシリス／ディオニュソスである。その書物のクライマックスにおいて、女神は主人公に次のように告げる。

最古の民フリュギア人たちは、私をペッシヌンティア（Pessinuntia）すなわち、すべての神の母、と呼んでいる。かくして、大地から湧き出たアテネ人は、私をケクロプスのミネルヴァと呼び、泡立つ海のキプロス人たちは私をパポスのヴィーナス、弓引くクレタ人はダイアナ、あるいはディクティンナ（Dictynna）、三カ国語ができるシチリアの人々はプロセルパイン（Proserpine）の名をもって呼んでいる。エレウシス人にとっては、私は古代の女神ケレスであり、他の人々にはユノであり、また他の人々にはベローナであり、ヘカテであり、ルハンムシア（Rhamnusia）である。太陽神が日ごとに生まれ変わる時、朝の光を最初に浴びるエチオピア人は、本来の教義を持っていることによって卓越しているアフリカ人やエジプト人とともに、類なき儀式を私に与え、我が真の名である女王イシスの名をもって私を称えるのだ。[220]

エジプト宗教と儀式は独自のものであって、「真実の」ものであると信じられていたため、ギリシアや他の地域の形態はよけいなものだとされていた。そして、このことによって、エジプト以外のものにはすべて背を向けていたとの説明がつく。それは、新プラトン主義者の哲学者イアムブリコスが、四世紀における多神教の時代の終わりに、次のように書いたことからもわかる。

神々が最初に関わりをもったのはエジプト人たちであった。したがって、人々が神のお出ましを祈り、儀式を執り行なうとき、神がお喜びになるのは、エジプト式儀式であった。[221]

本章において私が繰り返しと引用を多用したのは、現代の古典研究では型やぶりとも言える図式が、古代ギリシアにおいてはむしろ普通のことであったことを強く印象づける必要があったからである。アーリア・モデルの支持者たちはこのようなアプローチに精通していなかったため、自らの主張の正統性を主張するうえで広く史料を引用することはできなかった。私がこの章で主張したかったのは、紀元前五世紀には、政治制度、科学、哲学、宗教などギリシア文化の実態をなす知識が完成され、そのことにギリシア人が誇りをもっていたということ。そしてもう一つは、彼らはそれらがギリシア固有のものではなく、植民地化された初期の時代を経て、その後に海外でギリシア人が勉学を積むことによって東方から、とりわけエジプトからもたらされたものであったと考えていたということである。

第2章　エジプトの英知とその後の西欧へのギリシア人による伝播

第2章では、エジプトの地で高度な古代文明が没落した後、エジプト文明がどのような形で存続したかについて検討することにする。まず、キリスト教の内部と外部の双方にエジプト宗教の影響を見ることができる。キリスト教の内部にはグノーシス[*用語解説]派のような異端派に、また外部には明らかに異教であるヘルメス・トリスメギストス派〔紀元前後頃エジプトで成立したヘルメスとトトの習合神の宗教〕の伝承に、エジプト宗教の存続が見出される。このようなはっきりとしたエジプト文明の持続よりもはるかに広がっていたのが、教育を受けたエリートに共通して見られた古代エジプトへの賞賛の念である。宗教と道徳の問題についてはキリスト教的、聖書的伝統に従いつつも、エジプトはすべての「非ユダヤ教徒」の、あるいは世俗の英知の源として明確に位置付けられていたのだ。かくして、一六〇〇年以前には、ギリシアの文明と哲学はエジプトから派生したものであること、そして、それが主としてエジプト人によるギリシアの植民地化と、その後にエジプトの地でギリシア人が身に付けた学問として伝播されたことに、正面から疑問をさしはさむものは誰もいなかった。

ヒュパティアの殺害

三九〇年、セラピス神殿とそれに近接するアレクサンドリア図書館が、キリスト教徒の暴徒によって破壊された。

その二五年後、同じアレクサンドリアで、聡明にして美貌の哲学者・数学者であるヒュパティア〔?〜四一五〕が、聖シリルによって扇動されたキリスト教修道僧[*用語解説]の集団によって、身の毛もよだつような恐ろしいやり方で殺害された。この二つの暴力行為は、エジプト多神教時代の終わりと、キリスト教的暗黒時代の始まりを明示するできごとであった。[1]

アーリア・モデルの枠組みの中で研究している学者たちが、これらの事件の背後にあるキリスト教的要因を無視する一方、これらの事件をギリシア的理性主義に抗するエジプト人の東洋的狂信の復活を象徴する事件と見ていることは、それほど驚くべきことではない。[2] しかし、もし「ヨーロッパ人は狂信的であるはずがない」という一方的な決めつけを無視するならば、狂信的群衆がキリスト教徒であると同時にエジプト人でもあったという二つの事実は、矛盾するものではない。というのは、四世紀までには、エジプトはもっともとまでは言えないにしても、ローマ帝国における熱烈なキリスト教徒がいる一つの州となっていたからである。

エジプト多神教の崩壊

何がエジプトに起きたのであろうか？　エジプト宗教は一三〇〜二三〇年のあいだに急速に崩壊した。多神教信仰の中心地域であったエジプトが、なぜローマの他の諸州よりも早く、かつ激しくキリスト教へ改宗したのであろうか。この疑問はもっと大きな問題、つまり、なぜ多神教世界のすべてがキリスト教に改宗したのかという問題と深く結びついている。キリスト教徒の歴史家にとっては、この改宗は何ら不思議な現象ではない。エジプト人に限らず人々が「真の宗教」の光を見たとき、偶像崇拝の多神教を捨てるのは当然のことであるからだ。しかし、自らが信奉するこのような宗教をもたない歴史家にとっては、この急速な改宗現象を説明することはそう容易なことではない。

ギリシアを継承するローマ帝国において、古くからの伝統をもつ各地域の構造が弱体化したこと、および過去の独自の歴史が忘れ去られてしまったことによって、地上を支配していた世界帝国を天上世界に反映した、一神教へ向かう傾向が生まれたのは当然であった。このような一神教の拡大は、紀元前三〇〇年以降、地中海地域の各地で主として改宗勧告にあったユダヤ教が顕著に拡張したことによって証明される。[3] 事実、一世紀中期までには、ユダヤ人はローマ帝国の人口の五〜一〇％を占めるまでになっていた。しかし、一一六〜一一七年に離散ユダヤ人のあいだで大規模な反乱が起こった。六六〜七〇年と一三二〜一三五年に起こったユダヤにおけるゼロテ派とバール・コクバ〔第二次ユダヤ戦争の軍事指導者、?〜一三五〕の反乱は広く知られているが、この反乱はそれよりもはるかに大規模なものであった。

この離散ユダヤ人の反乱の後、キプロス、キュレネ〔リビアの地中海沿岸にあったギリシア人の植民都市〕、そして何よりもアレクサンドリアにおいてギリシア化されたユダヤ人の輝かしい文化を完全に破壊するような、皆殺し的抑圧が起こった。[4] この反乱以前も、ユダヤ人はエジプトの人口のかなりの部分を占めていたが、独自の個性を強く保持していたため、エジプト文化を吸収することはなかった。エジプトのユダヤ人は、一九〜二〇世紀の植民地帝国におけるインド人や中国人のように、あるいは後の東ヨーロッパのユダヤ人のように、支配者であるギリシア人と土着のエジプト人の仲介者の役割を果たしていた。これらいずれの場合も、土着民と「アロゲネス」*用語解説（外国人市民）のあいだにある緊張関係を維持することが、支配者にとっては好都合だからであった。反乱後の二世紀、さらにはそれ以後の時期においてもローマ帝国ではユダヤ人排斥が続き、その結果ユダヤ人は絶滅させられた。このことは、もともと特定の民族との結びつきが弱かったキリスト教にとって、改宗の対象とすべきライバル宗教が消滅したことを意味した。

エジプト宗教が、ファラオの国家やエジプト人の宗教としては消滅したと考えることは信憑性がある。この議論は一定の説得力をもっているが、また問題も含んでいる。エジプトは紀元前七〇〇年以来、ほぼずっと外国勢力によって支配され、エチオピア人やプトレマイオス朝のギリシア人などはエジプトの地から帝国全体を統治したが、ペルシア人は後のローマ人と同じようにエジプトを一つの特別な州と考えていたのである。多くの支配者たちは、国を支配するうえでエジプト宗教とよい関係を保つことが特別に重要であると考えていた。ペルシア人がエジプト宗教をときおり迫害したことは事実であるが、概してその宗教との共存も図った。[5] アレクサンドロス大王の後を継いだプトレマイオス朝の、エジプト宗教に対するとても好意的な態度は、第1章で見てきた通りである。エジプトの宗教はこの世紀を通じておおいに繁栄、拡大し、明らかに二世紀の前半期において頂点に達した。こうした歴史的展開を考えると、その後に起こったエジプト宗教の急速な崩壊はいっそう注目すべきできごとといえよう。つまり、崩壊が紀元前六〜四世紀におけるペルシア人支配の時代にではなく、エジプト宗教がローマ帝国の庇護の下で穏やかな日々を送っていた紀元後世紀に起こったことを考えると、外国の迫害がその決定的要因であったと想定することには無理があるからだ。

エジプトのプトレマイオス朝は、中国を支配していたモンゴル人や満州人のように現地人の擁護者としてふるまいながらも、土着文明に吸収されてしまう危険性を強く意識していた。彼らは自らのギリシア文化を保持しようと決意し、かつギリシア人を通して統治を行った。アントニウスとカエサルの王妃であったクレオパトラ七世は、エジプト語を学ぶ王朝の最初で最後の君主であった。エジプト人神官たちは、客観的には以前のギリシア人支配者たちとの関係と同様に、新しいローマの支配者たちに協力したが、内心では冷淡な態度をとっただけでなく、エジプトの「ナショナリズム」を体現しようと努めた。しかし、ギリシア支配が四〇〇年間も続いた後、二世紀までに、支配者であるローマ人と、神官階級を含めたマケドニア人やエジプト人の上層階級は、彼らに共通するヘレニズム文明の中にエジプト宗教を融合させたのである。エジプトの宗教とその「国際化」に対するローマ皇帝の熱心な態度が、エジプト宗教の擁護者としての神官の位置を弱めてしまったのである。

三〜四世紀までには、古いエジプト宗教に対する敵意には明確な階級的基礎が存在していたことは疑いないことであった。キリスト教徒が最初は金持階級に反対する貧者階級と中産階級を代表していたことは明らかである。一方、神官たちの生活様式が質素であることは十分宣伝されていたにもかかわらず、神殿の富や神官階級による貧者の搾取が反感を買ったことは十分考えられる。[6] かくして、二世紀以降、キリスト教は生誕の地パレスチナの地から出て自覚的に国際的な宗教へと発展しつつあったが、エジプトにおいては下層および中流階級を代表する宗教となっていたのである。というのも、エジプトの上層階級はヘレニズム*用語解説文化の教養を身につけながらも、土着的なエジプト多神教を引き続き信奉していたからである。

キリスト教と、星と魚

こうしたエジプトの社会的、民族的な構造が、組織化されたエジプト宗教が崩壊していく過程で主要な役割を果たした。しかし、これらの構造は急速に現われたものではなく、ある時は緊張をともない、ある時は亀裂をともないながらじょじょに形成されていったものである。そして、二世紀には新しい二つの特徴が現われた。その第一は、昔から賢明にも指摘されてきたように、ユダヤ教にはまったくまねのできない一神教的性格や普遍性を備え、さらに他の宗教には見られない熱狂と組織化の能力をもったものとしてキリスト教が広まっていたことである。第二の特徴は、「旧世界はやがて終焉しようとしており、新しい時代がまさに始まろうとしている」と広く信じられていたことである。

メシア信仰（至福千年信仰）とは、救世主と聖者たちが「やって来る」時、新秩序や調和と正義の千年の時代が差し迫っているという信仰である。このような信仰はさまざまな苦難に対する反応として現われるものであるが、とりわけ外国人による軍事的征服や経済的文化的支配に対する反応として現われた。事実、「第一位のものが最後になり、最後のものが第一位になる」ように、外部の力が現在の正統性のない支配者たちを一掃し屈服させるという思想は、少なくとも紀元前六世紀におけるバビロンの捕囚*用語解説（前五八七年、バビロニア王ネブカドネツァルの軍はエルサレムを陥落させ、ユダヤ人の多くは捕虜としてバビロンに移された）以来、ユダヤ教の根本思想となったのである。この感情は紀元前五〇〇年以降に強まり、それ以後二〇〇年間にわたって非常に優勢なものとなった。さらに、「この世の終焉」が近づいていると感じていたのは、ユダヤ人だけではない。こうした危機意識は、部分的にはいくつかの政治的・経済的変化によって説明することができる。地中海地域統一というローマ人の空前の成功、ローマの司令官たちの間の残忍な内紛、さらには、紀元前三一年に、新しい時代の到来としてよく描かれている、アウグストゥス（ローマの初代皇帝、在位前二七～後一四）によるローマ帝国の設立がこれらの変化の例である。

ユダヤ人について言えば、ローマとの関係の変化というもう一つの問題が存在した。すなわち、当初、ローマは、南西アジアの大半を支配していたギリシア系セレウコス朝*用語解説シリアをユダヤ人との共通の敵として考えていたため、ユダヤ人を同盟者とみなす友好関係にあった。その後この関係は、権力のバランスを保持するための中立関係へと変化し、さらにはヘレニズム諸国が滅亡し、帝国全体がローマ人とギリシア人の共同統治へと推移するにつれて、敵対関係へと変化していったのである。もともとメシア信仰はユダヤ人の伝統において古くて中心的なものであったが、旧約聖書における最初の救世主は、ユダヤ人をバビロンの補囚から解放した（少なくとも立ち去ることを望む人々を釈放した）アケメネス朝ペルシア王キュロスであった。[7] ユダヤ人のメシア信仰は、東方より、とりわけユダヤ人人口の多いメソポタミアを支配していたパルティア人から希望がもたらされると考えていた。パルティア人とは、新しいペルシアの支配者であり、ユダヤ人と同じようにセレウコス朝に対する独立戦争を闘った人々であった。エジプトで紀元一一五年と一一六年に起こったユダヤ人の反乱では、人々はメシア到来の希望をいだいて参加したのだが、その反乱は、当時、トラヤヌス帝〔在位九八～一一七〕がパルティアへ大攻撃を行っていたのと関係があったことは間違いない。[8]

しかし、紀元前五〇～後一五〇年の間のメシア信仰と、新しい時代が明けつつあるという思想は、何もユダヤ人に限られたものではなく、これまでのべたローマの政治的変化によって完全に説明されるものでもない。そのもう一つの説明は、牡羊座の時代から魚座の時代への移行という天文学上の変化であった。ここでは歳差運動*による春分点の移動がいつ、誰によって発見されたのかといった議論には立ち入らないが、紀元前五〇年までには、そのことが広く知られるようになっていた。[9] ここで重要なのは、春分点が紀元前五〇～後一五〇年のあいだに牡羊座から魚座へと移動したという事実である。

＊歳差運動とは、地球の毎日および年間の回転によって起こる地球の第三の運動である。それはほぼ二万六〇〇〇年周期に起こる地球の回転軸における震えのサイクルである。かくして星は太陽系の関係において、移動するようにみえる。もっとも一般的に用いられている測定において、春分点は例年「より早く」現われ、また十二宮図においても「より早く」現われる。それは、ほぼ二一〇〇年毎に起こる、十二宮図の一つの座からその前の座への春分の移動によるものである。占星術者たちは今日では、一世紀ないし二世紀後、春分がその「座」で起きるであろう水瓶座の年にそなえて準備をするように言っている〔バナール註〕。

紀元前四〇年に書かれた、ローマの詩人ウェルギリウス〔前七〇～一九〕の四番目の『牧歌詩』は、当時の政治的、経済的、社会的、占星術的な変化と関連づけることによって初めて理解できる。その作品は次のようにのべている。

　さて、……何世紀も続くであろう大いなる時代が幕を開けた。……美しきルーキーナよ、汝一人の子の誕生をひとえに微笑め、その子のもとで鉄の血はまず止まり、黄金の人種が世界に躍り出るであろう！　汝自身のアポロンは今や王である。

　続けて、ウェルギリウスはその子の父親ポッリオに敬意を表する。この人物は「輝かしい時代」をもたらしたため、執政官となった。しかし、歴史は繰り返すであろう。そして、再びトロイ戦争や他の大きな歴史的事件が起こることであろうと。[10] 多くの古典学者たちは、キリスト降臨の予告であるととらえることへの現代人としての抵抗感から、一元論[*用語解説]的立場をとり、ここで詠われているのはたんに友人の子どもの誕生を詩的に表現したものにすぎないと主張している。ウェルギリウスはこの詩にさまざまな意味を入れ込んだと見るのが、より妥当な見方であろう。つまり、ポッリオの子どもの誕生、ポッリオと彼のパトロンであるアウグストゥス帝の下での平和な時代の幕開けなどの意味である。さらにこの詩は、新しい神の到来を示しているとも考えられる。時代の宇宙的変化や星座的変化にも言及しているが、この意味での新しい時代とは、占星術における魚座の時代の到来を指すものに違いない。

　紀元前六世紀のペルシア帝国の設立者キュロスから、八世紀の中国の反逆的指導者安禄山に至るまで、星はしばしば偉大な指導者やメシア的指導者の出現と結びつけられている。[11] とりわけ注目すべきは、紀元前五〇～後一五〇年の危機の時代に、ひんぱんに天上の星が重要な指導者と結びつけられたことである。たとえば、カエサルの精神を表す彗星、いわゆるベツレヘムの星や、さらにはハドリアヌス帝の新しい神となった美少年アンティノスと結びつけられている星などである。

また、また最後のユダヤ人抵抗運動（一三二～一三五）の指導者は、周囲の人々からバール・コクバ（星の息子）と呼ばれていた。紀元七〇年のエルサレムの悲劇的な敗北と崩壊〔これによってユダヤ人の流浪が始まる〕を生き抜いた長老ラビのアキバ（近代ユダヤ教の祖師）は、バール・コクバの当初の大進撃にいたく感動し、新しい時代の到来を予感して、旧約聖書第四巻二四章一七節「一つの星がヤコブから足を踏み出した」という聖句を引用している。[12]

プルタルコスの『イシスとオシリス』の記述から、エジプトにおいては、星と幾何学が描く理想世界やエジプト宗教末期に見られたような星と神々の一体的関係を象徴するものとして、天体運動がきわめて重視されていたことがわかっている。さらに、ギリシア文化の影響を受けたエジプトの天文学者たちが、春分点に関心を寄せていたこともわかっている。紀元二世紀には、春分点の影響はきわめてまれな天文学上の偶然の一致によって強められた。[13] そのことの説明は以下とおりである。古代エジプトは幾つかの洗練された暦の体系を持っていた。もっとも一般的に使用された「年（years）」は、一つは、三六五日からなる民間で常用されていた暦にもとづくものであり、もう一つは、シリウス星の上昇に結びつけられていた「シリウス暦」で、ナイル川の氾濫の始まりを予知するものとして考えられていた。[14] 天文学上の一年は、三六五・二五日より少し短いため、民間で常用されていた年は、四年に一度、約一日先に進むことになる。そのため、この二つの暦は一四六〇年毎に一致するのだが、まさに紀元一三九年がその年であった！ かくして、星の動きに強い関心を寄せていたエジプトの神官階級は、一つの時代が終わったという二重のメッセージをそこに読み取ったのである。

紀元一三〇年に、ハドリアヌス帝とその愛人美少年アンティノスは、知恵と測量の神であるトト神に仕える神官たちとヘルモポリス（ナイル上流にあったというヘルメスの宗教都市）の重要な儀式の場所で長い協議を行った。その後間もなく、アンティノスはナイル川で溺死体で見つかった。ちなみに、エジプトの伝承によれば、冥界の神オシリスは溺死したものとされている。[15] これは不可解なできごとであったし、今も神秘のままである。しかし、それは占い師が予言したハドリアヌス帝の死を避けるためになされた、自発的な犠牲であったというのが今日の大多数の意見である。[16] ハドリアヌスは、すぐさま「アンティノスは新しいオシリスである」と宣言した。そして、ハドリアヌスが推進したアンティノス崇拝は、短期間ではあったが帝国の庇護を必要としなくなるまでに一般に広まった。

実際にアンティノスが新時代の新しい救世主と見られていたかどうかは、想像に任せるしかない。しかしながら、アンティノスの場合と同じように、キリスト教徒はオシリスの再来としてイエスを見たのであろう。もちろん、キリストには他にも多くの伝統的イメージがあったが、ここでは、私は新しい聖なるイメージとして、魚のイメージを提起したい。もともとエジプトあるいはユダヤの宗教的伝統において魚は重要でなかった。エジプトでは、特定の魚は特定の神々と結びつけられていた。そして、いくつかのノモス（エジプトの行政区分）ではある種の魚は崇拝されており、あるいはタブーの対象となっていた。さらに後には、魚がオシリスの男根を食べたという伝承が生まれ、bwt（魚）という言葉自体が「嫌悪」を意味するようにもなった。こうした例があるにしても、魚はエジプト宗教においては中心的なシンボルではなかった。[17]

これとは別に旧約聖書では、ペリシテ人のダゴン神信仰〔もともとは前三千年紀～二千年紀のユーフラテス川流域の最高神ダガン〕という事例もあるが、魚はまったく宗教的含意をもっていなかったようだ。[18] これとは対象的に、新約聖書において、魚は重要な役割を果たしている。イエスの重要な弟子たちは漁師であり、漁業のイメージは至る所に見られる。また、二匹の魚と五つのパンの奇跡の話がある。さらにもっと注目すべきことは、聖ヨハネによれば、キリストが最後の象徴的な晩餐において弟子たちに魚を与えたという記述である。[19] 魚が最後の晩餐の中心になっていたというこのモチーフは、初期キリスト教会のイコンに普通に見られるものであった。[20] 全質変化〔パンとぶどう酒の実質をキリストの肉と血に変えること〕がいかなる意味をもっていたかという点から見ると、キリストはオシリスの場合と同じようにたんなるパンや麦ではなく、一匹の魚、しばしば二匹の魚だったのである。初期の聡明なキリスト教神学者テルトゥリアヌス〔一六〇頃～二二〇〕は、二〇〇年頃こう書いている。「われわれの Ἰχθύς〔イクテュス、ギリシア語の「魚」〕のイメージに似せた、われわれ小さき魚は水の中で生まれた」[21]。

この信仰は、しばしば次のような Ἰχθύς を用いた折り句形成に由来する。Ἰησοῦς Χριστὸς θεοῦ υἱὸς σωτήρ（神の息子、救世主であるイエス・キリスト）。しかしながら、魚というシンボルは、魚を示す言葉ができる前から存在していたことがわかっており、その折り句形成は綴りの頭文字から魚という語が生まれたというよりも、むしろ、そのシンボルの説明であったと見る方が理にかなっていると思われる。興味深いことに、キリスト教における魚のシンボルの最初の使用は、二世紀初めのアレクサンドリアにおいてであった。全般的に見て、イエスをめぐってさまざまな羊のシンボルが使用されていたが、一匹の魚にしろ、十二宮図の二匹の魚にしろ、魚のシンボルが使用されるようになった。このことは、初期のキリスト教徒は自らを魚座の時代の新しい宗教の信者として見ていたこと、また、他者からもそう見られていたことを示している。

　ここでこれまでの議論を要約してみよう。エジプト宗教に対する長期にわたる社会的、経済的、民族的抑圧があったことに加えて、紀元二世紀には、牡羊座から魚座への春分点の移動と、シリウス暦と民間常用暦の周期の一致というきわめてまれな偶然の一致が起こった。このことは、エジプト宗教の中心を成していたこれまでの天文学的な世界観に、はからずも致命的な打撃を与えたのである。さらに言えば、エジプト宗教には循環の観念があったばかりではなく、誕生、死、再生という輪廻思想がその中心にあった。つまり、神々は長命であっても、やがて死が訪れるということを意味していた。ホルヌンク教授は次のようにのべている。

> 神の不在の時代がやって来るかもしれないという考えは、それを明示しているとわかるものは数少ないが、エジプト人の意識の中には深く根付いていた。「神々がいます限り」という意味の、m ḏrw nṯrw（神々の王国において）という句は、ギリシア・ローマ寺院のテキストの中にも見出される。終末論は……魔法の世界の話ではなかった。[22]

ヘルメス文書の一つである『哀悼（*Lament*）』を読まねばならないのは、この終末論との関連においてである。

エジプト人がこれまでのように敬虔な心で勤勉にお勤めを行って神を讃えることが、無駄になってしまう時が来るであろう。すべての彼らの純粋な神への崇拝は、効果がなくなるであろう。大地から去ってゆく神々は、天国へと帰るであろう。神々はエジプトを見捨てるであろう。というのも、この地はかつては宗教の故郷であったが、神々に先立たれ、未亡人のように見捨てられた苦しみを感じるであろうからだ。また余所者がはびこり、宗教儀式への関心はもはや存在しなくなるばかりか、さらに痛々しいことであるが、すべての者は、いわゆる法の下で、すなわち処罰による苦痛の脅しでもって、神を信じたり敬ったりする行為を禁じられることになるからだ。……スキタイ人、インド人、その他の野蛮な隣人たちがやがてエジプトに定住することになろう。

しかしながら、多くの聖書の預言や黙示録におけるように、真なる宗教を毒する者たちは、

主と父によって、……また唯一神の行政官によって、……大洪水によって押し流されるか、あるいは火によって焼き尽くされるか、疫病によって滅ぼされるであろう。……そして、神は世界に最初の美を取り戻されるであろう。……それこそが、世界に起こるであろう再生である。それこそが、すべての善なるものの再生、自然そのもののもっとも厳粛なる回復である……。[23]

ここに見られる誕生と死、それに続く再生という輪廻思想は、後のルネサンスと啓蒙時代においてエジプト宗教が復活する可能性に道を残した。そのことを見ていく前に、エジプト宗教が古典期後や初期キリスト教時代に形を変えて生き残ったことを確認してみたい。一般的に言って、エジプト宗教に対する民衆の熱狂的信心や、ギリシアの著述家たちによってエジプト人に由来するものだとされた神官たちの神秘的な哲学と神学は、初期キリスト教時代においても存続していた。さらに、キリスト教の教会組織と教説のレベルでは、エジプトだけではなくキリスト教世界全体において、エジプト宗教は深く浸透していたのである。

エジプト宗教の残存物としてのヘルメス主義、新プラトン主義、グノーシス主義

これまで言及してきたイエスとオシリスにかかわる伝承と、メソポタミアのタンムズ〔バビロニアの豊饒神〕のあいだには驚くべき類似が存在する。すなわち、これらはいずれも農耕に関係しており、殺害され、その死を悼まれ、勝利のうちに復活を遂げるという話の成り立ちも共通している。キリスト教世界の中でエジプトやメソポタミアの宗教がどのように生き延びたかは興味あるテーマであるが、ここでは本書の主題からはずれるので、これ以上は立ち入らない。[24] ここでは、制度化されたエジプト宗教の残存物と、それが正統キリスト教の周辺部に生きながらえていったことを見ていくことにしよう。

一五〇〇〜四五〇〇年のエジプトは、大きな政治的、宗教的な不安定さと、多様性の時代を迎えていた。私がここで関心を寄せている右記の三つの思想には、神性は個人的な研鑽を通して到達されるか、あるいは密教的宗派において厳しい神秘的な儀式を通して到達されるものであるという考え方があった。ここで神の祈りの中心的構成要素の一つは奥義、おどろおどろしい秘義の祈りであった。これら三つの思想は、その信仰を言葉で明確に記述すること、すなわち「公刊」に対しては否定的な傾向をもっていた。それというのも、真の英知とは、ひとえに孤立して長期間にわたって師から弟子へと直接的にのみ伝えられるものであると信じられていたからであった。『言葉で言い表せないもの』を言葉でのべること、ましてやテキストとして著すことは困難であるという考えを三つの思想は共有していた。このような思想のことを論じるというのは極度に困難な課題である。もし可能だとしても、それを理解できるように記述することは、三つの思想の根本的な裏切りとすらなるからである。しかしあえて、いくつかの一般的な傾向をのべることは必要である。[25]

古典期後には、人々は「三」という数字に取り憑《つ》かれていた。これはエジプトの神人ヘルメス・トリスメギストスや、キリスト教の三位一体説にも見られる。[26] 本章で取り上げているヘルメス・トリスメギストス信仰、新プラトン主義、グノーシス主義の三つの宗教組織の中には、二つのタイプの三位一体が存在した。第一のタイプの三位一体は、父なる神、父の活動的知性たる息子、両者を仲介する第三の力という、キリスト教におけるような形態である。[27] 第二

のタイプの三位一体説は、ユダヤ教徒、キリスト教徒、その他の人々によって崇拝された世界の形成者、あるいは創造者の背後にいる「隠れた神」という概念にもとづくものである。ここでは、三位一体の神と隠れた神という二つの神は明確に区別されたものか、あるいは神秘的に結合されたものと考えられていた。隠れた神、すなわちプラトン思想の第一原理である「善」は、創造者の活動に対置されたものとしての純粋思想であった。三位一体説の三番目を構成するものは、もっとも多様な形をとっており、「世界の魂」、「神の御心」などとして、あるいは世界や宇宙の生き生きとした物質としてもみられていた。しかし、その根本的機能は三位一体説の他の二つの構成要素を仲介し、それらを区別する弁証法的機能であった。

逆説的に聞こえるが、最初の神は隠されていて言い表せないという事実が、偶像崇拝を正当化するために使われた。二世紀の哲学者、ティルスのマクシモスが次のように書いているように、人間が把握できるのは有限なるもののみであり、隠れた神は無限であるから、神は部分的にしか理解され得ないとされた。

神は……時間と永遠性よりも大きく、存在のすべての流れは、いかなる立法者によっても名付けられることもできず、いかなる声によっても発せられることもできず、いかなる眼によっても見られることもできない。しかし、われわれは神の本質を理解することができないため、神を知ろうと願いつつ、音や名前や画像、打ち出し細工された金や象牙や銀、植物、河川、山頂や急流の助けを借りる。

ティルスのマクシモスは、宗教的寛容を認める議論としてさらに続ける（ついでに言えば、これは直接、ジョン・ロック〔イギリスの哲学者、一六三二～一七〇四〕にまでつながる思想とも言えよう）。

神的なものを人々に知らせしめよ。そのことを知らせしめることがすべてである。ギリシア人がフェイディアス〔ギリシアの彫刻家〕の芸術によって感動して神を思い起こし、またエジプト人が動物を崇拝することによって神を思い起こし、そしてある者は川を崇拝することによって、またある者は火を崇拝することによって神を思い起こすのであれば、私はこうした相違に異を唱えるつもりはない。彼らをして、ひたすら神を知らせしめ、神を愛させ、神を思い起こさせることができるならば、万事それでよいのだ。[28]

ヘルメス主義、新プラトン主義、グノーシス主義は、大衆は迷信に左右される存在であり、エリートだけが真の知識、すなわち「グノーシス（gnōsis）」を獲得できると考える「二重哲学」を共有していた。しかし、グノーシスとは「一義的には、理性的知識ではなく……『洞察』と翻訳することができよう。というのは、グノーシスという語は自己を知るという直観的過程を含み込んでいるからである」[29]。

教育、および道徳的、宗教的実践を通して啓蒙化されたごく少数者だけが、善、すなわち第一原因たる神に近づくことができるが、世界の形成者の向こうに何も見えない大衆には、その神は隠されている。こうした内省の重視とエリート主義は、正統的なユダヤ教とキリスト教とはまったく無縁なもう一つの特徴と結合している。その特徴とは、人間が実際にもっている、あるいは少なくとも潜在的にもっている神性への信仰である。私自身の見解によれば、これは死んだファラオがオシリスになったというエジプト人の信仰に由来するものである。後期のエジプト宗教ではこのオシリス信仰が「民衆化」された結果、献身とよき教育と正しき行為への知識をもってすれば、すべての人はオシリスとなり、不死なる存在となる潜在的な可能性をもつことができるとされた。細部を明らかにすることはできないにしても議論をより深めるために、以上のことから次のような区別が可能となると私は考える。すなわち、遊牧民イスラエル人の超越的な神とは異なり、農民エジプト人の多神教的で内在的な神性においては、神は人間を含めてすべてのものの中に存在し得ると考えられていたのである。

人間が神となり得るという思想からは、助けや導きを求めて祈る信仰が、助けや導きを自ら支配することができる魔法へと導かれる。新プラトン主義のプロティノス（二〇四〜六九）は次のようにのべている。「神は私のもとへ来らねばならない。私が神のもとへ来たることはないのだ」[30]。この思想は、神との平等を超えて、神を支配する力、神を作ることのできる人間という考えにまでつき進む。[31]

さて、星に話を戻そう。これまでのべてきた民族や宗教の「力の移動」において、星は中心的役割を果たしていた。いくつかある天体モデルのなかで、もっとも影響力をもっていたのは天文学者プトレマイオスによって展開されたモデルであった。プトレマイオスが暮らしていた二世紀のエジプトは、まさに古い宗教から新しい宗派への移行時期であったが、彼によれば、太陽、月、星座、惑星はそれぞれ固有の世界をもちながら地球の周りを回っており、人々が理想の王国へ到達するためには、これら天体が支配する世界を超越しなければならないとされた。また、ヘルメス主義と新プラトン主義は、肉体が生まれる前から霊魂が存在し、その霊魂が一つの身体から次の身体へと輪廻するという、まさにエジプト的で非キリスト教的な思想をもっていた。この霊魂の輪廻の過程は、天体が支配されている世界を超える過程であるが、魂の再生においては、誕生時点の星と惑星によってある程度左右されると考えられていた。[32]

現代の学者エレーヌ・ペイゲルスは、グノーシス主義に関する見事な政治的分析の中で、自由の擁護者であり、正統派教会の厳格さやヒエラルヒー、抑制に対する抵抗者であるとして、グノーシス主義に共感的立場をとっている。グノーシス派が多くの教師、テキスト、福音書をもち、教会の権威に挑戦してきたのに対して、グノーシス派を異端とする正統派教会は司教によって統制され、公認の教えだけに限定され、四つの正典となる福音書しか許されていなかった。しかしながらペイゲルスは、グノーシス派信者が正統派教会の信者よりも一般的にはより豊かであった思われることや、また「グノーシス」はすべての人が獲得できるとされてはいたものの、実際にはそれを獲得するための研鑽には十分な富や余暇が必要であったという事情を過小評価している。[33]この文脈において、一九三〇〜八〇年の間、ヘルメス信仰とグノーシス主義の研究の権威であったフェステュギエール神父は、「学者のヘルメス信仰」と「民衆のヘルメス信仰」とも言うべき二つのヘルメス信仰の区別を行っている。この区別を通して、彼はヘルメス文書の哲学と、ヘルメス主義に結びつけられた魔術やオカルト的諸科学とを対比している。しかし、他の学者たちが指摘してきたように、「占星術、錬金術、魔術は秘義的学問であり、その実践はエリートに委ねられていた」[34]のである。こうしたエリートの典型が、偉大な新プラトン派の哲学者にして数学者であったヒュパティアであった。彼女はこの上ないほどの上流階級出身のエリートであった。またすでに見てきたように、神学レベルにおいても、グノーシス主義、新プラトン主義、ヘルメス主義の「二重哲学」は本質的には不平等な構造をもっていた。一方、正統派教会はヒエラルヒーや権力を使った巧妙な抑圧を行っていたにせよ、すべての信者に対して一体的な信仰を与えていたのである。ヘルメス派、新プラトン派、グノーシス派という三学派には、正式な組織が欠如しており、内省を強調する信仰体系に必要な個人主義的思想も欠けていたが、制度としてのエジプトの宗教崩壊後の情勢にはうまく適応できたように思われる。しかしながら、エジプト多神教はその後に登場した一神教がもっていた組織的あるいは神学的な統一をもつことはなかったのである。さらに少なくとも「原ヘルメス主義」とも言うべきものが二世紀前には十分存在していたという徴候は存在していた。

ここまでの議論を要約しよう。エジプト宗教の残骸から現われた思想が、ヘルメス主義、新プラトン主義、グノーシス主義の三学派であった。ヘルメス派信者はエジプト的性格を維持し続けたが、新プラトン派の人々はギリシア化され、彼らの崇拝の対象を「神的プラトン」に絞った。他方、グノーシス派の人々は自らをキリスト教徒とみなしていた。これらの三つのグループは、相互間でも、またそれぞれの内部でも、多様性とときには厳しい対抗意識をもっていた。にもかかわらず、これら三者は形態において似ていただけでなく、実践者たちは互いに連係しあい、テキストを読みあっていたのである。[35]

ヘルメス主義――ギリシア、イラン、カルディアそれともエジプト起源？

ヘルメス主義が三者の中では一番古いものであり、他の二つの運動の形成に決定的な影響を与えたことはほぼ間違いない。[36] さらに、ヘルメス主義がギリシア、ユダヤ、ペルシア、メソポタミア、エジプトから影響を受けたものであることを誰もが同意している。これらの影響力の相対的な広がりと深さについては激烈な論争があるため、ヘルメス主義のエジプト的なルーツとして私が考えているものを検討する前に、知識社会学に照らして、ヘルメス主義に影響を与えたものについて考察することは必要である。ヘルメス主義が古代エジプト思想とどう関係しているのかという問題は、もちろん、きわめて政治的である。文学芸術史家ブルームフィールドは、一九五二年に次のように書いた。「ヘルメス主義のエジプト的要素という問題に関しては、学者のあいだでは両極端の意見がある」[37]。これに関係しているのは、ヘルメス主義の時代確定の問題である。ヘルメス主義についての現代の専門家ブランコは、次のように書いている。「ヘルメス文書集成がエジプト起源であるという見解を支持する人々は、その文書の日付けを古い時代へと押しやる人々でもある」[38]。

この論争における重要人物は、ライツェンシュタインとフェステュギエールの二人であった。ライツェンシュタインは一九世紀末の転換期にヘルメス主義についての膨大な書物を書き、当初はその思想が着想においてエジプト的であると主張した。しかし、世紀が進むにつれて、そして急進アーリア・モデルが進展するにつれて、彼は見解を変え、一九二七年までには、ヘルメス主義は本質的にイラン的、すなわちアーリア的であると論じるようになった[39]。一九三〇年代からつい最近までヘルメス主義の研究を支配していたフェステュギエール神父は、「ギリシア人が『ヘルメス文書（*Hermetica*）』に与えた影響についての研究に没頭した」人物であるが、ヘルメス主義がエジプトの神秘的儀式と関係があるという見解に反対していた[40]。

ヘルメス文書がエジプト宗教の崩壊以前にデモティック（民衆文字）やコプト文字を使ってエジプト人によって書かれたものであるという伝承には、エジプト人の作為が加えられていることはあり得ることである[41]。さらに、古代の史料は、イラン人のゾロアスター教徒[*用語解説]やカルディア人（メソポタミア人）からの影響を示唆しているが、ローマ時代にはヘルメス主義が本質的にはエジプト起源であるという考えに異議を唱える人はいなかった。

ここに多くの重要な論点があることを、私は強調したい。たんに、ヘルメス主義がグノーシス主義や新プラトン主義と不可分に結びついているということだけではなく、フェステュギエールが示したように、それは全体としてプラトン主義に密接に関係しているのである。ヘルメス主義、聖ヨハネの福音神学といくつかの聖パウロの手紙の間には強い類似もみられる[42]。一般的に認められているヘルメス主義とプラトン主義の親近性は、ヘルメス文書の年代と「エジプト性」を判断するうえできわめて重要となる。もし、ヘルメス文書がキリスト教以前に書かれたものであり、エジプト的要素が濃厚だとすれば、キリスト教神学のギリシア的、プラトン的要素と一般に考えられていたものに、もう一つ別の可能性が加わることになる。また、プルタルコスが、エジプト宗教は「プラトン的」かつ「ピタゴラス的」であると解釈したことを、エジプト狂とかギリシア的解釈によって引き起こされた彼の妄想だと一蹴してしまうことは、もはや不可能となるだろう。さらに、ヘルメス文書がもっと古い時代のものであることが明らかになれば、プラトンとピタゴラスが自分たちの思想をエジプトから持ってきたという古代の見解を否定することは非常にむずかしくなる。

ヘルメス文書の年代確定についての最近の研究は、現在でも、偉大なフランス人プロテスタントのテキスト批評家イザーク・カゾボン〔一五五九～一六一四〕が一七世紀初期に打ち立てた枠組みの中にとどまっている。カゾボンは、ヘルメス文書はきわめて古いエジプトの英知の貯蔵庫であるという当時広まっていた見解に反論を加えた。一六世紀初頭に発展したラテン語で書かれたテキストの時代決定の技術を用いつつ、彼は、ヘルメス文書集成と聖ヨハネ、聖パウロの間の神学的類似性や、ヘルメス主義の賛美歌と詩篇の密接な関係を見れば、聖書はヘルメス文書に先行するものであることがはっきりわかると主張した。同じように、ヘルメス文書のプラトンとの類似性、とくにプラトンのもっとも広く読まれた作品『ティマイオス』との類似性は、プラトンから借用した結果に違いないとした。いずれにせよ、カゾボンは、プラトンやアリストテレスなど古代の作家たちには、ヘルメス・トリスメギストスへの言及はまったくないと指摘した。[43]

カゾボンのキリスト教的枠組ではなく、アーリア・モデルの立場から研究している現代の学者たちは、彼の体系にほんのわずかな補正を行っただけである。まず彼らは、プラトンの思想から新約聖書の神学が導き出されたことについてはすすんで認めている。それほど積極的とは言えないにしても、彼らはヘルメス主義に対する初期のイランとインドの影響を認めている。このようにして、アーリア・モデルでは、ヘルメス文書の時代確定を紀元前三世紀、すなわちプラトン以後の時代ならいつでもよいとしているのである。たとえば、フェステュギエールは次のようにのべている。

〔トト神祭儀への〕これらの言及があるからといって、ファラオ支配下のエジプト神殿は古文書館にトト神に属するとされる文献集を保存していたと結論づけることはできない。まさにその反対であって、プトレマイオス朝以来、ギリシア語のヘルメス文献が存在していたようである。[44]

他の研究者たちは、グノーシス派の著作と新プラトン派の著作とともに、ヘルメス文書の年代確定を紀元二～三世紀に設定する方を選好していたため、このフェストュギエーの主張を受け入れる好機を利用しようとはしなかった。にもかかわらず、ヘルメス主義の起源は紀元前三世紀にまでさかのぼるという可能性を検討する研究者も実際には多かった。たとえば、ドイツの歴史家クロルは一九二〇年代に、ヘルメス文書に記述されている社会は、おそらく紀元前二世紀以降のものであろうが、それはローマ時代のエジプトではなく、ヘレニズム時代のエジプト、確実にエジプト宗教の神殿が十分に機能していた時代であったはずだ、と論じている。[45] クロルのこの見解は、イランのミトラ教と多神教に関する偉大な歴史家フランツ・キュモン〔ベルギーの考古学者、一八六八～一九四七〕によって、新たに発見された占星術についてのべたヘルメス文書を編纂する作業との関連で、一九三〇年代に支持された。クロルを支持することに加えて、キュモンは占星術の文書に見られる天文学的史料は、ヘルメス文書が紀元前三世紀のものであることを示していると指摘した。しかし、彼はこれよりもさらに進んで、次のように主張した。

ギリシアの影響を受けた最初期のエジプトの占星術者たちは、彼らが言うようなヘレニズム世界の教化を目的とした独自の占星術を生み出したわけではなかった。彼らは古代カルディア文書から部分的に引き出された、ペルシア時代にまでさかのぼることができるエジプトの史料を使ったのである。そのもっとも古い基層に当たる部分は、はるか後世の文献の中に取り込まれている。まるで、太古の岩石が新しい地層の中に押し出されて顔を出したように。「王の中の王」、「総督」という記述を見つけるとき、われわれはもはやエジプトではなく、古代オリエントにいるのである。少なくとも言えることは、エジプト占星術を記録した神官たちは、見る限りにおいては古代オリエントの伝統を比較的忠実に守ってきたということである。[46]

フランツ・キュモンはペルシア宗教を専門にする歴史学者であるが、一九世紀末と二〇世紀初頭においては、彼以外にも北部ヨーロッパ人学者の中に、イラン人の方がギリシア人よりも「アーリア人的」であったと考える人がいたことは確かである。しかし、これらの事実は、さまざまな性格の文書が混在するヘルメス文書集成はそれぞれが異なった時代に編纂されたもので、中には紀元前四世紀後半のアレクサンドロス大王の時代だけでなく、それより五〇年早いプラトンよりもさらに前の時代のものも混じっているという議論の妥当性を決して弱めるものではない。[47] キュモンの議論はアーリア・モデルにとって手痛い打撃となっている。彼の議論によれば、プラトンの思想はヘルメス主義的なオリエント・エジプトの思想であるか、それとも古代モデルが主張するようなエジプト起源の思想であるかのいずれかになってしまうからである。

しかし、ヘルメス文書はペルシア起源であると唱える説には問題がある。つまり、紀元前五二五年のペルシアによるエジプト征服以前にソロンやピタゴラスたちがエジプトを訪れたという考えと、プラトンやプルタルコスの考えとが非常によく似てしまうという矛盾が生じるからである。このような問題点から、エジプト起源説はペルシア起源説よりも信憑性があると私は考える。エジプト思想と「オリエント」思想のいずれが重要であったかという点に関して言えば、紀元前六世紀のはるか以前から、エジプトにおいてメソポタミアからの影響が顕著にあったと考えられるし、その影響はペルシアの統治時代（前五二五～三三二）にはいっそう増大したに違いない。そして、ゾロアスター教のエジプトへの影響がもっとも強かったのは、この時代であったのだろう。

かくして、私は次のように信じる。エジプトの神官たちが保守主義と盲目的愛国主義ゆえに悪名が高かったことはさておき、ペルシアのエジプト征服の以前にも以後にも、ギリシア人はエジプト宗教を好意的にとらえていたのである。このことからすると、キュモンがプトレマイオス朝初期のエジプト宗教に対する「東方の」影響の広がりを強調したのはもっともと言えよう。外国の征服があったにもかかわらず、エジプト宗教は根本的にはエジプト的であり続けたのだ。

にもかかわらず、ヘルメス文書を構成する最古初期の基底部分をペルシア時代に設定するキュモンの主張は、一九世紀後期と二〇世紀初期における、変人ではあったが優れた現代エジプト学の開祖であるフリンダーズ・ピートリ卿〔イギリスのエジプト学者、一八五三〜一九四二〕による以前の作品によって強化されている。ピートリは少なくとも、歴史的文脈から見てヘルメス文書にはペルシア時代のものに違いない部分が何カ所かあり、エジプト宗教の危機はこの時代に始まったと論じた。彼は、（一五三〜四ページに引用されている）エジプト宗教の禁止を予言しているヘルメス文書の一つの文書である『哀悼（*Lament*）』は三九〇年にキリスト教が多神教を禁止するずっと以前に流布していたと主張した。つまり、ペルシア時代における迫害について『哀悼』は言及していたのだという。ヘルメス文書の中ではインド人やスキタイ人が代表的な外国人として描かれているが、この点でも文書の成立年代を早い時代に設定する方がよいとしている。「新たにエジプトに入ってきた」外国人に関して記述している文書もあるが、この記述はギリシア人の征服や、ましてやローマ帝国の征服のことをのべたのではないことは明らかである。ヘルメス文書はまた、エジプト人の王のことものべているが、その最後の王とは紀元前三五九〜三四二年のあいだに統治していた王のことであった。[48]

ピートリの主張は、アーリア・モデル全体が危機に瀕していることを素早く悟った学者たちによって、きわめて法外な主張だと受け取られた。ヘルメス主義を研究する古典ギリシア研究のエキスパートであるウォルター・スコット教授は、一九二四年に次のように書いている。「もし、これらの時代設定が正しいと証明されたなら、それによってギリシア思想史に関して共通に受け入れられているすべての見解に対して、愕然となるような転覆が必然的に起こるであろう」。だからこそ、アーリア・モデルに異議を唱える彼の主張は、その長所に照らして細かく検討されないまま、問題の建て方そのものによって葬り去られたのである。いわば、次のように審議なしで裁定されたのだ。「ピートリが自分の時代設定を擁護しようとしている議論は、まったく重大な注意を払うに値しないものである」。最後に、スコットは信じられぬほどの無礼さでもって、他の劣った学問に対するギリシア古典学の優越性を次のように断言した。「他の研究分野で立派な業績を残し高い名声を得た人物ではあるが、この場合、自分の立場というものをわきまえない研究分野に迷い込んだことは、遺憾に堪えない」[49]。

スコットがエジプト語に通じていたよりも、ピートリがはるかにギリシア語に通じていたことはよく知られていた。ただ、スコットは、一八八〇年代にエジプト学がインド・ヨーロッパ研究に従属させられて以来、暗に認められていた学問の序列をあからさまにのべただけのことであった。古代ギリシア研究者たちはヘルメス文書がギリシアに属するものであるとみなしていたため、ヘルメス文書に関してエジプト学者が口を挟む余地はないと主張したのである。学問の独占を主張する思いあがりと、専門家としての権威は、お互いに支援しあっていたのである。

ピートリの具体的な議論以外に、ヘルメス文書の最古層の成立年代をより古い時代に設定する論拠の中心となっていたのは、ヘルメスとエジプトのトト神とは同一であると、すべての学者の見解が一致していたことである。一七世紀に、ヘルメス文書の正体をあばいた人物カゾボンは、ヘルメス・トリスメギストスと呼ばれる古代の賢者が実際にいた可能性を否定していない。同様に、現代の研究者は英知の神であるトト神の存在を否定することはまずできない。問題なのは、ヘルメス文書と賢者ヘルメス・トリスメギストスの年代考証である。

しかしながら、エジプトにおける伝統的なトト神崇拝、ヘレニズム時代のイランやギリシアにおける形を変えたトト神信仰、さらにヘルメス文書の哲学を明確に区別することは簡単なことではない。近年、ストリッカー教授とデルケイン教授は、ヘルメス文書集成におけるエジプト的な要素が、フェステュギエールや他の学者たちがアーリア・モデルの最盛期の頃に考えていたよりもはるかに強いものであったことを明らかにした[50]。さらに、「トト神の文書」があったとする考えはとても古いものであり、第一八王朝〔紀元前一五八〇頃～〕において流布していた『死者の書』においてもしばしば現われていた。一九二〇年代にトト神についての書物を書いたボイラン神父は、トト神について書かれたものがアレクサンドリア図書館にあるとの第一九王朝時代の記録の存在に言及している[51]。プルタルコスと、初期のキリスト教著作家であるアレクサンドリアのクレメンス〔前一五〇頃～二一五頃〕は、『ヘルメスの書』に言及している[52]。ヘルメス文書の内容について、第一八王朝時代のものは後世に集成されたものとはほとんど共通するところがないとしても、後者とのつながりを否定することは、あまりにも性急であると私は思う。

ヘルメス文書集成に見られるいくつかの特徴は、それまでローマ時代になって始めて出てきたものだとされていたが、近年の考古学的発見によって、実際にはさらに古い時代に属するものであることが判明した。Ḏḥwty ꜥ3,ꜥ3,ꜥ3（三倍にも偉大なトト）という名前が紀元前三世紀初期の上エジプトにあるエスナで発見されたが、この名前がヘルメス・トリスメギストスを表すものとしてḎḥwty p3ꜥ3,p3ꜥ3,p3ꜥ3と記されているものが、メンフィス近郊のサッカラから出土した紀元前二世紀初期の民衆文字で書かれた文書の中に残されている。この文書はトト神に仕える神官の文書の中にあったものである。この所蔵品のもう一つ別の文書である『ホルの財宝』には、トト神はイシスの父親であったという伝承がある。この伝承を確認できるものは、これまでヘルメス文書しかなかった。[53]

ヘルメス文書とのかかわりを示すこれら二つの史料は、いわゆるヘルメス主義的宇宙創世説との関連をうかがわせる他の文書とともに発見された。この説は、絶大な信仰を集めていたトト神や聖鳥イビス〔トトの頭部〕と伝承上の起源においてつながりをもっている。たとえば、どんな年でも、サッカラでは一万のイビスがいたという伝承がある。[54] トト神信仰はプトレマイオス朝時代に大きく広がったが、『死者の書』においては、それより一〇〇〇年前であったとされている。[55] あらゆる点において、プトレマイオス朝時代におけるトト神信仰は、古代の伝統に確かな根拠を持っていたことは疑う余地もない。

古代の祭儀と後世のヘルメス主義とを明確に区別する重要な理由は、ヘルメス主義がもつ抽象的「プラトン的」哲学にあった。「エジプト人には抽象的で哲学的な思考が可能である」ということを否定することは、アーリア・モデルの要となる考えであり、そのことが、多分に思想的重荷となっている場合もある。「エジプト人は抽象的宗教によって思考することができる」という証拠は八〇年前に公刊されたのだが、それがほとんど注目されることはなかったのはこのためである。エジプト人にこうした能力があるという証拠は、紀元前第二ないし第三千年紀にまでさかのぼる一般的に『メンフィス神学』と呼ばれている文書に現われている。『メンフィス神学』は宇宙創世説をのべたもので、その理論によればメンフィスの地域神プタハ〔万物の創造主〕と彼から生じたアトゥム〔太陽神ラーと同一視される原初の混沌の神」が宇宙の最初の存在であったとされている。プタハは自分の心の基底である心臓の中にこの世を創造し、自分の舌、すなわち話すという行為を通してそれを現実化した。このことをフェステュギエール神父とボイラン神父はすぐさま否定しているが、プラトン的かつキリスト教的なロゴスという言葉、つまり「はじめに言葉があった。言葉は神とともにあった。神の何たるかは言葉そのものである。されば、言葉はそのはじめから神とともにあり、言葉を通してすべてのものが現われた……」[56]という言葉に著しく似ているのである。

『メンフィス神学』を翻訳出版してから、エジプト学者ジェイムズ・ブレステッドは次のようにのべている。

世界についての上述の概念は、次のことを暗示するまったく十分な基盤を形成している。すなわち、これまではずっと後の時代に、外国からエジプトにもたらされたと想定されていた「ヌース」や「ロゴス」という後の概念は、この早い時代に存在していたことを暗示しているのである。かくして、ギリシアが自分たちの哲学の起源がエジプトにあると言い伝えていることは、最近容認されているよりも真実性が高いことは疑いない。

彼はさらに続ける。

エジプトの神々の機能や関係を哲学的に解釈しようとする習慣は、後にギリシア人のあいだにおおいに広まったが、……それは最初のギリシアの哲学者たちが生まれるよりも前に、すでにエジプトで始まっていた。ギリシア人による自分たち自身の神々を解釈する慣行が、その最初の刺激をエジプトから受けていたことはあり得ないことではない。[57]

この宇宙創世説におけるトト神の役割はプタハ神の心臓としての役割であった。ちなみに、プタハの舌は太陽神ホルスであった。トトをプタハの心臓に結びつける伝承は、二〇〇〇年後の『ホルの財宝』においても描かれている。この古文書を世に紹介したジョン・レイは、トトは知が宿る場所としての心臓の主であると、正しくも指摘している。[58]

しかしながら他の神話では、トトは、文字の発明家、数学の創始者、魔法の呪文者であった。つまり、神々を結びつけ、また神と人間を結びつける役割を担う言霊《ことだま》使いであり、さらには世界の創造主でさえあった。[59]

トト神が優れた言霊使いとして信仰されていたことが一因となって、トト神とアヌビス神とが一体化されたのである。というのは、アヌビス神はジャッカルの姿をしている死者の守護神、魂の導き手であるが、死を伝達する使者でもあったからである。さらに重要なのは、トト神とアヌビス神は、死者を裁く審判の場でともに重要な役割を果たしたということである。この二つの神は、紀元前三千年紀に書かれたと考えられる『ピラミッド文書』においても、死者の審判で密接な関係をもっていた。そして、二つの神のシンクレティズム的イメージは、紀元前一三世紀の一九王朝文書の中からも見出される。しかし、エジプト宗教の中にギリシアのヘルメス神とエジプトのアヌビス神とが融合した信仰が形成されたのは、プトレマイオス朝時代になってからのことであった。[60] プトレマイオス朝におけるこのような展開が、ギリシアにおけるヘルメス神（トト神とアヌビス神の役割を併せもつ）の存在とどのような関係をもっていたのかははっきりしない。しかし、この融合はもともとエジプトで始まったと考えられるが、プトレマイオス朝の下でのシンクレティズム的形態がギリシアに由来するものであることは明らかである。

さて、ヘルメス・トリスメギストス（六七ページ参照）は、このような多面性を備えているために、前述した『メンフィス神学』や「二重哲学」の中で、あらゆる役割を担うことができた。神々の父親として、また最高の知としてヘルメス・トリスメギストスは見えぬ隠れた神であり得た。また彼は知性を働かせたり、あるいは弁舌を用いることによってこの世の創造者ともなり得た。また、言霊使いとしては、「隠れた神」と「創造神」とのあいだに立って両者を結びつけたり、切り離したりする聖霊でもあった。さらには、彼は魂を死に導き宇宙の驚異を説明する使者や先導者でもあった。しかし、後に有力となった伝承から判断すると、ヘルメスが哲学者であり道徳的指導者であったことは明白である。

ここで私たちはヘルメス神をエウヘメロス説によって説明しようとする問題、すなわち神から賢人への転換という問題にぶつかる。このエウヘメロス説による解釈は後代の特徴であると考える学者は多い。ただ、ここでもそれ以前の先例がある。紀元前四世紀初期に、プラトンはテウト（Theuth）とトト（Thot）を文字、数字、天文学等の発明者として言及している。さらに、テウト／トトは神としても賢人としても現われている。[61] 五〇年後、アブデラのヘカタイオスはヘルメス／トトを偉大な人間の発明者としてのべている。[62] ヘカタイオスが初期にのべているヘルメス神のエウヘメロス説的解釈とその正当化は、フェニキア由来のものであることが強くほのめかされている。一世紀には、フェニキア人でビブロスのフィロンは、古代の神官サンクニヤトン〔フェニキアの伝説的歴史家〕の作品のいくつかを要約し、翻訳した。この神官はトロイ戦争以前に暮らしていた、とフィロンは主張している。[63] 一九世紀にギリシア古典学が確立された後は、フィロンのフェニキア人の宗教と神話に関する書物は、ギリシア的空想だとして退けられた。しかし、一九三〇年代に、フィロンがのべた神話と紀元前一三世紀のものであるウガリト文書の神話との驚くべき類似性が発見されたことによって、評価の急速な見直しがなされた。かくしてウィリアム・フォックスウェル・オルブライトやオットー・アイスフェルトのようなセム学者は、サンクニヤトンの生きた時代を紀元前一千年紀の前半に設定し、彼が著した資料のいくつかは二千年紀までさかのぼることが可能だとした。[64] しかしその後、バウムガルテン教授は時代設定を後の時代に戻すことで、この二人のセム学者に異を唱えた。これはまず第一に、フィロンがのべているることの必ずしもすべてがウガリト文書によって説明されるとは限らないからであり、第二にフィロンがのべている合理的、科学的思想はすべてエジプトではなくギリシアに源をもつことを、バウムガルテンは自明の理と考えていたからである。さらには、理性と科学はギリシアに始まることをギリシア古典学者が証明したと、バウムガルテンが信じているからなのである。[65] このようにして、「ギリシア以前に科学や理性が存在したはずはない。なぜならギリシア以前に科学あるいは理性はまったくなかったからだ」という堂々めぐりの議論が、フィロンが「エウヘメロス説的解釈はギリシアに発するものであって、時代的には新しいものだ」と主張するような根拠として使われたのである。

ここで、話を進める前に二つのエウヘメロス説をはっきり区別しておくことが必要がある。第一のタイプのエウヘメロス説は、自然の諸力を人格化によることなく抽象化したものであり、もっとも初期の時代からエジプト人の思想に存在していたと考えられる。このタイプは、トト神やサンクニヤトンが描いているターウトスの宇宙創世説と関連のあるヘルモポリスに伝わる宇宙創世説に見てとることができる。[66]そこでは、宇宙を創造したとされる四対の存在ないしは力であるヘルモポリスの八柱《ヤハシラ》の神〔グノーシス派の宗教〕のいずれもが、神殿や信者をもっていなかった。[67]

第二のタイプのエウヘメロス説は、神が人間である賢人や英雄に変化するもので、世界中に広く見られる現象である。神々を創成期のエジプトの王として呼び慣わす伝承は、少なくとも紀元前一三世紀に書かれた『トリノ王名表』にまでさかのぼれる。[68]レヴァントにおいては、紀元前一千年紀の初めに一神崇拝と一神教が始まったことと、エウヘメロス説の伝承は結びついていると思われる。自分以外のものを認めないこれらの信仰は、他の劣った神々を受け入れようとせず、人間に降格しようとしたからであろう。たとえば、紀元前一千年紀初めのものとされる『創世記』〔旧約聖書の第一書〕において、エノクやノアといった神であったものが、イスラエル人の太祖へと変えられたのも、第二のエウヘメロス説の典型的な例である。さらには、一九世紀の歴史家エルネスト・ルナン〔本書二二一ページ参照〕から二〇世紀のオルブライトに至る学者たちは、フェニキアの宗教[*用語解説]は容易にエウヘメロス説的解釈をとりやすいものだったと主張している。[69]エウヘメロス説の開祖であるエウヘメロス自身が、古代フェニキア都市シドンと関係があったとする学者たちもいるが、文字通りにせよ形而上学的にせよ、この主張を受け入れることは理にかなっているように見える。また、オルブライトとアイスフェルトが、サンクニヤトンやモコス〔シドンでのモコスの宇宙生成論は、後の新プラトン派のダマスキオスが受け継いだ〕が生きた時代を紀元前六世紀以前に設定したことは正当であろう。[70]

サンクニヤトンの宇宙創世論は、ターウトスの散逸した作品をもとに書かれたという装いをとっている。しかしながら、フィロンによれば、ターウトスは文字を発明したフェニキア人の文化的英雄だとされている。[71]フィロンは別の箇所で、ターウトスをヘルメス・トリスメギストスとして描いているが、これは彼の名前がギリシア語で記された最初の例である。また、ターウトスは英雄神クロノスの秘書兼狡猾な宰相として登場することもあるが、これはクロノスの人生と冒険を完全にエウヘメロス説的に解釈し、物語化したものである。[72]

トトは旧約聖書にも現われている。紀元前六世紀ないしはそれ以前に書かれたものだとされている『ヨブ記』において、次のようなくだりが見出される。

誰がトゥホート（ṭḥwt）に知恵を入れたのか？
誰がセクウィ（śekwî）に悟性を与えたのか？

『ヨブ記』の注解では権威あるマルヴィン・ポープ教授は次のようにのべている。

ホフマンがトゥホート（ṭḥwt）をトト神自らだとしたのは、おそらく正しいであろう。子音の正字法は第一八王朝において流行していた名前 ḏḥwty の形にむしろ密接に対応する。その時代は、トト崇拝が絶頂に達していた時であり、フェニキアにも広がっていた時であった。……ビブロスのフィロンはターウトス（Taaut(os)）とフェニキア発音で呼んだが、それはトゥホート（ṯāḥûṯ）という形態を反映したものであろう。……セクイ（śekwî）についてのホフマンの示唆は、火星を表すコプト語の名前 souchi をその言葉に結びつけていて、「おんどり」という言葉とのあいまいな関係よりも望ましいように思われる。全能で賢い心をもつトト・ターウトス、すなわち、アルファベットの発明者でありすべての知識の設立者であるこの存在者は、ヘルメス・トリスメギストス／トレマクシモスという称号のもとで、ギリシア人とローマ人のヘルメス・マーキュリー神と同一視された。[73]

トゥホート（ṭḥwt）は神によって知識で満たされており、それゆえ賢人であり英知の権化であって、神ではなかったということが強調されるべきである。かくして、バウムガルテンのような「ギリシア以前には合理的なものは存在しなかった」というような考えを捨て去ることによって、エジプトへのギリシアの巨大な影響があった紀元前四世紀よりずっと以前に、エジプト文化とフェニキア文化の双方に神々を賢人や英雄とみなすエウヘメロス的解釈が広く行われていたことが、一分の疑いもなく明らかとなるであろう。さらに、このことはトトとヘルメス・トリスメギストスの場合にはとりわけ当てはまるだろう。

これまでの議論を確認してみよう。新プラトン主義とグノーシス主義はおもにエジプトの地で、しかも制度化されたエジプト宗教が崩壊して後も、ヘレニズム化されたエジプト人のあいだで広く信仰されていたのである。二世紀から四世紀にかけて、ヘルメス主義が組織化された宗教として成立していたかどうかは別にして、ヘルメス主義の思想はこれら二つの哲学や異端の思想が形成され存続する過程において中心的な役割を果たしたのである。トト信仰はエジプト宗教においてはつねに重要なものであったが、紀元前二千年紀の後半においてはいっそう重要となった。「トト文書」の思想は、古代の思想であり、そのような文書が紀元前二千年紀の終盤までに存在していたことはあり得ることである。しかしながら、現存するヘルメス文書集成は、危機に瀕《ひん》したエジプト宗教を表現しているように思われ、またイランとメソポタミアの概念も含んでいるように見える。それゆえ、紀元前五二五年のペルシアのエジプト征服以前からヘルメス文書が存在していたことは、ありそうにないことである。ヘルメス文書は雑多なものの集成であり、おそらく紀元前六～後二世紀という長い期間にわたって書かれた資料が含まれているものと考えられる。比較的後世のものであるにもかかわらず、その文書集成には多くのより古い宗教的概念や哲学的概念が含まれており、その文書集成は基本的にエジプト的であることは歴然としている。イラン的、カルディア的影響についてはすでに言及した通りである。また、少なくとも後期の文書については、ギリシアの影響も明白に存在している。しかし私が強調したいのは、ギリシアのピタゴラス派哲学やプラトン派哲学が、エジプト宗教や思想に非常に強く依存していたため、ヘルメス文書の中からギリシア的要素をより分けることは困難だということである。

初期キリスト教、ユダヤ教、イスラムにおけるヘルメス主義と新プラトン主義

四世紀の終わりまでには、グノーシス主義は正統派教会によってほぼ絶滅させられていた。異教的な新プラトン主義はより長く生きのびたが、六三〇年代におけるムスリムによるエジプト征服までには消滅してしまった。一方、知識の権化としてのヘルメス・トリスメギストスの人物像は、キリスト教とイスラムの双方において生きのびた。ルネサンス期の異教の存続について研究している偉大な二〇世紀の歴史家ジャン・セズネックが、エウヘメロス説は初期

キリスト教時代において「驚くべき復活」を謳歌したと指摘したように、エウヘメロス説はきわめて重要なものとなっていた。[74] カナンの地の一神教を信じる末裔たち〔ユダヤ教徒〕と同様に、キリスト教教会は異教の神々が新たな宗教の内部で生きのびることを許す一方、異教の神々を飼い慣らし、その数を減らすために、エウヘメロス説を利用したのである。ネーイト／アテナ神は聖カトリーヌに、ホルス／ペルセウスは聖ジョージに、アヌビス／ヘルメスは聖クリストファーとしてキリスト教の内部に取り入れられた。[75] しかしながら、トト＝アヌビス／ヘルメスが、エジプト的、東方的知恵の賢人、権化であるヘルメス・トリスメギストスとして教会の外にとどまったことは示唆深い。

キリスト教とヘルメスとの関係は、どちらが先行するのかの問題において、つねに微妙なバランスがとられていた。三世紀の神父ラキュタニウスは、ヘルメスはモーセの前に生きていたとのべた。他方、聖アウグスティヌスは、エジプトでは天文学や他の精緻な諸科学が早くから発達したのに対して、トリスメギストスの時代までエジプトには道徳的な教えが存在しなかったと主張し、トリスメギストスはわずかではあるがモーセよりも後の人物であり、彼はモーセや聖書の太祖たち〔イスラエル人の先祖アブラハム、イサク、ヤコブなど〕から学んだとしている。このことに関わり、聖アウグスティヌスは、他の多くの分野と同様に一八世紀まで正統であるとみなされた次のような理論を確立した。聖書にのべられている知識はその古さにおいても重要性においても、ヘルメス主義の中に残るエジプトの知恵を上回るものであるが、エジプトの英知はあらゆる「非キリスト教的」な英知、とりわけギリシア人の英知の源泉となっていた、と。[76]

イスラム教においては、ヘルメス・トリスメギストスはエウヘメロス説によって、『コーラン』に出てくる誠実な預言者イドリスと同じであるとされた。このイスラムの伝承においても、彼は「哲学者たちの父」として、また「三回英知を授けられた人物」として考えられていた。この他のいくつかのイスラムの伝承において、彼は、三賢人――ノアの大洪水以前にエジプトにいた一人の人物、それから大洪水以後の二人の人物、うち一人はバビロニア出身もう一人はエジプト出身――を体現するものとされていた。彼はすべての芸術と学問、すなわち天文学、占星術、医術と魔法を発明した文化的英雄ともみなされていた。さらにイスラム初期において、彼の、あるいはエジプトの影響があったのは、これらの分野だけであったかのように論じられているが、実際には哲学の分野においてもヘルメス主義は存在していた。しかし、イスラム哲学においてヘルメス主義は、おそらく一つには、その文書が極度に難解であるがゆえに、深く研究はなされて来なかった。[77]

七～八世紀のペルシアからスペインに至る巨大なイスラムの征服〔サラセン帝国〕は、ユダヤ人にとっては大きな重要性と繁栄をもたらした。ユダヤ教は、合理性と平等性という強力な精神があるにもかかわらず、キリスト教が生まれる以前でも、深遠な祭儀と「二重の哲学」の双方を持っていた。紀元前二世紀からユダヤ砂漠に暮らしているエッセネ派*用語解説の宗教者やその他の信徒たちは、エルサレムの神官や一般大衆には知られていない真理が自分たちには解き明かされていると確信していた。たとえば、エッセネ派の人々が、エノクの書や他の黙示録を用いていたことを私たちは知っている。占星術や予言法に関心をもっていたエッセネ派の人々は、神の座やエリア〔前四世紀のヘブライの預言者〕と神秘主義者が乗って天国へ上ることのできる二輪戦車《チャリオット》、そのようなイメージのもととなっている神秘主義（これは後に十分に証明されたが）を、エジプト人と共有していたように思われる。[78] これらのユダヤ教諸派とキリスト教のあいだに明確な関係があったことは以前から論じられてきたし、今後も果てしなく論じられるであろう。しかし、ユダヤ教諸派の禁欲主義、共同生活主義、砂漠の生活に対する志向と、エジプトの砂漠で育った初期キリスト教修道生活のそれらの志向とのあいだに、類似性や因果関係があった可能性についてはさほど関心が払われてこなかった。[79] 確実に、この二つの宗教は、大衆主義、メシア信仰、暴力への志向といった点で共通点をもっていたのである。

上流階級のヘルメス主義と新プラトン主義の思想がよく似ていたことは、アレクサンドリアのフィロン〔前二〇～後四五〕の膨大な著作に見ることができる。一世紀にフィロンが主宰した、裕福なエジプト人やギリシア化されたユダヤ人のサークルには、旧約聖書の英知とプラトン的、エジプト的思想とを、寓意的、深遠かつ神秘的な解釈を通じて融合しようとする熱望が見てとれる。中期プラトン主義と新プラトン主義思想の展開における重要人物であったフィロンは、「神の崇拝者たち」という宗派的共同体の存在にも言及している。[80] そして、アレクサンドリアの人々のあいだでのプラトン主義とユダヤ教の混合は、キリスト教におけるプラトン主義の混合と、魅力的に共鳴しあっていたのである。しかし、紀元一一六年に起こったユダヤ人反乱後の大弾圧でローマ帝国東部のユダヤ人が大量殺戮されたことによって、フィロンに代表されるような豊かで教養あるギリシア化されたユダヤ人社会は、永遠に壊滅させられてしまう。

アレクサンドリアのフィロンは、紀元七〇年のローマ軍によるエルサレム神殿破壊以前に世を去っていたが、彼のディアスポラの中での生活は本質的にはシナゴーグ（会堂）での生活であり、それゆえ後のユダヤ人社会の生活と似たものであった。紀元後の最初の数世紀、この単調で大衆的なパリサイ派のシナゴーグを中心としたユダヤ教の共同体においても、二〇世紀のドイツの哲学者ゲルショム・ショーレム教授が「ユダヤ教的グノーシス主義」と呼んだ深遠で神秘的な傾向が存在していた。こうした傾向をもつ書物には、王座や二輪戦車《チャリオット》、ヘブライ語アルファベットや聖書テキストの文字についての神秘的で数秘術的な意義が含まれており、これらはユダヤ人特有の関心事であった。さらに、ヘルメス主義、新プラトン主義、グノーシス主義の核心となる要素の中には、森羅万象の尺度として人間をみなすという概念、超越可能な八天球、魔術への志向も見出されるのである。[81]

神秘主義は八世紀、一〇世紀のユダヤ教においてもその存続が立証されている。たとえば、一〇世紀のカライテ（ユダヤ人の宗派的純粋主義者）はフィロンによる引用文を熟知していた。しかし、ショーレム教授は次のように警告した。

このことから、この時代まで絶え間ない神秘主義の影響があったということを導き出すべきではない。ましてや、中世の時代におけるカバラ思想の形成の時代まで神秘主義の影響があったと言うべきでない。フィロンの解釈とヘブライ神秘説的解釈の間の類似関係は、両者の解釈的方法が似ていたにすぎないのである。それは、当然のこととして、時々同じ結果を生み出したのである。[82]

ここでショーレム教授は、密教的な宗教が、長期にわたる一般的な敵意や特定の理由による迫害を受けながら、生き残り、存続することが果たして可能であるうかという疑問を提起している。このことについては、本章でもう一度取り上げることになろう。概して、神秘主義的宗教組織はその最盛期にあっても自らの存在を示すような証拠をほとんど残さない一方、ショーレム教授が指摘するように、ときとして同じテキストや似通った解釈技法を用いる。こうした場合、それぞれの集団がテキストや解釈技法を独自に生み出したという強い可能性が出てくる。しかしながら、今問題にしているケースについては、そのように解釈するのは極端な議論だと言えよう。さらに、これらの世紀にユダヤ文化における他の非常に多くのもの――正統的宗教ばかりでなく民間伝承も――の伝播が行われたことからすると、神秘主義の伝統が連続的に存在していたことを疑わせるような理由は何も見出せない。ショーレム教授自身、ユダヤ教の神秘主義が発展していった軌跡を、八世紀と九世紀にはエジプトとパレスチナからバビロニア、一〇世紀には地中海に戻ってエジプトとイタリア、一一世紀と一二世紀にはドイツのハシディズム*用語解説に遡って跡づけている。[83]

カバラ派（ユダヤ教神秘主義）についての歴史的素描をここで行わなければならないのは、この宗派がルネサンス期のヘルメス主義と密接に織りあわされるようになってきたからである。一二～一三世紀のプロヴァンス地方とスペインにおいてカバラ派が栄えたことは、この地においてヘルメス主義が生き残っていたこと、ヘルメス主義がキリスト教とイスラム教に継承されていたこと、これらキリスト教とイスラム文化の新しい発展、カタルーニャ地方とラングドック地方〔フランス南部地域〕という特異な地理的条件、この時代にユダヤ人が強い迫害を体験したこと、そしてショーレム教授が論じたように、同じテキストであっても危機の時代には神秘的に読む傾向が存在することなどによって説明することができる。

一二～一三世紀の間、ラングドック地方は創造的混乱の状態にあった。この地域は、数世紀にわたってキリスト教とイスラム教とが隣接し、ユダヤ教内部ではイスラムの下で暮らしていたセファルディ〔スペイン・ポルトガル系ユダヤ人〕とキリスト教ヨーロッパ出身のアシュケナジム〔中・東部ヨーロッパ系ユダヤ人〕とが連結しており、豊かで洗練された社会であった。こうした状況の中で、住民たちは各宗教の特有な形態について客観的に観察したり、これを超越することが可能となった。こうした特殊な社会構造は、なぜ、この地域においてヨーロッパのキリスト教世界の中でもっともラディカルな異端勢力であるアルビジョワ派、カタリ派[*用語解説]が栄えたのかという疑問の解決には、ある程度寄与している。この異端信仰は一般信者と完成者という二つの層の信者からなり、精神的瞑想を求めて世俗生活から離れた完成者の理想は、物質社会からの完全な分離であり、死に向かっての断食であった。カタリ派信仰を守ろうとする闘いは、カトリックの擁護者だと主張し、異端者に対する撲滅運動として中央権力の拡大を正当化したパリの諸公による支配や北部フランスから、自分たちの地域の独自性を守る闘いと結びつくようになった。こうした中央権力の圧力があったにもかかわらず、カタリ派やその完成者には民衆からの大きな支持があったことは、疑いのないことである。それというのも、完成者の高い精神性は共同体全体に利益をもたらすと思われていたからである。[84]

　カタリ派信仰は信者が二層に分かれ、その教義はこの章ですでに見てきたような魂の輪廻転生といった伝統的神秘主義を含んだものであるが、もっとも際だった特徴は、もともとイラン的、ゾロアスター教的、マニ教[*用語解説]的なものだとされてきた二元論的思想にあった。すなわち、神とサタン、善と悪、精神と肉体といった諸力は宇宙的なものであって、これらの二つの力は絶えざる均衡と抗争の中に置かれていると見るのである。これは、太古から続く汎神論的人間中心的なヘルメス主義とはおおいに異なる思想であった。[85]この時期、カタリ派とヘルメス主義の影響は全ヨーロッパに拡大していたが、南フランスのランドック地方やプロヴァンス地方においては、アルビジョワ派（南フランスのカタリ派）とカバラ派の信仰が時を同じくして流行したことは驚くべきことである。この地域が何か特別に変わった社会的、文化的条件を持っていたに違いない。これら二つの宗派は、相互の接触がなかったとはとても考えられない。社会的な組織構造の面でお互いに影響しあっていたのではないかと思われる。カタリ派においては、「完成者」と「一般信者」という信者の区別があり、完成者は一般信者の献身的な支持と保護を受けていたが、同様に神秘主義的なカバラ派の指導者たちも、彼らの属する共同体から聖なる働きを通じて精神的利益をもたらす者として尊敬を受けていた。しかしながら、カタリ派はフランス・カトリック勢力によって絶滅させられてしまったが（アルビジョア十字軍の派遣）、同じ地にあったユダヤ人社会の中のカバラ派の方は、そのような全面的武力鎮圧を受けなかったため、スペインへと拡散していった。彼らは、スペインのユダヤ教徒の中で、秘教的ではあるが比較的尊敬すべきグループとして繁栄した。しかしその繁栄が続いたのも、フェルディナンド〔アラゴン王子〕とイサベラ〔カスティーリャ王女〕によってユダヤ人がスペインから追放させられた一四九二年までのことであった。

カバラ思想は明らかに難解であり、普通、その修得は立派な教養のある四〇歳以上の（男性の）ユダヤ人に限定されていた。その思想は、聖書を一般的に「表面的に」読むことを説く史実主義と、正統派の合理性の双方を拒否し、テキストを「内面的」に読むことを勧めている。そこでは聖書は、創造の時に砕かれた原始の光を再興するための神秘的な無限の闘いを善良なるユダヤ人に指し示すものと考えられている。カバラ派は多くの点で正統的タルムード〔ユダヤ教の律法とその解説〕のアプローチを拡大したものである。つまり、神秘は真剣な学習を通じて会得されるもので、聖書の文字の意味と数霊性のごときものを含んだものである。しかし、それはそのようなものを超えて、王座、二輪戦車《チャリオット》、何よりも神の名前の瞑想へと進む。そして、瞑想のすべてがエクスタシーへと導かれるのである。カバラ思想もまた、これまでヘルメス主義とその後裔において見てきたヘルメス主義の核心となるような要素を含んでいる。つまり、三位一体、「姿をくらました方」、隠れた神、知性という概念、活動するロゴス、言葉、また二者を仲介する精神、である。さらにそれらは、八つの天球あるいは天空と十分に訓練を受けた秘儀伝授者による天空の超越であるとともに、人間は森羅万象の物差しとしてみなされ、ときには神の作り手としてさえみなされているのである。カバラ思想はその存在の最初の数世紀のあいだに、占星術、医術と魔法へと発展していき、ユダヤ人はこれらすべての分野において中世ヨーロッパを通じて名声を馳せたのであった[86]。

ビザンチウムとキリスト教西ヨーロッパにおけるヘルメス主義

少なくとも名目的にはキリスト教の一種である新プラトン主義は、ビザンツ帝国において生きのび、いわゆる「一一世紀ルネサンス」において新たな息吹を得た。新プラトン主義の指導的人物であるプセロス〔一一世紀ビザンチンの哲学者〕は、ヘルメス哲学と魔法の双方に強い関心をもっていた。二〇世紀の学者ゼルヴォス教授は次のように書いている。

われわれはヘルメス文書に関するどれほどの作品をプセロスがまとめたのかは知らない。現存している唯一のものは、「ポイマンドレス（Poimandres）」に関する注釈である。……「ポイマンドレス」の宇宙創世論の理論の形成には「創世記」の影響があることを主張して後、プセロスは神のギリシア的概念のすべては東方モデルに影響されていると断言している。ポルフュリオス〔三世紀の新プラトン主義者〕が第一原因（根本原因、神）についての教えを受けるためエジプトの僧アネボンのもとへ赴いたことを指摘することによって、彼は、ギリシア哲学に対するこの東方の優位性を正当化している。[87]

この記述では、すでに聖アウグスティヌスに関して触れたことと同様に、聖書、エジプトおよび東方の英知、ギリシアという序列の中で、二番目の東方の英知により大きな関心が寄せられていることがわかる。プセロスの著書のいくつかは一五世紀になってからイタリアへもたらされたものがあるという事実は、ビザンツ帝国の最後の四〇〇年の混乱期を通じて、エジプトと東方の英知がコンスタンチノープルで生き残っていたことを意味する。このことはさらに、新プラトン主義とヘルメス主義がこの地で重要なものとして取り扱われていたことを示している。

最強力とまでは言わなくとも、魔法の中心としての強力なエジプト信仰は、西ヨーロッパがキリスト教に改宗してからもなお生き残っていた。黄金虫と、額に太陽板をつけた雄牛（これは聖牛アピスと同じものであった）の頭部が、四八一年に亡くなったヒルデリヒ〔フランク族の王、四三六頃～四八一〕の異教の墓の中で発見された。彼はフランス初のキリスト教徒の王であるクローヴィス〔在位四八一～五一一〕の父にあたる人物である。[88] その三〇〇年ほど後、シャルルマーニュ公の偉大な紋章は、エジプトの冥界の神ユピテル・セラピスの頭を表すものであった。[89]

ヘルメス文書への関心は、暗黒の初期中世の間、他のすべての文化的活動と同じように衰退していたものの、完全に死に絶えてしまったわけではなかった。しかしながら、中世の思想家たちはヘルメス主義哲学よりも神秘的魔法と占星術の方により関心をもっていたことはほぼ疑いない。にもかかわらず、ヘルメス主義哲学のテキストである『アスクレピウス』は、二世紀にラテン語へ翻訳されて以来、広く流布していた。[90] 一一世紀と一二世紀につくられたそのテキストの発行数を見てみると、いわゆる西ヨーロッパの一二世紀ルネサンスと呼ばれている時期において、そのテキストへの関心が増加したことがわかる。[91] その後の数世紀における人文主義の発展は、『アスクレピウス』と、いくつかの入手可能であった新プラトン主義のテキストによる影響を受けたものであることは間違いない。

ルネサンス期におけるエジプト

二〇世紀初期の歴史家は、ルネサンスについて、プラトンの影響を受けてはいたがギリシア的なものであり、一五世紀後期に新プラトン主義がもたらされるまでは他からの影響を受けない、何かしら「純粋な」ものとして描く傾向があった。[92] しかし、エジプトとオリエントへの関心は、ルネサンス運動にとってその当初から切り離せないものであった。まさに、シェークスピア〔イギリスの詩人・劇作家、一五六四〜一六一六〕にとって、古代ギリシア人が半神半人ではなくて論争好きのレヴァント人であったように、イタリア・ルネサンスの学者、芸術家、パトロンたちは自分たちをギリシア人と同一化させたが、主たる関心の対象はホメロスやペリクレスのギリシアでもなければ、オリンピアの神々でもなかった。彼らはすでに消え去ってしまった古代の多神教を取り上げることに関心があったのである。哲学者にして歴史家であるデイヴィド・ヒューム〔イギリスの哲学者、一七一一〜七六〕は、一八世紀的感性で次のように書いた。「学問は、その復活に際しては、ギリシア人やローマ人の衰退期と同様に、不自然な装いに身をつつまれている」。[93]

こうした「退廃」の中心にあったのは、エジプトと東方への尊敬であり、新プラトン主義者の書物にある「オリエント的」内容の多さと難解さへの賞賛、さらにはエジプトとオリエントの神秘への情熱であった。しかしながら、ルネサンスが人間のもつ無限の可能性というもっとも特徴的展望と、人間は森羅万象の尺度であるという信念を引き出したのは、まさに新プラトン主義的伝承とヘルメス主義的伝承からである。一九世紀と二〇世紀の歴史家が一四世紀と一五世紀初期を「男らしい」時代としてみなしたものの中にさえも、エジプト人への大きな尊敬が存在していた。

一五世紀初めまでは、イタリアの学者たちは、再び蘇らせたいと願う古代の学問の中心として、エジプトとヘルメス文書を挙げるべきことを十分に知っていた。学者たちは『アスクレピウス』のことを以前から知っていたし、実際、読んでいた。また、アラビア語のヘルメス文書はラテン語に翻訳されつつあった。さらに、イタリアとギリシアの接触が増加するにつれて、プセロスの新プラトン主義やヘルメス文書に関する著作など、ビザンツ帝国における「一一世紀ルネサンス」提唱者たちの書物を利用できるようになった。[94] 一四一九年、上エジプト人ホラポロン〔アレクサンドリアの僧侶、五世紀頃〕によるヒエログリフ（聖刻文字）についての五世紀後期の著作、『ヒエログリフィカ』のコピーがイタリアへもたらされ、翻訳された。[95] その著者はいくつかの記号の正しい解釈と、「これらの意味を表すもっともグロテスクな寓話的理由」とを結びつけた。[96] 大きな評判を呼んだこの著作は、ヒエログリフは神秘の書体であり、一つの記号の中に豊かな意味を圧縮されており、通常の会話での音声表記にとらわれる必要がないという意味で、アルファベットより優れていると論じていた。一般的に言って、ヒエログリフの謎は一五世紀初期にはきわめて重要となった。たとえば、偉大な画家、建築家、芸術理論家であるレオン・バティスタ・アルベルティ〔イタリア・ルネサンスの代表的人物、一四〇四～七二〕が造った有名なメダルに古代エジプトに独特の大きく見開かれた目が描かれてれていたことを見ればわかる。彼は「汚《けが》されていない」初期ルネサンスの代表としてしばしば見られている。[97]

エジプトの神官たちがヒエログリフを用いたことは、彼らが寓意という手法を使用していたことと関連している。ヒエログリフがもっている神秘の寓話的意味の重要性を、プルタルコスや他のギリシアの作家たちが学んだのも、エジプトの神官からであった。ところが一九～二〇世紀になると、学者たちは、ギリシア人たちは誤解したのだ、ルネサンスの思想家も同じように間違ったのだ、と主張し、信じるようになるのである。このことは、二〇世紀初期の美術史家ウインド教授が、何人かのルネサンスの思想家たちについて次のように書いている通りである。

彼らの関心事は、独特の神秘的宗教よりは、その哲学的な適用にあった。よき判断だけが自制の決め手となったわけではない。運によるところも大きかったのである。というのは、その批判は歴史的誤認から生まれたものだからである。彼らは、比喩的解釈をすることが本来の神秘の部分であると考えたのだ。[98]

私は一五世紀の解釈は、少なくとも後期エジプト宗教については正確だった信じている。ともかく、その解釈の真実性はルネサンスのイタリア人によって疑問視さることはなかった。

エジプトに対するルネサンスの情熱は、まずは、神秘と聖なる儀式が最初に打ち立てられた場所であったという古代の名声から来たものである。さらに、たんなる漠然としかわからないペルシアのゾロアスター教徒や占星術信者という例外はあるにせよ、エジプト人はすべての英知と芸術の源と見られていた。ロマン主義的歴史家によって進歩という考えはルネサンスの人々によるものであるとされていたにもかかわらず、ルネサンスの人々は基本的には過去に関心をもっていた。彼らは「源泉」を捜していたのであり、キリスト教の背後に異教のローマを、ローマの背後にギリシアを見たのである。ところが、彼らがギリシアの背後に見たものは、エジプトであった。「われわれギリシア人は、われわれの寓話、比喩、教義の親としてエジプトを、学問と気高さをもつ偉大な王国エジプトを」[99]とジョルダーノ・ブルーノ〔イタリアの自然哲学者、一五四八～一六〇〇〕が一六世紀にのべたように。

しかしながら、ブルーノはこの時代を代表する人物ではないし、また彼は蘇った新プラトン派によって「堕落させられた」世代に属していると考える見方もあるので、新しい新プラトン学派の基盤についてのフランシス・イェーツ〔イギリスの歴史家〕の言葉を引用することにしよう。この学派は「すべての源泉としてのエジプト」という考え方が生まれる前から、エジプトとギリシアに対する態度を不可避的に反映しているのである。

約一四六〇年頃、ギリシア語の写本が修道士によってマケドニアからフィレンツェにもたらされた。その修道士は写本を収集するため、メディチ家のコジモ一世によって雇われた代理人の一人だった。その写本は『ヘルメス文書集成』のコピーを含んでいた。……プラトンの写本はすでに集められていて、翻訳を待っていたのだが、コジモは、ギリシアの哲学者たちの写本に着手する前に、それらを脇において、すぐさまヘルメス・トリスメギストスの文書を翻訳するようフィチーノに命じた。……エジプトはギリシアの前だった。ヘルメスはプラトンよりも早かったのだ。神的真理にもっとも近いものとしての……古きものへのルネサンスの尊敬の念によって、『ヘルメス文書集成』をプラトンの『国家』、『饗宴』よりも前に訳すよう要求したのだ……」[100]。

こうして、『ヘルメス文書集成』の新しい翻訳は、偉大な翻訳家、学者、哲学者マルシリオ・フィチーノによりフレンツェ郊外カレジオの山荘に新たなプラトンのアカデメイア（学園）が再建された際、中心的役割を果たした。イタリアのすべての主要都市、そして後にはヨーロッパ中に設立されたアカデメイアにも同じことがあてはまる。これらのアカデメイアは、アテネにおけるプラトン自身のアカデメイアにもとづいて意識的に作り上げられたものであったが、その構成員は、このアカデメイアがエジプト神殿における理想的な神官職のモデルにもとづいて建設されたものであると信じていた。すべてのヨーロッパのアカデメイアは自己存在の根本的理由として、新しい構成員の選挙を行った。たとえば、一五世紀と一六世紀ローマにおいて、そのような選挙はさまざまな儀式を伴うものであった[101]。フランスのアカデメイアや他の場所において実践された「不死」の地位に昇格する儀式は、神秘的なもの、不死を与える聖なる儀式にまで起源をたどることができる。この不死を与える聖なる儀式は、古代期後からの記録にもとづいて、ルネサンス期に作り上げられたものであるが、それは最終的には古代エジプトに由来するものだと信じられていた。私見では、それは正当だと思う[102]。さらに、ルネサンスの学者たちは、アカデメイアなどの組織以上のものを新プラトン派から得たのである。つまり、自らの哲学、科学、魔術については、新プラトン主義者のさらに背後にいるプラトン自身、ピタゴラス、オルペウス〔ギリシア神話における吟遊詩人〕、そしてエジプトに目を向けていた。

新プラトン派の思想は、一五世紀後期にルネサンスの思想家にして神秘主義者のピコ・デッラ・ミランドラによってカバラの思想と融合させられることになる。ピコの「精神的魔法」という思想は、キリスト教が、エジプトのヒエログリフ（聖刻文字）やヘブライ文字や数字の神秘的性格にもとづいて成り立っているものだという手法を使うことで、新プラトン派の思想とカバラ思想の二つの思想を利用することができたのである[103]。ピコは当時とりわけボルジア家に大きな影響力を持っていたので、ボルジア家はエジプトの宗教、とくに家のシンボルとみなされていた聖牛アピスを讃える芸術作品の制作まで依頼している。しかし長い目で見て、これよりもはるかに重要なことは、ピコが、人間は魔術師であり、フランシス・イェーツの表現を借りるなら、「魔術とカバラの教えの両方を用いて世界に働きかけ、自らの運命を科学によってコントロールすることができる」[104]というエジプト人の基本的なものの見方を、はっきりとわかるように示してくれたことであろう。

ユダヤとエジプトの伝統は、すでに見てきたように相互に関連したものであり、これと類似した両者の融合は一六世紀初めに再び現われるが、とりわけルネサンス時期の哲学者トマーゾ・カンパネラ〔イタリアの哲学者、一五六八～一六三九〕においていっそう顕著なものとなる。カバラ思想もまた、一六世紀と一七世紀の魔法と科学のための大きな着想の源泉であり続けた。[105] にもかかわらず、フランシス・イェーツがのべているように、カバラ神秘主義は、それがキリスト教の伝統ではなく、聖書の伝統に属していたため、「プリスカ・テオロジア（prisca theologia）」（最初の神学）と呼ばれることはなかった。かくして、キリスト教を超越したいと願うルネサンスの思想家たちは、その拠り所をエジプトに求めるしかなかったのである。[106]

コペルニクスとヘルメス主義

フランシス・イェーツは、コペルニクス〔ポーランドの天文学者、一四七三～一五四三〕に関する著書において、一九六四年に次のように主張した。

コペルニクスはトマス・アキナスの世界観の中ではなく、新しい新プラトン主義、すなわちヘルメス・トリスメギストスを頂点に置くフィチーノの「原始神学」の中に生きていた人物である。この意味では、コペルニクスを、惑星の体系の中心には太陽が位置しているという仮説の上に立ってその数学的計算へと立ち向かわせた精神的原動力は、太陽の役割を強調するこれらの新しい世界観であったと言えよう。あるいはまた、彼は自分の発見を、当時の世間がより受け入れやすくするために、この新しい世界観の枠組みを使って発表した。おそらくはこのどちらの説明も当たっているだろうし、それぞれ当たらずともいえども遠からずであろう。[107]

すでにのべたように、ヘルメス文書は概して地球中心のプトレマイオスの体系の枠組みの中で議論が展開されているが、いくつかのテキストにおいては、太陽中心の宇宙論がうかがえる所もある。光の源として太陽の特別な神聖性を見ることや、またときには第三の神である生命世界、さらに生き物を支配する第二の神として見ることが繰り返しのべられている。[108] このように、ヘルメス文書は、主要な神的力、生命を与える力としての太陽を特別なものとして考えていた古代エジプト人と思想を共有しているのであった。

フランシス・イェーツが右のような主張をして以来、コペルニクス研究に多くのことが起きている。イェーツの見解の衝撃を小さなものにとどめようする試みもある。イェーツへの反論の中には、科学史家ローゼンのように、科学の発展を偉人たちによる闇から光へ向かっての英雄的飛躍の連続の過程とみなす、これまでの古い歴史観にとらわれたものもあった。それゆえ、ローゼンにとってコペルニクスは「プラトン主義者でも、新プラトン主義者でも、アリストテレス主義者でもなく、コペルニクス（天動説）信奉者であった」。[109] さらに意義深いのは、コペルニクスの数学モデル化が、主としてイスラム数学に源を発していること、とくに一三世紀のナシール・アド＝ディン・アト＝トゥーシーと一四世紀のイブン・アシュ・シャーティルに由来することを示した最近の学者が何人もいることである。[110] しかし、これらは太陽中心説そのものを唱えておらず、太陽中心という思想はコペルニクスがそれを数学的に証明するかなり以前に頭に浮かんだものであった。コペルニクスが、一五世紀中期の学者レギオモンタヌスから太陽中心説を引き出したことは、すでに論じられてきた。レギオモンタヌスが太陽中心説を展開できたのは、一五世紀中期というプラトン主義が濃厚であった時代に生きていたからだという事実は、これに関係した専門的論議によっても傷つけられるものではない。このことがそうであったかどうかは別にしても、イェーツの主張は今も正しいものであるように思われる。[111]

的事実によって示されている。

一六世紀におけるヘルメス主義とエジプト

ヘルメス文書をひとたび読んでみれば、幻想は消え去ってしまうという。このことはブランコ教授がのべた書誌学的事実によって示されている。

一四七一年と一六四一年のあいだに、マルシリオ・フィチーノの翻訳が二五版を重ね、パトリティウスの翻訳が六版を重ね、デ・フォワ神父の二カ国語版が二度出版された。『アスクレピウス』は四〇回編集され、「ピマンダー」についてのJ・ファーバー・スタプレンシスの注解は一四版を重ね、『アスクレピウス』についてのJ・ファーバー・スタプレンシスの注解は一一版を重ねたこと、などなどである。[112]

書誌学はまた、相対的にギリシアとエジプトのどちらに関心があったかについての何かを物語っている。たとえば、ジョージ・エリオット〔イギリスの女性小説家、一八一九〜九〇〕はヴィクトリア朝のロマン主義の最盛期において、多神教アテネの崩壊に対するルネサンスの関心を鮮明に描いた。[113] しかし、これは時代錯誤的であった。一五〜一七世紀の西ヨーロッパの人々は、ギリシアよりもエジプト旅行の方にはるかに関心をもっていた。近年の再版を収集している編集者たちは、一四〇〇〜一七〇〇年には西洋人旅行者によるエジプトの記述が二五〇以上あったと報告している。[114]

いくつかのグループが実際にエジプトの知識の源泉へ旅したことは、伝統的な権威への批判に力を与えた。一六世紀初頭におけるこの典型例は、偉大で創造的な医師、鉱山技師でもあったパラケルスス〔スイスの医学者、一四九三〜一五四一〕であった。彼は（おそらく嘘であろうが）エジプトに旅したことがあると主張し、自分の医術をヘルメス主義的であると公言していた。しかしながらパラケルススは、エジプト文明の再評価が始まる時代の前に世を去った人物であった。こうして新しい時代が到来したことにより、ニュートン〔イギリスの物理学者、一六四二〜一七二七〕などの科学者たちは、ギリシア人やローマ人が維持できなかったエジプトとオリエントの英知を取り戻す手段として、既成概念を守るこれまでの手法から、現実を検証する手法へと視点を大胆に転換することができたのである。[115]

私たちは、今日に至る一五〇年間のあいだ、ルネサンスが紀元前五世紀のアテネに勝るとも劣らぬほど高度な、ヨーロッパ文化の二つの頂点の一つとしてみなされてきたことを忘れてはならない。この考えを前提としていた一九世紀と二〇世紀の学者たちは、ルネサンスがエジプトとオリエントを賞賛していた事実に直面したとき、大きな困惑と苦悩を感じたのだ。たとえば、神々はラテン語の名前で呼ばれているが、基本的にはエジプト由来だと信じられていた。古代の多神教信仰研究における指導的学者であるジャン・セズネックは、次のように多神教の神々の図解的本についてのべている。

諸神を図解した本の中には、オリエント宗教の神々を大きく取り上げたものがある。カルターリの手になるものはとりわけそうである。中でもエジプト人の神については……前に触れる機会があったピカトールの場合でも同じことで、これに負けないほどに、はなはだしく釣り合いを欠くほどにスペースを取ってこれらのオリエントの神々を紹介している。察するに、これはその当時の時代風潮、すなわち「ヒエログリフ（聖刻文字）」の流行によって、人文主義者たちの関心がエジプト、さらにはオリエント一般に向けられていたことに影響されたものであろう。[116]

さらに彼女は次のように続けている。

その図解本は、その目録ではオリンピアの神々よりも、むしろ東方の神々の方に重きが置かれているが、この傾向は近年のエジプト狂や神秘志向の風潮によっていっそう強まった。……マーキュリーはと言えば、彼はとんがり帽子を被った司祭とされている。井戸から現われ出るように見える小さな翼をもつ生き物は、巨大なその杖に四匹の蛇が巻きついている「蛇杖」を握っており、似たような姿のプッチニは滑り落ちているように見える。ユリアルトがのべているように、ギリシアにも、アッシリアにも、ペルシアにもいない、の人物は誰であろうか。

それは冥界へと魂を導く人物、すなわちプシコポンポスたるヘルメスを思い起こさせると同時に、また、魂が神的なるものの知識へとじょじょに高まることを教えるエジプトのトト神を思い起こさせる人物である。[117]

こうしたルネサンスの「不幸な」側面から距離を置こうとしたのは、伝統的な歴史家ばかりではなかった。ルネサンス期のヘルメス主義研究の扉を開け、現在その分野の研究のエキスパートであり、さまざまな異端を擁護したフランシス・イェーツでさえも、アーリア・モデルの絶大な支配力に対しては戦いを挑もうとしなかったのである。彼女は一五～一六世紀イタリアに関するエジプト的ヘルメス主義の巨大で実り多い影響を詳細にのべつつも、「いくら私が共感しているような描き方をする人物たちであっても、私は彼らをそのまま信じているわけではないのです。私はそこまで異端ではありません」と弁解することで、読者を安心させることが必要だと考えたようだ。しばしば彼女は「この巨大な歴史的誤りは、驚くべき結果をもたらす運命にあった」[118]などという表現をしている。実際、これがアーリア・モデルに対する叙述であれば、これほどぴったりのものはまたとなかろう！

おそらく、一六世紀においてはヘルメス主義とエジプトへの関心が、高度なルネサンス文化の少なからぬ構成要素として花開いたことは間違いない。後の歴史の見解では、一六世紀におけるヘルメス主義の流れを汲むもっとも重要な人物は、コペルニクスの偉大な擁護者であり、既成概念に対して果敢な挑戦を行ったジョルダーノ・ブルーノであった。ブルーノは一九～二〇世紀の科学史家によって、科学の先駆者にして殉教者と賞賛されていた。しかし、フランシス・イェーツは彼をヘルメス的伝統の中にしっかりと位置付けている。ブルーノは先行者、同時代人の誰よりもさらに前進したという点で、注目すべき人物であった。大部分の初期ヘルメス主義者たちは、熱狂的であったにもかかわらず、正直にせよ不正直にせよキリスト教精神の内にとどまっていた。また、エジプト哲学とそこから派生した異教徒の哲学は、聖書の英知よりも後世のものであって劣ったものであるという、聖アウグスティヌスが確定した教義の枠内にもとどまっていた。しかし、ブルーノはキリスト教の枠を超えたばかりでなくユダヤ教の枠をも超えて、多神教のエジプトへと到達したのであった。

カルディア人の不思議な魔術はユダヤ人のヘブライ神秘説（カバラ思想）から由来したものだ、と想定してはならない。というのは、ユダヤ人は疑いもなくエジプトの排泄物であるからだ。だから、かりそめにもエジプト人がヘブライ人から、良きものであれ悪しきものであれ、原理原則的なものを借用したということを、程度のいかんに関わらず誰も決して主張することはできなかった。それゆえ、われわれギリシア人は「彼にとっては非ユダヤ人以外を意味するようであるが」、学問と高潔さを王として戴く偉大な国エジプトを、われわれの寓話、隠喩、教理の産みの親として丁重に遇さねばならない。[119]

こうしたブルーノの急進主義を産んだ当時の社会的背景として、カトリック教会の限界を克服しようとした一五七〇年代の反宗教改革運動が挫折したこと、一六世紀後半にヨーロッパを荒廃させたキリスト教内部の亀裂や宗教戦争〔フランスにおけるユグノー戦争など〕の痛手から回復できなかったことを挙げなければならない。ブルーノは、政治的には穏健で妥協を望む比較的宗教的には寛容であった支配層と同じ立場に身を置こうとした。にもかかわらず、逆説的に聞こえるかも知れないが、彼は非常に知的であるとともに神学的には急進的な考えをもっていたため、精神世界においてだけでなく現世にも平和をもたらすために、現実政治においてキリスト教を超越することが避けられないという考えに至ったのであった。フランシス・イェーツがのべているように、「ブルーノのヘルメス主義は、純粋に『エジプト的なるもの』となり、それはたんにキリスト教性を予示する『原始神学』としてではなく、現実的に真の宗教としての、ヘルメス主義的なエジプト宗教であったのだ」。[120]

ブルーノが彼のもつ信念ゆえに、キリスト教の枠を超え、異端審判で焚刑《ふんけい》に処せられたという衝撃的事実があるからといって、一六世紀イタリア社会における彼の特殊性を強調してはならない。もし「源泉」を求める情熱というものを前提とするならば、また先行性こそが優越性であるという信念を前提とするならば、「ヘルメス主義はキリスト教に先行する」と言っても、「ヘルメス主義はキリスト教を超越する」と主張しても、大きな隔たりはないのである。

にもかかわらず、聖書とキリスト教、エジプトとヘルメス文書のあいだの関係はいずれも微妙で変動していたのに対して、少なくともヘルメス文書と古代ギリシアのあいだの関係は明確なものであった。たとえば、ヘルメス文書の時代決定についてのエラスムス〔オランダの人文主義者、一四六七〜一五三六〕の懐疑は、ギリシアの先行性を主張するよりむしろ、キリスト教を擁護しようとする願望にもとづいていたように思われる。[121] 宗教改革の後、カルヴァン派のランバート・ダヌーは、モーセの優越性を「証明」するため、また（多かれ少なかれ、後に「科学」とのべられるようになる）「自然哲学」における聖書の伝統を証明するために、エジプト人の名声をギリシア人の師ともいうべきものとして利用さえしたのである。ダヌーは古代の原典を引用しつつ、エジプト人が「シリア人」から天文学を学んだという伝承を作りあげてしまった。彼はまた、シリア人がモスコスと呼ばれる学者をかかえていたことを示し、このモスコスがモーセだと主張した。かくしてモーセはエジプト人に、したがってギリシア人に天文学を教えたのだという。モーセとモスコスを同一人物だとするこうした伝承は、一八世紀まで続いたのである。[122] このように、ギリシア人に対するエジプト人の学問的優越性の主張は、この段階においては何の問題もなかった。

広く知られている例を示すことによって、第2章の結論としよう。シェークスピアの『トロイルスとクレシダ』における信頼性のない狡猾な人間としてのギリシア人に関する描写は、中世後期の伝承にもとづいており、当時において例外的な見方ではなかった。この章で示そうとしたように、多くルネサンスの思想家たちは、エジプトが原初にしてかつ創造的な源泉であり、ギリシアはエジプトやオリエントの英知の伝達者であるとみなしており、彼らのあいだで古代モデルの真実性が問題にされることはまったくなかったのである。

第3章　一七〜一八世紀におけるエジプトの勝利

この章では、一七世紀になってヘルメス主義がどのような形で命脈を保っていったかについて取り上げる。ヘルメス文書はカゾボンの文献批判によって、その信用が地に落ちたと現代のほとんどの学者は見ているようであるが、実際にはそれほどの傷がついたわけではないと、私は考える。ヘルメス文書は引き続き信じられていたのである。一八世紀になってヘルメス主義信奉者の数が減ったのは、何もこの批判のせいというわけではなく、当時の知識人一般の魔術離れによるものであった。また、ヘルメス主義への関心が薄れたからといって、それがそのままエジプトへの尊敬心まで失せたことを意味するものでもなかった。一七世紀末になって、古代エジプトのイメージが「急進的啓蒙主義」と結びつき、それがキリスト教のみならず、時の政治情況までも一気に覆そうとする動きに利用されることになった。一八世紀の知識人の中に広く根を張っていたのはフリーメイソン思想であるが、この思想のまさに中核を成していたのがエジプトであった。このようにして、エジプトはもう一つの歴史の古い大帝国である中国ともども、哲学や科学、とりわけ政治制度の面で高い評価をほしいままにしていたのである。しかしそれが続いたのも、ヨーロッパの政治的、精神的秩序が崩壊する一七八〇〜九〇年代までのことであった。

一七世紀のヘルメス主義

ジョルダノ・ブルーノは一六〇〇年に焚刑に処せられた。彼の死は、ヘルメス主義にとって痛手ではあったが、イザーク・カゾボンから蒙った打撃に比べれば、長い目で見てそれほどの深手だったとは言えない。カゾボンはもともと穏健なプロテスタントの学者であったが、一六一四年に始まるヘルメス文書の成立年代をめぐる論争に火をつけた張本人である。フランシス・イェーツによれば、学問的な文献批判の手法は、すでに一五世紀に始まっているので、この時期に至るまでヘルメス文書が槍玉に挙がっていないのは遅きに失していると首をひねるが、無理もない話である。しかしながら、この手法を適用する対象が対象だけに、慎重にならざるを得なかったのではあるまいか。また後になってから、この論争の結果が政治的に、またイデオロギー的に、どのように利用されたかを見れば、この文書が一六世紀末にカトリックのみならず、キリスト教全体にとって、いかに大きな脅威となっていたかの察しはつく。そしてこの脅威こそが一人の学者を怒りに燃えたたせ、文献精査へと駆り立てたのである。[1]

カゾボンはヘルメス文書、プラトンの作品、新約聖書の中に、哲学的、神学的な内容にとどまらず、テキストそのものにも類似性があることを発見した。彼はこのエジプト文書が、まず第一に、聖書をはじめプラトンやアリストテレスなど古代の著作の中にまったく顔を出さないこと、第二に、後代の制度・習慣がのべられていたり、ギリシア人の著作を引用している箇所があるなどの理由から、正真正銘のものではないと論じた。[2]カゾボンの攻撃のねらいは、この文書集成が紀元前一千年以上も前に、たった一人の手によって作られたという物語を粉砕するところにあった。これに対して反論を試みた人物が、ラルフ・カドワース〔イギリスの宗教哲学者、一六一七〜八八〕である。彼は一六七〇年代に、たとえこの文書に後世のものが紛れ込んでいるにせよ、だからといってその価値が減じるものではないと主張した。これらの文書が成立した頃には、エジプト古来の宗教は、神官たちにより依然として継承されていたのであるから、古代エジプトの知識を研究するうえでの史料価値は十分にあるというのである。しかし、カゾボンの学問、イデオロギーの衣鉢を継いだ弟子たちの中で、これに反駁したものは誰もいない。[3]

フリンダーズ・ピートリは具体的な歴史的根拠を示して、この文書が紀元前六〜二世紀に書かれたものの寄せ集めで、かなり質的に不均一であると指摘した。[4] しかし現代におけるカゾボンの後継者ですら、今さらピートリの説に積極的に加担しようなどという素振りすら見せる者はない。ヘルメス文書、プラトンの作品、新約聖書の「プラトン的」箇所が類似していることは否定できないが、これらはいずれも東地中海地域において混在していた、後期エジプト宗教、フェニキア、メソポタミア、イラン、ギリシアなどの思想の共通の血脈を受け継いだものだと考えれば、容易に説明のつくことであった。

第2章（一九〇ページ）でエラスムスとの関連で触れたように、一七世紀当時、ヘルメス主義がキリスト教の源泉の一つであるとする説が流布していた。カゾボンは「キリスト教的人文主義者」の立場からこれに断固たる攻撃を加えたのであるが、何も彼がその最初の人だったわけではない。しかしながら、カゾボンの史実解明の物語は伝説となった。彼は、すでにのべたような、一九～二〇世紀初頭の科学史神話の対極に位置する文献学のもってこいの旗頭として祭り上げられたのである。いわく、孤独で英雄的な天才科学者、迷信の暗闇を打ち破り科学と理性の光をかかげた時代の先駆者。

しかし、ことは思惑どおりには運ばなかった。ヘルメス主義とエジプト熱は一七世紀を通じて引き続き盛んであった。この神話と現実の間の混乱状況は、イェーツの著作に見ることが出来る。彼女は「それは一撃による粉砕であった……」と書き出していながら、すぐその後に「カゾボンの砲撃は、直接的戦果を挙げたわけではない」などと続けている。彼女は少し後になってからカゾボンの衝撃を次のようにまとめている。

> 一七世紀におけるルネサンスの伝統への反作用として、他にいくつもの動きがあったが、カゾボンの発見は、思うに、一七世紀の思想家たちを魔術の呪縛から解放するうえで、一つの、しかもきわめて重要なものであったことは認めねばなるまい。[5]

一七世紀初頭の哲学・数学者のマラン・メルセンヌ〔一五八八～一六四八〕が、エリザベス朝時代の魔術思想家ロバート・フラッド〔一五七四～一六三七〕の神秘主義を攻撃するために、カゾボンの年代考証を利用したことは確かである。しかし、カゾボンの研究成果が、社会全般に与えた影響という点から見るなら、さほどのことはなかった。[6] 一七世紀末にかけて魔術信仰が下火になっていったのは、社会、経済、政治、宗教における大規模な変動によるものであった。このことがヘルメス主義への関心の低下へとつながっているのである。古代信仰はこれに歩調を合わせた形で、懐疑主義の餌食となっていったと見るのが妥当な線であろう。

カゾボンによる批判は、一七世紀思想全体については別にして、この世紀のヘルメス主義に限って言えばまったく影響を与えなかった。キルヒャー〔一六〇一八～八〇〕のように、カゾボンなどは歯牙にもかけない学者もいたし、ケンブリッジのプラトン主義者のように、彼の批判には聞く耳をもちながらも、ヘルメス文献の時代的・史料的価値を認める者もいた。

ブルーノを生贄に供したのは、教会権力に対する正面きっての挑戦から身を守るためであった。カトリック教徒のエジプトへの関心は、もはや押しとどめることができないほどの勢いとなっていた。ドイツ人でイエズス会の修道士だったアタナシウス・キルヒャーは、一七世紀ローマのもっとも影響力のある文化知識人の一人であったが、彼もまた古代エジプトの虜となっていた。キリスト教徒でヘルメス主義者でもあった彼は、占星術、ピタゴラス楽音理論、カバラ思想に関心をもっていた。[7] 彼はそれだけでなく、ヘルメス・トリスメギストスが、偉大な古代人であり、アブラハム〔イスラエル人の祖とされる紀元前二〇〇〇年頃の人物〕と同時代人であり、さらにはエジプトにおいてはイエス・キリストの前身であるとの説を受け入れていた。彼は次のようにのべている。

エジプト人のヘルメス・トリスメギストスは、最初にヒエログリフ（聖刻文字）を発明した人物である。したがって、彼こそがあらゆるエジプトの宗教・哲学の王であり、父でもあるのだ。それ以来、オルペウス、ムサイオス、リノス〔ギリシア神話における音楽の発明者〕、ピタゴラス、プラトン、エウドクソス、パルメニデス〔ギリシアの哲学者、前五〇〇／四七五～?〕、メリッソス〔ギリシアの哲学者、前四八〇～四〇〇〕、ホメロス、エウリピデスその他の人物たちが続々と現われて、神や宗教への正しい理解を深めていくことができたのも、もとはと言えば彼あってのことである。[8]

キルヒャーは、エジプトが「古代神学」の地であると同時に、ギリシア人が継承を怠った「古代知識・思想」すなわち「根源的知恵」または「哲学」の故郷であることに興味をいだいた。彼はガリレオとのあいだで、万国共通の標準測量単位制定――それは当然エジプトのものとなるはずであるが――について書簡でのやりとりをしたり、またそのために必要とされる大ピラミッドの測量を行おうとして、教皇庁における自分の強力な立場を利用した。[9] この他にも、彼が古代の知識の宝庫であり、理想的文字だとみなすヒエログリフ（聖刻文字）の解明に、並はずれた言語学の才能と生涯とを捧げた。キルヒャーはホラポロンにならって、ヒエログリフは純粋にシンボルであり、したがってあらゆるアルファベットよりもはるかに優れていると考えていた。結局、彼のエジプト文字解読の試みは不成功に終わったが、研究の過程でコプト語は古代言語の流れを引くものであり、たとえ文字と音声との対応がなくても、文字解読に役立つのではないかということに気づいた。こうして、ローマにいたキルヒャーの手によって、エジプトにおける口頭言語として消滅する寸前にあったコプト語に、ようやく言語学的な体系的研究の手がつけられたのである。[10]

薔薇十字団――プロテスタント諸国における古代エジプトの扱い

エジプトやヘルメス主義に対する関心は、プロテスタントにおいても引き続き維持されていた。薔薇十字団は、その起源がつまびらかではないが、一七世紀にドイツ、フランス、イギリスで発生したとされ、ブルーノの場合と同様に――何らかのつながりがあったのかも知れないが――エリートのための真の宗教の普及を目指していた。また、ドイツを一六一八年から四八年にかけて荒廃させた三〇年戦争の中で噴出した、カトリックとプロテスタント間の血なまぐさい抗争などから身を引き、関わり合いを拒みたいという意図もそこにうかがうことができる。[11] 一六世紀のヘルメス主義者たちと同様に、薔薇十字団のメンバーやその代弁者たちは、この社会を指導するものは、魔術と科学の真正な知識を兼ね備えた啓蒙エリートであるべきだと主張した。格好のお手本は、エジプトの神官からピタゴラス同胞団へ、さらにはプラトンのアカデメイアへと連なる系譜であった。一六五〇年代のイギリスで王立協会の創設者たちが唱えた「見えない大学」構想の背後には薔薇十字団思想があった、とするイェーツの説もあながち嘘とは思えない。[12]

共和制のもとで出版の自由が認められたこともあって、一六五〇年代のイギリスには、ヘルメス主義への関心が著しく復活してきた。歴史家のクリストファー・ヒルによれば、一六五〇年代に出版されたパラケルススや神秘的化学に関する書籍の数は、それに先立つ一〇〇年間に出版された同類の書の数を上回るという。[13] 教会と体制派学者との連合を攻撃するにあたって、イギリスのヘルメス主義者たちは政界や宗教界の急進派との同盟に入った。[14]

しかしながら、一六六〇年の王政復古とともに、多くの思想家が反革命の潮流に押し流され、急進主義の立場から離れていった。国王は警戒心から王立協会のパトロンとなり、科学をその支配下につなぎ止めようとした。共和制下でのヘルメス主義の高揚は、科学のさまざまな分野でのその後の発展に大きな弾みをつけるものであった。今日では、ヘルメス主義は、一七世紀イギリスで成長をとげた千年王国信仰の一特殊形態とみなす傾向がある。この思想は、千年王国の到来の条件とされるあらゆる知識の完成、あるいは集大成への準備を呼びかけていた。[15]

ヘンリー・モア〔イギリスの哲学者、一六一四〜八七〕、ラルフ・カドワースなどを中心とするケンブリッジのプラトン主義者たちもまた、ヘルメス主義、千年王国信仰の落とし子であった。[16] このグループは一六六〇〜八〇年代に最盛期を迎えるのであるが、時期的に見ても、当然彼らはカゾボンの批判について十分な知識をもっていたはずである。それにもかかわらず、ヘルメス文書を奉じてはばからなかったのは、この文書が、部分的にせよ古代知識を含んでいると考えていたからである。彼らにとっては、ヘルメス主義のプラトン的要素がギリシアから来たものだと考えなくてはならない義理などさらさらなかった。彼らは、ギリシア人の果たした本質的役割とは、古代の知識・学問を部分的に伝えたにすぎないと見ていたのである。モアによれば次のようになる。

プラトン学派の思想は……学識あるピタゴラス、エジプト人のトリスメギストス、そしてカルディアの知恵の集積……これらと軌を一にする。
だが、これらはすべて時とともに消え失せた。
これを甦《よみが》えらせるものはプラトンと思慮深いプロティノスだ。[17]

ケンブリッジのプラトン主義者たちの中で、もっとも有名な人物はアイザック・ニュートン（一六四二～一七二三）であった。彼がどの程度までヘルメス主義者であったかは、今もってその議論に決着がついていない。[18] しかし、現代の歴史家フランク・マニュエルによれば、ニュートンもまた「カゾボンの解明によって動揺をきたした気配はまったくなかった」という。[19]

ニュートンがヘルメス主義的古代宗教を受け入れていたかどうかはともかくとして、エジプト人の古代知識を信じていたことだけは確かである。いや、それどころか、その知識の回復を、自己の使命とさえ思っていたのである。その例を挙げよう。ニュートンの重力学説は、地球の円周距離の正確な測定なしには成立し得ない。しかし彼の知る限り、緯度一度*用語解説あたりの距離を正確に測定した者はそれまでになく、ただ頼みとなるのは、ギリシアの数学・天文学者エラトステネスとその門下生の出した数値だけであった。しかし、これはニュートン理論に合致してくれなかった。彼は、エラトステネスがエジプトに住んだことがあったにしても、古代の測量法を完全には継承していなかったのではないかと考える他なかった。事ここに至って、ニュートンはエジプトの長さの単位キュービットのもともとの正確な数値を突き止める必要に迫られた。それがわかれば、古典学者が緯度と一定の関係があるというギリシアの単位スタディオンの長さを割り出すことができると考えたからである。

一七世紀初めに、キルヒャーの協力者であるイタリア人ブラティーニと、イギリス人学者で考えをともにするジョン・グリーブズの二人は、数年をかけてピラミッドの正確な測量に取り組んだ（昔からピラミッドには長さ、面積、体積の完全な単位、およびπや黄金分割φなどの等比比例が密かに用いられているとの説が、相当の信憑性をもつものとして信じられていた）。グリーブズはイギリスに帰国するや、測量成果の全容を公開し、後にオックスフォードの教授に任じられた。ニュートンはグリーブズの数字をもとに、ピラミッドの建設には二種類のキュービッドが用いられていると推論した。そのうちの一つは、先のギリシアの数字よりははるかに彼の求める数字に近かったのであるが、彼の理論にぴったりとまではいかなかった。これはおそらくグリーブズとブラティーニがピラミッド周辺に積み上げられた岩石塊のために、基底部の測量に不正確が生じたためではないかと考えられた。ともかく一六七一年になって、フランス人ピカールが北フランスにおいて正確な緯度測定を行うまで、ニュートンは万有引力の法則の証明ができなかったのである。[20]

この測量問題は、ニュートンの古代エジプト知識信仰の一つの例である。彼はこれにとどまらず、原子理論、太陽中心説、重力などの考えが、すでにエジプトには存在していたと信じていた。[21]『プリンピキア』の初期の版で彼は次のようにのべている。

> 星々は固定されており、世界の最上部で不動のままにある。惑星はその下にあって太陽の周囲を回転する。地球は惑星の一つであり、太陽の周りで年周期の軌跡を描く。……これが哲学に専念した人々のいだいたもっとも古い考え方であった。エジプト人はもっとも初期に属する天体観測者であった。この哲学は、おそらく彼らから発して、各地へと拡散していったものであろう。ギリシア人は、自然よりもむしろ哲学の方に熱中したのであるが、彼らの最初にしてかつ健全な哲学概念の源泉となったのは、エジプト人およびその周辺の人々であった。エジプト人の精神は、ウエスタ女神の儀式の中に、今なおその名残をとどめているが、一般庶民の理解能力を超える神秘は、宗教儀式とヒエログリフのシンボルの中に封じ込められている。[22]

この一節は、一七世紀における伝統的な考え方がどのようなものであったか、その典型として見ることができる。ここから、ニュートンが古代エジプト人をいかに偉大な科学者、哲学者として称賛し尊敬していたかを知ることができる。こうした初期の態度とは異なり、彼が晩年に至って、『古代諸王国に関する正された年代記』で、自説の弁護に汲々としているのは何という違いであろうか。そこでは、エジプト文明はトロイ戦争の直前に成立しただとか、大セソストリスは聖書に出てくるエジプト王シェションクにすぎないとか、古代ユダヤの地への侵入はソロモン王〔イスラエル王国第三代王、前一〇三五?～九二五?〕の時代よりも後のことだなどと、平然とのべられているのである。この説に従えば、エジプト人はよほど遅れて登場してきたことになり、聖書伝承の方がより古く、優れていることになる。しかしながら、ニュートンの意図するところは、何もエジプトがギリシア文化の源であることまでを否定しようというのではなかった。もっぱらイスラエルへの肩入れから、贔屓《ひいき》のひき倒しになってしまったのである。しかし、エジプトの年代を後ろへとずらしてしまったために、彼はギリシアの年表までも書き換えねばならないはめに陥ってしまった。[23] こうした動きが、現代の知性派史家マーガレット・ジェイコブが言うところの「急進的啓蒙主義」に対抗したものであって、キリスト教徒やニュートンのような、敬すべき理神論者*用語解説が巻き返しを図った反動の一環であったことに関しては次章で明らかにしたい。

急進的啓蒙主義およびフリーメイソンによる改革の問題を取り上げる前に、まず、ルネサンス後期の時期には、すでにフェニキア人の重要性についての認識があったことについて見ておくことにする。伝承によると、世界の象徴であり、メイソンの儀式・教義の中心に置かれているソロモン王のエルサレム神殿を建設したのは、フェニキア人の混血児ヒラムであった。エジプト語がヒエログリフの中に封印され、神秘に閉ざされていたのに対して、ヘブライ語の方は、宗教改革の後にキリスト教徒によって盛んに研究が行われた。このおかげで、ヘブライ語とフェニキア語とは、互いに理解可能な、いわば同一言語の方言どうしの関係にあることが簡単に判明した。[24] フェニキア語のアルファベットが、アベ・バルテルミ〔フランスの歴史家、一七一六～九五〕によって最初に解読されたのは一八世紀中頃のことであるが、この言語の概要についてはそのはるか以前からわかっていたのである。

ヘブライ語は、アダムやバベルの塔の話との関係で、人類の原初の言語として一般には受け取られていた。このため、ヘブライ語が他の言語、とりわけヨーロッパの諸言語の中に含まれていないかどうかの研究が、盛んに行われていた。単語間に言語学者も驚くような偶然による類似があったことも、研究を促す一つの要因となった。これらの中には、確かにまったくの偶然による類似もあっただろうが、すでに序章でのべたように、アジロ・アジア言語とインド・ヨーロッパ言語との血縁関係に由来するものや、カナン語やフェニキア語からギリシア語、エトルリア語ないしはラテン語へと流入した借用語も存在していたはずである。[25]

今日、私たちがセム系と称するヘブライおよびその他の言語・文化は、フェニキア人が仲立ちとなることでヨーロッパへと拡散していった。一六世紀の政治理論家ジャン・ボダン〔フランスの法・経済学者、一五二〇～九六〕は、言語学的証拠をもとに、あらゆる文明と言語はカルディア人に始まり、そこから拡散していったものだとの説を唱えた。彼はダナオスとカドモスの侵入が、この拡散の決定的役割を果たしたと考えただけではなく、さらには、ギリシア人は、すべてアジア、エジプト、あるいはフェニキアに起源をもつと主張した。[26]ボダンは、その後、政治思想家としての地位は保ったが、彼の言語説や類似の説は、一七世紀に入る頃には、ジョゼフ・スカリジェやカゾボンなどの学者の研究によって、すっかり時代遅れのものとされてしまった。ヘブライ人の役割を、広い視野から見通すことができず、狭い古典学の領域に閉じこめてしまう傾向があった中で——これは何も当時のことだけではないのだが——唯一人ユグノーのサミュエル・ボシャール〔フランスの地理学者、一五九九～一六六七〕だけは異彩を放っていた。彼は学識豊かで緻密な学者であるが、一六四〇年代に、ヘブライ語とフェニキア語とは実質的に同一言語であるとの正しい前提に立ったうえで、地中海周辺のセム語らしく思える地名の調査を行った。今日においても、彼の研究を凌ぐものは見当たらない。彼は、この他にもギリシア語、ラテン語におけるカナン語の借用語についての本格的研究も手がけた。これらの成果もまた一八二〇年代までは権威あるものとして用いられていた。[27]

一八世紀における古代エジプト

ニュートンこそは時代の中心人物であった。彼は占星術、錬金術、魔術の世界に生まれたが、それらがもはや権威を失った頃にこの世から去って行った。この変化は言うまでもなく、イギリス、オランダでの資本主義、フランスでの国家主義の勝利にともなう社会、経済、政治の変革がもたらしたものであった。この新しい世界において、ヘルメス主義は少なくとも旧態のままで存続できる余地はもはやなかった。しかしながら、古代エジプト愛好熱が冷めたかと言うと、少しもそのようなことはなかった。エジプト崇拝は、一六八〇～一七八〇年の一世紀にわたって風靡《ふうび》した。一つ例を挙げよう。この前半期に、もっとも人気のあった小説は、フェネロン〔フランスの聖職者・小説家、一六五一～一七一五〕が書いた一六九九年初版の『テレマック』であった。この本の主人公は、ギリシアの王子でユリシーズの息子のテレマコスである。この中では、エジプト人の物質的豊かさ、知恵、哲学、正義などの問題が随所で取り上げられている。ただし、それらは批判の対象として話題にされているのであるが。ギリシア人の方は、ファラオのセソストリスから好意的に扱われ、寛大な支配の下にある。しかし、万事につけギリシア人がエジプト人に比べ劣っている点が生彩な筆致で描かれている。[28]

エジプトブームがピークを迎えるのは、一八世紀中頃のことである。一七四〇年にフランスで書かれたものによれば、次のようなありさまである。

この頃の話題といえば、テーベやメンフィスなどの古代都市、リビア砂漠、テーベの王墓窟のことばかりだ。今では、ナイルとセーヌとでは、いったいどちらが有名なのか、誰かに教えてもらいたいくらいだ。ナイルの滝やその源流についての話のうるさいことといったら、子どもの鼓膜が破れてしまいそうだ。[29]

これを書いた人は、おそらくエジプトに反感をもつキリスト教徒であろう〔第4章参照〕。しかしこの時期のヨーロッパ中心主義者たちは、後の一九～二〇世紀になってから、先駆者としてもてはやされるようになるのであるが、エジプトに対して敬意を払うことを忘れてはいない。しかし一八世紀初に、ナポリで活躍した学者のジョヴァンニ・バティスタ・ヴィーコ〔イタリアの哲学・歴史家、一六六八～一七四四〕は、そのロマン主義的、ヨーロッパ中心主義的、歴史相対論的立場によって、一九世紀学界のヒーローであったが、ことあるごとにエジプトに敵対的態度をとった人物であった。彼は敬虔なカトリック信者であったが、ユダヤ人を宗教史以外の領域から追放し、天地創造の物語の中に押し込んでしまった。またエジプト人は、彼の手にかかると、ノアの大洪水後に生まれたもっとも初期の民族の一つにしかすぎないとされた。それにもかかわらず、彼の理論の中心に位置していたのはエジプト人であった。彼の唱える世界史の三段階説は、自らも認めているように、ヘロドトスの語るエジプトの歴史を下敷きにしたものである。つまり、「神々―英雄―人類」という歴史段階である。またこれらは、「象形文字―シンボル―書簡体」という三つの言語タイプがそれぞれに照応している。彼はこの他にも、カドモス神話を研究し、これをエジプトと関連づけた。[30] モンテスキュー〔フランスの哲学者・政治思想家、一六八九～一七五五〕もまた、「エジプト人は世界に冠たる哲学者である」[31]と認めざるを得なかった一人である。

当時のイギリスおよびフランスにおける流行思想の中心にあったのは、先のフランスの引用でもわかるように、疑いなくエジプト賛美であった。一八世紀中頃、イギリスでもっとも人気が高かった劇作家の一人にエドワード・ヤング〔一六八三～一七六五〕がいた。しかし、彼の一連のエジプト戯曲の人気は長くは続かなかった。エドワード・ギボン〔イギリスの歴史家、一七三七～九四〕が最初の歴史論文を書いたのは、一五歳になったばかりの一七五二年のことであったが、この時のテーマは「セソストリスの時代」であった。彼もまたエジプト熱に取り憑《つ》かれていたのである。[32]

ギリシア文化がエジプトおよびフェニキア起源であるとする、昔からあるエジプトに好意的なとらえ方が、学問の中に非神話として取り込まれるようになった。パルミラ語とフェニキア語を解読した俊才バルテルミは、一七六三年に「エジプト語、フェニキア語、ギリシア語の関係についての一般考察」と題する論文を発表した。この中で彼はキルヒャーの説をもとにして――彼のその他の説については根拠薄弱としているが――コプト語は、古代エジプト語の一形態だとする説を提起した。彼はまた、後になってセム語として知られることになる言語家族――彼はこれを「フェニキア語族」と呼んだ――を立てた。彼はこの二つを根拠として、エジプト語はセム語族には属していないが、一定のつながりのある言語であることを立証した。彼が採用した証拠語彙の一部に、今日から見れば誤りとされるものも含まれている。コプト語の中には、後期エジプト語に入り込んだセム語起源の借用語があったからである。しかしながら、代名詞とその文法的機能の特徴との間の類似を基礎に打ち立てられた彼の説は、大筋において少しも揺らぐものではない。この意味で、バルテルミは、今日アフロ・アジア言語研究と呼ばれる分野での草分け的存在であった。

バルテルミは、コプト語とギリシア語とのあいだには文法的対応関係はないとの考えをもっていた。しかし、エジプト人がギリシアを植民地化し、文明化したと固く信じていたので、「あれほどの知的、物的交流がある以上、エジプト語がギリシア語の形成に関与していないとはとうてい考えられない」[33]とのべている。彼はエジプト語を語源とするギリシア語のリストを作成したが、その中のいくつかは——たとえばコプト語のhof、デモティック（エジプト民衆文字）ḥfがギリシア語ophis（蛇）になったなど——今日でも受け入れられている。[34]

エジプト優位説、中心説を唱えたのは、言語学者だけではなかった。アベ・バニエの著書は、一八世紀における古代神話学の代表であるが、彼の研究においても、古典学やルネサンスの伝統にならい、ギリシア神やローマ神の起源をエジプトに求めていた。[35]一八世紀末のジェイコブ・ブライアント〔一七一五〜一八〇四〕は、ボシャールの研究の継承を志した学者であるが、ボシャールの研究の不十分さは、ギリシア・ローマ神話や言語の中にあるエジプト的要素への理解の不十分さからきていると指摘している。[36]ブライアント自身は、その起源を、エジプトとフェニキアの両方の要素を含んでいるアモン神信仰によって説明できると考えていた。彼の研究は、多くの点で論証に欠ける部分があるが、アプローチの基本方向自体は正しかったと私は判断する。それにもかかわらず失敗に終わったのは、エジプト語が未解読であったことと、彼がコプト史料を用いなかったことによる。しかし彼が一七七四年に出版した『新システム——または古代神話の分析』は、一八世紀末にかけて、非常に高い評価を受けた。この本はロマン派詩人たち、とりわけブレーク〔イギリスの詩人、一七五七〜一八二七〕の種本としても重宝がられた。[37]

同様の傾向は、哲学史の分野でも支配的となった。すでに触れたように、モンテスキューのようなヨーロッパ中心主義者ですら、エジプト人を最高の哲学者と見なしていた。ジェイコブ・ブルッカー〔一七七〇〜一九四二〕はプラトン、その師のエジプト人、さらには彼らの秘教性や二重哲学に至るまで執拗な攻撃を加えた。しかしその彼ですら、エジプト人から「哲学者」の称号を剥ぎ取ることはできなかったのである。[38]

一八世紀　中国と重農主義者*用語解説

一七世紀末、ヨーロッパは自信に満ち溢れていた。一六六三年には、ポーランド軍がウィーン近郊でトルコ軍を撃破し、続いて神聖ローマ帝国のオーストリアがトルコからハンガリーを奪回したからである。それに加えてロシアが黒海へと進出したこともあって、トルコの脅威はヨーロッパから一掃された。それ以後ヨーロッパ人は、陸から海からアジアへと押し寄せることが可能になった。こうした安堵感のもとで、啓蒙主義者たちは、封建主義や伝統的キリスト教への反発から、非ヨーロッパ文化に対する愛好心を遠慮なく表に出し始めた。その中でもとりわけ人気が高かったのが、エジプトと中国であった。この二つの文明はお互いのつながりがないにもかかわらず、ヨーロッパ人の目には、同じようなものとして映った。トルコ、ペルシア、北アメリカのヒューロン族の土地などは、崇高なイメージを吹き込まれたうえで、ヨーロッパの批判や風刺に利用される反ヨーロッパ的ユートピアの性格をもっていた。一方、中国やエジプトにはそのような要素はなかった。それどころか、より高度で洗練された文明をもち、見習うべき手本として大きな価値をもっていた。[39] また、どちらの文明も物質的豊かさ、深遠な哲学、高度な文字体系をもっている点でも高い評価を受ける理由があった。

しかしながら、これらの評価のうちでヨーロッパ人にとってもっとも魅力的に思えたのは、彼らの模範的な統治制度であった。中国では、道徳・知識に秀でたものが試験によって選ばれ、さらにきびしい訓練・研修を受けたうえで政務にあたるという、因習を排した合理的方法による統治が行われていた。フランスでは、宮廷重農主義者たちのあいだで中国への格別の親近感があった。彼らはルイ一五世〔在位一七一五～七四〕を中国皇帝に見立てたり、自分たちを中国の文人階級になぞらえたりした。中国はこうした支持者たちのおかげで、フランスに大きな文化的影響を与えることができた。フランスにおける一八世紀半ばの政治・経済改革、中央集権化や合理化は、そのほとんどとは言わないまでもかなりの部分が、中国に範を取って行われたのである。[40]

一八世紀　イギリス、エジプトとフリーメイソン

重農主義者たちが中国に傾倒していた一方で、神秘的傾向をもち、また当時の主要な啓蒙主義者のほとんどを手中におさめていたフリーメイソンは、エジプト愛好へと向かった。フリーメイソンの歴史は、すべて曖昧模糊としている。とくに一八世紀初頭の石工《メイソン》組合の再組織前に編集された歴史の本を見ると、いっそうその感を強める。というのは、歴史編纂にあたって、神話化を図るために、後世の意図的歪曲が加わった史料までもが取り込まれているからである。とはいえ、皆が皆駄目というわけではないが。フリーメイソンは、もともと中世ヨーロッパで教会などの大建築に従事した石工たちの秘密結社であった。宗教改革と宗教戦争の後、大陸のほとんどでこの組織は消滅したのであるが、イギリスだけは例外であった。そのかわり、そこでは著しく性格の異なるものとなった。ジェントルマン階層の加入によって、いわゆる「思索的メイソン」が始まったからである。[41]この変化が生じたのは一七世紀末のことであったが、フリーメイソンがエジプトとの結びつきを強め始めたのはこれよりもはるか以前にさかのぼる。

キリスト教徒の歴史家で百科全書家のセビーリャのイシドルス〔五六〇～六三六〕が、六二〇年代に著した『語源集』がある。この中に、ヘロドトスとディオドロスが幾何学の始まりについてのべたとされることが記されている。すなわち、幾何学はナイル川の氾濫によって消失した土地境界線を、測量によって復元する必要性から、エジプト人が始めたものだという。イシドルスにとって、幾何学は自由七科のうちの一つにすぎないが、石工たちにとっては、文字どおり石工術そのものと言ってよいほど重要なものであった。[42]再びメイソン文書に戻るが、中世に書かれたもののいくつかに、ユークリッド〔ギリシアの数学者、前三〇〇年頃〕がエジプトで領主のために石工術を始めたという記述がある。[43]うまくできた話なのでその信憑性はともかくとして、ただユークリッドが終生エジプトに住んだという点だけは留意しておく必要があろう。[44]

フェニキア人とエジプト人は、ともにハムの息子とされ、聖書の中では緊密な関係に置かれている。メイソン伝説の主役を演じているのはフェニキア人である。ヒラム・アビフはフェニキア人混血で、ソロモン王のエルサレム神殿を建設した職人であったが、一六世紀までにはすでにメイソン伝説中の人物に祭り上げられていたようである。[45]彼は

宮殿の完成とともに殺害されたことになっているが、一八世紀初頭に、メイソン組織が再編されるころには、すでにオシリス秘儀の中心的役割を担っていた。

すでにのべたように、イェーツは、一七世紀、ルネサンス期のヘルメス主義者たちが、ブルーノを介して薔薇十字団とつながりをもっていたと指摘している。彼女はまた、薔薇十字団とフリーメイソンとのあいだにも同様の関係があったことを、アシュモールという人物を通じて、明らかにしている。オックスフォードのアシュモレン博物館は、彼の手になるものであるが、彼が薔薇十字団への加盟を嘆願したり、フリーメイソンへ入会したことがわかっている。[46] イェーツは薔薇十字団とフリーメイソンに見られる重要な共通点として、次の二点を挙げている。一つは、エルサレムのソロモン神殿や大ピラミッドなどの建造物に用いられているという、宇宙の構造を象徴する特殊な測量単位や比率を、ともに使用していること。もう一つは、どちらも平和で穏健な生活を実現する能力を備えている覚者の結集をめざしている点である。[47] 彼女は、このような伝統と千年王国信仰との結びつきについては、後世の学者とは異なり、これを認めない立場をとっている。千年王国信仰の信奉者たちの多くは、その王国到来に備えて、知識再編成の必要性を説いた。[48] その意味では、学者たちが終末論の産婆役を果たしたと言うことができる。一七世紀後半に進展を見せるイギリスの「科学革命」の始まりは、このような諸思想グループにあったと言える。

ジェントルマン階層のフリーメイソンへの関心が高まったのは、一六七〇～八〇年代であった。フリーメイソンの拡大は、一六六六年のロンドン大火後の、大がかりな再建事業などの偶然の要素による後押しもあったが、コーヒーショップや男性社交クラブの流行などとともに、商人や地主などの上流階級の都市定住化、王政復古後の宮廷外「裏政治」の活発化などの社会変化を反映したものであった。カトリック王ジェームズ二世の一六八五～八八年の治世、および名誉革命以後の時期に、急進主義の復活が見られた。その勢いは、一六五〇年代の共和国時代の生き残りたちが、再び首をもたげてくるほどであった。先にものべたが、マーガレット・ジェイコブが急進的啓蒙主義と名づけたこの動きの中で、ピューリタニズムや初期の素朴な千年王国信仰は、理神論、汎神論、無神論などのより新しい思想にその座を空け渡すのである。

一六六〇～七〇年代において、無神論は、おおむねトマス・ホッブス〔イギリスの哲学者、一五八八～一六七九〕と何らかの形でつながりをもっていた。ホッブスの無神論は、衝撃性という点では、彼の政治理念であるリヴァイアサン*用語解説をはるかに凌ぐものであった。彼の無神論は、デモクリトス〔ギリシアの哲学者、前四六〇～三七〇〕の原子論*用語解説と唯物論*用語解説を基礎に、偉大なラテン語詩人ルクレティウス〔ローマの詩人、前九九～五五〕の作品に結晶しているエピクロス派*用語解説思想を加味したものであった。この無神論は同時期に、オランダでも力を増しつつあった。しかし長い目で見るなら、一七世紀中頃のオランダでもっとも影響力をもった哲学は、なんといってもユダヤ人哲学者スピノザ〔オランダの哲学者、一六三二～七七〕の汎神論であった。彼はカバラ思想とブルーノから大きな影響を受けていた。[49]

一六八〇年にはすでにイギリスにおいても、ヘルメス主義と薔薇十字団の伝統を基礎にして、同じような知的急進主義勢力が誕生していた。彼らは二重哲学なるものを主張したが、これは宗教論議を大衆の手から取り上げ、エリートによる超越を図ろうとしたものであった。大衆はそれぞれ自らがよしとする迷信を奉じるのは勝手であるが、こと政治的、知的権威に限っては少数啓蒙人士の手の内に囲い込んでおこうというのである。

このような基本姿勢は、一八世紀イギリス社会にとっては、うってつけのものであった。しかしながら、急進的啓蒙主義陣営にはジョン・トーランド〔イギリスの宗教研究家、一六七〇～一七二二〕のような思想家も含まれていた。彼は薔薇十字団やフリーメイソンの信奉する「古代宗教」のみならず、ブルーノ思想まで併せ呑む人物であった。彼が採り入れた思想は、ブルーノの宇宙論的ヘルメス主義や、エジプト思想にある物質生命、世界霊魂など、汎神論、無神論につながる諸思想にまで広がっていた。時代は少しさかのぼるが、ニュートン自身は、物質の受動・能動性問題についてあえて触れることはなかった。しかし、それがニュートン主義ともなると、単純な科学の問題ではおさまらなくなってきた。結局、物質の受動性、すなわち運動はその起動力を外部から得るという前提に立つ政治・神学理論へと向かったのである。もしその前提がなかったなら、神学的には、宇宙の「時間の主宰者」はおろか「偉大な創造者」の存在までもが不要となる。またこの政治的意味としては、イギリスに王はなくても差し支えないことになってしまう。トーランドには、自分の思想と共和主義との関係がもつ政治的意味が、十分にわかっていた。[50]

いわゆる思索的フリーメイソンの伝統、儀式、神学は、ジョン・トーランドを中心にして確立された。一七一七年に、フリーメイソンと、薔薇十字団などの諸グループとの融合が図られ、それを機にして組織や教義の整理・公式化が行われた。[51] しかしこの頃には、すでに敬すべきフリーメイソンの運動自体は、ニュートン主義によって取って代わられていた。ウィリアム・フィストンはケンブリッジでニュートンの代理を務め、さらに後継者となった人物であるが、師とは異なり、イエス・キリストの神性を信じないアリウス主義〔三世紀のアリウスが唱導して異端派〕者であることを公然と標榜していた。彼はトーランドの人と思想とを軽蔑し、仮借のない攻撃を加えた。[52] それにもかかわらず、急進的啓蒙主義のいくつかの特徴は、フリーメイソンの中で生き続けた。すなわち、本質的にはエリート主義である二重哲学や、装いを新たにした新プラトン主義などのことである。一般大衆、さらにはほとんどのメイソンたちもまた、これまでの信仰を、部分的にではあっても、依然として保持していた。ただ上層階級のみ、キリスト教を超越した高みに立っていたのである。

メイソンにも、またヘルメス主義者にとっても、隠された神の名は下々の職工に至るまで明かしてはならない、神聖で魔力に満ちたものであった。その名とはジャブロン（Jabulon）と言い、その中には三つの名前が含まれていた。最初の二音節は、JaがYahweすなわちイスラエルの創造主ヤハウェを表し、Bulはカナン語のBaʿal《バアル》である。[53] 最後のʿOn《オン》はエジプトの都市ʿIwnwのヘブライ名であり、ギリシア語ではヘリオポリスと呼ばれ、今日のカイロ近郊に位置していた。古典文献によれば、ヘリオポリスはかつて学問の一大中心地であり、エウドクソスなどもこの地で学んだという。[54] これらの理由により、フリーメイソンにとって、この地は古代秘儀・知識の象徴であった。[55] さらに重要なことは、この都市が太陽崇拝の中心地であり、とりわけラー神との関係が深い点である。この神はすでに一三六ページで触れたように、第一八王朝の時代までにオシリス神と一体化していた。ヘルメス文書には、ヘルメス・トリスメギストスの築いた完全都市の話がたびたび出てくるが、この都市は太陽と密接な関係にあった。太陽都市（Città del Sole）とは、ブルーノの用語であるが、彼と同時代人のカンパネラの著作に用いられたことにより、この用語は広く知られるようになった。[56]

カンパネラの描写によると、この都市には、太陽神に仕える白衣をまとった明らかにエジプト人と思える人々がいる。そして、彼らの神殿は、宇宙あるいは太陽系惑星の理想モデルを型どったものだとされている。[57] ここで注意しておかねばならないのは、フリーメイソンのイデオロギーは、宇宙を象徴する神聖建築の概念を土台にして組み立てられていることである。太陽都市では、モーセ、キリスト、ムハンマドその他の偉大な師たちは、マギとして尊崇されていた。その都市自体を支配していたのは、ヘルメス・トリスメギストスであった。彼は太陽神の神官、哲学者であり、同時に王にして立法者をも兼ねていた。[58] このように、フリーメイソンが、自らの伝統の始まりが古代エジプトにあると主張する根拠も、ここに置かれている。ヘルメス文書、ブルーノ、カンパネラ、トーランドとたどっていくことによって、口にしてはならないという神の名の最後の音節と、ʾIwnwという下エジプトのラー神信仰の中心地とが、こうして見事につながるのである。

隠された神の名の謎は、ユダヤ・キリスト教からカナン・フェニキアへ、さらにエジプト神・オシリス神信仰へとつながるものであったが、フリーメイソン内でのエジプトの中心的位置がそれによって影響されることはなかった。メイソンの建物はエジプト建築様式に従い――建築が石工術にとって特別の意味をもつことは当然であるが――彼らの集会場「ロッジ」はエジプト神殿に擬された。これらのシンボルは、論理的にも一八世紀における象形文字に他ならなかった（アメリカ合衆国国璽やドル札などに用いられているピラミッドや見開かれた目のデザインは、直接エジプトから採り入れられたものである）。メイソンたちは、自らをプラトン擁護者、エジプト神殿に奉仕する神官の後継者と任じていた。

一八世紀のフリーメイソンたちは、エジプトや宗教シンボルにアイデンティティを求めていたが、その源泉が古くからの伝承にあるとするなら、その知識を提供したのは、当時の最新の学問研究であった。しかしその問題に入る前に、フランスにおける知的発展の状況について見ておきたい。

「進歩」の観念は、ヨーロッパにおいてすでに一六世紀から存在していた。この頃には、人びとは自分たちが古代人のもたなかったさまざまな品物や発明——たとえば砂糖、紙、印刷術、風車、羅針盤、火薬などがあるが、これらすべてはアジアからもたらされたものであった——を手にしていることに気づき始めていた。しかし、一五六〇～一六六〇年の宗教戦争による破壊の中では、このような観念が拡がることも、ましてや根づくことも困難であった。続く一六七〇～一七七〇年の一世紀のあいだに、経済と科学技術はめざましい発展をとげ、政治権力は集中強化された。フランスの人気作家ペロー〔一六二八～一七〇三〕や現代支持派が、ルイ一四世〔在位一六四三～一七一五〕時代をアウグストゥス時代に擬したり、今の自分たちの時代が華麗さ、徳義において、ホメロスの描く殺伐たる英雄時代よりも優れていると自賛してみせたのも、あながち当世へのおもねりのせいだとばかりはいえない。[59]

ルイ一四世を太陽王として崇拝する動きは、一六六一年に、彼が成人に達した時から始まったようであるが、これは全フランス人をカトリック、プロテスタントの違いを超えて結集させるための国家宗教を創設しようとする企ての一環であった。[60] 彼の若さとフロンド党反乱の終結が、アポロン、ヘラクレス、それに創造主の三者を一身に備えた彼の神格化の後押しとなった。ベルサイユ宮殿の華麗、優美さは、宗教的荘厳の演出であった。同時にまた、そこで催される当代並びないといわれる程の宮廷饗宴は、貴族工作のための政治的道具立てでもあった。[61] ルイは若きアポロンとしては芸術のパトロンを、またヘラクレスとしては戦《いくさ》における勇者の役割を演じた。太陽としての彼の一日は日の出（起床）の儀式に始まり、日没（就寝）の儀式で終わった。彼は惑星運動の中心としてのコペルニクス的太陽とは別の、もう一つの太陽であった。この信仰の高揚のために、錬金術も利用された。現代の歴史学者ルイ・マランによれば、当時もっとも人気を集めたアトラクションは、水上で花火を上げ、その光の輝きの中に塵を噴射するものだったというが、これは太陽たるルイに四元素（火、空気、水、土）を自在に操る能力のあることを示そうとしたものであった。[62]

このような錬金術、太陽崇拝、君主の太陽神化の組み合わせは、非常にエジプト的に見えるのであるが、私はこれまでのところ直接的な関連性を示す証拠を得ていない。しかし、ヴォルテール〔フランスの哲学者、一六九四〜一七七八〕を通じて、しばしばルイ一四世が古代君主に、とりわけセソストリスに見立てられているのを知ることができる[63]。またルイ一四世および一五世の治世のもとで、フランスの作家たちが古代エジプトの栄光を語るとき、その節々に当時の社会にあった「底意」を感じ取ることができる。

ここで、一八世紀を通じてヨーロッパ知識人のあいだで大きな話題となった、古代派と近代派とのあいだの論争に触れないわけにはいかないだろう。すでにのべたように、もっとも重要な争点は、近代人が道徳的、芸術的に古代人よりも優れているかどうかについてであった。とりわけ紛糾したのは、ホメロスの英雄詩の道徳的、芸術的本質の評価をめぐる問題であった。ここで注意しておかねばならないのは、古代ギリシア人はホメロスを文化面での「創業の父」とみなしていた点である。しかし一五世紀から一七世紀にかけて、エジプト人こそが真の古代文明を代表するものだとの評価が広がってきた。また同時に、革新論者たちが、アリストテレスやガレノス〔古代ギリシアの医学者、前一三〇頃〜二〇〇頃〕などの古代の権威に対して挑戦を企てるにあたって、エジプトの権威を笠に着るということもあった。この面でエジプトには二重のイメージがあったと言える。一七〜一八世紀初めにかけてのフランスでは、進歩の面が支配的であったために、エジプトはルイ一四世のフランスと一体化され、明らかに近代派陣営に属することになった。

『テレマック』の作者フェネロンは、いったいどちらの陣営に属するのか、実につかまえどころのない人物であった。彼はホメロスを愛し、ギリシア人の単純素朴さをほめ讃えているが、前にのべたように、ホメロスのギリシアとは対照的な、エジプトのセソストリスの物質的繁栄、文化的水準の高さも称賛していた。この点が、『イリアス』の翻訳者であり、ホメロスの詩の永遠の芸術性と完璧の道徳性を賛美してやまなかったアンヌ・ダシエ〔フランスの文化史家、一六五一〜一七二二〕とは異なるところであった[64]。

一方、ジャン・テラソン神父は明確に近代派陣営に与した人物であった。彼は才覚のあるカトリックの家庭に生まれた。彼の父は、一七世紀イギリス科学の分野を風靡《ふうび》した千年王国信仰の持ち主だったようである。息子たちへの教育方針は「この世の終末の到来のために尽くせ」であった。ジャン・テラソンは神父となったが、同時に一六九〇年代から死を迎える一七五〇年に至るまで、フランス思想界の大御所でもあった。[65] 彼はコレージュ・ド・フランス〔フランス文部省直轄の高等教育機関〕のギリシア語、ラテン語教授を務めた他、金石文アカデミーでの要職を占め、一八世紀初めのフランスにおける古代歴史研究の分野での重鎮として君臨した。彼が大々的に『イリアス』批判を展開したのは一七一五年であるが、これ以後近代派の最前線に立つことになった。[66]

ディオドロス・シケリオテスは、親エジプト的立場でエジプトやギリシア植民地の詳しい記述を残したが、テラソンはそれらの翻訳をしたことでも知られていた。しかし彼の名を決定的に高めたのは、何と言っても一七三一年に発表した小説『セトス物語——古代エジプト未発表論文集にもとづく伝記の歴史』であった。テラソンはごく軽い気持からであろうが、これは紀元二世紀にアレクサンドリアで出版された作者不明の書であると吹聴した。偽書とはいえ、この小説にはヘロドトスから教父たちに至るまでの古代文献が参考史料として大量に用いられているだけでなく、実際に紀元二世紀に書かれたと見られている小説『アイティオピカ』まで用いられていた。

この小説の主人公セトスはエジプトの王子であり、トロイ戦争から一世紀ほど前の時代が舞台となっている。事実、紀元前一三世紀には、セティ、ギリシア語ではセトスという名前のファラオが二人存在したし、トロイ戦争も伝承によれば紀元前一二〇九年であったとされている。テラソンがセトスの名の拠り所としたのは、どうやらプトレマイオス朝時代の歴史家マネトンらしい。彼によれば、この名はセトス一世の息子で、偉大なファラオ、ラムセス二世〔エジプト王、在位前一三〇一〜一二三四〕だとされている。登場人物と時代とのあいだに齟齬《そご》がないのは、一八世紀の学者たちが、エジプト史の研究で古典史料の活用を積極的に行っていたことを示している。[67] しかし、この小説の筋はあくまでフィクションであり、しかもやんごとなき貴公子の冒険と試練の物語となれば、フェネロンの『テレマック』の二番煎じとのそしりは免れない。とはいえ、ディオドロスの語るオシリスの征服による文明化の話などは、随所に取り入れられている。小説では、セトスは数々の苦難を乗り越えた末に、秘儀の伝授を受け、その後はアフリカ、アジアを巡歴して都市を作り、法を定め、ついには世を捨てて秘儀研修団に身を置くという結末となっている。[68]

『セトス物語』にはフェネロンの『テレマック』と同様に、エジプト文明に対する非難が多く含まれている。しかし、エジプトとギリシアのどちらが優れているかという論議においては、『テレマック』に輪をかけてエジプトの優位性が強調されている。テラソンは、メンフィスの学問水準がアテネよりもはるかに優れていることを示そうとして、芸術や科学などあらゆる分野を取り上げて詳細に論じている。また、ギリシアの政治学、天文学、工学、数学などの創始者たちの学問研鑽の場が、ことごとくエジプトであったことを証明して見せた。彼はさらに、ギリシアとエジプトとのあいだには、神話や宗教儀式などで密接な対応関係があると言い、それはギリシア人がそれらをエジプトから取り入れたからだと主張した。[69] 彼は、エジプト文化のギリシアへの伝播は、おもにエジプトに留学したギリシア人を通してであったとした。しかし彼は、カドモスやダナオスによるギリシアの植民化について言及しているし、エジプト文明の繁栄にフェニキア人が深くかかわっていたことの重要性についても指摘している。[70]

『セトス物語』は世に出るや、たちまちにしてフリーメイソンたちの座右の書となった。エジプトに関することでもしも知りたいことがあるなら、まずはこの本を見よというわけである。フリーメイソンがヨーロッパや北アメリカに拡大するとともに、この本は英語やドイツ語に翻訳され、一八世紀を通じておびただしい数の版が重ねられた。またこれをもとにした多くの戯曲やオペラが制作されたが、そのほとんどがフリーメイソンを扱ったものであった。この中でももっとも有名なのが『魔笛』である。シカネーダー〔一七五一～一八一二〕の台本とモーツァルト〔一七五六～九一〕の音楽のどちらにも、メイソン的なエジプトの象徴的表現がふんだんに用いられている。[71] この小説は一世紀以上にもわたってフリーメイソンの歴史の手引書として広く利用されたが、今日においても依然その伝統や儀式の由緒を語る第一の書である。フリーメイソンにとって、エジプト至上主義の伝統は強固であったので、彼らのエジプトの評価が世間や学界などの風潮によって揺らぐことはなかった。現に一八三〇年代にギリシア熱猖獗の真っただ中にあって、あるフリーメイソンは次のように書き残している。

　古今のあらゆる歴史家が共通して認めているように、エジプトはかつて科学と芸術の揺籃の地であった。今日にあっても、宗教や政治の原理の源泉たる地位を失っていない。碩学デュピュイは次のようにのべている。「エジプトはこの世と同じくらいに古い。そして永遠の混沌の中に頭を上げて、その恩恵を世界の隅々にまで及ぼしてきた」。エジプトは時代とともに形や色は変わるけれども、その根を広げて、宗教、倫理、科学の精髄を絶えず吸い上げては、われわれのもとへと運んでくれる。[72]

エジプト科学の寓話としての神話

神話とは、歴史的なできごとや自然現象を、真理の一端しか理解できない大衆のために、寓意的に説明したものである。このような見方は、すでに古代において確立されていた。すでに再三のべたように、これは二重真理あるいは二重哲学の基本的考え方の一部を成すものであった。ルネサンス期から一七世紀末にかけての、神話解釈の支配的な方式はこのようなものであった。

フランク・マニュエルは、一八世紀における常識重視への動きの中で、このような神話解釈方法が排斥されていく様子を詳しく描き出している。一八世紀の神話学者の中には、フレーレ（一六八八〜一七四九）やバニエなどのように、二〇〇〇年昔のギリシアのエウヘメロス説信奉者たちにならって、神話を文字どおりに事実を素朴に物語るものとしてとらえようとする別の流れもあった。[73]すなわち神話は、今日も他の大陸に住む人びとにとってはそうであるように、古代人もまたのべられていることをそのままに受け入れていたと考えられていた。

神話解釈法の転換は、「進歩」の観念の流行と歩を一にするものであったが、それだけではない。一七〜一八世紀に活躍した、フランスの科学啓蒙家フォントネル（一六五七〜一七五七）に始まる寓話復活の動きとも結びついていた。この動きは、古代の聖アウグスティヌスの言う、子どもから成人への成長と人類の歴史との間のアナロジーを復活させようとするものであった。[74]これまで神話は、文明発達の隠された印だとされてきたものが、今度はそれとはまったく逆に、神話は人類の幼年時代の詩的な表現とみなされ、その価値は史実の反映にあるのではなく、人間心理の表現にあると考えられるようになった。

このような動きにもかかわらず、神話をエジプトの神官たちの古代知識の表現だと考える寓意解釈派の流れは、フリーメイソンや薔薇十字団の中で生きのび、依然として盛んであった。マニュエルが指摘するように、クール・ド・ジェブラン〔フランスの神秘学者、一七一九〜八四〕の内容に乏しいが膨大な出版が行われたことも大きな効果をもたらした。[75] しかしここで注目しなくてはならないのは、学者で革命家のデュピュイの著作であろう。

二〇世紀の優れた科学史家ジョルジオ・デ・サンティリャーナ〔一九〇二〜七四〕によれば、デュピュイの名前が今日あまり知られていないのは、決して偶然のことではないという。デュピュイはキリスト教やギリシア神話を、原初文化だなどとする考え方には一貫して真っ向から対決してきた。彼の名はそれゆえに葬り去られなくてはならなかったのである。[76] デュピュイは優秀な科学者であったばかりでなく、腕木式信号機の発明者でもあったが、フランス革命期には政治家としても活躍した。学者として著名であったうえに、穏健な革命思想を奉じていたので、一七九五〜九九年の総裁政府の時期に文化大臣の座に据えられていたのも、いわば自然のなりゆきであった。続くナポレオンのもとでの執政政府の時期には立法府の長官の地位にまで上り詰めることになった。

デュピュイの作品の中でもっともよく知られているのは、一七九五年に出版された大冊『全宗教の起源』である。彼はこの本の中で、あらゆる神話と宗教は、その起源をたどれば、たった一つの源、すなわちエジプトに行き着くと主張した。彼はさらに、ほとんどすべての神話の基礎となっているのは、次の二つの原理――一つは生殖の驚異、もう一つは星などの天体の複雑な動き――のうちのどちらかだという。彼によれば、神話は壮大でつかみどころのないような言葉で語られているが、その中には、科学でしか解明できないような、奥深い科学的真理が封じ込められているという。彼の膨大な研究は、その多くが神話と天文学との間の詳細な照合作業で占められている。アーリア・モデル提唱者たちにとっての不運は、後の古典主義者で、彼に太刀打ちできるだけの天文学の知識をもつものがいなかったことであろう。デュピュイには取り組むべき二つの大きな課題があった。彼を衝き動かした力の一つは、キリスト教への敵意であった。彼は細部にわたる膨大な検証によって、福音書が近東の神話を背景に成立していることを示した。彼によれば、この宗教は、僧侶の誤解にもとづく寓意の断片を寄せ集めて作り上げたものだということになる。

もう一つの課題は、ギリシア神話が、ヘロドトスの説や古代からの伝承どおりに、基本的にはエジプト起源のものであるとの前提に立った上で、これらを天文学的に解釈することであった。彼は再びここでもヘラクレスの一二の試練などの神話と、黄道十二宮に配された星座の動きとのあいだに、いくつもの驚くべき対応や符合が存在することを取り出して見せた。

マニュエルは、デュピュイの説を評して、面白くはあるが真面目な検討には値しないとのべている。[77] ところがサンティリャーナによれば、その評価はまったく異なる。

デュピュイの研究には、実際のところ、これまで古代天文学から得られたあらゆる知識が網羅されている。しかし研究の役に立ったのは、もっぱら古典史料だけで、オリエントの文献には真正なものがない。世界のその他の地域については、旅行者の散発的な記録があるぐらいのものであった。よくぞこの程度の史料で、昨今の研究者の手をすり抜けた問題を取り上げたものだ。彼のソクラテス時代前に関する知識は、現在人気絶頂のヘルマン・ディールスよりもはるかに広範ではあるが、見当違いもある。彼の『起源』は、極端にすぎるとの評価を受けるかもしれないが、しかし全体的には主張に無理はなく一貫しており、読み応えがある。[78]

デュピュイの説は発表されてから二〇年にもわたって、社会に計り知れないほどの影響を及ぼし続けた。それはあたかもフランス革命期の政治変革に、イデオロギーと神学の戦線で相呼応して立ち上がったかのような印象を与えた。彼に対するキリスト教側からの反撃、およびこれとも関連するが、彼のギリシア評価に対するギリシア擁護派からの巻き返しについては、第5章であわせて取り上げることにする。後者については、彼の発言、たとえば「エジプトはあらゆる神々の系譜の中では母たる地位を占め、またギリシア人が受け入れ、脚色した物語のすべてはエジプト起源である。というのは、ギリシア人がそれらを創作したとはとても思えないからだ」[79] などと、ギリシアをあたかもエジプトの付属物であるかのようにみなした発言に対する反発であった。

エジプト遠征

デュピュイ自身がエジプト遠征の決定に直接かかわっていたかどうかはともかくとして、遠征の開始される一七九八年に、彼が政界と思想界の重鎮として君臨していたこと自体が、ナポレオン陣営内におけるエジプト熱の浸透を物語るものであった。彼が上エジプトまでの進攻策の後押しをしていたことは周知のことである。彼にとってこの地こそはエジプト文明の、ひいては世界文明の発祥の地に他ならなかった。[80]

　エジプト植民地化構想は、革命よりもはるか前の一七七〇年代、フランスのフリーメイソンたちのエジプト熱が最高潮に達していた頃にはすでにできあがっていた。この大遠征には重要な政治的、経済的理由があったことはむろんのことであるが、別の動機があったことも疑いを容れない。すなわちローマによって破壊された「文明揺籃の地」の再生と、エジプトの謎の解明を、フランス人の手で成し遂げたいという野望であった。[81]

　ナポレオン自身がフリーメイソンのメンバーであったかどうかの真偽のほどは定かではない。しかし彼がフリーメイソンの活動に深く関わっていたこと、彼の軍隊上層部には多くのメンバーがいたこと、彼の治世下でフリーメイソンたちが「我が世の春」を謳歌していたことなどは、疑いのない事実であった。[82] 彼は王室のシンボルに蜂を選んだが、これは明らかにエジプトから取ったものであり、おそらくはフリーメイソンの知識によるものであろう。[83] 彼がエジプトに到着してまず最初に行ったことは、キリスト教を超越してイスラム教およびユダヤ教の盟主たらんとしたことや、うやうやしくもピラミッド詣でを企て神秘体験を求めたことであった。これらも、フリーメイソン思想の影響の表れと言えるであろう。[84]

　全体としてこの遠征は、ヨーロッパの東方に対する姿勢の大きな転換点となった。綿密な測量、詳細な地図や図誌の作成、さらにはフランスを飾りたてるための美術品や文化財の略奪などが科学的調査の美名の下に行われた。こうしたやり方は、いろいろな意味で、悪しき先例となった。このようなやり方が定着し、ヨーロッパ帝国主義の特性と化し、また後にエドワード・サイード〔パレスチナ系アメリカ人の文明批評家、一九三五〜二〇〇三〕が生き生きと描いたように、一九世紀東洋学《オリエンタリズム》の基盤となった。[85] しかし他方において、エジプトに対する旧来の姿勢が一掃されたわけではない。遠征に参加した科学者の中には、エジプトにおいて学ぶべきことは、世界のみならずヨーロッパ文化の本質が何であるかを知ることであり、ただたんにアフリカやアジアに対する知識の不足を補い、その完璧をめざし、さらにこれを支配の道具として利用することだけではない、との信念をもつ者もいた。

数学者のエドゥメ・フランソワ・ジョマールの例を見てみよう。彼は古代文献の中に、エジプトでの距離測定は地球の円周距離に関する詳細な知識にもとづいて行われているとか、大ピラミッドには緯度の一定の割合の長さが用いられているなどの記述があることに注目した。そして、実際に自分でピラミッドの実測やエジプト各地の測量を行った。彼がその結果を発表したのは一八二九年のことであったが、当時は世を上げて親ギリシア主義《フィルヘレニズム》に走っていたため、彼のせっかくの発見も測定の不正確さを理由にまったく相手にされなかった。しかし彼の到達点は、今日のより進んだ正確な測定結果に照らして見ても、当時の水準をはるかに超えたものであった。[86]

一七九八年という年は、すでに新ヘレニズムとロマン主義とが主流をなしていた時期にあたる。ナポレオンがいくらフリーメイソンに関わりをもっていたにせよ、彼はやはり時代の子であった。彼は、自分自身をはっきりとアレクサンドロスに重ね合わせていた。それは多分にギリシア的イメージによるものではあったが。彼は遠征にプルタルコスの『列伝』やホメロスの『イリアス』を携えていたが、前者は彼が古典の英雄を模範にしていたからであり、後者はアレクサンドロスが物語の英雄アキレウスに心酔していたことにならったものである。遠征に多少なりとも役立つような本としては、クセノフォンの『アナバシス』を携行していた。この本は紀元前四〇一年、ヨーロッパ人たるギリシア人が、数の上では圧倒的に優るアジア人の敵中を突破するさまを記録したもので、一九～二〇世紀にかけて、帝国主義者にとっての聖書であった。これまで古典ギリシア語の学習者の標準テキストとしては、デモステネス（古代ギリシアの政治家、前三八四～三二二）の弁論や『イリアス』などが用いられていたが、やがてこの本がそれらに取って代わって重宝されるようになった。もっともそうなるまでに数十年も要したのであるが。[87]

ナポレオンが愛読したその他の本を見ると、その当時の典型的なロマン主義的嗜好がどのようなものであったかを知ることができる。古代ケルト叙事詩『オシアン』もその一つであるが、ロマン主義運動の中でこの作品が果たした重要な役割については次章で見ることにする。最後に聖書と、サンスクリット語で書かれた古代インドの宗教文献『ヴェーダ』があるが、後者もまたロマン主義運動と深い結びつきがある。これについては第5章で取り上げる。[88]

ナポレオンがくぐり抜けてきた情勢は、つねにドラマティックなものであったが、一介の個人として置かれていた状況を見るなら、古代モデルの中に身を置きながら、新しいパラダイムである「進歩」と新ヘレニズムに飲み込まれていったという点で、きわめて時代の典型であったといえよう。シカネーダーとモーツァルトが、一七九一年に発表した作品『魔笛』は、相変わらずエジプト人の知恵の賛美を続けていたが、それは遠く離れたウィーンの地での話であった。西ヨーロッパでは、事情はおおいに異なっていた。エドワード・ギボンは、一七八〇年にはすでに「エジプトの神学およびギリシアの哲学」という表現で、エジプトとギリシアとを進歩の段階が異なるものとして区別していた。彼はそれまでに、セソストリスについて書いた自分の古い論文を、「青臭い」などと称して焼却処分していた。彼は「ギリシア、ユダヤ、エジプトなどの古代史を一つに結びつけようとしたのは、若気の至りだった。いい年をして今さらそんな元気はない。それらの歴史は遠い雲間に消えてしまった」[89]とのべている。

同じ一七八〇年代に、もう一人の著名な学者が同一歩調をとった。バルテルミである。彼のフェニキア語の解読、コプト語、ヘブライ語、ギリシア語の比較研究などについてはすでに触れた。彼の長い人生が終わりに近づきつつあった一七八八年に、彼の作品の中ではもっともよく知られることになる『若きアナカルシスの旅行』が発表された。これは、若いスキタイの王子が四世紀のギリシアを旅する物語である。この作品も博引旁証を特徴としているが、それは『テレマック』とともに、『セトス物語』のスタイルを手本にしたからである。[90]『若きアナカルシスの旅行』は『セトス物語』と肩を並べるほどの成功を収め、フランス語版だけでも四〇版を重ね、他に八カ国語に翻訳された。[91]物語の舞台を、これまでの例とは異なり、ギリシアとしているのが興味深い。フェネロンの小説では、主人公の若き王子テレマコスは、北方出身の世間知らずの人物であるが、ギリシアを後にして、洗練された文化をもつエジプトへとやって来る。これに対してアナカルシスの方は品行方正を尊ぶスキタイの地から、文化的爛熟・退廃の中にありながら、偉大な文明の地としての面目を辛うじて持ちこたえているギリシアへやって来るという筋立てである。

バルテルミはギリシアを美化してはいるが、彼の拠って立つところは古代モデルの方にあったので、エジプトやフェニキアが、ギリシアの文明化に際して大きな役割を果たしたことに目をつぶるわけにはいかなかった。彼はこの本の前書きの中で、エジプト人は、未開のギリシアに統治者としてやって来たとのべている。彼はフレーレの説にならって、この時期をケクロプス、カドモス、ダナオスの時代に置くだけでなく、さらには、ギリシアの伝承ではペラスギ人あるいは土着民とされることの多いイナコス王やポロネウス王も、同時代にあたると考えた。すなわち従来よりも三〇〇年も古い紀元前二〇世紀のことだとした。[92] さらに興味深いことがある。エルネスト・ルナン〔フランスの作家、一八二三〜九二〕が、セム人の荒々しい性格や厳格な一神教信仰は砂漠の太陽が生み出したものだ、という説を言い出したのは一八五〇年代のことであった。しかし、バルテルミは、これよりも七〇年も先立って、同様の説を唱えていたのである。彼によると、エジプトの焼けつくような太陽とそのコントラストをなす深い影は、著しく単調な思想と芸術を生み出し、ギリシアのきらめく陽光は、より明るく活力のあるものを生み出したという。彼は次のように論じている。

このようにして、ギリシア人は森の奥から外へと身を移し、怖れや陰鬱さのこもった目で物事を見ることをやめた。同様にしてギリシアに居住していたエジプト人も、絵画の中に表れていたあの厳格で尊大な表情をしだいに和らげていった。これら二つの集団が合流して生き生きとした表現力をもつ一つの言語を作り出した。そのおかげで彼らの古い物の見方は彩り豊かな衣をまとうようになり、単純さからは脱したが、蠱惑《こわく》的なものとなった。[93]

このバルテルミの見解は、今日から見れば過渡期に属するものといえよう。すなわち、彼はヨハン・ヨアヒム・ヴィンケルマン〔ドイツの美術史家、一七一七〜六八〕のロマン主義的新ヘレニズムの見方を受け入れて、エジプト人は硬直して、形式的で、なにか死んだようなものであり、ギリシア人の方は無邪気な子どもだと考えていたのである。しかし彼は他方において、一九世紀人のように何がなんでもギリシア人の人種的、言語的純粋性にこだわる必要性もなかった。彼には古代モデルが唱えるギリシア植民地説へのアレルギーはまったくなかったようである。

『アナカルシス』は、フランス革命期においては、現実逃避への格好の誘い水となった。ギリシア至上主義の絶頂期にあって、おそらくはもっとも広く読まれたギリシア物語であった。英語で書かれたものでもっとも影響力があったのは、ギボンの友人ウィリアム・ミットフォードが著した大冊の学術書『ギリシア史』であった。彼は一貫した保守主義者で、「進歩」の観念などはとうてい受け入れるはずもなかった。また、ギリシアがエジプトや近東よりも優れているとの確信はまったくなく、実際のところは、後者の方に好意的であった。この本は、世に出た一七八四年から一八三〇年代に至るまで、この分野の権威書としての地位を保ち続けた。第一巻では次のようにのべられている。

アッシリアは強力な帝国であり、エジプトは優れた政策によって統治される人口豊かな国であり、そしてシドンは多くの職人をかかえ、広い商業圏をもつ繁栄した都市であった。その頃、ギリシア人は必要な初歩的技術ももたず、空きっ腹をドングリで満たしていたと言われる。それにもかかわらず、ヨーロッパにおいて、未開の状態から最初に抜け出した国はギリシアであった。この有利な状況を生み出す力となったのは、ひとえに東方の文明国との交流の容易さであった。[94]

ミットフォードのギリシアの植民地化についての見解は、古代モデルのそれと重なる。

はるか昔のある時期に、エジプトでは何度か革命が発生した。発生したからこそエジプトとの交流の様子が多少なりともわかるのであるが、この革命のせいで多くの住民が他国への移住を余儀なくされた。クレタ島の文明や政体は、おそらくこうしたできごとによってもたらされたものであろう。古代ギリシアの伝承の中で、もっとも信憑性が高いとされるもののいくつかは、エジプト人によるギリシアでの植民地建設の話である。これらの伝承は、民族的偏見もほとんど含まれておらず、これまで知られている歴史的事実とも完全に合致しているので、

状況の本質から判断して、その内容に疑問の余地はない。[95]〔傍点はバナール〕

伝承や伝説のたぐいは、もしもそれが広域に伝播しており、歴史的枠組みや外部史料と整合しており、しかも、それらを伝える人びとにとって決して得にはならない事柄までもが含まれているなら、相当に信憑性が高いという説がある。これは十分に説得力をもつ。ここで興味深いことは、これまでに古代モデルを擁護した者がいないことである。その理由は何であろうか。ミネルヴァのフクロウは闇の中でしか飛ばない、すなわち昔から信じられていることは、挑戦を受けない限り表だって論じられることはないということである。ミットフォードによれば、真面目な学者なら一人残らず彼の見解に賛同し、ギリシア文明がオリエント起源であることに疑いをもつものはいなかったというが、これが現状維持派の共通した認識であって、彼一人のものではない。しかしながら、彼はサミュエル・マスグレーヴ〔イギリスの古典学者、一七三二〜八〇〕などのような「浅薄な」学者が、ギリシア文化を土着のものだなどと主張していることもじゅうじゅう承知していた。[96] この種の主張については、次章で検討する。

第4章　一八世紀におけるエジプトに対する敵対意識

　ようやく本書の核心部分に迫るところまできた。第4章では、古代モデルを最終的に葬り去り、ヨーロッパ文明の発祥の地を、エジプトからギリシアへと移し変えた原動力となったものは何かについて探ってみたい。私は、その原動力として次の四点を挙げたい。つまり、キリスト教勢力からの反動攻勢、「進歩」思想の高揚、人種主義の拡大、そしてロマン主義的ヘレニズムである。ヨーロッパをキリスト教世界とみなすなら、「キリスト教勢力からの反動」とは、アジア・アフリカに対するヨーロッパの敵意の増大であり、エジプト宗教とキリスト教との間の緊張の高まりを意味するものであった。

　まず「進歩」思想の問題であるが、これが支配的なパラダイムになるや、エジプトは大きな打撃を蒙ることになった。私はその理由として二点を挙げておきたい。まず一つは、エジプトの偉大な古代文明はその古さゆえに後続の文明よりは劣ったものだとされ、それまで称賛の的であったその長期で安定した歴史は、今度は打って変わって停滞し不毛なものとみなされ、軽蔑の対象とすらなってしまったことである。もう一つは、人種主義が強まるなかで、アフリカ文化はすべて無価値とされ、エジプトもまたその同類としてみなされたことである。しかしながら、一八世紀には、エジプト人贔屓《びいき》たちがエジプト人の「人種」区分がはっきりしないことに乗じて、発生学的には彼らはもともと「白人」であるとの主張を掲げた。これとは対照的にギリシア人の方は、人種主義の高揚からあらゆる面で利益を受け、「ダイナミックなヨーロッパ人種」の「幼年時代」とみなされるようになった。

人種主義と「進歩」思想は、このようにして互いに手をたずさえてエジプト・アフリカの停滞をけなし、ギリシア・ヨーロッパのダイナミズムと変化を称賛するのに利用された。こうした評価の仕方は、ロマン主義の考え方にも適合するものであった。ロマン主義は地理的差異と民族的特性を強調し、ダイナミズムに最高の価値を置いたからである。それだけではない。ギリシアの国々が小規模で、しかもしばしば貧窮に喘いでいたことや、彼らの国民的詩人が他ならぬホメロスであったことも、ロマン主義の嗜好にはうってつけであった。一八世紀にロマン主義の情熱は、北方バラッドへ向けられていたが、これらはホメロスの『イリアス』同様に、内容的にきわめて血なまぐさいものであり、互いに相通じるところがあった。言語に関して言うと、ギリシア語と北ヨーロッパ諸語のあいだに特別な親縁関係があったのも好都合であった。ただ難点はと言えば、地中海の南東というギリシアの地理的な位置ばかりはいかんともし難かったこと、それに加えて古代モデルという障害物がギリシアと中東との緊密な関係を強調していたことであった。ともあれ、エジプトは、中国やローマとともに啓蒙主義時代の花形であったが、小さいものが大きいものへと成長することを尊ぶロマン主義特有の知的、情緒的潮流が強まる中で、ギリシアにその座を空け渡すことになるのである。

キリスト教勢力からの反撃

最初に強調しておきたいことがある。それは私たちの取り上げている二〇〇〇年間の歴史の大部分において、キリスト教とエジプトの「二重哲学」のあいだの緊張や「矛盾」は、決して毛沢東やレーニンの言う意味での「敵対的」なものではなかったという点である。ヘルメス主義もフリーメイソンも、その運動はエリート層に限定されていたので、基本的には社会、政治、宗教の現体制に脅威を与えるものではなかった。しかしながら、ユダヤ教、キリスト教、イスラム教の排他的一神教はいかなる種類の不一致にも非寛容であった。二つの潮流のあいだに厳しい対立の時代があるのはこのためである。

初期キリスト教時代に、グノーシス主義および新プラトン主義に加えられた過酷な血の弾圧については、すでに第2章でのべたとおりである。しかしながら、一五世紀と一六世紀においては、教会はプラトン主義とヘルメス主義に対して、一般的には寛大であり、時によってはこれらを奨励したことすらあった。ブルーノの処刑は、彼がユダヤ・キリスト教の伝統に対して容赦のない攻撃を加えたり、エジプト宗教への回帰を訴えたからであって、ことさらに驚くべきことではない。しかも彼の焚刑に続いて起こったことは、エジプト学の禁止などではなく、逆にその奨励であった。現に、キルヒャーのコプト語研究も教会から多額の資金援助を受けていたのである。フランシス・イェーツは、キルヒャーの研究を「反動的ヘルメス主義」などと呼んでいるが、これでは身も蓋もない。もう少しおだやかな表現を用いるなら、「教会お墨付きのエジプト学」とでも言うべきものであった。[1] しばしばヘルメス主義と薔薇十字団は、北ヨーロッパの知識人グループに影響を与えたが、ドイツにおける三〇年戦争〔一六一八～四八〕、フランスにおけるフロンドの反乱〔一六四八～五三、宮廷派に対する新興貴族・パリ市民の反乱〕、イギリスとオランダでの反王権闘争などの騒乱の中で、大きな影響力をもつには至らなかった。カトリックとプロテスタントとのあいだの、あるいは高教会派と低教会派とのあいだの宗教対立においては、ヘルメス主義はほとんど関係がなかった。

新プラトン主義とヘルメス主義とは、すでにのべたように、その当時の苛烈な政治的、宗教的紛争を超越する手段として、穏健派の人びとが信奉した哲学であった。同様にして、トマス・ホッブスの流れを汲む原子論的な無神論も、対立に明け暮れる宗教への絶望の中で拡大していった。イギリスでは一六六〇～七〇年代に、頑迷なカトリックと狂信的なピューリタンという、二つの大敵に不安を覚えていたラルフ・カドワースのような穏健な人々にとっては、プラトン主義こそ両者の害毒から身を守ってくれるだろうとの期待をもたせるものであった。[2] プラトン主義は宗教紛争を超越するための手段ではあったが、同時にこの世界には内在的な光や生命が存在するという理論を主張していたことは、神霊の独占を唱える狂信者たちを弱体化させるうえで役立つものであった。さらにカドワースの目には、エジプト・プラトン主義の奉じている精神と物質、あるいは創造と創造者の同一視がもたらす危険は、ホッブスの機械論的、原子論的な無神論の危険に比べれば、それほど深刻なものには映らなかった。[3]

ニュートンの知的形成はこのような雰囲気の中で行われた。前章で触れたように、初期ニュートンのエジプト礼賛はこうした文脈の中で見る必要がある。しかしながら一六九〇年代になって、彼のエジプトに対する姿勢は大きく転換する。そして彼の晩年は、もっぱら年代学研究に費やされ、その最大の成果は『古代諸王国に関する正された年代記』となって世に出た。彼の意図は、聖書と天文学とを拠り所にして、エジプトの古さはさほどのものではないのに、エジプト人や他民族によって極端に誇張されたものであること、またイスラエル人こそが最古の民族であることを「証明」して見せるところにあった。

ニュートンの伝記を書いたウェストフォール教授は、この『年代記』について、論旨が不明で構成もずさんで退屈きわまりないなどと評している。では、いったいなぜニュートンはそのような書物を書くに至ったのか。ウェストフォールが出すことのできた唯一の答えは、そこには理神論のメッセージが隠されているからだ、というものであった。[4]しかしながら、理神論と言うなら何もこの本に限られたことではあるまい。彼がこの本の執筆につぎ込んだ膨大なエネルギーを考えるなら、その程度の説明では動機の解明として十分とは言えない。この本がニュートンの著作のうちではもっともオーソドックスな作品だという議論があるが、なるほどと思わせる節がないわけではない。確かにニュートン理神論の権化のようなウィリアム・フィストンまでもが、フランスの無神論者のフレーレと歩調を合わせて、この本を手厳しく攻撃しているからである。[5]ウェストフォールによれば、ニュートンはその最晩年には、首尾よく国教会の役職まで得ていたという話まである。カドワースは古代思想とキリスト教神学とは、本来矛盾するものでないことを示そうとしていた。しかしながら、現代の知性派歴史家ポーコック教授の表現を借りるなら、カドワースはここで「回れ右」をしてしまった。私はこの逆転劇のもたらした産物こそが、『年代記』に他ならなかったと考える。

この方向転換の原因はどこにあったのか。ポーコックによれば、それはすべてではないにしても「スピノザの衝撃」だと言う。果たしてそうであろうか。歴史家のコリー教授が指摘するように、カドワースはすでに一六七〇年代において、スピノザの思想については十分に承知していたはずである。彼の優れた著作である『宇宙の真の知的体系』には、すでにスピノザ批判が見られるのである。[6]もっとも、カドワースのこの本が出版された一六七九年以降、スピノザの汎神論によるキリスト教的プラトン主義に対する掣肘《せいちゅう》が弱まったかというと、決してそうではなかったのであるが。一六八九年の名誉革命以降、新たな要素が加わった。すなわち、トーランドと急進的啓蒙主義の動きである。結局のところ、後期ニュートンの作品およびそこに見られるエジプト人やその他の古代民族の古さの否定は、急進的啓蒙主義とその信奉者たちによるその古さを礼賛する声の高まりを前にして、危機意識をつのらせた「名望ある」理神論者・キリスト教徒としてのニュートンが、止むにやまれず発動した防衛行為だったのではないか。私はそのように考える。一六世紀のブルーノの場合と同様であるが、ルネサンス期の全体を通じて保たれていたキリスト教と密教的エジプト宗教・哲学の共存は、一六九〇年代に入るや崩壊へと向かった。キリスト教側からの反撃がいよいよ本格化してきたのである。

キリスト教、ギリシア、エジプトの三者関係と対立の構図

ニュートン主義の防衛は、ギリシア学とキリスト教の同盟をもたらすことになった。この問題は本書で取り上げる主要テーマの一つであるが、ここではエジプト対聖書という二項対立関係というよりも、キリスト教、エジプト、ギリシアという三者間の関係として眺めてみたい。キリスト教時代の最初の数世紀における主要な敵対関係は、キリスト教徒とそれ以外の異教徒とのあいだにあった。一方、この時期の東地中海における支配的文化は、エジプト起源の宗教を持ったギリシア文化であった。このため、キリスト教徒や異教徒にとって――このうちでもっとも影響力のあったのは新プラトン主義者であった――エジプト、オリエント、ギリシアなどの区分はさほど重要ではなかった。しかし他方では、ユダヤ人のヨセフス〔ユダヤ教司祭、ギリシア語・アラム語を駆使した歴史家、三五～一〇〇?〕、教父であるアレクサンドリアのクレメンスやタティアヌス〔シリアのキリスト教哲学者、前二世紀頃〕などが、ギリシア人に対する優越性をしきりに誇っていた。ギリシア文明が、エジプト、フェニキア、カルディア、ペルシア、その他の文明と比較して、後発でしかも浅薄だというのがその理由であった。この他にも、ギリシア文化にはより古い民族から多くの借用があることもとりわけ強調された。[7]

キリスト教を擁護しようとするねらいから、ギリシア人をエジプト人、カルディア人などと相争わせようとする動きは、ルネサンス期に至るまでは見られなかったことである。エラスムスは一六世紀初めに、ヘルメス主義への敵意を露らわにしたが、これは本質的にはキリスト教、あるいは宗教そのものを魔術から守ろうとする動きの一環であった。エラスムスはラテン語、ギリシア語の研究と普及においても第一人者であった。[8]

この当時の数十年間に、ドイツ人は自分たちの言語とギリシア語との著しい類似に気づき始めていた。名詞の格の数はどちらも四であるが、ラテン語は五である。また定冠詞の使用、動詞と分詞および前置詞が頻繁に結合するなどの点でも共通していた。宗教改革およびローマ・カトリックからのドイツの離脱の後には、ともにプロテスタントの言語としての新しいイメージのもとに、ドイツ語とギリシア語の結びつきはいっそう緊密なものとなった。ルターがローマ教会と戦うとき手にしていたのはギリシア語聖書であった。ギリシア語は神聖なキリスト教言語であり、プロテスタントたちの言い分によれば、ラテン語よりも正統性の高い言語であった。宗教改革がイングランド、スコットランド、スカンジナビアへと波及するにつれて、チュートン系言語の民族の方がフランス、スペイン、イタリアなどのロマンス系言語の民族よりも「優秀」で「男性的」であるとか、チュートン系言語はラテン語よりも優れており、ギリシア語とは対等だと考える風潮が強まっていった。一七世紀のあるイギリス人は次のようにのべている。

> われわれの言語はチュートン系に属する。その当時は幼年期にあったとはいえ、粗野というよりは将来の可能性に満ちていた。というのは、豊富な語幹*用語解説、そこから派生・合成により次々と新たな語を作り出す能力は、ギリシア語に似ており、ラテン語やその系統に属する諸言語に勝っていたからである。[9]

ギリシア学は、一六～一七世紀にわたってプロテスタントの学校や大学でおおいに流行した。一七世紀フランスのいかに多くのギリシア研究者たちが——カゾボンやアンヌ・ダシエなどがそうであるが、これはまた後でホメロスのところで取り上げる——ユグノー〔フランスのプロテスタント〕出身であったか、まったく目を見張るばかりである。[10]

ギリシア語は、ローマ・カトリックの不合理性を打ち破る手段であったが、今度その矛先が向けられたのは、エジプトの魔術信仰であった。しかしカゾボンのヘルメス文書批判の場合、たんにギリシアの合理性にエジプトの魔術迷信を対置させただけのものではなかった。彼はエジプトの知識・思想について書かれたギリシア語文献に対し、批判手法をもって迫ることによって、それらの成立年代とその価値についての信用を、根底から覆そうと図ったのである。

　これと同様の手法を採用したのは、七〇年後のリチャード・ベントリーである。彼はケンブリッジのトリニティ・カレッジで横暴な学寮長として嫌われ者であったが、古典学の歴史の中では、初期ギリシア文字の一つであるダイガンマの発見者として名を残している。この発見というのは、ギリシア語アルファベットでϜとして表記されることもあるw音が、ホメロスやその他のギリシア語方言の中で実際には存在していたにもかかわらず、文字として表されることはなかったというものであった。ベントリーは驚くべき創意工夫により、ある一定の条件の下では、母音で始まる語は先行する音節とのあいだで音脱落や結合を起こさないことを観察し、この結論を得たのである。この発見にも増して尊敬に値するのは、彼のきわめて厳密な批判的学問手法であったが、生前この面での評価は必ずしも十分なものではなかった。しかし今日では、彼はイギリスの古典学の最高峰に位置する人物とみなされている[11]。

　ベントリーはニュートン物理学の普及に努め、これに神学的、政治的意味を吹き込んだ最初の人物でもあった。彼の説くところによると、物質はそれ自体で運動することができず、また宇宙の創造と維持には神を必要とする。このことは、ホイッグ党立憲君主制が王を必要とするのと軌を一にするものだと。ベントリーのこの説法の初舞台となったのは、アングロ系アイルランド人の著名な化学者ロバート・ボイルが、一六九二年に、「悪名高い不信仰の輩――無神論者、人格神論者、異教徒、ユダヤ人、イスラム教徒」[12]に対抗するために立ち上げた最初の説教・講演シリーズであった。しかし、ベントリーはユダヤ人、イスラム教徒についてはほとんど言及していない。彼の関心はもっぱら前三者に置かれており、中でも急進的啓蒙主義者が最大の標的であった。とりわけ目の敵にされたのは、急進思想家で、フリーメイソンのパイオニアであったジョン・トーランドであった。彼はブルーノが唱えていた古代エジプトにあった動力因の概念を利用していたが、これは、もともと急進派によるニュートン物理学への攻撃手段でもあった。

ベントリーやその一派は、トーランドの共和主義思想にも気づいていたようである。一方トーランドの方でも、物理学と政治とのからみあいについては十分に承知していた。[13] ベントリーは、その並外れた知力と古典知識の限りを尽くして、ニュートン思想とその解釈を詳しく展開したのみならず、エジプトやオリエントの知識・学問、天文学などについて記述されているギリシア文献・史料が、その信頼性および成立年代において疑念があることを大々的に論じたてた。[14] これは、明らかにトーランドと急進主義者たちの拠って立つ理論的存在基盤の一角を突き崩そうとのねらいをもつものであった。

ここで私たちの興味を引くのは、ニュートンとベントリーとのあいだに、あるいは新しい科学と批判的古典学とのあいだに、現状維持のための同盟が成立していたという事実である。この二人の人物は、アリウス主義あるいは理神論の崖っぷちにあって辛うじて踏みとどまり、ともにイギリス国教会のもっとも有力な擁護者の役割を果たしたことになるが、これは大きな皮肉と言わねばなるまい。[15]

ギリシアとキリスト教の同盟

キリスト教とギリシアとの同盟を、いっそう権威づけようとする試みは、ジョン・ポッターの著作にも見ることができる。彼はベントリーと同時代に生きた人だが、やや若い世代に属する。ウェイクフィールドのグラマースクールを出てから、後にカンタベリー大司教にまでなった人物である。彼は一六九七年にギリシアの政治制度と宗教について四冊の本を出版した。これらは改訂を加えながら、一八四八年にウィリアム・スミス博士の『辞書』が出版されるまで、この分野の権威書として広く読まれていた。[16] ポッターは、せいぜい紀元前一世紀のルクレティウスの時代の伝承までたどったにすぎないのに、アテネはギリシアの他の地とは異なり、非ギリシア人による征服は一度として蒙ったことはないとか、ギリシアの文化・制度はすべてアテネから始まったものだ、などという主張を展開した。[17] 彼はこうしたやり口で、侵略は確かにあったとする古代の定説を無視し、ギリシアを近東から切り離してしまった。

同様のことは、彼のギリシア宗教の扱いにも見ることができる。彼はトラキアをギリシアと対等関係にあったとみなしていたが、トラキアの宗教に関しては、エジプト起源であることを認めていた。それなのに、実際にはいつの間にか、これがあたかも純粋にギリシアのものであるかのようにすり替えられているのである。[18] このような例は一八世紀を通じて見ることができるが、とりわけキリスト教擁護論者のあいだで顕著であった。エジプトを低く評価し、ギリシアを高く持ち上げたいという願望はあっても、古代モデルと対決する能力に欠ける場合には、こうでもするしか方法がなかったのであろう。

「進歩」とエジプトの対決

イギリスの急進的啓蒙主義提唱者たちは、エジプトやメソポタミアに対する古代崇拝を利用して、その立場の強化を図っていたが、一方ではフランスの古代・近代優越論争における近代支持派と同様に、自分たちもまた「進歩」の側に属していると感じていたようである。しかしながら長い目で見るなら、エジプトは「進歩」という新しいパラダイムが確立する中で、その地位の低下を余儀なくされる運命にあった。この状況の変化は、一七一〇年代のニュートンによるエジプトやオリエントへの攻撃と、一七三〇年代のウィリアム・ウォーバートン主教の、これとはまったく異なる手法とを対比して見ればよくわかる。ウォーバートンが『神の使いモーセ』を著したのは、理神論者、スピノザ主義者、汎神論者たちとの戦いの一環を成すものであった。彼は、これらの反キリスト教的諸潮流の源は、たどっていけばすべて新プラトン主義に行き着くことに気づいていた。[19] このようにして、彼は急進的啓蒙主義との戦いにおいて、キリスト教擁護派に進歩という武器を提供したのである。ポーコックはその点について次のようにのべている。

彼〔ウォーバートン〕は現代哲学が振りまく懐疑論が、宗教への脅威となっているなどとは毛頭考えていなかった。彼は、哲学に現代性がない限り、とても信仰と張りあうだけの威厳も節度も備えることはできないとの考えを強めていた。彼の目には、現代の信仰離れすら——彼はここでジェイコブの急進的宗教改革〔啓蒙主義〕のことを指しているのだが——「古代的」な哲学的思考様式が時代錯誤的に復活してきているように見えたのである。[20]

ウォーバートンのエジプト宗教に対する見方は、それ自体後退したものであり、ニュートンのそれと大差はない。一七三〇年代に書かれたものを見ると、エジプト宗教が一時期絶対的な一神教であったことまでは否定していないが、恐るべき偶像崇拝に堕してしまったなどという記述を残している。この堕落の責任を、彼はすべて政治家に押し付けているが、フランク・マニュエルによれば、ウォーバートン自身が主教だったので、同業のよしみからエジプト僧侶を免罪してやったのだ、ということになる。[21] しかしながら、ウォーバートンは損得勘定だけで動いていたわけではない。彼はニュートンの年代学をこきおろしたために、理神論者のウィリアム・フィストン、無神論者のニコラス・フレーレなどの悪名高い連中と同類視される憂き目を見たのである。[22]

ウォーバートンにとってみれば、ギリシア人の登場が後になったという事実は、そのまま彼らがより優れていた、すなわち弟子が師を凌駕したことを意味するにすぎなかった。彼はギリシア人がエジプト人から神々の名を教わり、儀式を学んだことを認めざるを得なかった。しかし、彼はここで、借りたのは名前だけであって、実際には同じ神を指すものではなかったなどと言い出すのである。[23] 彼はこの他にも、ピタゴラスはエジプトで確かに二一年間学んだというが、定理を出したのは帰国してからのことではないか、とも言う。そして詰まるところは、エジプト人には仮定を立てる能力がなかった、というところに落ち着くのである。この結論は今なお生き続けている。

古代エジプトに対するこれと似た愛憎こもごもの感情は、一八世紀中ごろのドイツの偉大な哲学史家ジェイコブ・ブルッカーにも見ることができる。[24] エジプト人が哲学的であったことは数え切れないほどの伝承が示すところであり、この事実は否定できるものではない。そこでブルッカーが持ち出してきた苦肉の策は、エジプト人はむしろ「神統系譜学」の枠内にとどまっていたのであり、寓意の創作と操作に従事していたにすぎないというものである。彼によれば、真の哲学とは、「ソクラテス以前」のイオニア人に始まり、神統系譜学からの真の独立はソクラテス自身によってなされたとされる。ブルッカーの唱えるソクラテスの勝利とは何か、ポーコック教授は次のようにのべている。

ソクラテスは自然理解の追求を放棄し、敬しつつもこれを懐疑的に扱うことにした。そして哲学の焦点は、よりふさわしい対象、すなわち真の神の理解へとつながるはずの倫理的真理の発見に置かれるべきだと考えた。[25]

しかしながら、この反科学的「哲学」はプラトンによって裏切られることになった。プラトンが教えを受けたのは、不幸にしてシチリアのピタゴラス学派の人々であり、エジプトの神官たちであった。ブルッカーによれば、プラトンはイオニア人やソクラテスが縁切りしようとした寓意、詩、秘教などの再輸入を図ったとされる。[26]ブルッカーはこのようなやり方で——ソクラテスと、その心からの信奉者であり弟子でもあり、同時に彼の伝記の語り手でもあるプラトンとのあいだに、まったくありそうもない決定的な断絶を持ち込むことによって——ギリシア人の優越性の物語を作り出しただけでなく、同時に、プラトン主義の流れを汲むものは、すべてエジプトの伝統と不可分の結びつきがあるとする古代からの見方についても、都合よく利用したのである。

「進歩」の大陸としてのヨーロッパ

一六八〇年代にトルコが敗北したことや、ニュートン物理学が広く受け入れられるようになったことにより、ヨーロッパ自身のイメージは大きく様変わりした。モンテスキューがエジプト人をもっとも優れた哲学者だと評したことについては、すでに触れたところであるが、彼のようなポスト・ニュートン世界の思想家たちのあいだでは、オリエントの「知識・学問」とヨーロッパの「自然科学」とを、対立的に扱う風潮が現われ始めた。[27]モンテスキューがそうのべたのは一七二一年のことであるが、世紀が進むとともに、ヨーロッパの産業・経済が発展し、他大陸への進出が強まるにつれて、ヨーロッパ優越意識はますます高揚していった。

しかしながら、このような状況と、一九世紀における帝国主義の勝利によって作り出された状況とは、まったく異なる。なぜなら、一八世紀においては、「ヨーロッパは自力だけで作り上げられた」などと唱えるヨーロッパ人は一人としていなかったからである。しかしそれにもかかわらず、ヨーロッパは、今や他のいかなる大陸よりもはるかに進歩しているなどという議論や、「今日の状況は、紀元前四世紀におけるヘレニズム・ギリシア対ペルシアの旧文明という対立の図式と瓜二つだ」などと言い出す者も現われ始めた。『エピノミス〔法律後篇〕』からの引用が、しばしば好んで行われるのもこの頃のことである。これはプラトンかまたはその弟子の言葉とされるもので、エジプトおよびシリアの天文学を賞賛した後で、次のようにのべられている。「ギリシア人が外から得たものは、それが何であれ、最終的にはギリシア人の手によって、より洗練されたものへと姿を変えるのである。このことを忘れてはならない」[28]。

ある外来の技術、思想、美的スタイルに数え切れないほどの質的な改良が加えられ、その結果としてそれらは初めて優れたものとして生まれ変わった、などという言い方が通用するのは、おおむね文化的周辺国、たとえばイギリス、ドイツ、日本、コリア、ベトナムなどに決まっている。外国からの借用が圧倒的なために、こちらの方が飲み込まれてしまいそうになったり、既存の文化序列や人種的優越感に亀裂が生じかけると、自己の文化的プライドを守らなくてはならなくなる[29]。オリバー・ゴールドスミスが一七七四年に著した『地球の歴史』に、次のような一節がある。「〔ヨーロッパに持ち込まれた〕これらの技術は、異なる人種による発明かも知れないが、完成を見たのはここヨーロッパにおいてであった」[30]。これは、『エピノミス』の言と何ら変わるところはない。

「進歩」

一八世紀の「進歩」思想をもっとも鮮明に示しているのは、一七九三年にコンドルセ〔フランスの思想家、一七四三～九四〕によって書かれた『人間精神の進歩について』であるとよく言われる。しかし、ここでのべられていること の大部分は、すでに一七五〇年に一九歳のチュルゴー〔フランスの経済・思想家、一七二七～八一〕が、「人間精神の継続的進歩について」と題して行った講演の中に見出すことができる。チュルゴーは後年ルイ一六世〔在位一七七四～九二〕の財政総監に任ぜられたが、重農主義者と深い交わりをもち、また中国経済思想の推奨者でもあった。後には政治経済学の祖とまで称されるほどの人物であった。彼の「進歩」思想は、この講演の他にも歴史に関する未完の原稿の中で明確に定式化されている[31]。

「進歩」思想は、それ自体として重要性をもつが、チュルゴーを始めとする同時代人が抱いていたエジプト人、フェニキア人、ギリシア人に対する見方に、それらが反映されているという点でも重要であろう。新しいパラダイムによれば、これらの文明は、人間精神の「進歩」につれて、順次上へ上へと発展していったとみなされていた。歴史における進化の図式を見ると、個々の歴史段階は、その始まりの時点では「進歩的」で優位性をもつが、時の推移とともに退廃し、ついには新勢力と敵対するというのがお決まりのパターンである。この傾向は、とりわけ、ヘーゲルやマルクス主義者の図式において顕著である。チュルゴーの場合もこの線に沿って、エジプトや中国もまた最初は先駆者であり、そこから「成熟へと向かって駆け上っていった」と考えていた。[32]

それまでエジプト人や中国人は、数学、哲学、そして形而上学に秀でていたとみなされてきた。しかし不幸にしてこれらの「科学」は、両文明においては迷信と聖職者の頑迷さに災いされて生きのびることができなかった。かつて、ウォーバートン主教が、この問題では同業のよしみから聖職者たちに罪なしとしたが、チュルゴーやコンドルセなどの知識人は、これを聖職者たちを打ちすえる新たな杖として用いた。[33] そして今日でも同様であるが、退廃の責任の大半は聖職者たちに押しつけられることになった。重農主義者たちは、中国の過去をけなして現在の中国を持ち上げたが、チュルゴーは違っていた。この進歩観のずれが彼の描くエジプト人像、すなわち古くさい見方ではあるが、彼らはかつては純粋・真実の宗教——おそらくはイスラエル人から得たものであろうが——を持っていたが、やがてそれは失われてしまったという見方につながっていた。

またチュルゴーは、中国およびエジプトの退廃の根源は専制政治にあると考えた。しかしながら、モンテスキューにおいては、専制政治は灌漑工事がもたらした精神向上効果の結果に他ならない。このような違いはあったが、両者ともにエジプト、中国の支配体制は、その暑い気候条件や、ムハンマド体制などに比べればよほどましだと考えていた点では共通していた。[34] チュルゴーはブルッカーや一八世紀思想家と同様に、ピタゴラス学派および新プラトン主義者——ということはプラトン自身をも含めてということになるが——を退廃したアジア的形而上学に属する人々とみなしていた。[35] 彼にとって、人間精神の進歩が高度な段階に達したと認められるのは、アリストテレスの論理学からであった。ベーコン、ガリレオ、ケプラー、デカルト、ニュートン、ライプニッツへは、そこから直接つながっているのである。[36] チュルゴーは、ギリシアで哲学者が出現したのは、当時のギリシア国内の不統一や社会的放縦さのせいで、相当後の世紀になってからのことだと信じていた。[37]

チュルゴーにとって、ギリシアの栄光は詩にあった。詩こそがギリシア語の豊かさをそのまま示すものであった。彼によると、その理由は次のようになる。

フェニキア人は不毛の沿岸地域に居住していたが、やがて遠方の人々を結びつける交易者として活動するようになり、彼らの船は地中海を縦横に航行した。国と国とのあいだに天文学、航海術、地理などの知識が行き交い、互いにその不足を補いあうことができたのも、彼らのおかげであった。ギリシアや小アジアでは至る所にフェニキア人の植民地が建設された……独立した植民地人、ギリシア古代民族、さらには次々と侵入して来た異邦人とその後裔が加わり、互いに交じりあって、じょじょにギリシア民族が形成されていったのである。これらの多種多様な混合の中で、豊かな言語ができあがった。あの麗しい響きをもち、表現力にあふれ、あらゆる芸術にふさわしい言語が。[38]

フェニキア人への肩入れのあまり、ここではエジプト人の存在がすっかりかすんでしまっているが、これはやがて来るエジプト人評価の低下へと向かう動きを先取りしたものかも知れない。もしそうでないとするなら、すでにバルテルミのところで触れたような、当時の言語学研究の動向や、フランス語の起源がケルト、フテン、ゲルマンなどの諸言語にまでさかのぼれると判明したことなども、彼に何らかの影響を与えていたのかも知れない。[39] しかし、理想化されたドイツ語の向こうを張って、ギリシア語もまた「純粋」であるかのような主観的イメージを競おうとしたものではなかった。地理的、歴史的に見ても、そして何よりもチュルゴー自身が指摘するように、それは言語学的に成り立つ議論ではなかった。

チュルゴーとその同時代人たちは、「進歩」という新しい観念を振りまいてはいたが、エジプトやフェニキアへの尊敬心を失ったり、彼らがギリシアを植民地化し、文明化したという伝承に疑問を投げかけたりはしなかった。[40]それにもかかわらず、究極的には「進歩」のパラダイムこそが、エジプト評価の命運を決することになった。これまではかけがえのない財産であった古さが、今や大きな負の遺産と化したのである。

エジプトの凋落は、天秤のもう一方の端にあるギリシアの地位上昇を意味した。この問題に入る前に、古代モデルを転覆させるうえで、キリスト教勢力からの反動と「進歩」のパラダイムを下から支えた二つの大きな勢力、すなわち人種主義とロマン主義について取り上げてみたい。

人種主義

あらゆる文化は、見かけの異なる人々に対して多少の偏見を、えてして好意よりは反感をいだくものである。しかしながら、一七世紀に始まる北ヨーロッパ、アメリカおよび各地の植民地における人種主義の蔓延には言語を絶するものがある。何がこのような異常な雰囲気を生んだのであろうか。

北ヨーロッパ人が他大陸の人々と最初に頻繁な接触を持ち始めたのは一六世紀のことであるが、それ以前の人種主義が常軌を逸するほど強いものであったかどうかの判断は、容易ではない。初期の反セム的バラッドである『ヒュー坊ちゃんの殺人事件』などの作品では、邪悪なユダヤ人もとりわけ肌の色が黒いとはされていなかったようである。[41]ノルマン人による征服後、フランス人やイタリア人の流入とともに、濃い肌色の方がよしとされるような時期もあるにはあった。初期のバラッドの中には、貧しい色白の少女と、金持ちで褐色の肌をした少女が対比的に描かれている場合もある。しかし、何といっても色の白い乙女の方が貞節だと思われていたことに間違いはなく、ノルウェーの古歌謡にも先例があるが、二人姉妹の話が出てくると、色白の方が善良、色黒の方は腹も黒いというのがお決まりであった。[42]

一五世紀に入る以前に、すでに色の黒さ、すなわち邪悪・劣等という、はっきりとした図式ができあがっていたことに疑いはない。この頃、新参のジプシーたちは濃い肌色をしており、また強い精力をもつと信じられていたことから、恐怖と嫌悪の対象となった。[43] 色黒の「他者」に対する懸念や嫌悪が、中世北ヨーロッパでとくに激しかったかどうかはともかくとして、次のことだけははっきりしている。すなわち、人種主義がより鮮明な形を取り始めたのは一六五〇年以降のことであり、また北アメリカの植民地化がアメリカ先住民の絶滅政策およびアフリカ人の奴隷化政策によって推進されていく中で、人種主義がいっそう強化されたということである。これらのことは、プロテスタント社会に倫理的問題として突きつけられることになった。神の前での万人の平等と個人の自由という原則は、彼らの社会の中心的価値を成すものであったが、それが激しい人種主義によって危うくなってきたのである。

奴隷制を合理化するためにもっともよく利用される古典は、アリストテレスによる奴隷制擁護論である。彼の人気は、ギリシア人が他民族よりも生まれつき優れているという、彼の一貫した信念によるところが大きい。彼の論によれば次のようになる。

寒冷地やヨーロッパに居住する民族には勇気と情熱があるが、器用さと知力にやや欠けるところがある。このため独立を保ってはいるが、政治的結束力や他者を支配する能力をもたない。これに対して、アジアの民族は器用さも知力も持ち合わせているのだが、勇気と情熱がない。このため奴隷化され、服属の憂き目を見るのである。ギリシア人は地理的にその中間に位置しているため、双方の利点を兼ね備えている。ギリシア人が自由で、最良の政治制度を持ち、一つにまとまるならば、他者支配能力が発揮できるのもそのためである。[44]

アリストテレスは、このような論法で民族的優越性と、他民族、とりわけ「奴隷的資質」をもった民族に対する支配権とを一体化したのである。

一七世紀末のホィッグ主義哲学者ジョン・ロックの思想的中核を成していたのも、似たような「人種的」差異の意識であったように思える。ロックは個人的にも、アメリカでの奴隷使用による農場経営に直接関わっていたので、今日私たちが言うところの人種主義者そのものであった。一八世紀の偉大な哲学者ヒュームの場合もまったく同じである。このような立場と、彼らの哲学との関係については議論すべき点があるが、ブラッケンやチョムスキーの議論は傾聴に値しよう。[45]

ロックのアメリカ先住民に対する抜きがたい蔑視は、彼の政策論の本質と切り離しては考えられない。彼は先住民の居住している土地を、イギリス人やその他の植民者たちに未開地として提供しようとしていた。明白な不平等の下でも、人は社会契約に参加するかどうかの選択権をもつという主張は、植民地化を推進するうえでも必要であった。[46]ロックは同一民族の奴隷化を正当化しようとはしていない。したがって、この種の奴隷労働はたんなる「苦役」として扱われている。彼は、当時のほとんどの思想家と同様に、奴隷化が正当化されるのは、正義の戦争で捕虜となり死すべきところを助けられらた場合にのみ許されると考えていた。[47]それでは「正義の戦争」とは何か。キリスト教徒のヨーロッパ人が、異教徒のアフリカ人やアメリカ先住民に仕掛ける戦争は、相手方に財産としての所有地があるわけではなく、守ろうとしているのはたんなる「未開墾の土地」にすぎないという理由で、「正義」の旗印が与えられた。さらにこれに加えて、ロックが持ち出して来た理屈は、おおよそ奇妙で身勝手なものであった。アフリカ人やアメリカ先住民たちは農業を営んではいない、土地の所有権は耕作する場合においてのみ生じる、というのである。[48]ヨーロッパ人による奴隷使用は、このような思考の枠組みの中で容認された。そして、膨大な数のアフリカ人奴隷の存在そのものが、アリストテレスの言う「生まれながらの奴隷」という観念の拡大の後押しとなったのである。

一六八〇年代に入る前から、黒人は「偉大な存在の鎖」の中で、ともにアフリカで誕生したとされる類人猿よりも、一つ上の環に属していると広く信じられていた。[49]この種の議論は、ロックの唯名論[*用語解説]——「種」の概念には客観的根拠がないとして否定し、これを主観的なものにすぎないとみなす——によっていっそう受け入れやすいものとなった。ロックにとっては「ヒト」などという煩わしい範疇については特に懐疑的であった。

> 「ヒト」という用語のいかなる定義も未だ存在していない……また、そのような名で呼ばれる動物の記述についても、知的探究心のある人を満足させるほど完全で正確なものはできない。ましてや、一般の人々が満足する

ようなものなど、なおさら無理である。[50]

この立場は、聖書にある「神は自身の姿に似せて人を造った」という言葉や、デカルトの主張する、考える存在としての人間と、考えない動物との絶対的な区分を設定する立場とは、明白に対立するものであった。このようにして経験論は、人種主義に対する辛うじて残っていた障害を取り除く、いわば露払いの役割を演じたように見える。もっとも、経験主義と人種主義の結びつきに必然性はないのであるが。[51]

要約すればこうなろう。ロックおよび一八世紀英語圏に属するデイヴィッド・ヒュームやベンジャミン・フランクリンなどを始めとする、ほとんどの思想家たちが人種主義者であったことは間違いはない。彼らは、皮膚の色が濃いのは、道徳的・精神的劣等性を表すなどという俗論を、公然と振り撒いていた。ヒュームの場合、彼の人種主義は、これまで信じられてきた宗教教義を一歩踏み越えたもので、人類の創造は一度きりのものではなく、何度にもわたって行われたという説の先駆的提唱者であった。その根拠となったのは、「もしも、これほどはっきりとした人種間の違いが、自然によって作られたものではないとするならば、その違いが国を超え、時代を超えて、これほどまで恒常的で一定したものになるはずはない」[52]というものであった。この人類発生多元説が、一九世紀初期、キリスト教の復活時期にあってもなお勢いが衰えるどころか、かえって増しつつあったという事実は、一七〇〇年以降のヨーロッパ社会で、人種主義がいかに強固に根を張っていたかを示すものである。

一八世紀フランスにおける人種主義は、それほど先鋭な形をとっていたわけではない。それにもかかわらず、一六世紀のジャン・ボダンの作品に色濃く映し出されているアリストテレス的――および擬似プラトン的――人種の気候・地形決定論が、一八世紀に至って再びモンテスキューの手によって息を吹き返してきた。[53]モンテスキューの名が世に知られるきっかけとなったのは、一七二一年に出版された『ペルシア人の手紙』である。この中で彼はペルシア人の目を通して、ヨーロッパを批判的・風刺的に描く一方で、これに「科学的」で「進歩的」大陸というイメージの装いを与えている。では、このヨーロッパの優位性はどこから生じたのか。彼によれば温和で慈悲深い気候のせいだという。彼のヨーロッパ好み、アジア・アフリカ嫌悪の姿勢は、一七四八年に出版された『法の精神』において、いっそう強化されることになる。[54]

ルソーは、一七六二年出版の『社会契約論』で、あらゆる奴隷制正当化論を痛烈に批判した。しかし他方では、地理決定論に追随して、人の道徳的、政治的能力は、気候と地形によって決まると信じていた。彼はヨーロッパ中心主義者であり、エジプトや中国への関心は驚くほど希薄であった。この傾向は、後のロマン主義の中に継承されていった。彼らが偏愛したのは、北ヨーロッパの霧に包まれた山地であった。そして、この地こそが、人間道徳の流れ出る源に他ならなかった。彼らはそう信じていたのである。

ロマン主義

古代モデルを打ち倒す原動力となったのは、キリスト教勢力からの反動と「進歩」思想、それに人種主義の三つであったが、さらにここでは第四の要因、ロマン主義を取り上げてみたい。ロマン主義とは、大まかな言い方をすれば、啓蒙主義やフリーメイソンの思想とは反対に、人生や哲学の核心部分に取り組むうえで、理性は限界をもつとの考えに立つ。ロマン主義の関心は、総体や普遍にあるのではなく、個別や特殊に置かれている。さらに単純化を恐れずに対比させるなら、一八世紀啓蒙主義が、空間的安定と秩序を重んじたのに対して、ロマン主義の情熱は歴史における運動、時間、「進歩」の面へと向けられたのである。啓蒙主義の功績としては、正確な世界沿岸地図の作成、リンネ〔スウェーデンの博物学者、一七〇七〜七八〕の分類学、不滅のアメリカ合衆国憲法などが挙げられよう。

ロマン主義が支配した一七九〇〜一八九〇年の時期は、自然科学がめざましい成果をあげる一方で、歴史に対する関心が著しく高揚した時期でもあった。そして、そのどちらの場合にも共通して用いられたモデルが、「樹木」であった。ダーウィン進化論、インド・ヨーロッパ語研究、そして一九世紀歴史学において、樹木モデル〈系統樹、枝分かれ図〉が盛んに用いられたが、これほどロマン主義のイメージにぴったりのものはなかった。樹木はそれぞれの地に根ざし、そこでの独自の気候に育まれて成長する。そこにあるのは発展であり、後退はない。歴史を一つの伝記としてイメージするように、樹木にも、単純な過去から出発し、複雑・細分化された現在・未来へと成長していくというイメージがある。とはいえ、ヨーロッパおよびギリシアの歴史を記述する場合、樹木のイメージに重ねあわせるには、いくつか不都合な部分も生じてくるのであるが、このことについてはまた後で触れることにする。[55]

ルソーの影響力は甚大なものであった。しかし注意しておかなくてはならないのは、ロマン主義は、フランスにおいてはイギリスやドイツほどに力をもたなかったことである。したがって、ロマン主義の発展は後者の地域を中心に見ていかなくてはならない。

まずドイツから始めよう。一八世紀前半、ドイツは深刻な民族的アイデンティティ・クライシスをくぐり抜けなくてはならなかった。フランス、オランダ、イギリスなどとは異なり、ドイツでは三〇年戦争が終結した一六四八年の後も、なお一世紀以上にわたって戦争による荒廃、政治的分断、経済的停滞にさいなまされた。一方、フランスはこの時期には軍事的、文化的力量を蓄積し、あたかも「新ローマ帝国」として、全ヨーロッパを飲み込みかねない勢いとなった。[56]ドイツ宮廷では、フリードリッヒ大王〔一七四〇〜八六〕のプロイセンを含めてフランス語が用いられ、フランス文化が採用された。一八世紀前半にドイツで出版された書籍の大部分は、フランス語かラテン語によるものであった。一七世紀末の哲学・数学者ライプニッツやその他の愛国者たちは、ドイツ語が文化や哲学の議論の場ではたして使用可能な言語として成長できるかどうか、さらに悪くすると、かつてフランス支配者の言語であったゲルマン系フランク語が、フランス語に敗れて完全消滅した、その同じ轍を踏むのではないかとの危惧を実際にいだいていた。ドイツ文化、ドイツ民族はまさに存亡の危機に面していると受けとめられていたのである。[57]

この危機に対して、ドイツ・ロマン主義はどのような対応を示したのか。彼らは、ドイツ人をその文化的根源にまで引き戻し、ドイツの土壌と民族に根ざした真正なドイツ文化の創造を呼びかけた。新しいロマン主義と進歩思想の立場からすれば、民族は地理的、歴史的文脈で見なくてはならないものである。民族的特性およびその精神は、土地と民族の属性であり、時代特有の精神、すなわち一七八〇年代の用語で言えば時代精神〔Zeitgeist〕によって変化する。しかし民族には、自身の特有・不変のエッセンスがあり、これを失うことは決してない。ロマン主義のこのような傾向を身につけていた偉大な人物はヘルダー〔ドイツの哲学者、一七四四～一八〇三〕であった。彼は新ヘレニズムおよび言語学の分野でも重要な働きをした。彼自身は終生啓蒙主義的ユニバーサリストであり続け、ドイツ人だけではなく、すべての民族はそれぞれの特性を見出し、発展させるべきだと考えていた。[58] しかしながら、彼をはじめとする一八世紀末～一九世紀初頭のドイツ思想家たちの――たとえばカント〔一七二四～一八〇四〕、フィヒテ〔一七六二～一八一四〕、ヘーゲル〔一七七〇～一八三一〕、シュレーゲル兄弟〔一七六七～一八四五、一七七二～一八二九〕なども含めて――歴史的、地域的特殊性への執着、あるいは合理性や「純粋理性」に対する軽蔑心などが、その後二世紀にわたって継続する排外主義や人種主義の強固な基盤となった。

『オシアン』とホメロス

かつて「民族」のもっとも純度の高いエッセンスは、その言語と民謡にあると考えられていた。どちらも音そのものであるから、時間的、非空間的性質をもつ。そしてそれらは、まるで「生命体」のように、静止することなく絶えず動き続ける。また、それらが伝えようとするものは、情感であって理屈ではない。言語や民謡に表現されているものは、たんなる民族の総体ではなく、民族のもっとも際立った特性、および民族の「幼年時代」あるいは純粋・素朴な段階であるもっとも重要な時期がその中に込められている。そのように受けとめられていた。ここでは民謡とバラッドに目を向けてみよう。

ドイツにおいて、歌や英雄叙事詩、およびそれらと民族とのかかわりについての関心が高まったのは、外からの要因、つまりイギリス、より正確に言えばスコットランドをめぐる動きによるものであった。一七〇七年のイングランド・スコットランド合同法の成立、一七一五年ならびに一七四五年の老僭称者ジェームズ・エドワードとその息子チャールズ・エドワードの敗戦、スコットランド高地でのゲール文化の壊滅などの一連のできごとの中で、古いナショナリズムは根底からの再編を迫られることになった。英語を話すスコットランド人の上流階級は、ナショナリズムをすばやく安全な文学に昇華させたのであるが、その中には失われた素朴さに対するノスタルジーと結合した、単純、後進、遠隔性への崇拝が残った。[59] これらを芸術的に表現したものが、本来の純粋な、あるいは新たに創作されたバラッドであり、民謡であった。

この動きの中で、もっとも大きな影響力をもった作品は、一七六二年に発表されたジェームズ・マクファーソン〔スコットランドの詩人、一七三六～一七九六〕の『オシアン』であった。この作品は、三世紀に生きたとされる詩人オシアンが、彼の父の英雄的行為を語るというゲール語叙事詩であるが、実はこれはマクファーソンが捏造したものであった。出版後ほどなくして、事の次第が露見してしまったが、それでもこの作品は約半世紀にわたって、ヨーロッパでもっとも広く読まれた詩であった。すでにのべたように、ナポレオンはエジプト遠征の際にこの本を携えていた。『オシアン』よりも先に出版されたものに、トーマス・パーシー主教〔イギリスの詩人・古謡収集家、一七二九～一八一一〕の『イギリス古詩拾遺』がある。この詩集は、スコットランドとイングランドの純粋な辺境バラッドを集成したもので、これまたヨーロッパ全土に大きな影響を与えた。とりわけドイツにおいておおいにもてはやされ、ヘルダーによって民謡の収集・出版の運動が始められたのも、もとはと言えば、この本の影響であった。[60] この運動は、やがてゲーテの、小説を中心とした「疾風怒濤」派の活動に統合されることになる（「ロマン主義」の名称は、ドイツ語で小説を意味するロマーンから来ている）。

一八世紀後半においては、『オシアン』はホメロスよりも優れているという評価を得ていた。しかしこのことは、ホメロスに人気がなかったことを意味するものではない。古代ギリシアにおける彼の地位は別格で、ただ「詩人」と言えば彼のことを指していた。彼の叙事詩はギリシア語教育の中心的位置を占め、ギリシア的なものの代表とされた。[61] ローマにあっても、ギリシア語教育の第一歩はホメロスから始められるのが常だった。ルネサンス期には、プラトン・エジプト的伝統が風靡したにもかかわらず、依然としてホメロスへの一定の関心は維持されていた。とりわけプロテスタント派の学者がギリシア語を神聖言語、非ローマ（カトリック）言語として尊重していたからである。ユグノーの代表的学者でアンヌ・ダシエの父親であるル・フェーブルは、一六六四年に次のように記している。

古代支持派の人々は、地理学者、詩人、修辞家、神学者、医者、倫理学者、はては軍人に至るまで、自分の職業の究極の起源はホメロスの詩の中にあると言う。[62]

ホメロスの作品をフランス語に翻訳したのは、アンヌ・ダシエである。彼女は、現代支持派や一般の人々がホメロスに対して偏見をいだいていることを感じ取り、彼をおおいに賛美することにした。彼女は夫とともにプロテスタンティズムが禁止される直前に、カトリック教徒に転向していた。このタイミングよい駆け込み改宗は、後で十分報われたが、その代わりモラルと信念の呵責に苦しむことになった。彼女の父はホメロスの専門家であったが、宗教に関わることなく研究に没頭し、彼女もまた父に忠実であった。そうすることで、幾分なりとも呵責の念をまぎらわせたようである。

アンヌ・ダシエは、一七一四年に世に衝撃を与えた『嗜好堕落の原因について』を出版した。彼女はこの本の中で、テラソンなどの近代支持派が、ホメロスやギリシアを、当時代のフランスや古代エジプトなどの文明化した人々と比較して、あまりに素朴、粗野であると非難していることに、痛烈な批判を加えた。彼女はホメロスを、無垢な時代の感情を表現した最初の詩人だと位置づけたが、「最初」としたことにより、エジプトのみならず「ヘブライ」文明の重要性までをも否定しなくてはならなくなった。[63]結局のところ、彼女と古代支持派は啓蒙主義の牙城フランスにおいて、ギリシア評価を高めることはできなかった。ヴォルテールが世紀の半ばに語った言葉が残っている。「私の目から見れば、ギリシアの人気はもはや落ち目だ。実はダシエ親子の時代からすでにそうだったのだが……」[64]

他の国においては、事情は異なっていた。イタリアの学者で夢想家のジョヴァンニ・バティスタ・ヴィーコは、一七二〇年代の著作の中で、「神」および「英雄」という彼が立てた時代区分の最初の二段階において、ホメロスこそが「詩人の知恵」を体現した典型だと位置づけた。[65]一七三〇年代には、マクファーソンの師にあたるトマス・ブラックウェル〔スコットランドの古典学者、一七〇一〜五七〕が、ホメロスは素朴で幼稚な時代の詩人であり、ギリシア人はヨーロッパの幼年時代であると評した[66]。

「幼年時代」という新しい概念は一八世紀に急速に広まり、ちょうど「進歩」思想とロマン主義が交差するところで、これらに合流したのである。幼年時代とは、理性が発達する前の、気分と感情とが支配する一時期であり、成人の性的特性を持たず、腐敗堕落とは無縁である。それだけではなく、未来への可能性に満ち、過去の束縛もない。幼年時代という概念は、ロマン主義や「進歩」思想と容易に結びつき、ともに手を携えて拡大していった。ギリシアを幼年時代になぞらえる時、よく引き合いに出されるのが、プラトンの『ティマイオス』である。すでに一二六ページでのべたように、プラトンはこの中で、エジプトの神官がソロンに向かって次のようにのべたと書いている。「ソロンよ、お前たちギリシア人はまだ子どもじゃ。ギリシア人に長老と呼べる者などどこを探してもおらぬ……お前たちの魂はいつも若々しい、一人残らずだ……古びた教えなどカケラも信じておらん……[67]」。古代、中世、ルネサンス期の研究者たちには、この神官の言葉はまことに罰当たりに響いたことであろう。一八世紀の現代支持派たちは、まだギリシア人を子どもで幼稚だなどという言葉で貶すことはできた。しかし「進歩」思想の流行とともに、幼年時代という表現はじょじょにギリシアへのほめ言葉に変わっていったのである。

ロマン主義者のギリシア愛好熱

ギリシアは古典世界に属するので、ギリシアの研究や称賛に類するものは、古典主義の一部分とみなすべきだという意見をしばしば耳にする。しかし一八世紀を取り上げるなら、ギリシア愛好熱は、むしろロマン主義陣営の現象としてとらえた方がはるかにわかりやすい。啓蒙主義人士たちが関心を向けたのは、地域的に大きな広がりを持った秩序、規律、安定性であった。すなわち、当時の世界においては、改革に意欲を燃やすフランス、ロシア、プロイセンなどの大国であった。一方、古代史の中で、彼らの嗜好に合致したのは、長期にわたる安定した支配を打ち立てた中国、エジプト、ローマなどの大帝国であった。また、古典主義者の関心の対象は、ラテン語文献を読むことに限られており、ギリシアへの関心は乏しいか絶無であった。しかし一七九〇年に達するまでには、上流階級を中心に、ホメロスを原書で読む動きが始まっていた。理性から感性への価値転換は、このように帝国ローマから古典的・英雄的ギリシアへの関心の移動と軌を一にするものであった。

ロマン主義の理想郷は、遠隔地や寒冷地に位置する、小さく道徳的で「純粋」な社会、たとえば、スイス、北ドイツ、スコットランドのような土地であった。これに歴史も加えて考慮するなら、理想郷の落ち着き先は自ずと決まっていた。ギリシアである。国の大きさは頃あいであり、道徳という点では多少大目に見れば何とか及第しそうであった。その他の点では、難を言い出せばきりがないので、当面は目をつぶることにした――もっとも後で困ることになるのだが。ロマン主義の理想である遠隔、寒冷、純粋のイメージは、このようにして似ても似つかぬギリシアに無理やり重ね合わせられることになった。何がなんでも古代モデルを破壊し、アーリア・モデルを打ち立てようとする試みの、極めつけだと言えるかも知れない。[68]

ロマン主義は、啓蒙主義の始まる頃にはすでに存在していた。ロックの弟子でコスモポリタンのシャフツベリー伯爵三世〔一六七一～一七一三〕においては、「感性」という新しい要素が、美と形への崇拝と結合して、新ヘレニズムの中に浸透していた。[69] 一七三〇年代になると、イギリスのロマン主義的ギリシア愛好熱は、ブラックウェルがホメロスとスコットランドとを結びつけたことによって、おおいにかき立てられることになった。同じ三〇年代に、ディレッタント協会が設立された。この組織は名前が示すとおり、金持ちの若者の社交クラブであったが、やがて、イギリスの公園や邸宅を飾り立てるための古典彫刻をイタリアから輸入するのが本業になってしまった。協会は一七五〇年代には業務拡大を図り、アテネにある古代芸術品の請負調査にまで手を伸ばしていた。これも、ギリシア熱の高まりの反映であった。それまで西ヨーロッパでは、ギリシア彫刻は、ローマ時代に作られた複製品で鑑賞していたのだが、もはやそれでは満足できなくなった。貴族青年の通過儀礼である大陸巡遊旅行《グランドツアー》では、旅程がイタリアからレヴァントにまで伸ばされ、ギリシアもその目的地に含まれるようになった。[70] また、啓蒙主義文化人・研究者たちは豊富にもたらされる情報のおかげで、書斎に座して楽々と真理探究にいそしむことができるようになった。

情感と地域のユニークさにこだわりをもつロマン主義者たちは、これだけでは物足りなかった。彼らは、自分たちの研究対象である文献の現物や諸史料を直接手にしたり、現地に足を運び、その地の空気に触れたいと願っていた。[71]ロバート・ウッドの例を見てみよう。彼は一七五〇年代に、トロイ近郊のトロードに赴き、『イリアス』の作品の舞台となった現地の雰囲気に浸り、心ゆくまで作品を味わった。彼は一七七五年に『独創的天才詩人ホメロスとその作品について』を出版した。この本の中で彼は、ホメロスこそギリシア特有の民族・風土の産物である、とのべている。彼は、後のロマン主義者たちとは異なり、ホメロス「実在説」を信じ、また、ホメロスは盲人だったので、読み書きができなかったという古代伝承もそのまま受け入れていた。ウッドの描くホメロス像はきわめてオシアン的であり、素朴で北方吟唱詩人とほとんど変わるところはない。すなわち、ギリシアのみならず全ヨーロッパの幼年時代を象徴する詩人とされたのであった。[72]

イギリスでは一八世紀の半ばまでに、ロマン主義、ヨーロッパ中心主義、「進歩」思想の流行のおかげで、ギリシア崇拝熱が急速に醸成されつつあった。ギリシア人は、これらの潮流の価値基準をすべて満たしていたからである。イギリスの文法学者ジェイムス・ハリスは、口頭言語を重視したことで、その名を忘れることはできない人物であるが、東洋人嫌いであり、またローマ人を文化的に劣った存在とみなしていた。彼が賛美するのはギリシア人であった。彼は、一七五一年に次のように記している。

わずか一世紀という短期間のうちに、ギリシア人は優れた政治家、軍人、雄弁家、歴史家、医者、詩人、批評家、画家、彫刻家、建築家を輩出しただけでなく、ついには哲学者をも誕生させるに至った。この黄金期は、人類がいかに完成の高みにまで達することができるかを示すものであり、神が人類の本性を褒め称えようとして仕組まれたものに違いない。[73]

このようにして「神聖なギリシア」のイメージが形成されていった。ギリシア文化が後発であることや、急速な発展を遂げたことは、これまでは底の浅さを表すものだとされていた。それが今や、逆に偉大さを示すものとなった。

一七六七年には、ギリシア人はエジプト人よりも優れていると言い出す者がイギリスに現われた。アバディーン出身のウィリアム・ダフ〔スコットランドの作家、一七三二～一八一五〕である。

ギリシアでは科学が急速に発展し、高いレベルにまで達した……もしエジプト人に発明の才があったとしても、たんに創意工夫や器用さを示すものにすぎない。しかし、ギリシア人が持っていたのはそのような小才ではない。至高の才であった。……中国にも昔から芸術や科学はあった。しかし、とうていものの数ではない……。[74]

古典主義者サミュエル・マスグレーヴは、芳しからぬ人生を送った人物であるが、学者としてもミットフォードから浅薄の烙印を押されている。しかし、ヴィラモーヴィッツ＝メーレンドルフの『古典学の歴史』の中では、敬意をもって遇されている。[75] マスグレーヴは一七八二年に『ギリシア神話論考』を発表したが、この中でギリシア文化の土着性を主張し、ギリシア宗教には、エジプト宗教からの多大な継承はなかったとしている。この根拠となっているのは、多作と風刺で知られる二世紀に活躍したソフィストのルキアノスの著書からのいい加減な引用と、エジプトとギリシアの代表的な神々のあいだに名前の類似性が見られないということであった。[76] しかし、すでに見てきたように、この主張は、ミットフォードによって完膚なきまでに論破されてしまった。この問題に対してロマン主義が巻き返しを図り、古代モデルを撃破したのは、次に見るようにドイツにおいてであった。

ドイツにおける新ヘレニズムとヴィンケルマン

一八世紀中期に、ギリシアの若さと純真さをもっとも声高に称揚したのは、ドイツのヴィンケルマン〔ドイツの美術史家、一七一七～六八〕であった。この勤勉一徹の人物は、一六～一七世紀のギリシア学が事実上消滅したというのに、ギリシア語を独学で習得した。彼はギリシア芸術に憧れをもっていたが、見ることも触れることもできないことを残念に思い、カトリックに改宗したうえでローマに移住した。以後、人生の大半を教皇庁書記官として、あるいは枢機卿に仕える芸術専門家としてローマで過ごすことになった。

　ヴィンケルマンは、哲学がギリシア人の占有物であるかのように論じられていることにおおいに反発している。[77]ギリシア人の勝利はそのような所にではなく、彼が最重要視する美学にあった。ルネサンス期の偉大な学者スカーリゲルは、早くも一六〇七年にギリシア芸術・詩の四段階の時代区分を試みていた。ヴィンケルマンも時代区分をしているが、本人が認めているように、彼のそれはスカーリゲルの影響を受けたものであった。[78]しかしながら、彼の区分方法は当時流行していた歴史の段階的発展説と類似しており、とりわけ、チュルゴーの『人間精神の進歩』に近いものであった。チュルゴーの区分は三段階であったが、これはその八年後に発表されたコント〔フランスの哲学者、一七九八～一八五七〕の神学・形而上学・科学という三段階説に受け継がれている。[79]ヴィンケルマンが主著『古代美術史』を著したのは一七六四年であるが、これは美術史を社会史の一部分としてその中に統合しようとした最初の試みとなった。彼によれば、エジプト芸術は、ごく初歩的レベルに達したにすぎないという。エジプトにおいて芸術家は、ただ決められたものを決められたとおりに制作することに専念するだけで、それ以外のことは許されなかったからである。[80]

　ヴィンケルマンの議論によると、エジプト芸術が不完全なのは、成るべくしてそう成ったものだという。と言うのは、彼の目には、発展を阻害する要因が不幸にして自然的、社会的環境そのものにある、と映ったからである。このような見方は、近代における古代エジプト人に対する人種差別のもっとも初期の例として挙げることができよう。アリストテレスは、エジプト人のことをガニ股で鼻が潰れているとのべたが、ヴィンケルマンはこれに同調している。[81]こうして、エジプト人の中には美貌・容姿端麗者はいないことにされてしまった。彼はエジプトの地理的条件は、残念ながら高度な文化を発達させるのに適していないなどと言っているが、このような主張は、古典のどこを探しても見当たらないし、モンテスキューもそこまでは言っていない。また、ヘロドトス、プルタルコス、ディオドロス、その他大勢の古代作家たちが、エジプト人が喜怒哀楽に富むとしきりにのべているにもかかわらず、彼にはそれが目に入らなかったのであろうか、エジプト人は悲観的で感情の高揚に欠けると断じている。

　このような決めつけが、なぜやすやすと通用したのであろうか。一つには、ヨーロッパ以外の民族がヨーロッパの侵攻に対してあまりに無力であった理由として、彼らが環境によって弱体化し、受動的性格を生来のものとしてしまったからだ、という説明が流行していたことによる。[82] もう一つ考えられるのは、エジプト人が実際に死に対して大きな不安を抱いていることを、ヨーロッパ人の身勝手な「進歩」観念から理解して、エジプトがより活力ある文明に屈するのは必然だとみなしていたことによる。[83]

ヴィンケルマンが、ギリシア芸術をありがたがったのは、何もそれがエジプトよりも新しいからだという理由によるものではない。ギリシアに心酔していた彼には、自分でこしらえたギリシア・イメージに合うものすべてが愛好の対象となった。とくに、彼のイメージの中心にあったのは、自由と若さであった。[84] 彼によれば、ギリシアは自由の典型であるが、エジプト文化は君主制と保守主義の桎梏にあえぐ、圧制と停滞の象徴であった。もっとも、これはエジプトだけに限ったことではないのであるが。彼の理解では、ギリシアの都市国家には自由があり、これなくして、偉大な芸術の創造はあり得なかった。ヴィンケルマンと彼の支持者たちは、この自由と若さこそが、ギリシア文化の清新さと活力を支えるものだと考えた。彼はギリシア芸術の中に温和さ、「至高の単純さ」、「静寂の威厳」を認めていたが、これらはすべてギリシアの穏やかで安定した気候がもたらしたものだとみなしていた。彼のギリシア愛好の理由はこれだけではない。大きな比重を占めていたのは、むしろギリシア人の同性愛嗜好に対する共鳴であった。何よりも彼自身が同性愛者であった。現代人のギリシア愛好も同性愛と切り離すことはできないが、ヴィンケルマンの名前もまた今なおおそれと解きがたく結びついている。[85]

ヴィンケルマンは、ギリシア人を自由で、純粋で、若々しさを好む人々だと理解していたが、後のギリシア愛好家たちのあいだでも、これが基本イメージとなって定着していた。しかし、他方では一八世紀にあってもすでに別のイメージが成長しつつあった。ギリシア文化の悲劇性と「ディオニュソス的性格」への傾倒である。これは一九世紀末のニーチェ〔一八四四〜一九〇〇〕の作品において頂点に達するのであるが、一八世紀の思想家のみならず、ハインリヒ・ハイネ〔一七九七〜一八五六〕、ヘルダーリン〔一七七〇〜一八四三〕などの一九世紀初頭の詩人たちの中にも見ることができる。[86] この他に、厳格で権威を重んじるドーリス人への高い評価も、ギリシア愛好熱を構成するもう一つの要素であった。それにもかかわらず、一八世紀末~一九世紀の思想潮流の中では、エジプトとギリシアとの関係についての理解は一つに限られていた。すなわち、エジプトは人類進化の中では初期で低レベルの驚くべき不毛の段階にあったが、これを質的により高度で活力ある段階にまで引き上げたのは、ヨーロッパの天才、ギリシア人であった、というものである。

ヴィンケルマンがドイツに与えた影響は衝撃的なものであった。古典史研究家のルドルフ・プファイファーはその様子を次のように描いている。

　これまでのラテン的伝統の人文主義に決別して、まったく新しい人文主義、すなわち真の新しいヘレニズムが誕生した。ヴィンケルマンが種を播き、ゲーテが頂点を極め、ヴィルヘルム・フォン　フンボルト〔ドイツの言語学者、一七六七~一八三五〕が言語、歴史、教育の面でこれを理論的に体系づけた。フンボルトがプロイセンの文部大臣に就任し、ベルリン大学と人文ギムナジウムの創設を果たしたことで、彼の思想はついに現実のものとなった。[87]

ゲーテは自他ともに認めるロマン主義の創始者であるが、大げさにも一八世紀を「ヴィンケルマンの世紀」と呼んでいる。[88] 陰鬱な時代雰囲気に包まれていた一九三〇年代に、イギリスのドイツ研究家バトラーは、ヴィンケルマンのことを、「ギリシアによるドイツの圧制支配」の一番槍の役を果たした人物だと評している。[89]

一八世紀におけるドイツ人のアイデンティティ・クライシスに対する第二の反応は、ドイツを真のあるべき元の姿、そのルーツへの回帰願望と結合した新ヘレニズムの出現であった。ギリシア=ドイツ間の「特別な関係」およびプロテスタント・ギリシアとカトリック・ラテンという宗教対立の構図についてはすでに触れたとおりである。一八世紀におけるドイツにとっての脅威は、「新ローマ」たるパリ、およびロマンス系言語のフランス語であった。

ドイツ人を新ギリシア人に仕立て上げる動きの背景には、上記のギリシア＝ドイツの古い文化的関係の復活に加えて、別の新しい理由があった。一七七〇年代直前から、ドイツは文化の一大中心地たり得ることを内外に示し始めていた。しかしながら、ドイツはこれに見合うだけの政治的力量に欠けていた。フリードリッヒ大王の軍事力では、プロイセンにドイツ統一の期待はもてず、またオーストリア帝国も同様に無力であった。文化的大国でありながら、政治的には弱体で不統一であるという状況は、ドイツ人が新ローマ人にはなれないが、新ギリシア人にはなれるかもしれないという期待を抱かせたのである。

その当時の代表的な劇作家はヴィーラント〔ドイツの詩人・小説家・批評家、一七三三〜一八一三〕であった。彼は一七六〇〜七〇年代に、ギリシア人を題材とする作品をいくつか書いている。[90] ゲーテは完全にギリシアの虜となり、すでに中年に達していたが、ギリシア語の習得を何度も試みている。[91] ヘルダーもアテネの自由と芸術的独創性に感動してギリシア詩を論じたり、ゲーテが語学学習に挫折するたびに激励を与えている。[92] これらの思想家や芸術家は、ヴィンケルマンや一九世紀新ヘレニズム信奉者たちほど頑迷ではなかった。しかし、新たに見出された古代ギリシアに対する現代ドイツの親近感は、プラトンの「アカデメイア」の復活としての新設大学を含めたドイツ文化界全体にわたり、相当深部にまで浸透しつつあったことだけは疑いない。

ゲッティンゲン大学

ヴィンケルマンは、学問分野としての芸術史の創始者として一般に認められており、ゲーテもむろん彼を学者として遇している。しかし、一八世紀末ドイツに出現し始めた新しい「職業的」大学人の世界、とりわけゲッティンゲン大学のような所には受け入れてもらえなかった。ゲッティンゲン大学は近代性、専門性、職業性を備えた最初の大学であり、その後のあらゆる大学の雛形となった。この大学は、一七三四年にイギリスのジョージ二世とハノーバー選挙侯によって設立されたものであるが、豊富な資金力を持ち、他大学のような中世的宗教・学問の束縛のない新設大学であった。また、イギリスとの関係から、ロックやヒュームなどの哲学・政治思想とともに、スコットランド・ロマン主義が流入する経路となった。前者の人種主義的傾向は、本章二三九～二四一ページで触れたとおりである。[93]

ゲッティンゲン大学における学問研究の際立った特徴は、徹底的な専門性の追求だと言われる。確かにそのとおりである。しかし、諸学問の内容を統合する中心原理となっていたのは、民族性と人種主義であったことを見落としてはならない。これは一つには、イギリスとの学問接触による当然の帰結であるが、それだけではない。重要なのは、それが当時のドイツ教養層全体の支配的意見を反映したものだという点である。[94]ゲッティンゲン大学の教授たちは、世俗に背を向け、ひたすら高度な学問水準を維持することに専念していた。それにもかかわらず、ヴィンケルマン、ゲーテ、レッシング〔ドイツの劇作家、一七二九～八一〕などの「人気作家」の影響から免れることはできなかった。

ヨーロッパ中心主義は、大学創立者の一人クリストフ・アウグスト・ホイマンの主張の中に、露骨に表現されている。彼は職業的研究者の草分けの一人であるが、一七一五年に自ら創刊した学術誌『*Acta Philosophorum*』第一号に、エジプト人は多くの分野で教養豊かであったが、しかし「哲学的」ではなかった、と主張した。すでに見たように、同時代人のモンテスキューやブルッカーですら、あえてそこまではっきりとは言っていない。古代において、愛智《フィロソフィア》とエジプトとがあれだけ深いつながりをもっていたことを思うと、ホイマンの説の大胆さには驚きを禁じ得ない。[95]彼によれば、エジプトの「芸術と学問」とギリシアの「哲学」とはまったくの別物とされているが、この区別は非常に理解しがたい。というのも、彼は後者の定義を「理性にもとづく有効な真理に関する研究および学問」だとしているからである。[96]この不正確な定義のせいで、ギリシア人が最初の哲学者であるという主張を反駁することが、これまでもそして今もほとんど不可能となっている。

古代においても、唯一ギリシア人のみが哲学的能力を持っているという主張*用語解説があるにはあった。これは紛れもない事実である。アレクサンドリアのクレメンスによれば、これはエピクロスがのべたことだとされている。[97]しかしながらクレメンスは、現にこのような評価がきわめて不当であることを示す例も挙げているのである。もう一つ、ギリシア人がすべてに改良を加えたという主張が『エピノミス』に見られるが、これについてはすでに触れた。[98]結局ホイマンは、こうした点には目をふさぎ、エジプトおよびオリエントが学問・知識、哲学の中心地であったとする古代から継承されている数え切れないほどの伝承に対して、果敢に戦いを挑んだのである。

　ホイマンの主張が、ドイツ・ナショナリズムおよびヨーロッパ中心主義と密接な係わり合いを持っていることは、ほぼ間違いない。彼がドイツで哲学の著作、実践活動を行ったのは、このような主張がすでに下火になった時期に当たっていた。また、彼はモンテスキューに先立つ気候決定論者でもあった。[99] ホイマンの説によると、哲学は暑さ寒さの激しいところでは発展できない。したがってギリシアこそが哲学発祥の地だというのである。このようにして、真の哲学を生み出すことができるのは、ギリシア、イタリア、フランス、ドイツなど、温和な気候のもとで暮す住民に限られることにされてしまった。[100]

　哲学はギリシアに始まるという彼の見解は、ドイツ語が哲学的能力をもつ言語であるという彼のもう一つの説とともに、時代をはるか五〇年以上も先取りするものであった。しかし、彼の哲学史に関する著書は、ブルッカーの膨大な著作を前にすると影がうすい。ブルッカーはすでに見たように折衷主義的立場をとっていたが、エジプト人から「哲学者」の称号を剥ぎ取るところまでは手を染めていない。[101] しかし、ゲッティンゲン大学での影響力という点で見るなら、ホイマンの方がはるかに長く尾を引いた。一七八〇年代の哲学史家新潮流の先駆けとなったディートリヒ・ティーデマンなどの人物がこの大学から出て来たのももっともなことであろう。[102] この民族的、「科学的」学派にとってはむろんのこと、後続の学者たちにとっても、「真の」哲学はギリシアに始まるという命題はすでに動かすことのできない定理となっていた。

　一七八〇年代が終わる前に、歴史学は、とりわけゲッティンゲン大学において革命的変動を経験していた。ある一人の教授が、歴史を王や戦争ではなく、民族の「伝記」として記述するプロジェクトを立ち上げたのである。ガッテラーである。これにシュピッテラーが続き、諸制度を民族特有の表現、あるいは鋳型とみなす立場から研究が進められた。[103] さらに重要なのは、歴史・人類学者のマイネルスで、彼は後世、ナチスから人種主義の祖として賛美された人物である。彼は一七七〇～一八一〇年にかけて、これまでの「時代精神」という一般概念を、「Zeitgeist《ツァイトガイスト》」という名のもとに、学問として理論化した。[104] 彼は、それぞれの時代や地域はその状況や制度によって決定される独特の精神性をもつ、と主張した。同種の考えはすでにヴィーコによって論じられていたが、マイネルスはどうやらそれに気づいていなかったようである。[105]

一七八〇年以降になると、歴史家が過去の行動や言説を判断する場合、もはや社会的、歴史的文脈を無視することはできなくなった。しかし、これ以前の歴史家にこの視点がまったく欠けていたわけではないが、多分に誇張されたところがある。この動きと密接不可分な関係にあったのが、マイネルスのもう一つの革新である、「史料批判」であった。これは、歴史家が歴史史料を使用する場合、その作成者や社会的文脈を考慮したうえで価値判断を行い、信頼性を確認したものに限定して解釈を加えるというやり方である。マイネルスは、ブルッカーを始めとするこれまでの学者が、史料を扱うに当たって、それが作成された時の「時代精神」が反映されたものであるかどうかの吟味もしないで、無批判、無差別に使用しているとして攻撃した。[106]

このやり方は、ゲッティンゲン大学の新しい「科学精神」にぴったりと合致していただけでなく、ガリレオの「必要不可欠とされる理由が一つでも見つかったなら、あやふやなものを何千寄せ集めてきた所でどうていかなわない」というモットーの継承でもあった。また、これは実験科学の分野でもきわめて有効な方法であることがわかった。サンティリャーナは次のようにのべている。

> われわれは自らの手で、絶えず点検・確認することを怠ってはならない。ガリレオは、これこそ科学者にとっての試金石だとのべている。もしこれを、説明のためのたんなる理論上の必要手続だと考えるなら、われわれはそのとたんに身を危険にさらすことになる。[107]

マイネルスの方法論は、年代記編纂者から脱した歴史家にとってもはや欠かせぬものとなり、一九〜二〇世紀の歴史文献学の世界を席巻した。歴史家にとって、どの史料にどの程度の重きを置くか、その判断を避けて通れなくなったからである。もしも歴史家が、ある史料をその時代の流れから「はずれている」などと判断し、無視や拒絶をするなら、歴史家は自分の望むような歴史像を気ままに紡ぎだすことができる。歴史家にこの点での認識や自覚が抜け落ちるなら、危険が生じる。すなわち、歴史の中の時代性とか歴史家個人の関心事のみが過大に扱われる傾向が強まるだろう。一八世紀末に関して言えば、「近代的」歴史学者たちが自分たちの「分別能力」を過信したことから、状況はいっそう悪化した。また、彼らには、それまでの学者とは異なり、自分たちは客観的に記述しているのだという確信もあった。さらには、マイネルスと彼の同僚たちにとって、史料の分量や合理的推論は二の次であった。重要なのは、自分たちがどれだけ史料を信頼するかであり、それが史料の質を決定すると主張した。

本書『ブラック・アテナ』で取り扱っている分野に関して言えば、これらの歴史家たちが、信頼性のある豊富で広範な史料に含まれた情報の受け入れを拒否したことにより、古代モデルへの扉は閉ざされてしまった。エジプトおよびフェニキアによる植民地建設、その後の文化的借用を示す数多くの古代史料は、「後の時代のものだ」、「内容が不確かだ」、あるいはたんに「信憑性に欠ける」などの理由で棄て去られてしまった。それだけではない。古代文献の内容には、いくつかで互いに相反する記述が見られるとか、新しい自然科学の知見とは異なるものがあるなどの理由で、自分たちの気に入らないものは手当たりしだいに排除していった。それにもかかわらず、古代モデルがその後に続く四〇年の間、なんとか持ちこたえられたのは、一つには人々の心に強く根ざした伝承の力があったからであり、もう一つとして、これに対抗できる良質の古代史料がなかったことが挙げられよう。古代モデルが転覆させられた後になって、新しい学者たちが否応なく拠り所とせざるを得なかったものは、植民地化について、理由はともあれ何事も黙して語らず、今日ではそれが「暗黙の不同意」とか、「無言の反駁」と解されている古代作家たちの作品ばかりであった。[108]

「史料批判」と「科学的精神」とが結びつくことにより、新しい方法が生み出された。しかしここで注意しておかなくてはならないのは、その誕生の地が、実証主義のフランスや経験主義のイギリスなどではなく、ロマン主義のドイツであったことである。マイネルスを例にとれば、この新しい学問方法は、白人=勇気=自由と、黒人=醜悪という二つの区分を前提に、民族の歴史の記述を「進歩主義的」ロマン主義にもとづいて行うための有効な手段として用いられたのである。この歴史のスペクトルによれば、まずはチンパンジーから始まり、ホッテントットなどを経て、ドイツ人およびケルト人へと至るものであった。[109]

人種的優劣の序列をいっそう細心に系統立てて作り上げたのは、ゲッティンゲン大学の自然史教授ヨハン・フリードリッヒ・ブルーメンバッハであった。彼は一七七五年に『人類の自然的分類について』を著した。リンネの分類学の著作はすでに数十年前に発表されていたが、人類の類型に関する「科学的」研究としては最初の試みであった。しかしながら、彼はリンネによる種の定義――交配による繁殖能力をもつ次世代の産出が可能な集団――を人類に適用することはできなかった。彼の取った立場は進歩主義でもなく、人類発生多元論でもなかった。後者は、人類の創造は一度きりだとする聖書の教えに反し、それぞれの「人種」は別個に造られたと主張することを意味した。ブルーメンバッハが信じる最初に創造された人間は、完全な人でなくてはならなかった。そこで「人種的」差異の説明に彼が引っ張り出してきたのは、前世紀の自然学者ビュフォンの唱えたヨーロッパ中心主義的な説であった。この説によれば、ヨーロッパの通常種が、他大陸での不運な気候のため、退化をきたしたのだという。その結果として、個体の大小、強弱、色の濃淡などの大きな差異が生じたのだと解き明かされた。[110]

「コーカソイド（白色人種）」の語を最初に公の場で使用したのは、ブルーメンバッハである。この語は一七九五年に発表された彼の大著の第三版の中に見出すことができる。彼によれば、コーカソイドは人種の中ではもっとも古く、美しく、有能であるとされ、その他の人種である中国人、黒人、その他は、白人が退化することによって生じたものだとされた。「コーカソイド」とは奇妙な名であるが、彼はこれに「科学的」、「人類学的」粉飾を施した。彼はグルジア人こそ白色人種の中でももっとも美しいと信じていた。しかしそれだけではない。その背景には、一八世紀にヴィーコによって広く知られるようになったとされる宗教信心があった。すなわち、人類の発生はノアの大洪水の後のことだと解する説であり、そして誰もが知るように、ノアの箱舟は南コーカサスのアララット山に漂着したという話である。[111] これらに加えて、ますます影響力を増しつつあったドイツ・ロマン主義が、人類の起源の地、すなわちヨーロッパ人のそれを、古代人伝承のナイルやユーフラテスの河谷ではなく、東方の山中に求めたことも、これを支える力となった。ヘルダーは、「山々を懸命に登り、アジアの峰までたどり着こうではないか」とのべているが、まさにこれを地で行なったものであった。

ヘルダーが人類誕生の地と目していたのは、ヒマラヤ山中であった。一九世紀末まで続くロマン主義者による人類——少なくともその純粋な形であるアーリア人——の故郷探しのなかで、一般に本命視されていたのはアジア高地であった。[112] ドイツ人にとってこの説の有利な点は、西ヨーロッパ人に比べて、人類の純粋なルーツに地理的に多少近いということであった。しかし一九世紀にはそのことが俄然大きな意味を持ってくる。

ブルーメンバッハは、当時の一般常識にしたがって、「セム人」も「エジプト人」もともにコーカソイド（白色人種）の中に含めている。しかしながら、その頃にはコーカソイドという用語は、すでに一七九〇年代から使用されていたアーリア人というもう一つの新しい用語と、ある程度特別な意味的つながりができあがっていたのではなかろうか。[113] 私はそう確信するが、未だ正確な検証をなし得ていない。コーカサスの地は、ヨーロッパを象徴するプロメテウスが監禁され過酷な懲罰を受けた物語の舞台である。彼は、聖書にあるノア第三子のヤペテと同一人物とされるイアペトスの子で、ヨーロッパ人の先祖である。また、人類のために火を盗んだ彼の行為は、英雄、奉仕、自己犠牲的なものとして称揚され、彼はアーリア人の典型として祀り上げられることになった。ゴビノー〔フランスの貴族、一八一六～八二〕は、彼を白人家族の始祖と言い、二〇世紀の極右人物ロバート・グレイヴス〔イギリスの作家、一八九五～一九八五〕に及んでは、プロメテウスの名は「鍵十字」を意味するなどとのべている。[114]

ゲッティンゲン大学のもう一人の教授、シュレーツァーが一七八〇年に企てたのは、「ヤペテ」語族の設定であった。この語族には、後にインド・ヨーロッパ語族の名称のもとに分類されることになるほとんどの言語が含まれていた。彼のこの企ては失敗に終わったが、「セム」語族という分類を立てることには成功した。[115] ゲッティンゲン大学でセム学を取り仕切っていたのは、彼の師であるミハエリスである。彼は当代きってのヘブライ研究者であったが、また同時に名うての反ユダヤ主義者でもあった。[116]

すでに十分に明らかになったはずであるが、ゲッティンゲン大学は一七七五～一八〇〇年のあいだに、後続大学の手本となる多くの制度・組織を作り上げた。また、教授陣は今後の新しい専門研究領域での研究・発表を行うための知的枠組みの構築を図った。この際だって優れた集団における知的醸成の核となっていたのは、疑いもなく古典文献学であった。この学問は後になって、より堂々としてしかも新しさを感じさせる「古典古代学」の名称を授けられることになる。[117]

この分野を差配していたのは、クリスティアン・ゴットローブ・ハイネ〔ドイツの古典文献学者、一七二九〜一八一二〕であった。彼はこの大学町にやって来て教授職の地位を得ただけでなく、婚姻を通じてブルーメンバッハとは義理の兄弟となった。教授に就任した一七六三年から、死亡する一八一二年の間、彼は町と大学にとっての重要人物であった。図書館を短期間のうちにヨーロッパ屈指の水準にまで引き上げたのも、彼の功績の一つであった。彼は「近代的」職業的学問の確立に積極的に取り組んだだけでなく、ソクラテスにならって、より開かれたセミナーを推進した中心人物の一人でもあった。[118] 史料批判もこうした取り組みの中で発展していった。

史料批判の矢面に立たされたのは、言うまでもなく古代モデルと、エジプトを好意的に扱うギリシア文献であった。[119] 史料批判は人口統計や知能検査における因子分析法に似たところがある。スティーブン・グールドは次のようにのべている。

実際のところ、この分析法のすべての手順は、知能に関するある特定の理論の証明を目的としたものであった。すなわち、因子分析は純粋な演繹的数学であるにもかかわらず、社会系研究分野で、ある特定目的に役立てるために開発されたのである。この方法は、堅固な数学的基礎の上に打ち立てられたものではあったが、知能の生理学的構造の解明の手段としてやみくもに用いられたため、早くから本末転倒が見られた。[120]

C・G・ハイネは、ドレスデンで図書館に勤務していた頃に、ヴィンケルマンの知遇を得た。彼は職業的研究者としてヴィンケルマンの著書を批判してはいるが、彼の情熱的新ヘレニズムから影響を蒙っていたことに間違いはない。[121]

ルドルフ・プファイファーは次のようにのべている。

ハイネおよび彼の同僚や弟子たちの学問と、同時代の他の学者たちの学問とを区別するものは何かと言えば、それはヴィンケルマンの影響の有無に他ならない。[122]

科学史家スティーヴン・ターナーは、ドイツにおける伝統的「教養的学問」から「職業的学問」への転換についての研究で知られるが、この点についてさらに踏み込んだ見解を発表している。

ハイネの力によって、新人文主義もまた古典研究の活性化や大衆化に奉仕した。ハイネは生涯をかけて、大学や学界の伝統的文献学と、在野で高まりつつあった新ヘレニズムの美学やワイマール古典主義などの諸潮流とのあいだでの、橋渡し役を果たそうとしたのである。[123]

ハイネのことを「ロマン主義的実証主義者」と呼ぶことも可能であろう。フランク・マニュエルの評に従えば次のようになる。

彼の学識には文句のつけようがなかった。テキスト校訂は、周辺分野の研究を別にすれば、伝統に沿ったものであった。彼を含めてこれまでの何世代にもわたるドイツ人学者を鼓舞してきた精神は、一八世紀における彼と同時代の文人に取り憑いていたロマン主義的ヘレニズムと何ら変わるところはなかった。[124]

ハイネは海外旅行や異国の民に対して、ひと際強い関心を抱いていた。ドイツの大学で生きていくうえで教授の娘と結婚することの重要さを考えると、ブルーメンバッハが彼の義理の弟であったことよりも、二人の義理の息子がヨーロッパを飛び出すことを企てていたことの方が、より重要であったと言えよう。二人のうち、ヘイランについては第6章で触れることがあろう。もう一人のフォルスターであるが、彼はキャプテン・クックの世界周航に同行して記録を残し、知名の士となった。フォルスターは政治的には急進派に属し、人種に関わりなく搾取を嫌い、人類発生多元説の可能性を認めていた。ハイネとフォルスターは互いに敬愛し、多数の手紙を遣り取りしているが、そのほとんどは熱帯風土や人類学について語ったものである[125]。

ハイネにはキリスト教への関心はもともと乏しかった。しかしながら、一七八九年のフランス大革命による両極対立の中で、彼は断固として現状維持派支持へとまわった。彼の容赦ないフランス革命非難はどこから来たのであろうか。フォルスターへの怒りからだけで説明可能であろうか。と言うのも、フォルスターはパリへと走り、革命へ身を投じていただけでなく、妻にしていたハイネの娘とも別れ、彼女の無二の親友でセム学者ミハエリスの娘でもあるカロリーヌとの愛を選んでいたからである[126]。

ハイネの怒りを理解するためには、彼の根底にあるハノーバー家とドイツの現状維持への強い思い入れを見なくてはならない。大学を守るためには現状維持が必要であり、フランス占領軍へ加担するような事態は起こってはならないことであった。ハイネの多くの弟子および支持者たちにとって、フランスとその革命思想に反対し、プロイセン側に立って協力することは当然であった。「古典古代学」は後にイギリス、アメリカに持ち込まれると、その名も「古典文学」と変わり、新しい学問分野として成立する。しかし発祥の地はと言えば、革命よりは改革的な志向、人種と民族への執着、徹底した専門性の追求を旗印に掲げたゲッティンゲン大学こそがまさにそこであった。この開祖にも新学問にも共通していたのは、伝統的秩序と宗教に挑戦したフランス革命に対する反発、人種間の差異と不平等へのこだわりであった。それらはまた、一八世紀末のロマン主義の熱狂、進歩主義的新ヘレニズムともつながりをもつものであった。

第5章　ロマン主義言語学——インドの上昇とエジプトの下降　一七四〇～一八八〇年

第5章では、古代モデルが凋落していく過程を見ていく。古代モデルが凋落した二〇年後には、アーリア・モデルが興隆期を迎えることになるが、両モデルとも、この時代の社会背景の下での社会的、思想的な影響をともに強く受けていた。しかし、その影響の仕方はそれぞれまったく異なるものであった。一八七〇～九〇年代にかけて、サンスクリット語やインド諸言語への関心が高まり、それらとヨーロッパ諸言語とのあいだにある系統関係を解明しようとする動きが現われた。まず最初に言語学的な動向から見ていくことにしよう。こうした動きが展開することにより、一八三〇年代までには「インド・ヨーロッパ語族」という一般概念が成立した。この概念は、人種主義の高揚という時代風潮の中で、インド・ヨーロッパ人種や「アーリア人種」という概念へと急速に拡大、成長を遂げていった。新たにインドに熱いまなざしが注がれたことは、ヨーロッパのエキゾティックな祖先と考えられていたエジプトを葬り去ることを意味した。しかし、この新たな先祖選びの基準は、哲学や理性の継承者という観点からなされたものではなく、血縁や親族関係というロマン主義的な価値判断をもとにしてなされたものであった。

古代モデルに話を戻ろう。一七八〇年代以降、人種主義や、「民族性《エスニシティ》」を軸にした歴史解釈といった新しい思想潮流が広がったことによって、これまでの古代エジプトに対する見方は一変してしまった。エジプト人は高貴なコーカソイド（白色人種）の席から追い立てられ、一変して「黒人」的、アフリカ的特徴が強調されるようになった。それまで、エジプト人はギリシアの文化的ルーツであり、さらにはヨーロッパ文明の雛形《ひながた》、あるいは純粋な幼年時代として賞賛の的であったものが、いまや嫌悪の的となってしまったのである。さらにもう一つ、デュピュイの論文の評価をめぐって、エジプト神話とキリスト教との間の対立という新たな危機が頭をもたげてきた。イデオロギーや神学の分野から、旧来の社会秩序を打ち破ろうとするフランス革命派の攻撃に呼応して立ちあがったのが、デュピュイであった。このような当時のフランスの社会背景の理解抜きに、一八一五〜三〇年のフランス革命後の反動期にシャンポリヨンがなめた辛酸の意味を正確に理解することはできない。シャンポリヨンは自他ともに認める革命派であり、熱烈なナポレオン支持者であった。しかし、彼が初期の論文においてデュピュイ支持派の理論的誤りを発見しそれを論破したことは、教会と復古派貴族を喜ばせる結果となった。他方、ギリシアよりもエジプトを上位に置いたシャンポリヨンの思想は、革命派という彼の政治的立場とともに、ギリシア古典学者やインド学者から反発を買うことになり、彼が大学に職を得ようとする際の大きな障害となった。

シャンポリヨンは、一八三二年に四一歳という早すぎる死を迎えた。彼は死の直前、エジプト古代文明をより古い時代に設定したため、キリスト教の権威に難癖をつけるものとして、キリスト教会だけでなくギリシア学者も敵にまわすはめとなった。エジプト学は、エジプトに対する大衆的人気や、辛うじて残存するフリーメイソンのエジプト崇拝心に支えられていたものの、彼の死に続く続く二〇年のあいだに急速に衰退に向かった。ようやく緩慢ではあるが回復の兆しが見えてきたのは、一八五〇年代末になってからのことである。しかし、一八六〇〜八〇年のシャンポリヨン精神と吹き荒れる人種主義やギリシア愛好熱とのあいだの緊張の時代を経て、一八八〇年以降、エジプト学はギリシア古典学の優勢の前に学問的独自性を喪失し、これに飲み込まれていった。

それ以降も、エジプトには高度な宗教、哲学、科学と呼べるものがかつては存在した、と主張する古代支持派の主張は、小さな声ではあるが途切れることなく続いている。支配的見解によれば、エジプト人は技術的には熟達していたが、「真の文明化」はされておらず、ギリシア人が彼らを尊敬していたのは幻想にもとづくものだという。このような「公式見解」と実際に目にする数々の古代モニュメントや文献史料とのあいだには、大きな断絶が生じていた。

今日、エジプト学に関する数多くの既存文化・学問への対抗潮流が見られるのも、こうしたことが一因となっている。

本章では、こうした動きのうち、二つを取りあげることにする。一つは、解剖学、形質人類学の専門家エリオット・スミス〔オーストラリアの人類学者、一八七一〜一九三七〕の提唱する「伝播論」である。これによれば、エジプト文明を築いたのはアジアからの移住者であり、この文明は彼らによってヨーロッパはじめ世界各地へと拡散していったという。もう一つは、「ピラミッド学」研究者からなる学派の動きである。この中の穏健派グループは、ギザの大ピラミッド建設はきわめて高度な天文学と数学の知識をもった建築家たちの設計にもとづくものだと主張している。これらエジプト学の「異端」と正統の両派が、互いに接点を見出す可能性があるのかどうかを見ていくことで、本章の結論としたい。

インド・ヨーロッパ世界の誕生

言語は、ロマン主義者が今も昔も執着して止まないテーマの一つである。彼らにとって、言語とは特定の地域、風景、気候などと一体化したきわめて個別的なものであり、それぞれの民族の貴重な個性の表現とみなされている。ヘルダーは、言語、とりわけ音声言語にとりつかれていた。彼は、イギリスにおけるホメロスの熱狂的礼賛者ブラックウェルや、ドイツの神秘主義哲学者ハーマンにならって、言語に対する思考や理性の優位性を否定する。啓蒙主義者たちがエジプトのヒエログリフ（聖刻文字）や中国の漢字などの表意文字を偏愛したのは、音声表記上の制約がないため、普遍概念そのものを表現していると考えたからである。しかし、ヘルダーやロマン主義者にとっては、言語の主要な機能は理念の伝達ではなく、感情の表現にあった。それゆえにこそ、ドイツ語とギリシア語は賞賛に値するのである。すでに第4章で見てきたように、一八世紀半ばにギリシア語がもてはやされたのは、哲学を伝えているからではなく、詩的言語として優れているとの評価によるものであった。[1]

ヘルダーやその他のロマン主義者たちの言語へのこだわりは、歴史言語学の成立ともおおいに関係している。さらに、ロマン主義の影響は、この新しい学問分野で採用された言語の分類・系統関係を表示する二つのモデル——系統樹と家系図――にも見て取ることができる。どちらも美的で整然としており、しかも進歩のイメージを象徴している。一九世紀の学問と科学の分野で、これらがしきりに用いられたことも納得できる。歴史言語学は、言語の始まりは単純であるが、それがやがて枝分かれし細分化されていくという前提に立つ。言語はそれぞれ独自の規則性を持った変化を通じて分岐するが、そのプロセスは系統樹によって跡づけ示すことができるという。新学問の出発に当たっては、これはきわめて有効な考え方であった。しかし他方では、系統樹と家系図はどちらも「引き返し」や混合・合流が認められないので、目的論的傾向を帯びていた。すなわち、それぞれの言語は、その始まりにおいては、その後における他言語との接触があったとしても、決して変容するはずのない固有性質を備えている、という見方である。[2] 歴史言語学は、一九世紀末までに活力を失ってしまうのだが、その原因の少なからぬ部分はこの点にあった。ここではその指摘だけにとどめ、詳しいことは第7～8章であらためて取り上げることにする。

言語学はその衰退期に入るまで、知識人の知的興味をもっとも惹きつけた分野の一つであった。シュレーツァーが、セム語家族という分類を立てたことについては、すでにバルテルミの作品やゲッティンゲン大学の発展について取り上げたところで触れた。一八二〇年までには、クリスティアン・ラスク〔デンマークの言語学者、一七八七～一八三二〕やヘルダーの弟子フランツ・ボップ〔ドイツの言語学者、一七九一～一八六七〕などによって、ヨーロッパの多くの言語について音声・形態間の歴史的比較研究が行われていた。[3]

言語学におけるこのような研究は、明らかに新たな系統的人種分類学に連動するものであった。コーカソイド〔白色人種〕がアジア山岳地帯から出て来たものだとするなら、ヨーロッパの言語もまた当然そこに源を発しているはずである。そしてゲルマン人が、「原　郷《ウーアハイマート》」を離れた最後の民族だとされたことから、彼らの言語こそが言語グループの中で、より純粋で古いものだということになった。この新定義による言語グループに対し、一八二三年に、ドイツ語によって、「インド・ゲルマン語族《インド・ゲルマーニッシュ》」の名称が与えられた。その名付け親は、ドイツ人のインド学者クラプロートであった。[4] しかしボップは、一八一六年にトーマス・ヤング〔イギリスの科学者、一七七三～一八二九〕が初めて用い、ドイツ以外の学者が好んでいた「インド・ヨーロッパ語族」という呼称の方を支持していた。[5]

サンスクリット語との恋愛

語頭に「インドの……」という形容詞が付けられた事物は、何かしらインドとサンスクリットへの熱い想いが込められていると考えてよいだろう。二〇世紀初期フランスの学者レイモン・シュワブは、一九五〇年に出版した『オリエンタル・ルネサンス』の中で、フランスやイギリスによるインド亜大陸の進出とともに、古代インドおよびイランの文化・言語への関心が高まっていった過程を考察している。一九世紀の思想・芸術発展の先導役を務めたのは、言語学者で熱烈なロマン主義者でもあったフリードリヒ・シュレーゲル〔一七七二〜一八二九〕である。「オリエンタル・ルネサンス」の概念を最初に紹介したのも彼であった。彼は『インド人の言葉と知恵』で次のようにのべている。

一五〜一六世紀に、イタリアとドイツにおいて、古典学問の美しさを賞賛する声が急激に高まったが、これは熱意のある学者とそのパトロンたちがいたからに他ならない。しかも、古典学問の重要性への認識がきわめて短期間のうちに拡大したことにより、あらゆる知識と科学の形態が、それどころかほとんど世界そのものが、甦った知識の力によって、変革と刷新を遂げたのである。インド文学研究の場合にも、このような人々が出てきて欲しいものだ。[6]

シュワブの本の題名『オリエンタル・ルネサンス』は、一八四一年に出版されたキネ〔フランスの歴史家、一八〇三〜七五〕の本の中にある章のタイトルから取ったものである。シュワブとキネーは時代が異なるが、ともによく似た二つの基盤の上に立っていた。一つは、「新オリエンタリズムは新古典主義を追い越した」という主張である。[7]同工異曲ではあるが、オリエンタリズムは中世主義と連合して古典主義を凌駕しつつあるという主張もあったが、一八四〇年代にはたんなる机上の理論としてならともかく、ありそうもない話であった。一九世紀末になって、ギリシア・ローマの勝利と古代インドの没落が確定したが、だからと言って事情が変わったわけではなく、このようなオリエンタル・ルネサンスの主張が通るはずもなかった。シュワブがこのような議論を蒸し返してきたのは、たんなる尚古主義によるものでしかない。

オリエンタル・ルネサンスの背景にあったもう一つの基盤は、科学史神話とも言えるもので、「闇、混乱、迷信の世界に光、秩序、科学をもたらすのは英雄である」という説である。この説によれば、ロマン主義以前の時代には、「オリエント世界」について人々はまったくの無知であり、関心の対象にすらならなかった。初めてその存在に目を開かされるのは、やっと一八世紀末になってからだという。確かに、啓蒙主義の時代においては、エジプトはしばしばオリエントではなく西洋世界に属するものとみなされていた[8]。しかし他方においては、すでに第4章で明らかにしたように、優に一七五〇年よりも前の段階で、エジプトおよび中国に対する強い関心があり、それらの知識も決して生半可なものではなかった。啓蒙主義思想家のあいだで、インドはエジプトや中国ほど大きな位置を占めてはいなかったが、一七〜一八世紀初めには、少なくともインドに対する敬意は存在していた。ヨーロッパの制度や宗教との比較研究において、エジプトの神官や中国の知識人階級は高い評価を受けていたが、インドのバラモンに対する評価はそれほどでもなかった。しかし、実際に彼らが果たしていた社会的役割においては、共通するところがあった。

言うまでもないことだが、インドで彼らの古代言語サンスクリット語についての知識が途絶えたことはなかった。一七世紀末には、西洋でもこの言語の研究が始まっていた[9]。こうした流れの中で、ウィリアム・ジョーンズ卿〔イギリスのインド学・言語学者、一七四六〜九四〕は一七八八年に、サンスクリット語とギリシア語・ラテン語の関係について、次のような見解を公表した。


サンスクリット語とギリシア語、ラテン語とを比較すると、動詞の語根や語形変化の形式において、偶然として片付けられない強い親縁性が認められる。この三言語を詳しく調べてみるならば、おそらく今では存在していないある共通の源から発生したものであることを、どんな言語学者も結論づけないわけにはいかないだろう。断言はできないが、同じ理由から、ゴート語とケルト語についても、異なった言語との混合があったにせよ、ともにサンスクリット語と起源を同じくしているのではないかとの推測が成り立つ[10]。

一九世紀のドイツやイギリスの学者にとって、自分たちの言語が不純物との混合の産物であるかも知れないなどという考えは、とても受け入れられるものではなかった。このことは別にしても、ジョーンズの簡潔で賞賛に値する見解は、可能性を取り上げたものにすぎなかったが、以後インド・ヨーロッパ語研究およびその他すべての歴史言語学の礎となった。

言語間にある親縁関係の存在によって、インドの言語・文化は、一気に先祖とみなすまでにはいかないまでも、エキゾチックではあるがかなり親近感をもてる存在となった。それには理由がある。ジョーンズは、サンスクリット語とヨーロッパの言語は、未だ特定されてはいないが、おそらく同じ祖先から出たものであろうと、慎重な言い回しをしている。それにもかかわらず、一般には、サンスクリット語がインド・ヨーロッパ語族の原初を成すものだと受けとめられていた。それだけではない。インドの伝説によれば、バラモンは、中央アジア高原地帯から出てインドを征服した「アーリア人」の後裔だとされている。言語や伝説によるヨーロッパ語族とサンスクリット語との結びつきは、もはやドイツ・ロマン主義者の信仰とも言える「人類とコーカソイド（白色人種）は中央アジアで生まれた」という説にお誂え向きであった。[11] 一七九〇年代から一八二〇年代にかけての、インド文化全体に対する度外れた熱狂の背景には、このような力が作用していたのである。しかしジョーンズの主張の衝撃は、短期的な面では言語学よりも文学の世界に大きな影響を与えた。彼が手がけたインド古典詩の翻訳は、ヨーロッパじゅうで大歓迎を受けた。[12] 一九世紀初頭のイギリス詩壇の湖畔詩人たちも、まるで感激措くあたわずというありさまであった。一七九一年にゲーテは「『シャクンタラ』〔ジョーンズ翻訳のインド古典戯曲〕と言えば、余計な解説を加えなくてもそれだけで十分通じた」[13] と記している。ナポレオンが一七九八年のエジプト遠征時に『ヴェーダ』を携えていたことも、有名な話である。[14]

サンスクリット語講座が数多くの大学に開設されたり、インド・ゲルマン語としてのドイツ語研究と結びついた研究分野が作り出されたのも、こうした熱狂の産物であった。しかしこうした動きは、ラテン語とギリシア語による古典言語独占体制にとっては、脅威となりかねないものであった。[15] サンスクリット語およびゲルマン語研究が、ことさら既存古典言語に対して戦いを挑んだわけではないのであるが、そのような危惧を感じた学者もいた。たとえば、一八二〇年代のカール・オットフリート・ミュラーや、一八九〇年代のサロモン・レナックなどがその代表例である。[16]

そもそも、この新しい学問分野のおもな担い手は、インドに植民地利権をもつイギリスとフランスであった。しかしながらイギリスの熱意は冷め、フランスにおけるサンスクリットや古代インド研究も、ドイツ・ロマン主義の勢いに押し流されてしまった。ドイツでこの分野の主役を演じたのは、フリードリヒ・フォン・シュレーゲルとその兄ヴィルヘルムであった。兄はボン大学でサンスクリット研究の初代教授を務めた。一方ベルリン大学の創設者であるヴィルヘルム・フォン・フンボルトは冷静な人物であったが、インドのヒンドゥー教聖典『バガヴァッド・ギーター』を手にした時は、思わず涙して長生きのありがたさを神に感謝したという。[17]

シュレーゲル主義者とロマン主義言語学

インド熱に浮かれたフリードリヒ・シュレーゲルが「すべてのものが、文字通りすべてのものが、インド起源である」とのべたのは、一八〇三年のことであった。[18] 彼は旧約聖書のバベルの塔の伝説や、後世の多くの思想家の所説に対抗し、言語多元発生説*用語解説を最初に唱えた人物であった。彼によれば、インド・ヨーロッパ語族とその他の語族とのあいだには絶対的な違いが存在するという。インド語とセム語との関係を認めたウィリアム・ジョーンズや彼の同時代人を攻撃するのもこのためである。[19]

アーリア人種という観念は、その源をたどればシュレーゲルにまで行き着く。もっとも、彼自身がはっきりそうとのべているわけではないが。彼にはあふれるほどのロマン主義的情熱と、古代インド民族の優秀さへの確信があったので、自分の主張を裏づける証拠が何ひとつないことも、さして気にしなかった。「アフリカ人がどうしてあのような高度な文明を生み出すことができたのか?」という「アフリカ問題」に対して彼が出した答えも、実に単純なものであった。エジプトは、インド人によって植民地化され、文明化されたのだと。彼にかかると、エジプト文明の壮大な建造物群を完成させた能力も、インド人の偉大さを証明するものとされた。[20] エジプト文明のインド起源説は、一九世紀を通じて命脈を保ったが、これについては、ゴビノーを取り上げる際に再度触れることにする。

シュレーゲルは人種に大きな関心を持っていたが、言語の重要性についても決して忘れてはいなかった。彼によれば、言語には二種類ある。一つは、「高貴」とされる屈折言語*用語解説。もう一つは、言語としての完成の域に達しているとは認められない、非屈折言語である。前者は霊的起源をもつが、後者は「動物」起源であるとされる。[21] インド語を母胎とし、屈折をもつ言語のみが、明晰で透徹した知性および高度な普遍的思想を担うことができる。[22] これが彼の言語観であった。

いささか意外ではあるが、シュレーゲルはナチスからあまり高い評価を受けなかった。ユダヤ人の解放を主張するなど、彼が政治的には反ユダヤ主義の立場をとらなかったことや、高名なユダヤ人哲学者モーゼス・メンデルスゾーン〔一七二七～八六〕の娘を妻としていたという個人的事情などが、その理由として考えられる。[23] また彼は、「アラビア語とヘブライ語のもつ至高の力とエネルギー」を賞賛する一方、「これらの言語は、それぞれが属する枝分かれした部分の最上部に位置している」とものべている。[24] さらに、この二つの言語は「霊的言語」と「動物言語」の混血だと言うこともあった。[25] どのような言い回しをするにせよ、アラビア語とヘブライ語を低次元の言語であると見なしていることに変わりはない。シュレーゲルは、ユダヤ文化がエジプトからの影響を受けていると考えており、エジプトの高度な文化はインドからもたらされたものだと主張していた。[26] シュレーゲルは、言語と人種とを結びつけたという点でも先駆者の一人であった。彼の言語多元発生説の主張は、明らかに当時の社会の人類多元発生説への傾倒を反映したものであった。[27]

アーリア人やセム人などの人種分類への道を拓いたという点で、シュレーゲルはまぎれもなく時代の先頭を走っていたと言える。しかし彼の考えは、その後の四〇～五〇年もの長い間、真剣な議論の対象として取り上げられることはなかった。その外的理由としては、この時期、人種主義的な反ユダヤ主義勢力が社会的にそれほど強くなかったことが挙げられよう。内的理由としては、彼の言語理論そのものに矛盾があったからである。[28] シュレーゲルの主張によれば、接辞付加*用語解説〔膠着〕と屈折とでは、言語の本質が根本的に異なるという。この場合、接辞付加とは、語に対して接尾辞や小詞《しょうし》を外部からそれに付け加えることであり、屈折とは語幹そのものが、彼の言う有機的方法によって、内部的に変化することを意味する。[29] インド・ヨーロッパ語族至上論者にとっての不幸は、セム語がまったく申し分のないほどに屈折することであった。それに何よりも「語幹」などという文法用語自体が、ヘブライ語文法からの借り物であった。[30] このような事情から、後の学者たちは、セム語をインド・ヨーロッパ語族とともに最上位に置かざるを得なくなった。また、バルテルミがフェニキア語とコプト語を取り上げ、この二言語間の基礎構造におけるきわめて特異な関係を指摘したのは、一七六〇年代のことであったが、このこともまた一九世紀において、真剣な検討に付されることはほとんどなかった。言語分類上の「上位家族」として、セム語、エジプト語、およびその他のアフリカ諸言語までをも含めたセム・ハム語族、あるいはアフロ・アジア語族の概念が一般に受け入れられるようになったのは、ようやく第二次世界大戦終了後のことであった。[31]

シュレーゲルのこのような言語説は、一九世紀中頃の言語学者たちによってもう一つ別の大きな手直しを受けなくてはならなかった。それは「進歩」思想にかかわっていた。彼は、これまでの言語史研究のための学問から、歴史をつくり出す原動力としての言語をいかに理解するかという学問へと、言語学の目的を転換させるうえで、大きな役割を果たした。また彼は、「進歩」思想を部分的にではあるが、自分の思想の中に取り込んでいた。しかし、「霊的」なインドの言語を退化したものとみなしたことにより、自らが進歩の時流に取り残されてしまった。本来完全なものとして作られていたものが、程度はともかくとして、退化をきたしたと言ったのであるから、自業自得であったが。その一方で、彼によって「動物言語」とされた言語においても、それらが複雑化していけば「進歩」するとされた。[32]「進歩」のパラダイムへの傾斜を強めていった後の学者たちは、ここでもシュレーゲルの言語観に修正を加え、言語間の優劣関係は、進化の中での相対的位置によって説明しなくてはならないはめになってしまった。

イギリスとフランスの学者たちも、インド・ヨーロッパ語族が他のいかなる言語よりも優れていると確信していた点では、決して人後に落ちるものではなかった。しかしながら、フランス語話者にとっては比較的屈折が少ないので、シュレーゲルの説のこの部分については素直に喜べないところがあったに違いない。しかも言外に、哲学や宗教を論じるのに適した言語は、サンスクリット語、ギリシア語、ラテン語、ドイツ語だけだという主張を含んでいたとあっては、なおさらのことであった。一方、ドイツの学者たちは、すでに先にのべたような修正を加えたが、そこにとどまることなく、彼の説をさらに一歩先に進めようとした。たとえば、ヴィルヘルム・フォン・フンボルトであるが、彼は言語進化の方向が、接辞の接合を行う言語すなわち膠着言語から、屈折言語へと向かうという説に傾きつつあった。ただ、両種の言語間には決定的な違いがあるという前提には、少しの違いもなかったが。[33]

ヴィルヘルム・フォン・フンボルトの天才ぶりは多岐にわたって発揮されていたが、その中でも特筆に値するのは、バスク語とマレー・ポリネシア語研究の基礎を築き上げた点であろう。しかし、彼はサンスクリット研究に関しても、並々ならぬ情熱を傾けていた。彼によれば、サンスクリット語は中国語よりもはるかに優れた言語であった。その理由は、前者が複雑・豊富な屈折をもつ言語であるのに対して、後者は「孤立言語」*用語解説であり、英語よりも屈折が少ないからであった。しかし、一八二〇年代に書かれた中国語に関する論文の中で、彼は、中国語には語形変化がないにもかかわらず、論理的思考を行ううえでは、インド・ヨーロッパ語にひけはとらないとまでのべている。[34]その一方で、中国語には屈折がないために「自由な思考の高揚」が阻まれているとも言う。[35]彼によれば、それは文法的形式による導きなしには実現できないものであった。このようにして、中国語は文字に生命力が欠けているだけでなく、話し言葉においても、ドイツ・ロマン主義者が言語の要件として重視する感情表現力が、十分に備わっていないと見なされることになった。イギリスやフランスのロマン主義者たちのあいだに、同じような主張が見られないのは、自分たちの言語に屈折が欠けていたからであろう。

ロマン主義者たちが、屈折言語のみが思考や感情を自由に表現できるとみなしたことにより、啓蒙主義者の中国かぶれと彼ら自身の新しいインド人たちへの勝手な思い入れとの違いが、いっそう際立ったものとなった。[36]フンボルトは、中国を手放しで礼賛したわけではなかったが、彼の研究対象が非インド・ヨーロッパ語族へと向かったこともあり、一八二〇年代に達するまでに、彼には旧世代人という烙印が押されてしまった。こうして、啓蒙主義から脱した若い世代の清新な力は、ただひたすらにインド・ヨーロッパ語研究へと向けられることになった。

オリエンタル・ルネサンス

キネーとシュワブによれば、インド研究の飛躍的発展は、「オリエンタル・ルネサンス」全体から見るなら、ごく限られた中央部分での現象にしかすぎないという。また、オリエンタル・ルネサンスは、シュワブが正しくも指摘したように、ロマン主義にとって欠かすことのできない構成部分であった。二人はオリエンタル・ルネサンスと、一九世紀における古代文字解読作業における偉大な成果とのあいだには、密接な関連があるという[37]。楔形文字の解読作業は、確かにゲッティンゲン大学のロマン主義者であるグローテフェントが、一八〇〇年にペルシア王名の解明に手を染めたのがその始まりであった。しかしながら、これよりもはるかにめざましい成果であるヒエログリフの解読を導いたのは、ロマン主義でも、オリエンタル・ルネサンスでもなく、エジプト・フリーメイソンの伝統とフランス革命の科学精神に他ならない[38]。

シュワブは、他方でオリエンタル・ルネサンスが、学問分野としての「東洋学《オリエンタリズム》」の成立と連動したものであると主張しているが、それは部分的に言えることでしかない。アラビア語は、高度な文明の言語とされていたため、それ以後の時代においても学ばれ続けてきた。しかし、アラビア語が近代的な学問として確立したのは、ナポレオンによるエジプト遠征の動きの中で一七九九年に東洋語学院がパリに設立され、シルヴェストル・ド・サシ〔一七五八～一八三八〕が初代教授に就任してからのことであった。ド・サシは、まだ先行き不明な東洋学の教師であり、同時に君主制の支持者でもあったが、このことは、オリエンタル・ルネサンスのもつロマン主義と保守主義という二面性をみごとに体現したものだと言えよう[39]。フランスがアラビア語を必要としたのは、エジプト遠征と一八三〇年に始まるアルジェリア征服を実行するためであった。そのような事情を持たないドイツでは、アラビア語への関心は希薄であった。さらに、エドワード・サイードが指摘するとおり、東洋学《オリエンタリズム》はイスラムをキリスト教の仇敵として憎悪する伝統を継承していた[40]。これとの関連で見落としてならないのは、東洋学《オリエンタリズム》の成立にとって決定的に重要な時期であった一八二〇年代は、キリスト教ギリシアとイスラム教トルコ・エジプトとのあいだで戦われた、ギリシア独立戦争〔一八二一～二九〕の時代であったことである。しかしながら、セム文化はアーリア文化とは対等ではなかったにしても、宗教や言語に関する限り、同じ次元での扱いだけは受けていた（第7章参照）。
オリエンタル・ルネサンスにとって、中国はその対象外であった。一六世紀以来、中国は多くのイエズス会士を通して知られており、一八世紀末までには彼らの手による翻訳や多数の旅行記によって、中国の事情はかなり詳しくヨーロッパに伝えられていた[41]。パリでは、その当時から中国語が教えられていた。しかし、パリ以外のヨーロッパ各地で正規の中国語教育が行われるようになるのは、一九世紀末まで待たなくてはならなかった。サンスクリット語講座がベルリンで最初に設置されたのは一八一八年であったが、中国語研究がドイツで地歩を固めるのは、なんと一九世紀末のことであった。あるフランス人の中国学者は、一八九八年に、「ドイツとオーストリアは、東洋学のいくつもの分野で輝かしい地位を占めているのに、こと中国学においては、我らの後塵を拝するのみである」[42]とのべている。

オリエンタル・ルネサンスの時代、ドイツ学界の主流は、この新しいエジプト学とはなかなか関係を持とうとせず、ドイツにおいてエジプト学が席巻するようになったのは、一八八〇年以降のことであった。フランスの東洋学者《オリエンタリスト》たちのシャンポリヨンに対する敵愾心については後に検討するが、ここでは、シュワブを見てみよう。彼は自著の一章を「エジプトへの偏見」と題し、その中で次のようにのべている。「西洋世界に対してオリエント側から最初に重大な影響を与えたのはエジプトであるという説があるが、これは完全な間違いである。事実はこうである。学者が描くようなエジプト像は、よほど後世になってから出てきたものであって、せいぜい一九世紀の産物にすぎない」[43]。ここで彼が言いたかったことは、彼自身がわざわざ注釈を付して明らかにしているように、「一九世紀のエジプトに対するのぼせあがりは、その対象をインドに置き換えたのである」[44]。

しかしながら、このような言い方をすると事の本質がわからなくなる。どこから正したらよいのか、私としても迷うほどだ。まず第一には、東洋学者《オリエンタリスト》たちのエジプトに対する敵意があったことと、エジプト学の成立が遅々として進まなかったことを指摘しておきたい。第二には、すでに見てきたように、「西洋世界に対して、オリエントから最初に重大な影響を与えたのはエジプトである」との説は、古代から言われてきたことであって、インドへの関心などとは古さがまったく違うということである。第三には、一九世紀前半に、エジプトへの好奇心がかなりあったことは確かであるが、それはエジプトがエキゾチックで物珍しかったからである。すなわち、ヨーロッパ文化の祖形として見なされていた頃の、かつてのエジプトとはまったくの別物としてであった。かつてのエジプト・イメージが占めていた場所に入れ替えに入り込んできたのが、ロマン主義的なインド・イメージであった。

学問としての東洋学《オリエンタリズム》は、その成立時からかなり限定的な性格をもっていた。つまり、初期の東洋学者《オリエンタリスト》が研究対象として敬意を払っていたオリエントとは、ヨーロッパ人の「原郷《ウーアハイマート》」とされる中央アジアの山岳地域や、彼らの先祖およびアイデンティティの情報源とみなしていたインドを指していた。この傾向はとくにドイツにおいて強かった。しかし、これらの地域に対する尊敬心すら、二〇世紀に入る前に雲散霧消してしまうのである。

サイードとラッシェドが明らかにしたように、東洋学《オリエンタリズム》には、その基層においても出発点においても、アジア社会に対する関心だけでなく、それへの軽蔑心や、さらには「オリエント人」は自己の文化を分析・総合する能力をもっていないという独断があった。[45] ヨーロッパ以外の古代文明に強く惹きつけられた東洋学者《オリエンタリスト》たちは、古代文明が中世から近代へと継承・発展されたことについてはまったく無関心であった。[46] 現代のオリエントの住人たちは余所からの流入者であるか、そうでなければ先祖の輝かしい文化を喪失した退廃した人々であるなどという議論さえ振りまかれた。このような議論のせいで、ヨーロッパ以外の古代文明は、ことごとく西洋の学問が思いのままにできるものにされようとしたのであった。しかし、それ以降の文明に関してはこのような手法は通用しないので、捨て去るか無視するかのどちらかであった——ヨーロッパ人たちはほとんど例外なくそれらの文明を通じて、初めて古代文明を学んだのにもかかわらず。[47] そこには、ヨーロッパ人のみが真の意味での歴史をもっているとの思いあがりがあった。[48]

初期の東洋学者《オリエンタリスト》たちの並外れた努力により、東洋学《オリエンタリズム》が不朽の成果を挙げたことは確かである。しかし、キネーとシュワブが主張するように、そのことが単純にその学問の地平の拡大をもたらしたわけではなかった。かえって学問の想像的視野を狭くさせ、ヨーロッパ文明の生得的絶対優越性への妄信をもたらした場合が少なくなかった。東洋学《オリエンタリズム》は、非ヨーロッパ文化に対して距離を置いて対象化したうえで、異質な部分はたんに非ヨーロッパ的であるとの理由だけで、「オリエンタル」のレッテルを手当たりしだいに貼り付けていった。そしてこれらは一律に「エキゾティック」とされ、ヨーロッパのダイナミズムに比べて不活発で受動的なものだとみなされた。確かに一九世紀以来、ヨーロッパ人は、他大陸の人々が「科学的」――少なくともヨーロッパ人がそうであるのと同じ意味で――であるとか、アジア人やアフリカ人がヨーロッパ文明形成の根底部分で貢献をしたなどということを、考えてみたこともなかった。[49] ただし、古代イランとインドだけは、同じインド・ヨーロッパ家族であるとして例外扱いされた。このようにして、これまでエジプト人とカルディア人が占めていた「エキゾティックな祖先」という座に、彼らは後釜として滑り込んだのである。ゴビノーの言を借りるなら、「エジプト人とアッシリア人は、とうとうヒンドゥスタンの民の下座に着くに至った」ということになろう。[50]

当然のことであるが、東洋学《オリエンタリズム》の体制的な整備・拡大は、少なくともイギリス、フランス両国では、アジア・アフリカへのあくなき植民地支配（ないしはその偽装的支配）の拡大と軌を一にしたものであった。つまり、非ヨーロッパ人とその言語、文化を理解し分類することが、彼らを支配・統治するために必要だったからである。さらにそれにとどまらず、非ヨーロッパの人々が自らの文明を理解しようとするなら、ヨーロッパの学問体系を借りる以外に方法がないことを、はっきりと彼らの肝に銘じさせることが必要だったからである。このことは、植民地のエリートたちを宗主国に縛り付けるもう一本のロープの役割を果たした。二〇世紀後半になって直接的な植民地支配が困難になってくると、ヨーロッパの文化的ヘゲモニーを維持するために、この役割はますます重要なものとなっていった。[51]

シュワブは、このようなオリエンタル・ロマン主義のテーマが、一九世紀文化の中にいかに頻繁に顔を出しているかをみごとに描き出している。しかし、彼の口ぶりでは、これがいかにもヨーロッパ芸術における新たな現象であったかのような印象を人に与えるが、見当違いもはなはだしい。他大陸への関心という点では、すでにのべたように、一八世紀のエジプト、アビシニア〔エチオピア〕、中国などへの熱狂の方が時代的にははるかに先んじていた。しかも、一九世紀になってから、訳のわからない東洋学者《オリエンタリスト》たちの新学問が登場してきたおかげで、教養豊かな知識人たちは、これまで無理やりつきあわせられたり、尊敬を強要されてきたオリエント文明から解放されて、実はせいせいしていたのである。一七〜一八世紀にはエジプトや中国に対して威儀を正していた芸術家や政治家たちは、今度は陶磁器に凝ったり、文学・芸術にエキゾティックでロマン主義的な要素を求めることができるようになったのだ。

このような知的状況の変化や教育制度の改変は、他大陸の植民地化や経済的進出に対応した国家の再編と結びついたものであった。たとえば、一七〜一八世紀にイギリスでは古代インド研究が盛んになってくるが、これは東インド会社が支配地域の住民や現地の同盟者を理解する必要に迫られたからであった。見落としてはならないのは、インド亜大陸をロマン主義の対象に仕立て上げたのは、この地と直接の利害関係を持っていなかったドイツ人であったことである。たとえば、一九世紀後半のイギリスにおけるインド学の大御所であったのは、ドイツ人マックス・ミュラー〔一八二三〜一九〇〇〕だった。彼は、駐英プロイセン大使クリスティアン・ブンゼン〔一七九一〜一八六〇〕の口車に乗せられてイギリスに渡り、五〇年もの長きにわたってオックスフォード大学でインド言語学を教えたのである。[52]

中国の没落

一九世紀末になると、古代セム文化と同じように、歴史学におけるインド文化の地位は下落することになるのだが、ここでは一九世紀初期の時代状況と、中国とエジプトの没落に目を向けてみよう。人種主義と「進歩主義」の完全勝利や、ヨーロッパ・キリスト教へのロマン主義的な「回帰」が行われた時期は、ヨーロッパの製造業が中国からの輸入に依存していた家具、陶磁器、絹製品といった奢侈品をヨーロッパが自前で調達できるようになった時期と一致する。このことによってヨーロッパ人は、文化的な満足を得ただけではなかった。イギリスが、ランカシャー製木綿やインド産アヘンを中国市場へ浸透させていくにつれて、中国側の貿易収支は悪化の一途をたどった。そしてヨーロッパの貿易優位に踵を接して、軍事攻勢が始まるのである。

一八三九年、イギリスは中国政府によるアヘン貿易禁止措置に対抗して戦争を仕掛けた〔アヘン戦争〕。この時から一九世紀末に至るまで、イギリス、フランスをはじめとする列強諸国は、中国から次々ととめどのない譲歩を引き出すために攻撃を継続していった。西洋世界の中国に対するイメージの変化をもたらす力となったものは、いったい何であろう？　それは、このような軍事行動や搾取を合理化する必要や、中国社会崩壊の現実——ヨーロッパの圧迫が主たる原因で生じたものであるが——、さらには蔓延する人種主義と「ヨーロッパ回帰」の動きであった。中国は、それまで合理主義的な文明の模範としてみなされていたが、今や一転してあらゆる苦しみと腐敗とにさいなまれる不潔な国となった。とりわけ中国人がごうごうたる非難を浴びたのは、皮肉もここに極まれりというべきであるが、アヘンの使用であった。「一八世紀の重農主義者が、なぜあのように中国を賛美していたのか、まったく理解に苦しむ」とのべたのは、一八五〇年代のアレクシス・ド・トクヴィル〔フランスの政治思想家、一八〇五～五九〕であった。[53]

中国の名声の失墜は、言語学の分野でも確認することができる。孤立言語である中国語は、コプト語や英語（制限つきではあるが）とともに、フンボルトが提唱した「言語進化の方向は膠着言語から屈折言語へと向かう」という説にうまく適合しない言語であった。フンボルトは、中国語は喃語《なん》（赤ちゃん言葉）であって、人類の幼児期の言語にあたるという考えをなかなか捨てようとしなかった（最終的には絶縁したが）。[54]しかしながら、一九世紀半ばのインド・ヨーロッパ言語の優れた研究者シュライヒャー〔ドイツの言語学者、一八二一～六八〕ともなると、もはやフンボルトのような良心の咎《とが》めすら失せたかに見える。彼の唱えた言語進化三段階説によれば、言語序列の最下位は孤立言語の中国語が占め、次いで膠着言語のウラル・アルタイ語が続き、そして最高位には、言うまでもないが屈折言語のセム語およびインド・ヨーロッパ語族が就くのである。[55]

クリスティアン・ブンゼン男爵は、エジプトへの複雑な想いに苦しんだようであるが、中国の言語やそれと不可分の歴史に対する評価には、いささかの迷いもなかった。彼によれば、中国（Sinism）は世界史の中でもっとも原始的段階にあった。この後にトルコ（Turanism）、その次にエジプト（Khamism）が続くとされた。そしてノアの大洪水がやってくるのである。真の歴史、すなわちセム族とインド・ゲルマン族の相克はここに始まる。[56]こうして、エジプトと中国は、歴史言語学という「科学的」根拠によって、中国は歴史世界からはじき出され、ノアの大洪水前の時代へと追いやられてしまった。すでに見てきたように、一九世紀には人種と言語はほぼ一体のものとして扱われており、エジプトと中国の言語における地位低落は、そのまま両民族の解剖学的、人種的評価の下落を意味していた。

一九世紀初頭の人種主義

人種主義は、一九世紀初頭に異常ともいえるような高まりを見せた。中国人とエジプト人の「人種分類」上での扱いも、こうした現象の一つである。フランス革命後の反動と、キリスト教勢力の再興の動きの中で、キリスト教が失地回復できなかった理論分野の一つは、人類の一体性の問題であった。人類多元発生説は、一八二〇年代の福音主義時代における後退の後に、復活の兆しを見せていた。しかし、一般的に一八〇〇～五〇年の期間は、ヨーロッパの知識人たちがその存在を「意識していた」人種的差異について、解剖学的に解明しようとする作業がもっとも活発に行われた時期であった。[57] だが、明快な結論は出てこなかった。しかし、一般世論がこのことによって動揺をきたしたわけではない。ただ、その影響らしきものとして、多くの慎重派学者たちが、彼らが固く信じ込んでいる人種間の明らかな差異の説明のために、言語を引き続き利用しようとしていたことを挙げることができる。どのような形を取るにせよ、この新たな人種論は、一般社会や学界のあらゆる分野にわたって浸透していった。[58]

ルネサンス期の旅行家アンドレア・コルサリスは、中国人のことを「われわれと同質同類」と評している。[59] 一七～一八世紀に書かれた作品を読むと、中国人は別種ではあるが、必ずしも劣っている存在としては描かれていない。[60] しかし、一九世紀半ばのアヘン戦争の頃までには、中国人はすっかり軽蔑すべき人種として描かれるようになった。一八五八年に出版された『パンチ』誌には、次のような語呂あわせの戯《ざ》れ歌が掲載されている。

ジョン・チャイナマンは生まれついてのろくでなし
真理の定め、破るが定め
ジョン・チャイナマンは、世界で一番の人でなし
はばかり知らぬ、はばかり者
歌えや、イエー、ならず者のジョン・チャイナマン

踊れや、イヨー、わからず屋のジョン・チャイナマン
こっちで〔自由貿易推進政治家の〕コブデンが貿易規制のたがをはずしたら
あっちでジョン・チャイナマンははめをはずすだけ
豚そっくりの小さな目、尻尾のような辮《べん》髪垂らし
食べ物と言えばねずみ、犬、なめくじ、かたつむり
フライパンに放り込んだら何でも食えると言うが
ジョン・チャイナマンよ、お前だけは食えない奴だ
いくらお茶好きでも、滅茶苦茶するなよ、ずるがしこいジョン・チャイナマン
いくら拳斗好きでも、見当違いをおこすなよ、臆病者のジョン・チャイナマン
ジョン・ブル〔イギリス人〕に目こぼしなし
ジョン・チャイナマンの目をこじあけるまで[61]

これほど極端ではないとしても、一九世紀の学者たちも似たようなものであるかもしれない。というのは、新しい人類学者たちがいくら人類の細分化を科学的研究を重ねて行ったとしても、結果はいつも同じもの、すなわち黄色人は白人の下、黒人の上ということだったからある。一九世紀前半の優れた博物学者キュヴィエ男爵〔一七六九〜一八三二〕は、次のようにのべている。「この人種は、中国や日本で強固な帝国を築き上げた。……しかし彼らの文明は長く静的なままであるように見える」[62]。人種主義のパイオニアであるゴビノー伯爵の目に、黄色人種はどのように映じていたか。

彼らは肉体的活力に乏しく、無気力な傾向がある。……強い欲望はなく、極端というより強情に近い。……ま

た、万事につけ凡庸である。彼らはあまり高尚深遠ならざる事柄についてなら、それほど困難なく理解できる。黄色人種は、言葉の厳密な意味において、非常に実際的である。彼らは理論などというものは夢想だにしないし、ましてや好む風もない。創意の才はほとんどないが、実用的なものはありがたがり、積極的に採り入れる……。[63]

ここで忘れてならないことは、ゴビノーが悪名を得たのは、彼がヒトラーの露払いを務めたからである。一九世紀には彼の説がすべて受け入れられていたわけではない。多少エキセントリックではあっても尊敬すべき学者として遇されていた。中国人の人種的な地位が新たに確定したことによって、ロマン主義的なダイナミックな世界史の見取り図から彼らを排除する理由に、もはや事欠くことはなかった。「チャイナマン」の凡庸さは、誰の目から見ても動かしがたいものとなった。

古代エジプト人の肌は何色だったか?

古代エジプト人の人種的な位置づけは、中国人の場合よりもいっそう危ういものであった。その理由は二つある。一つは学者により「人種」の概念が大きく異なっていたこと、もう一つはエジプト人自体の位置が、人類最高位の白人と、どん底にある黒人とのあいだで揺れ動いていたからである。キュヴィエの手で黒人を描くと次のようになる。

黒人種の特徴は……皮膚が黒く、毛髪は硬く巻いているか縮れており、頭骨は扁平で、鼻は平べったい。顔面下部は突出しており、唇は厚く、明らかに猿類に近い。彼らは群れで生活しており、今なお完全な未開状態のままに置かれている。[64]

一方、ゴビノーの描く黒人像は次のようなものである。

黒人種は最下位に位置しており、いわば人種階梯の一番下にある。彼らの基本形態は動物的特徴を備えており、それが彼らの生まれながらの運命を決している。彼らの知的能力には大きな制約があり、そこから抜け出すことはできない。……思考能力が乏しいにせよ、欠如しているにせよ、欲望の中に、つまりはその意思の中に、時として恐るべき強烈さを秘めている。彼らには、他の二つの人種にはとうてい見ることができないほど活発な、いくつもの感覚の発達が見られる。中でも、とりわけ味覚と嗅覚に優れている。彼らの下等性のもっとも顕著なしるしは、まさしく感覚の飽くなき貪欲さである……。[65]

もしヨーロッパ人が、黒人を一九世紀中を通して同じような乱暴さで取り扱っていたなら、黒人は動物、よくてもせいぜい準人間のレベルにまで貶《おとし》められたことだろう。しかし高貴な白人が、他の完全な人間をそのような扱いにして、自らよしとすることができるのか。この発想転換が、「エジプト問題」の人種的、本質的問題の舞台を用意した。すなわち、仮に黒人が文明創出能力をもたないことを生物学的に証明できたとしても、古代エジプトについてはどのような説明が成り立つのか？　エジプトは不都合にもアフリカ大陸に置かれているのである。[66]これには二つの、と言うより三つの解決方法があった。第一は、古代エジプト人が黒人であったことを否定する。第二は、古代エジプト人が「真の」文明を創り出したことを否定する。第三には、念には念を入れて、上の二つの否定を同時に行う。一九〜二〇世紀のほとんどの歴史家たちが選び取ったのは、この第三の策であった。

それでは、古代エジプト人はいったい何「人種」に属するのか。その前に、「人種」などという概念が、一般的にどこまで有効なのか、大きな疑問が生じる。なぜなら、この問題で、解剖学的な正確さを期することはほとんど不可能に思えるからである。それに、議論のために、仮にそれが可能だとしても、この問題で果たして答えが出てくるものであろうか。疑問はいっそうふくらむのである。この問題は、取り組めば取り組むほど研究者自身の資質については明らかになってくるのに、肝心の問題究明は少しも進まない。とはいえ、見えてくる確かな部分もあるにはある。少なくともこの七〇〇〇年にわたって、エジプトの住民はアフリカ人、南西アジア人、そして地中海周辺民までを含むものであったことは確実である。また、南方へ下れば下るほど、すなわちナイル源流へとさかのぼるにつれて、住民の皮膚の色はより黒くなり、黒人的要素も強まってくる。これもまた七〇〇〇年来変わることのない傾向である。すでに序章で示したとおり、エジプト文明は基本的にアフリカ的なものであり、アフリカ的要素は古王朝・中王朝のヒクソス侵入前の時代の方が、それ以後の時代よりもいっそう顕著であると私は確信している。さらに、エジプト王朝の中でもとりわけ強力であったものの多く――たとえば第一、一一、一二、一八王朝などであるが――は、上エジプトを拠点としていた。これらの王朝のファラオは、まずは黒人であったとみなすのが順当なところであろうと、私は信じている。[67]

エジプト文明が、実際にどのようなアフリカ的特質をもっているかについて、ここで議論するつもりはない。ここで問題にしたいのは、エジプト人がどの人種に属していると見なされてきたか、しかもそれがいかに曖昧なものであったかという点である。古典時代には、エジプト人は黒人であると同時に、白人ともあるいは黄色人とも受け取られていた。ヘロドトスは、彼らが「黒い肌で、もじゃもじゃの髪の毛をしている」と記している。[68]他方、ギリシア神話に出てくるエジプト王ブシリスの壺絵の肖像では、白人であることが多い。もっとも、従者として、黒人、白人のどちらも連れているのであるが。[69]

デヴィセ教授は、初期のキリスト教徒によって描かれたエジプト人の肖像の多くが黒人であることに驚いている。[70]また、彼は、エジプト人が非常に尊敬を受けていた一五世紀に、彼らがどのように「黒人化」されていったかを明らかにしている。黒人とエジプトの知恵とのあいだには、何らかの関係があったように見える。中世からルネサンス期にかけて「東方の三賢人」が数多く描かれたが、そのうちの一人は、おそらくはエジプト人であろうが、黒人である。[71]他方、ルネサンス以降、ヘルメス・トリスメギストスがヨーロッパ人として描かれているが、時としてオリエント的風貌をうかがわせるのもある。[72]

イギリスでは、ジプシー（Egyptian＝エジプト人）の名称は、北西インドからやって来た人々を指すのに用いられていたが、このことは、一五世紀には、エジプト人は本来的には肌が黒いとされていたことを示す。[73]「ハム（カナンとミズライム、すなわちエジプトの父）の呪い」とは黒人として生まれることだとするタルムード（ユダヤ人律法集成）解釈は、一七世紀には広汎に流布していた。[74] しかし他方で、一七世紀末の人種主義の強まりと、古代エジプト人への敬意の高まりとが重なりあって、エジプト人のイメージはしだいに白人に近づいていった。一六八二年にベルニエールは『異人種・民族による地球の新分割』を出版したが、その中でエジプト人は白人の一部だと主張している。[75]

フリーメイソンの多くが人種主義者であったことは、ほぼ間違いのないところである。彼らが直接・間接に奴隷貿易に手を染めていたり、人類発生の単一起源説[*用語解説]を正統キリスト教徒ほどに支持しなかったなどの事実は、彼らが掲げている人間中心主義や、「人類はすべて誓いあった兄弟だ」などというフリーメイソンの信条を帳消しにしかねないものであった。彼らにはエジプトへの特別な執着心があったので、「動物的」黒人と高貴なエジプト人との間にはっきりとした区別を立てておく必要がどうしてもあった。モーツァルトの『魔笛』は、そのことを示す好例である。この歌劇の中で、ムーア人のモノスタトスは好色漢であるのに対して、エジプト人のザラストロの方は哲学者として対照的な描き方がされている。[76] テラソン神父による小説『セトス物語』（本書二一三ページ参照）の中心テーマは、エジプト人による植民地化のもたらした利点の強調であるが、この作品に限らず一八世紀の多くの本でも、エジプト人入植以前のペラスギ人のみじめな「ドングリ食」の生活と、それ以後のギリシア文明の栄光との際立った対比がなされている。ここには、当時のヨーロッパ人による他大陸での植民地化政策を合理化しようとする下心が見え隠れしている。

しかしながら、一八世紀後半において、エジプトをアフリカへと引き戻そうとする動きが生じた。この動きはエチオピア熱によって触発されたものであるが、そもそものきっかけとなったのは、サミュエル・ジョンソン（イギリスの文学者、一七〇九〜八四）の、一七世紀のロボ司祭が著したエチオピア旅行記の翻訳と、彼自身の書いた小説『ラセラス』であった。[77] 中世伝説にプレスター・ジョンの王国の話がある。この国はイスラム国の彼方にあるキリスト教の同盟国とされているが、その所在地の候補として、アジアやアフリカのあちこちの土地が挙げられていた。なかでも、エチオピアこそが異境、遠隔の地にあるキリスト教王国のイメージにぴったりであった。おまけにエチオピアと古代エジプトとを関係づけることも、さほどむずかしいことではなかった。

ここで明確にしておかなければならないことは、「アビシニア」という名称に関してである。この名称が用いられたのは、「エチオピア」には拭い去れない黒人のイメージが存在するため、ひたすらこれを避けようとしたためである。上記のジョンソンの小説は、フィラデルフィアで一七六八年に出版されたが、その時付けられた題名は『アビシニアのラセラス王子の物語――アジアの物語』であった。キュビエ男爵はエジプト人を黒人とみなしていたが、アビシニア人はアラビア人植民者として白人に分類している。[78] しかしこれはあまりに勝手な区分で、現実離れしていた。スコットランドの偉大な探検家ブルース〔一七三〇~九四〕は、アビシニア・エチオピア幻想とナイル源流探査の夢に駆られていたが、知恵の働く人物であった。彼の見解によれば、エチオピア山岳地帯の住民は黒人であり、総じて美しいというものであった。このすばらしい発見は、ブルース自身をも含めたエジプト賛美者、旅行家兼思想家ヴォルネー伯爵〔一七五七~一八二〇〕、デュピュイ、シャンポリヨンなどが、上エジプト、さらにはエチオピアまでをエジプト文明の源泉だとして宣伝するうえで大きな励ましとなった。[79]

エチオピアは、ロマン主義者にとっては魅力あふれる土地であったが、ドイツはエチオピア・ブームに巻き込まれることはなかった。彼らの非ヨーロッパ世界への憧れは、つねにアジアへと向けられていたからである。彼らがエジプトとブラック・アフリカとのつながりを語る時、そのねらいはエジプトを貶《おとし》めけなすところにあった。ヴィンケルマンがいかにエジプト人の容貌・容姿を嫌っていたかについてはすでにのべた。次の引用を見ても、彼がエジプトとアフリカとの結びつきに対して、どのような感情を抱いていたかがよく理解できる。

彼らの姿形の中に美をうかがわせるようなものがほんの少しでもあるだろうか。彼らを作り上げているすべてか、ほとんどすべてがアフリカ仕立てであるから、望むべくもないことであるが。つまりは、絵にあるとおりだ。唇は突き出し、顎は小さく引っ込んでおり、頬はこけてへしゃげている。アフリカ人の特徴であり、エチオピア人にも共通するが、押しつぶされた鼻、黒色の肌……ミイラ棺の上に描かれた人物像は、どれもこれも黒褐色の顔をしているではないか。[80]

イギリスやフランスにおいても大差はなかった。ド・ブロス〔フランスの思想家、一七〇九～七七〕はヴィンケルマンと同時代の人物であるが、彼の主張するところによれば、古代エジプト人も黒人も動物崇拝という点で共通しており、どちらも「黒人的物神崇拝《フェティシズム》」にすぎないという。[81] フリーメイソンたちの動物崇拝に対する見方は、少なくともプルタルコスの時代からの伝統的解釈であるが、寓意的なものだとしていた。モーツァルトと彼の歌劇台本作者シカネーダーの『魔笛』には、一八世紀末の主流の考え方がよく表れている。この作品では、エジプト人は黒人でもなければ、実質的にアフリカ人でもない。東方崇拝者のヘルダーは、彼らをアジア人とみなしていた。[82] 人類学者で人種研究のパイオニアであるモンボッド〔一七一四～九九〕は、オランウータンを人類に含めたことで有名であるが、エジプト人崇拝者でもあった。[83] ブルーメンバッハは、エジプト人を、アラブ人、ユダヤ人ともども白色人種の中に加えた。[84] キュヴィエは数十年後に、エジプト人は「おそらく白人であろう」との結論に達した。

エチオピアの主要言語はセム語族に属する。アビシニア人が優越人種の一員として、エジプト人よりも安定した地位に置かれていたのはこのためである。[85] ヨーロッパに出回る古代エジプト人の絵は、一九世紀前半に急激に増加した。これらの絵は彼らが完全な混血であったかのように描いていたので、エジプト人はますますアフリカ的、黒人的であるとみなされるようになった。

一九世紀中頃までに、ゴビノーは、聖書、より正確に言えばタルムードのユダヤ教の聖典の中にある物語の利用を企てていた。すなわち、エジプト人をハム人とみなすことにより、彼らを事実上黒人に分類したのである。また、彼はフリードリヒ・シュレーゲルの主張、すなわち、エジプト「文明」はインドのアーリア人による移住植民者に起源をもつという説を受け入れることにした。もっともゴビノーが、エジプトの古代文明の存在をどこまで認めていたかは別であるが。[86] エジプト人が黒人であることと、彼らがきわめて高度な文明を創り出していたこととのあいだにどのような折り合いをつけるのかという課題は、長い時間を要する作業であった。そしてついに、次のような二つの案が練り上げられた。第一は、インドの場合に受け入れられたものと同じであるが、エジプト人はもともと「純粋」な白人であったが、後に他の人種との混血がかなり進んだことがおもな原因となって衰退をきたしたというものである。[87]

もう一つの案は、一九世紀初頭の人類学者ウェルズの提唱したもので、第一の案とは反対の内容をもつ。彼は人道主義運動にかかわり、極端な人種主義や人類の多元発生説に反対し、黒人の地位改善のための論陣を張っていた。彼は、皮膚の色と文明化の度合いには相関関係がある、という説を受け入れていた。しかし彼の場合には、むしろ文明の方が色を決定するのであって、その逆ではないという。確かに古代エジプト芸術に描かれているのは明らかに黒人であるが、現代エジプト人は黒人ではない。彼の説明によれば、文明の進化とともに彼らの皮膚の色は薄くなっていったのである。[88]

ウェルズの説は、一八一八年に発表されたものであるが、いかに知的雰囲気が啓蒙主義時代以来変化しているかを示すものである。「進歩」思想が完全な勝利をおさめたおかげで、古代エジプト文明が優れていたなどと主張をする者はいなくなった。「エチオピア人が皮膚の色を変えられるのなら、豹も斑点模様を変えられるのか」などと聖書の永遠性の教えまで超越しかねない状況であった。[89] しかしながら、ウェルズの主張は二点で無理からぬところがあった。第一は、一八世紀末から一九世紀初頭において、古代エジプト人は一般には黒人と見なされていたことである。ナポレオン遠征に動員されたフランスの科学者たちが、スフィンクスの顔の計測まで行ったことは有名な話である。[90] 第二には、ウェルズが認識していたにせよいなかったにせよ、一八一八年という年は後述のようにエジプトの「国民ルネサンス」の始まりの時期にあたっていたことである。

近代エジプトにおける国民ルネサンス

ここで取り上げるテーマは、古代エジプトに対する評価が歴史的に変遷していった話と、一見無関係のように思えるかもしれない。エジプト・ルネサンスは、確かに学者たちの古代エジプト人に対するステレオタイプ的見方を少しも変えることはなかった。だが、シャーロック・ホームズの物語にある「夜に吠えなかった犬」ではないが、何もなかったこと自体が、何か重要なことを語っているのではなかろうか。

一六世紀以来、エジプトはオスマン帝国の一部となっていた。しかし、このトルコによる支配は、前支配者であったマムルークの手を通じて行われてきた。マムルークは主としてコーカサス出身の白人軍隊奴隷から成り、最精鋭の軍人で構成されていた。彼らは一三世紀以来エジプトを支配していたが、その歴史は血なまぐさいもので、最高権力者の首のすげ替えが頻繁に行われていた。しかしながら、市場向け農産物の生産、貿易、マニュファクチュアなどが発展したおかげで、一八世紀末までにはエジプトは世界の富裕国の一つに数えられるほどになった。[91]

ナポレオンは、一七九八年にエジプト社会の階級、宗教、民族の分裂状況を巧みに利用することで、征服を成功させた。このため、マムルークの支配力とトルコの宗主権は、著しく弱体化した。その後、フランスの撤退およびイギリスの介入があり、それに続く大混乱の時期を経て、一八〇八年までにイギリスは駆逐された。権力を掌握したのは、トルコ軍のアルバニア人部隊を率いた将軍、ムハンマド・アリ〔一七六九～一八四九〕であった。数年の後、彼はマムルークの虐殺を行い、総督に就任し、事実上トルコからの独立を果たした。

ムハンマド・アリは国家主導によるエジプトの経済、社会の近代化を強力に推進した。彼の指導力は、ロシアのピョートル大帝〔初代ロシア皇帝、一六七二～一七二五〕や日本の明治天皇と肩を並べるものであった。マムルークと徴税請負人の土地は没収され、小作人に直接分け与えられた。彼らには、国家に納入する地代と租税とが課された。巨大な灌漑事業が行われ、木綿や砂糖などの商品作物が大規模生産されるようになった。外国の技術援助でこれらの作物を加工する近代的な工場も建設された。しかし、ロシアや日本の場合と同様に、エジプトにおいても産業化の最優先課題となったのは、軍隊の近代化と武器の自前調達を行うための軍需生産であった。[92] これらの強力な近代化事業が、さまざまな面で弊害を招いたことは否定できない。たとえば、木綿生産への過度な依存構造や、後に国の発展の阻害要因となる富裕な新興商業土地所有者階級が形成されたことなどである。しかしこの事業は、短期的に見るならば大成功であった。一八三〇年代に達するまでに、エジプトは近代的工業生産能力において、イギリスに次ぐ世界第二位の地位を占めるに至ったことは注目に値する。[93]

これらの経済的、政治的な基盤を背景にして、ムハンマド・アリはエジプト帝国の建設をめざして、その手を外国へと伸ばし始めた。彼の近代的な軍隊は、西アラビアのトルコ属領を次々と制圧し、彼の将軍たちは一八二二年までにはスーダンの征服を完了した。次の標的となったのは、北方のシリアとギリシアであった。ともにオスマン帝国の支配下にあった関係で、エジプトのデルタ地帯に多くのギリシア人が居住しており、経済分野とりわけ新興商業部門に進出していた。ムハンマド・アリが権力を掌握した後には、ギリシア人は積極的に新編成の軍隊に参加したり、経済ブームの中で今まで以上に活躍の場を求めた。[94]

一八二一年にギリシア独立戦争が始まると、オスマン帝国のスルタンは、窮余の策としてムハンマド・アリに独立軍掃討を請け負わせ、その見返りにクレタ島とモレア（ペロポネソス半島の旧名）のパシャ管轄権（地方統治権）を与えた。エジプト軍はギリシア艦隊の巧みで強力な反撃を受け、四年ものあいだギリシアへの上陸を阻まれていた。しかし一八二五年に至って、ギリシア艦隊内部で給与支払いに端を発した反乱が発生し、これにつけこんだムハンマド・アリの息子イブラーヒーム率いる精鋭部隊が、ついにギリシア本土上陸を果たした。その後のギリシア人のねばり強いゲリラ戦による抵抗も、エジプト軍の残虐な弾圧によって壊滅させられた。イブラーヒームはそこから北へと転じ、トルコ軍がギリシア愛国者に対して包囲作戦を展開していたメソロンギ〔西ギリシアの小都市〕へと兵を進めた。力において勝るエジプト軍の到着によって、戦況は一気にトルコ優勢へと傾いた。バイロンら国際義勇兵の命をかけた防衛にもかかわらず、ギリシア独立革命の中心地は陥落した。しかし、このような英雄的行為は、ヨーロッパ諸国がギリシアの大義を支持する学生や芸術家への立場に共鳴し、結集するうえで決定的役割を果たした。今やこの戦いは、ヨーロッパ対アジア・アフリカという大陸間抗争の様相をすら呈し始めたのである。[95] 衰退を続けるトルコよりは、むしろエジプトの方がギリシアやヨーロッパにとっての脅威だとみなすものも出てきた。オーストリアの宰相メッテルニヒは、エジプトがトルコからの完全独立を果たすことへの危惧を、次のように表明している。「新興アフリカ勢力が、かねてから指摘されているように、ヨーロッパにとってもっとも恐るべき敵対勢力となる危険性をはらんでいる。このままではそれが現実のものになりかねない[96]」と。

このような危険を回避するために、イギリスおよびフランス政府は、エジプトとトルコの離反を画策した。両国はムハンマド・アリにモレア（ペロポネソス）からの撤退を説得する一方で、トルコに対しては、その代償としてエジプトにシリア統治権を与えるよう圧力をかけた。一八二七年には、イギリス・フランス・ロシア連合艦隊がナヴァリノ海戦においてトルコ・エジプト連合艦隊を撃破し、ギリシアの独立を確かなものにした。協定によって、エジプトはペロポネソス半島から撤退し、ギリシア人奴隷を解放した。ムハンマド・アリは敗戦により面目失墜のはめに陥ったが、それでもシリアを手にすることができ、引き続き経済的、軍事的拡張路線を推進した。

一八三〇年代を通じてエジプトはシリアを支配し、近代化を図るとともに、新たな権力基盤の構築に努めた。これと時を同じくして、ムハンマド・アリとその息子イブラーヒームは、クレタ島の植民地支配を確立した。クレタ島では、独立戦争の八年間のうち、イビラーヒームがペロポネソスへの拠点として島支配を行った一年半を除いて、ギリシア軍とトルコ軍とのあいだで熾烈な戦闘が継続した結果、人口が激減をきたしていた。[97]

一八二七年のナヴァリノ海戦の後、キリスト教徒のクレタ島民は、ヨーロッパ連合艦隊の支援の下に、再度の蜂起を試みた。しかしながら、イギリスが勢力均衡状態を崩したくないとの思惑から、一八二九年にムハンマド・アリのクレタ島支配の継続を許したため、彼は体制建て直しを図ることができた。その後三年間は比較的平穏であったが、クレタ島がギリシア本土の独立達成にもかかわらず、依然イスラム支配下にあることへの島民の不満が高まり、またもや蜂起が発生した。しかし、これもまた残酷に鎮圧されてしまった。一八三四年以降は、エジプトによる植民地支配下ではあったが、イスラム教徒優遇政策はとられず、むしろ、エジプト国内に住む多数のギリシア人との結びつきが強化された。こうして、ようやくクレタ島の経済復興が図られ、伝染病が克服され、人口も富もしだいに増加していった。振り返って見れば、数十年にわたる悲惨なトルコ支配の後に出現した、クレタにとっての黄金時代であったかもしれない。[98]

その後一八三九年には、ムハンマド・アリはオスマン帝国からの独立を宣言し、トルコへの侵攻を開始した。そのわずか五日後にスルタンが死去し、それに続いてトルコ艦隊の反乱、エジプト軍への合流という事態が発生した。東地中海地域が非ヨーロッパの支配下に置かれることは、ヨーロッパにとっては想像を絶する脅威であった。オーストリア、イギリス、フランス、プロイセン、およびロシアの五カ国は、連携してトルコ援助に向かった。このような結束は、約六〇年後の中国義和団の乱の時まで見られなかったことである。ムハンマド・アリはこの包囲の脅威を前にしては、北シリアとクレタをトルコに返還し、彼自身も再びトルコの支配下に身を置く他なかった。[99]

このような処理によって、エジプトはナヴァリノ海戦の場合よりもいっそう深刻な経済打撃を蒙った。ムハンマド・アリによる国家主導の経済自立政策は、一八三〇年代に、ヨーロッパからの商業浸透によって弱体化していたが、一八三九年以降は、この新たな取り決めの下で、エジプト経済はいやおうなく伝統的なトルコ型経済の方向へと押し戻されていった。この方向転換の中で、ヨーロッパの製造業への完全な門戸開放が行われ、このためエジプト産業は衰退し、崩壊するものもあった。[100] それにもかかわらず、ムハンマド・アリの後継者たちは、イギリスによって政治的、軍事的に命脈を絶たれるまで、かなりの富と権力とを保持していた。エジプトでの近代的経済がいっそう打撃を蒙り、深刻な状況に陥るのは、一八八〇年にイギリスによる支配が始まって以降のことである。[101]

以上見てきたようなエジプト近代史の一挿話を、知っている人はほとんどいないのではないか。しかしこれは驚くにはあたらない。この物語は、積極果敢なヨーロッパ人が受動的な外的世界へと押し寄せて行く、というお決まりの筋書きから多少はずれていたからである。一九世紀エジプト帝国の波瀾万丈な物語は、アパラチア山地のチェロキー、ニュージーランドのマウイ、カリフォルニアの中国人などのうたかたの成功譚のようなものであった。しかし同時に、非ヨーロッパ人がヨーロッパ人を同じような手で打ち負かしたという一つの実例でもあったことも確かだ。だからこそ、人々の記憶の中にとどめておくことが許されなかったのである。[102]「ヨーロッパ人は生まれながらに優れている」という人種的ステレオタイプの破綻が明らかになった時、それを繕うために何らかの小手先細工が必要であった。

これらとの関連で、私たちの関心を引くことがある。それは現代の歴史家が、古代の大帝王ラムセス二世以来とも言える偉大なエジプト帝国について何も語ろうとしないことである。さらに注目すべきことは、エジプト人がギリシアの大半を支配していたまさにこの時、古代におけるエジプト人ダナオスによるギリシア侵入があったという史実の否定が行われたことである。また少なくともその根拠として、エジプト人の「民族性」が持ち出されていたことである。[103] これを少しもおかしいと思わなかったのは、ある程度はその当時の「メディアの論調」によって説明できるかもしれない。表向きの公式論調では、エジプト人の比較的効率的な統治について評価しないわけではないが、大衆向け論調はがらりと異なる。たとえば、一九世紀にエジプト人が行った大量虐殺は、これよりもはるかに大規模であったトルコ人やキリスト教徒ギリシア人による大虐殺と大差ないかのような言い方をしたり、さらには、ギリシアの地に黒人が足を踏み入れることについて、ことさらに恐怖心を煽りたてたりした。[104]

当時の古代研究者たちは、大局の問題ではエジプトの成功に言及せず、個別的な問題では目下のギリシア征服について黙して語らずの態度を取ったが、この正当化のため、職業的歴史家は現在の問題に首を突っ込むべきではないとか、あるいはイスラムのエジプト進出によりエジプトの歴史的継続性が失われているからだ、などの理由を並べる。しかし、それで事足れりとはできない。一九世紀初頭の歴史家たちは、ロマン主義時代の最盛期の中にあって、それぞれの民族は永遠不変の本質と性格を保持しているとの信念で固まっていたことを見逃してはならない。たとえば、彼らは非キリスト教徒であるゴート族やヴァイキングを、一九世紀におけるキリスト教イギリスやドイツの勝利と結びつけることに何のためらいも持たなかった。このようなダブルスタンダードの根底にあったのは、明らかに人種主義である。アフリカ人が人種的に議論の余地なく劣等であるなどと決めつけていた歴史家たちは、ナポレオン、ウェリントン〔イギリスの政治家、一七六二〜一八五二〕、ブリュッヒャー〔プロイセン軍元帥、一七四二〜一八一九〕などの軍隊とひけを取らないような英雄的な征服軍がエジプト人によって組織されたことを認めるのは、まことに忌々しいことであったに違いない。たとえ、ムハンマド・アリやイブラーヒームというイスラム教徒であるヨーロッパ人に率いられた軍隊であったとしても。

デュピュイ、ジョマール、シャンポリヨン

エジプトの過小評価と古代モデルの失墜を図ろうとする動きの中で、当初から重要な役割を演じていたのは、人種主義であった。とりわけそれが猛威をふるったのは、一八六〇年代以降のことであった。しかしながら、それに先立つ一八二〇〜三〇年代においては、エジプト宗教とキリスト教とのあいだの長年の対立関係が、引き続き重要な問題

として存在していた。すでにのべたことであるが、デュピュイは、フランス革命政権の文化顧問として、また『全宗教の起源』の著者として、キリスト教にとってはなかなか手ごわい相手であった。とくに、彼がこの本の中で、厳密・膨大な考証をもとに、「キリスト教は、エジプト宗教の天文学寓話の断片を誤って解釈したことから発生したものだ」と主張しているのは大きな脅威であった。

このような考えは、フランス革命の嵐が過ぎ去り、キリスト教が復活して社会秩序維持のための砦の役割を演じるようになってからは、いっそう憎悪の対象となった。デュピュイに痛めつけられたのは、こちこちの反動派ばかりではなく、キリスト教の「批判的護教家たち」も含まれていた。詩人のコールリッジ〔イギリスの詩人、一七七二～一八三四〕はバークリー主義者を名乗るほどであった。バークリー〔イギリスの哲学者・聖職者、一六五八～一七五三〕の書に親しみ、自らバークリー主義者を名乗るほどであった。バークリーは、福音書の史実性については、すべての歴史は神話であるとの立場から、他の歴史書と信頼性において何ら変わりはないとして、これを擁護した。[105] ちょうど、ニュートン、ベントリー、フィストンなどが、トーランドや急進的啓蒙主義者たちに脅威を感じていたように、一九世紀初頭の開明人士たちも、デュピュイに対して同じような危惧をいだいていたのである。アメリカにあって、ジョン・アダムズ〔アメリカ第二代大統領、一七三五～一八二六〕もそうした一人であった。彼は一八一六年に、友人のトマス・ジェファーソンに次のような手紙を送っている。「伝道に金を使うのはもうやめにしようではないか。われわれは協会でも設立して、デュピュイの作品をあらゆる言語に翻訳し、これに対する反論を募集しよう。そして個人、団体を問わず、最優秀の答えを出した者に、ダイヤモンドの賞品を贈ろうではないか」。[106] このダイヤモンドを受け取るべき最適任者は、シャンポリヨンをおいて、他に誰がいたであろうか。

シャンポリヨンの紆余曲折した生涯の中には、フランス革命とかかわりをもつデュピュイとエジプト・フリーメイソンの両者による脅威の増大、それに、キリスト教、ギリシア、古代エジプトの複雑な三者関係が映し出されている。オリエンタル・ルネサンスの対極に身を置いていたシャンポリヨンは、いろいろな点で、フリーメイソン的啓蒙主義の極めつき的人物であった。彼が、エジプトのヒエログリフ解読を自分の使命として位置づけたのも、フリーメイソン思想に傾倒したのも青春期であった。そして彼は解読の準備作業として、二〇歳に達する前に、すでにヘブライ語、アラビア語、それにコプト語の学習を終えていた。[107]

解読作業が可能となったのは、新発見のロゼッタストーンを含めて、新しい史料が次々と出版されたからである。このロゼッタストーンには、同じ内容の文がギリシア文字、デモティック（民衆文字）、ヒエログリフ（聖刻文字）の三種の文字で刻まれていた。ガーディナーによれば、最初シャンポリヨンはヒエログリフを純粋なシンボルであるとする無理な説に固執していた。[108] フリーメイソン思想に衝き動かされて始めた解読作業ではあったが、エジプトの理想化にひび割れが生じ、ロマン主義言語学の勝利がいよいよ目に入る状況になって、シャンポリヨンは初めてこの間違いに気づき、呪縛から脱することができた。すなわち、フリーメイソンにとってヒエログリフは純粋シンボルであり、音声機能を含まないというのは一種の信仰であったので、この破棄なしに解読に至るのは不可能なことであった。

さらに皮肉な話がある。シャンポリヨンの最初の重要な発見は、デンデラ神殿〔上エジプト南部ナイル川西岸の遺跡〕から出土した十二宮碑の年代判定に関するもので、一八二二年に発表された。ジョマールはデュピュイ派に属する学者で、ナポレオンのエジプト大遠征の際、指導的役割を担った人物である。以前彼は、この遺物は紀元前数十世紀のものだと判定していた。しかしシャンポリヨンはこれを覆し、ローマ時代のものであることを考証した。[109] これはキリスト教にとっては願ってもない援護射撃となった。教皇付きローマ駐在のフランス大使は、本国に送った報告書の中で次のような教皇の発言を記している。

〔この件について……〕これは宗教への偉大な貢献である。教皇は「シャンポリヨンは、デンデラ神殿の十二宮の年代が聖書よりも古いなどと主張する哲学者の輩の、高慢な鼻をばよくぞへし折ってくれたものだ」とのべられた。また、教皇は古代学の第一人者テスタ氏に対し、シャンポリヨンの主張の論拠について詳細な説明を求められたが、それは以下の二点に関わるものであった。(1)この黄道十二宮碑はネロ皇帝の治世下で建設されたものであること、(2)紀元前二二〇〇年以前、すなわちアブラハムに先立つ時代においては、いかなる記念碑も存在せぬこと。したがって、われわれが信じるように、約一八世紀にもわたるこの闇の中で、われわれの唯一の導きとなるのは、聖書以外には何もないこと。[110]

デュピュイの脅威に対する反撃に手を貸したシャンポリヨンは、一八二二年を境にして、これまでとは打って異った扱いを受けるようになった。これまで、シャンポリヨンとその兄がジャコバン主義者でナポレオン支持者であったことを理由に、最高貴族だけでなくルイ一八世やチャールズ一〇世までもがひどく嫌っていたものであるが、突然態度を一変させた。彼の弟までが、それまで軽蔑していたはずの体制側から、格別の引き立てを賜る栄に浴した。シャンポリヨンは、自分の歴史上の発見の及ぶ時期を、用心深くポスト・ヒクソス王朝の時代、すなわち当時想定されていた紀元前二二〇〇年までに限定し、聖書の権威に配慮していた。彼はこのおかげで、キリスト教擁護者たちの支持を集めたが、一方でギリシア文明よりもはるかに古いエジプトの勝利を際立たせることになり、ギリシア崇拝派の恨みを買ってしまった。これがもとで、それまで同盟関係にあったキリスト教とギリシア崇拝派とのあいだには、一時的にではあるが溝が生じた。

シャンポリヨンは、学者の中に多くの敵をかかえていた。たとえば、十二宮の年代考証で面目丸潰れとなったエジプト学研究者のジョマールや、ロマン主義者・保守主義者で東洋学《オリエンタリズム》を打ち立てたシルヴェストル・ド・サシなどである。シャンポリヨンを、アカデミーやコレージュ・ド・フランスなどから締め出そうとする反対勢力の中心にいたのは、アントワーヌ・ルトロンヌやラウール・ロシェットなどのギリシア崇拝派の古典学者たちで、彼らは同時に名うての反エジプト主義者でもあった。[111] シャンポリヨンは王室の後ろ盾を得たうえ、彼の解読の信頼性の高さとその利用価値の大きさなどのおかげで、何とか彼らを味方につけ、一八二九年までには、遅ればせながらも社会的に認められた人物となった。一八三〇年の七月革命後は、自由な雰囲気の中で、シャンポリヨンはエジプト暦についての自説をはばかりなく発表することができた。この説によると、エジプト文明は紀元前三二八五年にまでさかのぼり得ることになる。このため、キリスト教徒とギリシア崇拝派は、再び反シャンポリヨンの立場で手を握った。一八三二年にシャンポリヨンはこの世を去るが、それ以降の四半世紀にわたりエジプト学は沈滞し、彼の敵であったギリシア崇拝派と東洋学者《オリエンタリスト》たちが、アカデミー・フランセーズを牛耳った。このうえない皮肉であったのは、シャンポリヨンへの弔辞を読んだのが、友人として彼を支え、アカデミーの副総裁を務めたアンドレ・ダシエではなく、ダシエの後継者でシャンポリヨンとは不倶戴天の敵であったシルヴェストル・ド・サシであったことだろう。[112]

　古代史の専門家たちが、シャンポリヨンのヒエログリフ解読が信頼できるものだと認めたのは、やっと一八五〇年代になってからのことである。一八三一年から一八六〇年のエジプト学の空白期間は、本書で取り上げたテーマと密接にかかわっている。つまり、エジプトに基礎を置く古代モデルが破壊され、その代わりにインドを基盤とするアーリア・モデルが打ち立てられたのが、まさにこの時期であったからである。当時の時代状況やエジプト権威失墜のありさまは、ジョージ・エリオットの小説『ミドルマーチ』によく描かれている。この作品に出てくる老学者カゾボンは、エジプトに関心をもつ絵に描いたような反啓蒙主義的人物である。これに対してラディスローは、ロマン主義の温床となっているローマのドイツ人社会から出てきたばかりの青年である。彼は、カゾボンがシャンポリヨンの解読に関心を示さないことを批判しないが、ドイツの学術書を読まないことや、エジプトに関心をもつことには軽蔑を隠さない。[113]

　一八一〇〜二〇年代にかけて、ローマにおけるドイツ人社会のトップにいたのはニーブールとブンゼンであった。ニーブールはローマ史の優れた研究家で、バチカン駐在のプロイセン閣僚を務めたこともある。ブンゼンはニーブールの秘書であったが、後に彼の職を引き継いだ。どちらも新ロマン主義と民族主義の賛美者であった。それにもかかわらず、二人はフンボルト兄弟とともに一八二〇年代になされたシャンポリヨンのヒエログリフ解読の信憑性を認めた数少ないドイツ人学者の内に数えられる。しかし、彼らもまた、エジプト文明については限定的評価しか与えていなかった。ヴィルヘルム・フォン・フンボルトは、一八三三年には、ベルリンの新しい国立博物館の責任者の地位にあった。彼の方針は、エジプトの展示品は彼を含む学者にとっては確かに貴重であるが、博物館の本来の目的である一般大衆の文化向上という視点から見れば、芸術作品すなわちギリシア・ローマ時代およびネサンス期の美術品を優先展示しなくてはならない、というものであった。[114]

ブンゼンはゲッティンゲン大学に学び、一八四〇年代という重要時期にイギリス駐在プロイセン大使を務めた。彼はヒエログリフの研究家であったが、一八三〇～四〇年代にはエジプト学のリーダーとして「同国人の頑《かたく》なな不信や無関心」と戦い、低迷していたエジプト学の灯をなんとか消さずに保った。しかしその代償として、古代エジプトは何か異質な研究対象とみなされることになった。[115] 彼が最初にエジプト語の研究を始めるかどうか思案していた時、ニーブールに手紙を送り、「乗り気がしない」ことを吐露している。[116] しかしその一方で、ローマ郊外を訪れた時には、「美しいもの、ギリシア的なものを見ると、ついその中にエジプト的なものが何かないかと探してしまうのです」[117] と妹に書き送っている。

ブンゼンは、ドイツのエジプト学研究者レプシウスやイギリスのエジプト・アッシリア学者サミュエル・バーチを援助したことで、エジプト学の歴史の中に名誉ある地位を残した。バーチの『ヒエログリフ事典』は小冊子ではあるが、この種のものとしてはあらゆる言語を通じて最初のものであり、一八六七年に出版されたブンゼンの『人類史におけるエジプトの位置』再版本第五巻の付録として出版された。ブンゼンの本は、彼の多彩な活動の一部分としてエジプト学があったことを、広く世に知らしめた。

ブンゼンがこの本を書いたのは一八四〇年代であるが、その基本構想自体は、シャンポリヨンの解読よりもはるか前の、ゲッティンゲン大学在学中にはすでにできあがっていたと自ら明らかにしている。もしそうならば、時はまさにC・G・ハイネの全盛時代であった。ブンゼンはハイネとは面識があったうえ、ブルーメンバッハとは師弟の間柄であった。彼の構想の中に、それ以後の研究成果が取り込まれていることは、容易に跡づけることができる。彼の説によると、エジプト人は、アラム人（セム系）やインド・ゲルマン系民族とともに、出自を同じくするものである。ただその出現場所がアフリカである点に、その違いがあるにすぎないという。ブンゼンは次のようにのべている。

> 人類の文明は、基本的に二大民族家族に由来する。この二つの民族が、同根であることも分離したことも、同

様に確かなことである。われわれの言う人類史とは、両民族の歴史のことである。また、これらのうちでも、インド・ゲルマン民族の方が歴史の主流であり、アラム民族は傍流を成すにすぎない。しかし、神々の物語のエピソードを作り上げたのは、アラム民族の方であった。[118]

ブンゼンは別のところで、これとはまた異なる言い方をしている。「もしヘブライ系セム人が、人類の僧侶であるとするならば、ギリシア・ローマ系アーリア人は、現在もまた将来においても、英雄であり続けるであろう」[119]と。

これら二つの「支配的民族」のあいだでの不平等については、もう一度取り上げることにする。シュレーゲルが、すでに二大言語グループ間の違いを強調していたにもかかわらず、アーリア人とセム人とが共通起源だとする説は、一八四〇年代にあっても、なお受け入れられていたことは注目に値する。時代が進むにつれて、この説は受け入れられなくなっていくが、反ユダヤ主義が最高潮を迎える一九二〇～三〇年代までは、なんとか命だけはつないでいた。[120]ブンゼンは、彼の説の基本的枠組みと、シャンポリヨンの解読作業によって得られた新たな情報とのあいだには、何らの矛盾もないことを主張した。また、彼はエジプト語とセム語とのあいだにはっきりとした関係があること、また、それら二つとインド・ヨーロッパ語族とのあいだにも重大な関係があることを指摘している。[121]

ブンゼンの『人類史およびエジプトの位置』は、年代学に重点を置いている。古典史料や聖書に加えて、新しいエジプト史料や天文学データが用いられているのもそのためである。彼は、シャンポリヨン説に従って、エジプト暦の成立を紀元前三二八五年とした。ところが、彼が本の中で採用している成立年はこの暦とは無関係に出されたもので、今日の判断に従えば荒唐無稽ということになろう。ブンゼンは狂信的キリスト教徒の新世代に属した。彼の組み立てた世界史には、ノアの大洪水前に三つの歴史段階、すなわち中国期（紀元前二万～一万五〇〇〇年）、ウラル・アルタイ期（一万五〇〇〇～一万四〇〇〇年）、エジプト期（一万四〇〇〇～一万一〇〇〇年）が設定されていた。[122]

歴史の流れが中国に始まり、中央アジアを経て、次いでエジプトへと向かい、最後にヨーロッパへと至るということの図式は、実は彼の最初の構想とはかなり異なる。最初の構想によれば、歴史は三段階から成り、最初は東方、次にギリシアとローマ、最後の段階としてチュートン民族が来るとされていた。彼のこの二つの案を総合して見るなら、フンボルトの主張する膠着言語から屈折言語へ向かっての「進歩」、あるいは、ヘーゲルの「世界歴史の段階的発展説」における「進歩」など、同時代に発表された理論に非常に似たものであった。

ヘーゲルに関して言えば、彼の主張は次のようにまとめられる。太陽が東から西へと運行するように、「国家」すなわち普遍的理念は、中国・モンゴルの直覚的な神政専制政治から、インドの神政貴族政治およびペルシアの神政君主政治へと動いていった。そしてエジプトもまた、その東から西への移動の中途に位置していた。これらのすべては人類の第一段階を構成し、これをヘーゲルは臆面なく少年時代と呼ぶ。[123] 第二段階、すなわち人類の青年期にあたるのはギリシアとされ、ここで初めて倫理的自由が現われる。第三段階は壮年期のローマ、そして最後の絶頂期に相当するのがゲルマン社会である。

ヘーゲルはこの歴史構想の中で、エジプトに触れることを極力避けようとしている。このことは注目に値する。エジプトをインドよりも上位に置いたのは、普遍理念が東から西へと向かうという設定された基本方向に合わせたものであるが、いかにも姑息なやり方である。彼の『歴史哲学講義』は、一八一六〜三〇年の時期のものであるが、この中で中国およびインドの思想については、ある程度取り上げられているものの、エジプトについては、ギリシア哲学の発生との関連でわずかに触れられているにすぎない。[124] オリエント文化は、結局ヨーロッパ文化によって打ち負かされてしまうのだという歴史発展段階説が、いかに一九世紀初頭のドイツを席巻していたか、この例からも見て取ることができる。

再びブンゼンに話を戻そう。彼が奉じていたのはアーリア・セム主義であり、エジプトはたんなるはるか彼方にある文明の源の一つにすぎないという信念であった。このような考え方は、彼を一九世紀初期の枠組みに固く縛りつけるというものであったが、彼が死を迎える一八六〇年以前からすでに存在基盤を失い、一八八〇年以降になると、もはや学界で通用するものではなかった。ブンゼンを含め彼の同時代人たちは、中国やエジプトが文明の開拓者であることを認めてはいたが、ブンゼンはこれらをノアの洪水の前の時代に追放してしまった。彼だけでなく、一九世紀中頃のほとんどすべての歴史家たちにとって、真の歴史とは、アーリア人とセム人の対話ででき上がったものであった。エジプト人が地中海地域で植民地を建設したというギリシアの伝承を、ブンゼンがすっぱりと切って捨てたのも、そのせいであった。

ブンゼンも当時の人々と同様に、ギリシア神話の中にセム的要素が含まれていると考えていた。しかし、彼は学界での最新の動向に沿って、セムの影響は間接的なものだと考えた。ブンゼンの組み立てた説によると、次のようになる。紀元前一六世紀に、エジプトから追われたセム系ヒクソス人は、当時ペレセトとかペラスゴイと呼ばれていた。彼らの一部はクレタ島や南エーゲ海方面へと逃れ、島の先住者であるアーリア人を駆逐し、そこに定住した。一方、島を出たアーリア人たちは、追放者の名前を名乗り、ギリシア本土へと移り住み、そこでイオニア人の祖先となった。彼らこそが、セム文化の影響を受け、近東文化の断片をギリシアへと持ち込んだのである。[125]

ブンゼンの説の特徴は、歴史の裏づけがありもしない手の込んだ手法によって、ギリシアの伝承に残るフェニキア人の植民の物語、および誰の目にも明らかなギリシアにおけるセム文化の影響という二つの要素を取り込み、そのうえギリシア・アーリアの純粋性の保持まで図っていることである。反ユダヤ主義については、エジプト人とフェニキア人とのあいだの、またイオニア人とドーリス人とのあいだの関係とともに、第8、9章で取り上げる。

ここで、最後に一つだけ重要なことを指摘しておきたい。それは、エジプト語に関する言語学的知見が、言語比較の分野で実際に利用できるようになったのは、かなり後の時代になってからのことであった点である。学者たちが、エジプト人によるギリシアの植民地化や、エジプト文化がギリシア半島に与えた影響などについての議論を放棄して、その後数十年も経ってやっと実現したのであった。それゆえ、ルネサンス期や啓蒙主義時代の学者たちは、エジプト語との比較研究をいくら望んだとしても、それはできない相談であった。では、一九世紀末の学者たちどうであったろうか。彼らは研究の手立てを持っていたにもかかわらず、詳しい比較研究を行ってもめざましい成果は何も出てこないだろうと高をくくっていた。エジプトの言語・文化などは本質的に劣等・後進民族の産物であるから、偉大なアーリア文明、高貴なインド・ギリシア・ローマの言語に対して寄与するところがあったなど、夢にも考えられないことであったのだ。一八四〇年代に至るまで、そのような状況が続いたのである。

エジプト宗教は一神教か多神教か

エジプトの名声が失墜してしまった主な理由は何か。それは、エジプト語文献が解読され、エジプトの実体がわかってくるにつれ、幻滅させられたからだ、などという説を耳にすることがある。では、解読の功労者シャンポリヨンの場合はどうであったのか。真っ先に幻滅すべきは彼であろうが、彼のエジプト熱は年を追うごとに強まる一方であった。一八五〇年代末にさしかかって、エジプト学がようやく回復の兆しを見せ始めると、学者たちはエジプト学創始者シャンポリヨンへの賛美や、彼のエジプトへの敬愛心への共感の気持ちと、他方ではこれとは反対に、当時流行のロマン主義的実証主義のエートスから発するエジプト文化への軽蔑心・優越心とのあいだで、心理的な分裂をきたしていた。両方の気持ちを重ね合わせることはむずかしく、たちまち食い違いが表面化した。問題となったのは、エジプト宗教の性格をめぐるものであった。宗教史家ベートは、一九一六年に、次のようにのべている。

一神教かそれとも多神教か。この問題はエジプト語文献の発見以来、エジプト学における重要課題であった。私がここで明らかにしたように、両説ともにそれなりの言い分があるにはあるが、どちらの提唱者もこれらの概念をスローガンとして用いているだけであり、エジプト宗教の真の独自性の性格づけさえできていない。[126]

彼がまことしやかに語るように、エジプト語文献がもしもどちらの意味にでもとれるというのであれば、いったいこれまでの議論は何であったのか。結局のところ、これは、エジプト宗教とキリスト教との積年の争いの継続にしかすぎなかったのではないのか。もしもエジプト宗教が一神教であったなら、それはとりもなおさずキリスト教の土台かもしくは原型となっていたことを意味する。一九世紀末は、人種問題が先鋭化した時期であった。アーリア・セム民族だけが唯一の文明の担い手だとする説の主張者にとっては、エジプト宗教が一神教であることは、まことに都合の悪いことであったに違いない。

ド・ルージェとブルクシュ〔一八二七～九四〕は、一八六〇～七〇年代のエジプト学の第二波の時期を代表する学者である。二人とも、シャンポリヨンと、彼の思想的背景を成すヘルメス主義、プラトン主義の信奉者で、純粋なエジプト宗教は崇高であり、本質的に一神教であると信じていた。ド・ルージュは、「一つの観念、すなわち、原始的な唯一神の観念が支配的であった。それは時間と空間とを超越した唯一の実体であり、他への依存なしに自ら存在し、近づくことのできない神であった」[127]と説明している。

ブルクシュは、一八六八年に、ゲッティンゲン大学のエジプト学教授に任じられた。このような肩書きをもつ学者は、シャンポリヨンの死後初めてであった。彼もまた、イギリスのエジプト学の第一人者ルノーフ卿〔一八二二～九七〕と同様に、エジプト人はもともと一神教を信じていたと主張した。[128]しかしながら、ルノーフの方は一八八〇年に、『宗教の起源と発展についての講義』第二版を出版する前に、その主張を変更していた。すなわち、「エジプト人は、その始まりから、一神教であった」[129]とのべたこと自体を否定してしまった。ホルヌンクのような現代エジプト学とエジプト学史に通じた学者たちは、このような立場の変更をもたらしたものは、古代エジプト研究で得られた新知識のせいだという。[130]しかしながら、エジプトの一神教を否定する動きは、古典学および古代史全般の領域で風靡していた人種主義とロマン主義的ギリシア愛好熱が、いよいよエジプト学にまで押し寄せてきたという、その大きな流れの中に位置づけるのが適当ではなかろうか。

このあたりの状況は、一八八四年に書かれたリーブライン教授の論文の一節の中に読み取ることができる。リーブラインは、古びた一神教説を、装い新たな言語学と歴史学の中に組み込もうとした。その苦心の折衷策は、エジプト人は神などというものはまったく持たなかったか、あるいは持っていたにしても、それはせいぜい神の祖型程度のものだったかもしれない、というものであった。

あらゆる点から見て、インド・ヨーロッパ語族よりもさらに古い言語歴史の一時期において、神の観念が自然に発展したということは、たんなる可能性以上にあり得ることである。将来その証拠が摘出できるかもしれない。言語の科学的研究により、部分的にではあるが、先史時代のインド・ヨーロッパ語族の姿が明らかになった。先史時代のセム語およびハム語も復元できるかもしれない。そうなれば、これら三つの先史時代の言語をもとにして、互いの原初的レベルでの関係が、推測ではなく、じょじょにではあっても証明できるようになるであろう。また、時間はかかるかも知れないが、さらにこれよりも古い時代の言語間の関係が――それをノア語族と仮に呼んでおくが――必ずや明らかにされるであろう。そこまで研究が進めば、先史時代の言語の中に、神の観念を表した言葉を見つけ出す公算が大きくなる。しかし同時に、先史時代の言語の中に神の観念を表す言葉が未だ存在していなかったという可能性もある。[131]

このように、リーブラインにとっては、エジプト語とは遠い昔の幼稚な言語でしかなかった。プラトン主義者、ヘルメス主義者、それにフリーメイソンたちが持っていたエジプトへの尊敬心の最後の名残りも、このようにして学問世界からきれいさっぱりと洗い流されてしまった。古いエジプト学への全面攻撃が始まったのである。その口火を切ったのは、フランスのエジプト学研究者のマスペロ〔一八四六~一九一六〕であった。彼はその頃の状況を次のように書きとめている。

私がこの学問の道に入ってから、間もなく二五年が経とうとしている。その当初から長年にわたって、ブルクシュと同じように、私もまた次のような説を信じていた。すなわち、エジプト人はそのもっとも初期の時代に、すでに神の単一性という概念に到達しており、そこから彼らのすべての宗教体系と象徴的神話が引き出されている、というものであった。……その頃、私は自分で宗教文献を読み解いてみようとしたことはなく、ただ優れた先生方の解釈をそのまま引き写すだけであった。しかし自分自身でそれに取り組むことになってからというもの……正直に言うが、他の先生方はそれらの文献の中には深遠な知恵があるというが、私にはそういったものがさっぱり見えてこない。私のエジプト人に対する評価は、低いものになってしまうが、だからと言って、非難を受ける筋合いはなかろう。彼らが優秀で、独自性・創造性に富む民族の一つであることは確かではある。だが、ついに半野蛮な状態から抜け出すことができなかったことも確かである。……彼らは発明し、生産し、そして何よりも芸術、科学、産業における将来の可能性を拓いた。しかし彼らの宗教には、その他の分野で見られるのと同様に、荒削りの部分と洗練された部分とが交じりあっている。[132]

リベラルなフランス人で、啓蒙主義の血を引く人にしてこの言ありとは、どういうことであろうか。問題はエジプト人に関する部分ではない。それならきわめて公平な評価というべきであろう。重要なのは言外の意味である。すなわち、完全に洗練され、粗野とは無縁の文明が別に存在するのだ、と。それがインド・ヨーロッパおよびキリスト教文明だと言いたいのである。そのことが問題なのである。[133] ついでに紹介しておこう。他の場所では、次のようにものべている。彼の人種主義的傾向が鮮明に表れている部分である。

時間は他の民族には過酷であったが、エジプト人に対しては好意的であった。彼らの墓、神殿、彫像、日常生活を豪華に飾る小品などは、時の経過による破壊を免れた。その結果、彼らの作ったもっとも美しく、愛らしい品々によって、われわれは彼らを評価する。そして、彼らの文明がギリシア人やローマ人と同じレベルにあるとついつい思わせられてしまう。しかしよく注意して観察するなら、このような見方は違っていることがわかる。端的に言えば、トトメス三世やラムセス二世は、アレクサンドロス大王やカエサルなどよりも、中央アフリカの帝王ムテサの方に近い。[134]

人種主義は「科学的」法則にもとづくものであるから、たんなる外見に惑わされて、これを踏み外してはならないという主張は、一九世紀末の学者が、科学と科学以前というはっきりとした時代区分を立てていたことを示すものとして興味深い。マスペロや彼の同時代人にとって、古代エジプトはごく最近の発見であった。彼らはナポレオンの大遠征やシャンポリヨンの解読以前に書かれた古代エジプトに関する史料には何の関心も示さなかった。マスペロはさらに続ける。

エジプト人の神話は、新旧両世界中でももっとも未開の種族のものとほとんど変わりはない。エジプト人は、非常に希薄な形而上学の精神しか持っていなかった。キリスト教徒が彼らの乏しい理解力を考慮して、それ相応の教化を図ろうとしたときも、そのことは事実として証明された。[135]

エジプト人は文明、宗教、そして哲学までも奪われてしまったが、せめて形而上学の片鱗ぐらいは持っていたことにしてやれなかったのかと、疑問に思う人がいるかもしれない。しかしながら、人種主義の波は、その程度の寛容さすら許さないところまで来ていたのである。一〇年後にイギリスのエジプト学研究者のバッジ〔一八五七～一九三四〕は次のように書いている。

エジプト人は基本的にはアフリカ人に属する。したがって、北アフリカの諸民族に共通するあらゆる特徴を、徳・不徳をも含め身につけている。いかなるアフリカ人も、今日的な言葉の意味で形而上学的たらんと欲しても、とうていできない相談である。まず、アフリカの言語の中で、神学的・哲学的思索を表現するのに適したものは一つとしてない。いかに最高の知性を備えたエジプトの神官であっても、アリストテレスの著作を、兄弟神官たちがそのまま注釈なしに理解できる言葉に置き換えることなどできなかったはずである。言語の構造自体がそれを不可能にしているのだ。エジプト人にとってまったく異質な思想・文化の領域にあるギリシア哲学者の偉大な思想の理解など、まったくの論外である。[136]

言語を人種主義の正当化に使うのは、一九世紀の常套手段であるが、バッジの場合にはこれだけではない。さらに手が込んでいる。確かに、エジプト思想の中にアリストテレス的要素はない。しかし彼はそこにつけ込んで、ギリシア思想とエジプト思想とのあいだには、全体として絶対的な違いがあるかのように描き出す。もしもここで誰かをどうしても引きあいに出したいのであれば、プラトンをつれてきてはどうか。

別のところで、バッジはブルクシュの説、すなわち「神性」を表すもっとも一般的なエジプト語であるnṯrは、ギリシア語のφύσιςとラテン語のnaturaに相当するという主張を攻撃して、次のようにのべている。

このエジプト学の著名な学者は、半文明化されただけのアフリカ人が作り上げた神の概念を、こともあろうにギリシア人やローマ人のような教養ある人々のそれと同列に扱っている。いったいいかなる了見であろうか、理解に苦しむ。[137]

このような蔑視が、イギリスのエジプト占領やエジプト住民への嫌悪感と通底していることに疑いはない。一八八〇年以後、占領地の中で、アイルランドとソマリランド〔ソマリア〕は別にして、イギリスがもっとも手を焼いていたのがエジプトであった。バッジが帝国主義に身を摺り寄せていたことは、彼の著作『エジプト人の神々』がクローマー卿〔エジプト総領事（一八八三〜一九〇七）、イギリスの外交官〕に献じられていることを見ても明らかである。この人物は「エジプトの再生者」を標榜しながら、その実、エジプトの手工業経済を破壊に導いた張本人であった。

ドイツの学者たちも、エジプト人に対して懐疑的だという点では、イギリスやフランスの学者に決してひけを取るものではなかった。リーブラインが、エジプト宗教の一神教的性格に疑問を呈して以後、エジプトに優れた古代思想が存在したなどと言おうものなら、間髪おかない批判と嘲笑が浴びせられた。[138]さらに一八八〇年までには、エジプト学者の中からさえ、インド・ヨーロッパ主義者の唱えるアーリア言語純粋説に与《くみ》する者が出てきた。インド・ヨーロッパ研究の代表的学術誌『インド・ゲルマン語専門誌』の編集者のベッツェンベルガ教授は、こうした状況を次のように描いている。

エジプトが古代ギリシアに大きな影響を与えたなどと主張する学者が後を絶たない。しかしながら実際の話、これまでに言語学的に、ほんの少しでもこの仮説が証明されたことがあったかというと、そのようなことはまったくないのだ。問題の重要性を考えると、このような証明はぜひとも必要であろうと考えた。そこで私は、エルマン博士〔後にドイツのエジプト学会の会長に就任（一八〇六～七七）〕に連絡をとり、ギリシア語の中に借用されたエジプト語を、疑わしいものまでも含めてすべて収集し、その真偽のほどを吟味してくれるよう要請した。

エルマン博士は、なかなか鋭いユーモアの持ち主である。彼からの返事は次のようなものだった。「もっともなご提案ですので喜んでやります」と言いたいところなのですが、肝心要のものが欠けているのです。つまり、借用語がないのです。エジプト学の本を見ると、「それらしきもの」は十分にあります。しかし私の理解では、その中に確かなものなど一つとしてありません。[139]

エルマンは、エジプトの事物を表すエジプト語が、いくつかギリシア語の中で用いられていたことは認めた。しかしこれらは真の借用語ではないという。上記雑誌の次号でその点をつかれて、彼は二点で譲歩した。

私は、ギリシア語の中に、エジプト語の借用語がなかったなどとは主張していない。私はただ確かなケースを知らない、と言ったまでだ。ギリシア人の書いたものの中に、エジプトの事物を表す名称が散見されるが、それらが、ギリシア語の借用語として受容されるべきだと私は思わない。[140]

彼の第二番目の譲歩は、βᾶρις（小舟）の語についてである。これは明らかに後期エジプト語に属し、デモティック（民衆文字）では br（小舟）と書かれた。彼は、この語がギリシア語に同化されていたことを認めた。しかしながら、彼の次のコメントを見ると、尊大さは相変わらずのようである。

結局これだけである。残りのすべては、基本的にノーである。「文化的語彙」がいくつかあるが、おそらく、βάρις だけが真の借用語であって、それに尽きる。これは、エジプトが、ギリシアに大きな影響を与えたという従来の説によって導かれる結論とは異なる。同学諸氏が固定観念にとらわれず取り組まれるなら、私などよりも大きな成果を挙げられることであろう。ただ、この件について、少し注意を喚起しておきたい。エジプト語では、文字には母音表記がなく、語彙は意味が不安定であるから、その気にさえなれば、どんなギリシア語の単語でもエジプト語起源に仕立て上げることができる。……こんなものはお遊びにすぎない。それでもやりたいというのなら、勝手にどうぞと言うまでである。[141]

このような態度は、当時もその後の時期においてもエジプト学者のあいだに共通に見られたものであったが、エルマンの古代エジプト人に対する尊大さはとくに有名であった。ガーディナーは、次のようなエピソードを伝えている。

ある時、エルマンがマスペロにピラミッド文献の校合を依頼した。拓本がたまたま一部パリにあったのである。エルマンはでき上がったものを受け取ると、さっそくマスペロに返事を出した。「エジプト人は大昔からまともな文の書き方さえ知らなかったと見える。気の毒なことだ！」と。するとマスペロはその上に次のように書き加えた。「古王朝時代のエジプト人は、エルマン先生の文法書がなかったので、ものを書く時にはさぞかし困ったことであろう。気の毒なことだ！」もっともこの辛らつなコメントがエルマンに送られることはなかったが。[142]

エルマンは確かに極端な部類に属する。しかし公平を期して言うなら、エジプト学の分野で、エジプト人の業績に対する人種主義的な懐疑主義や侮蔑的評価が支配的であったのは、一八八〇～一九五〇年の帝国主義全盛期を通じてのことであった。また、一人エルマンだけが極端だったというのも、単純化しすぎた見方である。このようなエジプトに対する姿勢に抵抗する動きが学界周辺にあった。これは本章の終わりの方で再び触れる機会があろう。今ここで取り上げるのは、二〇世紀の最初の一〇年間、すなわち人種主義がまさにピークに達していた頃の、インド学の中心部で見られた一つの例外的なケースである。それは、すでに第2章でも紹介したブレステッド教授〔アメリカのエジプト学・考古学者、一八六五～一九三五〕の『メンフィス神学』についての問題である。この本の中には、次のような部分がある。

> 結論から言えば、こうなるであろう。後になってから形成されるヌースやロゴスの概念は、後代に外部からエジプトへ持ち込まれたものだと、これまでは考えられてきた。しかし、これらの概念は、初期の段階から存在していたと考えられる。彼らの世界概念を見ると、そう判断してよい十分な根拠があると思われる。ギリシアの伝承によれば、彼らの哲学の起源はエジプトにあるとされている。この伝承の信憑性は、近年下がるどころか、逆に増しているくらいだ。

彼はさらにこれに続けて、こう結論する。

> エジプトの神々の役割や相互関係について、これに哲学的解釈を加えるという習慣は、ギリシア人のあいだで、後に非常に盛んになった。しかしこの習慣は、ギリシア初期の哲学者たちが生まれるはるか以前に、エジプトにおいて始まったものである。ギリシア人が、自分たちの神々についても同じことを始めるようになったそのきっかけは、エジプトにあった。[143]

この結論は、本の文脈から見るなら、首尾一貫した当然の帰結であろう。しかし、ブレステッドの思想から見るなら、必ずしもそうとはいえない。なぜなら、後に出版された彼の『古代エジプトにおける宗教と思想の発展』には、ありふれた差別的言辞が散りばめられているからである。

エジプト人は抽象的思想体系を表現する術語を持たなかった。また、ギリシア人とは異なり、必要な術語を創り出す能力を発達させることもできなかった。彼らの思考は具体世界の中にとどまっていたのである。[144]

もう一つ別の例を挙げてみよう。二〇世紀の初頭に、学界の時流に抗して、はなばなしい動きを見せたのはフランスの古典主義者ポール・フカールである。彼はエジプトへの造詣が深く、その息子ジョルジョ・フカールもエジプト学者であった。彼はエレウシスの密儀を詳細に研究したうえで、この信仰がエジプトから来たものであると結論づけた。しかもそれだけにとどまらなかった。古代モデル擁護の論陣まで張ったのである。

二〇世紀的な権威主義のもとで、フカールはまことに扱いにくい存在であった。というのは、彼のエレウシス碑文の研究はあまりに見事なものだったので、後続の学者たちは彼の前では頭が上がらなかった。そこで彼らは、彼を優れた碑文学者と偏屈な理論家との両面に分断し、そのうえで次のような言葉を投げつけた。「立派な学者なのに、とんでもない思い違いをしてしまって、本当に残念なことです[145]」。

二〇世紀の一九六〇年代までは、これまで見てきたような異端者を除き、残りの「健全な」学者たちは、エジプト人についてそれほど真剣に取り上げようとはしなかった。しかし興味を覚えるのは、エジプト人に対する軽蔑的態度の中にかなりの変化が生じたことである。一九世紀のほとんどの学者は、ヴィンケルマンとその同類が鼓吹したような、エジプト人は古びて生気のない人々だという見方を受け入れていた。「進歩」思想が確立し、人類史と個人史との相似が言われるようになってからは、エジプトはこれまでとはまったく逆の位置に立たされた。エジプト人は今や子ども扱いされ、無邪気なギリシア人という評価は、入れ替わりにエジプト人のものとなった。ガーディナーは近代エジプト学の「聖典」となっている一九二七年出版の『エジプト語文法』の著者であるが、次のようにのべている。

エジプト人は、ギリシア人からその哲学的識見を高く評価されているにもかかわらず、その実、彼らほど思索を嫌悪し、物質的利益のためにすべてを捧げた民族はいない。彼らが葬送儀礼に過度の関心を示すのは、来世においてもこの世での利益や楽しみが引き続き得られるかどうか不安を覚えるからであり、人生の意味やその行く末への関心から発したものでは決してない。

彼は後に、エジプト人は「享楽的で、同性愛嗜好があるが、芸術性豊かなうえ、優れた知恵もある。しかし、感情や観念においては浅薄である」とのべている[146]。

このようにして、エジプト人は深遠な思想をもっていたという評判も、受動的で陰鬱だという評判も、ともに混乱をきたしたようではあるが、結局変わることなく残ったのは、エジプト人は本質的にヨーロッパ人に比べると劣っているということであった。しかし、別のところでガーディナーは、「古典学者たちは、ギリシアがエジプト文明のおかげを蒙っていることに対して、これまで好意的な扱いをしてこなかった[147]」とのべている。これはエジプト学者たちにある種の気兼ねがあったことを認めたものであろう。

ギリシア古典学はどこの大学においても、中心的学科であり、強い勢力を保持しているのがつねであった。したがって、エジプト学のようなマイナーな周辺学科に身を置く学者たちが、エジプトへの軽視・無視を何とかしようと思っても、できないことであった。もっともそういう気概のある学者が、まったくいなかったというわけではないのだが。ほとんどすべての学者は、自分の専攻に入る前に、古典学を徹底的に頭に叩き込まれていた。ガーディナーが、「ギリシアがエジプト哲学に依存していたなどという説は、たんなるまやかしにすぎない。これは簡単に証明がつく問題である」とのべているのは、そうした学者仲間たちの意見をそのまま反映したものであろう[148]。

エジプト哲学は存在せず、エジプト宗教は疑わしいものだと言う。この風潮は一九六〇年代までエジプト学を支配し続けた。ホルヌンクの表現を借りれば、エジプト宗教の基本的性格についての研究は、半世紀にわたって「禁欲」の対象とされてきた。[149] 実際のところ、エジプト宗教の研究に地道に取り組んでいたのは、他にマーガレット・マレーなどの一、二の学者たちにすぎない。しかも彼らは、「健全な」学者から、エジプト学のはみ出し者扱いを受けていたのである。[150]

正統的権威にようやくひび割れが生じてきたのは、第二次世界大戦後のことである。一九四八年にはエジプト古代遺物公団総裁のドリオトンが、エジプト語の英知文学の中に真正な宗教が見出されること、またそれが初期の一神教である可能性が高いことを指摘している。[151]

一九六〇年代に入って後は、とりわけフランスとドイツにおいて、より開放的雰囲気が生まれてきた。これらの国では、エジプトの精神性や独創性についての再検討が始められている。ドイツのブリュナーのように、「新しいエジプト像」を打ち立てようと呼びかけるエジプト学者も出てきた。彼は紀元前三千年紀頃に、エジプトで知的・精神心的世界で質的飛躍があったと主張している。[152] このような新しい柔軟な姿勢が見られるようになった反面、エジプト学という学問と、それに対するいわゆる「対抗文化《カウンターカルチャー》」とのあいだには依然として大きな断絶が存在している。

一九〜二〇世紀に一般大衆が抱いた古代エジプトのイメージ

エジプト人の知的・精神的生活の評価をめぐって、学界での主流意見に対抗しようとする周辺での動きがあったが、この問題に入る前に、一般社会で古代エジプトがどのように受けとめられていたかを検討してみたい。ナポレオンのエジプト大遠征の効果で、一九世紀初頭の一時期、エジプトブームが盛り上がったとされている。確かにこの状況は、シュワブが巧みに描き出した図式、すなわちヨーロッパで最初に外部世界の存在を真に認識したのは、ロマン主義的実証主義者たちであったというとらえ方と重りあう。こうした見方は、さらに言えば、ヨーロッパと他大陸との間の適正な関係は唯一つしかない、すなわち一九世紀になって初めて実現したヨーロッパの圧倒的優位性の上に築かれたものだけだ、という主張から出てきたものであり、またこれを強化するものであった。このエジプト・ブーム期の見方については、エジプトへの旺盛な好奇心が一九世紀初頭においても依然として残っていたことを示すものだという説があるが、多少の真理は含まれていよう。

しかしながら、すでに見たように、エジプトへの関心は今に始まったものではなく、それについての知識の蓄積もあった。[153] エジプトがヨーロッパに与えた影響は、一五～一六世紀の方が、一九世紀よりもはるかに大きなものであった。一九世紀におけるエジプトブームは、インドブームには及ばず、また同時期の北ヨーロッパやアメリカにおけるギリシアブーム、ギリシア熱に比べるなら、まったく取るに足りないものであった。さらに、当時の大多数の人々にとって、ギリシアは敬愛すべき先祖であったが、エジプトはもはやたんなる異質でエキゾチックな存在でしかなかった。

しかしながら、フランス軍の大遠征や、次々と行われる冒険旅行と諸発見に関する出版物は、ヨーロッパ中で相変わらず引っ張りだこであった。[154] とりわけ、ピラミッドや王墓に関するもの、一九世紀後半に翻訳の出たエジプト人の魂の導きの書『死者の書』などが人気を集めた。エジプトは陰鬱な死者の国だという固定観念はすでにでき上がっていたが、これらの本によってさらにそのイメージが強化され、一九世紀の中・後期には「死」が一つの重要なジャンルとして扱われるほどであった。ヨーロッパや北アメリカでは、どこの墓地を訪ねても、必ずエジプトスタイルの墓が見られた。[155] さらに、アメリカでは、一八六〇～七〇年代にかけて、ミイラ作りが流行した。これらの流行は、都市衛生の向上を図ったものだという説もある。同じ時期に、アメリカではエジプトの風習が、また北ヨーロッパの方ではギリシア式に火葬が広く採用されるようになった。[156] この違いは何によるものであろうか。アメリカではフリーメイソンが大きな影響力を持っているので、それが関係しているのであろうか。

フリーメイソンは、依然としてエジプト崇拝の受け皿の役割を果たしていた。彼らの建物、シンボル、儀式などは、過去から現在へと継承されたエジプトの伝統に従っており、学者などの言説によって揺らぐことはなかった。[157] アメリカにおけるフリーメイソンについては、エジプトとパピルス文書が、一八二〇年代のモルモン教の設立に深くかかわっていることと、一九世紀中・後期の作家、とくにメルヴィル〔一八一九～九一〕やホーソーン〔一八〇四～六四〕に大きな影響を及ぼしていることを指摘しておきたい。メルヴィルの『モビィ・ディック（白鯨）』にはエジプトのシンボルやヒエログリフが多く用いられており、ホーソーンの『緋文字』にもそれらが出てくる。[158]

フリーメイソンは、ヨーロッパにおいてもなお強い影響力を保っていたが、彼らのエジプトへの関心は、ほぼ完全に内面的あるいは精神的なものに限られていた。彼らは、他のヨーロッパの上流・中流階級の人士たちと同様に、ギリシアブームの中に取り込まれていた。この他にもエジプト・カルトの小集団がいくつかあった。薔薇十字団は、フリーメイソン内部での小グループとして、あるいは別個の精神的な団体として活動していたが、彼らの信条の中心にはつねにエジプトが位置づけられていた。エジプトに由来する信条を中心に掲げる組織としては、一八～一九世紀の神秘主義者の集まりであるスウェーデンボルグ派、さらに時代は下るが神知学や人知学などの集団があった。[159]

しかしながら、一九世紀前半に、これらよりもはるかに大きな影響力を持っていたのは、サン＝シモン主義者のグループであった。「社会主義」の開拓者で、実証主義の祖であるサン＝シモン（一七六〇～一八二五）の弟子たちは、典型的な歴史の三段階論を信じていた。この理論によれば、「実証主義体系」の第三期、すなわち最終段階では世界統一が実現される。この統一のためには、全世界的規模でのコミュニケーションを実現する必要がある。その時に東西の架け橋となるのは、サン＝シモンだけでなく、ナポレオンや大部分の思想家たちにとっても、エジプトをおいて他にあろうはずもなかった。[160]サン＝シモンと彼の後継者アンファンタンのエジプトへの強い想い入れは、たんなる精神的なものではなく、現実的な意味を持っていた。

アンファンタンは、一八三三年に技術者、医者、ビジネスマン、作家など多くの弟子を引き連れて、エジプトへと渡った。彼はこれをフランスの第二次学術遠征隊として位置づけ、ご丁寧にもルイ・フィリップの勅許まで得るという周到さであった。アンファンタンは自らに一つの使命を課していた。すなわち「父」たる自分は、神秘的なオリエントの「母」を娶《めと》るというのがそれであった。この使命はさらにスエズ運河の建設へとつながっていた。彼は、運河開削事業と、ヨーロッパ人による非ヨーロッパ人支配を男女間の性交に見立てる卑俗な小話とを巧みに結びつけ、次のような檄をとばしている。「スエズ運河建設は人生の一大事業である。世界は待っている。われわれが男を立てる日を！」[161]。スエズ運河の建設は、徴隊隊の一人であるレセップスの手で、一八六〇年代に成し遂げられた。サン＝シモン主義者たちは、ムハンマド・アリのエジプト近代化事業に、技術者、医者、教師などとして参加し、重要な役割を果たした。彼らは、ナポレオン遠征の時と同様に、古代文明の発祥地エジプトの覚醒に貢献するのはフランスの使命であるとの意気に燃えていた[162]。

ムハンマド・アリの孫のイスマイルが、イタリア統一を象徴する作曲家ベルディ〔一八一三〜一九〇一〕に、エジプトの国民的歌劇として『アイーダ』の作曲の依頼をしたのは、まさにこのような時代雰囲気の中でのことであった。物語の筋書きを書いたのは、エジプト政府のお雇い外国人でエジプト学者のマリエット〔一八二一〜八一〕であった。彼は古代エジプトを西洋的手法で美化したのであるが、一八世紀の時代にはそぐわないものであった。モーツァルトの作品では、エジプトの英知と道徳を兼ね備えた神官が称えられているが、ベルディにおいてはその逆で、神官たちはアイーダとその恋人ラダメスの敵役に仕立てられている[163]。

『アイーダ』はヨーロッパ中で大成功をおさめた。エジプトに対する好意的な見方は、エジプトが白人国であり、文明の源泉であったという前提の上でのものであったが、とりわけフランスとイタリアで広がりを見せていた。イギリスやアメリカでは、芸術分野に限られていたが[164]。こうした傾向に加えて、一八六〇〜七〇年代には、第二世代のエジプト学者のあいだで、エジプト愛好熱が蔓延する。一八八〇年代に、マスペロやエルマンが、エジプトに対して警戒して身構えたり、無視したりするのも、こうした背景があったからである。彼らだけでなく古典主義者たちも、一般大衆とは異なり、社会を全体的にしかも系統立てて見ることができたので、エジプトに対する過度の好意は、ギリシア文明の、ひいてはヨーロッパ文明全体の独自性にとって脅威になることを感じ取っていたのである。

エリオット・スミスと「伝播論」

伝統知識に対する脅威となっていたものが、他にもう二つほどあった。しかも、これらは学界の中から生じたものであった。出てきた順番は逆になるが、まずエジプト学に与えた影響の小さかった方、エリオット・スミスの「伝播論」から取り上げることにしよう。彼は一八七一年にオーストラリアに生まれ、医師の資格を得てからイギリスに渡り、そこで解剖学者として名をあげた。一九〇一年にはカイロで解剖学教授に任ぜられ、そこで医学校の設立にもかかわった人物である。八年間のカイロ滞在中に、古代エジプト、とりわけその時代の形質人類学と文化の研究に興味をもった。[165] 彼が、エジプトこそが近東およびヨーロッパ文明の源泉であると確信したのは、この時期のことであった。

エリオット・スミスは人種主義が高揚した時代の人物であった。彼は、エジプトの大部分の住民とその他の東アフリカ人とのあいだには、これまでつねに形質上の類似があったという事実を無視することはできなかったが、ピラミッド時代（古王朝時代）に、幅広の頭蓋骨を持った非セム系アジア人の大量流入があったと考えた。[166] そして、この混血人種は地中海地域へと移住し、次いで北ヨーロッパへと進出したのだという。そこに見られる巨石文化は、彼の目にはピラミッド文化の移植に見えた。エリオット説のこの部分に関しては、今日通用するものではない。炭素年代測定によれば、ヨーロッパ巨石文化はピラミッド時代よりも一〇〇〇年も前に始まっているからである。[167]

エリオット・スミスの説は、イギリス社会の関心を引いた。それにはいくつかの理由がある。第一には、「伝播論」はその当時の帝国主義にとって、お誂え向きの理論だったこと、二番目には、彼の言うエジプト人はアフリカ人ではなかったこと、そして最後に、彼は歴史家ではなく、解剖学者であったことなどが挙げられよう。一般には、解剖学は客観的、科学的な学問として見られていたが、歴史学や考古学にはそのようなイメージはなかった。職業的古代史家やエジプト学研究者たちは、当然であるが、彼の説には慎重な態度を取った。彼の理論を学術レベルで採り入れた例は、寡聞にして知らない。この理論に対する風当たりがきつくなってくるのは、彼が、エジプトはヨーロッパ文化のみならず、世界のすべての文化の源泉であったなどと言い出してからのことである。彼によれば、メキシコのピラミッドも、ペルーやニューギニアに近いトレス海峡諸島のミイラ製作技術も、すべてエジプトから来たものだという。

まったく意外なことであるが、彼のこの説はヨーロッパ巨石文化に関する説に比べるなら、よほど見込みがありそうに思える。確かに、考古学の発達や炭素年代測定法の進歩によって、南西アジアでの鉄器文化やヨーロッパの巨石文化がエジプト文明よりもかなり古いことが判明した。この方面での彼の理論は、水泡に帰したのである。しかしながら、紀元前一〇〇〇年以降、コロンブスがやって来るまでのアメリカにおいて、アフリカの影響があった証拠が次々と見つかっている。また、中央アメリカのピラミッドがたんなる神殿の土台ではなく、その中に墓所も含まれていたことなどが明らかになり、エジプトがはるか後代の文明に間接的な影響を及ぼしていた可能性も強まってきた。[168]

エリオット・スミスの、この分野での第二の大作『古代エジプト人と文明の起源』が世に出たのは、一九二三年のことであった。この本が出版されるや、たちまち火の手があがった。地域の特異性を強調するロマン主義的考えを持った保守主義者や、あらゆる文明はすべて純粋なアーリア人が生み出したものだと主張する人種主義者からの攻撃が始まったのである。一番激しい攻撃を仕掛けたのは、自由主義者であった。彼らは、人種主義者の砦となっている人類学を、ヨーロッパ人に文化相対主義を理解させるための拠点に変えようとしていた。彼らの立場からすれば、人類学者などは、帝国維持のためにあくせく働く下僕にしかすぎなかった。しかしながら、一九二〇年代においては、戦いは決して一方的に進んでいたわけではない。エリオット・スミスは、人類学者の大半の支持をとりつけていたし、とりわけ形質人類学の分野では子飼いの学者たちが要職を占めていたからである。おまけに、社会人類学の生みの親の一人であるリバーズまでもが、彼の理論支持へとまわっていた。当時、社会人類学の分野では、十分な学識と指導力を持った長老学者を欠いていたことも、エリオット・スミスには幸いした。[169]もう一つの幸運があった。それは、彼がロックフェラーという金づるをつかんでいたことである。この財団のお陰で、一九二〇〜三〇年代にはエジプト学や人類学には豊富な資金が注ぎ込まれた。エリオット・スミスは、こうした有利な条件のもとで、学界の中で存分に力を振うことができた。[170]

しかし、さしものエリオット・スミスも、敵が結束して立ち向かって来ては、勝ち目はなかった。一九二二年には、リバーズの思いがけない死があった。エリオット・スミス自身も一九三七年に六六歳でこの世を去った。仮に二人が生き続けたとしても、人種主義と一体化した彼の理論が、第二次世界大戦の戦中・戦後における反発・嫌悪に抗して、無事に生きのびることができたとはとうてい思えない。人類学が、学問として未成熟で脆弱さの残る時期に、エリオット・スミスによって突きつけられた脅威は、今もって消えてはいない。彼の名前や「伝播論」という言葉を耳にする時に、思わず身震いするのはその証拠であろうし、また逆に言えば、人類学に学問としての力と存在意義があることを示すものでもあろう。

ジョマールとピラミッドの謎

エジプト学や古代史研究家たちは、自分たちの領域に専門外の者がずかずかと踏み込んでくることをむろん好まなかったが、人類学者に対しては、それほどむきになってやりあったようには見えない。その理由は、おそらくエリオット・スミスが、ロマン主義的実証主義者にとっての聖域ともいうべき言語の問題に手を出さなかったからであろう。彼らがエジプト学の第二の敵として警戒していたのは、「伝播論」などよりもはるかに学界に深く根を張っている異端者集団であった。彼ら異端者集団の思想の淵源は唯一つである。すなわち、エジプト人の持っていた知識水準はきわめて高度なものであり、ギリシア人はこれを全体としては習得することも、ましてや継承することもできなかったという、古代からの伝承であった。

このような説を一九世紀初めになって再び甦らせたのは、シャンポリヨンの宿敵ジョマールであった。彼は、すでに前で触れたように、数学と測量の専門家で、ナポレオンのエジプト遠征にも参加していた。彼は自らが実施したギザの大ピラミッドの測量結果に加えて、正確な地理的位置、古代文献にのべられている測定値の意義・解釈なども勘案して、総合的判断を下そうとした。その結果、彼は古代エジプト人が地球の円周距離を正確に把握しており、それにもとづく直線距離の長さ単位を定めていたとの確信を得た。このことにより、デュピュイ派との結びつきが強まったことは言うまでもない。彼の作業は細部においては批判を受けるところがあったが、ナポレオン帝国下でのフリーメイソンの勢いに乗って、彼の所説は一定の権威を持った。彼は、王政復古以前にすでにフランス学士院のメンバーになっていたので、その後も地位を失うことはなかった。[171]

デンデラ神殿の黄道十二宮の年代判定の件で、ジョマールは一敗地にまみれたにもかかわらず、彼のその他の理論は再評価を受けたり、新たな発展も加えて、一九世紀を通じて生きのびることができた。[172] この異端派とアカデミックなエジプト学との間の軋轢は、一八六〇年代にエジプト学が成立すると鮮明になり、一八八〇年代にエジプト学が古典学の支配下に入ってからは、いっそう激しくなった。ところが奇妙なことに、両者は長い対立の期間を通じて、公式の論争を行っていない。これはいったいどういうわけであろうか。一つの理由としては、一般的に言って、学問的権威のある側が、専門外の相手と論争して、相手の「権威づけ」をしてやろうなどとは考えないことが挙げられる。もう一つは、両者は論争をしようにも、学問的な共通言語をもたなかったことである。彼らは、実際のところ、シャンポリヨンとジョマールの違いを演じていたとも言える。エジプト学者の方が基本とするのは文献学である。彼らのやり方は、言語学上の新たな技術や知見を、エジプト文献に適用することであった。一方、異端派を構成していたのは数学者、測量技師、天文学者などであった。彼らの中に、エジプト語がすらすら理解できる者などいるはずもなかった。一九世紀のエジプト学者の陣営でも、事情は似たようなもので、異端派の技術論についていける者はなく、議論をしようにも、議論にならなかったのである。

　異端者たちにとっては、これは最初から不利な戦いであった。彼らは、一九世紀の二つの基本的なパラダイム、すなわち「進歩」と人種主義とを敵に廻していたからである。もし異端派の言い分が正しいなら、古代アフリカ人やそれに準ずる人々のあいだで、この一九世紀に至るまでヨーロッパ人よりも優れた数学者が出なかったのはおかしいではないか。このように切り返されると、彼らは答えに窮した。また、現実の問題として、異端派には、確固とした学問領域と体系的理論とが欠けていた。彼らが往々にして宗教的幻想に陥ったのも、そこに一因があった。彼らは、古代数学や天文学の中に、驚くべき高度な知識があるのをせっかく発見しても、その説明に行き詰るや、苦し紛れに神の啓示などを持ち出してきて、その代用とした。このお陰で、ピラミッドには、神の予言が込められているなどの俗信が広がったほどである。[173] 異端派の説は、このようにして信用を失っていったのである。

　異端派にとってもう一つの不利な条件は、一九世紀のドイツ、イギリスでは、古典学者や言語学者の方が、数学者よりも高い地位にあったことである。しかしフランスでは、技術専門大学《ポリテクニーク》が存在していたお陰で、両者の関係はバランスがとれていた。このため、エジプト学者のあいだでも、ジョマール流の議論を無視できないようなプレッシャーがかかっていた。たとえば、マスペロであるが、彼は一九世紀に入って、エジプトの神殿は天文学的な目的のためにきわめて注意深く建てられたものであるという説を受け入れたが、それを確信した理由は、天文学者のロッキャー卿〔一八三六～一九二〇〕の委細を尽くした議論にあったという。[174] ここで注目しておきたいのは、すでに一定の地位に納まっていた天文学者、たとえばスコットランドの王立天文台長ピアッツィ・スミス教授〔一八一九～一九〇〇〕やロッキャー卿などであるが、自分たちの主張を貫くために、その地位を危険にさらしたり、棒に振ったりすることを少しも意に介さなかったことである。ピアッツィ・スミスの場合には、多少宗教がからんでいるが、ロッキャーの場合には、純粋に数学の関数のエレガントさに感動したことが主要な動機であった。[175]

ピラミッド学者たちは、すでに第2章で触れたように、ピートリがヘルメス文書の年代判定を誤ったために、大きな後退を余儀なくされた。彼は工学と測量学の専門家であったが、また同時にピアッツィ・スミスやジョマールの後継者たちの説の心酔者でもあった。彼は、一八八〇年に、最新の測量機器を携えてエジプトへと向かった。自分自身の手で、これまでなされた測量結果の真偽のほどを確認しようというのが、その目的であった。

彼が出した結論というのは、結局のところ、結論らしからぬものであった。彼は、大ピラミッドがそれ以後に建てられた他のいかなる建造物よりも正確にコンパスの四方点に合わせたものであること、また内部の石室の測量結果から、π（パイ＝円周率）の値が七分の二二であることや、ピタゴラスの三角形の定理がすでに知られていたことなどを確認した。また彼は、ピラミッド建設に実際に用いられた全体的な技術的・数学的水準の高さにも驚いている。しかしながら、建設の際に用いられた長さの単位、キュービットの値については、ピアッツィ・スミスの説に反対した。またピアッツィ・スミスが、ピラミッドの寸法は暦年の長さをきわめて正確に反映しているとの説を出していたが、これにも反対であった。[176] 一八八〇年代に入ると、エジプト学内部から変化が始まり、一八八〇～一九六〇年の時期には、学問だけでなく、その他の分野でも専門化が推し進められた。このような状況の中で、「ピラミッド学者」たちの理論はしだいに疑似科学的なものだと見なされるようになっていった。

ピートリは優れた測量技術を持っていた他にも、陶器の分類と年代決定法を考案したことにより、エジプト考古学だけにとどまらず、すべての近代的な考古学の生みの親となった。後には爵位を授けられ、学問としてのエジプト学にも迎え入れられて、その発展に貢献した。それにもかかわらず、決して居心地はよくなかった[177]。彼は立派な来賓席に座らせてはもらえたが、余所者のまま一九四二年にその長い生涯を終えた。

ピラミッドやその他の建造物の調査は、ピートリの間違いがあったにもかかわらず、中断することなく進められていた。まだいくらでも古代の隠された知恵が掘り起こせるとの期待があったからである。ロッキャーも、エジプトの建造物に用いられている高度な天文学の英知の解明に取り組んでいたが、その成果は二〇世紀の多くの研究者たちに引き継がれていった。そのもっとも代表的な人物は、優れたアマチュアの研究家ド・ルービッツ（一八八七～一九六二）である。彼が一九五〇～六〇年に出版した本は、一般読者はむろんのことであるが、とりわけ神秘主義者グループに歓迎された[178]。

一方、ピラミッドの最新でより正確な測量は、一九二五年に技師のコールの手によって行われた。この結果、ジョマールも含めて、初期のピラミッド学者たちの多くの主張が正しかったことが確認された。ジョマールの主張したエジプトの長さの単位の値についても、かなり正確な線にまで迫っていたことが判明した。しかしこれは、二つの思いがけないミスが重なって、相殺されたことによるものであった。彼の測量は不正確だったのであるが、大ピラミッドには、頂上部にピラミディオンとよばれる小ピラミッドが重ねられていたことを見落としていた。これが幸いしたのである。さらに、一九二〇年代以降、「純粋」学問の世界から「ピラミッド学」へ、二人の転向者が出た。最初のケースは、イタリア人学者のステッキーノである。彼はドイツに学び、後にハーバード大学で古代における測量法の研究で学位を受けた。彼は一九五〇～六〇年代に、多くの研究結果を発表したが、中でもエジプト人が地球の大きさに関するきわめて正確な知識をもっていたこと、そしてこれがエジプトのみならず、他地域においても厳密な正確さで用いられていることを、詳細に論じた[179]。

古代には高度な知識があったと信じる立場へと華々しく転じた第二の人物は、サンティリャーナであった。彼は、当代随一とはいかないまでも、ルネサンス時代の科学の研究者としては一流の学者であった。主著にガリレオに関するものがある。かねてからヘルメス主義と結びついたエジプトの伝承に興味を持っていたが、デュピュイの『全宗教の起源』を読み、古代神話の多くは科学的天文学の寓意であるとの説を知り、おおいに感銘を受けた。しかしサンティリャーナは、デュピュイとかエジプトなどという枠を超えて、さらに古い時代における科学知識の存在を主張した。その証拠は、世界に残る神話の中に痕跡をとどめており、春分点の歳差運動〔一四九ページ＊印参照〕を利用した算定によれば、紀元前六〇〇〇年の昔にまでさかのぼるという。

　サンティリャーナは若いドイツ人の同僚研究者とともに、これを論じた本の出版を企てた。しかし、彼の輝かしい名声にもかかわらず、どこの大学出版局もこの本に興味を示さなかった。結局、商業出版に頼るしかなかったのであるが、これでは学者たちに無視されても文句は言えなかった。[180]サンティリャーナは少し向こう見ずだったようだ。デュピュイとジョマールの流れを汲むものとして、多少の重きを成していたのに、これですっかり権威を落としてしまった。彼は、ステッキーノやトンプキンスなどとともに十把一からげにされて、「少数過激派」の中に放り込まれ、正統派学者からは見向きもされなくなってしまった。

　エジプト学や古代史学者は、考古学が及ぼした影響もあって、五〇～一〇〇年前とは比べものにならないくらい理数系の知識を身につけている。それにもかかわらず、ド・ルービッツ、ステッキーニ、サンティリャーナなどを相手に技術論を戦わすことのできる研究者はほとんどいない。それを行うためには、時間、努力、技量の三つが、一揃えのものとして備わっていなくてはならないからである。ここ三〇年来、もっとも頼りにされている論争家は、科学史のもう一人の長老ノイゲバウアー教授である。彼の名前は現状擁護派のあいだでは、ほとんどヒンドゥー教のタントラ的神通力を持っている〔タントラとは、秘儀的傾向をもつ聖典の名前〕。

　ノイゲバウアー教授の学識の広さには驚くべくものがある。彼については、すでにコペルニクスのところで触れたが、彼のもっともよく知られている業績は古代科学に関するものである。彼は、コペルニクスがイスラム科学の影響を受けていることを認めているが、これを見てもわかるように、ほどよい寛大さを備えた人物である。同様にして、彼はギリシアの数学や天文学に、メソポタミアの大きな影響があったことを明らかにしている。[181]彼は正統派のエジプト学者と共同で、エジプト天文学についていくつかの論文を書いている。しかしここには、メソポタミアの時に見せたあの寛大さはもはやどこにも見られない。共同研究者たちの、エジプトやヘルメス主義に対する尊大で軽蔑的態度と何ら変わるところはない。[182] 確かに、彼の著作のどれをとって見ても、エジプト人は独創的、抽象的思想を持たなかったという主張で貫かれている。彼によれば、ピラミッドや神殿の正確な配置も、π（パイ＝円周率）の使用も、これらはすべて経験から来るコツのようなものであって、決して深遠な思想から生じたものではないとされる。もう一つ例を出そう。モスクワに所蔵されているパピルスの中で、半球の面積が正確に得られているのが見つかった、という説が出されたことがある。しかしこの文献は、「解釈のやり方によってはきわめて初歩的に見えるし、そう見るのが好ましい」[183]（傍点はバナール）と彼はのべている。しかしながら、ノイゲバウアーがピラミッド学派の研究者を相手に、論争を仕掛けたなどという話は、ついぞ耳にしたことがない。彼がやったことと言えば、以下のような決めつけだけであった。

この建物の寸法や構造には、重要な数学の定数が、たとえば円周率の正確な値であるとか、あるいは天文学の深遠な知識などが組み込まれているはずだと言われている。しかしこのような説は、ピフミッドの歴史やその建造目的について、考古学者やエジプト学者の研究によって得られた堅実な知識とは真っ向から対立する。[184]

彼はこれに続けて、もしも読者がピラミッドに関して、彼が言うところの「複雑な歴史的あるいは考古学的問題」に興味があるなら、この問題について書かれたエドワーズやラウアーの本を読むようにと勧めている。[185] エドワーズはエジプト人考古学者であるが、「ピラミッド学者」や彼らの計算にはあえてかかわりを持とうとはしなかった。一方、測量と考古学が専門のラウアーの方は違っていた。彼はエジプト学の仲間たちの反対にもかかわらず、あえて論争の道を選んだ。しかし、他のエジプト学の学者たちからすれば、「自分たちの専門領域ではこれまであまり意味をもたなかった理論をわざわざ取り上げて、さも重要であるかのようにあれこれと議論することは驚くべきことだった」のである。[186]

とはいえ、全体としてラウアーの主張には本質的な矛盾があった。彼は一方で、測定値が独自の価値を持っていることについての認識はあった。たとえば、π、φ、「黄金数」、ピタゴラス三角形などの数値関係を、そこに見出すことができるからである。しかもそれらは、ヘロドトスなどの古代著述家が指摘したこととも合致している。[187] しかしながら、他方において、ジョマールやピアッツィ・スミスの主張に対しては、「戯言《たわごと》」だなどという非難を浴びせているのである。彼はジョマールのキュービット復元値を攻撃しているが、それは確かな根拠にもとづくものではなかった。また、ピラミッドの配置を決めるのに使用されたという数式や恒星測定の驚くべき正確さは、純粋に「直観的、実用的、経験的」に得られたものだとして、簡単に片付けられている。[188]

大ピラミッドに見られる並はずれた数学的精密さを認めることと、ギリシア人こそが最初の真の数学者であったのは「疑いのない事実」だと主張することとのあいだには、たいへん大きな矛盾がある。ラウアーは数多くの論文を執筆しているが、この問題は絶えず影のようにつきまとった。ギリシア人が、ピラミッドの数多くの驚くべき特徴についてよく聞かされていたという事実、また彼ら自身が、エジプト人が最初の数学者であり天文学者であることを信じていたという事実がある。これらを前にしては、ラウアーの矛盾はもはや窮まれりというべきであったが、最後にもう一つの難問が加わった。すなわち、ギリシア人留学生の問題である。多数のギリシア人数学者や天文学者が実際にエジプトに留学していた。エジプトの高い知識水準を示すこの事実に対して、どう説明をつけるのか。ラウアーは苦しい弁明ではあるが、それでも誠実に対応しようとしている。

今日に至るまで、秘教的エジプト数学の文献は何ひとつ発見されていない。もしギリシア人の言うことをそのまま信じるなら、エジプト人神官たちは、彼らの科学的知識を後生大事に守り通そうとしていたことになる。また、アリストテレスも、神官たちがいかに数学に打ち込んでいるかを伝えている。こうしたことを考えるなら、次のような推論が無理のないところではなかろうか。エジプトの神官たちは、紀元前二八〇〇年頃のピラミッド建設時期と、紀元前六世紀のギリシアにおける数学思想誕生の前夜とを隔てる長い期間にわたって、秘教としての科学を神殿の中で秘密のうちにじょじょに築き上げ、蓄積していった。幾何学に関して言えば、大ピラミッドのような有名な建造物を分析することが、神官たちの重要な研究課題として位置づけられていたに違いない。そして、おそらくは建設からはるかな時を隔てて、建設者自身がまったく想像もしなかったような偶然による偉大な成果が、神官たちの手によって発見されたのではないか。そのような推測が完全に成り立つのである。[189]

建築家イムヘテプは、これまでは古代エジプト後期の伝説上の人物だとされてきたが、第三王朝時代の実在人物であった。このことを発見したのはラウアーである。彼はさらに、サッカラにあるイムヘテプの壮麗な建築物の発掘も手がけている。

ラウアーは終生ピラミッドの建築技術を賞賛してやまなかった。その彼が、ドイツ人のエジプト学教授ブリュナーとは異なり、紀元前三〇〇〇年頃には、エジプトにいわゆる「枢軸時代」（精神的飛躍を遂げる時代）があったことを示すギリシア人のはっきりとした伝承を、そのまま信じることに躊躇《ちゅうちょ》した。いったいなぜであろうか、まったく理解しがたいことである。現に、この時点から一～二世紀後の、第三～四王朝の時代には高度な数学的知識が存在しており、その一部が大ピラミッドの建設に実際に用いられた。このことが、後のエジプト人に伝承され、そしてエジプトにやって来たギリシア人にも伝えられたのである。[190]

人種主義的で露骨な「進歩主義」的議論は無視するにしても、右のような説が眉唾《まゆつば》にすぎないというのであれば、ギリシア人が紀元前四世紀の知的世界において質的飛躍を遂げたという説も、同じように怪しくなってくる。この説とて、裏付けを探すとなると、ピラミッドの技術的成果やエジプト数学の優秀性に関する一貫した伝承と比べて、それ以上のものが出てくるとは思えない。

しかしながら、このような歴史の構図は、古いタイプの歴史学者にとっては、決して受け入れられるものではなかった。ましてや帝国主義の高揚の時期にあってはなおさらのことであった。ただしその中で、ラウアーが彼なりに悩んだことは確かである。しかし結局、社会的重圧をはね返すことはできなかったようだ。単純明快な結論がいくら目に見えていても、おいそれとそれに飛びつくことはできなかった。それをいったん受け入れてしまえば、ジョマールやピアッツィ・スミスたちと同じ憂き目にあうことははっきりしていた。彼が選んだ解決策はこうであった。大ピラミッドの絶妙な数学的配置も、伝承の中に残る彼らの高い評価も、すべてはエジプトの神官たちが、後代になってから、まったくの偶然によって発見したことによって、もたらされたものであると。

しかし、ラウアーのこの苦心の策をもってしても、後代のエジプト人が比較的進んだ思想を持っていた可能性までを否定することはできなかった。彼は次のように書いている。

> エジプトは三〇〇〇年という長い歴史のすべての期間を通じて、一歩一歩ではあるが、ギリシアの学者たち、たとえば、ターレス、ピタゴラス、プラトンなどを迎え入れるための道を準備していたと言える。彼らはエジプトで学んだ後、ユークリッドのようにアレクサンドリアなどの都市に残り、学校で教える者もいた。しかし、幾何学が真の科学としてのレベルに達したのは、彼らギリシア人の哲学精神においてであった。この精神によって、彼らはエジプト人の技術的実証主義によって蓄積された財宝をいかにして引き出すか、その術を知ったのである。[191]

古代文献を見ると、エジプト人神官が高い精神性と非世俗的性格の両方を兼ね備えていることが強調されている。ラウアーはさしたる根拠もなく「エジプト人の秘密の知識」などと言うが、それはさて置くとして、彼はこの秘密の知識はたんなる「技術的実証主義」的なものにすぎないと言う。どうしてそのようなことが言えるのであろうか。アーリア・モデル支持者たちへの忠義立てのつもりであろうか。

しかしながら、何人もの無名のエジプト学研究者が、ラウアーのピラミッド学者への反論はとても納得できないと言う。もっともな話である。「ピラミッド学者」と戦っているうちに、彼は敵の感化を受けてしまったらしい。そこまで行かないとしても、敵に譲歩しすぎて、防御線がすっかり危うくなったように見える。

しかし、窮地に陥っていたのは、何もラウアー一人だけではなかった。ドリオトンもその仲間の一人であった。彼がエジプト人の精神性を認めていた点についてはすでに触れた。その彼がこうのべている。「大ピラミッドの測量によって古代エジプトの神秘的科学が明らかになる、などというピアッツィ・スミスの幻想が今、甦《よみがえ》りつつある。われわれはそのような幻想に気を取られてはならない[192]」。しかし、別のところでは、「エジプト学者は、ピラミッド学者をこれまでないがしろにしてきたために、今では幼稚で、頑固で、視野が狭く、道楽者などとけなされている。お陰で、静謐であるべき学界が騒がしくなってしまった[193]」とものべている。多くの「立派な」エジプト学者たちが、研究対象などに関して外部からの圧力を感じたり、あるいは彼ら自身の方でも異端者たちをかなり長期間にわたって軽くあしらってきたことなどをうかがわせる材料もいろいろある[194]。

ところで、古代モデルとアーリア・モデルとのあいだで戦われている、この重要な論争の結末はいったいどうなるのであろうか？　私は、若干の理論修正を加えることによって、古代モデルが優位を保ち得ると考える。しかしながら、全体としては、この論争の舞台が、依然、シャンポリヨンに始まり、マスペロ、エルマンなどが押し進めた一九世紀末〜二〇世紀初頭のロマン主義的実証主義を研究領域とする、言語学の伝統に従っていることにはいささかの疑いもない。また、ジョマール流の数学・測量を中心に置くグループは、今後も依然として蚊帳の外に置かれたままの状態が続くであろう。

第6章　ギリシア至上主義　その1――古代モデルの衰退　一七九〇〜一八三〇年

第6章は、一七九〇〜一八三〇年までの四〇年間におけるプロテスタントの北部ゲルマン民族の社会発展と知的発展に関するものである。四〇年という短い期間であるが、この期間には、フランス革命、ナポレオンの覇権拡大、フランスに対抗するゲルマン民族主義の台頭、反動の時代、そしてゲルマン民族を中心とするゲルマン民族主義全体のセンターとしてのプロイセンの建国など、重大なできごとが詰まっている。

「文献学」ないし「古代学」と呼ばれる新しい学問が、近代的な先駆的学問として確立されたのも、まさしくこの期間においてである。この学問の登場によって、初めて明確な学力重視の師弟関係が確立され、より多くの政府助成金を受けられる講座や学部が創設され、この学問に携わる専門家と一般大衆とのあいだの厚い壁を守ろうとして、専門用語で飾られた雑誌が発刊されるようになった。

ここで私が言いたいことは、知的発展や学問の発展などというものは、その時代の社会的、政治的な発展とすりあわせて見ていかなければならないということである。フンボルトやニーブールのように、当時の言語学や歴史学で傑出していた人物のなかには、新しい学問の確立においてだけではなく、新しい大学制度を築くうえでも、積極的な役割を果たした学者がいたことが特筆されなければならない。さらに、彼らは民族問題における有力な政治家でもあった。

フンボルトとニーブールがもっとも大きな政治的影響力を及ぼしていた時期が、一八〇六年のナポレオン軍侵攻によるイエナの大敗からプロイセンを建て直すために、プロイセン政府が改革を断行しなければならないと考えていた時期であったことは、きわめて重要である。フンボルトは、「古代学」という新しい学問を「（教育による）人間形成」という大構想の中心に位置づけていた。この学問が発展し広く普及したのも、この大構想にもとづく諸改革の一環としてであった。フンボルトとその同僚たちは、「一般的には古代史の、具体的にはギリシア人の」研究を、一般大衆と研究者とを一体化させるための一つの方法とみなしていた。なぜなら、彼らは自分たちの生活が近代社会によって分断されたと認識していたからである。手っとりばやく言えば、フンボルトらは、ドイツにおいて彼らが非常におびえていたフランス革命のような形の革命を避け、「着実で確実な」改革を進めるための手段として、この研究を利用しようとしていたのであった。つまり、ドイツにおける「古代学」は、そのイギリス版であるギリシア古典学と同様に、その提唱者によって最初から、反動と革命とのあいだの「第三の道」とみなされていたのである。しかし実際のところ、それがもたらした効果は旧態を支えるものにすぎなかった。いずれにせよ、教育諸制度とそれらをもたらしたギリシア古典学による「人間形成」とが、一九世紀プロイセンおよびドイツの社会秩序の主柱となった。

「古代学」の根底には、芸術的で哲学的な聖なるギリシア人というイメージがあった。ギリシア人もまた――ドイツ人自身の理想的なドイツ人観と同様に――自分たちが生まれたギリシアの土地に拠り所をもっていなければならず、しかも純血でなければならなかった。かくして、ギリシアは何度もの侵入と度重なる文化の借用を受け、したがってギリシア人は、人種的にも言語的にも混ざりあった人種であるという暗黙の前提をともなう古代モデルは、ますます受け入れられないものになっていった。「古代学」という新しい学問が生み出した最初の研究者の一人、カール・オットフリート・ミュラーによって、古代から圧倒的な権威を維持してきた古代モデルが攻撃を受けたことを正しく理解するためにも、このような政治的、社会的な背景を理解する必要があるのである。

ミュラーが右のような趣旨で自説を展開した著書『オルコメノスとミニュアス人』（一八二〇）が出版された年の翌年、一八二一年にギリシア独立戦争が勃発し、西ヨーロッパは親ギリシア主義《フィルヘレニズム》によって席巻された。かかる反アジア・アフリカ的なギリシア至上主義の風潮のなかで、古代モデルを擁護するなどということは、ほとんど考えられないことになってしまった。皮肉なことに、古代モデルを推進していた唯一の大家は、歴史著作にロマン主義と人種主義とを導入するうえで大きな役割を果たした偉大な古代史研究者、バートルト・ニーブールなのであった。一八三一年にニーブールが亡くなってからは、「健全な」学者にとって、エジプト人がギリシアを植民地化したとか、エジプト人がギリシア文明の形成に重要な役割を果たしたなどと主張することは、不可能になったとまでは言えないにしても、困難になってしまった。

ヴォルフとフンボルト

エジプトはこのようにして「衰退」していったわけであるが、次にギリシアがどのようにして「隆盛」を極めるようになったのかを見ていかなければならない。クリスティアン・ゴットローブ・ハイネのもっとも有名な教え子であったフリードリヒ・オーギュスト・ヴォルフ〔ドイツの言語学者、一七五九～一八二四〕は、一七七七～七九年までの二年間しかゲッティンゲン大学に在籍していなかったが、このときの経験と当時の「時代精神」とによって、彼はいろいろな意味で、ロマン主義的実証主義の権化とみなされるようになった。[1] 彼はヴィンケルマンを師と仰いでいたが、ヴィンケルマンという人物は、歴史段階説を信奉し、かつギリシアを愛好していた人物であった。ヴォルフはゲルマン民族主義者であり、民謡を中心にゲルマン文化復興運動に深く影響されていた。また、ヴォルフは自分自身を、アンヌ・ダシエとヴィーコについて論じた際に触れられたようなロマン主義的ホメロス研究の伝統に従っているとみなしており〔二四六ページ参照〕、このことからも、彼は自分がベントリーにとくに似ていると確信していたのであった。[2]

ヴォルフはこれらの糸すべてを、ある一本の糸に撚りあわせた。つまり彼は、原典を詳細に分析し、『イリアス』と『オデュッセイア』が、ギリシア人の揺籃期、したがって暗にヨーロッパ人という人種の揺籃期に由来するものとみなした。ヴォルフは、このような考え方とホメロスは目が見えなかったという古代の伝承とにもとづき、これらの叙事詩は、ギリシア人がアルファベットという書き文字を手に入れるずっと以前に、口承でつくりあげられたものであると確信していた。[3]それらの叙事詩はあまりにも長すぎて、文字を知らない一人の詩人の作品ではあり得ないとい う。だからこそ、それらは大勢の大衆詩人によって創作されたものに違いないとされ、しかも、それらが一つにまと められたのは、それらが編纂されたときか、または彼が想定しているように、紀元前六世紀にアテネで初めて文字に 起こされたときに違いないとされたのであった。これらの仮説を前提に、ヴォルフは、次のような完全にロマン主義 的な結論に到達した。つまり、ホメロスの叙事詩は、今や一人の作者による作品ではないとみなされるだけではなく、 一つの集団としてのギリシア=ヨーロッパ「民族」の揺籃期が生み出したものとみなされなければならない、という のである。[4]

これらの考え方の多くは、スコットランドの作家たちや、ギリシアの現地で『イリアス』を読んだことで知られて いるロマン主義的な愛好家のロバート・ウッドに由来するものであった。ヴォルフは、文献解読の技能や教授として の地位を利用して、新しい「専門」分野において不可欠とされる学問的なお墨付きを彼らに与えた。[5]他方、ヴォルフ の研究レベルは、書かれたものから見る限りきわめて浅いという事実を見過ごしてはならない。確かに彼の著書『ホ メロスへの序文』〔一八〇四〕はきわめて刺激的ではあるが、同書は「慌ただしく書かれた作品」とみなされ、また彼 の業績全体が「図書館ではほとんどみかけられない」ものとみなされてきた。[6]

ヴォルフの研究業績は、彼が創設した「古代学」のあり方にそったものであった。彼は、一七七七年のゲッティン ゲン大学での入学試験の際、当時は急進的とみなされていた「文献学の学徒」と自称していた。[7]ところが、後になっ て、古代文献研究に古典芸術や考古学を加え、「古代学」とその呼び名を変えるに至った。ヴォルフの学問は、その 形については明らかに恩師C・G・ハイネに由来しており、その内容は究極的にヴィンケルマンを受け継いでおり、 またその呼称はドイツにおいてカントにより奨励されていた科学と進歩についての新しい用語から抜きとられていた にもかかわらず、ヴォルフは「古代学」の創始者とみなされてきた。[8]ヴォルフの強みは、どちらかというと教育の方 であり、一七八〇年代にハレ大学の教授であったときにも、この新たな学問とその講座を一つの教育方法として、か つ研究のための制度的な枠組みとして推進したのであった。ヴォルフの名声は、プロイセンの若手貴族ヴィルヘルム・フォン・フンボルトとの太い人脈によって確実なものとなった。

二人の関係とその共同研究によるめざましい研究成果や、制度改革の成果を見ていく前に、ロマン主義的ギリシア至上主義派とゲッティンゲン実証主義派の両派の政治姿勢を概観しておきたい。これまでのべてきたように、これら両派にはきわめて深いつながりがある。両派の支持者たちは、自らを「進歩的」と呼ぶと同時に、小さい「自由な」国家の樹立を望んでいた。とはいえ、「自由な」という言葉の意味は非常に曖昧であった。しかも、フランス革命という現実の試練に直面すると、このような思想や感性をもつ者のほとんどすべては、自らの特権に対する同革命の脅威、革命の暴力性、および無理につくった「不自然」で無機的な「自由」観のゆえに、フランス革命に尻込みしたのであった。彼らが立案し、後に実行に移した改革を考察する場合、このような政治的背景を考慮しなければならない。

ヴォルフとフンボルトが互いに接近したのは、フランス革命の真っ只中の一七九二年から、その翌年にかけてであった。フンボルトは、ヴォルフとの議論をもとに『古代学概論――ギリシア研究を中心に』(一七九三)と題する草稿を書きあげた[9]。この草稿は、フンボルトの生きているあいだには出版されなかったが、ヴォルフや偉大な詩人であり劇作家でもあった哲学者シラーにより読まれ、批評された。またこの草稿は、後にフンボルトがプロイセンの文部大臣になったときに実行に移そうとした信念を書いているという意味でも、非常に重要な意味をもつようになった。

フンボルトは、ギリシア古代史を教養教育の中心に据えるにあたり、二つの理由を挙げた。彼は、ギリシア研究を行うことには美学的に自明な理由があると言い張ってはいたが、はるかにもっと重要な理由は、「人種的にけがれのない古代の人間について学習することこそが、今日、優れた人間からなる新しい社会をつくることになるのだ」という彼の信念そのものであった。そのような可能性をもつ学問こそが、「人間形成」の中心、つまり教育上、道徳上の人間形成の中心になるとされた。フンボルトは、歴史を経ることによってものごとが成長したり、新たに形成されたりするというロマン主義的な考えをもっていたので、ギリシア古代史も、目標としてではなく、一つの手段として評価していたのであった。彼は、複雑で系統的なギリシア古代史を学ぶことが、いろいろな意味で学生の創造力を刺激し、強めることにつながると信じていた[10]。

フンボルトは当初、この「人間形成」を国民全体に当てはめようと考えていた節がある。だがそれは、結果的には、高学歴エリートであることの証明書になってしまった。[11] 新たなエリートをつくり出すという意味で、それは貴族階級に挑戦するものであった。この「人間形成」の目的は、フランス革命がもたらしたような恐怖を避け、ゲルマン文化の枠内でプロイセンを改革することにあった。実際、前述の『古代学概論』という草稿が執筆されたのは、フランスでルイ一六世が裁判にかけられていたときであり、当時、フンボルトはこの裁判について「この処刑と恐怖裁判は、決して消し去ることのできない汚点を残した」[12] とのべていた。フランスの上流階級が、バルテルミの『アナカルシス』〔一七八九〕を読んで、革命の緊張感や恐怖から逃れようとしていたのと同様に、フンボルトやその友人であったシラーにとっては、明らかに、ギリシア研究がその役割を果たしていた。[13] だが、ギリシア研究に期待されていた役割はそれにとどまるものではなかった。彼らは、ギリシアを研究し、ギリシア人の真似をすることが、革命と反動という両極端の事態を避けるための方策になるとみなしていた。シラーの有名な『人間の美的教育に関する書簡』〔一七九五〕の第五書簡は、フランス革命の混乱に関するものであるが、それに続く第六書簡では、ギリシア研究の社会調整機能について書かれているということからも、このことを察することができる。[14]

フンボルトの教育改革

フンボルトとシラーの主観的な政治姿勢がどのようなものであったにせよ、彼らは客観的には現状維持に寄与する役割を果たした。まさしく彼らのような安全な急進主義者こそが、一八〇六年にイエナでナポレオン軍に大敗し、伝統のある国家とその軍隊とが受けてきた屈辱を晴らそうとしていたプロイセンにとって、格好の人材だったのである。一八〇九年、フランス革命の悪影響を払拭するための諸改革の一つとして、教育制度を改革する任務がフンボルトに委ねられた。彼は新しい教育制度の基礎を「人間形成」に置き、それが壊滅的敗北からゲルマン民族を生き返らせることになると信じていた。フンボルトは高等教育について、数学や自然科学を重視するフランス式の「技術専門大学《ポリテクニーク》」をあえて退け、それよりはるかに広い「学問」を教える学校教育制度を採用した。プロイセンの新カリキュラムのなかには、科目としては、数学、語学の三科目が入れられてはいたが、フンボルトが何に重きを置いていたかは明白であった。そのことは、彼自身が責任者となってベルリンに創設した新設大学で、最初の五年間はまったく数学が教えられなかった事実から察せられる。[15]

当代随一の学者であったフンボルトによってベルリン大学に呼び寄せられた人物が、ヴォルフであった。ヴォルフは、すでに見てきたように、講座制を導入した人物であり、講座制はベルリンからプロイセン全土に広がり、その後のドイツ全土、さらに他の地域へと広がっていった。この制度は、学生が自らの研究をつうじて積極的に学ぶことを前提にしており、旧来の講義よりもはるかに大きな自由と、独自性を発揮する可能性とを、学生に与えることになると思われた。確かにこのやり方は、それから一八〇年以上にわたり、偉大な学問的成果をもたらしはしたが、一方、研究テーマの選択からその進め方に至るまで、管理するためのきわめて効果的な道具として利用され得たし、実際にまたそのように利用されてきたことも確かである。

ヴォルフによる「古代学」の研究は、C・G・ハイネやゲッティンゲン学派の手法にそって進められた。彼は、啓蒙主義者のように普遍的なものを概念的に説明したり、抽象的に探求したりすることよりも、具体的概念やきめ細かい史料批判と直接向きあうことの方を好んだ。今になって考えてみれば、彼が平気で次のように書くことができたのは、その強烈なロマン主義からしてなるほどと思われることであった。「われわれの研究はすべて、歴史的で批判的であるが、その研究対象は好ましいとされる『事物』ではなく、『事実』である。芸術は愛好されるべきものであるのに対し、歴史は畏敬されるべきものなのである」。[16]

この単細胞的な考え方は、それ以来、歴史学とギリシア古典学のほとんどの研究を支配してきた。しかし、フンボルトは実際には、それよりもはるかに感受性が豊かな人間であった。彼は「歴史学者の役割」と題する論文において、過去を理解するためには、たんに表面的なことを記述するだけでは不十分であると指摘していた。つまり、「合理的な観察力」と「詩的な創造力」とのバランスが必要だ、というのである。とはいえ、歴史学者は詩人と違って、事実の究明を創造力に優先させなければならず、しかも「当然のこととして歴史法則である諸理念を心に留めておきながらも、つねに表現形式がもつ強い力に道を譲らなければならない」とされていた。[17]一九世紀において、それらの諸理念のなかに「人種に関する科学的法則」が含まれていたことは確かである。

またフンボルトは、歴史研究における主観と客観との関係というむずかしい問題についても果敢に取り組もうとした。それと取り組むためには、ドイツと古代ギリシアとのあいだにある親近感のような一定の親近感が必要とされる、と彼は確信していた。そのような場合にこそ初めて、古代の歴史を書き表すことが可能になるというのである。しかしその反面、ギリシア人は歴史を超越しているともみなされていた。彼は別の論文で、次のように書いている。

したがって、ギリシアについてのわれわれの歴史研究は、他の歴史研究とはまったく異なるものである。われわれにとって、ギリシア人は歴史の循環からはみ出ている。たとえもし、ギリシア人の運命的なできごとでさえ普通の歴史循環のなかに位置づけることができたとしても、そんなことはわれわれにはほとんど問題にならない。もしもギリシアの歴史に対して、他の地域の歴史に適用されているのと同じ基準を適用しようとするなら、われわれとギリシア人との関係をまったく理解できなくなるであろう。ギリシア人についての知識というものは、ただたんにわれわれにとって喜ばしく、役に立ち、必要であるというだけのものでは決してない。まさにギリシア人のなかにだけ、われわれがそうありたいと望み、生み出したいと願うことについての理想が見出されるのである。あらゆる地域の歴史が、人類の知恵と経験でわれわれを豊かにしてくれるとしても、それはしょせん世俗的なものである。ギリシア人からは、世俗的なもの以上の何か、つまり神的なものが得られるのである。[18]

ギリシアの歴史が超越的なレベルにあるというフンボルトの考え方は、その言語研究においても一貫していた。フンボルトは、ギリシア語をサンスクリット語のようなたんなる一つの「原初的言語」と見ていたのではなく、若々しい活力と哲学的成熟とのあいだで完全なバランスをとるための天秤のようなものとみなしていた。哲学的成熟というのは、一七八〇年代以降、ギリシア人に備わっているとみなされるようになった美学と哲学との二重の資質のことであるとされていた。[19]

言語がもつ核心的な重要性、および言語と民族ないし民族気質とのあいだの必然的な関係、さらに美学、哲学、言語学に対するロマン主義者の強い関心については、すでに第5章で指摘したとおりである。[20] フンボルトは多才ではあったが、基本的には言語学者であり、言語を本質的に他の何ものにも左右されずに自己展開する独立固定変数のようなものとみなす傾向があった。[21] フンボルトにとっては、ギリシア語の本質こそがもっとも重要な問題であった。さらに、いつの時代も――あるいは少なくとも一五世紀以来――ギリシア語に対する関心は、ドイツ語に対する関心とともに高いものであった。[22] たとえば、一八一三～一四年にかけてのナポレオンからの解放戦争の山場において、ゲルマン民族主義がしだいに強まり、それとともにドイツ語への賛美もまた勢いを増していった。ドイツ語のおもな長所は、フランス語とは違い、どことなく「本物」らしくて「純粋」なことだとされていた。[23]

それより何年も前の一七九三年、フンボルトは『草稿』〔『ヴィルヘルム・フォン・フンボルト草稿集』全一七巻〕において、ギリシア語の卓越性とは、他の外国語にまったくけがされていない点であるとのべていた。[24] このようにして、複数の言語が混じることによって生み出される複雑性にとくに強い関心をもっていたこの秀抜な言語学者は、なぜかギリシア語の話になると批判的な思考を停止し、まるで念仏のように、「この言語は『純粋』である」と唱え続けていたのである。この考え方にはもともと信憑性がなく、ロマン主義的ヘレニズムが勝利する以前には、この考え方はばかげているとみなされていたが、その後、一定の条件付きではあるが、「古代学」および近代ギリシア古典学の規範になっていった。その時以来、オリエント産であることが確かな、贅沢品を表す言葉だけが、アフロ・アジア諸語からの言葉の借用に対する全面禁輸措置の例外とされてきたのである。

フンボルトなどのロマン主義者たちは、社会は無限に多様であるべきだと力説し、また啓蒙主義が宣言しているような普遍的なものは存在しないと言明してはいたが、一方、彼らは霊的命令、至高の力または神的なものによって一つの一般的指示が与えられていると考えていた。[25] それゆえたとえば、ギリシア人は世俗の混沌を超越しており、言葉で言い表せないほどすばらしい人間であると考えられていた。つまりそういう意味で、ギリシア人自身が人間として普遍的な存在とされていたのである。

ギリシア人を「人間形成」の中心課題にまで仕立てあげたのは、まさしくこうした考え方と、ギリシア人が歴史法則や言語法則を超越しているという考え方であり、「人間形成」という概念によって、ドイツの若き指導者たちは自己理解と自己変革ができるのだとされていたのであった。それと同じ理由から、「古代学」およびギリシア古典学は、他のヨーロッパ地域やその周辺地域に広がっていった。ギリシア古典学はその学問的な外観にもかかわらず、歴史学研究や言語学研究における役割よりも、指導者階級のイデオロギー形成における役割の力がもっと重要であるとされ、その状態が長いあいだ続いた。たとえば、一九世紀初頭の親ギリシア主義《フィルヘレニズム》は――一貫して人種主義的であったが――急進的な面と反動的な面の両面をもっていたが、それに対し、ギリシア古典学という学問の方は、最初から保守的なままであった。ギリシア古典学を中枢とする「教育改革」は、革命を回避し、防止するための制度的な対策だったのである。[26]

ギリシア愛好者

一八二〇年代における古代モデルの衰退について考える場合、まずはこの衰退という変化を引き起こした政治的、イデオロギー的背景から見ていく必要がある。その背景の中心には親ギリシア主義《フィルハレニズム》運動があったが、この運動は、一九世紀には「急進派」ロマン主義運動をも包摂するようになっていた。つまりギリシア愛好熱は、ロマン主義と同様に、都市の産業化、啓蒙思想における普遍主義と合理性、およびフランス革命を拒絶するようになっていたのである。その一方で、ロマン主義の主流派が中世の歴史やキリスト教――とくにカトリック――へと向かっていったのに対し、ギリシア愛好者たちの中には、信心深くないものや、無神論者もおり、しかも政治的に急進的なものもいた。[27] たとえば、若き日のヘーゲルやフリードリヒ・シュレーゲルは、ギリシア人を敬愛していたが、歳をとるにつれじょじょに保守的になり、結局行き着いたのは、やはりキリスト教であった。[28] マルクスを含む左翼的なヘーゲル主義者は、若きヘーゲルの熱烈なギリシア賛美をそっくりそのまま受け継いだ。

急進派がギリシアに熱狂した理由は明白である。それは一つには、ギリシアの国々が、ローマ――というよりエジプトや中国――に比べて、確かに自由の模範だったからである。さらに、ローマとギリシアとの緊張関係が、ロマン主義運動の内部においても、主流派と急進派との緊張関係として尾をひいて熱狂させていたからである。したがって、多神教についての学問であるギリシア古典学を学ぶことにより、「キリスト教徒の英国紳士」を育てあげるパブリック・スクール制〔上中流の子弟に人格教育重視の教育をする寄宿制の私立校〕の復興も、また、インド・ゲルマン的なもの、あるいはギリシア的なものを一つのキリスト教として創始するための運動も、このようなロマン主義運動の主流派と急進派とを一つにまとめあげるための方策であったとみなすことができよう。[29]

　フランス革命の試練と一八一五年以降における反動の勝利は、上流階級のロマン主義者にきわめて苦い幻滅を与えた。しかし、一八二一年のギリシア独立戦争の勃発とともに――歪曲された形によってであったとしても――自由に対する敬愛が取り戻されたが、その時、もっとも早くかつ深くその影響を受けたのはゲルマン民族であった。[30] 実際、ギリシア独立闘争を支援する彼らの運動が、ドイツ国内における自由主義の唯一の拠り処になっていた。たとえば、三〇〇人を超えるドイツ人がギリシアに赴いて戦ったが、それは氷山の一角にすぎず、実際には何万人ものドイツの学生や学者などを捲き込む一大運動になっていた。[31] またフランスやイタリアでも、大勢の若者たちが親ギリシア《フィルヘレニック》諸団体から補助を受けてギリシアに駆けつけた。アメリカでは、この運動はヨーロッパ以上に活発であった。ギリシアに向かった北米人はわずか一六人しかいなかったが、ギリシア独立戦争によって広がった親ギリシア《フィルヘレニック》の感情は、アメリカにおいて「古代ギリシア語」の――ギリシア文字の――クラブ〔ΣΔΦのように二、三のギリシア文字を用いた名の大学生の社交団体〕を急増させた。それ以外でアメリカの学生組織に大きな影響を与えたのは、一八一一年から一九年にかけて復活したドイツの学生ギリシア文字クラブによる焚書であった。この焚書は、ギリシア解放戦争のロマン主義的な民族主義を支援するため、奇妙な焚書教導者で主唱者の「神父」ヤーン〔ドイツの体育教師・研究者、一七七六～一八五二〕によって復活された。ドイツとアメリカのギリシア文字クラブは、その創設者たちが構想した強力な身体主義的・反知性的偏見とともに、この狂信的排外主義を受け継いできた。[32]

イギリスのブリテン人も、このギリシアの問題に深くかかわった。イングランドやスコットランドの詩人たちが一八世紀中期以降ギリシアに多大な関心をいだいてきたことについては、すでに見てきたとおりである。たとえば、一八〇七年にロンドンでパルテノン神殿や「エルギン」の大理石彫刻の展覧会があったとき、それまでロンドンではまったく見ることのできなかった本物のギリシア芸術を目にして熱狂した。[33] ヘンリー・フュースリ〔イギリスで活躍したスイス人画家、一七四一〜一八二五〕は、大理石の彫刻を見て、「ギリシア人は神だったのだ。そうに違いない」と叫んだという。[34]

フュースリは、ロンドン在住のスイス人画家で、美術史研究家でもあり、ヴィンケルマンの考えを広めた人物である。フュースリのギリシア好きとエジプト嫌いは、ともに相当なものであった。彼にとってギリシアのイメージは、「すばらしい海岸であり、そこは、語の形と意味に必然的な関係をもたないヒエログリフや無知の弁解の羅列からも、あるいは、専制の遺物や永遠の眠りについての重苦しい記念碑からも解放されて、芸術が生活、身振り、そして自由のなかに浸透している所[35]」といったものであった。

エジプトが嫌いであるとはいえ、ギリシア文明がエジプト文明に由来することを前提にしているこの考え方自体は、後にギリシア愛好者が認めなくなる古代モデルが、この段階ではまだ受け入れられていたことを意味しているのであり、これには注目しなければならない。フュースリは外国人という立場ではあったが、ギリシアについての考え方は、一九世紀初頭のごく一般的な教養人の考え方からさほど離れたものではなかった。

一八二一年のギリシア独立戦争の勃発とともに、ギリシアに対する熱狂的な賛美が最高潮に達した。たとえばシェリーは、次のようにのべている。

> われわれはみなギリシア人である。われわれの法律も、宗教も、芸術も、すべてその起源はギリシアにある。もしもギリシアがなかったならば……われわれは、まだ未開人で偶像崇拝者のままだったかもしれない……。人間の肉体と精神はギリシアにおいて完成の域に達し、その姿は非の打ちどころがない作品に刻みつけられてお

り、その作品のかけらでさえ近代芸術を萎縮させる。そしてギリシアという完成体は、無数の顕在的・潜在的な活動形態をつうじて、人類が絶滅するまで、われわれに可能性と喜びとを与えてくれることを決してやめることはない。[36]

こうして、ギリシア至上主義の打ちあげが成し遂げられたのである！

ロマン主義時代においてもっとも有名な親ギリシア主義者《フィルヘレネス》の詩人とは、シェリーではなく、熱のこもった弁舌と、ギリシアにまさに出向かんとしたときに溺死したという劇的な最期にもかかわらず、バイロンである。それは、バイロンがスコットランド出身であったことと無関係ではなかった。一八世紀において、この「北方」の国とロマン主義とのあいだの結びつきは、すでに注目されていた。一九世紀初頭には、この結びつきのなかにバイロンだけでなく、中世復興の先駆者であるウォルター・スコット卿〔イギリスの小説家・詩人、一七七一～一八三二〕をも巻き込んでいた。スコット卿は、後に自分自身でさえ尻込みすることになるほど感傷的な架空の民族伝承の考案者になったのであった。[37]バイロンは、摂政時代〔イギリス国王ジョージ三世の治世、一八一一～二〇〕の下劣な道楽者ではあったが、スコットランドのロマン主義をギリシアに結びつけた。彼は、ギリシアで蜂起が起きる一〇年も前に、ギリシアの独立を呼びかけており、挙句のはてに、ギリシア独立戦争に加わって戦死したのであった。その動機は複雑ではあったが、基本的にはロマン主義的なものであった。[38]

ギリシア独立戦争は、西ヨーロッパの至るところで、ヨーロッパの若さ溢れる活力とアジア・アフリカの退廃、腐敗、残忍さとのあいだの闘争であるとみなされていた。

チンギス・ハーンやティムールのような野蛮人《バーバリアン》が、一九世紀に生き返った。ヨーロッパの宗教と文明に対する死闘の開始が宣言された。[39]

一八世紀においてすら、トルコによるギリシアやバルカン半島の支配は、劣った人種が優れた人種を征服した結果とみなされ、不自然なことと思われるようになっていた。ここで、クリスティアン・ブンゼンが、自作の歴史的人種系列のなかで、「トゥラン語族」つまりトルコ人を、中国人とエジプト人とのあいだに位置づけていたことが想い起こされるであろう。一九世紀には、トルコ人によるヨーロッパ支配は、結局失敗するに違いないとされ、また、文明を発展させるなどいささかもあり得ないとされていた。

一九世紀末には、この理論が歴史の全体に対して体系的に当てはめられるようになった。たとえば、アラブ人とベルベル人によるスペイン支配についての歴史認識の変化は、この理論に沿った歴史認識変化の一例である。つまり、一八六〇年以前には、イギリスや北米の学者は、イスラム教はキリスト教ほどスペイン人にとって有害ではなかったという理由から、ムーア人に共感をもっていた。ところが一九世紀末になると、「人種」についての考慮が、宗教についての考慮を超えるようになってしまった。そのため、アラブ人によるスペイン支配の八〇〇年間は、おおむね繁栄していたにもかかわらず、その支配の歳月の全体を、不毛であり、「消える運命にあった」とみなすように、歴史認識が変えられてしまったのである。[40]

ギリシア独立戦争にともなうこのような人種的感情の高揚は、古代モデルに直接的な影響を与えた。最初はエジプト人が「人種的に」劣っているとされ、それからじょじょにフェニキア人が劣っているとされるようになっていった。それにつれ、ギリシアが植民地化されたという伝承だけではなく、「聖なるヘラス」〔ギリシアのこと〕に文明がもたらされたというギリシアの伝承も、たんに不快なだけではなく、論理的に不可能なこととみなされるようになっていった。このギリシア伝承は、ちょうどセイレーン〔美声で船人を誘惑し難破させたという上半身女、下半身鳥の海の精〕やケンタウロス〔野蛮で暴力的、酒好きで好色な半人半馬の一族〕のギリシア神話がそうであったように、一九世紀科学の生物学的、歴史学的な法則に反するとされていたので、葬り去られなければならないとされた。ギリシアがフェニキアの植民地にされたという事実に対する反論は、啓蒙思想からロマン主義への移行という、もう一つの側面によってさらに強いものにされた。啓蒙思想は、教養を身につけることと、進歩することをとくに強調していたので、ギリシア文明の進歩がエジプト人やフェニキア人による植民地支配のおかげであったということを理由に、ギリシア人を中傷するようなことはしなかった。他方、ロマン主義者たちは、本物らしさや固有で不変な民族的本質を強調していたので、ギリシア人が「かつて一瞬たりとも」アフリカ人やアジア人よりも原始的だったことを連想させるような言葉を口に出すことはもはや許されなくなっていた。

けがれたギリシア人とドーリス人

親ギリシア主義者《フィルヘレネス》たちは、古典時代（前五〜四世紀）のギリシア人の方には強い関心を寄せていたが、同じギリシア人でも、あまり関心がもたれないギリシア人もいた。それは、英雄的ではあるが迷信深いキリスト教徒で、けがれた「末裔」でもあり、「ビザンチン化されたスラブ人」として片付けられたこともあるギリシア人である。[41] 親ギリシア主義者《フィルヘレネス》たちは、ギリシアがオリエントからの悪影響によってけがされる前の純粋な本質を見つけ出そうとしていた。フンボルトやシェリーについてのべたところで見てきたように、ギリシア人の神格化とともに、古代ギリシア人自身でさえ届かないほどの高みに、新しいギリシア人の基準が設定され始めた。この基準はじょじょに文化的、言語的、そしてついには「人種的」純粋性を要求するようになり、そのような基準を充足する模範的例は、すでに一七九〇年代に、フリードリヒ・シュレーゲルによって、スパルタ人あるいはその母集合であるドーリス人のなかに見出されていた。スパルタという観念についての近代の歴史を研究していたエリザベス・ローソンは、スパルタ人やドーリス人についてのシュレーゲルの記述を次のように紹介している。

しかしながら最初から、ヴィンケルマンを彷彿させるようなギリシア人一般に関する描写が、ドーリス人についてなされている。ドーリス人について、私たちはその「穏やかなる偉大さ」を教えられており、実際ドーリス人は、いともたやすくオリエント化されたイオニア人とは対照的に、より古く、より純粋で、より真正なヘレネス（古代ギリシア人）として、ギリシア人の精神にとって欠かすことのできない二つの作法――つまり、音楽とスポーツ――を生み出した。[42]

シュレーゲルや後の学者の多くが、ギリシア文化におけるこれら二つの非言語的、非合理的、また――あえて言わせてもらうと――「ゲルマン的な」特徴を、ギリシア文化の本質的な特徴とみなしてきたことは着目されなければならない。一八七二年に発刊されたニーチェの『悲劇の誕生』〔一八七二〕においては、アポロン的理性よりも、音楽やディオニュソス的な悲劇的情熱の方が強調されており、それはしばしば、ヴィンケルマンの言うギリシア人の「穏やかなる偉大さ」のイメージから大きくかけ離れたものになっているとみなされている。実のところ同書は、一八四〇年代のハインリヒ・ハイネの詩を経て、C・G・ハイネや一八世紀の劇作家ヴィーラントにまでさかのぼるゲルマン民族の伝統に由来するものである。[43]

ゲルマン民族は、一九世紀から二〇世紀にかけて、ドーリス人やラコニア地方〔スパルタ周辺〕の人々を非常に礼賛するようになり、またそれらの人々に自分たちの起源があるとする認識が高まり、その高揚はナチスの第三帝国において頂点に達した。[44] 一九世紀末には、「民族主義的な」学者たちのなかには、ドーリス人を北方出身の――ことによるとドイツ出身でさえあるかもしれない――純血なアーリア人とみなす者が現われ、しかもゲルマン民族はアーリア人の血と気質とを引き継いでいることから、ドーリス人がゲルマン民族にきわめて近いのは確かである、とみなされるようになっていた。[45]

こうした熱狂は、ゲルマン民族に限られなかった。一九〇〇年に出版され、現在でも通説となっている『ギリシア史』の中で、ジョン・バグネル・ベリー〔アイルランドの歴史家、一八六一～一九二七〕は、次のように書いている。

ドーリス人は、ペロポネソス半島にあるエウロータス川の豊穣な渓谷を手に入れ、そのうえ、外国人の血が混じらないようドーリス人の血統を純粋なままに保ちつつ、そこの住民すべてを従属させた……。ドーリス人を特徴づけていた優秀な資質は……われわれが「品性」と呼んでいるものであり、この資質がもっとも完全に発揮され、自己発展していったのは、同半島南端のラコニア地方においてであった。というのは、ラコニアにおいて、ドーリス人はもっとも純粋にドーリス的なままであったと思われるからである。[46]

ベリーは、ジョン・ペントランド・マハフィーやウィリアム・リッジウェイのような一九世紀の変わり目における多くのイギリスの指導的なギリシア古典学者と同様に、アイルランドのプロテスタントである長老派の出身であった。彼らは三人とも、ドーリス人の血が純粋に北方のもので、しかも、ひょっとしたらゲルマン民族のものかもしれない、という可能性に熱狂していた。したがって彼らが、当時の一般的な人種的偏見から免れていなかったことはともかくとしても、チュートン系〔ゲルマン系〕イングランド人と、「ぎりぎりヨーロッパ的」と彼らにみなされていたアイルランド人との関係が、ドーリス人とその支配下にあった先住ペラスギ人やヘロット〔古代ラコニアの農奴〕との関係に似ていると考えていたことは明らかである。[47] リッジウェイは完全に一貫した人種主義者であり、彼の先祖が二〇〇年にわたりアイルランドに住んでいたにもかかわらず、「自分の身体には、ゲール人〔アイルランド人、スコットランド人〕の血は一滴も流れていない」と豪語する輩であった。[48] このような経緯の結果、一九〇〇年までには、スパルタ人――「真の」ギリシア人――は人種的に純粋で、しかもどことなく北方的とみなされるようになっていた。このような状況は、一九世紀初頭にはそれほど極端ではなかったが、その圧力は強まっていった。

過渡期の思想家――その1　ヘーゲルとマルクス

古代モデルに対する一八二〇年代の総攻撃を検証していくうえで、もう一つ不可欠とされることは、この変化に対する賛否の立場を明らかにしなかった思想家たちを調べることである。そのために三つの例を選んだ。一つめはヘーゲルとマルクス、二つめはヘイラン、三つめはバートルト・ニーブールである。

ヘーゲルは一七七〇年に生まれ、一八二〇年代にはもっとも権勢と影響力をふるっていたが、文献学者に受け入れられなかったので、何年ものあいだプロイセン学士院から締め出されていた。それにもかかわらず、彼は当時のドイツ哲学の重鎮であり、しかもロマン主義的歴史学者たちに大きな影響を与えていた。[49] またヘーゲルが、その時代の精神を反映した典型的な人物であったことも疑いない。彼はヨーロッパを愛し、あるいは彼の言い方を借りれば、温帯をこよなく愛していた。したがって彼は、アジアの山脈やインドを敬愛していたが、イスラム教を嫌い、アフリカを蔑視していた。[50] だが彼は、「世界霊魂」（神）は東から西に発展的に伝わっていったと考えていたので、エジプトは東方のインドよりも西に位置するという理由から、インドよりも進歩的であるに違いないと言わざるを得なかった。[51]

しかし、ヘーゲルの本心はそうではなかった。一八一六年から三〇年にかけての講義を収録した『哲学史講義』からその本心を見てとれる。そのなかで、中国思想とインド思想はある程度の長さで論じられているが、エジプトについては、ギリシア哲学の起源を論じているところで、次のように触れられているだけである。[52]

したがって、ピタゴラスが彼の宗教教団についての着想をエジプトから得ていたことは間違いない。ピタゴラス教団は、科学と道徳の修養のためにつくられた戒律共同体であった……。当時のエジプトは、高度な文化のある国であり、ギリシアと比べた場合、その文化はより高度であった。そのことは、牛活と労働の主要な諸部門を産業部門、科学部門、宗教部門のような部門に区別していたカースト制からも察せられる。だがそれを超えて、エジプト人に偉大な科学的知識を見出そうとする必要はなく、またピタゴラスがその科学的知識をエジプトで手に入れたと考える必要もない。それについてアリストテレスは、『形而上学』（前六〇頃）において、「数学はエジプトから始まった。というのは、エジプトでは坊主が暇だったからである」とのべているだけである。[53]

ヘーゲルは『哲学史講義』の別のところで、こうものべている。

ギリシアという言葉は、ヨーロッパの教養人の胸に突き刺さり、とくにわれわれドイツ人の胸に突き刺さる……。ギリシア人は自らの宗教、文化……の端緒の相当部分をアジア、シリア、エジプトから授かった。だが、彼らはそれらから外国起源の痕跡を跡形もなく払拭し、それらをかなり変更し、加工し、批判し、まるで違うものにした。したがって、彼らが――われわれのように――尊び、確信し、愛してやまないものは、本質的に彼ら自身のものなのである。[54]

つまり、ヘーゲルは『エピノミス』の伝承に従い、ギリシア文化の多くが他の文化からの借用であることを認めつつも、ギリシア人はその借り物を質的に一変させた、と強く主張していたのである。[55]

オリエントは人間の幼児期に当たり、ギリシアは青年期に当たるとするヘーゲルの議論は、当然のことながら、初期ヘーゲル派のカール・マルクスの見解とよく似ている。[56]マルクスによれば、個人が自己を共同体と結びつけている「へその緒」を切断し、「種としての存在」から「政治的動物ないし都市居住者」へと変化していったのは、ギリシアにおいてだけであったという。彼は、生涯にわたりギリシアを敬愛し、ギリシアはその文明のあらゆる側面において、それ以前のすべての文明とまったく違うものであり――しかもそれらより優れている――、という支配的な考え方を完全に受け入れていた。[57]それだけではなく、マルクスはそれを超えて――ちょうどシェリーと同じぐらい明確に――ギリシア人は将来のどんな子孫よりも優れている、と主張するところまで行ってしまった。さすがにこの主張では、ギリシアが時代とともに「進歩」することがあり得ないことになってしまうので、問題を引き起こすことになった。そこでマルクスは、この問題に対処するため、『資本論』の骨子を素描した『資本論概要』〔一九三九〕の序文で、次のように記した。

芸術の場合においては、その発展における一定時期が、社会の全般的発展とまったく一致せず、それゆえまた、物質的基盤とも照応しないことのあることは、よく知られている……。たとえば、近代人あるいはシェイクスピアと比べた場合のギリシア人がその具体例である。

このことを前提にすると、逆に、「世界中にその名をとどろかせたギリシア古典の高い文化水準において……その芸術作品の中には……未発達な芸術発展段階にとどまっているものがあり得ることになる」という矛盾に帰結することに、マルクスは気づいていた。

そこでマルクスは続けて、神話が、資本主義的産業の勝利のような現実にいったん取って代わられてしまうと、もはや神話は成りたたなくなると論じた。ところが彼は頑として、次のように、神話というものは特有な社会形態をもつ特定の社会によってしか生みだされ得ないものだと言い張っていた。

ギリシアの芸術は、ギリシア神話を前提にして成りたっている。つまり、自分たちの頭のなかですでに何となく芸術的に手を加えられた自然および社会形態を前提にして成りたっているのである。これが、神話の素材となる。したがって、いかなる神話であろうとも、つまり、自然に対する何となく芸術的ないかなる加工であっても、その加工が独断的に選択されたものであったとすれば……たとえエジプトの神話であろうとも、決してギリシア芸術の基盤にも母体にもなり得ない。[58]

この不可解な文章に対する私の解釈は、本書のテーマに関連させると次のようなものになる。マルクスが『資本論概要』の原稿を執筆していた一八五〇年代においてでさえ、まだ彼は、古代モデルを十分に意識しており、ギリシア神話——それゆえギリシア芸術——がギリシアの社会関係に由来するのではなく、エジプトに由来している可能性と取り組まなければならないことを承知していた。だがこれを受け入れることは、もちろん彼の理論体系を台無しにしてしまうことになる。[59] ところが幸い彼は、すべての人が骨の髄まで、ギリシアはエジプトと絶対的に切り離されており、しかもエジプトより優れていると考えられている時代に生きていた。このようにして古代モデルは衰退し、その衰退によって、マルクスの世代の人々は、ヘーゲルの世代にはできなかった議論ができるようになった。かくしてマルクスは、ギリシアに対するエジプトの影響を完全に否定することができたのであった。

過渡期の思想家――その2　ヘイラン

ヘイランは、ヘーゲルより一〇年早い一七六〇年生まれであったが、一一年長生きし、一八四二年に亡くなった。ヘイランはC・G・ハイネの義理の息子であり、一八二〇年代から三〇年代にかけてゲッティンゲン大学の高名な歴史学教授であった。彼の研究は、経済発展と技術革新に焦点を当てており、ゲッティンゲン学派らしい網羅的なものであった。義父ハイネや義兄弟ゲオルグ・フォルスターと同様に、ヘイランも一八世紀の探検に魅了され、彼の主著『主要古代国家の政治、交流、貿易に関する考察』（一八二四）は、アフリカや近東の探検を、政治、交流、貿易に関する古代文献とすりあわせて論じていた。その結論は、カルタゴ、エチオピア、エジプトの重要性を強調するものであり、それゆえ彼は――ギリシアをとても賞賛していたので、どこか申し訳なさそうに――これらの地域の文化とギリシア文化とのあいだの著しい類似性を説明するためには古代モデルを存続させなければならない、と感じていた。[60]

ヘイランは、後世に影響を与えることになる当時の研究者にはあまり評価されなかった。フンボルトは彼を「きわめて頭の悪い男」と見ていたし、また彼が今日に名を残している最大の理由も、詩人であるハインリヒ・ハイネが『旅の絵』（四巻、一八二六～三一）のなかで彼をこっぴどく風刺したからである。[61] ヘイランは、研究テーマの選択の仕方についてだけではなく、まだ古代モデルに従っていたことについても、ロマン主義者たちによって懲らしめられた。今では、ヘイランの業績を読むのは黒人の歴史学者だけである。[62]

過渡期の思想家――その3　バートルト・ニーブール

バートルト・ニーブールの評判は、ヘイランに比べ、はるかに高いものであった。ニーブールは、近代的な古代史学の創始者として広く認められており、しかもそれは正しい。しかし本書の視点からすれば、彼が古代モデルの枠内にとどまっていたことの方が興味深い。ここでニーブールを少し詳しく扱う。なぜなら、一八世紀の転換期におけるドイツの先進的な思想を代表しているのは彼だからであり、それはまた、一九世紀の古代史理解に対する彼の大きな影響力と彼の優れた歴史学「方法論」のせいでもあるからだ。ニーブールを考察することによって、これらの古代史理解と方法論に、いかにロマン主義と人種主義が充満していたかを知ることができる。

それなのに、私はニーブールを過渡期の思想家のなかに入れてみた。なぜそうしたかというと、確かに彼は古代モデルを崩壊させた知的・イデオロギー的勢力に大きな力を与えはしたが、彼自身は生涯、古代モデルを守り続けていたからである。それは、彼の執拗な保守主義によるものであろうか、それとも個人的なもしくは研究上の対抗関係によるものであろうか。だが、古代モデルを擁護しようとして主張する際の力の入れようからすると、どうもどちらでもないらしい。

バートルト・ニーブールは一七七六年生まれで、チュートン系（ゲルマン系）の家系に生まれた。彼の家族は、当時デンマーク領であったホルシュタイン地方に住むドイツ系フリジア人で、彼の父カルステン・ニーブールは、デンマーク王室とゲッティンゲン大学とに雇われた著名な東方旅行家であった。カルステンはまた、大変なイギリス好きで、その息子バートルトには第一外国語として英語を習わせる一方、彼の世代としてはほとんど唯一、イギリスに留学させた。またカルステン・ニーブールは、息子にラテン語やギリシア語だけではなく、アラビア語やペルシア語も勉強するようすすめた。かくしてバートルトは、研究者としてのずば抜けて幅広い素養を身につけていた。彼は周囲の知識人によって神童ともてはやされた。その知識人には、ともにゲッティンゲン大学出身である、ホメロス研究家のフォスやロマン主義派詩人のボイエがいた。[63]

バートルトはC・G・ハイネと文通しており、自分がゲッティンゲン大学で学べることを彼も望んでいた。しかしカルステン・ニーブールは、当時まだデンマーク領内であったキール大学に息子を行かせた。そうさせたのは、卒業後デンマークで公務に就けるからである。キール大学卒業後、バートルトは一年間、エディンバラ大学に留学した。その後六年間、コペンハーゲンで非常にやり手な財政担当の公務員として過ごし、ローマ史を中心に研究を続けた。一八〇六年には、もっとも衰退期にあったプロイセン政府に雇われ、君主制を延命させる改革のために働いた。ここでもまた、研究を怠ることなく、一八一〇年から一一年にかけて『ローマ史』を書きあげ、それはすぐに、近代的で

「科学的な」古代史研究の基礎を築いたものとして認められた。それから一八一六年に、プロイセン政府の使節としてローマに派遣され、一八二三年までローマに滞在した。その後、彼はボンで半引退生活に入った。ボンでも、相変わらず政治に深く関わってはいたが、一八三一年初旬に五四歳で世を去るまでの生涯をほとんど研究に費やした。

バートルト・ニーブールの研究の中心は、ローマ史であった。彼がなぜローマ史に関心をもつようになったかについては、理知的な歴史学者であったツビ・ヤヴェッツによって説明されている。〔確かに当時のドイツにおいてローマよりもギリシアの人気の方が高かったが〕、ヤヴェッツの指摘によれば、二〇世紀初頭の文学史研究家であるバトラー女史が名著『ドイツに対するギリシアの横暴』〔一九三五〕のなかで描いていることには、但し書きが必要であるという。たしかにドイツとギリシアとは長年にわたり特別な関係にあり、しかもギリシアは一八世紀のゲルマン人を虜《とりこ》にし、ギリシア人気が一九世紀の詩人や「進歩主義者」を支配し続けていたことは、ヤヴェッツも認めているけれども、保守的で自由主義的なゲルマン人著名歴史学者たちの興味関心は、ギリシアではなくローマに――その没落ではなく隆盛に――集中していた。なぜなら、彼らはローマを自国プロイセンと重ねあわせて見ていたからである。[64]だがニーブールは、ギリシアに対しても熱烈な関心を寄せていたのである。

ここで、ニーブールのイデオロギーの全体像を見ておく必要がある。フィンランドの学者セッポ・リトケーネンは、ニーブールを「啓蒙主義と復古主義とのあいだに独自の道を開いた」人物と表現している。しかし、リトケーネンの「啓蒙主義」の定義はあまりにも広すぎて、モンテスキューだけではなく、エドモンド・バーク〔イギリス・ホイッグ党の政治家、一七二九～九七〕やドイツの保守主義者ユスタス・モーザー〔法学者、一七〇一～八五〕まで包み込んでいる。[65]それに比べて、「復古主義」の概念は狭かった。その概念は、ハイデルベルク大学の風変わりな詩人やインド礼賛主義者に限定しているようであり、ニーブールが属していることがきわめて明らかな、ハイデルベルク大学をはるかに凌ぐゲッティンゲン大学の伝統さえ排除されていた。

偉大なギリシア古典学者であったモミリアーノ教授〔イアリアの古典学者・ロンドン大学教授、一九〇八～八七〕は、ギリシア古典研究の歴史の頂点にあり、つねに、自分の思想をロマン主義やゲルマン民族主義から一定の距離を置いたものにしておこうとしていた。彼によれば、ニーブールの思想の基盤は、イングランドの――イギリスのではなく――経済学者に由来するという。[66] モミリアーノは、ニーブールのイギリス人友人のほとんどがホイッグ党員であり、「ホイッグ党が一六八八年の名誉革命でイングランドを救った」と弟子のリーバーに語ったことを紹介している。[67] バートルト・ニーブールのイギリス人友人のほとんどは、父カルステンをよく知る東インド会社の連中であったことからして、友人たちの政治的信念がホイッグ的であったことは容易に想像できる。

一六八八年の名誉革命は、さらにニーブールにとって、最小限の流血で成し遂げられた政治変革の模範であった。若い頃の彼は、このような革命は北方の優れた人種にしかできないと信じ込んでいた。しかし中年になると、それらの人種にさえ絶望していた。一八一六年以降、とくにニーブールと親しくなった秘書、クリスティアン・ブンゼン――後の男爵――の妻、フランシス・ブンゼンは、ニーブールをもっとも凝り固まった反動主義者であり、「過激なトーリー党員」であったと描写している。概して、「統治される国民よりも、統治する側を信頼する傾向」がニーブールにあった、と彼女は書いている。[68] ニーブールはこれを信条とするとともに、南イタリアにある「プルチネルロ」という操り人形劇〔一六～一七世紀のイタリアに生まれた仮面即興喜劇に出てくる人物、操り人形の代名詞〕に対する嫌悪をも信条として行動していたのであった。プルチネルロに対する嫌悪は、ニーブールがプロイセンの役人として一八二一年に、オーストリア軍によるカルボナリ党のナポリ蜂起の鎮圧を支援する任務に就いていた際、その分限を超えて行動してしまったときに生じ、そのときから「操り人形」を嫌悪するようになったのである。[69] その意味では、彼の信条に反する一八三〇年のフランス七月革命と同年のベルギー独立革命によって与えられた恐怖心が、彼の早死の、たとえ直接原因ではないにしても、遠因であったと言うことはできよう。[70] かくして、反革命時代の基準で判断したとしても、一八一七年以降のニーブールは反動的であったと言わざるを得なかったし、しかもこの反動的思想が、その後の彼の歴史記述に影響を与えていった。

以上のことからすると、ニーブールは一八一一年に『ローマ史』を執筆し始めた時点で、自分が保守的であることをすでに自覚していた、ということになるのであろうか。リトケーネンは、ニーブールのイデオロギーは彼が自覚していた以上に保守的であったと断言している。それに対しモミリアーノ教授は、ニーブールの初期における「民主主義への共感」やデンマークとプロイセンの農奴解放に対する彼の支持を引きあいに出し、それほどでもないとしている。[71] しかし実際には、フランス革命に対するニーブールの共感は、非常に浅薄であり、しかもそのような共感がブームになっていた時期だけの短期間のものであった。[72] さらに言えば、ニーブールが保守的な思想を基本に据えていたという見方は、彼の父親の思想が保守的であったという事実によって補強される。父カルステン・ニーブールは、何がなんでもフランス人が大嫌いであり、またどんな政治的騒動も大嫌いであった。これら二つが結びついたフランス革命は、カルステンをぞっとさせたに違いない。カルステンは農民の出身だったので、生まれ故郷であるディトマルシェンの農民階級に大きな共感をいだいており、この共感が当時のロマン主義に合致するものであったことは言うまでもない。カルステンの友人ボイエの影響により、バートルトの心のなかでそのような感覚が強められていたのだが、ボイエとは、その詩作活動を、真の「ゲルマン民族」の自由に対する熱烈な支持、そしてフランス啓蒙主義への反対と結びつけた人物である。[73]

モミリアーノはニーブールの思想について、「ヨーロッパ大陸ではまったく珍しいことに、保守的態度と自由主義的態度とが混ざりあったもの」になっており、それは「イギリスでの彼の経験の結果」であるとみなしている。[74] しかし、結局ニーブールの思想は、父親や周囲の仲間たちの思想と同じであり、完全なロマン主義であった。若き日のニーブールは、北方の農民について、真の自由を伝統的にもつにふさわしいと確信していただけではなく、革命勢力やカトリック勢力を食い止める砦になり得るとも確信していたと思われる。[75] このようにロマン主義と保守主義の二つが結びついた考え方は、イギリスで生まれたものであるが、それは等しくゲルマン的でも、スカンジナビア的でもあった。したがって、ニーブールはロマン主義的で保守主義的であったとする、通説的な人物評価を疑うべき理由はまったくないと思われる。[76]

いまだかつて、ニーブールをアダム・スミスやベンサム、ジェームズ・ミルと比較した研究者は一人もいない。ニーブールが影響を受けたイギリス人は、むしろエドモンド・バークであった。ニーブールは『ローマ史』第三版への序文で、「私の著書における政治的意見の根源で、モンテスキューとバークのなかに見出されないものは一つもない」[77]とのべている。ニーブールとバークとの類似性は、ブンゼン男爵夫人や一九世紀後半の保守的なゲルマン民族主義者ハインリッヒ・フォン・トライチュケ〔ドイツの歴史家、一八三四～九六〕から、近代的な歴史学者ヴィッテやブリデンタールに至るまで、ほとんどすべての研究者が認めているところであるが、モミリアーノはそうではなかった[78]。モミリアーノは、ニーブールが啓蒙思想の影響を受けていた証拠として、彼がロンドンではなくエディンバラに行ったのは、そこには、ロンドンとは異なり、〔啓蒙思想で有名な〕エディンバラ大学があったからだとしている。この現実的な理由は、ニーブールの決断の大きな要因になっていたのかもしれないが、スコットランドに行く理由についてニーブールが友人に語ったことは、なんと、オシアン〔スコットランドの三世紀頃の伝説的詩人〕の言語を研究するためというものであった[79]。

ニーブールは、一八一〇年頃までは一貫してロマン主義的であったが、一方では、改革志向をもった保守主義者でもあり、デンマークとプロイセンを革命の危機から救うための改革論議をしていた（彼が農奴制の廃止を推進したことは、この流れにおいて理解されるべきである）。ニーブールは、後に自ら極端な反動主義の側に立つことになるのにもかかわらず、このような改革姿勢のせいで、極端な反動主義者から攻撃されることになった[80]。たとえばリトケーネンの主張によれば、ニーブールは歴史的相対主義という考えをもっていなかったことと、人間の本性は歴史によって変わるものではないと信じていたので、啓蒙主義を捨てきれなかったのだという。しかしリトケーネンは別のところで、ニーブールがロマン主義的な成長概念をもっていたと書いている。ところがこの成長概念は、後になって、ある「伝統主義」によって、つまり、啓蒙主義が熱望していた永遠の合理的秩序とはまったく異なる意味での「静止状態」という伝統主義によって、その影を薄くさせられたのだ、とリトケーネンは見ている[81]。

さらに、ニーブールの異文化比較もきわめて限定的なものであった。主要な比較は、初期ローマと彼が愛する故郷ディトマルシェンとの比較であり、その比較がなされた理由は、もっぱら両者の民族が純粋に真正な民族とみなされ、また環境の産物とみなされていたからであった。このことからも、彼がロマン主義の潮流の真っ只中にいたことがわかる。彼は決して、フランス革命の自由、平等、友愛は言うに及ばず、普遍主義、理神論、無神論を認めず、また啓蒙主義の合理性に対する信念も認めなかった。また、ニーブールによるロマン主義の推進は、歴史学にとどまらなかった。第5章でのべたように、ローマ在住のドイツ人会がロマン主義運動の温床になっていたときに、彼はそれを主宰していた。[82]

それでは、ニーブールの保守主義とロマン主義は、彼の歴史記述にどの程度影響を与えているのであろうか。彼はまず、フンボルトのように、古代学――ニーブールはまだ「文献学」と呼んでいた――を広く研究することが、「人間形成」を行うための手段であり、ひいては母国を活性化させるための手段となるとみなしていた。[83] ニーブールの方法論は、ゲッティンゲン大学の史料批判の方法であり、「文献の分析、類推、直感的洞察による、合理的批判と想像的再構築との結合」であった。[84] あるいは、ニーブールをきわめて好意的に書いている『ブリタニカ百科事典』第一一版が記しているように、「彼は、信用できない伝承が果たしてきた役割を、伝承に代えて推論に担わせ、……記述する可能性を示した」。[85] ここでいう伝承が、どう「信用できない」ものであったかは明確にされていないが、一九世紀初頭の学界の規律――人種主義的な規律も含め――に反する伝承がもっとも信用できない伝承とされていたことは明白である。ニーブールの方法論におけるこの近代的な側面は、モミリアーノによって、「ニーブールは自分自身の土俵の真ん中で一流の古代史学者たちに挑戦した最初の人物である」と評された最大の理由である。ギボンでさえ、タキトゥス〔ローマの歴史家、五五～一二〇頃〕が書き残したところから書き始めているにすぎなかったが、それに対しニーブールは、リヴィウス〔ローマの歴史家、前五九～後一七〕などの大家も手厚く扱った初期ローマについても書いていたのである。[86]

ニーブールは、歴史学には推論と想像が必要であるとするフンボルトの考え方を、さらに一歩前進させた。二〇世紀初頭の歴史学者グーチ〔イギリスの歴史家、一八七三～一九六八〕は、ニーブールの次のような言葉を引用した。「私は歴史学者である。というのは、バラバラになった断片をつなぎあわせて、完全な一枚の絵にすることができるからである。そして、欠けている部分はどこにあるのか、それらをどうつなぎあわせるのかさえわかれば、誰もが信じられないほど、すでに失われたと思われている多くのことを復元することができるのである」[87]ニーブールのこの文章は、実証主義的な方法論であるかのようにのべられてはいるが、むしろそれは率直な告白であり、すべての歴史学者に当てはまると言うこともできよう。たとえそれがすべての歴史学者に当てはまるとしても、もし、ニーブールの方法論があまりにも主観的であるとしたら、彼を史上初の「科学的」歴史学者だと言ってしまってよいものだろうか。また、果たして彼は、ヘロドトス、トゥキュディデス、司馬遷〔漢代の歴史家、紀元前一四五～八六頃〕、イブン＝ハルドーン〔アラブの歴史家、一三三二～一四〇六〕、ヴォルテール、ギボンのような「近代科学以前の」歴史家をも超え、歴史学を彼らよりも高いレベルに全面的に引き上げたと言ってよいものだろうか。ただ言えることは、これら「近代科学以前の」歴史家の記述はきわめて明快だったということである。

では、ニーブールの具体的な功績はいったい何だったのであろうか。当時も、それ以降も、ニーブールの業績のなかでもっともよく知られているものは――リトケーネンやモミリアーノには申し訳ないが――、ローマの歴史は忘れ去られた「民謡」つまり叙事詩からできていたとする彼の仮説である。多くの研究者が指摘しているように、ニーブールの考え方は明らかに、民族の起源を民謡の歌詞に求めるロマン主義的信念から生み出されたものである。[88]モミリアーノ教授は、ニーブールの考え方が本質的にスコットランド啓蒙主義の所産であると見ていた。このことからすれば、モミリアーノが「民謡」の意義を軽んじていたことは、何ら不思議ではない。彼にとって、ニーブールの業績におけるもっとも重要な革新は二つめのトピック、つまり初期ローマの土地法および「公有地」〔元老院の直轄地〕の本質に関する研究だったのである。モミリアーノによれば、ニーブールはそれについての構想をインドに関する知識から得ており、その知識は、彼の父親のスコットランド人友人から学んだものだという。[89]しかしモミリアーノも認めているように、ニーブールがこのトピックについて研究する動機となったのは、フランス革命のときに実施された――きわめて軟弱な――土地改革においてローマの先例が誤って使われたことであった。ニーブール自身ものべているとおり、彼は「犯罪集団のような連中が農地法に付した常軌逸脱の憎むべき意味」を論破するため『ローマ史』を執筆したのであった。[90]

ニーブールにとってローマは、イギリスの場合と同様に、国内の葛藤がいかにしてじょじょに、しかも合法的に調整され得るかについての手本であった。この考えを展開する際、彼は三つめの重要な新理論を導入した。それは、貴族と平民とはたんに階級が違うだけではなく、人種も違うという理論であった。階級の違いは人種の違いに起因するという考え方――ニーブールはそれをローマ以外にも適用した――は、それ以前にフランスで使われていた考え方である。つまり、当時のフランスでは、貴族はゲルマン系フランク人の子孫であり、一方の第三階級は土着のガロ＝ローマ人（ゴール人）であるという信念が、一七八九年と一八三〇年の革命の展開において重要な役割を果たしていた。さらに、ニーブールのこの理論に影響を与えた可能性が高いもう一つのモデルは、インドのカースト制である。もともとカースト制は、アーリア人による征服に起因し、征服民族の純粋性を保つための企てであったとされている。

とはいえ、この人種起源階級説に学問的な「お墨付き」を与えたのはニーブール自身であり、しかも、ニーブールが評価されたのは、この理論を導入したということによってである。フランスの偉大なロマン主義歴史学者ミシュレは、ニーブールが「一八一一年という早い時期に」このような民族的歴史法則を発見していたことを賞賛した。[91] このことはまた、ニーブールのイギリス人の弟子で、名門ラグビー高校の校長、トーマス・アーノルド博士（三七九ページ参照）がニーブールから教わったと言っていたことでもある。[92]「民謡」についての疑問、ローマの階級の人種起源説についての疑問、およびエトルリア人が北方起源であるという説についての疑問があるにもかかわらず、『ブリタニカ百科事典』一九一一年版のなかでは、匿名の執筆者がニーブールについて次のように書いている。

たとえ、ニーブールの実証的な結論がすべて否定されてしまったとしても、ローマ史を科学的見地から検証した最初の学者であるという彼の言い分は損われないであろうし、また彼によって歴史研究に導入された新しい諸法則は少しも重要性を失わないであろう。

これらの「新しい」諸法則の一つは、ロマン主義的な実証主義という法則であり、それはゲッティンゲン大学において踏襲されていたもので、個人ではなく民族とその制度を研究するという法則であった。しかし、ニーブールがより多くの賞賛を浴びたのは、次のように、歴史学に人種概念を導入したということによるものであった。

ニーブールは、貴族と平民とのあいだの争いは、それらの人種の違いに起因するという理論によって、人種の違いの重大性に脚光を浴びせ、人種の違いを近代史における決定要因として復活させるのに寄与した。

それに加えて、ニーブールは民族的、人種的な純血の望ましさについて頑固な信念をもっていた。

世界の歴史は、征服やいろいろな混交によって、数限りなくあった固有人種を融合させてきた歴史でもある……。そのような混交によって民族が発展したためしはほとんどないであろう。民族によっては、その高貴な民族的文明、科学、文学に対して取り返しのつかない損害を与えられることがある。あまり洗練されていない民族についてでさえ、混交によって持ち込まれた卓越した洗練――この洗練がその民族の特性に適合している場合には、自ら達成していたかもしれない――が自民族のもともとの気質、歴史、伝来の法律の喪失を埋めあわせることはほとんどないであろう。[93]

したがって、ナチスのもとで名を馳せた古代史学者のウルリヒ・ヴィルケンが、ニーブールを「批判的な遺伝学的歴史記述の創始者」として賞賛したことは、むしろ当然なことであった。[94] 一八歳のニーブールが一七九四年に両親宛ての手紙のなかで人種混交の有害な影響について書いていたことからしても、彼のロマン主義的民族概念が身体的で根源的な人種的差異にもとづくものであったことは疑いない。少なくともこの時点では、ニーブールは次のように人類の多元発生説を確信していた。

われわれは、言語の違いを人種の理論に当てはめることには慎重であるべきで、もっと身体的な特徴を顧慮すべきであると思う……。〔人種は〕これからもっと検討されるべきもっとも重要な歴史要因の一つであり、事実それは、すべての歴史が出発するまさしく第一の基本原理であり、しかも歴史が進むための第一の法則でもある。[95]

ニーブールが、人種の区分にあたって、「言語的」差異よりも身体的差異を重視したのは、父親や東洋在住のイギリス人からの影響であった。それによって、ニーブールはフンボルトを超え、また後にニーブール自身の秘書になったブンゼンや、フランスの偉大なセム語学者で歴史学者のエルネスト・ルナンによって支持された伝統的見解を超えることができた。その伝統的見解とは、民族の違いは身体的特徴によるのではなく言語の違いによるものであるとする見解であった。[96] 身体的な差異にもとづく人種主義は、階級の人種的性格についてのニーブールの理論にとって欠かせないものであり、そこでは、異なる階級、そして異なるカーストのあいだでさえ同じ言語が話されているという事実が根拠にされていた。ニーブールが一貫してこの理論を貫き、また、人種混交に対してつねに不快感を表明していたことは驚くばかりである。

ニーブールは、一七九〇年代のロマン主義を人種主義に合体させた人物であるが、その縁組は必ずしもむずかしいものではなかった。多くの場合、「人種《ラッセ》」または「種《ゲシュレヒト》」という言葉は、たんにロマン主義的な「民族《フォルク》」や「共同体《ゲマインシャフト》」という概念を説明するための「科学的」用語にすぎなかった。ヘルダーは、歴史主義と進歩的相対主義の古典である一七七七年の『人間性形成のための歴史哲学異説』において、「民族《フォルク》」がすべての真実の源であると断言している。[97] この概念は、一九世紀に他のすべての概念に取って代わり、「人種的真実」として現われることになる。[98]

ロマン主義と人種主義とが基本的に一致するにもかかわらず、人種は真正でなければならないとするロマン主義的な理想と、最上の人種には他の人種を征服する権利があるとする人種主義とのあいだには矛盾がある。ニーブールは初期において、後進民族——すなわちゲルマン民族——は自生的な文化を発展させることが望ましいと確信していたが、この確信は、もっと劣った非ヨーロッパ民族には適用されなかった。一七八七年、ニーブールはまだ一一歳のときトルコと戦うオーストリアを支援し――彼はトルコと戦っているということ以外ではオーストリアをさほど好まなかった――、また一七九四年には、革命後のフランス人に対する最大の侮辱として「新たなタタール人」という呼び方を投げつけた。[99] 一八一四年に彼は、イスラム勢力と戦うためのヨーロッパとキリスト教徒との団結を呼びかけ、晩年の講義では次のようにのべている。

　ヨーロッパによるイスラム支配は、当然のことながら、人権とともに科学と文学をも保護することであり、野蛮な政権を叩き潰すことを妨げることは、知的文化および人間性に対する大反逆行為と言えよう。[100]

　帝国主義支配を擁護するこの論理は、後にヨーロッパ列強がエジプトを征服するときの口実として使われた。ニーブールは、フンボルト兄弟〔兄ヴィルヘルム、その弟アレクサンダー〕（博物学者、一七六九～一八五九）〕やブンゼンのように――ドイツのほとんどのギリシア古典学者や東洋学者《オリエンタリスト》とは違って――シャンポリヨンによるロゼッタストーンのヒエログリフ（聖刻文字）解読を正当に評価した。このことは、「〔シャンポリヨンの解読は〕ギリシア人が書いた古代文献を、東方の芸術から完全に切り離して研究したものにすぎない」と酷評していた大御所、ヴォルフに対する攻撃につながった。ニーブールは、ヴォルフが「高度な東方の古代文献を評価しようとしない偏見」にとらわれていると批判したのである。[101]

　ニーブールは、自らローマ＝カトリック教会と接触して、エジプト王朝の年代確定に関して教会と妥協したシャンポリヨンの説に従うこととなった。[102] つまり彼は、エジプト人の歴史を、当時ヒクソス人の王朝の時代とされていた紀元前二二〇〇年にまでさかのぼらせたのである。しかしニーブールは、それ以来ずっと古代史記述の癌になってきた、批判的方法論の文化的、人種的、世俗的な傲慢さ、ないし「物知り自慢」をひけらかし、ヒクソス王朝以前の一三の王朝はすべてエジプト人が捏造したものであり、エジプト人は「アブラハム〔前一八世紀頃のイスラエル最古の族長〕の時代にまで遠くさかのぼる歴史をもっていることで満足すべきだったのに、彼らは東方の民族にでもなったような気分で、もっと古い時代にさかのぼることを望んでいる」[103]と主張した。

ニーブールはロマン主義的で人種主義的な考え方に立って、自由で創造的であるとされたギリシア人と、そのような能力に欠けたエジプト人とを明確に区別・分類し、エジプト人は「他の多くの被抑圧民族と同じように、芸術に関しては群を抜いて発達していたが、知的文化の面では遅れたままであった」[104]という。彼はまた、フェニキア人を民族としてのルーツをもたない人々であると言って見下した。「民族としてのルーツがない」とは、ロマン主義者がもっとも嫌うことであり、こうした批判は、ロマン主義的シオニズムが勝利をおさめるときまでユダヤ人攻撃のために利用された。ニーブールもまた、明らかに当時の社交界に蔓延していた反ユダヤ主義を共有していたのである。[105]

それにもかかわらず、ニーブールが古代モデルを捨てようとしなかったことは、すでにのべたとおりである。ニーブールは、ヴォルフを批判しているところで、次のように書いている。

ヴォルフは……東方の民族からギリシア人が影響を受けたという考え方が、耐え難いほどの攻撃を受けてきたということを認めながらも……ギリシアと東方とのあいだに関係があったという事実、しかもギリシア人は、後に独立しはしたけれども、それ以前において東方の民族から影響と教えを受けていたという事実をあまりにも無視しすぎている。[106]

ニーブールは、エジプト人のアテネ入植についてのケクロプス神話は、アルゴリス〔ミケーネ文明の中心地〕についてのダナオスとアイギュプトスの伝承のように、ギリシアに対するエジプト人の影響を伝えるものだと確信していた。同時に、カドモスが古代都市テーベを建設したことについても、何の疑問もいだいていなかった。[107]その一方で、ニーブールによるこれらの主張は何となく弁解のように聞こえるが、それは、ヴォルフとその学説およびヴォルフの流れを受け継いだ一八二〇年代のカール・オットフリート・ミュラーの威光による影響力のせいであるに違いない。

ミュラーについては、一九世紀において初めて古代モデルを批判したプティ＝ラデル神父についての考察のあとで触れることにする。

プティ＝ラデルと最初の古代モデル批判

プティ＝ラデル（フランスの建築家、一七三九〜一八〇八）は、芸術と建築に造詣の深い学者であった。一七九二年、当時すでにロマン主義的美学の中心地となっていたローマに移住し、イタリア在住のあいだローマ帝国以前の遺跡の虜《とりこ》になった。彼は、古代の伝承に従い、それらの遺跡を、「サイクロプ」（巨石群）と呼び、それらはエジプトやオリエントの建造物とは異なり、規制にしばられない「自由」に満ちた建造物であるとみなしていた[108]。彼はこうした建造物の特徴を根拠に、エジプト人やフェニキア人がやってくる前から、イタリアとギリシアにおいて共通のヨーロッパ文明が確立されていた、と確信するようになる[109]。

一八〇六年、プティ＝ラデルは、『古代都市アルゴス建設のギリシア起源説について』と題する講演原稿をパリの王立フランス協会に提出した。その論旨は、プティ＝ラデルが例のサイクロプ建造物に結びつけて考えていたアルカディア住民によるイタリア入植の年代を、すでに紀元前一世紀のハリカルナッソスのディオニュシオス（小アジア出身のギリシア人歴史学者）が行っていた年代特定にもとづいて決定するといったものである。プティ＝ラデルは、エジプト人がギリシアに入植したとする時代、現地のギリシア人の文化レベルがエジプト人より低かったとする、古代モデル代弁者のフレーレとバルテルミを激しく非難した。ギリシア人の文化レベルがエジプト人のそれよりも高かったとする説を彼が支持していた理由は、一つには、巨大建造物はすでにエジプト人の到来以前にできあがっていたと考えていたからであり、もう一つの理由は、栄光あるギリシア人がエジプト人より遅れていたなど「決してあり得ない」という彼のロマン主義的な信念によるものであった。

それに加えて、プティ＝ラデルはアルゴスのイナコス王とポロネウス王がエジプト人であったという伝承を激しく非難した[110]。彼は、この伝承が古代においていかに根拠の薄いものであったかを証明した――確かに、古代の伝承には正体のはっきりしない人物も多いが、なかでもこれらの二人はとくに謎めいている。とはいえ彼自身、講演の目的はパリの聴衆に歓迎されることにあったとのべているように、この講演原稿の論調は、大衆受けをねらった大胆なものではないかと疑わせるところもある。[111] 実際、この講演は聴衆から喝采を受け、プティ＝ラデルは王政復興期〔一八一四～三〇〕の学界で名声を馳せたのである。

ミュラーと古代モデルの衰退

プティ＝ラデルが、古代の権威と古代モデルを避けて通ろうとしていたのに対して、ミュラーの方は、それらに対して最初の直接攻撃を加え始めた。一般的に見て、ミュラーは研究においても実生活においても、文字どおりのロマン主義者であった。二〇世紀初頭のギリシア古典学者ルドルフ・プファイファーは、彼を「輝かしき若手研究者」と評し、普段は口の重いイギリスの知的な歴史学者グーチでさえ、彼を「当代ルネサンスのシェリー〔イギリスの詩人、一七九二～一八二二〕であり、歴史学のパルテノンに殿堂入りしている若きアポロンである」と褒めそやした。[112]

ミュラーは、フンボルトの教育制度のもとで教育を受けた最初の世代の一人であった。彼は、一七九七年にシレジア地方で生まれ、州都ブロツワフでプロイセン方式にもとづいて設置された新しい講座で学び、研究をすすめた。そのときの恩師ハインドルフはヴォルフがすげなくした教え子であったが、ミュラー自身もベルリンで一年間ヴォルフのもとで仕事をしたことがある。ミュラーはヴォルフのすべてを嫌っていたが、しかし、ミュラーの研究業績にはヴォルフの影響が色濃く見られる。

ミュラーとヴォルフの二人に共通するキーワードは、カントの「プロレゴメナ」と「科学《ヴィッセンシャフト》」であった。[113] ミュラーは、ヴォルフの進歩的で科学的な方法を受け継ぎながらも、自分自身の研究の先駆性を強調していた。もっともミュラーは、自分の先駆性も後の学者たちがやがて乗り越えていくであろうと覚悟していた。このように未来に対しては謙虚であったミュラーも、過去に対しては傲慢な態度を示した。彼が、積極的に評価する価値があると認めていた過去の業績は、ゲッティンゲン大学の出版物と、プティ＝ラデルのような学者やギリシア古典学者ラウール・ロシェットのようなフランス王党派の学者の著作だけであった。なおロシェットは、シャンポリヨンの大敵であった。ミュラーは、このように過去の業績を軽視していたので、一八世紀の多才な碩学を軽蔑して、そのような視野の広い碩学に取って代わろうとする一九世紀の文献学専門家の見本のような存在になっていた。[114]

ミュラーの学位論文は、エギナ島〔アテネ南西、エギナ湾の島〕の郷土史であった。彼は、エギナ島からドイツに持ち込まれた大理石彫刻の美しさに感動してその研究を始めたのだが、完成した論文はロマン主義的実証主義の典型ともいうべきものであった。第一に、グーチが指摘したように、この最初の古代ギリシア郷土史はドイツの最初の郷土史、つまりロマン主義的保守主義者ユスタス・モーザーによるオスナブリュック〔ドイツ北西部の都市〕郷土史に似ていた。[115] 第二に、エギナ島は海に浮かぶ一つの島であり、網羅的な研究に都合のよい空間であった。さらに重要なことは、同島はドーリス人が住んでいた島であり、しかも「退廃した」イオニア人の都市アテネに面していたという事実である。

この論文が高く評価されたミュラーは、驚くべき若さでゲッティンゲン大学の講座に迎え入れられた。彼は、唐突にヘブライ語の言い方を使って、そこを「自分にとっての適所中の適所」と呼んだ。[116] それ以来、彼の学者としての地位は――彼の同僚の多くの場合とは異なり――きわめて安泰なものとなった。一八四〇年に高熱のためアテネで早すぎるが劇的な最期を遂げるまで、ハノーバー市やドイツ各州が彼に給与と報償を与えたのである。[117]

ミュラーは、専門意識の強さにもかかわらず、その研究領域は並はずれて広かった。彼は、定評ある新たな手法を用いて文献学を完成させ、古代エトルリア人に関する主著を著すとともに、古代芸術や考古学について多数の著書を書いた。[118] しかし、それらのなかでもとくに「古代学」の柱となった著作が、一八二〇年から一四年にかけて出版された『ギリシアの民族と都市の歴史』および一八二五年の『神話学体系序論』であった。前者『ギリシアの民族と都市の歴史』の第一巻『オルコメノスとミニュアス人』は、次のようなパウサニアスの文章の引用で始まっている。

ギリシア人は、自国の建造物についてはその建築コストにばかり驚嘆するという偏った傾向が強い。その証拠に、著名な歴史家たちはエジプトのピラミッドについてはこと細かく説明しているのに、決してそれに劣らないほどすばらしいミニュアス王〔ボイオティア地方の古代都市オルコメノスの国王〕の財宝庫や、ティリンス〔アルゴスの旧都〕の巨大な城壁についてはまったく触れなかった。[119]

このパウサニアスからの引用は二つの意味できわめて重要である。一つには、それによってミュラーがドーリス人と関係のある北方侵入民族と考えていたミニュアス人に読者の関心を向けるからである。もう一つは、後に「エジプト狂」とか「異邦人熱中症」という病的な呼び方すらなされたように、ギリシア人はエジプトへの誤った尊敬心をもちがちであるとミュラーが告発しているからである。[120] つまり、「エジプト狂」とか「異邦人熱中症」といった尋常ではない表現をギリシア人に対して用いたのは、エジプト人など非ヨーロッパ人の「異邦人《バーバリアン》」がギリシア人よりも高度な文化をもっているとか、ギリシア人が彼らからきわめて多くのものを借用したなどというのは、「はなはだしい勘違い」だと彼は考えたからである。

ミュラーは二つの敵に直面することになる。一つの敵は、古代モデルと、このモデルを継承しようとしたデュピュイやフリーメイソンたちである。もう一つの敵は、シュレーゲルのインド至上主義ならびにクロイツァー〔ドイツ人神話学者、一七七一～一八五八〕やゲーレス〔ドイツ人の超越論的自然哲学者、一七七六～一八四八〕のような神秘的な哲学者や神話学者を中心とするロマン主義的なハイデルベルク学派である。シュレーゲルは、エジプトをインドの植民地とみなしていたが、クロイツァーの方は――とくに儀式については、そう考えなければインドの宗教とギリシアの宗教との類似性を説明できないと考え――何の証拠もまったく提示せずに、インドの僧侶たちがその哲学をギリシアに持ち込んだと主張していた。[121] しかし、確かにインド至上主義者たちは一八一五年以降のドイツにおいて絶大な影響力をもっていたが、ミュラーに対して具体的な批判材料を提示することはできなかった。[122]

ミュラーは、古代モデルについてのべる際、ギリシア人の神官と異邦人の神官とのあいだの「連合」や「連結」という言葉を頻繁に使っていた。彼の主張によれば、これらの言葉は、さまざまな宗教・神話相互のあいだに深い関連性が見られる場合、その関連性を示すために使われる用語なのだという。また彼によれば、「後世」になされたギリシアと近東との接触こそが、ギリシアが宗教、神話、そして文明全体を近東から借用したという誤った印象を与えることになった原因であるという。そこで彼は、後世に付け足されたこれらのものを排除しようとしたが、そのために使った第一のテクニックは、「沈黙論証」であった。[123]彼は、史実である古代の伝承でも、「後世」の史料にしか現われないケースがあることを原則論としては認めていた――実際、彼自身がそのような証拠にもとづく論証を行うことさえあった。したがって彼は、ある伝承が史実とは異なるものであると結論づけるためには、「後世」の史料しか存在しないということだけではなく、その伝承が捏造されたものであるという確固たる理由が存在しなければならないとした。[124]しかし実際にミュラーが古代モデルを攻撃する際には、伝承が史実であることを証明できる確証がないというだけで、それが捏造であることの有罪証明になるとみなしていたのである。事実、ミュラーとその弟子たちは、ホメロスとヘシオドスの二人を幅広い教養ある詩人としてみなしていただけでなく、すべての情報を記憶している生き字引として考えたのである。つまり、「［二人の］Hが言及していない」という沈黙論証による古代モデル攻撃の常套句は、本来、史実の存在を「現存しているHの全文献では確かめることができない」という意味であるにもかかわらず、「Hの時代には存在していなかった」という結論にすり替えてしまったのである。

ミュラーが古代モデル粉砕のために用いた二つめのテクニックは、分解ないし分析であった。このテクニックによって、彼が言うところの、シンクレティズム（諸教混交）に陥りがちな古典古代の一般的傾向を、正すことができるというのである。[125]ミュラーは、啓蒙主義の普遍主義的傾向に反対し、ロマン主義的な個別主義を主張することで、「不純なものをギリシア神話から除去することが、神話学者の主要な任務の一つである」[126]と論じた。このような考え方によって、最古の神話は、ローカルな個別性のなかに求められることになり、神話の起源はギリシアの大地に根づいたと見ることが可能になったのである。それでもミュラーは、後代における、すなわち、すでにのべたようなギリシア人の神官と異邦人の神官との「連合」ではなく、征服してきた民族の宗教的、神話的な面における「連合」こそに注目しなければならないと主張した。

彼の言うこうした「結合」の典型例は、ミュラーがアポロン神とドーリス人との連結とみなしたものに見出せる。つまり、アポロン神の信仰はドーリス人による征服とともに広がったという連結である。それは、活力は北から南に伝わるのであって、決してその逆ではないという、ロマン主義者に広く見られる信念に典型的な解釈であった。[127]こうしてミュラーは、もしもギリシアと中東で似たような宗教、神話、固有名詞が見つかったとしても、それらはギリシア人固有のものに違いないとし、一方、それらがギリシアとトラキアあるいはギリシアとフリュギアにまたがって存在していたとすれば、トラキアやフリュギアはギリシアの北東に位置することから、それらの起源はトラキアやフリュギアにあるとする。[128]ミュラーによれば、これと同じことはギリシア国内の場合についても言える。もしもギリシアの北部と南部の双方で似たような特徴をもつものが見つかったとしたら、それらの起源はほとんどつねに北部にあるというのである。そしてそれを前提としたうえで、もしギリシアまたはエーゲ海地域全体に広がっている宗教や固有名詞があったならば、それらはギリシアに自生のものであり、よそから持ち込まれたものではないという。

ミュラーによる最初の攻撃の矛先は、二つの伝承に対して向けられた。一つは、ケクロプス伝承である。もう一つは、ケクロプスによってアテネとボイオティア地方コパイス湖地域とが植民地化されていたという伝承である。コパイス湖地域には、ミュラーの『ギリシア民族の都市と歴史』第一巻『オルコメノスとミニュアス人』の書名にもなっているオルコメノスの町があった。[129]これらの伝承は、たかだか「後世のもの」にすぎないことが証明されていたので、ひとまずミュラーが言う沈黙論証の第一条件が満たされていた。また、一般的にはギリシア人、具体的にはアテネの人々と、紀元前六六四〜五二〇年のエジプト第二六王朝とのあいだには密接な関係があり、しかも同王朝の首都サイスがアテネの姉妹都市であったことが、沈黙論証の第二条件を満たしていた。さらにミュラーは、ギリシア植民地化の伝承を記しているおもな史料というのは、パウサニアスが「捏造したものである」と主張している文献であり、しかも、その文献の内容は、エジプト人たちがディオドロスに語って聞かせた物語とされているものであるから、物語りそのものの信用はディオドロスのあからさまな自己中心的な思いによって損ねられているとも指摘した。[130]それに加えてミュラーは、ヘロドトスは他民族の入植地がボイオティア以外のところにあったと固く信じており、ケクロプス伝承はギリシアで自生したものであるとみなしていたことを指摘した。[131] 最後にミュラーは、プラトンの『対話篇』にあるメネクセノスの言葉を引用し、アテネの人々は、東方の人々によって植民地化されてしまったテーベやペロポネソス半島の人々とは異なり、純血であると論じた。[132]

ところがミュラーは、ダナオスによるアルゴス征服をめぐる伝承の信憑性を批判するときには、メネクセノスのこの言葉に言及しなかった。彼は、神話体系が系図上矛盾していることを証明することによって、この伝承の信憑性を疑うという方法をとったのであった。彼はまた、ダナオスという名の起こりが、明らかにギリシア人であるダナオイ人であったということから、ダナオスがエジプト人であったなどということはあり得ないと主張した。[133] しかしその一方で、彼は「ケクロプスのエジプト起源説は歴史のこじつけにすぎないが、ダナオスのエジプト起源説は正真正銘の神話である」ことを認めていた。[134] ミュラーは、『ダナオイ人』〔アルゴス人〕という叙事詩のなかにダナオスの娘たちに触れているくだりがあることを知っていたので、妥協せざるを得なかったのである。[135] だが、一般的に文化伝播の流れは北から南へという方向であったという「事実」が前提にされ、また『陸路であろうが海路であろうが、エジプト人はいかなる移動も嫌っていたこと』[136] が前提にされていたので、この叙事詩の証言をもってしても、彼はダナオス伝承が史実であると認めようとはしなかった。

ミュラーは、ダナオス伝承よりはカドモスをめぐる伝承の方がもっと多くの問題を含んでいることをしぶしぶながら認めていた。第一に、カドモスたちは、ミュラーが「外国嫌いで偏狭なエジプト人……よりも歴史のある活発な商業民族」[137] とみなしていたフェニキア人と関係があるとされていたが、それでもミュラーは、民族的特性というものは永久に変わらないものだと確信していたので、そのような航海商人が内陸にあるテーベを「征服」したなどということは信じられないと考えていた。彼は、フェニキア人によって植民地化されたと言われているギリシア本土のボイオティア植民地を、エーゲ海地域のフェニキア植民地全体から切り離して位置づけ直すことによって、カドモスをめぐる伝承を攻撃した。そうして彼は、ヘロドトスがカビーリの神々〔古代ギリシアのサモトラキ島とテーベを中心に秘教祭式によって祭られた東洋起源の農耕神〕の信仰をペラスギ人の信仰として語っていることを根拠に、エーゲ海北部にあるサモトラキ島やタソス島が「後年の」フェニキア人入植地であったことを認めはしたものの、古代における植民地伝承そのものは、かたくなに退けたのである。

この点に関しては、ミュラーは決して自分自身では認めなかったにせよ、難しい立場におかれていた。というのは、一七～一八世紀にかけての学者たちは、カビーリ（Kabeiroi）という言葉の語源がセム語の kabir《カビール》（偉大な）であり、カビーリの神々を指してギリシア人が呼ぶときの「メガロイ・セオイ」や、ローマ人が呼ぶときの「デイ・マグニ」はともに「偉大な神々」という意味であったことを知っていたからである。[138] そこでミュラーは、カビーリという言葉をカビーリ信仰と金属細工とのあいだの疑う余地のない関係に結びつけることによって、その語源はギリシア語の「燃える」を意味する kaiō《カイオ》であるとした。また、カビーリの神々の一人であるカドミロス神とカドモスとの関係を指摘し、カドミロス神がテーベ近辺で信仰されていたとのべた。だが、エーゲ海地域とテーベにおけるカビーリ信仰が近東に起源をもつものであることは認めなかった。ミュラーは、エーゲ海地域におけるカビーリ信仰の近東起源説を認めずに、この信仰はペラスギ人の宗教であるという「証拠」を使って、カビーリ信仰が、テーベにおけるカドモスという名前と同じペラスギ人由来の「基層」から生まれたものであり、したがってフェニキア人とは何の関係もなかったと主張したのである。[139]

当時、この混乱し、かつ混乱を招くミュラーの学説は、同じミュラーがインド至上主義者たちに対して行った批判と同じぐらい失敗だったのであり、現に、後者の批判の場合と同様、フェニキア人についての彼の学説が支配的になるのは、やっと二〇世紀になってからであった。たとえば一八八二年当時は、偉大なギリシア古典学者でインド・ヨーロッパ語族学者のヘルマン・ウズナーが、「今や明白である中東の影響」をミュラーが否定していることを批判している。[140] 一方、ミュラーが残したエジプト人についての見解は好意的に受け入れられた。モヴェールは、一八四〇年代に出版された『フェニキア人』（一八四一～五〇）のなかで、ダナオスとヒクソス人との関連から、ダナオスはエジプト系ではなくセム系であったことを根拠に、ダナオス伝承を救い出そうとした。だが、モヴェールの説はほとんど受け入れられず、一八四〇年までには、ケクプロスがエジプト起源であるとする説も受け入れられないものになっていた[141]。かくして、ミュラー以降の「評価の高い」学者はすべて、いわゆる「穏健アーリア・モデル」の枠内で研究することになり、彼らは、ギリシア本土におけるフェニキア人の植民地化の有無に揺れる一方で、エジプト人の植民地化については絶対になかったと明言することになったのである。

ミュラー自身がそうであったように、ミュラーの時代の一部の学者やミュラー以降のほとんどの学者たちは、ミュラーを本質的にロマン主義的であると見ていた。彼はギリシア文化とそれ以外の文化とのあいだに絶対的な区別を設けていたからである。しかしミュラーは、『オルコメノスとミニュアス人』の中でこのような絶対的区分を否定し、ギリシア神話が神話以外の何ものでもないとしたことを謝罪したうえで、ギリシアは世界のなかの一地方にすぎず、それゆえギリシア神話も、他地域の神話が一定の基盤から生み出されたのと同じように一定の基盤から生み出されたものであると釈明した[142]。彼があくまで拒み続けたのは、ギリシアの植民地化説と、ギリシアの宗教・神話のほとんどがまるまる東方からの借用であったとする説である。彼は、それらの説の勘違いがすべての先行研究を誤った方向に導いたけれども、今やそれらが史実に反していることを自ら証明できたと確信していた。

とはいえ、ミュラーは『神話学序説』のなかで、自分ができなかったことを成し遂げるよう研究者たちに雄弁に訴え、ギリシア神話を解明するためにすべての神話を調査するよう訴えていた[143]。二〇世紀初頭に開花したケンブリッジ大学「文化人類学派」のジェームズ・フレーザーとジェーン・ハリソンは、決してこの訴えのなかに枠づけられた研究領域を踏み超えることはなかった[144]。そしてその枠内にあっても、ミュラーによって御法度とされている、ギリシア神話と東方の神話とのあいだになんらかの特別な関係があったとする考え方は、実際、ミュラー自身が同書に記しているように、「神話の大半が東方から輸入されたものであるという説を本書全体では真っ向から否定している」のである。次の引用もミュラーがロマン主義的実証主義の立場に立っていたことをよく示している。

たった一つの神話についてであっても、このこと〔東方輸入説〕が正しいとするためには、第一に、外部からの移入によってしか説明できないとする学界内での大方の合意という明確な証拠があるか、または第二に、その神話が地元の伝承の土壌にまったくルーツをもたないという明確な証拠があるか、あるいは最後に、その移入が伝承そのものに示されているという明確な証拠があるか、が求められるのである。[145]

いかなる学問領域においてであれ、他の学説に負けない信憑性を求めることをせず、「明確な証拠」のみを求めるというのには疑問がある。それは、ギリシア神話の起源といったような、史実と創り話の区別が混沌となっている分野においては、とりわけばかげたものである。

ミュラーが使った二つめの巧妙なごまかしの手口は、その「証明」責任を古代モデルの申立て人に転稼してしまうというものである。二〇世紀初頭の学者ポール・フカールが論じたように、証明責任は、むしろ近東による植民地化があったとする古代のコンセンサスを疑う側に課す方が、古代のコンセンサスを擁護する側に課すよりも合理的であろう。[146] ミュラーの「はったり」が大成功をおさめたという事実が証明しているのは、ギリシア独立戦争の当時および戦後において、いかに彼の聴衆がそのような「はったり」を聞きたがっていたかということにすぎない。研究者としての「高い立場」を利用し、自分に反論する者に「証明」を要求することができたミュラーによって、古代モデルは確実に破壊されていったのである。

ミュラーは、神話や伝承のなかから史実を識別する最善の方法の一つは、語源を調べること、なかでも固有名詞の語源を調べることであると考えていた。[147] だが彼自身は、ギリシアについてそのような研究を進展させることはほとんどできず、ほんの少しだけそれを試みたのち、次のようにぼやいている。

ああ、何ということか。語源学は、いまだに綿密な調査よりも当てずっぽうの推測が幅をきかす学問であるとは。語源学では、なんでも性急に説明しようとしたがるゆえに、われわれの苦労はいつも解明ではなく混乱をもたらすことになってしまうのだ。[148]

ミュラーを支持する最近の二人の学者も指摘しているように、この「当てずっぽうの推測」という欠陥こそが、なぜ「ミュラーの研究において文献学がつねに神話学の下位に従属している」[149]のかといった理由を見事に説明している。しかし概して、ミュラーは学問の進歩を信じていた。「だが、……文献学の立場から、さらに重要な問題解決の鍵を見つけ出そうとすることは、決してばかげたことではない」[150]とのべているのである。ところが、アーリア・モデルにとって不運だったのは、ギリシアの神話や宗教を説明するために役立つインド・ヨーロッパ語族文献学が、一六〇年以上にわたって衰退していたことである。しかも、この事態とはまったく対照的に、セム語とエジプト語では何百という信憑性の高い語源発見が相ついだ。[151]もっともその多くは、テーベやカドモス、カビーリという名称の語源や、サモトラキ島（Samothrace）という地名なかのSamという要素の語源を含め、ミュラー自身も知っていたことであった。だがそれらは、ミュラーによってまともに取り組まれず、あっさりと片付けられたのである。[152]

では、その後ミュラーとその学説はどう評価されるようになったのか。彼は、生前は賞賛されていた。たとえば、没後の一八七四年、ゲッティンゲン大学に彼の最初の記念碑が建てられた。そして一九世紀末には、「近代的」古代史の先駆者とみなされるようになった。[153]大御所ヴィラモーヴィッツ＝メーレンドルフは、一九二一年に出版された『古典研究の歴史』のなかで、ミュラーの名前に触れて、「私たちは、とうとう科学による古代世界の征服が完成された一九世紀の入口に到達したのだ」とのべた。[154]

この台詞は――それが醸しだす植民地化のイメージはともかくとして――、ミュラーに対して、混沌を秩序に変え、暗闇に光を与え、新たな学問分野を開拓する学問史の英雄という役柄を演出している。しかも神話学の分野における彼についてのこのイメージは、生前の段階で十分に確立されていた。一八三一年に出版されたトーマス・キートリーの『古代ギリシアとローマの神話』と、一八四四年から四九年にかけて出版されたウィリアム・スミスの『ギリシア・ローマ伝記・神話辞典』は、ミュラーのこの新しい方法論を踏襲していた。ギリシア古代史学者ターナーは、キートリーとウィリアム・スミスを「ギリシア古典期の神話に関するイギリスの本格的な研究者」[155]と呼ぶと同時に、神話学研究者の主流は「科学的」であるというミュラーの自己規定を受け入れており、しかも彼をこの学問の「本格的」

かつ「几帳面な」創始者と評価し続けた。[156]

しかしこの二〇年間〔一九七〇～八〇年代〕、聡明なギリシア古典学者たちは、ミュラーの疑わしい点に対してますます敏感になってきた。たとえばルドルフ・プファイファーは、「ドーリス人」に関するミュラーの分厚い二つの巻〔『古代ギリシアの民族と都市の歴史』（一八二〇～二四）第二巻と第三巻〕は「客観的な歴史の記述というよりは、むしろドーリス的なるものの魅力についての感動的な賛美歌である」[157]と評している。またモミリアーノは、彼の専門であるギリシア古典学の合理性を力説しているところで、彼が否定しようとしていたロマン主義をベースにするニーブールについてはその重要性を強調しているのに、ミュラーについては一九世紀ギリシア古典学者の膨大なリストから外している。[158]

ミュラーの業績のもっとも著しい特徴は、それがどの学者でも手に入れることができる既存の史料のみにもとづいていたという点である。一九世紀の新たな研究成果はそこには含まれていなかった。したがって当然、楔形文字の解読やシュリーマンの考古学的発見――この発見はミュラーの死後であった――を考慮に入れることもできなかった。だからといってミュラーには、C・G・ハイネやヘイランとは違って、一八世紀の探検の成果にとくに関心があったわけでもなかった。しかも、フンボルトやニーブール、ブンゼンとも違って、一八一五～三〇年にかけての学問のセンセーショナルな展開を無視していた。彼がシャンポリヨンのロゼッタストーン解読に着目したことを示すものはない。また、インドに対する彼の敵意のせいで、グリム兄弟〔ともにドイツの言語学者、兄ジャコブ一七八五～一八六三、弟ヴィルヘルム一七八六～一八五九〕などのインド・ヨーロッパ主義者たちとの親交にもかかわらず、彼はその研究にインド・ヨーロッパ言語学の最新成果を活かすことはしなかった。全体としてこれらが意味しているのは、古代モデルが崩壊したのは、もっぱら、歴史学者が「外在的」と呼ぶ理由によってであった、ということである。古代モデルの崩壊の原因は、その学問の内部における新たな発展のせいなどではなく、当時の世界観に古代モデルが合致していなかったせいなのである。もっと正確に言えば、古代モデルは、「人種」と「進歩」という一九世紀初頭のパラダイムにそぐわなかったのである。

第7章　ギリシア至上主義　その2
——古代学のイギリスへの伝播とアーリア・モデルの興隆　一八三〇～六〇年

本章の前半では、ミュラーの研究成果がどのようにイギリスへ伝播したかを考える。ドイツ「古代学」のイギリスへの導入と、それによるイギリスでのギリシア古典学の確立という流れのなかで、この伝播を見ていかなければならない。古代ギリシアやローマの社会をあらゆる側面から考察するギリシア古典学は、将来、大英帝国の支配者となるであろうイギリスの少年たちに、実用的、教育的、道徳的な効果を与える重要な学問であると考えられていた。

ギリシア古典学は、イギリスの新らしいパブリック・スクール制度の核心をなし、大学における重要な科目となった。こうした教育改革は、トーマス・アーノルド博士〔後出〕など初期ヴィクトリア期の改革者によって担われた。彼らは、ドイツの教育・研究のなかに、トーリー党とホイッグ党によるイギリスの停滞状態を打破し、それでいてフランスのような急進主義に陥らないような「第三の道」を見出していた。しかしながら、イギリスの改革者たちは、三〇年前のドイツのフンボルトやその同僚たちと同様に、反動よりは革命の方をはるかに恐怖していたのだが、だからといって保守主義者からの攻撃を免れることにはならなかった。

古代モデルを擁護するミットフォードを批判したコナップ・サールウォール〔イギリスの歴史家・聖職者、一七九七～一八七五〕とジョージ・グロートは、これら改革派エリートのなかでも、一風変わった少数派であった。二人とも、ミュラーの研究に深く感銘してはいたものの、ミュラーの破壊的な急進主義にはとてもついていけないと感じていた。その点では共通していたものの、サールウォールがフェニキア人によるギリシアへの入植があったことを否定しなかったのに対して、グロートはこの難問と取り組むことを避けて通り、またギリシアの伝承の歴史的な信憑性についてあれこれ考えることを徹底的に拒否した。このようなアプローチの違いにもかかわらず、彼らの業績が与えた影響は、ギリシアが植民地にされていたという伝承の信憑性を失わせ、また、当時あたかも神であるかのように崇められていたギリシア人の独自な創造性を強調するというものであった。むろん、この主張は一般大衆に快く受け入れられることになった。その頃、一般大衆のあいだではギリシアがますます礼賛されるようになり、それにつれて非ヨーロッパ的な文化すべてがますます軽蔑されるようになっていたのである。

本章の後半は、インド愛好熱やインド・ヨーロッパ語研究を、親ギリシア主義《フィルヘレニズム》や「古代学」と和解させようとする試みに関するものである。ミュラーが古代モデルを崩壊させてしまった後、その結果生じた空白を、インド・ヨーロッパ語族の人々が北方からやって来て征服したのだとするモデルによって埋めることは、比較的簡単なことであった。というのは、北方侵入モデルの場合には、古代モデルの崩壊の場合とは異なり、学説の変更については内在的に好都合な説明があったからである。それは、ギリシア語がインド・ヨーロッパ語起源であることを説明する必要であった。だが、ドイツやイギリスの学者たちが北方侵入説にとくにひかれたのは、疑いなく、それが当時支配的であった人種主義やニーブールの民族史体系にぴったりあっていたからである。また、当時のインドに対する高い関心が、アーリア人による北方からのインド亜大陸への侵入という説に注目させていたことも疑いない。インドの歴史においてすでに実証済みであった北方侵入説を、そのような征服についての記録が現存していないギリシアに置き換えることに、特別な想像力は必要とされなかった。

ドイツ・モデルとイギリス教育改革

紀元前四世紀に、アテネのイソクラテスがアテネの人々やギリシア人をそう見たように、一九世紀初頭のドイツ人は、自らを「人類を導く知的指導者」[1]だと信じ込んでいた。それはまた、当時もっとも「進歩的な」ヨーロッパ人および北米人の自己認識でもあった。そのようなドイツの哲学と教育は、破綻したイギリスの伝統とフランスの革命や無神論とのあいだの中道となっていた。この時代の文学史研究家、エリノア・シェイファーは、そのことについて次のようにのべている。

ドイツのこの批判的研究は、内容、方法ともに非常に洗練されており、労働者階級の運動のための手引書として使われるおそれはなかった。……さらにそれは、いろんなふうに解釈できるものであり、その解釈の一つが、教会制度や政治制度をそっくりそのまま維持し、しかも実権も従来のままに保ちながら、内側から修正主義的に改革するという解釈であった。一八三〇年代以降、イギリスにおいては、ヨーロッパ大陸でもっとも進んでいた学問・知識が、英国国教会の学問的権威を打破するための道具になっていた。……このような思考形態の本質が、政治的ロマン主義に二つの顔があることを示し、しかも、ヴィクトリア期の妥協の本質がどのようなものであったかを、より明らかに示しているのである。したがって、見方によってはそれはブルジョワジーの偽善によりつくられた巨大な知的金字塔と見ることもできるのである。[2]

フランスにおいて、こうしたドイツの動向をもっともうまく体現していたのは、広く大衆に知られていた哲学者で政治家のヴィクトル・クーザン〔フランスの哲学者、一七九二〜一八六七〕であった。彼は、ルイ・フィリップ〔一八三〇年七月革命でブルボン王朝を倒したフランス国王、一七七三〜一八五〇〕の大資本家階級に、つまり妥協政権にもてはやされていた。クーザンは、プロイセンを模範にして、フランスの初等教育制度を確立した人物である。またクーザンは、おおいに賞賛していたフンボルトと同様に、教育制度全体のなかにおいて、古代ギリシア人を特別な存在として扱った。彼はまた、原始的で「思いつきの」東洋哲学と、ユダヤ教世界やキリスト教世界の「思慮に富んだ」哲学とは、厳密に区別されなければならないと固く信じていた。[3]

イギリスの改革派のなかには、プロイセンの「人間形成」が提唱されると同時にそれにとびついた者もいたが、多数派であった保守派は、何十年にもわたり教育の「ドイツ化」を食い止めようとしていた。事実、イギリスにおいて「ドイツ化」が始まったのは、ようやく、非国教徒や実業家による圧力によって新制大学が設置され、パブリック・スクールとオックスフォード大学ならびにケンブリッジ大学の改革が課題となった一八六〇年代以降のことであった。しかし、大学が改革されてからも、講座制は根づかず、オックスフォード大学とケンブリッジ大学の教授は、学寮制や改革派の自由主義的な意識のせいで、ドイツ型の独裁的制度の確立を妨げられていた。[1] さらにイギリスでは、ドイツ的制度における「人間形成」について、実践の方が、その研究の方よりもはるかに真剣に受けとめられていた。その顕著な例が、一九世紀後半の代表的なギリシア古典学者ジャウエット〔一八一七～九三〕であり、彼はその教え子に消しがたい影響を与えたが、改革前の多くの学者に比べて学者としての能力ははるかに劣っていた。[5] イギリスの大学によって発表された研究成果は、ドイツの圧倒的な教授陣による研究成果に較べれば、とるに足らないものであった。[6]

語学としてのラテン語研究と古代文献の解読とが、イギリスの時代遅れな大学において基本教科の中核を成す科目になっていた。一八世紀のイギリスでは、学生がますます貴族趣味的になり、宗教学や神話学への興味を失い、また数学が蔑視されるようになり、ラテン語およびギリシア古代文献についての教育が重視されるようになっていった。そして、すでに見てきたように、一七八〇年以降、ギリシア語への関心がさらに高まり始めた。ラテン語を知っているということが昔から上流階級であることの証しになっていたが、この時点で、ギリシア語が曲学阿世の一流学問になったのである。それにもかかわらず、ギリシア古典学――エリートの道徳的・知的教育としてギリシア古代史をあらゆる側面から研究すること――が最初に実を結ぶのは、やっと一九世紀前半になってからのことであった。しかもそれは、ドイツのやり方を直接または間接に模倣したものであった。

ギリシア古典学の振興においてもっとも有名な人物は、トーマス・アーノルド〔イギリスの歴史家、一七九五～一八四二〕であった。彼が有名になった最大の理由は、英国国教会信徒ではなく「カトリック教徒の英国紳士」という、常識では考えられないような異種混交を提唱していたからである。彼は、名門ラグビー高校の校長として、また大学改革にも非常に熱心な人物として、亡くなる前の十数年、一八三二〜四四年にかけて相当大きな影響力をもっていた。アーノルドは、フンボルトやクーザンと同様に、俗に言う「喧嘩っ早い中産階級」に属し、革命も反動もともに嫌っていた。[7]最善の伝統を守ることを目的とする彼の改革構想全体の源になっていたのは、ドイツに対する愛着であった。実際、彼は一八二七年にローマでブンゼンと出逢い、すぐに親しくなった。そして、ニーブールの歴史懐疑論にはいささか疑義をいだきながらも、ニーブールの熱烈な支持者となり、彼の大著『ローマ史』の大衆向けダイジェスト版を書き下ろした。[8]また、アーノルドは、歴史記述における一つの根本原理としての人種に対するニーブールの熱意を共有しており、たとえば、一八四一年におけるオックスフォード大学近代史の女王任命教授への就任講義も、このテーマでなされた。[9]アーノルド博士とその息子マシュー〔イギリスの詩人、一八二二〜八八〕は、「流行《はや》りもの」に敏感だった点で、とくにきわだっている。つまりこの親子が成したことは、すでに流行っていた見解の要約と補正だったのである。[10]

アーノルド親子よりもはるかに独自性のある研究者集団が、ケンブリッジ大学から現われた。ホイッグ党的なケンブリッジ大学は、オックスフォード大学よりも、わずかではあるが柔軟性があり、そこに改革の可能性があった。そのことは、近代的で「包括的な」形態のギリシア古典学卒業試験が一八二二年に同大学で開始されていたという事実によって証明されている。また、ドイツの新たな学問や「古代学」がイギリスに導入されたのも、ケンブリッジ大学によってであった。その役割を果たす鍵となった人物が、高校、大学をとおして親友であったジュリアス・ヘアとコナップ・サールウォールの二人であった。ヘアは幼少期をドイツで過ごし、ドイツ語を学び、一生残るようなドイツ文化に対する造詣を深め、それをコナップ・サールウォールに伝えた。彼らは、数学者のウィリアム・ヒューウェル〔イギリスの科学史家、一七九四〜一八六六〕と組んで、「ケンブリッジ・ユニオン」と呼ばれる学生団体を設立する初めての企てを精力的に行い、またこの学生討論部が、過激であるとして一八一七年に閉鎖されてからも、ヒューウェルとサールウォールは精力的であり、ヘアからドイツ語を習うことに専念した。サールウォールは、翌年卒業するまでにはドイツ語を習得しただけではなく、ニーブールの『ローマ史』を読了した。その後まもなく、サールウォールはローマに行き、そこでドイツ人会に加入し、「彼の人生にもっとも大きな影響を与えた」[11]人物、テオドール・モムゼン〔ドイツの歴史家、一八一七～一九〇三〕との交流が始まることになった。

その後、イギリスに戻ったサールウォールは、シュライエルマッハー〔ドイツの哲学者、一七六八～一八三四〕が書いた難解な神学書『聖ルカ』を翻訳した。シュライエルマッハーは、フンボルトとブンゼンをこよなく愛する、ロマン主義的で「アーリア優先主義的な」神学者であった。[12]『聖ルカ』の翻訳が、ドイツ神学と全面的に対立していた保守的な聖職者とのあいだにちょっとした物議をかもしたこともあったが、それも、サールウォールがケンブリッジのトリニティー・カレッジに戻り、そのための叙階を受ける際の障害とはならなかった。一八二七年、彼はヘアとともにニーブールの『ローマ史』の翻訳にとりかかった。一八二八年に第一巻、その三年後に第二巻が発刊されたが、ついに精魂が尽き果て、第三巻は発刊されないままに終わった。

一八三〇年には、サールウォールとヘアは、その一〇年前にキリスト教の社交クラブとして設立された『使徒《アポスル》』という学生の小さな秘密結社に出入りするようになっていた。彼らは、それの改組に力を貸し、またその組織そのものに――その後多少の変化はあったものの――現在でも残っている独特な形而上学的で自由主義的な性格を与える手助けをした。二人は、若手の「同志」に対し、ロマン主義的な詩人を敬い、ドイツの学問をたてまつるよう奨励した。[13]一八三二年に入会したある会員により、「コールリッジとワーズワース〔イギリスの詩人、一七七〇～一八五〇〕が神だとすれば、ヘアとサールウォールは預言者である」と称されるほどであった。別の会員は、「ニーブールは会員たちにとって、長い時間をかけて会員の心情を鍛えあげてくれる神であった」とのべている。[14]この集団のロマン主義的なエートスは、サールウォールや多くの同志によって敬愛されていた優秀な若者、ハラム〔イギリスの詩人、一八一一～三三〕の一八三三年の死によっていっそう強められた。ハラム崇拝は、自らの失われた若さと美を象徴するものとして、テニソン〔イギリスの詩人、一七六八～一八九二〕の哀歌『イン・メモリアム』のなかに永遠に刻み込まれ、以後四〇年にわたって「当会」の主柱であり続けた。

この集団において、サールウォールが自分自身をソクラテスのような人間だと考えていたことは間違いない。その証拠に、彼は優秀な若手に対して、「ロマン主義的に感じとり、懐疑主義的に考える」よう意識的に指導していた。かくして、具体的には『使徒』という組織によって、また一般的には当時の時代精神によって、ロマン主義的懐疑主義が、社会歴史学者ノエル・アナンの言う「知的貴族」とか「新知識人層」の人々のエートスとなっていったのである。[15] 実際、サールウォールが非国教徒にもケンブリッジ大学の学位を与えようとする際に示した原則論的な姿勢は、彼の「ソクラテス」としての評価を高めた。サールウォールは最後には、ヘアに見放され、ヒューウェルにも裏切られることになり、組織からの脱退を余儀なくされた。それでも、ホイッグ党の幹部に親しい友人がいたため、この失望は、ソクラテスが命を絶つために獄中で飲んだと言われる「毒ニンジン」ほど苦いものではなかった。それからすぐにサールウォールは、当時のヨークシャー州イーストライディングで何不自由ない暮らしを手に入れ、そこで『ギリシア史』という大著を書くための時間を得ることができた。

サールウォールは一八四〇年に、ウェールズ最古の主教の座であるセント・デーヴィッズ教会主教に任命された。これは、当時の親ドイツ的な一連の動向の一環と見るべきで、この一連の動向には、アーノルド博士に女王お墨付きの教授のポストを授けたことや、ブンゼンを特使としてプロイセンに送り込んだことや、ルター派教会と英国国教会とを結束させようとしたブンゼンの壮大な宗教戦略——それは、ゲルマン系チュートン民族の強烈な人種差別的性格を帯びたものであった——を推し進めたことも含まれていた。この戦略の成果が目に見えるようになったのは、エルサレムに福音派合同司祭職を設けたときであり、ジョン・ヘンリー・ニューマン〔イギリスの神学者、一八〇一～九〇〕をついにはカトリックに転向させ、枢機卿にすることができたのも、この運動の成果であった。ニューマンの改宗は、ロマン主義運動が二派に分裂していることを示す証拠ともなっている。二派とは、ギリシアやドイツに傾倒する「革新派」と、キリスト教の儀式に熱中したり、ややもするとローマにつながっていきがちな中世に熱狂したりする「反動派」とであった。

主教としてのサールウォールは、「新知識人層」とその聖職者版である「広教会派」〔一九世紀後半に英国国教会内に起こった一派。儀式、規則、信仰箇条等を広義に解釈した〕の自由主義を擁護した。しかし、彼はこのことで孤立することが多くなり、しかも、彼が主教として最初にとった行動は周囲を驚かせた。というのは、唯一人彼だけがユダヤ人に市民権を認めることに賛成票を投じたからであった。だが、この勇敢な行為をもたらした動機は単純ではなかった。それには、自由主義からくる純粋な動機だけではなく、ユダヤ人を同化させてしまった方がユダヤ人を改宗させるための早道だという計算も働いていたのである〔事実、ユダヤ人を改宗させることがエルサレムに福音派合同司祭職を設けた主目的であった〕[16]。だが、サールウォールはその後の人生においては、自由主義を貫くことが不快なこと、つまり、子どもやペット以外のすべての身近なものに対する不快と同じように不快なこととみなしていた。

このように、サールウォールには勇ましい改革者としての側面もあり、実際、国教制度廃止反対論者を退場させるほどの異様に雄弁な演説までしたこともあったのだが、彼がロマン主義的で反革命的であることに変わりはなかったことが強調されなければならない。彼がわずか一一歳のときに書いた随筆『プリミティエ』が、『反ジャコバン評論』において鼻につくほど絶賛されたものだったが、それはトーマス・パーシー主教に献上されたものであった。パーシー主教とは、『イギリス古謡回想』〔一七六五〕の著者で、その書はイギリスとドイツの民謡に対するロマン主義的な関心の源とされていたものである。その後、一八二〇年代にサールウォールとヘアは、ワーズワースとコールリッジを崇拝するようになったが、それは、この二人の詩人が極端に反動的な面をもっていたからである。また、サールウォールは、「レベッカ婦人会」――忌まわしい通行料金所を焼き討ちするために女装したウェールズの男たち〔ウェールズ南部で馬や馬車での町への通行に対する通行料の取立門を襲撃、一八三九～四四〕――のなかに自ら見つけ出したという革命の徴候に恐れおののいていた。そして、アメリカの南北戦争のときには、奴隷制を嘆きながらも、それ以上に「もっとも卑しい者が支配する軍事的民主主義の優位」[17]の恐れを懸念していた。実際に彼は、友人のトーマス・カーライル〔イギリスの思想家・評論家・歴史家、一七九五～一八八一〕が「フランスの脅威に対するほとんど半狂乱のような怯え」[18]と言ったように、恐怖していたのである。結局のところ、サールウォールの政治思想は、ブンゼンやトーマス・アーノルド、そして若き日のニーブールにとてもよく似たものであったと言うことができよう。

一八三五年に刊行が開始されたサールウォールの『ギリシア史』全八巻は、このようなドイツの新しい学問の研究成果を英語で発表した最初の大著であった。それはまた、一七八四年から一八〇四年にかけてミットフォードによって書かれた大著『ギリシア史』に代わる最初のものでもあった。しかしながら、ギリシア人の功績を非常に疑っていたミットフォードの保守主義に対する批判が現われ始めたのは、サールウォールの『ギリシア史』より一〇年も早い、ギリシア独立戦争〔一八二一〜二九〕の最中であり、具体的には、一八二四年と二六年に発表された書評においてであった。最初の書評は、トーマス・バビントン・マコーレー〔イギリスの歴史家、一八〇〇〜五九〕によって書かれたものであり、彼はミットフォードの思想を反アテネ的で親スパルタ的な超反動思想であると決めつけ、猛烈に批判した。そのなかでも、マコーレーが何よりも強く問題にしていたのは、ギリシア人をたんなる一民族にすぎないものとして扱うミットフォードの姿勢であった。つまり、マコーレーは、シェリーあるいはドイツのシラーやフンボルトのように、ギリシア人という民族はそのように扱われてはならない民族であるという信念をもっていたのである。マコーレーは、彼自身がのべているように、ギリシアについて論じる場合、「一人の崇拝者として、判断の正確さを無視する」[19]ことが大切であると思っていた。

一八二六年の二つめの書評は、若くて急進的な銀行家、ジョージ・グロートによるものであった。グロートは、マコーレーよりも丁寧にミットフォードの著書を解読し、ミットフォードは実は親スパルタ的だったのではなく、アリストテレスのように、アテネとスパルタの混合形態を望んでいたのだと結論づけた。グロートが批判した点は二つあった。第一点は、ミットフォードのイギリス寄りの偏見であった。第二点は、グロートがギリシアの自由な諸制度から自ら見出したギリシアの特質をマコーレーが見抜けなかったという点であった。グロートによれば、「古代ギリシア史の魅力となり栄光となっている個人的資質の比類なき卓越と多彩さをもたらしたのは、民主主義（およびそれと実質上ほとんど同じような形の開かれた貴族政治）に他ならない」という。しかし、そこから展開されるグロートの議論は、民主主義というギリシアの特別なあり方がすでに制度化されていたのであるから、ギリシアは特別な扱いを受けるべきである、という循環論である。一方、グロートはとくに、「イギリスの教育がギリシア古典学重視へと方向転換を行ったことによって、古代ギリシアのすべての記述に対して驚くほど大きな関心がもたれるようになったこと……」[20]を強調していた。このように、二人の批評家とも、古代ギリシアが普通の学問の域を超えたところにあるものとして位置づけられるべきだと考えていたのである。その後、マコーレーは別の研究分野に移っていったが、グロートはその後もギリシア研究を続け、二七年後、壮大なギリシア史を書きあげたのであった。

しかし、グロートの『ギリシア史』〔一八四六〜五六〕が世に出る前に、サールウォールの『ギリシア史』〔一八三五〜四四〕が世に出ていた。サールウォールとミットフォードとの違いについてよく指摘されることは、ミットフォードの『ギリシア史』の方は、保守主義の立場からギリシアの民主主義をあざけ笑うことによって、その「五巻組みの小冊子」がトーリー党への贈り物になった、ということである。というのは、トーリー党にとって、グロートの『ギリシア史』は一つの根源的な挑戦になっていたからである。一方、サールウォールの『ギリシア史』の方は、バランスがとれたものだとみられている。[21]だが、本書に関係する争点からすると、比較されるべきは、サールウォールならびにグロートの古代モデル批判論と、ミットフォードの古代モデル擁護論とである。本書第3章で見てきたように、より古い時代の学者たちは、古代モデルを何の疑いもなく受け入れていたので、それが正しいことを証明する必要をまったく感じていなかった。だが、一七八〇年代になると、ミットフォードは、ギリシアがエジプト人とフェニキア人とによって植民地にされていたという定説を擁護するためには、論拠を明示する必要があると感じるようになっていた。彼によれば、ギリシアが植民地支配されていたという証拠がきわめて詳細であり、かつ広範にわたっていることと、ギリシア人が自らの社会的評価を損ねるような被植民地化の作り話をするはずはないであろうということから、植民地化の伝承には信用すべき十分な根拠があるという。[22]

この信憑性の高い説に対してサールウォールは、ミュラーの名前を伏せながら、ミュラー説を手短に引用している。そしてサールウォールは、ミュラーが古代モデルを否定することになった動機に関して、以下のような見事な解説まで付け加えている。

ペラスギ人という呼称とそれによる支配が、比較的後の時代——つまり、ギリシア人のあいだに歴史文献が現われるようになった後の時代――になって、その呼称と支配がヘレネス（古代ギリシア人）に変わる前に、異民族がさまざまな理由でギリシアの沿岸にやって来て、そこに植民地を建設し、王朝を築き、都市をつくり、もともとそこにいた未開の人々に、彼らの知らなかった有益な技術や社会制度をもたらしたという確信が、一般大衆においても知識人のあいだでもあまねく広がっていたと思う。この確信は、近代の学者によってもほぼ普遍的に受け入れられてきた……。この見解の信憑性は、そのような権威によって規範化され、また一般の人々により、かくも長いあいだ争われることもなく認められてきたという時効のようなものによって規範化されていたので、それにわずかな疑いを差し挟むことにでさえ、少なからぬ度胸が必要であった。したがっておそらくは、その見解から導き出される推論が、それに基底する根拠そのものに切り込んでいくような深い問題を提起できない限り、この見解はまったく疑われなかったということなのであろう。[23]［傍点はバナール］

そのような推論とは何かについてサールウォールは明言していないが、ミュラーが書いていることから判断すると、ロマン主義的かつ人種主義的な推論以外は考え難い。それが、ドイツの学者たちと親交のあるサールウォールという人物によってのべられたということが重要なのである。なぜならそのことは、古代モデルが明白な矛盾のせいで批判されているのではなく、ミュラー自身がダナオスの伝承に関する問題において主張しているように、伝承の内容が不愉快だから批判されていたことを意味しているからである。サールウォールは次のように続けている。

しかしながら、いったんこの不快感が生まれると、いま言われているような古代ギリシアへの入植という物語は嘘なのではないか、と不信をいだかれるようになった。その不信は、ギリシアへの入植という信じがたい内容に対する不信だけではなかった。時間の経過とともに、そのような物語の数が増え、かつその細部がますます詳細に語られる［ようにみえる］ようになるという、もっと疑わしい事実に対する不信でもあった。そのため、さかのぼる過去が遠くなればなるほど、それだけそれらの物語を耳にすることが少なくなるのであり、ホメロスの詩にたどりつくまで、それらの入植物語が存在していたことを示す足跡をことごとく見失ってしまうのである。[24]

サールウォールは、先達であるミュラー同様、初期ギリシアの著作家が書いたもののなかから、古代モデルをはっきりと批判している部分を一カ所も見つけることができなかったので、「沈黙論証」で我慢せざるをえなかった。かくして彼は、ギリシアの著作家たちから「無言の異議」を探しだすのだと言い張り、伝承の信憑性は「より古いギリシアの詩や歴史家の沈黙によって反駁される」[25]と明言していた。

サールウォールは、ケンブリッジ大学の社交クラブ『使徒』の真髄に則って、いかなる問題に関してもたいてい二つ以上の側面を見つけることができた。この問題に関して、彼はミュラーの過激ではあるが納得できる結論と、ニーブールが擁護していた通説とのあいだで苦しんでいたようである。かくして彼は、こう書いている。「古い説と新しい説とを折衷させることは可能であるし、むしろそうすべきであろう」[26]。彼の折衷説は——エジプト人を全面的に否定し、フェニキア人を部分的に否定するという——定評のある説であり、彼は人種上の理由から、エジプトのケクロプスとダナオスをめぐる伝承が史実であることを否定した。「純粋にエジプト人の血をひく入植者が、エーゲ海を渡り、ギリシア沿岸に臨海都市を築いたという話は、諸民族の特徴に関するわれわれのあらゆる知識と矛盾する」[27]。ここで、「純粋に」とか「臨海」という言葉に注目すべきである。サールウォールは、当時戦われていたギリシア戦争のムハンマド・アリやイブラヒムの軍事行動との混同を避けるため、きわめて注意深く言葉を選んで使ったのである。このことは逆に、人種主義というイデオロギーがいかに容易に現実から目を背けようとしているかを示している。[28]

他方でサールウォールは、ギリシアの島嶼地域だけではなく、本土ボイオティア地方にもカドモス人とフェニキア人がいたという伝承を受け入れていた。確かに彼は、「血統」や「人種」という言葉を口にする本物のロマン主義者ではあったが、一九世紀末から二〇世紀にかけての人種主義者や反ユダヤ主義者とは違っていた。その違いを示すもう一つの根拠は、彼が一八三〇年代に次のように主張していたことにある。

ひと握りの人数のエジプト人またはフェニキア人が、ギリシアの住民と交じりあったか否かということ自体は、ほとんど問題にならない。むしろ興味深い問題は、これらの異民族の到来が、異民族にとっての新しい国の社会状況に対してどのような影響を与えたのかということである。[29]

このように純血にこだわらない彼の考え方は、それから八〇年後には、いっそう受け入れられがたいものになっていった。

ジョージ・グロート

サールウォールの『ギリシア史』は、一八四六年に出版されたジョージ・グロートの『ギリシア史』によってすぐに陵駕された。この二人は、イギリスの有名パブリック・スクールであるチャーターハウス校出身で、学年も近かったが、グロートは後に、もしサールウォールの研究を知っていたならば、この研究を手がけなかったことであろうとのべている。一方、サールウォールの方はというと、いさぎよく第一線を退いた。[30] モミリアーノは、サールウォールの仲間とグロートの急進的な銀行家仲間との類似点を次のように指摘している。「どちらの仲間も、ミットフォードを嫌い、ドイツ語を読み、『クォータリー・レヴュー』〔トーリー党機関誌〕によって批判されていた。両者とも、イギリスの政治的・学問的な手法の自由化をめざし、またそのような手法を哲学的な諸原理に基礎づけさせることを望んでいた」。[31]

一方、モミリアーノは、次のような一つの根本的な相違点を指摘していた。つまり、サールウォールとヘアは、ロマン主義的な歴史哲学を導入し、オックスフォード大学やケンブリッジ大学の経験主義的研究に取って代わることをめざしていたが、それに対してグロートは、自ら経験主義者であり、かつ実証主義者であったというのである。[32] だが、これら両者の違いはそれほど大きいものと解されてはならない。多くの功利主義者がギリシアに対するロマン主義的情熱を共有しており、その情熱は一八三〇年代から四〇年代まで、極端な反動主義者は別として、いろいろな意見をもつ男女がともにいだいていたものでもあった（モミリアーノは、ギリシアに関してジョン・スチュアート・ミル〔イギリスの哲学者、一八〇六～七三〕を引用しているが、このことよりも、功利主義者なのに古代ギリシアに情熱をいだいていた彼の父親――なんと息子が三歳のときにギリシア語を教えた――の例の方が、はるかに説得的である）[33]。たとえば、ギリシアの都市国家に対するグロートの賞賛は、多くの点でルソーによる賞賛と似ている。モミリアーノが指摘しているように、実際、グロートは、「小規模国家に共感しており……彼は後にスイスの政治を綿密に研究することになった」[34]。他方、グロートが急進主義者および功利主義者として、科学的精神に共感したのは自然なことであった。この科学的精神とは、一八三〇年代のフランスにおいてコントの実証主義が解明しようとしていたものであった。このようにしてグロートは、ニーブールやミュラーよりも一貫して「証拠」の提示を古代史に求めるようになり、「憶測というドイツ式認可」などといった状況を遺憾に思っていた[35]。

モミリアーノは、グロートが「伝承としてのギリシア」と「史実としてのギリシア」とを峻別することによって、「ミュラーおよび彼のイギリス人支持者たちと決別した」[36]と指摘している。だが、ミュラー自身も、『神話学序説』〔一八二五〕の冒頭で、伝承と史実とのあいだには「相当に明確な境目」が存在するという言葉で書き始めている[37]。さらに、ミュラーもグロートもともにヴォルフにならって、紀元前八世紀以前のギリシアでは文字の使用は行われておらず、だからこそ東洋にあったような経典がまったく存在しないのだと確信していた。それゆえ、伝承と古い時代の史実とのつながりを示すきずなはきわめて希薄なものであるとされていた[38]。さらに、これらの二人とも、神話に史実が含まれていることもあり得るが、純粋な事実だけを核にして神話が構成されているとみなすことは無理であり、むしろ、これら二つの要素は最初から交じりあっていると考えていた[39]。つまりここでもまた、グロートとロマン主義的な歴史学者との違いは、モミリアーノ教授が言うほど大きくはなさそうである。とはいえ、グロートとドイツ・ロマン主義者とのあいだには大きな違いが一つあった。ドイツ・ロマン主義者はヨーロッパの揺籃期としてのギリシアにこだわっていたのに対し、グロートは、保守主義者としてではなく、むしろ急進主義者として、この神話形成期にこだわらなかった。グロートの情熱は、一世紀前の文法学者ジェイムス・ハリスと同様に、後期になってから突然隆盛したアテネ民主主義に対するものであり、またすでに見てきたように、彼の主要な研究関心は、ギリシアの諸制度に対するミットフォードのトーリー党的な懐疑論を論破することにあった。[40]

またモミリアーノは、グロートが神話の史実性に関して徹底的に中立的であったとのべている。だがその理由は、ただたんに、彼が神話を受け入れる条件として「担保となる証拠」を要求していたから、ということだけであった。[41]このような「証拠」を請求すること自体が不適切であることはさておいたとしても、神話の史実性に関してグロートが中立的であったという主張はきわめて疑わしい。なぜなら、神話の史実性についての彼の論調が、嘲笑的とまでは言わないにしても、懐疑的なものだったからである。たとえば、彼は一八世紀後半の歴史学者で神話学者のジェイコブ・ブライアントを肯定的に引用しているが、そもそもブライアントという人物は、ケンタウロスやサテュロス、ニンフ、そして人間の言葉を理解する馬などを信じているような人々の話を真面目に受けとめることはできない、と言明した輩である。[42]

このようなブライアントの議論は、信憑性があるように聞こえるかもしれない。しかし、いつの時代にも、後の時代になると荒唐無稽と思われるようになることを広く信じていることがあるものだ、ということが想起されなければならない。それについて、こう考えられないだろうか。ここで論じられている問題に関して、今日誤っているとされるケンタウロスなどの架空の生き物に対する誤った信仰も、一九世紀における人種、普遍的な民族の特質、純血さの望ましさ、そして人種混交の害悪に関する神話――そして何より、歴史学と言語学の学問成果とは無縁なギリシア人の半ば神格化された地位――に比べれば、それほど誤ってはいない。したがって、私たちは古代の記録を慎重に扱わなければならないが、それらの記述についての一九世紀から二〇世紀初頭にかけての解釈に対しては、それ以上に疑ってかからなければならないのである。

モミリアーノの主張によれば、伝承についてのグロートの学説は、その「中立性」のゆえに、後に伝承の内容が事実であることを裏づける考古学的発見がなされたとしても、その妥当性は少しも損ねられないという。[43]しかし、私が思っているように、グロートは伝承に対して中立的なのではなく懐疑的であったのだとしたなら、モミリアーノによることの抗弁は、その前提において間違っていることになる。もっとも、伝承に対するそのような懐疑主義は、グロートの方が、二〇世紀の彼の後継者よりも、まだ弁解可能なものであったように思われる。というのは、後継者たちの場合は、トロイ、ミケーネ、クノッソスなどの発見をめぐって噛みつかれたので、せめてギリシアの古代において議論の余地のなかった伝承についてだけでも、「疑わしきは、被告人の利益に」というふうに扱えばよかったのにと悔やまれるほどだったからである。たとえば、ボイオティア地方がフェニキアと特別な関係にあったという考えや、伝承によると、セソストリスおよびメムノン——エジプトの王たちはそれぞれセンウセレト、アメネメスと呼んでいた——が、紀元前二〇世紀に東地中海全域に遠征したことがあるという考えを、ばかばかしいとして否定してしまうと、後にこれらの伝承と一致する考古学上や碑銘学上の証拠が見つかったとき、恥をかくことになるので、それらの考えを作業仮説としてもっておく方が賢明だと案じられたのである。[44]

こう考えるのが当然なことであるはずなのに、伝承が「証明」の必要性を満たしていないことに対するグロートの侮辱は、非常に大きな影響を与えてきた。ギリシアは、反証されない限り、中東から孤立していたと推定されなければならないという——ミュラーの説につけ足された——彼の主張は、アーリア・モデルに異論を唱える人々を学問の場から追い出すのに役だった。[45] またグロートは、ギリシアの歴史を紀元前七七六年の第一回オリンピア競技会から語り始めることによって、古典時代のギリシアは地理上も歴史上も孤島であったという印象を格段に強めることができた。かくして、ギリシア文明は無から生じたものであり、人間にはできないような方法により、ほぼ完成された状態で突然現われたとされた。

このようなグロートの歴史学は、イギリスをはじめとし、ドイツや他のヨーロッパ諸国においてもすぐに定説となった。[46] 伝承の扱い方についてグロートはうまくいったと浮かれていたかもしれないが、しかし、初期ギリシアの歴史についても見識を示すべきだと考えていた歴史家たちを納得させることはできなかった。そのような歴史家たちは、一般的には、初期ギリシア史について、次のようなサールウォールの折衷説を踏襲していたようである。その折衷説とは、ギリシアの伝承によればエジプト人とフェニキア人による侵入があったことを認めるが、一方、当時の言語学の「科学的」証拠によって、ギリシア語が純粋なものであり、しかも自生したものであることが証明されているとする学説であった。この学説の難点について、一八五四年の初版出版から一八八〇年代までイギリスの標準的な教科書になっていたウィリアム・スミス卿の『ギリシア史』は、次のように指摘している。

ギリシア人の文明およびその言語の発展が自生的なものであることを示す痕跡はいくらでもあるので、おそらくそれらは外部からの影響をほとんど受けなかったのであろうと考えられる。ところが、ギリシアの伝承はそれとは逆の結論を示している。それらの伝承において一般的に信じられていることは、ペラスギ人は東洋の異民族のおかげで未開状態を脱することになり、この異民族はギリシアに定住し、現地の野蛮な住民に文明の礎を与えたというものである。だがこれらの伝承の多くは、古代の伝承なのではなく、後の時代になってつくられた新しいものである。[47]

ギリシア語の「純粋性」という考え方のイデオロギー的な起源については、第6章で論じたとおりであるが、それから何十年もたってしまってから、言語が古代モデルを否定するための「科学的」根拠として使われるようになったことは、非常に興味深い。そもそも、ウィリアム・スミスの説はサールウォールと同様に、フェニキア系カドモス人によるテーベ入植の伝承を受け入れる一方で、エジプトによるギリシアの植民地化についてのいかなる伝承をも拒絶することによって文化の自生性を主張する、という折衷説だったのである。

ロマン主義者たちは、一八世紀以来、ギリシア人北部起源説に浮かれていたが、他方、サミュエル・マスグレーヴからカール・オットフリート・ミュラーやコナップ・サールウォールに至る学者の古代モデル批判論によって、ギリシア人の自生性やヘレネス（古代ギリシア人）とペラスギ人との類似性が力説されていた。一八五〇年代になると、インド・ヨーロッパ人とかアーリア人種とかいう概念が「事実」として確立されていった。このようにして、首尾一貫した人種理論と、中央アジアの山岳地帯のどこかに最初のアーリア人の生まれ故郷があるという考えによって、ギリシア人起源論はすっかり様変わりさせられていった。

アーリア人とヘレネス（古代ギリシア人）

ニーブールやミュラーなどのインド・ヨーロッパ主義者たちは、お互いにアーリア・モデルの構築に必要なあらゆる情報を交換しあっていた。ニーブールは、モデルにあわない古代史料を排除してしまうべきだという考え方を展開したうえで、ギリシアの古代に対して、古代インドと同じような北方征服モデルを当てはめた。ミュラーの方は、古代モデルをギリシア史から完全に排除してしまった。しかし、これらの人々のなかで誰よりも格段に強烈だったのは、ギリシア語とサンスクリット語との関連性を研究し、ギリシア語はインド・ヨーロッパ語族であると主張した言語学者たちであった。その関連性を確証するには、歴史学的にも両者の関係を説明する必要があったが、中央アジアからの北方征服モデルがそれにぴったりあっていた。かくして、古代モデル衰退の原因とアーリア・モデル興隆の原因とは、はっきり区別しなければならない、と私は思っている。前者は、外在的な条件——つまり、社会的・政治的な圧力——によってしか説明され得ない。それに対して後者には、かなりな内在的要因がある——すなわち、学界そのものの内部における展開が、この新モデルを構築するうえで重要な役割を果たしたのである。

ここで、古代モデルとアーリア・モデルとは、必ずしも両立し得ないものではないことが強調されなければならない。事実、一九世紀においてこれら二つのモデルは、いわゆる穏健アーリア・モデルとして共存していた。穏健アーリア・モデルでは、こう考えられている。つまり、初期ギリシア人はインド・ヨーロッパ人による先ギリシア《プレヘレネス》人の征服の結果として現われ、その後、アナトリア人とフェニキア人とによって再度征服され、フェニキア人はかなりの文化的痕跡を残した。私自身は、修正古代モデルと名づけたモデルを提唱している。このモデルでは、エジプト人や西セム人によってギリシアが植民地化された時代より前に、インド・ヨーロッパ語を話す人々によるエーゲ海地域への侵入ないし浸透が行われたと想定している。[48] それはともかく、アーリア・モデルの支持者たちは、概して人種の優劣と純血性にこだわっており、また、エジプト人やフェニキア人によるギリシアの植民地化という考え方は、昔から彼らにとって不快なものであった。

新しいアーリア・モデルには、致命的な欠陥があった。それは、古代における証言者の欠如である。確かにトゥキュディデスは、ヘレネス（古代ギリシア人）がギリシア北部から南下し、他の民族を吸収することになった民族移動についてのべてはいる。だが、この移動の年代ははっきりと示されてはいない。しかし、トロイ戦争の時点ではこの民族移動が完結しておらず、まだ続いていたことが強調されている。かくして、ダナオイ人、アルゴス人、アカイア人など多くのギリシア系民族の起源についての問題が説明されないままに残された。[49] 民族移動がなされたのが遅い時代であったとすることにともなう同様な諸問題は、「ヘーラクレイダイの帰還」やドーリス人の侵入のような、伝承における北部征服説の可能性を損ねる結果をもたらすことにもなる。このような伝承においては、ギリシア北西部から諸民族が南下し、ペロポネソス半島のほとんどとエーゲ海南部地域の多くを占領したとされているのである。

これらのできごとが、紀元前一二〇〇年頃勃発したトロイ戦争の後に起きていたと、一貫して伝えられていた。したがって、仮にそれらのできごとが「アーリア人による侵入」を示すものとして受けとられたとしたら、アガメムノン、メネラオスおよびホメロスの時代におけるほとんどの英雄はギリシア人ではなかったということになってしまう。これは、ほとんどの古代ギリシア研究者にとって、たとえ、線文字Bの解読作業によってトロイ戦争のはるか前にギリシアでギリシア語が話されていたことが証明される以前の時代であったとしても、受け入れることはとうてい不可能な話であった。[50] だからこそ、唯一辻褄を合わせることができる説は、北方からの一連の侵入においてドーリス人の侵入はその最後のものだったとする議論である。だが、この説によっても、最初の侵入者が誰だったのかという問題が残ってしまう。

ミュラーに傾倒していた彼の後輩、エルンスト・クルティウスは、アーリア人による征服を示す古代の典拠が存在していないことを認めたうえで、彼の言葉によれば、「自生という考え方は、きわめて多様な伝承のなかにおいて、ギリシア人自身によって展開されている」[51]と主張する。その一方で、「文献学」は当時すでに「科学的」学問であるとみなされるようになってきており、伝承を超越するものになっていた。したがって、古代の典拠が欠如しているからと言って、新アーリア・モデルを信奉する歴史家を煩わせるようなことはなかった。一九世紀半ばから後半にかけてのローマ史研究の大家であるモムゼンは、「これらのおとぎ話は史実にもとづいて作られたものだとしても、ほとんど即興の域を出ないものであり、歴史学はまずそれらのすべてを一掃しておかなければならない」[52]と論じたと言われている。

インド・ヨーロッパ語研究の隆盛、アーリア人による征服というインド・モデルの噴出、およびミュラーの手による古代モデルの排除により、アーリア・モデルがギリシアに適用されることは時間の問題になっていたが、結局それが現実化されたのは、概して一八四〇年代から五〇年代にかけてであったと思われる。このように、アーリア・モデルの功績が誰にあるかを見極めることはむずかしい。それでも、その候補をあえて挙げるとすれば、クルティウス兄弟であろう。まず、弟のゲオルグ〔ドイツの言語学者、一八二〇〜八五〕から見ていくことにする。

ゲオルグ・クルティウスは一八二〇年に北ドイツのリューベックで生まれ、ボンとベルリンで勉強し、当時言語学のメッカとなっていたプラハや、キール、ライプチヒにおいて教授になった。彼の著書の多くは、インド・ヨーロッパ語研究の新理論をギリシア語にあてはめたものであった。ゲオルグ・クルティウスは、比較文法およびギリシア語のインド・ヨーロッパ語族語源について研究し、両者の研究において、簡潔で要領を得た音韻推移説を提示した。それによれば、ギリシア語の起源は、空想上のインド・ヨーロッパ祖語に求めることができるという[53]。一八五〇年代にゲオルグ・クルティウスは、ほとんど乗り越えられ得ないような強固な理論基盤を打ち立てていた。二〇世紀初頭の辞書編集者H・スチュアート・ジョーンズは、リッデルとスコットの標準的な『ギリシア語・英語辞典』第九版〔一九六八〕のまえがきで、次のように一九二〇年代におけるその学問状況を描いていた。

慎重に検討した結果、語源に関する情報は選別されなければならないということになった。ボワザックの『ギリシア語語源辞典』〔一九二二〕をちらっと見ただけで、語源学者の推論はほぼ憶測の域を出ていないことが判明する。また、クルティウス（リッデルとスコットはおもに、ゲオルグ著『ギリシア語語源』〔一八五八〕に依拠している）の時代以来の比較語源学の展開は、たくさんのゴミを掃除しはしたものの、しっかりした語源論を構築することはほとんどできていなかった。[54]

このような状況は、一九二五年に彼がこれを書いていたときと同様に、今日においても妥当する。ギリシア語の語源から取り払われた「ゴミ」の多くは、言うまでもなくセム語であり、ギリシア語の中にセム語の語彙が存在するなどということは許されないことだと考えられていたのである。[55]

ゲオルグ・クルティウスは、言語学者の立場からギリシアをインド・ヨーロッパに結びつけたが、兄のエルンスト・クルティウスは、歴史学の方からアプローチを行った。エルンスト・クルティウスは一八一四年生まれ、ボンとゲッティンゲンで勉強し、ゲッティンゲンではミュラーに師事した。一八三六年から四〇年までの歳月をギリシアで過ごし、その後、ミュラーが亡くなったときには彼と一緒にいた。彼はペロポネソス半島の詳細な歴史書を執筆し、ベルリン大学で職を得た。その後、一八五六年から六八年までゲッティンゲン大学で講座をもった。その後、ベルリン大学に戻り、人生最後の二八年間を過ごした。[56]

エルンスト・クルティウスは、ギリシアの風景、遺跡、遺物、美術品に対して、ミュラーと同じように熱い思いをいだいていた。そのような思い入れもあり、エルンスト・クルティウスが著した『ギリシア史』（一八五七〜六七、全五巻）は、実際にギリシアの風土に身を置いた者によって書かれた最初のギリシア史専門書となった。さらにエルンスト・クルティウスは、良き助言者であったミュラーのロマン主義的なギリシア史観をずっともち続けていた。ヴィラモーヴィッツ＝メーレンドルフが指摘しているように、彼は「そのような理想主義的な考えに対する信念を決して変えず、死ぬまでそれを公言し続けていた」[57]という。しかしエルンスト・クルティウスは、ミュラーとは違い、新しい概念として生み出されたインド・ヨーロッパ人やアーリア人を賞賛する熱狂の嵐に押し流され、ロマン主義の対象をインド・ヨーロッパ人やアーリア人にまで広げていった。

こうした彼のロマン主義は、第一巻が一八五七年に発行された『ギリシア史』の全体に染みわたっている。エルンスト・クルティウスは、インド・ヨーロッパ人の「原郷《ウーアハイマート》」が中央アジア山岳地帯のどこかにあって、そこから、ちょうどアーリア人が南下してインドを征服したように、ヘレネス（古代ギリシア人）がギリシアに下ってきたという言語学者たちの説を受け入れていた。だが彼は、古代人や彼の先達とは違い、ペラスギ人とヘレネスとを明確に区別していた。すなわち、「ペラスギ人の時代は、暗幕の影に隠れている――それは、長く続いた変化のない単調な時代であった。刺激や変化は、ヘレンとその息子たちによって初めて伝えられた。彼らの到来とともに歴史が始まった」[58]と言うのである。

このような考え方は、アーリア人と非アーリア人とに分ける考え方に似ているように思われるかもしれない。しかし実際には、エルンスト・クルティウスはペラスギ人を移住の第一波としてやって来た粗野なアーリア人とみなしていた。このアーリア人は、アナトリアを通って、ヘレスポントス海峡を越え、フィリギアに足跡を残したとされている。その後のヘレネスによる数次の侵入はずっと小規模なものだったという。「彼らは、人数は少なかったけれども、その優れた知能によって、散在していた文化的諸要素をまとめることが可能になり、それをより高い文明に発展させていった」[59]というのである。だが、スパルタとメッセニアの先ドーリス先住民（ペラスギ人）の立場が、「純粋なアーリア人ではない」アイルランド人の立場に類似していたことについては、三四六ページでのべたとおりである[60]。それゆえ、アーリア系のヘレネスが、半分だけアーリア的とされていたペラスギ人を征服したとするクルティウスの歴史描写は、イデオロギー的に望ましい二つの「目玉」――優秀な人種による北方からの征服と、絶対的な人種的純粋性の保持――を結びつけているということが、強みになっていたのである。

新たな侵入者はすべて北部からやって来たとされた。一つの集団は、「ヘレスポントスにある諸民族の古代門（ペルシア王クセルクセスやアレクサンドロス大王が通った）を経由する陸路をとった。彼らはバルカン半島南端のトラキアを通って、ギリシア北部の山岳地帯に入った。そこの山岳カントンでドーリス人と名乗り、……社会共同体をつくり独特な生活を発展させた」[61]とされている。スイスを連想させる「カントン」（スイスの州のこと）という隔絶した山岳地帯での共同体生活について、クルティウスが絵画的な描写をしたことは理由があることだった。彼は、人々の性格は生まれ故郷の風景に由来するというロマン主義的な説を証明する必要を感じていたからであろう。だが、「温和な」イオニア系アテネ人が岩だらけのごつごつしたアッティカで生まれ育ったのに対し、勇敢なスパルタ人はペロポネソス半島南部のエブロタス川の穏やかな渓谷で生活していたという事実は、この説の擁護者にとっては厄介なことであった。

クルティウスは、イオニア人の起源については簡単にしか触れておらず、たんにイオニア人はフリュギアから出発し、エーゲ海東岸にまっすぐやって来たと記しているだけである。[62] それに関するギリシアの伝承は、アナトリアのイオニア地方にイオニア人が入植し始めたのが、やっと紀元前一一世紀になってからであったと明確に示している。しかし、ニーブールはこの点について、古代人の伝承に公然と反論していた。クルティウスがこの伝承を否定し、ギリシア人は紀元前一一世紀のはるか以前からイオニア地方に住んでいたと主張したのは、彼の背後に新たな学問の権威、ニーブールが控えていたからであろう。結局クルティウスは、イオニア人とドーリス人の移住が別々の時代に行われたという歴史的経緯によって、二つの民族のあいだで違いが生じるようになったのだと主張した。かくして、「ギリシア人の歴史全体に貫かれている二重性の礎が築かれたのだ」という。だが、ドーリス人とイオニア人とは人種的に見れば同じ民族であり、「血縁者の内輪意識によって二つの民族は相互に固く結びけられていた」[63] とされていた。

アーリア系ヘレネスに対してクルティウスがいだいていた次のような神秘的感覚は、何よりも第一に、言語に起因するものであった。

インド・ゲルマン語という共通の財産を独特な方法で発展させる仕方を知っていた民族は……ヘレネス（古代ギリシア人）であった。彼らの最初の英雄的行為は、ギリシア語を発展させたことであり、しかもこの行為は芸術的な行為でもあった。というのは、ギリシア語はそのどんな派生言語とも違い、芸術作品とみなされなければならないからである。……もし、この言語の文法がヘレネスによってわれわれに残された唯一の遺産であったとしても、それがこの民族に非凡な天賦の才があったことを証明する決定的な証拠となるであろう。……その言語全体が、筋肉も腱もすべて完全な動作のために発達させられている鍛えられた運動選手のようであり、そこには微塵の贅肉もなければ、動作の鈍い細胞もなく、すべての細胞が運動力と生命力に溢れているのだ。[64]

この「純粋な」言語は、ギリシアに下りて来る前に北部山岳地帯で完成されていた、ということでなければならなかった。クルティウスは、そのような早い時期にギリシア語が完成されていたことがぜひとも必要であると考えていた。というのは、言語は自然の風景に直接関連していると確信していたからである。つまり、「ある種の発音は山岳地帯において映え、他の発音は渓谷において映えるのであり、さらに、別の発音は平野において映えるものなのである」。[65]ギリシア語のように美と純粋性とを兼ね備えた言語が、地中海で発展したということは考えられないことであった。それが、エジプト人やセム語族と混血したヘレネスによって発展させられたなどということは、ますます考えられないことであった。

クルティウスは、古い時代にフェニキア人がギリシアにおいて交易しており、しかも新しい発明品をいくつか持ち込んだ可能性を認めていた。だが彼は、フェニキア人はもっと活動的なイオニア人によってすぐに駆逐されたと主張していた。しかも、エジプト人やフェニキア人による入植という伝承がばかげたものであることは、「人種学」によって証明されていると確信していた。

カナン人〔前一六～一二世紀にパレスチナ地方で栄えたセム系住民〕がギリシア語を発展させたとも考えられない。カナン人が、とくに自分たちの家から遠く離れて、ヘレネスと接触したときどうしたかというと、ヘレネスの進出に直面してあらゆるところでびくびくおびえながら引き下がったのであった。しかも民族としてのカナン人は、サラミス島やキプロス島といった混血の進んだ地域においてすら、カナン人と結婚することをヘレネスが不名誉きわまりないと感じるぐらい、ヘレネスによって軽蔑されていた。繰り返すが、そのようなフェニキア人が、かつてヘレネスの居住地域のなかに公国を築いたとはとうてい考えられない。[66]

この文章の反セム的な意味あい、および当時のイギリスにおける独特なフェニキア観については、次の章で論じることにする。それについてクルティウスはどう対応したかというと、フェニキア人への言及を言葉巧みに言い逃れるという対応であった。そのやり方は、ブンゼンのやり方と似ており、それと同じくお粗末であった。クルティウスによれば、フェニキア人の入植についてのギリシアの伝承が生まれたのは、次の何れかからであるという。一つは、異国で異質な生活様式を身につけてきたイオニア人をフェニキア人と無意識に混同してしまったからであるという。もう一つは、カリア〔アナトリア南西地方〕がフォイニキアと呼ばれており、かつカリア人の体型がギリシア東部人と似ていたという「事実」からだという。[67] フェニキア人の入植についてクルティウスが認めた唯一の例外は、クレタ島であった。フェニキア人は決して、クレタ島に先住していたペラスギ人を追いだしはしなかったが、同島にフェニキア人が大勢で入植していたかもしれないことは認めている。[68] クレタ島がまだトルコの支配下にあった一八五〇年代には、それもあり得ないようにはみえなかった。理屈のうえとはいえ、クレタ島が、フェニキア人にその功績として譲り渡すことができないほど貴重な土地になったのは、やっと一九〇〇年に、同島でエヴァンズが「ミノア」文明を発見してからのことであった。

ちょっとした素描で本章を終えたい。手強くて頑迷なウィリアム・リッジウェイについては、スパルタ人を北アイルランド人に重ねあわせようとする彼の学説に関連して、すでに紹介した。そのリッジウェイは、二〇世紀初頭におけるケンブリッジ大学の古代ギリシア史研究の第一人者であった。[69] 一九〇一年に出版された『初期ギリシア』と題する著書のなかで、ギリシア古代史学者の系譜について、こう記している。「その懐疑主義と分別とが今まで疑われたことのない歴史家は、ニーブール、サールウォール、グロート、クルティウスの四人しかいない」。[70] 確かに誰も、自分が好まない理論に対する反論をあえて疑うなどということはあり得ない。だが、これら四人は――おそらくグロートを例外に――人種主義者であり、しかも、自ら主観的に思い描いていたギリシアに熱烈な愛着をいだくロマン主義者であった、ということは疑いない。こうして見ると、彼らの分別、バランス感覚、客観性を疑わなければならないことは明らかである。

第8章　フェニキア人の興隆と衰退　一八三〇〜八五年

ここまでのところで、アーリア・モデルが確立されるに至る道のりの中間点に達したことになる。ここまでの時点では、ギリシア文明の形成にエジプトが関与していたという主張が退けられる一方で、フェニキア人の関与の方はまだ広く認められていたのである。本章とそれに続く第9章、第10章においては、古代ギリシアに対するフェニキア人の大きな影響についての伝承を否定する説の背後にあった基本的な力の源が、――宗教上ではなく――人種上の反ユダヤ主義の高揚にあったことを指摘する。人種が重視されるようになったのは、フェニキア人が文化的にはユダヤ人にきわめて近い関係にあると正しく認識されてきたせいである。

しかしながら、アーリア・モデル確立へのこの中間点において、フェニキア人とユダヤ人との文化的な類似性は、別の類似性、つまり現在と過去とのあいだに見られる類似性――現在のイギリス人と過去の誇り高き製造業・商業の貴公子フェニキア人との類似性――によって混乱を来たしていた。このフェニキア人とイギリス人を同一化する図式は、イギリス人によってだけではなく、その宿敵たち――一九世紀初頭のフランス人および同世紀末のドイツ人――によっても受け入れられていた。だが、フェニキア人に対する歴史的な評価については、ドーバー海峡を挟んで、まったく異なっていた。つまり、イギリス人はフェニキア人を賞賛していたのに対して、ヨーロッパ大陸の人々は多かれ少なかれ彼らに激しい敵愾心をいだいていた。フランス人の場合、フェニキア人への関心が高まるのはレバノン

（旧フェニキア）と北アフリカ（新フェニキア）への植民地主義的な軍事介入の結果であり、その敵愾心がピークに達するのは、フローベールによって書かれたきわめて人気の高い歴史小説、すなわち、紀元前三世紀のカルタゴの悦楽と残酷性とを生々しく描いた『サランボー』（一八六二）の刊行によってであった。『サランボー』においてフローベールは、フェニキア人の神モロクの恐ろしい儀式や、旧約聖書にしばしば登場する、第一子を生け贄に捧げる風習についてドラマティックに描写した。フローベールが、このようなきわめて不快なやり方でカルタゴ人とフェニキア人との結びつきを印象づけた結果、イギリス人やユダヤ人の学者でさえ、フェニキア人を擁護することが難しくなってしまったのである。

本章の最後の三つの節では、第一に、ギリシアをほとんどセム化された文化、したがって腐敗した文化として見るゴビノーのギリシア観について論じる。第二に、シュリーマンによる青銅器時代「ミケーネ」文明の発見、およびミケーネの支配者と住民が人種上、言語上いかなる人々であったのかに関する学説について論じる。そこではとくに、ミケーネ文化全体が色濃く「セム化」されていたという、広く流布していた説が取り上げられる。

そして第三に、楔形文字の解読や、セム語族言語を話すアッシリア人およびバビロニア人の発見、そして非セム系のシュメール人の発見が、東地中海地域の歴史編纂にいかなる影響を与えたのかについて論じる。一八九〇年代まで古代史記述のほとんどを独占していた反ユダヤ主義者たちは、メソポタミア文明のすべてをシュメール人のものとすることによって、セム人を本質的に非創造的な人々だったとする自分たちの信条を維持することができたのである。

フェニキア人と反ユダヤ主義

ユダヤ人に対する宗教的な嫌悪感と民族的な敵愾心は、元来、かなり重なるものである。とはいえ一九世紀に入ると、キリスト教徒の伝統的な「ユダヤ人嫌い」が近代的な「人種的」反ユダヤ主義へと転換したことも事実である。だが、その転換への道のりは平坦ではなく、国によってさまざまな進度がみられた。たとえばドイツでは、これら宗教と民族という二種類の嫌悪のあいだに横たわる溝は小さいものであり、しかもそれらの嫌悪は、フランス革命前の時期において、啓蒙思想の影響を受けた人々やフリーメイソンの結社のなかにみられただけであった。「ユダヤ人嫌い」が復活し、反ユダヤ主義の種が急速に発芽したのは、一九世紀初期におけるキリスト教教義への回帰と、啓蒙主義がもたらす革命的な社会変化への恐怖とによってであった。しかるに反動主義者の心のなかでは、啓蒙主義がユダヤ人の合理主義と相通じるものがあると見られたのである。

ドイツでこうした変化が生じ始めるのは、もっとも教養あるエリート層のあいだであったが、それはドイツの支配階級全体の氷山において、ほんの一角を占めるにすぎなかった。たとえば、ヴィルヘルム・フォン・フンボルトとその妻カロリーヌは、フランス革命前の時期にはユダヤ人との交流もあったが、カロリーヌの方は晩年、反ユダヤ思想の強烈さを評価され、ナチスによって反ユダヤ主義の先駆者として認められるようになった。フンボルト自身は、ユダヤ人に市民権を与えるべきであるとずっと主張し続けていたが、一方では、一八一五年にこう書いている。「私は、全体としてのユダヤ人は好きだが、個々のユダヤ人は避けるようにしている」[1]。一八七〇年代から八〇年代にかけて、反ユダヤ主義の状況がより緊迫したものになっていったことは疑いの余地がない。そのような風潮に対して、ヴィラモーヴィッツ＝メーレンドルフやモムゼンのような多くの優れた自由主義者、そしてニーチェのような人々は、反ユダヤ主義の新たな勃興に猛烈に反対した。

フランスでは――ユダヤ人がドイツよりは少ないけれども多数いた――、ユダヤ人の合理主義と啓蒙思想、およびユダヤ人の合理主義と革命によるユダヤ人への市民権付与との二重の結びつきが、革命後ずっと、フランス政治においてユダヤ人を共和派に固く結びつけてきた。一方そのことは、フランスでは王党派とカトリック教会によって、ユダヤ人がヨーロッパのどの国にも見られない激しさで嫌悪の対象となっていくことをも意味していた。他方、自由主義者や「進歩主義者」たちは、新しい人種主義と反ユダヤ主義とを共有していたが、その反面、彼らは、ユダヤ人をフランス共和国の防衛のための外壁としてみなすこともあった。かくしてユダヤ人は、フランス社会内に有力な協力者をもつことができたし、しばしばフランス政府内にも協力者を得ることができた。

イギリスでは、ユダヤ人が一六五〇年代までずっと追放されていたので、反ユダヤ主義とともに親セム主義の風潮も存在していたことが理論上考えられる。たとえば、中世以来の伝承では、イギリス人はノアの息子であるセム——ユダヤ人の祖先——の子孫であり、ヨーロッパ人の祖先とされるヤペテの子孫ではないとしている。また、イギリスを「新しいエルサレム」とみなす清教徒の考えもあった。この考えは、今日、ブレークの感動的な賛美歌に残されている。[2]これらの伝承——および一七世紀後半から一八世紀にかけて金融や植民地支配においてイギリスの優位の確立のためにユダヤ人が果たした重要な役割——は、フランスにおけると同様イギリスにおいても、「ユダヤ人嫌い」から反ユダヤ主義への移行過程をゆっくりとしたものにし、そのため一九世紀中頃に、まれに見る「選択の機会」をユダヤ人に与えることになった。実際、たとえばディズレーリ〔ヴィクトリア朝の政治家・作家、一八〇四〜八一〕のようなユダヤ教からの改宗者たちは、それ以前も以後もあり得なかったような方法で、最上位の役職に就くことができた。改宗しなかったユダヤ人も、市民権と社会的承認とを勝ちとった。しかし、こうしたユダヤ人の扱いは、その後いったん失われると、一九五〇年代から六〇年代になるまでついぞ回復されることはなかったのである。

セム人とはどんな人種か

「コーカソイド（白色人種）」という用語が、セムという用語に対するものとして、プロメテウスからヤペテに至るまでどのように関係してきたかについては、第4章（二六〇ページ）で見た通りである。ブルーメンバッハがこの用語を初めて使ったのは、一七九五年の大著『人類学論文集』第三版においてであった。ブルーメンバッハの言う優秀な「白人」という概念には、当初、アラブ人とユダヤ人の両方が含まれており、しかも、一九世紀末までのイギリスの多くの研究者たちは、コーカソイド（白色人種）という用語をブルーメンバッハと同じ意味で使っていた。[3]たとえば一八四〇年代に、ディズレーリはモーセを「すべての面において完全なコーカソイドの典型」と表現する一方で、もしヨーロッパのユダヤ人が「混じりけのないコーカサス人」であったなら、あれだけの苦難を受けずにすんだだろうに、と書いている。その後一八七〇年代になると、ジョージ・エリオットはユダヤ人を「より純粋なコーカソイド」と呼んだ。[4]ドイツにおいてでさえ、シュレーゲルの教え子であり、猛烈に反ユダヤ的であったクリスティアン・ラッセンがそうであったように、ユダヤ人がコーカソイドであることを否定しなかった。[5]

しかしながら、これと平行して同じ数十年間のうちに、ユダヤ人に対する新たな見方が形成されつつあった。その一例がノックス教授である。解剖学者であったノックス教授は、墓場泥棒の二人組、バークとヘアを雇ったとして世間の批判を浴びた。ノックス教授の嫌疑は、二人が自分のところに持ち込んでくる解剖用の死体があまりに高齢で痩せこけたものばかりだったので、新鮮な死体を持ってくるよう依頼したというものであった。依頼容疑の真偽はともかく、ノックスは二人の殺人行為の犠牲者を喜んで引き取っていた。バークとヘアは絞首刑にされたが、ノックスは解剖を禁じられただけで、パンフレットによる人種主義の宣伝活動の先駆者になることができた。ノックスは、ディズレーリの小説『タンクレッド――新十字軍』（一八四七）に出てくる狡猾《こうかつ》なユダヤ人銀行家シドニアの「すべては人種だ。それ以外の真実はない」というセリフを言い換えて、一八五〇年にこう喝破した。「人種がすべてであり、それはたんなる事実、哲学がこれまで表現してきたもっとも顕著でもっとも包括的な一つの事実にすぎないのである。人種は、文学、科学、芸術などのすべてである。一言でいえば、文明というものは人種にかかっているのである」。[6]

ノックスは、白人たちに大量殺害の機会が広がってきたことを誇りに思い、こうのべている。「サクソン系ケルト人とサルマティア［スラブ］人の行く先には、絶滅の荒野が広がっているのだ」。[7] 彼は、ユダヤ人を「不毛な雑種」と表現し、昔から自ら何かを創りだす能力を欠いているパラサイト（寄生動物）であると、次のように見下していたのである。

それにしても、ユダヤ人の農夫、ユダヤ人の技術者や労働者はどこにいるのか。どうしてユダヤ人は手仕事を嫌うのであろうか。ユダヤ人には、創意工夫の能力とか、技術的・科学的な気質といったものがまったくないのであろうか。……そこで私は、そのことを確かめようとした。その結果、……一般にユダヤ人と呼ばれている人々は、本当はヘブライ人などではなく、ユダヤ人の父とサクソン人かケルト人の母の子なのだということを悟った。本当のユダヤ人は、決して有史以来変わることがなかった。……本当のユダヤ人は、音楽を聴く耳をもたず、科学も文学も愛さず、疑問を追求したりなどはしないのだ……。[8]

ノックスは、明らかにユダヤ人に対する宗教上の嫌悪感を、近代的な人種上の反ユダヤ主義に変えた。そのような人種理論は、反ユダヤ主義の近代史家ポリアコフ〔ロシアの歴史家、一九一〇～九七〕が指摘したように、イギリスではまだ珍しいものであったが、ダーウィンやハーバート・スペンサー（社会進化主義の創始者）のような進んだ思想家たちも、ノックスと似たような考え方に沿って研究し、ダーウィンにおいてはノックスを肯定的に引用していた。[9]

フランスに話を戻そう。一八五六年、偉大なセム研究者であるエルネスト・ルナンは、「フランスは、人種というものにほとんど信頼を置いていない。それは、まさしく人種という概念がフランス人の胸中からほとんど消えてしまったからである。……およそ人種への関心というものは、原初的なルーツをいまだにまもっているゲルマン民族のような民族にしか生まれ得ないものなのである」[10]と、フランスにおける人種への無関心について不満をのべている。フランスとドイツとを比較してみることは当を得ているかもしれないが、しかし、フランス人も人種に関心をもっていたのである。実際、一八五〇年代までには、すでに「セム人種」という観念がフランスの新人種主義によって受容されていた。また、歴史をアーリア人とセム人とのあいだの対話的な相互関係とみなす言語学的歴史理論についてはすでに見てきたが、他方、ニーブールのフランス人弟子であるミシュレは、この相互関係を生死をかけた人種間闘争とみなしていた。ミシュレは一八三〇年にすでに、『ローマ史』のなかで次のように書いていた。

ポエニ戦争〔ローマとカルタゴとの三次にわたる戦争、前三～二世紀〕の記憶が、きわめて広範に、かつ生き生きと人々の心に残っていたことには訳がある。その戦いは、たんに二つの都市ないし二つの帝国の運命を決するだけのものではなかったからである。それは、インド・ゲルマン人とセム人という二つの人種のどちらが世界を支配するかを決する戦いでもあったのである……。一方の側では英雄主義、芸術、法律の才能が賭けられ、他方の側では産業、航海、商業の精神が賭けられていた……。英雄たちは、勤勉ではあるが不誠実な隣人たちと絶え間なく戦っていた。隣人たちは、労働者、鍛冶屋、鉱夫、手品師であった。彼らは金、空中庭園、魔宮を好んだ。……彼らは巨大な野心で塔を建立したが、その塔は勇士の剣によって粉々にされ、地上から姿を消した。[11]

この一節は次の二つのレベルで読まれなければならず、それらはともにきわめて重要な意味をもつ。まず第一のレベルでは、アーリア人とセム人との表層レベルにおける人種的対立を意味している。そして第二のレベルでは、「不誠実な隣人たち」とは「不誠実なアルビオン」を指すが、アルビオンとはフランス語でイギリスを意味していたのである。ミシュレがポエニ戦争について書いていたとき、彼が当時のナポレオン戦争を連想していたことに疑いはない。かくして、英雄的なフランスはイギリスの産業革命に敗れたものの、ポエニ戦争を思い起こすことで、フランスがイギリスに復讐する希望の光を与えたのである。フランス人によるこの類推は、一般論としてイギリスとセム人――具体的にはイギリス人とフェニキア人――とのあいだに密接な関係があると見るフランス人の認識を映し出したものであった。そして、すでにのべたように、このことはなぜイギリス人がユダヤ人に対してある程度肯定的な印象をいだいていたかの理由を説明するものでもあったが、これについては折に触れ立ち返ることにする。

ゴビノーとフローベールがフェニキア人をどう見ていたかについてのミシュレの考え方をひも解きたくもなるが、さしあたりここでは、引き続きフランスにおける人種主義的な反ユダヤ主義の展開を見ていくことにする。この反ユダヤ主義の典型例は、エミール・ルイ・ビュルヌッフ〔一八二二～九五〕の著作のなかにみられる。ビュルヌッフは高名な古代ギリシア研究者――アテネのフランス学院院長――で、サンスクリット語研究者でもあり、またインドとヨーロッパとの関連性を解明しようと熱心に研究していた人物でもある。彼はウージェーヌ・ビュルヌッフのいとこであったが、ウージェーヌは、フランスにおけるインド学の草分けであり、かつシュワブの『オリエンタル・ルネサンス』〔一九五〇〕で英雄視された人物であった。エミール・ビュルヌッフは一八六〇年代に執筆した『宗教学』において、セム人を次のように描いていた。

本当のセム人は、毛先がカールした直毛、はっきりした鷲鼻、官能的に突きでた唇、がっしりした四肢、細いふくらはぎ、平べったい足をしている。しかもセム人は、後頭骨人種に属している。後頭骨人種とは、前頭骨よりも後頭骨が発達している人種のことである。セム人の成長はとても早く、一五歳か一六歳で成長が止まる。その年齢で、知性の器官が入れられている骸骨の接合部分がすでにふさがり始め、場合によっては完全に癒着することさえある。それ以降、脳の成長は停止する。アーリア人の場合には、このような現象やこれと似たような現象は、一生のうちのどの時期においても見られない……。[12]

ビュルヌッフによれば、セム人という人種は白人と黄色人との混交なのだという。一方、彼と同時代のゴビノーは、後にヨーロッパ人種主義の父として知られることになる猛烈な反動主義者であったが、ユダヤ人とセム人についてもっと複雑な見方をしていた。ゴビノー伯爵は、教会に対する保守主義的な支持と新人種理論に対する興奮とのあいだで板ばさみになっていた。この葛藤は、さまざまな困難をもたらすことになった。それらの困難のうちでもっとも根源的なものは、人類の起源についての単一起源説*用語解説と多元発生説*用語解説とに関する問題であった。ポリアコフは、ゴビノーが白人、黄色人、黒人の三つの人種をそれぞれ別個の「種」とみなしていたことから、彼を「理論的には単一起源論者で、実践的には多元発生論者」とのべているが、それはあながち間違いではなかった。[13]ゴビノーは個人的には、厳格で高貴な父親と「女冒険家」の母親とのあいだで板ばさみになっていたが、それぞれの人種のイメージを男女いずれかに振り分けるときだけはすっきりしていた。[14]ゴビノーによれば、「白人」は本質的に「男性的」であるのに対し、「黒人」は「女性的」であるという。彼は黒人に対して嫌悪感をいだいてはいたが、「黒人的な要素は……ある人種において芸術的な才能を伸ばすのに欠かせない」ものであることを認めてもいた。「というのは、われわれは、どのような快活さと自発性が……黒人の魂に本来備わっているかを知っており、また黒人が官能の鏡としての想像力をどれほど豊かにもっているかも知っているし、さらに、黒人があらゆる物欲をもっていることも知っているからである……」。[15]

保守的教会支持と新しい人種主義の葛藤という緊張は、聖書と新インド・ヨーロッパ優越主義との異種混交というゴビノーの歴史観にも反映されていた。彼によれば、ノアの息子たち——ハム、セム、ヤペテ——によって代表される三つの人種は、ソグディアナ地方〔サマルカンド周辺〕あるいはその近辺の中央アジアを起源としており、まるで「三匹の子豚」のように、自分たちの未来を探しにそれぞれ旅立ったのであった。[16] 最初に南に向かって出発したのがハム人であった。ハム人はいくつかの文明を築き、その血統の純粋性を守ろうとしたが、その後、現地の劣等な黒人によって絶望的と言えるほど雑種化させられてしまった。[17] 次に出発したのはセム人であった。セム人も血統の純潔性を保持しようと試みたが、黒い血によってひどく汚された。それは、一つには黒人との直接的な接触によるものであったが、それ以上に、「白黒混血の」ハム人との接触によるものだったという。[18] 北方にとどまり、人種的純血を守ったのは、ヤペテ人、つまりアーリア人だけであった、というのである。

ゴビノーの研究業績の全体が、失われた純血性に対する哀歌ではあったけれども、それと同時に、彼の理論体系にとって混血は不可欠であった。というのは、人種が混じりあうことがなかったとしたら、それぞれの人種の長所も短所も説明できなくなってしまうからである。たとえば、ゴビノーはユダヤ人の長所——戦闘における勇敢さと土地耕作の巧みさ——の原因をユダヤ人に混じっているセム人の血のお陰であるとしている。しかし、ユダヤ人の商才、奢侈へのこだわり、残忍さ、傭兵の利用などはハム人の血のせいだという。[19]

一八五六年、ゴビノーのパトロンであったアレクシス・ド・トクヴィルは、ゴビノーの偉業に対するフランスでの反応が遅かったことを慰めようとして、ゴビノーに手紙を送っている。ド・トクヴィルは、共通の友人であったエルネスト・ルナンと同様に、ゴビノーの著書は「抽象的な真理に対する熱意……」が存在しているドイツにおいては受け入れられやすいだろうと考え、同書は「何よりもドイツを経由して、フランスに戻って来る」[20] であろうと、弟子であるゴビノーに請けあっていた。実際、ゴビノーの著書は一九四〇年のドイツによるフランス占領後、ただちに再版されたのであった。

セム人の言語学的・地理学的な劣等性

ユダヤ人とフェニキア人は密接に関連があると長いあいだみなされていたが、それはあながち間違ってはいなかった。一八世紀半ばのバルテルミによるフェニキア・アルファベットの解読のかなり前、一七世紀のサミュエル・ボシャールのような学者たちは、ヘブライ語とフェニキア語が同一言語の方言であることを十分に理解していた。[21] 一七八〇年代までには、これら二つの言語は、アラビア語、アラム語*用語解説、エチオピア語とともに「セム語」であるとされるようになっていた。しかし、一九世紀初頭の多くの学者は、ヘブライ語はアダムの言語として「バベルの塔」の倒壊まで全人類の言葉であったとする聖書での記述に反対し、また、ヘブライ語が完全な言語ないし原初的な言語であるとの見方を強く否定していた。その頃には、ヘブライ語はむしろ原始的言語とみなされるようになっていたのである。たとえばフンボルトは、それが原始的な言語であるという理由から、どうしてもヘブライ語を教えるのならギムナジウムで教えられるべきだと力説していた。[22] すでに第5章で見てきたように、フリードリヒ・シュレーゲルはセム諸語を「動物」言語の最高形態と定義していたが、しかし、他の言語への屈折（語形変化）ということが、ある言語が優越した「神聖な」言語であるための基準とされていたので、セム諸語が他の「神聖な」言語からの屈折語の典型例であるという事実を無視することはできなかった。[23] このようにしてフンボルトらは、多かれ少なかれ「発展段階的な」言語序列を作成することになった。そこでは、セム語がインド・ヨーロッパ語族とともにトップに位置づけられなければならなかった。このような状況は、一九世紀初頭のヨーロッパ社会においてユダヤ人が比較的寛容に受け入れられていたことを反映しており、「真の」歴史とはアーリア人とセム人との対話的な相互関係であるとみる歴史学が生まれる背景となったのであった。

　生理学的な人種主義者は、セム人を「女性的」でかつ「非生産的」であるとみなしていた――つまりセム人は、表面的には知性と想像力が豊かであるかのように見えるが、根本的には創造的な思想や行動を生み出す能力に欠けていると見ていたのである。エルネスト・ルナンは、友人であったゴビノーの説に同意せず、ロマン主義的伝統に沿った、より古い学説に従っていた。その伝統的な学説が主張していたところによれば、民族がもつ能力の限界には、本質的に言語上の原因があるという。ルナンは、フランスにおけるセム語研究の第一人者として、また一九世紀におけるフェニキア研究の草分けとして、セム語の欠点に深い関心をいだいていた。彼は自ら賞賛してやまなかったドイツ人学者たちのように、冗長にこう書いている。

　セム諸語の言語自体から、セム人の単一性と単純性とが見てとれる。つまり、セム諸語の言葉には抽象的な概念がないので、形而上学が生まれることなど不可能なのである。そもそも言語というものは、ある民族の知的営為のためになくてはならない骨組みなのであるからして、ほとんど構文をもたず、文章構造の多様性をまったく欠き、思考を構成するための諸要素間の微妙な関係を成立させるための接続詞がなくて、外面的な特徴によってしか対象を描写することができないような言語は、一方で、「預言者」が霊感を饒舌に語ったり、また、うつろいやすい印象を描きだしたりすることにはとてもふさわしい言葉であるが、しかし他方で、哲学や純粋に知的な思索に向くものではない。このような言語を使うアリストテレスやカントのような哲学者を想像することができようか……[24]。

ルナンによれば、セム人の劣等性のもう一つの原因は、地理的なものであるという。ヨーロッパ人は、降雨気候のところに住んでいたので（ルナンはフランス北西部のブルターニュ出身）、繊細で多様性のある天性を授けられていた。それに対してセム人は、容赦のない太陽のもと、光と影とが明確に区別される砂漠の生まれであり、単純かつ熱狂的になってしまったというのである。

　セム人種は、その単純性のゆえに不完全な人種であるように思える。あえて言えば、セム語族とインド・ヨーロッパ語族との違いは、素描と絵画との違い、あるいは素朴な歌と現代音楽との違いである。セム人は、完全な人種と言われるために必要とされる生活現象の多様性というか、大きさというか、つまりあり余る生命力を欠いているのである。[25]

他方、セム人のこの単純性と熱狂性こそが、セム人によって世界にもたらされた宗教の起源だったとされている。そこでルナンは、セム人のものである宗教にアーリア人のものである科学を適用することを自らの使命であると考えた。だからこそルナンは、キリスト教の起源に関する言語学的・人種学的研究を行ったのであった。[26]しかし世界に宗教をもたらしたといっても、セム人が平等に扱われるべきなどとは考えていない。

このようにして、セム人の特徴は、何が欠けているかということのみによって認識されなければならない。セム人には、神話も、叙事詩も、科学も、哲学も、物語も、造形美術も、市民生活もない。あらゆることに関して、複雑なものや繊細なもの、あるいは情緒的なものがまったく欠けており、あったのは単一件だけであった。セム人の一神教に多様性はまったくない。[27]

ルナンのこの態度は、二つの理由からきわめて重要である。一つには、彼が世間の人々に非常に良く知られた人物であったことからして、彼が一般に受け入れられていた見解を表明していたことを示している。二つめに、彼が、セム語研究、聖書研究およびフェニキア研究において重鎮の地位にあったことである。この二つが意味することは、彼がこれらの研究領域に世論と学問的見識を反映させ、照射していたということである。[28]実際、セム語族諸語に対するルナンの向きあい方と、エジプト学に対するフンボルト、ニーブール、ブンゼンの向きあい方には著しい類似性があった。つまり、彼らはともに、研究対象への思い入れが強すぎると非難されることを恐れていた点で共通する。ヨーロッパを裏切るような表現は、むろんことごとく不当なこととされていた。非ヨーロッパ文化についての「科学的」研究という身構え方そのものが、のっけから非ヨーロッパ文化を質的に劣等で、奇妙で、愚鈍なものとみなしていたのである。だが、セム人は何の取り柄もない他の非インド・ヨーロッパ人とは異なる、とルナンは主張する。[29]ルナンの主張によれば、セム人は、イギリス人と同じような優れた資質をもっているという。かくして、セム人とイギリス人に対するルナンの敵意は、ミシュレの場合とは異なり、弱かった。ルナンによれば、セム人もイギリス人も「きわめて高潔な精神、うらやましくなるほど純粋な心、洗練された道徳心……」[30]をもっているという。

アーノルド親子

トーマス・アーノルドとその息子マシュー・アーノルドとの相違は、一九世紀イギリスの人種主義の内部で起こった時代変化を示す好例である。トーマス・アーノルド博士は、一八二〇年代から三〇年代にかけて、チュートン人とゲール人——フランス系ローマ人を含め——との紛争、とりわけイギリス人とフランス人、イギリス人とアイルランド人との紛争の研究に熱中していた。彼は、世間から「チュートン人の中のチュートン人、ケルト人嫌いのアーノルド博士」と呼ばれることを誇りにしていた。[31]一方、息子マシューは、一八五〇〜七〇年代を通じて、アイルランド人とフランス人の双方に好意を示しており、そのことによって父の偏狭さを克服したと確信していた。[32]彼は言語学の新しい研究成果を完全に渉猟することによって、インド・ヨーロッパ語族とアーリア語族の一貫した支持者となった。彼はそれらのすべてをとても気に入っていた。実際、彼は、一九世紀半ばのイギリス思想に関する、父親とは別の学派の指導者になり、ジプシーあるいはボヘミアンをも熱狂的に支持した。インド・ヨーロッパ語を話すジプシーあるいはボヘミアンは、ヴィンケルマンが考えたギリシア人のように、陽気で、魅惑的で、無責任で、幼稚な——とはいえ、どことなく哲学的な——性格をもつアーリア人の親類であると当時からみなされていた。彼らは、インド・ヨーロッパ文化のもつ快活な側面を代表する好例であった。[33]

マシュー・アーノルドは、自分の人生にもっとも大きな知的影響を与えた父親に次ぐ人物が、ルナンであったことを認めている。[34]かくしてマシュー・アーノルドは、世界の歴史における根本的な分水嶺は、ヘレネス（古代ギリシア人）とヘブライ人とのあいだ、つまりアーリア人とセム人とのあいだにあるというルナンの信念——当代随一の思想家にも受け入れられていた——を受け入れていた。[35]とはいえ彼は、ルナンのようなヨーロッパ大陸の人種主義者たちには何の関わりもない問題に直面していた。つまり彼は、イギリス人はセム人と同じ特徴をもっているとする大陸の人種主義者の告発が正しいことを認めるよう迫られていたのであった。さらに、すでに触れたように、イギリスには親セム的な伝統が残っており、それは一九世紀半ばのブルジョワジーの台頭によってとくに強くなった。こうして、ヴィクトリア期〔一八三七～一九〇一〕の多くのイギリス人は、自らを聖書の族長とみなし、またその勤勉さ、節倹、思慮深さ、作法の尊重、そして何よりも厳格な正義感を自慢するようになっていた。

マシュー・アーノルドは、言語上および人種上の系譜に共通して見られるイギリス人とセム人の類似性をどう考えたらよいか思い悩んだ。この類似性についての彼の説明は、イギリス人の「ヘブライ的」精神は、おもに宗教改革とピューリタニズムの結果であるとするものであった。すなわち、ヘレネスとヘブライ人との違いは、イギリス市民革命における国王派と議会派との違いであり、またイギリス国教会における高教会（カトリック的）と低教会（福音主義的）との対立であり、チャーチ〔英国国教会の教会〕とチャペル〔国教会以外の礼拝所〕との対立であり、工業化した北部と農業の南部との絶えざる対立であるとしたのである。[36] マシュー・アーノルドは、ルナンと同様に、「ヘブライ的」伝統に多くの美徳のあることが認められるべきだと主張していた。それにもかかわらず彼は、当世の清教徒がもつブルジョワ的俗物根性から決別して、高潔なギリシア人に目を向けるべきだとイギリス人に呼びかけていたのであった。彼は、ギリシア人を――ヴィンケルマンの通説に従い――自発的で、快活で、芸術的で、穏やかな民族とみなしていた。そして、アーノルドは――一九世紀の人間として――それらの民族的長所に、新たに明晰な思考能力と比類のない哲学的能力とを付け加えた。こうして、イギリスはヘレニズム精神の方向に舵を取ることによって、ヨーロッパ大陸諸国の進歩の潮流に乗ることができるだろうと主張した。アーノルドの有名な著書『教養と無秩序』〔一八六九〕のなかに書かれているように、彼の究極的な主張は、人種であった。「ヘレニズムはインド・ヨーロッパ人が成長させたものであり、ヘブライズムはセム人が成長させたものである。そしてわれわれイギリス人はインド・ヨーロッパ系の国民なので、当然ヘレニズムの流れに属していると思われる」[37]。

ヴィクトリア期のヘレニズムは活気のある複雑な運動であり、多様な表れ方をしていたが、マシュー・アーノルドが一八六九年に『教養と無秩序』を出版してからは、疑いなくギリシアについてのイメージが、すべて彼のドイツ新ヘレニズムの再生に関連してか、あるいはそれに対抗して展開されることになった。トーマス・アーノルド博士のギリシア好きは、プロテスタンティズム、チュートン主義および反ユダヤ主義とぴったり一致していたが、息子マシューのヘレニズムの方は、セム人と永遠の闘争状態にあるインド・ヨーロッパ人ないしアーリア人というヴィジョン、すなわちブルジョワジーの価値と「教養人」の価値との対立に結びつけられていたことは明らかである。当然のことであるが、息子マシューは当時広く認められるようになった見解に従っていたのである。つまり彼は、理論としてはミシュレやルナンなどのように、「ヘブライ系セム人が人類の聖職者であるとするならば、ギリシア・ローマ系アーリア人は、現に人類の主人公であるし、今後も主人公であり続けるであろう」[38]とブンゼンがのべたことを受け入れていた。しかしながら、セム人に宗教をつくったという功績を認める際、ミシュレやルナンなどはあまりにも多くのものをセム人に認めてしまったとすべての者が感じていたことは明らかである。それについて、マシュー・アーノルドは母親宛の手紙に次のように記している。

ブンゼンは、われわれの偉大な任務がキリスト教から純粋にセム的な要素を完全に払拭し、キリスト教をインド・ゲルマン的なものに戻すことであるとつねづね言っていました。シュライエルマッハーは、われわれ西洋民族のキリスト教社会では、実際に、ヨシュアやダビデよりも、プラトンやアリストテレスの方がずっと多く出てくる、と言っています。全体としてみると、パパ〔トーマス・アーノルド〕は、ブンゼンやシュライエルマッハーの考え方に沿って研究しており、おそらくは当代で唯一影響力のあるイギリス人研究者だったと思います。[39]

この問題に関するアーノルド博士のパイオニア精神をけなすつもりはないけれども、このような考え方の多くが入れられているシュライエルマッハーの『聖ルカ』を、サールウォールがすでに一八二五年に英訳していたことが想起されよう。さらにフランスではすでに一八一八年に、ヴィクトル・クーザンがキリスト教のヘレニズム的な性格をはっきりと提示していたのであった。[40]

息子の犯した罪でその父親を非難してはいけないのだが、ブンゼンの息子であるエルンストが一八七〇年代に、アダムはアーリア人であり、蛇がセム人だったのだという旧約聖書の伝承にもとづき、一種のアーリア人の太陽崇拝を考案したことは注目に値する。[41] 一九世紀末までには、アーリア人ないしゲルマン人のためのキリスト教をつくろうとするさまざまな試みがなされていた。それらの試みのうちもっともうまくいったのは、主流からはずれたセム学者で、かつ熱烈なゲルマン民族主義者であったパウル・ラガルデ〔ドイツの聖書研究者・東洋学者、一八二七~九一〕による試みだった。ラガルデは、イエスはガリラヤ〔イスラエル北部〕出身の「アーリア系ユダヤ人」であり、ユダヤ地方〔古代パレスチナの南部地方〕の「セム系ユダヤ人」によって十字架に磔《はりつけ》にされたのだと言い張った。さらに悪いことに、別のユダヤ人である聖パウロによってキリスト教が引き継がれ、曲解されてしまい、本来はアーリア人の宗教であったキリスト教にセム的な異物が混入されてしまったのだという。したがって、キリスト教からセム的な要素を除去する必要があると言うのである。ラガルデは熱狂的な反ユダヤ主義者であり、ユダヤ教の撲滅とユダヤ人のマダガスカル島への放逐を繰り返し主張していた人物である。この主張は、後にヒトラーの陰謀の一つにされた。ラガルデの運動全体が、ナチスの原点の一つであったことに疑いの余地はない。[42]

イギリスにおいては、事態はドイツほど露骨ではなかった。それでも一九世紀末頃には、セム人が与えた人類への貢献を打ち消そうとする声が沸きあがっていた。たとえば、ハーディ〔イギリスの小説家、一八四〇~一九二八〕の一八九一年の小説『ダーバヴィル家のテス』の主題の一つは、ウェセックス王国〔イングランド南部〕中心地の生命力に溢れる本当のサクソン〔五~六世紀にイギリスに侵入して住みついたゲルマン民族〕系イギリス人と、かつてイングランドを征服した退廃的なフランス人の末裔とのあいだの軋轢であった。ハーディのゲルマン民族主義はヘレニズムとも結びついていたが、彼はヘレニズムをセム主義や新興ブルジョワジーの俗物主義と対立するものと考えていた。この小説の主人公エンジェル・クレアは、サクソンの地に戻って純粋なサクソン人の娘と結婚したいと願っていた。それと同時に、エンジェルは、ヴィンケルマンが言うギリシア人気質の一つであるディオニュソス的な特質をも備えていた。

つまり、彼は踊ること、食べること、飲むこと、そして概して、幸せいっぱいの田舎での大宴会が好きだった。それに対して、エンジェルの父親と兄弟の方は典型的なセム人であった。道徳的で、高潔で、しかも自然や人生を完全に超越していた。ハーディは、サクソン人とフランス系との軋轢の危機的瞬間を次のように描いている。

昔のことだけれども、エンジェルは……近代文明をもたらした宗教の原点がパレスチナではなくてギリシアであったとしたなら、どれだけ人類に好ましい結果をもたらしたのであろうかと、運悪く父に向かって言ったことがある。そのときの父の悲しみはまことに痛烈で、父は「そのような説には、半面の真理、全面の真理はおろか、千分の一の真理すら含まれているとは思えぬ」と言った。[43]

ここにおいてハーディは、ゲール人に対するマシュー・アーノルドやルナンの愛着を共有してはいなかったが、ギリシア人に対する態度においては彼らと同じ立場をとったのである。

フェニキア人とイギリス人――その1　イギリス人の見方

イギリス人とセム人とのつながりが認識されていたにもかかわらず、誰もイギリス人をアラブ人やエチオピア人と比較しようとはしなかった。イギリス人が心に描く「セム人」とは、ユダヤ人とフェニキア人の両方または何れか一方というものであったが、第8章の本節では、イギリス人はフェニキア人であるかという問題に焦点を当てることにする。インド・ヨーロッパ人とセム人とのあいだの果てしない永続的戦争についてのミシュレの議論は、ローマとカルタゴとの紛争に焦点を当てていたが、そこにおいてカルタゴとイギリスに類似性があることは、ドーバー海峡の両岸にいる一九世紀の読者にとっても、きわめて明白であった。多くのヴィクトリア期イギリス人は、フェニキア人に好意をいだいていた。当時のイギリス人にとってフェニキア人とは、副業的に少しばかり奴隷貿易に手を染めてはいたが、大儲けしながら文明を拡げたまじめな織物商人なのであった。たとえば、実際にこの種の商業の経歴をもつウィリアム・グラッドストーンは、フェニキア人の熱烈な擁護者であった。[44] このことは、グラッドストーンが、ホメロスの貴族的な価値への情熱や、ヨーロッパ人のギリシアへの愛着や、アジア人のトルコに対する嫌悪感をあわせもっていたことを思うと驚くべきことである。[45] しかしながら、相互に矛盾するように見えるこれらの感情は、後日グラッドストーンのライバルになるディズレーリがセム人の優越性を賛美していた一八四〇年代には、両立可能だったのである。そして、ようやく一八八九年になって、尊敬を集めていた歴史家ジョージ・ローリンソンが、フェニキア人にきわめて好意的な歴史書を著し、彼はそのなかで、フェニキア人を「イギリスおよびイギリス人ともっとも多くの共通点をもつ古代の民族」[46]とのべたのであった。

それと同時に、フェニキア人が錫の交易のためにイングランド南端のコーンウォールにやって来たのだという――きわめて道理にかなった――説が広く信じられていたが、マシュー・アーノルドはその説をイギリスにおけるヘブライ精神のさきがけとみなしていたようである。「ティルスの勇敢な交易者……」という言葉で始まる彼の有名な詩のなかでは、フェニキア人が、「若々しい陽気さで波をたくみにあやつる」新たな支配人種であるギリシア人から恥ずかしそうに逃げだしたとされている。そしてフェニキア人は、地中海から追いだされ、大西洋そしてブリテン島へと向かったというのである。命運が尽きたフェニキア人に対する同情は、五〇年以上後に、エリオット〔アメリカ生まれイギリスの詩人、一八八八～一九六五〕の五部からなる長詩『荒地』〔一九二二〕のなかの「海難死」に表されることになった。

フェニキア人フレバスの死から二七日《ふたなのか》
魂の叫び　千尋の海のうねり
そして損得の感情も忘却の水底へ。
　　ざわめく深海の流れは
かれの骨を浚う。老いの日あり若き日ありし

フレバスも浮びつ沈みつ
渦の中にぞ呑み込まれ行く。
　　異邦人であれユダヤ人であれ
おお！　舵輪を廻し風上を覗う者たちよ
思えフレバスを　かっては同じ長身の美青年だったことを。[47]

エリオットの『荒地』は、文学的には、第9章で論じられる「ポスト・ベラール」時代に属するものであるが、そこには、フェニキア人を海洋活動と銀行業とに関連づけることによって、アングロサクソン人の長年にわたるフェニキア人に対する態度が映し出されている。『荒地』がフェニキア人のセム人的性質をどう見ているかは曖昧であるが、この曖昧さは多くのことを物語っている。というのは、もしセム人が寄生と受動性の権化であったとすれば、フェニキア人は――ユダヤ人の「金融業」以上に、航海や手工業、交易に長けていたので――正真正銘のセム人ではあり得なかったということになるからである。

グラッドストーンは最晩年に、フェニキア人はセム人であるという、今やその害が大きくなった告発から彼の最愛のフェニキア人を守るため、「フェニキア人という人種は根本的にセム人ではないとつねに確信していた」[48]とのべた。実際、二〇世紀初頭には、それまで親セム的だったイギリスも、急速にヨーロッパ大陸諸国の反ユダヤ主義と並ぶようになっており、フェニキア人に対する態度はより複雑なものになっていた。ブリテン島がセム人と特別な関係にあるという信念は、ますます疑われるようになっていった。したがって、シャーロック・ホームズがコーンウォールでの静養中にそのことを意図したように（コナン・ドイル『シャーロック・ホームズの冒険（第一二巻）、悪魔の足』）、この特別な関係を探し求めることは、変人の典型だと考えられるようになった。他方で、変人の典型と表現することにさえ、セム人との特別な関係という考え方やフェニキア人に対する一定の愛情が含意されていたのである。一方、他のヨーロッパ諸国では、まったく異なるフェニキア人に対する態度が広がっていた。

フェニキア人とイギリス人――その2　フランス人の見方

ミシュレによるフランス人とローマ人との関連づけ、およびイギリス人とカルタゴ人との関連づけについての暗黙の――最終的には確信的な――指摘については先に見たとおりである。だが、彼は他の著書〔『世界史入門』一九六二〕で次のようにはっきりのべている。

人間の誇りが、ある国民に体現されたのである。それがイギリスである。野蛮人《バーバリアン》（ノルマン人とデンマーク人）がこの強大なブリテン島に移り住んだとき、何が起こったのか。そこで彼らはこの島の豊かさと海の恵みのせいで肥え太る。そして法もなく果てしもない世界である海を支配した王たちが、デンマーク人海賊の野性的な冷酷さとノルマン人「領主」の息子の封建的な傲慢さとを一つにまとめあげたのである……。しかし、この強大で尊大なイギリスという国が出来上がるまでには、いったいどれだけ多くのティルスやカルタゴの歴史を積み上げなければならなかったことであろうか。[49]

ミシュレによるフェニキア人についての別の記述から、この関連づけの奥に残忍さが潜んでいることがうかがわれる。それは、「カルタゴ人は、その母集団であるフェニキア人と同様に、非情で、もの寂しく、好色で、勇敢さに欠ける冒険好きな民族であったと思われる」という記述である。彼のこの記述は、相互に矛盾する一つの両方をとることはできないのに、二股をかけていることを示す好例であるが、それに続く文章では、「カルタゴでも、宗教は身の毛もよだつようなものであり、おぞましいしきたりに満ちていた」[50]という見方を記している。

一般的にはイギリス人とフェニキア人とのあいだ、具体的にはカルタゴ人とのあいだの忌まわしい類似性は、一九世紀全体をつうじて、フランス思想の系譜のなかに残されている。フェニキア人とのこの対比は、グラッドストーンがフェニキア人はセム人ではないとのべることによって、フェニキア人の方がユダヤ人よりもまだましであると言おうとしていた事実から、見てとることができる。他方、ほとんどのフランスとドイツの研究者にとっては、ユダヤ人の方がフェニキア人よりもましであった。ここで、フェニキア人についてのゴビノーの態度を見ておく必要がある。ゴビノーの態度が重要なのには、二つの理由がある。まず、彼はマシュー・アーノルドに対してと同様に、フランス思想およびドイツ思想に対しても大きな影響力をもっていた。そして、ド・トクヴィルはゴビノーの粗野な人種主義を認めていなかったけれども、彼の友人であり、パトロンであった。

ハム人、セム人、そしてヤペテ人（つまりアーリア人）の三民族による侵入についてのゴビノーの説において、フェニキア人がそれらのどこに位置づけられているのかは複雑であった。聖書はフェニキア人をハム〔聖書でノアの次男〕の子孫として明確に描いているが、第3章で見てきたように、少なくとも一七世紀以降の学者は、フェニキア語とヘブライ語とがきわめて密接につながっていることに気づいていた。[51] 一九世紀に生きていたゴビノーにとって、これらの言語の言語学的な姻戚関係は、決定的に重要であると同時に、悩みの種でもあった。ゴビノーは、聖書伝承におけるフェニキア人とヘブライ人との強力な結びつきや、聖なるヘブライ語とフェニキア語との密接なつながりを認めたくないこと、およびユダヤ人についての複雑ではあるが多くの点で肯定的な見方のせいで、フェニキア人をセム人ではなく、ハム人とみなすことになった。したがって、聖書の記述と言語学的事実とを両立させるためにゴビノーに残された唯一の方法は、真っ赤な嘘をつくことであった。そのために利用できるセム語分類説があった。ドイツの偉大なセム語学者ヴィルヘルム・ゲゼニウス〔一七八五～一八四二〕は、一八一五年に、セム語族諸語を次の三つの亜族に分類していたのである。すなわち（1）アラム語およびシリア語、（2）カナン語――それにはヘブライ語とフェニキア語が含まれ、フェニキア語からカルタゴ語が派生した、（3）アラビア語――それからエチオピア語が派生した、という分類である。[52] だが、ゲゼニウスは別の問題について論じているところで、フェニキア語は広範囲におよぶフェニキアの植民地や市場に広まっていたとのべており、ゴビノーはそう書かれたページを引用して、ゲゼニウスがセム語族諸語を四つのカテゴリーに分類していた、と次のように主張した。

第一のカテゴリーには、フェニキア語、カルタゴ語、リビア語があり、そこからベルベル語群が方言として派生した。第二のカテゴリーは、ヘブライ語とそのバリエーションである。第三は……アラム語で……第四はアラビア語である……。[53]

ゴビノーがフェニキア語とヘブライ語とを分離したことも問題ではあるが、それはともかく、この分類に対して言語学者が激怒したのは、フェニキア語をベルベル語群と関連させたことであった。当時も今も、セム語学者でベルベル語群をセム語と認める者は一人もいない。ところがゴビノーの説においては、これら二つの逸脱のいずれも、聖書を根拠としてフェニキア人をハム人と規定するために不可欠な逸脱なのであった。すなわちゴビノーによれば、フェニキア人は、最初「白人」だったので一定程度の文明を築くことができたが、セム人が北東からやって来たときには事実上「黒人」になっており、それがユダヤ人の堕落につながった。「アブラハムの時代、ハム人の文明は円熟と悪徳の頂点にあった」[54]とゴビノーはのべている。

ゴビノーは、円熟よりも悪徳について詳しく論じている。その著書〔『著作集　第二巻』一九八三〕の最初のところで、ナチスがユダヤ人に当てはめた「ねずみと伝染病」のイメージを使い、こう比喩的に問題を提起している。「フェニキア人の没落の原因は、腐敗が彼らに噛みつき、噛みつかれて伝染したフェニキア人が、あらゆるところに腐敗を蔓延させたことにあったのであろうか。そうではない。それとは正反対に、フェニキア人の腐敗はその力とその栄光のための主要な手段になっていたのである」[55]。それでは、ゴビノーがこれを書いていたとき、どこまでイギリスのことを念頭に置いていたのであろうか。ゴビノーは英語に堪能であり、英文資料を頻繁に引用して、「人種不平等論」という論文をイギリス生まれのハノーヴァー公に捧げたほどである。しかも彼はスカンジナビア半島からペルシア、ブラジルまで世界旅行をしたにもかかわらず、一度もドーバー海峡を渡ってイギリスに行ったことがないということは注目に値する。さらに、ゴビノーは、当時の世界を支配していたイギリスについて沈黙していたことも奇妙である——そしてそこに、ドイツに対する溢れんばかりの熱意との著しい違いがある。

ゴビノーは、パトロンであるド・トクヴィルに従って、北米のアメリカ先住民と黒人に対するアングロサクソン人の絶対的な優越性をはっきりと是認していた。また彼は、奴隷制反対論は偽善的であると酷評していた。[56]それ以上に、彼はアメリカの移民政策に関心を寄せ、またそれに嫌悪感をもっていた。彼は、ユダヤ移民が流入しているニューヨークをカルタゴと比べてより嫌悪すべきものと考えていた。つまり、カルタゴには少なくともカナン人貴族が入植しており、まだましだと見ていた。さらに、「カルタゴは、ティルスやシドンが失ったすべてを手に入れていた。だが、カルタゴはセム文明を少しも発展させなかったし、また来るべき没落を防ぐこともできなかった」[57]とのべている。ゴビノーは別の箇所で、ティルスとシドンを商業活動についてはロンドンとハンブルクになぞらえ、また製造業についてはそれぞれリバプールとバーミンガムになぞらえた。[58]ゴビノーが、アングロサクソン人とカナン人とを類似するものと考えていたことは明白であり、それと同時に、これら両者を嫌悪していたことも明白であった。それにもかかわらず、彼がハム人および自ら血を穢《けが》したセム人をひどく嫌っていたことも明白である。彼は後期フェニキア人を、「白黒混血の」ハム人の血とセム人の血とが混じりあった結果生まれたものとみなしていた。ハム人とセム人とでは、もちろんより「白い」セム人の方がましだとされた。だが、歴史を通して彼が見たものは悲劇的な皮肉であったが、「黒くて」劣等な「女性的」人種は「白くて」「男性的」な人種を征服し堕落させたのであった。たとえば、フェニキア人が建設した都市では、信じられないような豪華さと華麗さが野蛮な風習と入り混じっていた。とりわけ、売春や人間の生け贄といったおぞましい宗教儀式などがあり、しかもそれは、ゴビノーが「白い人種が決して手を染めたことがない」[59]と読者に断言していた行為なのであった。

フェニキア人の統治制度は、「白人」のように高潔でも自由でもなく、むしろ専制君主か民主的暴徒のいずれかによる支配であった。[60]その最悪の例がカルタゴであった。カルタゴは歴史がなく、ハム人が完全に衰退した後に〔前八一四年フェニキア人によって〕建設され、その後アフリカからますます大きな影響を受けるようになったという。[61]ゴビノーは、カルタゴへのセム人の入植を大きな前進であるとはするが、セム人も「黒人」文化によって堕落させられたと見ており、おしなべて、ユダヤ人に対する彼の態度は混乱したものであった。彼は、あるときには、ユダヤ人は白人の特徴のいくらかを残していると主張しながらも、他のときには、ヘブライ人は雄々しい牧夫から女々しい商人に堕落したとも言っている。[62] だが最悪だったことは、彼らが他の民族を傭兵として雇っていたことだという。それについて、ゴビノーは次のように記している。

ハム人の退廃のおもな特徴の一つであり、かつ彼らの没落のもっとも明白な原因の一つとなったのは、彼らが戦士としての勇気を失ったことと、軍事活動をしなくなったことであった。この不面目は、バビロンとニネヴェにおいてとくに根深かったが、ティルスやシドンでもそれに劣らず根深かった……。[63]

『サランボー』

ミシュレは一八三〇年に、第一次ポエニ戦争でカルタゴが紀元前二四一年に敗北した後に勃発したカルタゴ傭兵の反乱についてのべているところで、これと同じ主旨の文章を書いている。ミシュレは、ギリシア古典史料——おもにギリシアの歴史家ポリュビオス〔古代ギリシアの歴史家、前二〇三～一二〇頃〕——にもとづいて、この軍隊反乱の様子を生々しく描いたが、その傭兵軍は驚くほど多様な民族によって構成されており、黒人であるマトとギリシア人であるスペンディオスによって率いられていた。この傭兵軍は、異常な暴力と残虐行為を駆使して戦い、そして破れた。その戦闘においては、傭兵軍もその敵である多くのカルタゴ兵士も、おぞましいまでの恐怖のなかで殺戮されたのであった。[64]

ミシュレのこの記述は、フローベールの小説『サランボー』の下敷きとなった。フローベールは、「オリエント」の異国情緒にずっと魅了されていた。彼はエジプトに赴き、小説『ボバリー夫人』の成功のあと、「アヌビス」と呼ばれる国についての小説を書こうとしていた。[65] だが一八五七年三月、彼は考えを変え、後に『サランボー』に結実することになる構想を採用する決心をした。イタリアの学者ベネデットが指摘するところによれば、フローベールが「アヌビス」の構想を撤回することにした理由は、テオフィル・ゴーティエ〔フランスの小説家、一八一一～七二〕が同じ年に古代エジプトに関する小説を発表したからであったという。だがベネデットも、他のフローベール信奉者たちも、フローベールがこの新たなテーマを選ぶことになった真の原因を突きとめることができなかった。[66]

それに対するフローベールの回答は彼の書簡からは見えてこないが、その回答は同年二月に勃発した「インド土民軍反乱」〔セポイの乱、一八五七〜五八〕にあると思われる。イギリス——当代フェニキア人の大帝国——は、自国に反抗するヒンドゥー教徒とイスラム教徒から雇った傭兵をまとめるという困難な任務において成功を収めたが、その成功はその貪欲さと残忍さとによって、また皮肉にも兵士が舌で舐める粉薬の包み紙にタブーである牛と豚の脂肪を塗ることによって得られたものであった。この「反乱」は、勃発の時点から両交戦者により異常なほど獰猛かつ残酷に闘われていた。このように、イギリスとカルタゴとの類似性は、最初から『サランボー』に組み込まれていたのである。

一八六一年五月には、フローベールは『サランボー』を友人たちに披露してもよいと考え、パリの著名な文学者であるゴンクール兄弟を公開朗読会に招待した。そのプログラムは次のようなものであった。

一、四時きっかりに大声で叫び始めます。場合によっては、だいたい三時ぐらいになるかもしれません。
二、七時、東洋風の夕食。メニューは、人肉とブルジョワジーの脳みそ、サイのバターで揚げた雌トラのクリトリス。
三、食後のコーヒーのあと、聞き手がくたばってしまったあとまで、カルタゴ人のような背信の叫びの再開。[67]

デカダンスの詩人、ボードレール〔一八二一〜六七〕は、フローベールが『サランボー』を執筆していたときの特別な友人であるが、同書もデカダンスの典型である。[68] 一八五〇年代におけるフランス上流階級の人々の目から見れば、フローベールは、もっとも退廃的な都市（カルタゴ）ともっとも退廃的な民族（フェニキア人）のもっとも退廃的な側面（傭兵）を題材に選んだように見えたのであった。あるいはそれを言い換えれば、彼は勇猛果敢で礼儀正しい白人社会とは正反対なものの全体を描いたということになる。つまり、黒人と、自らの人種を裏切ったギリシア人とによって率いられた人種混交の傭兵。ニグロ、ハム人、セム人の忌まわしい混血とみなされていたカルタゴ人との戦い。

僧侶、宦官、官能的で堕落した女性などが醸しだす快楽的な亜熱帯地方という背景。これらすべてが、残酷でおぞましい紛争の描写に散りばめられている。

すでにのべたように、そのような描写を根拠づけるためのれっきとした史料が存在していた。フローベールは、カルタゴの遺跡を訪れることによって、ミシュレとポリュビオスの文献についての自らの解釈の裏をとった。もっと重要なことであるが、彼はそれだけではなく、フランスの最新のオリエント研究史料、とくにルナンの史料を利用した。その結果、フローベールは、すべてのカナン語使用者間に密接な文化的関係があることを強く認識するようになった。そして、フェニキア人とカルタゴ人についての乏しい史料を補うために、聖書におけるイスラエル人と近隣諸民族についての記述を利用した。[69]

ベネデットは、一九二〇年の著書『サランボー起源論』において、フローベールによるこのようなカルタゴの復元が、後の学者による評価に十分に耐え得るものとなるよう証拠立てた。[70] ベネデットがローマにおけるギリシア古典学の極端な反セム学派の仲間であったという事実、しかも同書は人種主義と反ユダヤ主義が吹き荒れていた時期に執筆されたものであるという事実にもかかわらず、このイタリア人が主張したことの多くは今日でもまだ真実であるとみなされている。[71] しかしながら、私の見るところでは、フローベールには根本的に間違っていたと思われるところが二つある。第一に、紀元前三世紀のカルタゴはある意味で典型的なオリエント文化の都市だったことである。カルタゴが九〇年後にローマ人によるジェノサイドを受けざるを得なかった理由はここにある。しかし、彼にはこの認識が欠けていた。つまり、一九世紀に非ヨーロッパ文明圏諸国が植民地主義による破壊を蒙ったことに対しても、彼は道徳的に反対することがほとんどなかったのである（しかも、古代エジプト――彼から見て充分な悪徳と残酷さが見当たらなかったエジプト――について書こうという構想を放棄したもう一つの理由もここにある）。

フローベールの第二の間違いは、ヨーロッパ人が――おそらくイギリス人を除き――そのような残虐な行為を行うことはあり得ないと示唆していることである。実際には、ローマ人はほとんどあらゆる悦楽と虐待とにおいてカルタゴ人にまさっていたし、マケドニア人もローマ人とさほど変わらなかった。詳細に見てみると、紀元前三世紀のカルタゴ傭兵の反乱〔前二四〇頃〕は、その社会革命的な意味あいを考えると、それから二〇〇年たたないうちに起こったスパルタクスの反乱（スパルタクスに率いられた奴隷反乱）〔前七三〜七一〕になぞらえ得るものであった。スパルタクス軍は、カルタゴ傭兵反乱と同じような戦慄をともなう攻撃をローマ政府軍から加えられ、殲滅させられたのであった。[72] フローベールが生きていた社会であるフランス第二帝政〔一八五二〜七〇〕は、中国やインドシナ半島の住民に対して、あるいは、もっと適切な例としてはアルジェリアの住民に対して、驚くべき暴力的侵害を加えていた。さらに、ある意味で、『サランボー』におけるカルタゴの搾取、悦楽、腐敗のシーンはエミール・ゾラ〔フランスの小説家、一八四〇〜一九〇二〕の小説に生き生きと描かれている、フローベールの時代におけるパリの光景と非常によく似ていたともいえる。[73]

『サランボー』は大成功を収めた。フローベールが『ボバリー夫人』においてフランスのブルジョワジーの生活を写実的に描こうとしたとき、この書は出版社によって骨抜きにされ、また「公衆道徳を蹂躙した」という容疑で告訴された。『サランボー』はあらゆる点で『ボバリー夫人』よりもはるかに猥褻であったが、今回はフローベールをパリの上流階級の名士に仕立てあげ、しかも皇帝一族と交際することさえも可能にしたのであった。[74] フローベールは、文学で大当たりをしたのである。「オリエント」に当てはめられた彼の「リアリズム」は、読者に性的でサディスティックなスリルを与える一方で、白人キリスト教徒の生来の絶対的な優越感を満たしていた。さらに、この小説は、他の大陸の諸民族を残虐性と邪悪性から救い出すという、フランスの「文明化の使命」の緊急性を高める役割を果たしたのである。[75]

モロク神

フローベールは、ローマ人にも一九世紀のヨーロッパ人にもなかったような、カルタゴ人の恐ろしい風習の一つを強調した。それは、子どもの生け贄であり、喉を切る方法と焼き殺す方法の両方または何れかによってなされた。彼はその当時の聖書解釈の伝統に従い、それをモロクという恐ろしい神への生け贄を意味するものとみなした。それ以来、モロク（Moloch）という言葉のVmlkの語根は、神性を意味するのではなく、生け贄そのものを意味するものとして用法が確定されてきた。[76] カルタゴでは、生け贄として捧げられるのは支配者の一族の息子とされていたが、フローベールはギリシアの古典史料にもとづき、金持ちのなかには貧民や奴隷の子どもから身代わりとして買収する者がいたことを詳述した。[77] ここで彼は、身の毛もよだつような独自な詳述を付けたしているけれども、それはギリシアとローマの歴史家の記述に従っていた。また後に、カルタゴやその多くの植民地で、バール神〔自然の生産力を象徴する古代セム人の神〕に生け贄として焼かれた子どもの骨でいっぱいになった壺が何百も発掘されたことも、彼によるカルタゴ描写の信憑性を高めた。[78]

ユダヤ教とキリスト教の伝統では、子どもの生け贄は、最悪の忌まわしい行為とみなされていた。フランスはじめ全ヨーロッパで大評判となった『サランボー』は――評判の原因の一つが同書におけるモロク神の描き方であった――異常なまでの力で、この忌まわしい行為に対する聖書的な嫌悪感を人々に呼び起こしたのである。そして、多くの読者はこうした感情から、生け贄を捧げるような社会を全面的に糾弾するようになり、また、カルタゴや、ユダヤ人とイギリス人との結びつきでフェニキア人を嫌悪する人々は、絶好の攻撃手段を手にしたのである。

さらに、こうした感情は、学問の世界にも広がっていった。二〇世紀のカルタゴ史研究者とフェニキア史研究者のほとんどすべては、フローベールを無視することができないと感じるようになっていた。[70] ユダヤ人の立場からは、『サランボー』そのものと、同書におけるモロク神についての詳述とが、カナン人に対する聖書的で宗教的な嫌悪を復活させ強化したように見えたし、また、無宗教なユダヤ人や同化したユダヤ人でさえも、カナン人やフェニキア人とは一線を画そうとさせる結果をもたらした。

一八七〇年には、カルタゴとイギリスの主要な敵が入れ替わった。フランスは、まだ第二帝政であった時代に普仏戦争〔一八七〇～七一〕に突入したが、戦争が終わったときには共和国になっていた。一方、プロイセンでは、戦争の結果、プロイセン王ヴィルヘルム一世がドイツ皇帝になっていた。そのとき多くのドイツ人は、神聖ローマ帝国の権威およびローマそのものの権威が自分たちの頭上に降りてきたと確信していた。それより何十年も前の一八世紀においてでさえ、ヘルダーが、「忌まわしい習慣という瑕疵《かし》をもったカルタゴは、ローマの雌狼に襲われるジャッカルに譬《たと》えられるべきだ」と言ったと伝えられている。一九世紀後半までには、「当然な報いとしてのカルタゴの滅亡」という言い回しが決まり文句になっていた。[80] カルタゴ市の「ローマによる破壊」の終局性が強調されていた。「ローマ人に破壊されたカルタゴは、二度と再建されることはなかった」[81]という格言――ちなみに、それは真っ赤な嘘である――が一つの慣用句になってしまっていたようである。

この終局性、つまり最終的解決という原理は、プロパガンダとして二次にわたる世界大戦においてイギリスに対して適用され、実際に、ホロコーストとしてユダヤ人に対して適用された。[82] そのことはここで考察されている時期を超えるものであり、一八八〇年代以降の強烈な「人種的」反ユダヤ主義の時期にまで議論を進めてしまうことになるが、ここではフェニキア人によるギリシア入植という考えに対する一九世紀半ばの学説を考察する。

ギリシアのフェニキア人　一八二〇〜八〇年

ギリシアの形成におけるフェニキア人の役割を否定したミュラーは、おそらく反ユダヤ主義者だったのだろう。[83] だがこれまで見てきたように、彼のカドモス伝承の批判はその時代には広く受け入れられていなかった。事実、エジプト人に対する賞賛が影をひそめるのにともなって、フェニキア人に対する関心と敬意とが高まっていった。この転換は、一八四〇年代に出版されたモヴェールの著書『フェニキア人』に映しだされている。この大著〔全二巻全四分冊からなる〕は、ギリシア古典文献および聖書に見られるフェニキア人に関するあらゆる記述の収録が基本になっていた。モヴェールは、一九世紀のジュリアス・ベロッホや二〇世紀のリース・カーペンター――これら二人の経歴は第9章で考察される――のように、フェニキア人のダイナミックな活力の原因を北方からの影響、とくにアッシリア人からの影響のせいにしようとしていた。[84] モヴェールは後の多くの歴史家と同様に、アッシリアの残忍な文化をおおいに賞賛していた。往々にしてアッシリア人は、言語的には純粋にセム的であるのに、その文化にはどことなくあまり「セム的」ではない要素がみられると考えられていた。一九世紀には、アッシリア人の軍事的能力の高さは「白人の」影響に帰するものだとされた。[85] このようにして、セム人が北方〔ギリシア〕や東方〔メソポタミア〕に対して行った功績が取り消されたとしても、南方〔フェニキア〕での功績の証文を得たのである。ギリシアにおけるフェニキア人の存在に関する限り、モヴェールは、古代の作家たちが残したフェニキア人の功績のすべてを受け入れただけではなく、「エジプト人である」ダナオスという功績までも付け加えたのである。このようなモヴェールの立場は、ヒクソス時代〔前一八～一六世紀〕における下エジプトの混成文化が実際に複雑であったということによって、ある程度容認され得る。もっとも、モヴェールは、彼が尊敬するマイケル・アストゥアが指摘したように、このことを「彼が利用できる証拠にもとづいてというよりも、むしろ直観[86]」によって理解していたのであった。したがってヴェールの結論は、歴史史料によって検証すべきであろう。そのように検証すると、彼の結論は、エジプト人は衰退してしまった後の時代、しかしフェニキア人はまだ衰退していなかった時期にぴったりなものだったのである。

ゴビノーのギリシア観

ギリシアの起源に関するゴビノーの説も、モヴェール説と同様に、この過渡期に位置づけられるべきである。ゴビノーは、アーリア・モデルの枠内において研究してはいたが、そのモデルは一八五〇年代にはまだきわめて「穏健な」ものであり、セム人による影響の余地を認めていた。ゴビノーは、ギリシア人を以下のように分析していた。

（1）ヘレネス（古代ギリシア人）（――黄色人種の影響を受けているが、白人の要素が圧倒的に優勢であり、セム人との若干の類似性を備えたアーリア人
（2）先住民――黄色人種の要素が染み込んだスラブ人ないしケルト人
（3）トラキア人――ケルト人やスラブ人と混交したアーリア人
（4）フェニキア人――黒人のハム人
（5）アラブ人とヘブライ人――混血の進んだセム人

（6）ペリシテ人――より純粋なセム人
（7）リビア人――ほとんど黒人のようなハム人
（8）クレタ人と他の諸島人――ペリシテ人に類似したセム人[87]

この分類を見たならば、もっとも頑固な人種主義者でさえお手あげだとあきらめるに違いない。ゴビノーも、このような錯綜した実情のなかで一貫性を保つのは不可能であることに気づいていたが、それでも彼はこれに固執した。ゴビノーについてこのようにのべるのは、彼を全面否定するためではない。もし、「人種」という言葉を「文化」と置き換えれば、このようにめまぐるしく移り変わる混交も実際に何度かあり得たことにまったく疑いがない。まず、ゴビノーが次のようにのべていることはまったく正しい。「太古の時代には、いかなる国にもこのような民族の激動、つまり、このような突然の移動や複合的な移民はなかった」[88]。さらに、ゴビノーの枠組みは、説明の仕方として、急進アーリア・モデルよりもはるかに優れている。ゴビノーによれば、ギリシア先住民は紀元前三千年紀のどこかで、アーリア系「タイタン人」〔ギリシア神話の巨人族が語源〕による北方からの侵入を受けた。だが、ほぼ同じ時期に、ギリシア先住民は南方からカナン人による侵入も受けたのだという。しかも、ゴビノーはカナン人をセム系のアラブ人であり、かつヘブライ人であり、しかも黒人のフェニキア人であるとみなしていたのであった[89]。彼は、モヴェールの説に従い、フェニキア人は白人的要素をもつアッシリア人からその文明を受け継いだものと考えていた[90]。

しかし、ギリシア人の血が黒人であるフェニキア人によってこのようにして汚されてしまったとみなされていたので、エジプトの植民地が存在していたか否かなどという問題は、ゴビノーにとってはどうでもよいことになった。それにもかかわらずゴビノーは、ギリシアにエジプトの植民地はなかったとする当時の新説を受け入れてしまった[91]。ゴビノーは、エジプト文明の偉大さはエジプトがインドによって植民地化されたことに起因する、というシュレーゲルの説に従う一方で、エジプト住民の人種的雑種化――それには黒人、さらにはアフリカ黒人の要素さえ含んでいた――がエジプトの性格を静的で受動的なものにしていたのだ、と確信していた[92]。ゴビノーはギリシアの歴史を、テーベの北方を基盤とするアーリア人のギリシア的精神と、南方のセム的精神とのあいだの闘争とみなしており、しかもこれら二つの精神とも、国外からの人種的に近い民族によって強化されたと考えていたのであった。[93] このようにして、ゴビノーにとっては、カドモスやダナオスの伝承を認めたり、あるいはドーリス人の優秀性を認めたりすることに何の問題もなかったのである。[94]

だがゴビノーは、アーリア系ヘレネスの民族的特徴やその諸制度に強い興味をもっていたにもかかわらず、古代ギリシアは全体としては徹底的に「黒人化」され、「セム化」されていたと確信していたのである。ゴビノーは、近代ギリシア人はあまりにも複雑に雑種化が進み、もはや古代ギリシア人の子孫とはみなせないと主張した学者の一人であった。[95] 実際、ギリシアに対してフェニキア人の影響があったとする彼の信念は、南部ヨーロッパは不可逆的に「セム化」されてしまい、北部のゲルマン系民族だけが「白人」の純血を維持しているとする彼の信念全体の一部分を成すものであった。[96] だがこの点に関しては、彼は明らかに少数派であった。ほとんどの北部ヨーロッパの人々は、アーリア人の優越性についてはコビノーの見解を共有してはいたが、一方、ギリシアとローマを見捨てるつもりはなかったのである。

全体として見れば、フェニキア人のギリシアへの入植という事実を認めることをますます嫌がる傾向が広がっていった。つまり、グロートがどのようにしてこの問題を回避したか、クリスティアン・ブンゼンやエルンスト・クルティウスはどのようにしてこの伝承を切り抜けたか、ウィリアム・スミスとジョージ・ローリンソンがどのようにこの伝承について言葉を濁したかについては、すでに第7章で見てきたとおりである。[97] しかしながら他の学者たちは、ゴビノーほどではないにしても、フェニキア人に関する限り、古代モデルを疑うべき理由は何もない、とまだ考えていた。たとえば、グラッドストーンは一八六九年に次のように書いていた。

……フェニキア人に関する問題についてのいっそうの追究が、私があえて疑問視し、はのめかしていたことを明白に、しかも十分に暴き出した。もし私の見解が正しいとすれば、フェニキア人はギリシア民族の形成において大きな役割を果たしたことになる。ホメロス時代のギリシアだけでなく、ホメロス以前の時代についても、セム人のこれらの大きな影響がもし事実であるとすれば、この発見は古代の世界史に新たな視野を切り拓くことになるだろう。[98]

シュリーマンと「ミケーネ人」の発見

もちろん、グラッドストーンはそもそも政治家であり、学者ではなかった。したがって、彼の見解には時代遅れなところもないわけではなかった。それでも、彼の見解が表明されたのは、一八七〇年代にミケーネとティリンスにおいて、ハインリヒ・シュリーマンにより驚異的な発見がなされる直前であったことは注目に値する。シュリーマン自身は、「アガメムノンの黄金製マスクをじっと眺めていた」と言い、またその発掘品はホメロス時代の英雄たちのものであり、その英雄たちは当然ギリシア人であった主張している。だが当初は、彼の発見は、それとは正反対の効果を導いた。つまり、それらの発掘品は、ギリシアにはフェニキア人の大きな影響があったと主張する人々の立場を強める効果を与えたのであった。

ミケーネの発掘品は、それまでのギリシア芸術と考えていたものとはまったく異なった特徴をもっており、しかもそれらは醜い、ということがあまねく認められていた。それゆえ、それらの発掘品はビザンチン的ではないか、ゴシック的ではないか、あるいは——もっとも一般的には——オリエント的ではないか、とさまざまに憶測された。そして、オリエントのものであったとしたら、それらは輸入されたものであるとか、東洋の職人またはそのギリシア人弟子たちによってギリシアで作られたものであるとか、さまざまに憶測された。[99]

結局、疑う余地のない結論は、それらの発掘品がギリシアを植民地化したフェニキア人植民者の足跡であるというものであった。ドイツの高名な古代史家マクス・ドゥンカーは、一八八〇年に次のように記している。

ギリシアの地から発見されたもっとも古い古代遺跡の調査は、ギリシア沿岸におけるフェニキア人の広範な交易活動の証拠をもたらした。遺跡から出土した遺物だけではなく、遺跡そのものも、ギリシアに対するフェニキア人の影響を、それゆえまたギリシアにおけるフェニキア人の存在をはっきりと証言している。ギリシアの地へのフェニキア人の入植およびギリシア人に対するフェニキア人の影響を示す痕跡、足跡、形跡はもっとある。ギリシアの伝承自体が、フェニキア王の息子がギリシア人の土地に都市と領地とを築いたことを物語っている。これが、ギリシアの伝承が証言されている唯一の入植であるが、われわれは、ヘラス（古代ギリシア）沿岸にきわめて多くのフェニキア植民地が存在していたことを証明することができる。[100]［傍点はバナール］

ドゥンカー以外のドイツの学者は、ギリシア史家アドルフ・ホルムのように、ドゥンカーの学説に同意しなかった。ホルムは、ギリシア人を「例外的に高度なタイプの人間」とみなしていると公言し、エルンスト・クルティウスの「伝承の時代についての最新の科学的見直し」に賛同していた。ホルムは、一八八〇年代に伝承と科学とのあいだのこの学問的ジレンマについての自らの見解を次のように提示した。

ギリシアに対してフェニキア人の大きな影響が与えられた、という一般に流布している学説に対する最近の決然とした反対論は、まったくもっともなのではあるが、必ずしも正鵠を得たものではない。なぜ人々がギリシアにおけるフェニキア人の存在に異議を唱えるかの真の理由は、ギリシア人が重要なことはすべてフェニキア人に負うものであるとすることに反対していることにある。フェニキア人の広範な影響という説が……たんに気まぐれに起因するものにすぎないことは証明されていると確信する。だが、ギリシアにおけるフェニキア人のたんなる入植地の存在ということについては、他の事案においては妥当とみなされるような歴史学的な判断基準によってその存在が裏づけられているのに、なぜその存在を認めたがらないのであろうか。フェニキア人はかつてギリシアにいたのではあったが、その影響はとるに足らないものだったからである。[101]［傍点はバナール］

ホルムのこの文章は、実に明快に古代史家に対して外圧があったことを説明しており、また、一八三〇年代のコナップ・サールウォールや一九六〇年代のフランク・スタッビングズのような学者たちがなぜ妥協したかについての理由をも説明している。[102] だがこの妥協でさえ、一八八五〜一九四五年までの帝国主義と反ユダヤ主義の絶頂期という時代においては、受け入れられることがなかった。それと同時にこの時期は、ギリシア古典考古学〔古代ギリシア・ローマ時代を対象とする考古学〕の専門化と重なった時期でもあった。

その時期全体にわたって支配的となる論調は、すでに形づくられていた。一八八五年の『アメリカ考古学雑誌』第一号において、ある研究者は次のようにのべている。

われわれが知っている限りでは、フェニキア人は実を結ぶような理念を何ひとつ世界にもたらさなかった。……彼らの美術は……とても芸術などと呼べるような代物ではなかった。彼らは交易者であるにすぎなかった、と言うことができる。彼らの建築も、彫刻も、絵画も、まったく想像力に欠けるものであった。われわれが知っている限りでは、彼らの宗教は、もっぱら感覚に訴えるものにすぎなかった。[103]

バビロン

しかしながら一八八〇年代までには、より異論の少ない新しいタイプの「セム人」概念が生みだされていた。一九世紀初頭からは、メソポタミアの古代遺跡に強い関心が寄せられるようになっていた。たとえば、征服と殺戮を、きわめて「非セム的な」やり方で行ったとされるアッシリア人に対して、モヴェールやゴビノーといった人物が共感をいだいていたことについては、すでにのべたとおりである。[104] さらに一八四〇年代から五〇年代にかけて、古代ペルシア語、およびアッカド語の方言であるアッシリア語とバビロニア語、そして古代の非セム語であるシュメール語で書かれた楔形文字が、しだいに解読されるようになっていった。この解読は、学者たちに大きな興奮を与えた。また、聖書とよく似た内容のアッカド語文書も解読されるとともに、その興奮は、これ以後数十年にわたり高められることになった。一八七〇年代から八〇年代にかけて世俗化の傾向が強まるのにともなって、これらの文書は、旧約聖書の時代背景を解明するものとして歓迎された。また、当時のセム人観からすると自然なことなのではあるが、このアッカド語文書は、西セム人――ユダヤ人とフェニキア人――の文化が本質的に派生的な文化にすぎないものであり、しかもそれは、それよりはるかに古いバビロニア文明に由来する文化であるとする信念を確証するのに使うことができた。このような傾向は、一八九〇年代になってますます強くなり、メソポタミア文明を築いたのはセム人ではなくシュメール人であり、しかも「セム人がバビロニアに現われたときには、文明はすでに完成していた」[105]と、誰をも満足させるような学説がつくられた。

　理由はさまざまであるが、フェニキア人に功績を認めることを避けたいと考えていた学者たちは、ギリシア文化などヨーロッパ文化のなかに潜んでいる、容易に消すことのできないセム的要素はアッシリア人とバビロニア人によるものだとしようとしていた。[106]だが、この考え方にも問題があった。というのは、その伝播の通常の道筋は海上経由で、フェニキア――あるいは、少なくとも北シリア――を通ることになるからである。実際、この問題を克服するため、一九世紀後半から、ギリシアに対するオリエントの影響をアナトリアによるものとし始めた。というのも、アナトリアの「小アジア諸語」使用住民は、セム語使用者ではないとされていたからである。古代の伝承は、ギリシアと小アジアとのあいだには接触があったとしており、ギリシア南部の大半を征服したと考えられているペロプスはそこの出身とされている。しかしながら古代モデルによれば、この征服はあくまでもカドモスとダナオスによる征服のあとの時代に位置づけられており、しかもペロプスには二輪戦車《チャリオット》競争以外、何の革新的な文化的功績も認められないとされている。一九一二年に、ヒッタイト人の古代アナトリア帝国の言語がインド・ヨーロッパ語族に属するものであることが解明されてからは、ドイツのオリエント研究者たちによってヒッタイト人のアナトリアが熱狂的に取りあげられた。ドイツのオリエント研究者とイギリスのギリシア古典学者の双方は、ギリシアにおける「オリエント」の影響をできるだけアナトリア人のせいにしようとした。たとえば、イギリスのギリシア古典学者で歴史家でもあるウォルコットは、一九六六年に出版した主著『ヘシオドスと中東』において、第一章をヒッタイト人にあて、第二章をバビロニア人に当てていたが、しかし古代史記述においては、ヒッタイト人もバビロニア人も――エジプト人やフェニキア人の場合とは対照的に――ギリシアの神話や宗教の発信者として言及されてはいなかった。[107] 実際、次の第9章が扱う一八八五年から一九四五年までの時期において、ギリシアへのオリエントの影響に着目した学者はほとんどいなかったし、そういう学者がいたとしても、シリアを避け、海上よりも陸上の運輸・通信を好むドイツ人の性向にしたがい、ギリシアに陸路でバビロニアの影響を伝播したとする説ばかりであった。次にこの時期について考察することにする。

第9章　フェニキア問題の最終的解決　一八八五〜一九四五年

本章では、アーリア・モデルと、ギリシアがその形成に際してエジプトからもフェニキアからも影響を受けなかったとする考え方との強い結びつきについて検討する。フェニキアからの影響はなかったとする考え方は、明らかに一八八五年以降の激しい反ユダヤ主義に起因しており、とくに一八八〇〜九〇年代および一九二〇〜三〇年代における、二度にわたる反ユダヤ主義の山場ないし発作に起因している。一度目は、東ヨーロッパのユダヤ人が西ヨーロッパに大量移民したことにともなって発生し、ドレフュス事件〔ユダヤ系フランス軍大尉ドレフュスが一八九四年の軍法会議でスパイとして有罪にされた冤罪事件〕をめぐって具体的な形をとった。二度目は、国際共産主義運動ならびにロシア革命においてユダヤ人が決定的な役割を果たしたのち、一九二〇〜三〇年代の経済危機において現われた。

学界では一八九〇年代に、フェニキア人がギリシアを植民地にしたという伝承に対する最初の攻撃の火蓋が、フランスに同化したユダヤ人サロモン・レナック、およびイタリアに亡命したドイツ人ジュリアス・ベロッホによって切って落とされた。二人のあとには静寂が続いたが、その静寂のなかで、ギリシアにセム人の大規模な浸透があったというフランスの偉大な学者ヴィクトル・ベラール〔古代ギリシア学者、一八六四〜一九三二〕の主張が一般の人々に広く受け入れられた。もっとも、ギリシア古典学の同僚たちはそれを受け入れなかった。

しかしながら、同時期に、アーサー・エヴァンズによるクレタ島でのセンセーショナルな発見〔一九〇〇年クレタ島のクノッソス宮殿の発掘、クレタ島をエーゲ文明の中心と証明〕、そして、従来同島の先住民と考えられていたセム語使用者と「ミノア人」とは違うとした彼の学説が、エーゲ海地域の「先ギリシア人《プレヘレネス》」に対する大きな関心を引き起こした。ギリシア文化のうち、インド・ヨーロッパ人によってつくられたものとして説明できなかった部分は、すべてこの謎めいた「ミノア人」によってつくられたものだと説明された。その結果、「ミノア人」という概念を使うことによって、ギリシアを文化的に自己完結的なものとすることができるようになり、そのため、近東からの影響という視点からギリシアの発展を説明する必要性がなくなった。

もし仮にこのことを前提にしたとしても、アルファベットについては、それがギリシアによってフェニキアから借用されたものであることは否定できないはずである。ところが、エーゲ海地域にはセム人の影響がまったく存在しなかったなどという驚くべき考え方が一九二〇年代に現われたことによって、フェニキアからのアルファベット借用という問題までもが無視されるようになった。実際、一九三九年までには、ギリシアにフェニキア人がいたという伝承にわずかな真実でも含まれていると主張する学者はただちに学者としての地位を失うというところまで、急進アーリア・モデルの支持者がこの学問分野を支配するようになっていたのである。

ギリシア人の復活

「ミケーネ人」がいかなる民族であったかについてのシュリーマンの説〔ギリシア人の祖先とみなすこと〕が受け入れられるようになり、また、ミケーネの遺跡がヨーロッパ的なものであると分類されるようになったのは、一八八〇年代後半になってからのことであった。このミケーネ文明の新たな分類をもっとも積極的に提唱したのは、ギリシアの考古学者ツーンダス〔一八五七〜一九三四〕であった。

ギリシアがトルコからの独立を達成して以来、ギリシアの知識人は、自国をその「ヘレン的〔古代ギリシア的〕な過去に戻すために精力的に努力してきた。古典的な地名が復活され、また古代遺跡を外から見えるようにするため、周囲のトルコ的、ヴェネツィア的、ビザンチン的な建造物がとり壊された。その一方で、一九世紀のギリシア人たちは、ギリシアがいつの時代にあっても、その理想である紀元前五世紀のアテネ人と同じであったと主張していたわけではなかった。つまり、古代の歴史とギリシアの気候、風土によって形成されたギリシア精神の神髄は、時代ごとに多様な形態を示してはいるが、その民族的エッセンスにおいては一貫性が保持されているとみなしていた。シュリーマンが新たに発見したミケーネ文明が、古代ギリシア的な形態とは大きく異なる文明であったにもかかわらず、ギリシア的なものであるとみなされたのは、このような考え方によってであった。つまり、ギリシア精神の神髄は古代ギリシア的な形態にのみ存在するのではなく、他の形態においてもその神髄が発見できると解釈されたのである。

　こうして、ツーンダスは、ミケーネの遺跡は古典時代〔前五～四世紀〕文明の「ギリシア人」祖先の足跡であると確信し、ミケーネ文明にオリエントからの何らかの影響があった可能性を強く否定した。「この土地特有の芸術の性格は、独自なものであり、また均質なものであり、それはたくましくて才能ある人種によってもたらされたものに違いない。それがヘレネス（古代ギリシア人）のものであったということを、私たちは論証不要なものとしてみなしてきた」[1]。しかし彼は、それ以外の論点については、自説を論証しようと試みた。たとえば一八九一年の『アメリカ考古学雑誌』に、自説を論証しようとした彼の論文の要旨が掲載されている。

　ツーンダス博士の結論は、ミケーネ文明のアジア起源説を否定するものである。彼のおもな主張は次のとおりである。

（1）神々についての表現を、ギリシア的観念によって説明することができる。

（2）ミケーネとティリンスには食用魚類の化石はまったく存在しないが、牡蠣の化石だけはある。一方、ホメロスの時代のギリシア人は魚類を常食としていなかったが、アーリア系言語には牡蠣という意味の言葉がある。

（3）ミケーネ人は、一方では、イタリオート人〔古代イタリア南部のギリシア系住民〕などのアーリア人とのつながりがあり、他方では、有史以降のギリシア人とのつながりがあり、そのギリシア人の文明は、ミケーネ文明からつづいてきたものである。

（4）ミケーネの家屋の様式は、雨の多い気候に適したものであり、それは北方から移入されたものである。[2]

第一点についての誤謬は、序章で論及してきたし、本書の第Ⅱ巻でも詳しく論じる予定である。第二点はあまりにも浅薄すぎて、論評する気になれない。第三点は循環論であり、いずれにせよ、クレタ島の「ミノア」文明の発見によって完全に時代遅れとなった。第四点は、何の事実を根拠にしているのかわからない。というのは傾斜のついた屋根はシリア地方全体で見られ、またフラットな屋根は、青銅器時代のエーゲ海地域でもっとも平凡なものだったからである。古代史学者や考古学者で、こうした彼の議論をまともに受けとめようとする者は、今日ではほとんどいないであろう。にもかかわらず、ほとんどすべての学者は、ツーンダスがこのような議論によって誤って導き出した結論だけは受け入れているのである。

だが、ギリシアへのセム人の影響があったとする考え方は、すぐには消えなかった。一般市民のレベルでは、より常識的な見方が広まっていたからである。たとえば、一八九五年に発行されたアメリカのある教科書には、次のように記述されている。

これらすべての伝承から導き出される核心的な事実は、おそらくこうであろう。ヨーロッパ系ギリシア人は、その文化の主要部分を東方から授けられた。これには二つのルートがあった。第一に、先史時代において、とくにフェニキア人のようなセム系人種のギリシアへの移住によって直接的に授けられた。そして第二に、間接的に、小アジアの沿岸、クレタ、キプロス、そしておそらくは下エジプトに移住したオリエント系ギリシア人が、セム系または半セム系の人々と接触するようになり……そして、これらの文化の芽をギリシア本土にいた自民族に伝えることによって授けられた。[3]

一八九八年までには、どの学派にも属さない学者であったロバート・ブラウン〔神学者、一八四四～一九一二〕は、ギリシアに対するセム人の影響という常識的な見方の何が問題とされているか十分に認識していた。彼は、「アーリア・モデル信奉者」を攻撃した。つまりアーリア・モデル信奉者は、一世紀にわたり「セム人によるきわめて大きな影響があったことをほとんど完全に無視または否定してきたが、『アーリア・セム学派』〔ブラウンが始めた比較神学の新学派〕の考えによれば、その影響があったことは、ヘラス（古代ギリシア）の津々浦々で見出される」[4]というのである。興味深いことに、ブラウンの見解は一九世紀の全体をつうじて実際に受け入れられていた説なのであったが、いまでは珍説だと思われており、今日、彼の著書を読み終えると、四面楚歌になっているという印象を受ける。

サロモン・レナック

一八八〇年代以降、ドイツ、オーストリアにおける人種主義的反ユダヤ主義の勝利と、他のヨーロッパ地域における反ユダヤ主義の勃興とによって、ヨーロッパの知的雰囲気は大きく変えられていった。この変化には多くの原因があったが、そのうちもっとも重要なものは、東ヨーロッパのユダヤ人が、西ヨーロッパおよびアメリカに大量に移住したことである。流入したユダヤ人は、貧困状態にあった地元の都市労働者のスケープゴートにされるとともに、都市労働者と貧農、そして資本家と地主という二つの階級から、彼らの一体意識の確立のために、「余所者《よそもの》」として扱われ、利用されたのである。また反ユダヤ主義にとっては、一八五〇年代後半以降の世俗化の進行や、さまざまな形態の人種主義の蔓延が有利に働いた。

人種主義のうねりは帝国主義の確立とも結びついていたし、野蛮な非ヨーロッパ系「土着民」に対抗して植民地宗主国内部で形成されつつあった国民的連帯意識とも結びついていた。皮肉なことに、一八八〇〜九〇年代の二〇年間は、ヨーロッパとアメリカとが世界支配を完成させた時期でもあった。アメリカとオーストラリアの先住民はほとんど絶滅させられ、また、アフリカとアジアの先住民は全面的に植民地化され、屈辱的な状態に置かれた。「白人」が彼ら先住民を政治的に配慮しなければならない理由はもはやなくなったのである。こうした意味では、反ユダヤ主義は、外部に敵がまったくいなくなった段階でのみ楽しむことができる「ヨーロッパ産の贅沢品」である、とも言うことができよう。
　かくして、博識なフランス人サロモン・レナック〔考古学者、一八五八〜一九三二〕がツーンダスの著作について、「これらの考え方が広まっている」[5]と書いた一八九二年は、以上にのべたような時代であった。その翌年、レナック自身が、ツーンダスと同じ筋に沿ったきわめて重要な論文を発表した。「これらの考え方」をレナックが支持することになったという事実は、かかる考え方がもはやロマン主義者の独占物ではなくなったことを意味している。とはいえ、サロモン・レナックと彼の著名な兄弟がそれほどロマン主義的でなかったという意味ではない。彼らは、パリに住む裕福な改宗ユダヤ人家庭の出であり、また、ルナンや時流に乗った知識人たちが彼らの家によく出入りもしていた。ユダヤ教に対するレナック兄弟の態度には複雑なものがあった。彼ら自身は、宗教教育を受けておらず、ユダヤ教もキリスト教も時代遅れの迷信であると考えていたが、サロモンはユダヤ文化の保存に関心をもち、また何年ものあいだ『ユダヤ研究評論』のパトロンであった。彼は兄弟の一人ヨセフ・レナックとともにドレフュス事件で活発に行動し、フランスにおける新反ユダヤ主義の背後にあるキリスト教徒王党派とは正反対の立場をとっていた。[6]
　サロモン・レナックは広さと深さとを兼ね備えた優れた学者であったが、彼の主要な関心は考古学と人類学という新しい学問に集中していた。インドや近東についても博識であったが、もっとも大きな興味の対象は、北、中央および西ヨーロッパにおける考古学的史料の発掘であった。「言語は身体的特徴とは無関係」であると強く確信していた彼の一八九〇年代初期の著作は、二重の意味での独立宣言とも言うべきものであった。つまり、オリエントの幻影からヨーロッパを独立させ、そして、文献学とそのロマン主義的な学界組織から「科学的な」考古学と人類学を独立させることをめざしたものだった。このように、レナックのなかには二〇世紀の人類学とギリシア古典学の功罪を同時に見てとることができる。功は、常識的感覚と懐疑主義とであり、罪は、論敵に対して年代設定に厳しい証拠を求めること、そして古代人に対する軽蔑であった。
　「オリエントの幻影」〔一八九三〕と題するレナックの長い雑誌論文は、インドおよびセム的な近東に対する二正面攻撃であった。レナック自身が好んで使っている軍事用語による比喩で表現すれば、中国、エジプトならびにトルコの降格は、「インド人—ヨーロッパ人—セム人」の同盟によって達成されたのであった。ヨーロッパ人の同盟者であったインド人およびセム人を見捨てる勇気をもっていたのは、かつての一八二〇年代においては、レナックが「つねに彼は彼の時代の前を行っていた」と評したミュラーだけであった。[7]しかし一八八五年までには、ヨーロッパによる世界征服がほぼ完成し、この勇気は平凡なものとなってしまい、今やインド人やセム人を排除することはいとも簡単にできるようになっていた。

一九世紀における歴史学の発展の経緯について論じる場合、「オリエントの幻影」に対する反抗が——最初はおそるおそるだったが、後には史実によってますます確信をもって正当化されることにより——開始されるようになった時期は、一八八〇〜九〇年にかけてであったことを強調しておくべきであろう。それは、最古の諸文明の起源の曖昧さにアジアが付け込んできたことに対する、ヨーロッパからの反撃であった。[8]

レナックは、三つの視点からインド的ロマン主義者を批判した。第一に、彼は、インドの神話をギリシア神話に結びつける試みが失敗したことを論証した。第二に、言語について彼は、いわゆる新文法学者の考え方の一つを発展させた若き言語学者フェルナン・ド・ソシュールを引用したが、一般に新文法学者とは、より古い世代の学者に対する反逆者であることを自認していた人々のことであった。レナックによれば、ソシュールは、サンスクリット語をもっとも古くかつ純粋なインド・ヨーロッパ語族としての地位から引きずり降ろしたという。そのときソシュールは、「インド・ヨーロッパ祖語」をヨーロッパの言語であるとし、とくにリトアニア語と同一視していた。それを根拠にレナックは、インド・ヨーロッパ祖語の「原郷《ウーアハイマート》」をウクライナの大草原、もしくはバルト海沿岸にまで全面的に移した。[9]それがどちらであったかはともかくとして、第三に、レナックは、仮にインド・ヨーロッパ語族諸語の使用者が、一つの「人種」だったとしても、その「人種」は、ヨーロッパの先住諸民族によって物理的に吸収されてしまったのであり、かくして、西ヨーロッパ先史時代の優れた文化は本質的に自生的なものであったと主張した。[10]

レナックがもつ、アーリア人優位の人種主義に対する敵愾心、およびヨーロッパ人の同化能力に対する確信についての彼の思想的背景は明白である。しかし、セム人によるギリシアへの影響に対する彼の批判の思想的背景は複雑であった。それは、〔ユダヤ教から改宗した〕同化ヨーロッパ人として、彼自身、自らの文化的アイデンティティを模索していたことと関連していたと思われるが、彼は結果的に、セム人としての文化的資質を身につけることができなかった。それはまた、一つには、第8章で見たモロク神崇拝とも関連しているように、ヨーロッパ系ユダヤ人をフェニキア人やカルタゴ人から区別したいという、宗教意識とは異なった彼の願望にも起因していたかもしれない。彼の一貫した人格的高潔さはともかくとして、彼がユダヤ教研究を支援したことは、一九世紀の自然科学全体に広まっていた「不純な要素の除去による科学性の保持」いう潮流との間で、彼の二枚舌を示すものであったと言わざるを得ない。

レナックは、後期「金属器時代」までの時期におけるヨーロッパに対するセム語族諸語または「クシ語（エジプト語）」の影響を「絶対的に」否認した。とはいえ、彼は、彼が紀元前一三世紀としているフェニキア人の交易開始時期の最初から、「西洋文明が……ある程度……オリエント文明に従属するようになっていた」ことは認めている。[11] それなのに、レナックは、西洋文明の基盤は断固として土着のものであると言い張った。さらに、ヨーロッパ先史時代の偉大な文明こそが、オリエントの文明に影響を与えたのであって、もし学者が十分な大胆さをもって試みれば、「守りから攻めへと向かうこの転換」は成功するであろうと確信していた。[12] レナックは、ミケーネ文明がヨーロッパ的であるとするツーンダスに同感していた。というのは、レナックの主張によれば、ミケーネ文明は地中海および黒海の周辺で発見された諸文化に似ていたからである。しかも彼は、一時的かつ地域的な差異は「さまざまな文化発展段階にあった」さまざまな部族に「同一の型」を重ねた結果として生まれたもの、とみなしていたのである。[13]

ジュリアス・ベロッホ

レナックは、その急進主義にもかかわらず、紀元前一三〇〇年以降のギリシアへのセム人の影響を認めており、ミュラーのところまでは後退していなかった。しかし、この後退は「オリエントの幻影」が発表された翌一八九四年に、ジュリアス・ベロッホ〔ドイツの古代史家、一八五四～一九二九〕の「エーゲ海におけるフェニキア人」[14]と題する短いが影響力のある論文によって、現実のものにされてしまった。ベロッホは、レナックやミュラーと同様にドイツ人ではあったが、ローマに住んでおり、一八九四～一九二九年までローマの大学で教え、また、フンボルトやニーブールそしてブンゼンと同じように、イタリアを旅行して遺跡目録を作ることをこよなく愛していた。だが、ベロッホは、彼らと同様に、「イタリア文化から影響を受けない」ドイツ人のままであった。[15]

ベロッホは、教師としての成功や膨大な数の出版物にもかかわらず、自分自身のことを亡命せざるを得ないほどの失敗者だと思っていた。実際、彼はローマの偉大なドイツ人歴史家モムゼンによって、ドイツの学界から締め出されていた。ベロッホがドイツにおいて満足の行く地位を得られなかったもう一つの理由は、真偽のほどは定かでないが、彼をユダヤ人ではないかと疑う者がいたからである。この疑惑にもかかわらず、あるいは、より正確にはそれゆえに、彼は熱烈なゲルマン民族主義者であり、しかも、憎悪に満ちた反ユダヤ主義者であった。[16]さらに、彼は自らの歴史著作にも反ユダヤ主義を反映させていた。「今日、ニグロは英語を話すという理由でイギリス人とみなされるわけではないし、ユダヤ人はドイツ語を話すという理由でドイツ人とみなされているわけではない。これと同様に、かつてのユダヤ人も、ギリシア語を話していたという理由でギリシア人とみなされていたわけではないのである」[17]。

ジュリアス・ベロッホは、ギリシアとイタリアの歴史に関して驚異的な著作活動を行った人物であり、また、古代史に近代的な統計的手法を導入したことで名声を得て尊敬されていた。[18]その性質上、不確定的とまでは言わないにしても数量化が困難な、曖昧な情報に統計的手法を適用するには、厳格な証明の要求、古代史料に対する徹底的な批判的アプローチ、そして、より近年に年代を特定しようとする熱い情熱がともなっていた。また、この方法には、私が序章で「考古学的実証主義」と呼んだもの、つまり、古代に関する一つの「科学的」情報源といえる考古学への絶対的な信念がともなっていた。さらに、彼の統計的手法は、対象物（objects）を扱うことが研究を客観的（objective）にするのだという、語呂合わせからくる信念となっており、ベロッホとその後継者たちは、考古学上の解釈なるものが、文献や言語、神話を解釈する場合と同じように、主観の影響を受けやすいという事実をほとんど自覚していなかった。

モミリアーノ教授は、ベロッホに関する論文のなかで、「彼の自由主義と民族主義とのあいだには……また彼の人種主義と数字信仰とのあいだには潜在的な矛盾」[19]があると指摘している。私は、これを否定はしないが、それらは普通、「非対立的」なものだと思う。もしも「数字信仰」が「実証主義的な証拠を求めるもの」という意味にまで広げられたとすれば、これらの「潜在的な矛盾」は、一九世紀から二〇世紀のギリシア古典学の基本的な特徴であったということになるであろう。それらの潜在的矛盾が「単一の起源を否定する歴史記述」を生み出したのであり、それを理由に、右翼の古代史歴史家ヴィルケンがニーブールを賞賛したことは正しい。[20]ベロッホは、――現在、彼がモミリアーノ教授によって批判されているように――モムゼンやヴィラモーヴィッツ＝メーレンドルフのような、より自由主義的な同僚から批判されたわけであるが、ベロッホの学説そのものは、すでにギリシア古典学の学界全体に広がっていた通説を、極端に表現したものにすぎなかった。ベロッホがセム人をどう扱っているかは当面脇におくとして、「科学はたんなる蓋然性とは関係がない」という彼の考え方に同意しないギリシア古典学者などほとんどいないであろう。ここで「蓋然性」というのは、ベロッホ自身や多くのギリシア古典学者によってしばしば使われる、「おそらく……であろう」という言葉によって表されているものである。[21]

ベロッホは、二〇世紀の大多数のギリシア古典学者と同様に、セム語族の言語にはまったく通じていなかった。それにもかかわらず彼は、ドイツの最新の研究業績を引用して、言葉の符合がいかに「興味をそそる」ものであっても、ギリシア語の言葉や地名がフェニキア語から借用されたものであるという説は否定できると考えていた。たとえば、ヨルダン（Jordan）という地名と、クレタ島およびギリシア西部のエリス平野にあるイアルダノス（Iardanos）という川の名称とのあいだにある、従来から広く認められてきた関係や、イスラエルのタボール山（Mt Tabor）という名称と、ロードス島のアタビリオン山（Mt Atabyrion）という名称とのあいだにある関係さえ否定していたのである。[22]彼はこの点で、ドイツの勇ましい民族主義者エドゥアルト・マイヤーの考えに拠っていた。マイヤーは、ギリシアからセム語族の言語の影響を排除することでは急進的であったが、エーゲ海地域へのフェニキア人の移住は否定しなかったという意味で、アドルフ・ホルムと似ていた。かくしてベロッホにとってマイヤーは、この点に関しては客観的なものとして引用することができたのである。[23] またベロッホは、ギリシア宗教と近東地域の宗教に共通の起源が存在する根拠について、それを古典時代後期〔前四世紀〕、またはヘレニズム時代〔紀元前四〜一世紀〕になって以降に行われた両地域の接触によるものだとしている点で、ミュラーの見解を踏襲していた。[24]

ベロッホは、フェニキア人がギリシア人に船の造り方を教えたなどということはあり得ない、とする考えを別の学者の説に従って採用した。なぜそれがあり得ないとしたかと言えば、ギリシア語の航海用語にはセム語族の言語からの借用はまったくないからだという。したがって、フェニキア人が早い時期にエーゲ海に到達したということはあり得ないのだという。[25] この議論は、二つの意味で間違っている。第一に、たとえば紀元前二千年紀のエーゲ海にフェニキア人がいたとしても、そのことだけで、それ以前の原ギリシア人が船をもっていなかったことまでも意味することにはならない〔原ギリシア人がそれ以前から船をもっていたのかもしれず、仮にそうであるとすれば、もしギリシア語の航海用語にフェニキア語からの借用がなかったとしても、フェニキア人がそれ以前にエーゲ海地域にいなかったことの証拠にはならないからである〕。第二に、ギリシア語の航海用語で、インド・ヨーロッパ語族の語根をもっていないとされている言葉には、あいにくセム語族に語源をもつと思われる例がたくさんある。「バリス」（一人乗りの小船）という言葉がエジプト語起源であることは誰もが認めていたことからすると、ベロッホと彼の同時代の人々は、このようなエジプト語起源の言葉が他にもあるかもしれない可能性を追求しなかっただけである。実際、エジプト語によっても、インド・ヨーロッパ語族諸語によるのと同じぐらいの数のギリシア語航海用語を説明し得るし、バリスのエジプト語起源説は、エーゲ海で発見された小船についての最初の詳細な描写に、つまり、テラ島にある紀元前一五〇〇年頃の壁画にみられる小船の型が明らかにエジプト型であるという事実に、ぴったりと符合する。[26]

またベロッホは、フェニキア人の小船は外海に漕ぎ出そうという気になれないほど小さくて、しかも、できが悪すぎたと主張した。その小船は、たとえば、沿岸に沿って北アフリカにゆっくりと近づくことはできたかもしれないが、紀元前八世紀以前にエーゲ海に到達していたなどということはとてもあり得ない話だとされたのである。だが、これと逆のことを示す膨大な古代の伝承がある。しかも、伝承とは別に、現在では、フェニキア人の小船がエーゲ海地域に到達していたことを示す圧倒的な考古学上の証拠がある。[27] しかしベロッホは、当時のほとんどの急進アーリア・モデル信奉者たちと同様に、どうしても否定することができないオリエントからの影響を、アナトリアに発する陸路のせいにするか、あるいは少なくともアナトリア経由によるもの、と主張したのであった。

一般に、穏健アーリア・モデル信奉者を急進アーリア・モデル信奉者から区別する一つの方法は、トゥキュディデスに対してどういう態度をとったかである。穏健アーリア・モデル信奉者は、ヘロドトスの「エジプト至上主義」や「ギリシア的解釈」〔エジプトのアモン神をゼウス神とみなすようなギリシア中心的な解釈〕には不快感を感じていたが、トゥキュディデスに対しては深く敬愛していた。というのは、トゥキュディデスは、ギリシア本土におけるエジプトとフェニキアの植民地にはまったく言及していなかったからである。ところが、トゥキュディデスは、ギリシアの島々やシチリア島へのフェニキア人の移住には言及していた。ベロッホは、このギリシアにおけるフェニキア人の存在を徹底的に否定し、彼らに関する広範な古代の証言があるにもかかわらず、その存在はまだ「立証できていない」という考古学上の「証拠」を探し求めていた。[28] だが、ベロッホの主要な関心は、フェニキア（人）やシドン（の人々）という言葉に頻繁に言及していたホメロスについてどう説明するかにあった。ベロッホは、ミュラーと同様に、ギリシアではphoinixという言葉がフェニキア人という意味だけでなく、多様な意味をもっていたと指摘することによって、フェニキア人が果たした役割を矮小化しようとした。つまり彼は、ヴォルフとミュラーに従い、ホメロスの叙事詩は単独にではなく、さまざまな書き手による創作によってつくられたとみなし、phoinixという言葉がフェニキア人という意味で使われているのは、phoinixへの言及のうち年代的にもっとも新しい時代においてのみであったと仮定することによって、フェニキア人に関する言及を減らそうとしたのである。ベロッホは、それらの叙事詩の核心的部分にフェニキア人への言及が存在することを断固として否定し、『イリアス』におけるトロイの野蛮な同盟者リスト――それはエーゲ海およびアナトリア全域を網羅していると彼は考えた――にフェニキア人が載っていないことを指摘することで、この信念を正当化しようとした。[29] かくして彼は、フェニキア人が紀元前八世紀以前にエーゲ海地域に到達していたことはあり得ず、それゆえ、ギリシア文明の形成に重要な役割を果たしたこともあり得ない、という主張を展開することができたのであった。

現代のベルギーの学者ギ・ブンネンズは、急進アーリア・モデルをつくりだした人々について、次のように論じている。

> 彼らの著作を読むと、それらの著者たちは、必ずしも科学的客観性によってのみ支配されていたわけではなかった、と考えざるを得ない。レナックとオートラン［レナックと似た見解をもつフランスの学者］は、この時代の世界を支配している人々のため、つまり、ヨーロッパ人のために、もっとも遠く離れた過去の時代についてもその一定の地位を確保しておくべきことを主張していた。彼らは、当代においてきわめて重要とされている民族が、過去において何の役割も果たさなかったということはとても信じられない、と主張したのであった。それゆえ、「アジアの要求に対してヨーロッパの権利を主張すること」が必要だったのである。この新奇な学説がなぜ現われたかを説明し得るのは、一九世紀末から二〇世紀初頭にかけての歴史的背景である。というのは、この時期こそ、ヨーロッパ諸列強の植民地主義が勝利をおさめた時期だったからである……。これに加えて、科学とは関係のない要因、つまり反ユダヤ主義という要因があった。一九世紀末には、ヨーロッパ、とくにドイツとフランスにおいて、反ユダヤ主義が席巻していた……。ユダヤ人に対するこの敵意が、歴史をさかのぼって、他のセム人、つまりフェニキア人に向けられた。[30]

ヴィクトル・ベラール

興味深いことに、ギ・ブンネンズによるこの言及が何を意味しているかについては、レナックやベロッホの時代の洞察力ある人々にはわかりきっていたことであった。ベロッホが、その論文「エーゲ海におけるフェニキア人」を発表した一八九四年に、ヴィクトル・ベラールは、それよりはるかに膨大な著書『アルカディア宗教起源論』を発表した。そこでは、フェニキア人とギリシア人との関係について、ベロッホと正反対の解釈をしていた。

ベラールは、スイス国境近くにあるフランス・ジュラ山脈地方で生まれ、奨学金によってパリの国立高等学校《リセ》、そして国立教員養成大学《エコール・ノルマル・シュペリエール》に進んだ。その後、彼は一八八七年に、アテネのフランス系学校に通い、三年間にわたりアルカディア地方で発掘調査に参加した。アルカディアはペロポネソス半島の中部にある典型的な田舎であり、山の多い古風な感じのする地域である。彼はこの辺境地周辺や、ギリシア、バルカン半島全体を広く旅行した。ベラールは、まれにみるエネルギーと決断力の持ち主であり、学究生活を続けただけではなく、当時のバルカン半島、近東ならびにロシアに関する多くの著書を出版するほか、数年にわたり『パリ評論《ルヴュ・ド・パリ》』という政治雑誌の編集も担当した。後には、ジュラの地方議員に選出されている。彼は政治においては急進的であったが、フランス海軍を愛するようになり、海に強い関心をもつようになった。[31]

ベラールは、アルカディアの宗教に関する最初の著書『アルカディア宗教起源論』のテーマを、アルカディアでの調査時に思いついた二つの新発見にあてた。第一は、実地調査や考古学によりパウサニアスの業績を検証した限りでは、パウサニアスには類まれな正確さがあるということであった。したがって、シュリーマンの発見〔一八七六年、ミケーネの円形墓域Aの発掘〕により、まさに紀元二世紀のガイドブック〔パウサニアス『ギリシア案内記』〕の正確さがミケーネとティリンス――まさしくパウサニアスが、重要な遺跡がありそうだと指摘していた場所――においてきわめて劇的に証明されたときのベラールの驚嘆ぶりには、むしろ不思議な感じすら覚える。それでも、レナックとベロッホに代表される学問上の「時代精神」は、そう簡単には揺るがなかった。パウサニアスの記述は他の古代史家や地理学者と同様に、子ども向けの読み物としては適切だろうと慇懃《いんぎん》無礼に取り扱われ続けた。いずれにせよ、ベラールはパウサニアスが訪問したと言っていた遺跡に自ら足を運ぶことによって『ギリシア案内記』の記述の正確さを確認し、そのことが彼をして、他の古代の著者たちも正確であるに違いないと確信させることになったのである。[32]

第二に、ベラールは、アルカディアの宗教は古代ギリシア的ではないと考えた。アルカディアは、つねにペラスギ人と結びつけられていたので、このことに異論の余地はなかった。だが、彼自身驚き、また同僚を激怒させることになったのは、ペラスギ人がセム系だったという彼の結論である。というのは一八八〇年代までは、フェニキア人は海に生きる民であり、内陸に行くことはあり得ないという説が公理のようなものだったからである。また、ベロッホが主張していたことは、ギリシアにおけるフェニキア人の影響は時代的にきわめて遅い時代のことであったという、この当時一般的に信じられていた仮説を体系化していたにすぎなかった。この既存の仮説は、ギリシア古来の習慣が保持されていることで知られるアルカディアの内陸地方に、セム人による相当大きな影響があったとするベラールの結論と矛盾するものであった。

ベラールは、この矛盾を十分に認識していた。彼は自分の研究成果に十分な自信をもっていたので、定説の方を疑い始めた。そのため、自分の結論を類推させるような、現代の類似例を探し求めた。そのことが彼に、次のような文章を書かせることになったのである。なぜ、私がここでそのくだりの全文を引用するかというと、これこそ本書『ブラック・アテナ』の主要なテーマを見事に要約しているからである。彼は、「ペラスギ人」が住んでいた貧しく辺鄙な内陸地アルカディアにフェニキア人がいたことを論証するなかで、こう書いていた。

……〔ギリシアのアルカディア人に〕劣らず、ペラスギ人は遠い存在であり、もっと未開であり、したがってそれだけわずかな研究成果しか期待できないとしても、アフリカ系アルカディア人の存在証明を見つけ出そうとして、ペラスギ人にまで行き着くヨーロッパ人が、今日では多くなってきている。そもそも航海や冒険を好むことは、何も一つの時代、または一つの人種の独占物なのではない。そして、今の時代の世界におけるセム人の驚くべき拡散……。今の時代の旅行者の方が、フェニキアのシドンの人々がもっていたようには思われない科学的好奇心と宗教的熱意という二つのモチベーションを備えていることは事実である。さらに、ペラスギ人と今の時代のコンゴ人とを比較するということは驚くべきことであるかもしれない。だが、そのような比較をする場合、二つの先入観、あるいは、むしろ根拠薄弱で、しかもほとんど意識されていない二つの感情に警戒心をもっておかなければならない。つまり、私たちの「ヨーロッパ・ショービニスム（排外的愛国主義）」に対しての警戒心、もう一つは、そう呼んでもあまり失礼にならなければ、私たちのギリシア狂信主義とでも言うようなものに対しての警戒心である。

ストラボン［一世紀の地理学者］からカール・リッター［一九世紀初頭の地理学者］まで、すべての地理学者は、われわれのヨーロッパを、とくにユニークさと美しさで……文明の形と力の端麗さで……他のいかなるところよりも優越した豊かな土地とみなすよう、私たちに教え込んできた。私たちのほんとうの姿、つまり、私たちは世界についてほとんど知識がないという実態にもかかわらず、世界をこのように見る見方は、おそらく私たちのもっとも基本的な思考に大きな影響を与えていることであろう。私たちは、ヨーロッパを一方の側に置き、アジアとアフリカを他方の側に置く――そして、それら二つのあいだに深い溝をつくる。あるヨーロッパの国へのアジアの影響について論じる場合、私たちは……私たちのところにあえてやって来る勇気が異邦人《バーバリアン》にあるなどとは想像できない。だが厳しい現実は、異邦人がときには洪水のように押し寄せて来たことを、無理やり私たちに認めさせようとしている。人によっては、私たちの最初の祖先が誕生した土地は、ヨーロッパから遠く離れたアジアの真ん中であったと主張する。もしも私たちの父親がアーリア系でなかったとしても、そしてその息子の生まれた場所がアジアであったとしても、私たちは人種的にはアジア系ではなく、永遠にインド・ヨーロッパ系であるとしようとしている意味で、私たちの考え方は我田引水的と言える。それとは逆に、セム人がアジアからアーリア人のヨーロッパへ侵入してきたなどという考え方は、私たちの偏見と矛盾する。実際、この考えに従うならば、あたかもフェニキア沿岸が、イランの高原よりもずっと遠かったということになる。また、地中海全体へのアラブ人の侵入は世にも稀なる一つの不幸な偶然とされており、……そのような偶然が繰り返されるなど一瞬でも考えてはならないということになる。フェニキア人がカルタゴを占領し、現在のチュニジアの半分を領有していたという事実は、アフリカの地に限定されたできごとだとされる。また、カルタゴ人がスペインやシチリア島の四分の三を征服したということも［確かにそのとおりだが］、まさしくアフリカでのできごとにすぎないので問題はないとされる。だが私たちは、フェニキア人の足跡がマルセイユ、プライネステ［ローマ東方にあった町］や、キティラ島、サラミス島、タソス島ならびにサモトラキ島、ボイオティア、ラコニア、ロードス島、そしてクレタ島において見つかったときでさえ、それがアフリカでの場合と同じように本格的な占領を意味することを認めようとしない。私たちはそれを一時的な上陸であるとか、たんなる交易拠点……にすぎないと言う。もしも、私たちが、要塞とかフェニキアの属領などといった言葉を口にしようものなら、あわてて、それは海岸においてのみであったと付け加える……。私たちが余所者に出会う場所が、ガリアやエトルリア、あるいはルカニア〔イタリア半島南部〕やトラキアにおいてではなく、ギリシアにおいてであったなら、ヨーロッパのショービニスムは本物の狂信主義に変わってしまう。今世紀〔一九世紀〕のはじめにヨーロッパ全体で立ちあがった……一八二〇年の寛大な親ギリシア主義《フィルヘレニズム》はもはや流行《はや》らないとしても、実際の心情は、たいして変わっていないと言うことができる……。私たちが考えるギリシアは、英雄と神々の国としてである。白い大理石の柱廊の下で……。

ヘロドトスは、すべてがフェニキアとエジプトからの伝来であると私たちに伝えたが、それは無駄だった。私たちは、好々爺ヘロドトスをどう考えるべきか知っている。考古学が二〇年間にわたって毎日、しかもギリシアの至るところで、オリエントからの影響に関する争い得ない証拠を私たちに提供してきたのに、その証拠にもとづいてギリシアをカリアやリュキアやキプロスのように、オリエントの一地方として扱うことはまだ許されていない。もしも、私たちの地理学においてヨーロッパをアジアから切り離すとしたら、歴史学においてはギリシア史を私たちが古代史と呼ぶものから切り離すことになってしまう。だが私たちは、目の前にある有形な遺物から、ギリシア人は……フェニキアとエジプトの教え子であることに気づくし、また、ギリシア人はまさにアルファベットに至るまでセム人のオリエントから借用していたことに気づく。それでも私たちは、ギリシア人の制度、慣習、宗教、儀式、思想、文学、そしてギリシア人の初期のあらゆる文明すべてが、オリエントから継受されたとする冒涜的な仮説に衝撃を受け、尻込みしてしまうのである。[33]〔傍点はベラール〕

興味深いことに、ベラールはこうした大胆さにもかかわらず、彼と同時代のポール・フカールとは違い、エジプトからの影響を真剣に提起することも、聖域の中の聖域であるギリシア語の由来について問題提起することもなかった。

本書の研究に私自身を駆り立てたものと同じ信念にもとづいたこのようなベラールの明瞭な記述が、帝国主義の絶頂期と急進アーリア・モデルの初期にあたる時期に書かれたことに、私はたいへん感激した。反面、この事実自体は、これらの学問的展開を外在的なものとして、すなわち、外からの社会的・政治的発展、および全体の知的雰囲気によって少なからず影響を受けたものとして位置づける私の説明方法に、一つの問題提起を投げかけているとも思われる。この問題を克服するためには、学問の三つのレベルに着目しなければならない。つまり、第一に、個々の学者の思想レベル、第二に、学者の教授能力と発表能力のレベル、そして第三に、学界の一般的到達レベルである。知識社会学は、この第一のレベルでは態度と行為を近似的にのみ予測し得るにすぎず、第二レベルでおおいに役に立つものとなるが、実際には第三のもっとも広い学界全体のレベルにおいてこそ、それ本来の役割を果たすことになる。

ベラールの学説が生まれたのは、第一と第二のレベルにおいてである。つまりベラールが大胆であり得たのは、彼がドイツ人でもイギリス人でもなかったからなのであり、もしドイツ人であったとしたならこの学説はまったくあり得なかっただろうし、イギリス人だったとしてもその可能性は小さかったであろう。もっとも独創的で急進的なドイツ人でさえ、これらの問題に関してはロマン主義という制約の枠内でしか考えることができなかった。シュリーマンはこのことを示す好例である。一方、イギリスのグラッドストーン、フレーザー、ハリソンのケースは、ドイツよりイギリスの方がロマン主義による制約の枠がやや広かった可能性のあることを示している。だが実際には、イギリス人でこの枠を超えようとしたのは、異端学者で、セム人の宗教についてのすぐれた研究を行った人類学者、ロバートソン＝スミス唯一人であった。一方、ロマン主義の枠を超えて考えることができたのは、ドイツのアーリア優位主義に懐疑的になっていた一八七一年以降のフランス、しかも、キリスト教王党派の反ユダヤ主義に嫌悪感をいだいていた共和主義者のあいだにおいてのみであった。ベラールの出身地であるフランスとスイスにまたがるジュラ山脈地域の社会には、「三大アナーキスト」として知られるプルードン、バクーニン、クロポトキンがモデルとしたような、世俗的個人主義や急進的個人主義の強い伝統が根付いていた。[34] この意味で、ベラールの出身地がジュラであったことは重要である、というロマン主義的解釈も成り立つだろう。ベラールが大胆であり得たもう一つの重要な要因、それはベラールが「純粋な」学者ではなかったということである。彼は、学界以外にジャーナリズムや政治といった別の世界をもっており、それによって広い視野をもつことができたのである。シュリーマンやグラッドストーンにも、似たような特徴があることに注目しておかなければならない。

この二つ目の要因は、個々の学者の発表能力という学問の第二レベルにおいて、決定的に重要である。学界の異端児が、その「不健全な」考えを発表できるのは、学問以外の広い世界において社会的地位をもっているときだけである。現在では、「りっぱな」出版物は、大学出版部――それは、大学出版部以外のところで発表された研究成果を学者が無視することを可能にしている――をつうじて、正統派の学者によって出版されているが、一九世紀から二〇世紀初頭には、「りっぱな」出版ができるのは従順な学者だけというわけではなかった。しかし当時でも、不従順な学者や門外漢がその学説を公にすることは容易ではなかった。

特定の専門分野をもたず、「一匹狼を地で行く」学者が正統派の学問の限界を超えるためには、踏みとどまるべき領域を見極めるむずかしさという、もう一つの困難がある。「毒をくらわば皿までも」という原則にもとづけば、聴衆の先入観のいかんにかかわらず、「ありのままを語る」ことへの大きな誘惑にさそわれる。そのような学者は、正統派のもっとも心の広い学者が超える得ような限界とともに、自らの議論を厳密に展開するうえで有用な限界でさえも、ときとして超えてしまいかねない。

たとえば、ベラールは、ギリシア人の地中海の背後にフェニキア人の地中海があるように、ギリシア人のオデュッセウスの背後にはフェニキア人のオデュッセウスがあるという説を展開した。[35] この乱暴な仮説は、彼の学説全体を信用できないものにしようとする「健全な学者たち」に、またとない武器を提供することになってしまった。とはいえ、彼はこの問題に関する膨大かつ詳細な研究の過程において、セム語族語源のギリシア地名を多数発見し、また、地名学上有用な「対《つい》」の原則をも確立した。「対」の原則とは、一つの場所または近くの二つの場所に、二つの異なった地名が使われているような場合に関する原則である。彼の主張によれば、そのような場合、この二つの異なる地名は、同一の場所を表すギリシア語の言葉とセム語族言語の言葉なのだという。

ペロポネソス半島南東のキティラ島に例を挙げよう。紀元前一八世紀にさかのぼるメソポタミアの碑文が、同島で一八四九年に発見された。ヘロドトスは、フェニキア人によって同島にアフロディテ・ウラニア神殿が建てられていたと書いた。実際アフロディテという言葉は、「王冠をつけること」を意味するものとして当時は頻繁に使われていたとされる。[36] ベラールは、キティラ島最大の港の名がスカンデイア（Skandeia）であることに着目した。その名は、現存最古の辞書の編纂者ヘシキオスによれば、「一種の髪飾り」を意味するという。そこでベラールは、キティラ島およびその主要都市の名前で、インド・ヨーロッパ語族の言語に語源をもたないキティラ（Kythera）という言葉はおそらく「王冠またはティアラ（宝石つき小王冠）」を意味するヘブライ語のケテル（keter）またはコーテレト（kōteret）に見られるセム語族言語の語根であるカタル（√ktr）〔取り囲む〕に由来するであろう、と指摘したのである。[37]

その他多くの地名および宗教の類似性にきわめて信憑性があるにもかかわらず、正統派は、オデュッセウスは明らかにフェニキア人のものではあり得ないとして、ベラールのそのすべての業績を却下した。一九三一年にベラールがその死を迎えるまでには、学界では、彼の名前は変人の代名詞となっていたほどだが、ベラールのような考え方を「こっそりと」守り続ける地下運動が続けられていたことも指摘しておかなければならない。また、彼の著書は、一般大衆によって広く読まれ、評価され、その五〇年前にゴビノーが「オデュッセウスはどこかセム的である」と表現した感覚が、一般大衆のあいだにも広まっていた。ベラールは、イギリス人が多少ともフェニキア人の血筋を感じていたことや、フェニキア人に愛着を抱いていたことによって、イギリスではとくに歓迎された。そして、ギリシア人ではなく、ユダヤ人について書かれたジェームズ・ジョイスの『ユリシーズ』（一九二二）によって、文学に与えたベラールの影響についての永遠の証しが残された。

だがしかし、結局ベラールは、学問における急進アーリア・モデル信奉者のローラー作戦を食いとめることはできなかった。知識社会学は、先にのべた学問の三つのレベルのうちで、そのもっとも重要な第三のレベルで使うのが正しい。私が確信しているところでは、一八八〇～一九三九年までのヨーロッパの政治および社会は、人種主義と反ユダヤ主義とにあまりにも色濃く染まっていたし、しかも教育制度や社会制度においては、ギリシア古典学があまりにも中心的な存在とされていたので、歴史学上や考古学上の数々の証拠にもかかわらず、古代ギリシアのイメージをベラールが望んでいたような方向に変えることはできなかったのである。植民地主義的で人種主義的、かつ反ユダヤ主義的な古代史の諸モデルが多少とも変わり始めたのは、ようやく一九四五～六〇年にかけて、植民地主義が衰退し、人種主義と反ユダヤ主義が公式に断罪されてからであった。

アケナトンとエジプトの復権

ベラールもフカールも、それぞれの著作においてお互いの業績を参照していない。想像の域を超えないが、それはおそらく、彼らが異端は一つだけで十分であり、エジプト人とフェニキア人の両者を同時に擁護するのはやりすぎだと感じていたからなのではないだろうか。もっとも、反ユダヤ主義の高揚やフェニキア人への敵意の高揚とともに、エジプト人の受け入れられる余地が広がっていったことは明らかである。当時、エジプト学の専門家たちは、エジプト人の絶対的な劣等性についての定説を守っていたが、一般の人々のあいだでは、エジプト人はもはやヨーロッパ文明に対する脅威などではなく、エキゾチックな存在にすぎないものとみなされていた。

宗教的に異端者であるアケナトン王は、とくに賛美されていた人物である。紀元前一四世紀の第一八王朝の王であるアメンメテプ四世は、家族と王家が信仰していたアモン多神教信仰を捨て、太陽円盤（イテン i͗tn）、つまりアテン（Aton）というアテン太陽神にもとづく一神教を確立しようとした。彼は、アテンという言葉からアケナトン（Akhenaton）という名前をとった。彼は都を従来のテーベの地から、現在アマルナ〔テル・エル＝アマルナ、上エジプト中部ナイル東岸のにある都市遺跡〕として知られている地に移し、新しい都を建設した。しかしながら彼の死の直後、この改革は終わり、アモン信仰が再興され、都もテーベに戻された。破壊され見捨てられたアマルナは、考古学のための無傷な遺跡として残り、一八八〇年代にフリンダーズ・ピートリによって発掘され、この改革の試みをめぐるできごとの顛末が解明されたとき、ヨーロッパ人はアケナトンに熱狂したのであった。

エジプト学者たちは、アケナトンと彼の新しい宗教を、アーリア起源、あるいは少なくとも北方起源であると結論する際、特別の注意を払った。ピートリによれば、この宗教はフリ語圏北部のミタンニ王国〔前二千年紀中葉、メソポタミア北部に成立したフリ人の国家〕に起源をもち、またアケナトンの祖父、母および妻すべてがそこの出身であるという。[38]アケナトン王族が外国の出身であったという信念は、アモン信仰からアテン信仰への改革を人種問題に組み替えた、あるエジプト学者による次の言葉が示すように、それから五〇年間きわめて高い人気を得た――「この国王には、外国人の血が多く流れていたことをつねに思いださなければならない。他方、彼の話し相手になっていた人々は、高度な教育を受けてはいたが迷信深いエジプト人に他ならなかった……」。[39]

もしも、第一八王朝の王族たちが外国人であったとしたなら、それらの王族はヌビア人であっただろうということが、今日では一般的に、しかも根拠をもって肯定されている。しかしながら、それらの王族が上エジプト人であったという説も同等に信憑性のあることであり、実際、描かれたその肖像から、それらの王族は黒人であったように思われる。[40]その新しい宗教に関する問題について、アテン信仰はセム人のドン（ʾdn）、アドン（ʾadōn＝神）信仰からきたものだと主張されていた。しかしながら、ここでもコンセンサスは、この宗教改革は土着のエジプト人が発展させたものと見た方がより信憑性があるというものであった。それに対して、ミタンニ起源という図式の意図は、明らかに、「静態的な」アフリカ系エジプト人が劇的な改革を行ったというのは人種的にみて「不可能であること」を説明することにあった――というのは、アテン信仰という劇的改革がミタンニ起源でないとしたら、アフリカ人にポジティヴな改革能力があることをキリスト教徒が認めざるを得なくなるからである。[41]

他方、アケナトンおよび彼の改革に対する熱狂の幅広さは、彼がエジプト人であることを甘んじて受け入れる人々のあいだにさえ見られることから、その熱狂には他の諸要因も関連していたのではないかと考えられる。それらの要因の一つは、民族としてはユダヤ人が、人間ではモーセが、自らの宗教をエジプトから学んだという古い信念の復活であった。この問題について、学者たちは及び腰であったが、紀元前一四世紀に、隣りの国に一神教が存在していたという事実は、そのイスラエル的様式であるユダヤ教がそれから派生したと解釈することを、きわめて自然なものにしていた。ある研究者たちは、アテン信仰がユダヤ教よりも優れているとさえ確信していた——「世界中の他のいかなる宗教よりも、アケナトンの信仰はキリスト教に近いものである」[42]。このようなわけで、キリスト教は精神的、歴史的に、究極的にはセム人からではなく、実際のもしくは肩書きとしてのアーリア人から生まれたとされるようになったのであり、一九三〇年代後半に書かれたフロイトの『モーセと一神教』は、このような背景から読まれなければならないのである。しかしながらフロイトは、キリスト教崇拝者がアケナトンに求めていたものとまさしく逆のものを望んでいたのであった。フロイトは、当時の激しい反ユダヤ主義を緩和させるために、キリスト教一神教による弾圧に対するユダヤ教およびユダヤ人の責任を釈明し、その責任をアケナトンとエジプト人に転嫁することを望んでいたように思われる[43]。

アーサー・エヴァンズと「ミノア人」

二〇世紀に入った直後、学問上の論争に新たな要因、つまり「ミノア人の」クレタ文明という要因を加えなければならなくなった。その証拠物件は、一八九〇年代、アーサー・エヴァンズによるクレタ島のクノッソス〔宮殿〕のセンセーショナルな発見によってもたらされ、すぐに同島の他の場所でも別の発掘が行われた。ミケーネ文化は、多くの点でたんにクレタ文化の堕落した形態にすぎないとされていたので、必然的に、古代クレタ文化が言語上の何語かという問題が決定的に重大になった。たとえば、古典時代のギリシアにおいて、Kftiwというエジプト語地名の用語法が、「クレタの（Cretan）」から「フェニキアの（Phoenician）」に変わり、またギリシア人は、フェニキア人と同様に、「ミノア人」という言葉を「フォイニクス（Phoinikes）」〔エジプト語・カナン語起源で「州」や「地方」またはその「長」を指す古代ギリシア語〕という意味で使っていたようである[44]。このことは、セム語族との関連を示唆することになる。いずれにせよ、少なくともヘレニズム時代のギリシアにおいては、フェニキア語が初期クレタ文化の主要な言語であると認識されていたと思われる。たとえばルキウス・セプティミウス・セヴェルスは四世紀〔三世紀？〕に、紀元六六年の地震によって古代のクレタ文書が出土したとき、それらを解読するようネロ皇帝が求めたのはセム語学者に対してであった、と報告していた。[45] かくして第7章で考察されたように、エルンスト・クルティウスは、一方で、クレタ島に相当数のセム人の移民がいたことをすすんで認めながら、他方で、そこの現地人ペラスギ人がかつて完全に征服されていたことは否定したのであった。[46] アーサー・エヴァンズ自身は、――クレタ島の伝説上の王ミノスおよび「ミノア」という名前の多さから――後に「ミノア人」と呼ぶことになった古代クレタ人とフェニキア人とのあいだに関連があったと確信していた。もっとも彼は、フェニキア人は純粋にセム人だったのではなく、エーゲ海地域の影響を受けていた人々だとするグラッドストーンに同意していたことを忘れてはならない。[47]

エヴァンズは一八五一年に生まれ、オックスフォードとゲッティンゲンの両大学で教育を受けたが、より古い、より心の広い世代に属していた。かくして彼は、クレタ島に対する、それゆえエーゲ海地域全体に対するセム人の影響を認め、しかも、リビア人の影響の可能性さえ認めたのであった。それにもかかわらず「ミノア人」という彼の新語は、クレタ文化を中東の諸文明から完全に切り離された自己完結的な文化として考えさせる効果をもたらすものであった。それゆえ、学界のコンセンサスが、ミノアの言語は先ギリシア語的でもセム語的でもないという結論に至るのは容易であった。また、クレタ島のあらゆる地層から膨大な数のエジプトの出土品が発見されたにもかかわらず、ミノアの言語はエジプト語的ではないとされ、「ミノア語」とは、一般にアナトリア地方のさまざまな言語という意味だとみなされた。したがって、人それぞれのインド・ヨーロッパ語族の定義により、ミノア語はインド・ヨーロッパ語族の言語であるとされたり、そうではないとされたりしていたのである。

もう一つ、似たような決断が下された。それは、ミノア人は「人種的に」セム人ではないとする決断であった。一九一一年に、ある学者は、有名なミノアのフレスコの絵柄について、次のように解説していた。

酌をしている人物は、その人種に特有な体型、黒い縮れ毛、まっすぐな鼻、長い頭骨をもっているようである。私は個人的には、これまで提唱されてきたように、この美貌の男性がセム人かフェニキア人であるとすることには反対する。これらの人々は、とくに外見においてはなはだしく優れており、しかも、彼らはきわめて迅速に発展する能力をもっていたと判断される。[48]

このときまでには、ミノア人はもっとも文明的なペラスギ人とみなされるようになっており、また、二人の西アジア史学者〔キングとホール〕によって、通説的な説明が次のようにはっきりと示されるようになっていた。

> 一般的には世界の歴史、そして具体的には私たち自身の文化史についての知識にとって、シュリーマンによるミケーネの発見、ならびにそれに起因しそれを超える発見に始まり、クノッソスにおけるアーサー・エヴァンズ氏の発見にまで行き着く諸発見よりも重要な発見は、おそらく今までなかったであろう。当然、これらの発見は、私たちにとって非常に興味深い。というのは、それらが当代ヨーロッパ文明の揺籃期と最初の開花とを明らかにしてきたからである。私たちの文化の祖先は、エジプト人でも、アッシリア人でも、ヘブライ人でもなく「可能性の問題としてでさえフェニキア人が入れられていないことに留意せよ!」、ヘレネス（古代ギリシア人）である。そして彼らアーリア系ギリシア人は、その文明のほとんどを、自分たち以前にその土地にいたヘレネス以前の人々、つまり先ギリシア人《プレヘレネス》から受け継いだのである。[49]

そうなると、すべてはヘレネス以前の人々、つまり「先ギリシア人《プレヘレネス》」にかかっているということになる!

フェニキア人がギリシアにやって来たのかもしれないが、フェニキア人はギリシア文明の発展に何の影響も与えなかったからそれは問題ではない、という古い折衷説についてはすでに論じた。急進アーリア・モデルの力の増大にもかかわらず、まだこの折衷説の方向に沿った穏健アーリア・モデルからの抵抗もあった。この抵抗勢力には、エヴァンズや、聡明な建築家で測量士でありシュリーマンの古くからの同僚でもあったウィルヘルム・デルプフェルトや、偉大な博識家エドゥアルト・マイヤーも含まれていた。彼らはトゥキュディデスとともに、ギリシアの諸島、そしておそらくはテーベにさえ純粋なフェニキア人がいたはずだという考えをもっていた。[50] この考えは、反ユダヤ主義の最初のクライマックスが始まる一八八五年以降に成人した若い世代にとっては、我慢のできないものであった。ギリシア史についての二〇世紀初頭の指導的なイギリス人歴史家であり、指導的な自由主義者であったジョン・バグネル・ベリーが、今日でも基本図書として通用している一九〇〇年出版の『ギリシア史』の中で、次のようにのべていた。「フェニキア人は、疑いなく、沿岸や島のあちこちで市場を開いていた。しかし、カナン人がかつてギリシアの土地において自分たちの家庭をつくったことがあるとか、あるいは、セム人の血をギリシア住民の中に入れたとか、考えるべき理由はまったくない」。[51]「土地」および「血」という重要な二つのロマン主義的で人種主義的な言葉の使用に、注意しておかなければならない。このような態度はその後も生き続け、第二次世界大戦を超えて生き残っている。

反ユダヤ主義のピーク　一九二〇〜三九年

一九二〇年代には、人種主義的な雰囲気がさらに過酷なものとなった。ロシア革命においてユダヤ人が、そのように見られていただけでなく実際に中心的な役割を果たしたことを受け、ヨーロッパと北アメリカ全体においては、反ユダヤ主義が強まった。経済危機や国家的緊張の原因になっていると非難するために、スケープゴートとして狙われたユダヤ人の銀行家や金融業者はどこにでもいた。ここにおいて、キリスト教の道徳と秩序とを破壊し、転覆しようとするユダヤ人の陰謀、という曖昧だった従来のイメージが、ボルシェヴィキ党という眼に見える形をとって映し出されるようになったのである。[52]

そのような感じ方をしていた者は、なにもドイツあるいはナチスのような乱暴な急進主義者に限られていたわけではなかった。北部ヨーロッパと北アメリカの全域にわたり、反ユダヤ主義は「洗練された社会」における規範となったのである。この「洗練された社会」には大学も含まれていた。当代の社会史学者であったオーレン教授は、最近、一九二〇年代におけるエール大学とその専門大学院において、ユダヤ人学生の数を減らすため厳格な人数割当制が課されていた事情を詳しく明らかにした。しかも、彼がエール大学について指摘した実態は、アメリカの他の諸大学、そして――それほど計画的ではないにしても――イギリスにおいては妥当しないと考えるべき理由はない。[53]

一九三〇年代に、きわめて著名で、反ファシスト的なギリシア古典学者が多数いたことは確かである。ギリシアの自由への彼らの愛着が、ナチスおよびファシストによる専制への抵抗をもたらしていた。だが、親ギリシア主義《フィルヘレニズム》は、つねに、アーリア優位主義的で人種主義的な意味あいをもち、ギリシア古典学は保守的なバイアスをもっているとみなされていた。かくして、全体として見るならば、ギリシア古典学という学問が反ユダヤ主義を克服していたというわけではなく、むしろ、その時代に支配的だった反ユダヤ主義を共有していたと言っても間違いではない。ギリシア古典学におけるこの時代の雰囲気の一例は、長年にわたりアイビー・リーグ〔アメリカ北東部にある名門大学の一群〕におけるこの科目の唯一のユダヤ人専任教授を務めたコーネル大学のハリー・カプラン教授のデスクの上で、一九八〇年に見つけられた、次の書簡のなかに見てとることができる。

親愛なるカプラン。

私は、ブリストル教授の忠告に従い、あなたが中等教育に転職することを要請する。大学のポストを得る機会は、もともと決して多くはないのに、現在ではきわめて少なくなり、しかも、ますます少なくなりそうである。私は、誰にも大学のポストの獲得をめざすよう激励することができない状態にある。さらに、ユダヤ人に対する、まさしく現実の偏見が存在している。個人的に私はこの偏見をもってはいないし、それはここにいるすべてのスタッフについても同じだと確信している。しかし、十分に学問を身につけたのに雇用を確保できないでいるユダヤ人をきわめてたくさん見てきたのであり、そのような現実が私たちに突きつけられてきた。私は、アルフレッド・ジュードマンと、E・A・ロウを思いだす――二人とも国際的名声を博している優秀な学者であるが、まだ大学のポストを得られないでいる。私は、否定できない人種的偏見によってその道が閉ざされている人に対して、それが誰であろうと、高いレベルの学問の道に専念することを奨励するのは間違いだと思っている。この点で、ギリシア古典学の私の同僚すべてが、私と同じ意見であり、この書簡に、私自身の署名とともに署名を付すことを許可してくれた。

（署名）　チャールズ・E・ベネット
C・L・ダーラム
ジョージ・S・ブリストル
E・P・アンドリュース

一九一九年三月二七日　イサカにて[54]

この雰囲気においては、学界が、ギリシアを中東から完全に分離すべきと強調していたこと、および、かつてフェニキア人が地中海において積極的な文化的役割を果たしていたとする主張を疑っていたことは、なんら驚くべきことではなかった。

二〇世紀のアーリア優位主義

人種主義への新たな攻撃の開始にもかかわらず、ナチスに象徴される評判の悪い極右においてだけではなく、正規の学界においてもアーリア優位主義的な人種主義が広まっていた。マルクス主義者である偉人な先史学者ゴードン・チャイルド〔イギリスの考古学者、一八九二〜一九五七〕でさえ、アーリア優位主義的人種主義を共有しており、一冊の著書全体を、『アーリア人』〔一九二六〕に捧げていた。同書の序文において、言語上の人種と身体上の人種とが結びつけられ、こう書かれている。「インド・ヨーロッパ語族の諸語、および想像されるそれらのもともとの話しぶりは、まったく例外的にデリケートで、柔軟な思考のための道具になっていた……。そのことによってアーリア人は、もし高度な物質文化をもつ資質がなかったとしても、なみはずれた精神的資質に恵まれていたに違いないということになる」。またゴードン・チャイルドは、共通の言語をもつ人々の「精神面での一定の統一性」を主張していた。彼は次のような例によって、アーリア人の精神の優越性を説明している。「このことを疑う者は、誰でも、ベヒストゥーン〔碑文で知られる前五世紀の古代ペルシアの遺跡〕にある岩に（アーリア人である）ダリウス大王〔前六～五世紀のアケメネス朝ペルシア王〕によって刻まれた威厳のある物語を、（セム人である）アッシュルバニパル〔前七世紀のアッシリア王〕やネブカドネツァル〔前六世紀の新バビロニア王〕の碑文の大げさで図々しい自画自賛と較べてみるがいい」[55]。

それと同じく乱暴な人種主義が、一九二四年にベリーとその同僚による編集で出版された『ケンブリッジ版古代史』の第一版に充満している。同書は、それぞれの分野の専門家によって分担執筆される「新たな」、「客観的」歴史学のモデルの提示をめざして編集されており、すぐに権威としての地位を獲得し、現在では「ケンブリッジ歴史学」というそれと同名のモデルが、世界中の多くの地域や文化に当てはめられている。この『古代史』の導入部分は人種主義が強く貫かれている。第一章において、オックスフォード大学の古代史教授であったジョン・マイヤーズは、古代史におけるニーブール学派的な民族重視の伝統にそった彼の見解を、次のように表明している。

古代の民族は、それぞれ自分たちの演じる役柄に合ったメーキャップをして、……決められた順序で……、歴史の舞台に登場し……遠い昔という楽屋において……歴史は、かかる登場人物の配役をあらかじめ想定している。そして、それに続く寸劇は……これらの肉体と気質とによって人間がどうなったかを描くこと……をめざしている[56]。

マイヤーズは、人種を白色人、黄色人、黒色人に分ける普通の三分法を受け入れ、「モンゴル人」を「寄生的で」、「幼児的で」しかも「四本足の獣のうしろ姿」のようであると描写した。マイヤーズは、彼らの臆病さについてのこの滑稽な記述のあとで、次のようにこれとは両立し得ない事実をのべている。彼らの集団心理は「特異な」タイプであり、「人命に大きな価値を認めない……モンゴル人は、ほぼ平均的な無感情のゆえに、ほとんど非人間的であり、パニックか虐待によって挑発されたとき、まるで馬のような野蛮さを示すことがある」[57]と。黒人は、驚くほど温和に扱われている。もっとも「ニグロ」は、「食人種のような顎」と「肉体的な強靭さ」をもつものと描写されてはいる。[58]

また、クック教授は、彼が分担した「セム人」に関する章において、その時代のセム人観を反映した書き方をしていた。セム人とアーリア人との違いは根本的なものであるという理由から、セム人には何かきわめてまずいところがあるに違いないとされた。クックは、「セム人」について、その極端な楽天主義と悲観主義、そして極端な禁欲と好色とを非難した。セム人は、大きなエネルギー、熱意、攻撃性および勇気を備えてはいるが、忍耐力はまったくなく、市民的ないし国民的な忠誠心もほとんどなく、また行為の倫理的価値にほとんど関心がないとされた。「常識的感覚でも、計画性でも、道徳でもなく、個人的な感情こそが行為の源である」[59]という。

クックの「非倫理的な」セム人と、それより六〇年前のルナンの「道徳的な」セム人とは、まったく逆である。この変化は、「セム人」という混合体にアラブ人が新たに加えられたことによる効果と、ヘブフイ人予言者であるマルクスの教えに従う、ユダヤ主導のボリシェヴィキ勢力が新たな恐怖の対象とされたことによる効果によってもたらされたものと思われる。他方でクックが、次のように、セム人には論理的思考能力が欠けていると論じたとき、彼はルナンに近づいていた。「ヘブライ人の予言者にも、またムハンマドのコーランにも、論理的精密さ、一貫した思考、包括的把握力ではなく、むしろ熱意、雄弁さ、想像力がある……。その思考は三段論法のように進行していくようなものではないし、また公平無私なものでも、客観的なものでもない」[60]。

この種の考え方は、第二次世界大戦の後もずっと続いた。たとえばこれを受けて、考古学者にして美術史学者で古代歴史哲学者でもあるアンリ・フランクフォルト〔オランダのエジプト学者、一八九七〜一九五四〕は、古代エジプト人やセム人は「現代の未開人」であるとともに、「神話志向的」思考の持ち主であり、それとは対照的に、ギリシア人や後のヨーロッパ人は「理性的」思考の持ち主であると、両者を区別して見せたのである[61]。もちろん、この種の類型的な区別の仕方が、現代社会に広がる「神話志向的」思想を軽視していると批判することもできる。しかしそれより何より、メソポタミア人やエジプト人が「客観的精度」をもって時間と空間を測定することに成功した事実や、また彼らが生活を規律するために計量法を採用していた事実によって、このような偏見は一蹴することができよう。

ここで、『ケンブリッジ版古代史』におけるクックのセム人観に話題を戻そう。クックによれば、セム人は「外国のモデルをコピーし……、盗んだものを作り変え……そして、送り出したものには自分の印を捺印する……ブローカー」[62]であるという。それは奇しくも、プラトン流の『エピノミス』の伝統〔二三五ページ参照〕によく似ているように聞こえる。この伝承では、セム人ではなくギリシア人が、他の文化から授かったあらゆるものを自ら「完成させた」とされている。[63]ところが、クックにとっては、ギリシア人は――「先ギリシア人《プレヘレネス》」とともに――もはやこのようなブローカーではなかった。ギリシア人は、彼ら自身の文化の原作者とされた。

『ケンブリッジ版古代史』の編者たちの基本的な見解は、その最初の数章からうかがわれる。彼らは、今やすべてのことが「先ギリシア人《プレヘレネス》」にかかっているとした。そして一九二〇年代に、彼らと他の「近代的」学者たちは、これらの「先ギリシア人《プレヘレネス》」や、「先ギリシア人《プレヘレネス》」とヘレネス（古代ギリシア人）との関係についてできるだけ解明しようと、断固たる努力を傾注した。スウェーデンの偉大な学者マーティン・ニルソンが、古典時代のギリシア神話と、ミケーネ文明やミノア文明の発掘品に描かれているイコンとの関連性を喧伝したのは、この二〇年代においてであった。それは広く認められるようになっていたので、エヴァンズやそれ以前の世代が主張したミノア文明やミケーネ文明の中東との結びつきについて、ニルソンはきっぱりと拒否できるようになった。こうして、青銅器時代における東地中海を舞台にした本格的な接触は、もはやあり得ないこととして片付けられた。ギリシア文明自体の統一性と純粋性というこの時代の最重要課題を前にしては、クレタ島、エジプト、シリアの建造物や物質文化のあいだに明白な類似性があるからといって、東地中海地域における強い交流の存在を主張することは不可能となったのである。[64]

一九世紀後半以来、「先ギリシア人《プレヘレネス》」の言語が、どことなく「小アジア的」、つまりアナトリア的である、という確信が広まってきたことは本書ですでに考察された〔四三七ページ〕。しかしながら、一九二〇年代には、ヒッタイト語が解読されはじめ、リュディア、リュキア、カリアの碑文を利用できるようになったので、この仮説を維持するのがますますむずかしくなった。というのは、ギリシア語の中からギリシア語以外の言語との類似性を見つけ出すことなどあり得ないことだとされていたからである。それにもかかわらず、これが唯一可能な手懸りに思われたし、実際一九二七年に、「先ギリシア人《プレヘレネス》」を地名学的に突きとめる試みにおいて、その比較がなされた。考古学者カール・ブレーゲンとギリシア古典学者ハーレイの定評ある共同研究は、「科学的な」新しい方法で書かれたその二部構成の論文において、「先ギリシア人《プレヘレネス》」の地名のなかに、アナトリア諸語に見られる-ssaおよび-ndaという要素と関連するとみなされる-i(s)sosおよび-nthosの二つの要素があったという仮説を、ドイツ人言語学者パウル・クレッチマーから引用した。彼らの主張によれば、このことは、それらの要素が付いている地名すべてが、インド・ヨーロッパ語族の誕生する以前の古代地層におけるものであることを示しているという。また、これらの地名および他の古代ギリシア的ではないギリシア語の地名をもつ場所が、初期青銅器時代における移住の場所と一致していたとする彼らの主張は、インド・ヨーロッパ語族の人々が最初にギリシアに侵入してきた時期を中期青銅器時代と設定する仮説に、みごとに符合するものとみなされた[65]（その後、この侵入はこの時期になされたのではなく、初期ヘラドス文化期第Ⅱ期と第Ⅲ期とのあいだ〔前三〇～二五世紀〕の物質文化にみられる考古学上の断絶の時期になされた、というコンセンサスが生まれていった）。

地名学から見た場合と考古学から見た場合との一致について、ブレーゲンとハーレイが挙げた証拠は、それほど決定的なものではない。彼ら自身、それらの地名が、後期青銅器時代におけるミケーネ文化の地域とも、ぴったり符合することを認めていた[66]。彼らの言語学上の議論はもっとあやしい。第一に、地名の語尾には普通何らかの意味がある――-ville（街）、-ham（村）、-bourne（川）、-ey（島）など。しかしながら、-s(s)osおよび-nthosは、地勢の如何にかかわりなく使われていることから、語源が異なることを示している。第二に、アナトリア地方の諸語を研究している現代の言語学者ラロシュ教授によれば、-ssaなどの語尾は、「先ギリシア語」としてではなく、ヒッタイト語またはルーウィ語として説明され得るという[67]。したがって今やこの議論は、もしこれらアナトリア地方の諸語と「先ギリシア語」とのあいだに密接な類似性を見つけることができたとすれば克服され得る――この作業は困難ではあるが、不可能ではない。しかしながら克服できない障害もある。それはパウル・クレッチマーによる後の研究業績において指摘されていた障害である。その業績は、ブレーゲンとハーレイが自分たちの論文を発表する前に読むことができたはずのものである。クレッチマーにより指摘されていたこととは、これらの語尾が、インド・ヨーロッパ語族諸語の言葉の語幹に付けられることもあるという事実である。[68] かくしてそれらの語尾は、一定の状況のもとではきわめて古いものかもしれないが、インド・ヨーロッパ語族の言語を話すギリシア人の到来前から暮らしていたエーゲ海の住民の言語や文化を示す証しにはならないとされた。[69] こうした根本的な欠陥をもつブレーゲンとハーレイの論文が、古典的な研究論文とされ、今でもその分野に関心をもつ研究者によって参照されていることは、古代ギリシア地名学研究の限界を示すものであると言わなければならない。

ブレーゲンとハーレイの研究業績は、きわめて多くのことが「先ギリシア人《プレヘレネス》」にかかっているにもかかわらず、学者には「先ギリシア人《プレヘレネス》」を理解する能力がないことを例証している。もしもエジプトないしフェニキアが、ギリシアの形成に根本的な影響を与えたということが絶対にあり得ないとしたら、やはり「先ギリシア人《プレヘレネス》」が欠かせない存在になってしまう。だからこそ、一九二〇年代後半から三〇年代初頭に、フェニキア人に対する攻撃が強化されたのであった。ミノア人の非セム的性格は、そのときには揺るぎないものになっていたので、古代においてミノア人とフェニキア人とを同一視していた見方は、一九世紀のブンゼンとクルティウスの理論によって覆された。この時点で、ギリシア神話のなかで触れられているフェニキア人と言われていた人々は本当はミノア人のことであると説明されるようになったのである。[70]

アルファベット起源論の辻褄あわせ――フェニキア人への最後の攻撃

急進アーリア・モデルの絶頂期における指導的人物、それはアメリカの考古学者リース・カーペンターであった。彼は、ジュリアス・ベロッホをとても高く評価しており、またその長い生涯をつうじて、「オリエントの幻影」〔レナック〕に対抗した。一九三〇年までには、フェニキア人のギリシア入植についての伝承は信用されなくなっており、ギリシアの地名や単語に関するセム語語源説はそのほとんどが認められなくなっていた。残った問題は、フェニキア人のアルファベットだけであった。詩人で小説家でもある、ロバート・グレイヴズは、アルファベットのアーリア語起源説を主張したが、学者がどんなにがんばってみたところで、ギリシア語の文字はセム語の文字の形に似ているし、ギリシア語文字の発音もセム語のそれととてもよく似ており、また、ギリシア文字の名前アルファ alphaとセム文字の文字の名前アーレフ ʾalep（雄牛）、ギリシア文字のベータ bētaとセム文字のベート bêt（家）など、ギリシア文字のほとんどがセム文字に符合している。これらの文字は、後期カナン語においてははっきりした意味をもっていたが、ギリシア語においては意味をもっていない。[71] かくして、たとえアルファベットがフェニキア人からギリシア人に授けられたことを証明する膨大で、かつ一貫した古代の証言を、新進の学者が気がねなく無視したとしても、彼らは、アルファベットの起源がセム語族の言語にあることだけは認めざるを得なかった。

このテーマに関するきわめて多くの古代文献によれば、アルファベットの導入は、エジプト出身のダナオスまたはティルス出身のカドモスのお陰だとされている。このことは、アルファベットが導入された時期が、紀元前一五〇〇年頃であったことを意味する。ユダヤ人護教論者ヨセフスの著作のなかにも、それに関連するくだりがある。文化的な深さの欠如についてギリシア人を攻撃する、長く手厳しい反ギリシア的な非難をしているくだりで、ヨセフスは、ギリシア人は自分たちがカドモスから文字を習ったと言い張るとき、とても自慢気だった、とのべていた。だがヨセフスによれば、実際には、ギリシア人はトロイ戦争の時点（前一二〇〇年頃）では文字を知らなかったという。[72] 驚くべきことではないが、ロマン主義的なギリシア研究者は、ヨセフスがホメロスのイメージについて、文字を知らない吟唱詩人として論じているところを高く評価していた。それにもかかわらず、ほとんどの学者は、古代のコンセンサスを受け入れていた。というのは、一九世紀末になるまで、カドモスによるテーベ建設をめぐる伝承の信憑性が真剣に疑われることはなかったからである。

しかしながら、このアルファベット早期伝播説は、レナックおよびベロッホには受け入れられなかった。レナックは、アルファベットの伝播の年代を、フェニキアの影響が始まったばかりの時期として彼が確信している紀元前一三世紀ないし一二世紀まで引き降ろした。[73] またベロッホはフェニキアとの最初の接触の年代を紀元前八世紀とし、この見方を次の四つの論拠によって論証した。第一に、紀元前七世紀以前にまでさかのぼることができるギリシア語の碑文はまったく存在しないこと。第二に、ホメロスにおいて文字に言及したところは一カ所しかないが、そのことが何を意味するかは自明ではなく、したがって、この詩人とその聴衆が文字を読むことができたということも理論上はあり得ること。第三に、フェニキアからギリシアまでの途はキプロス島を経由するが、キプロスでは、アレクサンドロス大王の時代〔前四世紀〕までアルファベットが使われていなかったこと。そして第四に、アルファベットの文字の形がフェニキア語ではなく、紀元前九世紀頃広まっていたアラム語の形に似ていること。かくして、アルファベットは紀元前八世紀末に、レヴァント地方においてアラム語が広く使われるようになった後の時代に採り入れられたに違いない、とベロッホは言うのである。[74]

ベロッホの第一点、つまり「沈黙論証」の疑わしさは、本書の他の箇所で論じられたし〔三六七ページ〕、後にも論じられるであろう。第二点については、文字への言及問題を等閑視するベロッホや後の多くの学者による断言にもかかわらず、ホメロスはその叙事詩のなかで、文字が読めなければ言及できないはずの、「文字にされた」セマタ・リグラ（有害なサイン）という言葉に言及している。そのことに疑いをさしはさむ余地はまったくない。[75] キプロスでアルファベットが使われていなかったとする第三点については、アルファベットがレヴァントからエーゲ海に伝播されたときに、同島がそれに対処できなかったという地域的条件の結果であった。それはどのような意味でも、この伝播がいつなされたかについて何も語っていない。最後に、ベロッホがセム語族の言語をまったく知らなかったことはすでに指摘したとおりであり、しかも、ギリシア語の文字の読み方がアラム語の発音を反映しているとする彼の主張は、誤りである。たとえば、ギリシア語アルファベットのＩ《イオータ》およびＰ《ロオー》のなかのｏ《オー》という音は、アラム語ではなく、紀元前一五〇〇年頃からシリア＝パレスチナ地方で話されていたカナン語の発音の変化でしか説明できない。

いずれにせよ、アルファベットに関するベロッホの考え方は、彼の同時代の人たちには真剣に受けとめられなかったし、また全体としてみれば、アルファベット導入時期についての論争は、二〇世紀の最初の四半世紀においては穏健アーリア・モデルと急進アーリア・モデルとの論争よりもはるかに流動的であった。この論争の広がりの原因として考えられるのは、どんな本格的な年代特定の試みにも不可欠とされる碑銘研究に関するもの、つまり、セム語碑銘研究におけるセム語学者とユダヤ人学者とのあいだに生じていた力関係の変化によるものであろう。しかしながら、一般に、アルファベット伝播の年代特定についての傾向は、できるだけ後年に降ろそうとするものであり、この傾向を支配的にしたのは、急進アーリア・モデルを有力なものにしたのと同じ、次のような理由からであった。つまり、口癖のように唱えられる「証拠物件」に対して「実証主義」への欲求の増大を抑えられないという理由、それに、自然科学の確実性を考古学と古代史に導入したいという欲求を捨てられないという理由からであった。

アルファベット伝播の年代を後年に降ろそうとする動きは、考古学者でありながら碑銘研究に関しては傍観者であることを自認するリース・カーペンター教授により、一九三三年に最高潮に達した。この年、彼は、アルファベットがギリシアに導入された年代は紀元前七二〇年あたりであろうと主張した。彼がこれを主張したのは、二つの理由からであった。すなわち、もっとも初期のギリシア文字は紀元前八世紀のフェニキア語の文字に似ていること、そしてもう一つは、ギリシア語のアルファベット碑文はそれ以前の時代にはまったく発見されていないことであるが、これは「沈黙論証」である。[76] この年代特定は、アルファベット導入に関する問題の重要性を減少させた。しかもこの年代特定は、アルファベット伝播には他のいかなる重大な文化継受もともなわなかった可能性を高めようとするカーペンターの三つの試みのうち、ほんの一つにすぎなかった。カーペンターによる二つめの試みは、子音のアルファベットと母音のアルファベットとを峻別することによってなされた。母音の発明は、ギリシア人のお陰であるという――もっとも、私はそれは間違いであると思う。[77] カーペンターは、母音というのはセム人の能力を超えたものであり、「聡明なギリシア人による母音の創造」という考えを提唱することによって、最初の「本当の」アルファベットの発明者という栄誉をギリシア人に与えたのであった。[78]

カーペンターの三つめの試みは、アルファベットを継受した場所を、できるだけギリシア本土から遠ざけることであった。彼はそれを、クレタ島ではないか、あるいはロードス島ではないかと言い、後には、キプロス島ではないかとさえ言った――キプロスではアルファベットが使用されていなかったという上述の理由から、それはもっともあり得ないことである。[79] ところが、一九三〇年代後半には、考古学者レオナード・ウーリー卿が、シリア沿岸のアル・ミナに、紀元前八世紀のギリシアの植民地があったと得意気に説明し、ギリシア人がそこでアルファベットを学んだということはあり得ると言い出した。[79] 彼の主張の浅薄さ——そして、この場所から五〇〇マイル以内における初期ギリシア語碑文の完全な欠如——にもかかわらず、カーペンターを含めギリシア古典学者および考古学者は、アルファベット伝播の地点として、この場所を熱狂的に受け入れたのであった。[80]

カーペンターは、アルファベットの伝播について、場所に関してはそのように手ぬるかったにもかかわらず、その年代確定の問題になるとやみくもに立証を要求したのはなぜなのであろうか。一つの理由は、アルファベットを消極的に継受したとするよりも、それを持ち帰ったとした方が、「動態的な」ギリシア文化のためになると考えたせいである。二つめの理由はもっと卑劣であった。碑銘研究における彼の一番弟子であるリリアン・ジェフリ教授は、それを次のように要約した。

第二点は、カーペンター教授によって十分に明らかにされている。つまり、たんにギリシア地域のどこかにあるセム人の臨時の交易所ではなく、二つの民族が住む、一つの確立したバイリンガルな共同体社会においてのみ、アルファベットは一つの民族から他の民族に引き継がれるのであろう、ということである。[81]

この想像上の再構成は、「セム人の」植民地はギリシア人の植民地よりも絶対に「一過的」なものであったということを自明の理としているが、かかる議論に古代の証拠がほとんどないことについては、本書四五三〜七ページのベラールの議論を参照されたい。[82] しかしながら、フェニキア社会の規模の小ささとその一過的な性格を力説する背後には、一つの強力なイデオロギーが存在した。それは、ギリシアがヨーロッパの純粋な人種的幼年期にあたり、かつヨーロッパの真髄であり続けるためには、フェニキア人の社会は小さくて一過的でなければならなかったというイデオロギーである。この見方が誇張に過ぎると言われないようにするために、アルファベットの伝播に関して書かれたベリーの次の文章を引用しておきたい。

フェニキア人は、疑いなく沿岸と島のあちこちに定期市をもっていた。しかし、カナン人がギリシアの土地に自らの家庭をつくったとか、あるいは、ギリシア住民にセム人の血を入れたと考えるべき理由はまったく存在しない。[83]

アルファベットの伝播は、ギリシアの外においてなされていなければならなかった。もしそうでなかったとしたら、フェニキア人の相当規模での移住と、それによる「人種的」混交とを不可避なものにしてしまうことになるからである。

アルファベット伝播の年代確定の問題に戻ろう。なぜリース・カーペンターは、後の発見によっていとも簡単にその誤りを証明され得る――そして証明された――、紀元前八世紀後半という年代を力説したのであろうか。この説の第一の利点は、本質的に「消極的な」フェニキア人が、なぜ西に航海したかを説明できる点にあった。つまりフェニキア人は、アッシリア人によって案内されたと考えられていたが、アッシリア人がフェニキア沿岸で大きな影響力をもっていたのは、紀元前八世紀中頃だけだったのである。ほんの「部分的にしかセム的でない」アッシリア人を選ぶことが好都合だというのは、モヴェールとゴビノーの学説について論じた際にのべたとおりである[84]〔四三〇ページ〕。さらに、アルファベット伝播の年代を遅い年代に降ろしておくことは、フェニキア人がギリシアに影響を与えたのが、ギリシアの形成期ではなく、ポリスの確立および植民地化開始の後になってからとすることを意味していた――そうしなければ、ポリスも、植民地も、フェニキアのものと解釈されることになってしまうからである。[85]

リース・カーペンターはその説を批判されたとき、アルファベット伝播を遅い年代に特定したことの結果として、エーゲ海地域だけではなく、イタリアやアナトリアを含む地域全体においても、希有なほど急速に生じたアルファベットの普及と変容を前提にしなければならないことに気づいた。それでも、彼は、次のように答えた。

次のような考えなどまったく馬鹿げている。つまり、この強烈に活動的な民族〔ギリシア人〕のあいだにおいて、アルファベットが知られてはいたが利用されていない、という消極的な休止状態で、彼らが相当長いあいだぐずぐずしていたとみることは馬鹿げている。それはギリシア的ではないゆえに、考えられないことであると思っている。実際には、ギリシアの風土が、若いアルファベットに奇蹟をもたらしたのである。それが成長していくのは目に浮かぶようである。[86]

風土、木々、若さ、成長というロマン主義的な観念はともかくとして、この文章は、古代ギリシア人については通常の法則や類推の適用がすべて停止され、しかも、ギリシア人以外の民族に対するときと同じように古代ギリシア人に対して判断を下すことは、間違いとまではされないにしても、不適切であるとされている点で、すでにフンボルトにもみられた伝統の力とその継続性とを例証している。

カーペンターのレトリックによって、すべての学者がおとなしくなったわけではなかった。たとえば、二〇世紀のもっとも視野の広いアルファベット研究者であったハンス・イエンセンは、アルファベットのギリシアへの伝播の年代を、紀元前一〇世紀か紀元前一一世紀とする説を持ち続けていた。[87] しかし、カーペンターに対する直接的な挑戦と言える唯一のものは、アメリカのセム語学者ウルマンによる批判であった。ウルマンは――カーペンターが引用していない論文のなかで――すでに、紀元前一二世紀かそれ以前という年代を提唱していた。ウルマンは、多くの古代ギリシア文字が紀元前九世紀のフェニキア語やモアブ語の碑文に見られる字体とは違うことを認めていた。だが彼は、古代ギリシア文字はレヴァント語の字体のうち後期の字体には似ていないが、前期レヴァント語の字体を受け継いでいるとし、ギリシア語のアルファベットはもっとも古いアルファベット文字と同じくらい古いものであるとした。ウルマンは、年代を特定できるフェニキア語碑文の文字――ビブロスのアヒラム王の石棺に書かれているアヒラム碑文――のなかでもっとも初期の文字が、紀元前九世紀の前期レヴァント文字にきわめてよく似ていることを確認した。また、両者の字体が似ていない場合については、より古い方の文字がギリシア語の字体により近いとした。[88]

カーペンターはウルマンへの返答において、暗にそれと逆の立場をとり、アルファベットの歴史は、そのうちの最後の文字ができた年代と同じくらい新しいものであるとした。すなわち、彼はK《カッパー》とM《ミュー》とに焦点をあて、これらの文字に相当するギリシア文字の字体は、後期フェニキア文字の字体に似ているというのである。[89] たとえもし、このカーペンターの議論が、「より古い方の」文字についてのウルマンの説に向けられたものでなかったとしても、ウルマンは、カーペンターの精力的な法廷的弁論スタイル、反ユダヤ主義的な「時代精神」、ギリシア古典学とセム語研究とのあいだの力関係に逆らうことはできなかった。実際、ギリシア古典学者は、カーペンターの結論を熱烈に歓迎した。彼らは、ギリシア古典学に内在するロマン主義的な感覚で、ホメロス（たち）が文字を知らなかったという教義についての信仰を固めていた。というのは、エヴァンズによるクレタ文書の発見とギリシア本土における関連証拠とのあいだにズレがあったからである。しかし本土との違いを主張するよりも、ミケーネの宮殿の破壊とともに線文字が廃れてしまったのだと主張した方が――もし間違っていたとしても――まだ信憑性がある。だから、カーペンターによるアルファベットのギリシア伝播の年代特定は大歓迎されたのであったが、それは、庶民的なホメロスないしホメロスたちによって――彼らは北部流の武骨な精力をふるって歌っていたかもしれない――文字を知らない長い「暗黒時代」が確証されたという点で大歓迎された。ミルマン・ペリー教授によるセルビアの民俗叙事詩研究によって、『イリアス』と『オデュッセイア』が筆記されずに作られたこともあり得るとされたのが、一九二〇年代だったことは興味深い。[90]

カーペンターが、文字をもたなかった不透明な「暗黒時代」、という考え方を確立したことは、アーリア・モデル支持者にとって、もう一つの魅力となった。この考え方が示した文化的断絶は、古典時代とヘレニズム時代（前五～一世紀）のギリシア人によって書かれた遠い昔についての話を、人々が信用しなくなる結果をもたらした。このことが、古代モデルに対する不信感だけではなく、穏健アーリア・モデルに対する不信感をも完成させた。

かくして、ギリシア古典学者がカーペンターに敗北したのは、時代の精神においてであった。ベロッホが、一八九〇年代に失敗してしまったのに、カーペンターは、――ベロッホとほとんど同じ理論を使って――一九三〇年代に成功したのであった。ほとんどのセム語学者は、この覇権主義的な学問によって敷かれた路線に乗っかって行ったが、あるセム語学者——とくにユダヤ人のセム語学者——は、それにきわめて不満であった。ウルマンはこの教義に納得していなかったし、またウルマンと他の研究者たち——顕著にはエルサレムのトゥール＝シナイ教授——は、ギリシア語のアルファベットが、鉄器時代のフェニキアから受け継がれたということはあり得ず、明らかに紀元前一五〇〇年頃の初期カナン語文字にその起源があるに違いないと論じ続けた。[91]

　アルファベットのギリシア伝播をきわめて新しい年代に特定したカーペンターの学説は、一九三八～七三年まで何らの深刻な挑戦をも受けなかった。アルファベット起源論の意義を縮小させたことは、急進アーリア・モデルの確立にとっての最後の重大な障害が取り除かれたことを意味し、第二次世界大戦の勃発時までには、ギリシア古典学者と古代史学者は、自分たちの学問は科学の時代に入ったと確信するようになっていた。現代用語で言い換えれば、パラダイムが確立された、ということになる。ギリシアの形成においてエジプトないしフェニキアから何らかの影響があったと示唆することは、もはや「研究者」としては許されないものになっていた。もしも、それを示唆する者がいたとしても、そのような者は誰であろうと学界から追放されるか、あるいは少なくとも「変人」というレッテルを貼られることになったのである。

第10章　戦後の状況——穏健アーリア・モデルへの回帰　一九四五〜八五年

本章で、全体をひととおりのべ終えることになる。この第I巻は、現在に関わるいくつかの関心から出発したが、その後はできるだけそれらに煩わされないように注意して話を進めてきた。ここで再び出発点の現代に立ち戻ったわけであるが、もとより現在の世界に関心をお持ちであろう読者諸氏には、まずは苦労の末にやっとこの章までたどり着いたことに、その甲斐があったと感じていただければ幸いである。また読者には、歴史学や歴史記述というものが、その時々の時代の状況に左右されるものであることをしっかりと認識していただけたものと期待している。

本章には、二つの物語が埋め込まれている。一つめの物語の結末はハッピー・エンドに近いものである。それは、古代史の著作から反ユダヤ主義を排除し、ギリシア文化の形成におけるフェニキア人の中心的役割を証明するために、主としてユダヤ人研究者によってなされてきた意識的な研究活動に関するものである。ここで使われている用語で表現すれば、これらのユダヤ人研究者たちは、穏健アーリア・モデルをほぼ構築し終えたのである。

穏健アーリア・モデル構築に関わる内在的要因に立ち入ることなく、外在的観点から見てフェニキア人に対する評価を回復するためには、二つの前提条件が成就される必要のあったことが明らかになる。そして、それらの前提条件は二つとも成就された。一つめは、ユダヤ人のヨーロッパ世界への復帰であった。二つめは、ユダヤ文化が内部に持ち続けてきた知的探究と学問研究への重視であった。前者の条件成就によって、反ユダヤ主義という障害が取り除かれ、フェニキア人とカナン人の功績も認められるようになった。また、後者の条件成就は、反ユダヤ主義やフェニキア人の貢献に関するわずかな人数のユダヤ人研究者でも、学界に対して強力な影響を与え得る存在になったことを意味した。

本章の二つめの物語は、青銅器時代のエジプトによってなされたとされてきたギリシアの植民地化という伝承を否定しようとする動きに関わるものであるが、この物語の結末は、はっきりと目に見えるものではない。ドイツの学者で、エジプトによる植民地化の伝承を復活させようとした者も一人や二人はいたにせよ、学界内部には、古代エジプトの評価を回復させようとするうねりはなかった。さらに、フェニキア人の場合とは異なり、古代エジプト人に対しては「生まれながらの」擁護者がいなかった。なぜ、現代のエジプト人が古代エジプトの擁護者にならなかったかというと、イスラム教徒のエジプト人は、古代エジプトに対して深い愛情と憎悪との両面をあわせもっており、しかも、現代エジプトが非アラブ的であるという考えを助長しようとする腐敗した親西側諸政府によって、この愛憎がさらに深いものにされていたからである。おそらくこのことのゆえに――しかし、その原因としてもっと可能性が大きいのは、西欧学問の強大な力に屈したことであるが――、エジプトの学者は、古代エジプトの世界的役割についての従来の学説を疑いもしなかったのであろうし、また、古代エジプトの対外的な影響を調べてみようともしなかったのであろう。

古代エジプトを擁護しようとしていたのは、西アフリカとアメリカの小さな黒人グループだけであった。しかしながら彼らの場合でさえ、古代エジプトについての関心はギリシアへの影響に関するものではなかった。むしろ、エジプトが本当はアフリカ的かつ黒人的であったことを証明したいということが主な関心事であった。また、彼らがギリシアに対するエジプトの影響に関心をもったとしても、その関心は次の二つのことに集中していた。一つは、ギリシア人がエジプトにおいて学んだことの伝播についてであり、二つめは、アレクサンドロス大王による征服後に起きたエジプトのすべての哲学と科学に対する略奪と私物化についてであった。

古代モデルのエジプト色を回復しようとする際にもっと強力な阻害要因となったのは、これらの黒人研究者が、フェニキア人を擁護する人々の場合とは異なり、学界の外にいたという事実であった。たとえば、ジョージ・ジェイムスが『盗まれた遺産』〔一九五四〕と呼んだもの——ギリシア人によって盗まれたエジプトの文化的業績——に関する研究成果のほとんどは、友人のあいだでまわし読みされるか、または、きわめてわずかな部数で出版されるかであった。出版されたものは、熱烈な関心をもった大衆のお陰ですぐに売り切れになったが、研究者からは学問とみなされず、図書館に入れられることさえなかった。たとえば、私がこの本に気づいたのはこれらの問題を研究し始めてから八年も経ってからだった。

この出会いは私をおおいに悩ませた。私がこれまで受けてきた学問的訓練では、この書物がきわめて多くの学問的体裁を欠いているという理由によって、自分自身を彼の業績から尻込みさせた。しかし他方では、私の知的立場は、古代史の定説よりも、黒人研究者たちの立場の方にはるかに近いことを実感したのである。

私は、自分の感じ方が重要であると確信している。ギリシアの形成におけるフェニキア人の役割の解明、および、その役割を覆い隠そうとする企みの政治的側面の解明によってゆり動かされながら、急進アーリア・モデルだけでなく、穏健アーリア・モデルをも疑い始めている学者は、私以外にもいるに違いない。そして、この論題に関して私が行なってきた何百回もの討論から、古代モデルに対するイデオロギー的反論は、もはや人前では堂々と行えなくなっていることが判明した。彼らはまだ、こっそりとこうした反論を信じているかもしれないが、そのような態度——それは社会のどこにでもよくあることであるが——でさえ、リベラルな学界では、それほど頻繁には見られなくなった。

それゆえ、いまだにアーリア・モデルが維持されているのは、主としてそれ自身がもつ伝統の力と学界の慣性の力のせいであろうと思われる。もちろん、これら二つの力のいずれも、過小評価してはならない。だが、それらはその内部における多くの驚くべき展開によって、かなり弱められてきたのは確かだ。そしてその展開全体が、次の二つの認識をもたらした。つまり、青銅器文明はかつて考えられていたよりもはるかに発達していたし、かつ、はるかにコスモポリタン的であったという認識。もう一つは、一般に古代の記録は、最近の古代史再構築論よりも信頼できるものであるという認識である。これらの外在的・内在的な動向から判断すると、穏健アーリア・モデルでさえ、もはや維持することができないものになっていると思われ、二一世紀のいずれ早い時期に古代モデルが復活されるであろうと私は確信している。

戦後の状況

第二次世界大戦とホロコーストの暴露は、反ユダヤ主義と人種主義の正当性を失わせるものではあったが、新たに宣言された人種平等の原理が制度化されるまでには長い時間がかかった。実際、イギリスとアメリカ合衆国に亡命したユダヤ人研究者がめざましい働きをしていたにもかかわらず、現実には、ヨーロッパにおいても北アメリカにおいても、学界を含むほとんどの社会の全体に、反ユダヤ主義は浸透し続けていた。多くのアメリカの大学は、一九五〇年代末から六〇年代初頭にかけて、ユダヤ人を排斥したり、あるいはユダヤ人に対し厳格な人数制限を課していた。[1]戦間期の反ユダヤ主義の場合と同様に、イギリスの諸機関について戦後の反ユダヤ主義を確証するのはそれほど簡単ではないが、そこでも似たような状況があったものと思われる。しかしながら一九五〇年代後半から、ユダヤ人の学生や研究者は一流大学に完全に受け入れられるようになった。またこの動向は、ギリシア古典学の分野においても見られるようになり、一九七〇年代までには、この分野の指導的人物の多くがユダヤ人ということになった。

一方、アフリカ人とアジア人に対する人種的偏見は、それよりはるかに強力な障壁になっていた——また現在でも、そうである。アメリカの最高裁判所は、一九五〇年代中頃になるまで人種を理由とする法的差別に反対しようとしなかったし、また、ほとんどの——決してすべてではないが——合衆国の黒人が投票権を獲得したのは、一九六〇年代になってからであった。しかし、これらの法的・政治的改革によって、黒人や南アジア人の苦しい経済的現実を変えることはできなかった。一部の黒人や非ヨーロッパ系移民は、工業諸国において、一九四五〜七二年までの持続的な好景気のあいだに経済的利益を得たが、人種間の格差そのものは同じままであったか、あるいは、むしろ悪化した。また、一九七〇〜八〇年代の不況により、ヨーロッパと北アメリカにおける非ヨーロッパ系の人々は、白人よりも多くのものを失い、しかもより早く失った。

歴史記述は、第三世界内で生じたできごとによっても影響を受けたが、そのことは後で論じることにする。ただここで、反ユダヤ主義の行き着く先がどういうものであったかについて、これを弱めたのはホロコーストによってということよりも、イスラエルの建国（一九四八年）とその後の軍事的拡張によっての方がより大きな要因となったことを指摘しておく必要はあろう。一方、白人の方はというと、一般に、一九四七年のインド独立によってもたいした影響は受けなかったし、あるいは、イギリスとフランスによってその熱帯植民地に政治的独立を与えた方が好都合だと判断された一九五〇年代の「変化の風」によってもさほどの影響は受けなかった。少なくとも新植民地主義が、宗主国の経済力をもちこたえさせてきた。さらに、準独立国ならびに新興独立国における現実問題についてのマスメディアによる人種主義的な扱い方は、白人だけが自己統治能力をもっているというドグマを支え続けてきた。しかしながら、私たちの視点から見てもっと重要なことは、ヨーロッパが依然として文化的覇権を維持し続けていたということである。実際、歴史認識や教育においては、真の変化はまったくなかった。たとえば、ヴィクトル・ベラールによって非難された「ヨーロッパ・ショービニスム」が、まだ盛んであった。また、一九六〇年代に入ると、ケンブリッジ大学の歴史トライパス〔優等卒業試験〕科目として、やっと第三世界について教えられるようにはなったが、その唯一の講座は「ヨーロッパの拡張」というものであった。

しかしながら、重要な変化もあった。まず、日本の並みはずれた経済的成功である。日本の成功は、中国の再統一と、一九七〇年以降に西側がロシアに対抗する同盟国として中国を誘ったことにより、中国の大国化と結びついていた。一九三〇年代にヒトラーは、日本人に「名誉アーリア人」の地位を与えたことがあるが、こうした考え方は、一九六〇年には広く受け入れられるようになった。一九七〇年代には中国人もこの名誉を受け始め、現在では、白人とはどこか違うけれども東アジア人を平等なものとする、西欧の一般的な認識が生まれていると思われる。インド亜大陸が分裂の恐怖から回復したので、インド人もまた、そこそこの尊敬を受けるようになった。他方、ロマン主義的なアラブ人族長というイメージは、太りすぎた石油王とパレスチナの「テロリスト」というイメージに変わっていった。イスラム教に対するキリスト教徒の昔日の嫌悪がすべてよみがえり、その嫌悪はアラブ人に向けられ、——ペルシア人に対する一九世紀ヨーロッパ人の賞賛とは異なり——イスラム教のイランはまるで悪魔のように描かれている。さらに、独立を達成したにもかかわらず、アフリカとそのディアスポラは依然として希望がまったくもてないとみなされており、黒人はいまだに人類の最低な形態と考えられている。

これらの乱暴なステレオタイプをここで挙げたのは、ほとんどの研究者がそれらを受け入れているからというのではなく——もっとも、一部の研究者は明らかに受け入れているが——、イスラム教徒を除いた多くのアジア人とアフリカ人をも含む私たちのすべてが、あるレベルでそれらのステレオタイプに影響を受けているからである。ネグリチュード〔黒人が肉体的・精神的特性を誇りとし、その文化的遺産を自覚すること〕のような第三世界の運動の多くはヨーロッパ人だけが分析的に思考することができる、というヨーロッパ人のうぬぼれを受け入れてきた。その結果として、多くの黒人および黄色人種の知識人は、自分たち自身の分析能力を否定し、共同体の「女性的な」特質、温情、直観、芸術的創造性のみを自分たちの特質とするようになった——興味深いことに、それらは人種主義者のゴビノーが黒人に認めてもよいとした特質である。言い換えれば、「ギリシアの奇蹟」という神話、そして、その結果としての「西欧」文明の絶対的優越性を安易に受け入れてきたのは、白人の非イスラム教徒だけではなかったということである。とはいえ、このコンセンサスからの逸脱もいくらかはあり、それらは本章後段で考察することになる。

ギリシア古典学の発展——一九四五〜六五年

一九世紀においてでさえ、慎重な歴史学者ならば、言語学上の境界と人種上の境界とをあたかも同一であるかのように扱う場合、その本論に入る前には、「両者は必ずしも一致するわけではない」と断わり書きをすることから著述を始めるのが習らわしであった。[2] 一九四五年以降には、この区別が唯一の受け入れられ得るやり方となり、これによって学者はつねに人種区分ではなく、言語学上の区分に頼るようになった。他方、第二次世界大戦によって人種主義は弱められることになったが、科学の方は戦争を通して大きな勝利をおさめた。かくして急進アーリア・モデルが、考古学や他の近代的方法によって到達された「科学的真実」とされ、ほとんど誰もそれを疑わなくなったので、時の経過とともに、このモデルはますます正当なものと考えられるようになった。そして古代モデルの方は、もはや検討し克服するに値する体系とはみなされなくなり、「今日では誰も」真剣に受けとめようとはしない、ばかばかしい伝承の集まりにすぎないものとして受けとめられるようになってしまった。

初期ギリシア史に関する論争は、きわめて熱っぽく闘われてきたが、それらはほとんど完全に急進アーリア・モデルの枠内でなされてきた。いつヘレネス（古代ギリシア人）がギリシアに到来したかについて激論が闘わされてきたが、一九五〇年代までは、少数派ではあったけれども、かなりの数の学者が、「ヘーラクレイダイの帰還」やドーリス人の侵攻についての伝承から、アーリア人がギリシア南部を襲ったのは青銅器時代末になってからだと主張していた。マイケル・ヴェントリスが、線文字Bをギリシア語として解読したことによって、この見解の信憑性が根底から破壊されたにもかかわらず、多くの頑固な抵抗者たちは、一九七〇年代までこれらの見解をもち続けていた。[3]

線文字Bの解読は、シュリーマンやエヴァンズの発見以来、この分野でのもっとも偉大な内在的発展として受けとめられていたが、それはシュリーマンの場合と同様に、アマチュアによってなされたものであった。建築家であったマイケル・ヴェントリスは、線文字Bは謎めいた「先ギリシア人《プレヘレネス》」のなんらかの言語で書かれたものであろうと推測し、暗号書記法によって、すでに出版されていた線文字Bテキスト大全を解き明かそうと試みていた。だが一九五二年には、それをギリシア語とすりあわせることを試み、そのすりあわせによって解読に成功したのであった。

本書の序章で提起されたテーマに戻ろう。なぜ、これら二つの前進のいずれもが、門外漢によってなされたのであろうか。シュリーマンの場合には、純真さと古代人への信頼とがあったが、この二つはどちらも、その時代の学者ならばあらゆる犠牲を払ってでも払拭するよう教え込まれていたものである。一方のヴェントリスも、線文字Bを、難解でほとんど理解されていないアナトリア地方諸語のいずれかの言語と対置するのでもなく、あるいはギリシア語の「先ギリシア的」な要素でつくられた混成語と対置するのでもなく、むしろ、ギリシア語と対置することを行った点で「純真」であった。[4]ただし、線文字Bはきわめて粗野な方法でギリシア語を書き表していたので、それをギリシア語として読むということは、ギリシア古典学者が人生を賭けて追い求めてきたギリシア語のもつ精密さのすべてをゆがめる結果になるものであった。

いかなるギリシア古典学者も、ギリシア語の洗練をゆがめることなどできるはずがない――こういった見方は、キプロスの音節文字の解読の場合を見ることによって根拠づけられる。ヘレニズム時代まで、キプロスの音節文字は、ギリシア語を表すためにキプロス島で使われており、しかもギリシア語の音声と似た、しわがれ声のような気息音はほとんど線文字Bと同じであった。それを解読したのは、ギリシア語をほとんど知らなかったジョージ・スミスと、有能なギリシア研究者ではあったが、基本的にはエジプト・アッシリア学者であり、それゆえこのような作業に必要とされる連想のしなやかさを身につけていたサミュエル・バーチであった。[5] この議論――つまり、ヘレニズム研究者は少なくともその最初の段階において、こうした作業にとりかかるには余りにも洗練されすぎていたという議論――は、『ブラック・アテナ』の第Ⅱ巻においてより深く展開されることとなるが、この第Ⅱ巻では、ほとんどの比較言語学者には受け入れられるであろうが、ギリシア研究者にはおそろしく乱暴に見えるかもしれないすりあわせによって、ギリシア語のなかにエジプト語とセム語からの借用があったことを立証するつもりである。

ヴェントリスが専門家に与えた脅威からすると、その研究業績がすぐにあたたかく受け入れられたことは、注目に値する。[6] これは一つには、次のような個人的要因によって説明され得る。つまりそれは、彼の個人的魅力、音を探究する際の鋭敏さ、そして彼の共同研究者となった保守的なギリシア古典学者ジョン・チャドウィックの存在、さらには、新たに発見された銘板によって明らかになった彼の解釈を支える確証的な証拠、である。他方、この新解読は、ギリシア人の歴史的奥ゆきと地理的拡がりを拡大するものだったので、ギリシア古典学者がこの問題に向きあう際に、急進アーリア・モデルを支持する要素になり得るとみなされたことは間違いないだろう。しかしながら、その「玉《たま》」には、いくつか「瑕《きず》」があった。その一つは、線文字B銘板にディオニュソス神の名前が刻まれていたことである。ギリシアの伝承では、ディオニュソス神は一般に新参者と考えられており、ギリシア古典学者は、ディオニュソス信仰が紀元前六世紀ないし紀元前七世紀に到来もしくは発展したと論じていたのである。紀元前一三世紀の銘板における彼の名前の登場は、事態をほとんど古代の人々によって示されていた時期――紀元前一五世紀――に押し戻すこととなった。ところが、誰もこの論証を反駁できなかったにもかかわらず、この説はあまりにも大きな混乱をもたらすものだったので、ほとんどの学者はそれを無視して従来の説にそって論じ続けていた。

この問題よりもっと重大だったのは、線文字Bのなかから、セム語族の言葉からの借用語が見つかったことである。この借用語は、セム人やエジプト人の人名に見られたし、また、一九二〇年代以来、おそらく紀元前八世紀末にフェニキア人によってもたらされた外来品として考えられてきたスパイスや金などを表す名前にも見られた。セム語学者がギリシア研究者にこのことを突きつけるまで、急進アーリア・モデルとのあいだにあったこれらに関する矛盾は、ここでもまたギリシア研究者に注目されることはなかった。しかしながら一般にこの解読は、急進アーリア・モデルを強化し、また侵入に起因する語源の起こりを北部に求め続けようとする結果をもたらした。かくして一九六〇年代には、インド・ヨーロッパ語族の言語を話す原ギリシア人が、初期ヘラドス文化期Ⅱ末の紀元前二二〇〇年頃にエーゲ海南部に到達したというコンセンサスが広まっていったのである。

原住地文化起源モデル

線文字Bの読み方がギリシア語と同じであることを認めながらも、ヘレネス（古代ギリシア人）の侵入を否認している唯一の学派は、「原住地文化起源モデル」と自称する学説の主唱者たちである。彼らは、ブルガリアの古代史の長老ウラディミール・ゲオルギエフと、著名ではあるが超孤立主義的な考古学者コリン・レンフルーによって率いられており、インド・ヨーロッパ語族の言語が、黒海の北方からギリシアにもたらされたという説を否認していた。そのかわり、インド・ヨーロッパ祖語とは、アナトリア地方とバルカン半島で話されていた方言の寄せ集めであり、ギリシアで話されていたギリシア語もそれらの方言の一つにすぎない、と主張していた。[7] このモデルは、一九四〇年代以来、考古学と人類学に広まっていた孤立主義や反伝播論のパラダイムに属している。伝播論は、明らかに植民地主義が学問に反映したものであるから、反伝播論が支配的になった原因は、植民地主義に対する反発にあったと考えることができる。[8] しかしながら言語学者やギリシア古典学者は、これら原住地文化起源モデルの学者たちとは違い、伝播概念を放棄することにはやや躊躇しがちである。なぜなら、伝播概念は周知の語族内における諸言語間の関係について、しばしば納得のいく説明を提供するからである。また言語学者やギリシア古典学者が強調するところによれば、歴史の記録において征服と移民による伝播は重要な役割を果たしてきたのであり、先史がこの点でまったく違うと考えるべき理由はないという。

原住地文化起源モデルは、アーリア・モデルの発展以前にさかのぼる一八二〇～三〇年代のカール・オットフリート・ミュラーの学説への回帰を示している。しかしながら前者のモデルの主唱者には、ミュラーの場合と同様に、北方およびヨーロッパの思考様式がすっかり染みついており、彼らは、中期青銅器時代末における中東による植民地化の伝承に対してはアーリア・モデル信奉者よりも敵対的である。しかし、原住地文化起源モデルが植民地化という伝承を否認し、「先ギリシア」の時期の問題にも対応せず奥行きを欠いていることから、このモデルは、ギリシア語のなかにある非インド・ヨーロッパ語族的要素をまったく説明できないままとなっており、このことが、アーリア・モデルの擁護者によってつけ込まれる弱点になっている。[9] それにもかかわらず、原住地文化起源モデルの主唱者たちは、この明らかに基本的な欠陥を無視することができると思っている。おそらくその理由は、彼らが、原住地文化起源モデルは考古学の支配的なパラダイムの枠内にあると感じているからなのであろう。いずれにせよ、このモデルとアーリア・モデルの両者は、近東からの移住の可能性を排除しているので、それらのあいだで生じる両者の衝突は本書の論題とは直接関係がない。『ブラック・アテナ』の焦点は、古代モデルとアーリア・モデルとの対立なのである。

東地中海での接触

一九六〇年代中頃まで、フェニキア人に対する憎悪は、どちらかといえば増大していったようである。リース・カーペンターは、アルファベット伝来の時期をより遅い年代に特定し、フェニキア人による植民地化の範囲を狭めようとするキャンペーンを盛んに展開したことで、彼の提案はおおむね受け入れられるようになっていた。[10] テーベが植民地にされたという可能性は、おおむね退けられた。事実、一九六三年に、フランス人の学者ヴィアンによって、カドモス伝承についてのもっとも断固としたアーリア・モデル的な解釈が発表された。[11] 多くの研究者が、東地中海周辺での接触を否定するか、あるいは少なくともその接触の範囲を狭めようとし続けていた。一九五一年には、イギリスの古代史家メイグズが、ベリーの歴史書の改訂版において次のように書くことができたほどである。

青銅器時代に、ミケーネ人とフェニキア人などのセム人とのあいだに緊密な関係があったとする一貫した文献上の証拠がたくさんあると思われている。だが不運にもこの証拠は、表面上与える印象ほど一貫してもいないし、説得的でもない……。もっと重大なのは、そもそも近東の民族は青銅器時代に本当にエーゲ海や西地中海に来ていたかという疑念が増大していることである。[12]

エーゲ海とレヴァントとの接触に関する考古学的な証拠が増加し、蓄積されるようになると、その接触はギリシア人のイニシアティブによってなされたものに違いない、と憶測されることになった。「……中期ミノア文化期Ⅱ期の終了後から紀元前二千年紀の後半をつうじて、ミケーネ時代ギリシアの船員、商人および職人だけが、エーゲ海地域をオリエントと結びつける絆をつくった者として、その栄誉を正当に主張し得る」[13]。第8章と第9章で論じた諸理由により、セム学者の多くはフェニキア史を研究する気になれなかったのだと思われる。その研究は、一九六〇年代までギリシア古典学者とギリシア愛好者にまかせられていた。一九六一年に、レバノンの学者バラムキは、フェニキア人にもたらされた成功はアーリア人の血が入ったことに起因する、という理論を復活させた。この理論は、エヴァンズによって二〇世紀の初頭に、また、ウーリーによって一九二〇年代から三〇年代に提起されていたものである。一方、ギリシア古典学の訓練を受けたハーデンは、一九六二年に出版した『フェニキア人』と題する著書のなかで、青銅器時代にミケーネ人がエーゲ海地域を支配していたという考え方を受け入れた。[14]

しかし、東地中海での接触に関する新たな考古学的発見や、東から西へという影響の流れに関する事実に直面すると、あらゆる接触を否定する学説への反論だけでなく、これらの接触の原因をミケーネ人とその後のギリシア人の活動に見出そうとする学説への反論も現われるようになった。セム研究の長老であったアメリカの偉大な学者、ウィリアム・フォックスウェル・オルブライトは、一九六三年に亡くなるまで、フェニキア人による植民地化は、紀元前九世紀または一〇世紀のことであったとさえ主張した。[15] オーストラリアの古代史学者、ウィリアム・クリカンは、驚くほど大胆な著書のなかで、紀元前二千年紀におけるレヴァント人の中心的役割、独自性、影響力を強調したが、古代モデルの問題や、西セム人がギリシア文明に深く長期的な影響を与えたかどうかという問題は、慎重に避けた。[16]

さらに、カドモス伝承を否定せざるを得ないという急進アーリア・モデルの弱点は、同モデルに対する疑問を増大させていた。一九四九年にはマルクス主義の偉大なギリシア古典学者、ジョージ・トムソンが、また一九六二年には彼の同僚ヴィレッツが、カドモス人はフェニキアからクレタ島に到来し、テーベまでやって来たセム系の一部族であると主張した。[17] 一九六〇年代には、レバノンの歴史学者バラムキとニナ・ジディジャンも、鉄器時代のこととしてではあったが、テーベにフェニキア人の開拓地があったと明言していた。[18] また、ある歴史学者はそれを超え、カドモス伝承を受け入れるだけではなく、ダナオスに関する伝承をも受け入れていた。たとえば、ギリシア古典学者ハクスリは、一九六一年に出版された『クレタ島とルーウィ人』と題する著書において、これらの説を支持した。もっともその書名が示しているように、彼はエジプトやレヴァントとの結びつきよりも、アナトリアとの結びつきの方により大きな関心をもっていた。また、この本が私費で出版されたということも興味深い。[19] これよりはるかにめざましい展開は、その翌年に、『ケンブリッジ版古代史』第二巻の第三版のなかで、ミケーネ時代のギリシア古典考古学者、フランク・スタッビングズ博士が「ミケーネ文明の興隆」と題する論考を発表したことであった。[20] そこにおいてスタッビングズは、エジプトからの侵入を支持する議論を展開し、またギリシアにヒクソス人の属国がつくられていたと主張しており、その限りにおいては古代モデルを受け入れていた。さらに彼は、ミケーネ時代初期のギリシアに近東とエジプトによる影響があったことを証明する最近の考古学的証拠により、この解釈は裏づけられていると論じた。[21]

もう一人の古典考古学者はさらに先を行っていた。ハーバード大学のギリシア古典考古学教授エミリー・ヴァミュールは、ミケーネ文明はその繁栄のあいだエジプトやフェニキアとの接触をつねに維持していたとのべた。一九六〇年に彼女は、ミケーネ文明の崩壊の原因について論じているところで、次のように書いている。

……明らかに、消え去ったのはミケーネ人ではなく、ミケーネ文明の方だった。竪穴墓［シュリーマンがミケーネで発見した前一七世紀頃の竪穴式墳墓］が造られた時期以降、ミケーネ文明はクレタ島や東方世界との活発な交流によってその繁栄を維持してきたのである。交流が途絶えたとき、ミケーネ文化はあまりにもはかなく雲散霧消してしまい、忘れ去られてしまったのである。[22]

しかし、これらの見解は決して典型的なものではなかったし、今でも典型的なものではないことに注意しておかなければならない。ミケーネ時代のギリシアに関する現代イギリスの考古学者と歴史学者の大多数――たとえば、チャドウィック、ディッキンソン、ハモンド、フッカー、レンフルー、テイラー――は、ミケーネ文明は土着的な発展の結果であったと主張している。ギリシアに近東やアフリカからの明らかな文化的借用があるにしても、それは、ギリシア側のイニシアティブによって、つまり傭兵の帰還や交易活動、さらには中東への観光旅行などによって持ち帰ったものだと説明された。[23]

学界の権威体制は、ギリシアの文化や言語に対するエジプトやカナンによる影響の可能性を絶対にあり得ないものとして排除していたので、このように「自ら持ち帰ったという事実」を使って、ギリシアの伝承や考古学的史料にもとづくギリシア人へのエジプト人やフェニキア人の侵入があったとする仮説を批判したのである。スタッビングズ博士は、この問題をヒクソス人にからめて次のように切り抜けようとした。

彼らヒクソス人の到来には、大規模なエジプト化がともなったわけではなかった。このことは、私たちがエジプトのヒクソス人について知っていることと完全に一致する。彼らは、そこ［エジプト］にほんのわずかな新軍事技術と軍事組織論を導入しただけである。しかも彼らは、住民大衆を代表してはおらず、むしろ戦士というカーストにすぎなかった……。彼らは、いかなる新しい言語をも持ち込まなかった……。[21]

エジプトに対するヒクソス人の影響についての彼の分析にこそ、真の問題があると思う。エジプトのヒクソス時代について、私たちが直接に知っていることはきわめて少ない。しかしながら長期的に見れば、第一八王朝においてエジプト・ナショナリズムとエジプト文化とが復活してはいたものの、外国人によって支配されていた時期に、文化が大転換されていたことに疑いはない。スタッビングズ博士は、ヒクソス人を戦士カーストとみなしている点では正しい。しかし、ユーラシア大陸全体の文化を激しくかき回したモンゴル人のように、ヒクソス人は異なる文明を持ち込むことによって、新たな文化を生み出す役割をも果たしたと思われる――セム文明がエジプトに、「ミノア」やエジプトの文明がギリシアに、などなど。しかしながら、エジプト文明のような壮大な伝統を欠いているギリシアの場合は、はるかに大きな変化を受けやすかった。それゆえヒクソス人は、エーゲ海世界の全体に対して非常に大きな影響を与えたものと思われる。

他方、スタッビングズの立場は、歴史記述としては一八三〇年代のコナップ・サールウォールや、一八八〇年代のアドルフ・ホルムの学説への回帰と言えた――その説は、ギリシアにエジプト人やセム人がいたかもしれないが、彼らは長期的な影響は何ら与えなかったので、それは問題にはならなかったとする。スタッビングズは、一八八五年から一九四五年の時期の乱暴な人種主義とは一線を画してはいたものの、古代モデルをきっぱりと拒絶していた点では、彼の先輩たちと同じ立場にあった。

スタッビングズが、その主張を裏づけるために依拠していた「最近の」考古学的証拠でさえ、守りの堅い急進アーリア・モデルを揺るがすことはできなかった。しかしながら、一九六〇年代になされた多数の新発見が、東地中海地域におけるレヴァントの人々とギリシア人の重要性をより大きなものにした。たとえば、海洋考古学者ジョージ・バスは、当時、東地中海地域で発掘された後期青銅器時代の唯一の船に関する調査報告を、一九六七年に発表した。バスは、南トルコのゲリドニア岬沖に沈んでいた交易船はシリアのものであると結論づけたが、だからと言って、その時期のすべての交易がカナン人によって行われていたとまでは主張しなかった。しかしながらバスは、他の証拠も挙げて、後期青銅器時代の東地中海の交易活動において、レヴァントの人々が中心的な役割を果たしていたことは明らかであると論じた。[25]この主張は、非セム系ミノア人やミケーネ人がこの地域の制海権をもち海洋王国を形成していたなどという、広く受け入れられてはいたがもともと根拠のなかった説を根底から覆すとともに、フェニキア人の小船が紀元前八世紀以前にエーゲ海に到達していたことはあり得ないとした、ベロッホの主張についても論破したのである。

一九六三年以降、カドモスか王家のものと推定されるテーベの宮殿跡で、紀元前一三〇〇年頃にまでさかのぼる地層から、三八個の円筒印章など、きわめて多数の近東起源の出土品が次々と発見された。[26]多くの考古学者は慎重な態度を守ったものの、この発見は、伝承においてはフェニキアと密接に結びつけられた古代都市においてなされたものとされていたので、当然のことながら、カドモス伝承に真実が含まれている可能性に道を開くことになった。この発見は、アーリア・モデルの反フェニキア的傾向を攻撃するための武器ともなった。[27]さらに一九六〇年代には、後期青銅器時代における近東とエーゲ海地域に、多くの共通する装飾パターンや技法が存在することを明らかにした美術史家による研究業績が、近東とフェニキアとのあいだにあった密接な接触を証明した。しかも、後期青銅器時代の初頭における一般的な文化的伝播の方向が、近東からエーゲ海地域へという方向であったことから、それらのパターンや技法も西向きに伝わっていたことが確証できるとした。[28]

おもしろいことに、ギリシア古典考古学者やエーゲ考古学者は、この研究業績に公然と敵対したわけではなかった。[29]他方、エーゲ海地域に対する近東の影響を示す考古学上の証拠が、一般に過小評価されていたことも確かであった。そしてそれとは対照的に、レヴァントで後期青銅器時代末におけるミケーネの壺が多数発見されたことは、植民地をつくったかどうかは別にして、この地方にギリシア人が存在していたことを示していると広く解釈されてきた。[30]マイケル・アストゥアなどのセム語研究者はこのことに反対しているが、私は紀元前一四～一三世紀には、レヴァントにおけるギリシアの文化的影響がかなりあったことを認める立場をとる。しかし、レヴァントにおけるギリシア人の影響を力説しながら、エーゲ海世界における西セム人の影響はいっさい認めないという研究者の立場は、ダブル・スタンダードである。[31]

神話学

ギリシア研究者たちは、これらの出土品が示している二つの文明のあいだでの物質文化的接触は、神話学や言語という、より根本的な分野での接触と比べれば、さほどやっかいな問題ではないとみなしていたことを強調しなければならない。神話学の分野において、急進アーリア・モデルにとどまりながら、近東とエーゲ海地域との驚くべき類似性についての証拠が増加していく事態に対処するためには、二つの方法があった。第一の、しかももっとも満足のゆく方法は、「人類学的」方法であった。それは、カール・オットフリート・ミュラーによって提唱され、一九世紀末から二〇世紀初頭にかけてのケンブリッジ大学のギリシア古典学者、ジェームズ・フレーザーとジェーン・ハリソンが発明した方法であった。「人類学的」方法とは、近東とエーゲ海地域とで神話が類似していることの原因を、人間心理の偶然の一致の結果とみなすものであった。また、それはギリシアの神話・信仰と中東の神話・信仰との類似性を、世界中のおびただしい類例と比較することによって曖昧にしようと試みるものである。[32]もう一つの主要な方法は、本書の四三七〜八ページで論じられた方法であり、現代のギリシア古典学者であるウォルコット教授とウエスト教授とによって採用されたものである。これは、オリエントからの影響を、第一希望から順序に、インド人、イラン人、ヒッタイト人、フリ人、バビロニア人に帰そうとするものであった。[33]

これら二つの方法を結合させた三つめのテクニックは、アメリカのギリシア古典学者で神話収集家でもあるフォンテンローズ教授の手法であり、神話は、普遍的なものも借用されたものも、陸のルートで伝えられたと仮定するものであった。[34]さらに、もう一つの手法は、ギリシア文化とウガリトの西セム文化とがよく似ていることによって提起される問題と取り組もうとするものであり、このシリアの古代都市ウガリトにギリシアの植民地があったと考え、かつギリシア人植民者によってセム人の神話・物語が本国ギリシアに伝播されたと想定するものであった。[35]これらすべての方法において共通することは、二つの地域の類似性を、古代モデルが考えているエジプトとフェニキアによるギリシアの植民地化ではなく、それとは異なる何らかの方法によって解釈しようと意図したことであった。

言語

この巻の全体をとおして、私は、言語がアーリア・モデルのいわば「奥の院」であることを強調してきた。そう主張するのは、言語というものが民族独自の精神を体現しているというロマン主義的な信念からだけではない。学問の中核に言語が位置するという事実があるからでもある。実際、ある地域について何かのべるためには、その言語の運用能力が必要前提条件であり、しかも、たいてい学生は言語教育過程をつうじてこの学問の制約を教えられるのであるが、その教育過程は必然的に権威主義的にならざるを得ない。かくして、「近東の影響」というタブーは、物質文化の分野や神話学研究の発展のなかではかなり緩和されていたのに対して、言語の問題に関しては、アフロ・アジア語族の言語によるギリシア語への大きな影響を口にすることは、依然として厳格に禁止されたままであったという状況にあり、そのことは驚くべきことではない。ここでもまた「りっぱな」学者たちは、ギリシア語の言葉のなかに見られる、消し去ることのできない「オリエンタルな」特徴の起源を、神話の場合と同じ順序で、第一希望から、インド、イラン、ヒッタイト、フリ、バビロニア、西セム、エジプトの順に求めようとしていた。[36]

カナン語からギリシア語へのおびただしい数の借用語を再確認する際、見事なまでの慎重さと健全さとをもって研究した者として、ギリシア語とヘブライ語の両方によく通じていた現代アメリカの二人の学者、ソール・レヴィンとジョン・ペアマン・ブラウンがいる。ギリシア古典学者がこの二人の研究業績を知っていたにもかかわらず、レヴィンの業績を無視したとすれば、その理由は、彼がセム語族言語とインド・ヨーロッパ語族言語とのあいだに発生学的な結びつきがあると主張したからに違いない。レヴィンのこの主張は、急進アーリア・モデルの確立と同じときに、しかも、まさしくそのモデルが確立されることになったのと同じ理由から、嫌われものになったのである。[37] ブラウンの業績は、その多くがセム語研究の専門雑誌にしか掲載されなかったので、あっさりと無視された。[38] 実際、無視するという方法は、こうした反駁できない研究業績に対してとられてきた伝統的な手法である。また、線文字Bに見られる明白な借用語は、青銅器時代に導入されていたことを認めざるを得ないところまで証明されていたにもかかわらず、ギリシア語のセム語族言語からの借用に関して、もっとも広く認められ賞賛されていた研究業績は、フランスの言語学者マソンによる小冊子であった。その冊子は、借用されたことの確認を、ウガリト語や聖書にある単語については排除し、フェニキア語銘刻のわずかなデータによって証明される有形物の名称に限定していた。[39] かくして、すでに認められていたわずかな借用語の数が、さらに減らされてしまった。

ウガリト語

それにもかかわらず、アーリア・モデルに対する反発が現われてきた。しかしながら、そこに進む前に急進アーリア・モデルを弱体化させることになった重大な内的展開――つまり、ウガリト文明の発見――について、簡単に考察しておかなければならない。シリア沿岸の古代の港湾都市ウガリトは、一九二九年に発見された後、徹底的に発掘調査が行われた。ほぼその直後、考古学上もっとも古い時期に作られたきわめて多数の素焼きの銘板が、紀元前一四、一三世紀にさかのぼる地層から出土した〔ウガリト文書〕。あるものは、後期青銅器時代の混成語であったアッカド語で書かれており、他のものは、未知の楔形文字で書かれていた。この文字は、二つの理由から迅速な解読が可能となった。第一に、この書き方は、他の形態の音節的な楔形文字とは異なり、アルファベット的だったからである。そして第二に、その言語の文字は、カナン語にきわめて近い未知の西セム語の字体をしていたからである。

この「新しい」言語は、言語学者にとってきわめて価値のあるものであった。書かれた内容の多くは経済取引についてであり、大きな貨物集散地の構造や交易に関する貴重な情報を提供していた。それ以外に、伝承と儀式に関する文書も存在し、それらの内容は聖書の物語やギリシア神話に驚くほどよく似ていたので、とりわけ注目を浴びた。これは、アーリア系ギリシア人とセム系レヴァント人とを峻別することを中心的な信念としていた急進アーリア・モデルに大問題を提起することになった。

学問とイスラエルの建国

イスラエルの建国と軍事的拡大は、カナン語使用者に征服や海外植民地建設を行う能力があることをはっきりと証明したが、ギリシア研究の学問分野ではさほど直接的な影響を与えたわけではなかった。多くのユダヤ人研究者への影響としては、研究の焦点がパレスチナに絞り込まれたことと、離散ユダヤ人に関する研究が軽視されるようになったことであった。それと同様に、イスラエル人とその隣人であるカナン人ならびにフェニキア人との関係について、その類似性ではなく、むしろ相違点を強調する傾向が強まったことにより、きわめて重要な比較研究が制限されるようになってしまったことである。[40]

イスラエルの建国がギリシア研究に与えた間接的な効果の方は、決定的に重要であった。つまりイスラエルの建国は、世俗的な意味でユダヤ人であることに対するユダヤ人の誇りを復活させた。さらにこの誇りは、宗教という極と世俗的な意味での民族主義という極の二つの極を提供することによって、ユダヤ人の伝統の中で研究を行う幅を与えたのであった。しかし、伝統から独立して、この新たな研究の可能性を利用することができたユダヤ人研究者は、わずかしかいなかった。本書のテーマに関連する学問領域において、もっとも傑出したユダヤ人研究者は、アメリカで研究をしていたサイラス・ゴードンとマイケル・アストゥアの二人であった。二人とも自分たちがユダヤ人であることを自覚してはいたが、ユダヤ教とシオニズムの本流からはずれていた。ゴードンの研究の背後にある主要な動機は、同化への衝動であると思われる。しかしこの同化は、レナックのような学者たちが主張する同化のような、ユダヤ人をキリスト教文化またはヘレニズム文化に順応させるという意味での同化ではない。ゴードンは同化というものを、自分たちのルーツを自覚しており、かつそれを誇りにしている二者が、より豊かな文明を創造するためのパートナーシップとみなしているようである。[41] アストゥアの見解もこれに似ているが、彼の研究業績にはより強く汎セム主義の要素が存在しているようであり、また、インド・ヨーロッパ語族の言語やエジプト語の使用者に創造性を認めることには乗り気でないようである。

サイラス・ゴードン

サイラス・ゴードン〔アメリカのセム語・東洋学者、一九〇八~二〇〇一〕は、聡明な言語学者であり、また最近のセム語学者のなかではもっとも偉大な学者である。彼の先駆的な『ウガリト語文法』は、それを覆そうとする論敵による試みにもかかわらず、依然として二〇世紀において最初に発見された新たなセム語に関する定説的な業績とされている。それにもかかわらずこの三〇年間、彼は学界の隅に追いやられ、ほとんどの学者は彼を変人扱いしてきた。その原因の一つは、彼の罪や誤りが、怠慢——学界はそれに対し極端に寛容である——からではなく、遂行によってなされたからである。そのために、彼はどうしようもないほど不埒だと烙印を押されてしまった。さらに、アメリカに対するフェニキア人の影響や初期ユダヤ人の影響について論じようとした試みは、伝統的な学問からあまりにもかけ離れすぎており、まったく相手にされなかった。こうしたことから、彼の独創的な研究業績のすべては、学界から軽蔑を込めて、掃き捨てられてしまった。[42]

それ以上に、ゴードンがセム文化とギリシア文化とを結びつけようとした研究は、学界の現状維持にとって、大きな脅威となるような強烈な挑戦として受け取られた。ゴードンは、セム文化とギリシア文化のあいだを結ぶ架け橋として、ウガリトとクレタ島に注目したのである。『ホメロスと聖書』という題で一九五五年に出版されたモノグラフを彼が書いたのは、ウガリトに関する膨大な研究にもとづいてであった。彼は、「ギリシア文明とヘブライ文明は、東地中海という同一基盤の上につくられ、類似の構造をもっていた」と結論づけた。これは、二〇世紀初頭のエヴァンズの考え方にやや似ていたが、急進アーリア・モデルで研究している学者にとっては、とうてい我慢できるものではなかった。ゴードン自身がのべているように、この研究に対する反応は、

鋭かった。ある評者はおしみなく賞賛したが、一方、他の評者は軽蔑に満ちていた。だがこのことだけは、はっきりしていた——もはや私は、穏やかな専門家として、他の専門家たちから受け入れられるような、物静かな学者ではなくなった。私は学界の治安を乱す者ということになり、それと同時に、その著作や講演がより広い大

衆に関心を与える学者になった。[43]

ここでも五〇年前のヴィクトル・ベラールの場合と同様に、なるべく単純で大きな連合によって全体像をつかもうとする門外漢の志向と、その逆に、細分化によって分析しようとする専門家の志向とが衝突した。つねに専門性というものは、研究者による学問・知識の「私物化」に適した狭くて孤立した研究分野を必要とする。専門家たちは、ベラールとゴードンの二人に強い脅威をいだいた。なぜかといえば、旧態依然とした学界に反抗する彼らの学説の方にこそ信憑性があったからである。

ゴードンは、ホメロスのギリシア、ウガリト、聖書時代のパレスチナという三者のあいだに密接な関係があることは、その歴史的および地理的近接性から考えて完全に間違いないと考えていた。とくに、ナチスがアーリア人は人種的に他とは異なった優越した民族であるという考えを信用できないものにして以降、その確信は強まった。しかし専門家にとっては、「そう単純ではなかった」。ゴードンは、学術文献にある細部の問題についてはわからなかったので、専門家に反論することができなかった。しかしながら、自分の地位と生計がかかっていることから、学者にとっては不運なことなのであるが、明白なことはつねに間違っているとは限らない！のである。素人が専門家よりもよく知っているということは、ままあり得るのである。序章において紹介したヴェーゲナーの大陸移動説のように。

ゴードンが見出したクレタ島という第二の架け橋、セム人とギリシア人とのあいだの接点は、さらに大きな動揺を与えるものであった。ゴードンは、ヴェントリスによる線文字Bの解読によって刺激され、その発音はそれに先行し、早くとも後期ミノア文明の線文字体系である線文字Aと同じ音声上の特質をもつという仮説——当時は批判されていたが、今では一般に認められている——にもとづいて論をすすめた。[44] ゴードンはこの原則に従い、線文字Aにあるセム語の単語をいくつか解読し、初期の銘刻にセム語族言語の文章パターンを見つけることができた。その際、彼は、線文字Bの場合のように、有声閉鎖音と無声閉鎖音（psとbs、tsとds、そしてksとgs）とのあいだにはほとんど違いがないと仮定した。彼はまた、語彙の意味を解明するために、西セム語とアッカド語からも言葉を抜き出した。

一九五七年に、ゴードンは、きわめて優れた雑誌『古代史』に、線文字A解読の予備的な研究成果を発表した。一九六〇年代には、線文字Aについてと、ギリシア語のアルファベットで書かれた後期クレタ島先住民（エテオクレタ人）の碑文のセム語的な読解とについて、自説を展開した。[45] 彼が採用した手法は当時は正当に評価されなかったが、紀元前三千年紀の西セム語の一つであったエブラ語*用語解説が一九七五年に発見されたことにより、すっかり名誉を回復することができた。エブラ語の発見によって、アッカド語の古語を、ウガリト語ならびにカナン語にみられる特徴と結びつけることが可能となったのである。[46]

ホメロスと聖書との類似性に関するゴードンの研究業績は、線文字Aに関する彼の業績と同様に、「論争の余地がある」とみなされた。それでも、興味深いことにゴードンは、「イギリス系」白人である二人の南アフリカ人の研究者からすぐに支持を受けたが、それは外在的ないしイデオロギー的な要因によって説明され得る、と私は確信している。つまり一八八五年以降、ほとんどの北ヨーロッパ人やアメリカ人は、何の気がねもなく反ユダヤ主義にどっぷりと首までつかっていることができると感じていたのに対し、南アフリカのアフリカーナー（オランダ系移民の子孫）は、その原理主義的な伝統のゆえに、ユダヤ人に対して愛と憎悪の相矛盾する両面を感じていた。[47] しかしながら、彼らの人種主義の制度化およびナチス・ドイツとの同盟によって、この愛と憎悪との結合は、反ユダヤ主義に結実していくことになってしまった。[48]

他方、「イギリス系」南アフリカ人は、非ヨーロッパの脅威を決して無視できなかったし、また、ユダヤ人に対する一九世紀的な曖昧さを保持していた。さらに彼らには、ジンバブウェ共和国の国名の起源となった壮大な石の遺跡をうまく説明しなければならないという特別な必要もあった。この遺跡は、一五世紀か一六世紀のものであるとした一九六〇年代の炭素年代測定の以前でさえ、それらが同地域に今も住んでいるショナ人によって建造されたものであったことはきわめて明白であった。しかしながら、こうした結論はあってはならないことであった。なぜなら、人種的なステレオタイプからして、アフリカ人がそのような大事業をやり遂げることなどとうていあり得ないと決めつけられていたからである。そこで、奇妙にもこの建造物はフェニキア人の手によるものとされてしまった。[49] かくして南部アフリカでは、ヴィクトリア時代（一九世紀）のイギリスにあったフェニキア人に対する好意的な感情が残されており、それがこの問題に対する南アフリカ人ギリシア古典学者の心の広さの一因になっていたと思われる。

しかしながら、これら二人の南アフリカ人研究者は、線文字Aについてはともに不可知論とアナトリアとの関連性を優先させ、ゴードンへの支持を撤回し、定説に近い立場をとるに至った。この変節は、線文字Aとセム語族言語との関連性に対するヨーロッパのギリシア研究者による厳しい反発、とくにヴェントリスの共同研究者であったミケーネ言語研究の長老チャドウィックによる反発に照らして考察されなければならない。チャドウィックは、『ケンブリッジ版古代史』のための線文字Bに関する論文、および膨大な『ミケーネ・ギリシア語文献』（一九七三）のいずれにおいても、一般雑誌に掲載された線文字Aに関するゴードンの多くの研究業績にまったく言及していない。滑稽にもチャドウィックは、その文献目録からゴードンの研究業績を排除したことについて、「批判と解釈されてはならないから」とわざわざ書き記している。その結果、彼の意図とは逆に、ゴードンの説が線文字Aの解釈だけではなく、ミケーネの文字、言語、社会の特質を解明するうえできわめて重要であることを印象づけたのである。[50]

少なくともこれまでのところ、ゴードンは多くの急進的な人々と同じ運命にあってきた。ゴードンが一九五〇年代に批判した急進アーリア・モデルは、最近になってようやく崩壊のきざしを見せ始めている。今では、線文字Aは線文字Bの音の特徴によって解読され得ることが認められ、「混成」セム諸語が存在していたことも認められ、さらには線文字Aおよびクレタ先住民の言語にセム語族言語の単語があることも認められ、またなぜ、それらがセム語であってはならないかについての特別な理由もまったくなくなっている。それにもかかわらず、それらがセム語族の言語であるという考え方や、これについてのゴードンの示唆が賞賛に値するということは否定されたままである。[51]

サイラス・ゴードンは、多くの意味で学界の異端児であるが、彼の言語能力と教育技術は、彼の教え子をその世代でもっとも有能な人物に育てあげ、教え子たちは現在アメリカのセム語研究で主要な勢力となっている。彼らが学んだ反省の一つは、路線からはずれることにともなうコストの高さであり、彼らのうち、クレタ島に関して出版したのはたった一人だけである。[52] それにもかかわらず、ほとんどの教え子たちはゴードンの見解、およびカナン人ならびにフェニキア人の役割が組織的に無視されてきたという確信に、基本的に同感し続けている。[53]彼らの影響が、学界の旧態依然とした状況をしだいに変えつつあることは疑いないし、また、アメリカにおいては、かつては疑われることのなかったセム語研究に対するギリシア古典学の優位性が崩れつつあることも疑いない。

アストゥアと『ヘレノセミティカ〔セム系ギリシア人〕』

しかしながら短期的には、ゴードンの同僚であるマイケル・アストゥア〔アメリカの古代東洋学者、一九一六〜二〇〇四〕の方が、もっと大きな影響を与えた。アストゥアは、一九三〇年代にパリに在住していた当時、ウガリト語のフランス人解読者、シャルル・ヴィロローの教え子であった。ヴィロローはベラールの影響を受けており、カドモス伝承におけるフェニキア人についての話の内容が基本的に史実であると確信していた。アストゥアは、一九三九年から五〇年までソ連の捕虜収容所にいた。それからの六年間をシベリアの町で過ごし、そこで困難を克服しながら、自由時間にギリシア語とセム語族諸語との関係について研究を続けることができた。一九五六年にソ連を出国し、ポーランドに向かい、そこで一年後に線文字Aに関するゴードンの最初の論文を読んだ。この直後、彼はアメリカに行き、そこでゴードンによってユダヤ系の一流大学であるブランダイス大学のゴードンが所属していた学部のポストを与えられた。[54]一九六七年にアストゥアは『ヘレノセミティカ〔セム系ギリシア人〕』を出版した。この書は、ダナオス、カドモス、そして彼が「癒しの英雄」と呼んだイアソンとベレロポーンなどの神話体系に関する大研究であった。これらの研究において、ギリシア神話、ウガリト神話および聖書が、神話の構造と呼称の両者において類似していることを詳細に示そうとし、その際、ベラールの研究業績に従いつつ、それを超えていった。

すでにのべたとおり、一九五〇年代後半から六〇年代初期において他の学者たちは、フォンテンローズやウォルコットのように、ギリシアの神話が近東の神話から派生したものであることをまったく疑うことなく、ギリシア神話と近東の神話との類似点を詳細に跡づけていた。[55]それではなぜ、アストゥアの研究業績がそれほど挑発的とみなされたのであろうか。第一に、それは学界のヒエラルヒーに挑戦したがゆえに、礼儀のレベルで過ちを犯したとされたからである。このことには、神話学とギリシア古典学という二つの学問分野の相対的な力関係が反映されていた。ギリシア古典学者は以前には、ヘレン（古代ギリシア）の神話と類似する東方の神話が存在することについて論じていたのだが、東洋学者《オリエンタリスト》がギリシアについて口にすることは、それとはまったく別なことであり、とんでもないことであった。

また第二に、アストゥアの研究内容に対しては、基本的な点での反論もあった。フォンテンローズやウォルコットのような学者は、インドやイランその他をも含めた世界の神話を広く通覧し、ギリシア神話の起源についてできる限り都合の悪くないような起源を提示していたのであった。それとは逆に、ギリシア語の呼称の起源はセム語にあるとするアストゥアの議論は、言語の神聖な分野へ侵入しただけではなく、めんどうなことに、西セム人とギリシア人との結びつきを緊密で具体的なものにしてしまったのである。さらに、彼が研究した神話体系のうち、カドモスとダナオスの二つの神話体系は、近東によるギリシアの植民地化と関連しており、それらが歴史的真実の核心を成していることについて、信憑性のある議論を展開したのである。『ヘレノセミティカ』の第四部は、知識社会学に立ち入ったという点でいっそう挑発的であり、とくにギリシア古典学および古典考古学の歴史ならびにイデオロギーについて論じている部分は、本書『ブラック・アテナ』とともに、それ以後このテーマに関するあらゆる著述の基礎となった。アストゥアによれば、蓋然性や不確実性という要素が、一八九〇年代以来、他の学問領域を変化させてきたが、ギリシア古典学や考古学のような学問領域はこれらの要素に鈍感であった。そこでアストゥアは、知識社会学のレベルで考察する際、ギリシア古典学や考古学などの学問領域に、相対主義という立場を導入したのであった。

アストゥアは――ルース・エドワーズ[56]（後出）などの人々には失礼ながら――、西セム神話とギリシア神話とのあいだに基本的な関連があることを証明した。しかし明らかにこれは、彼の研究目的のほんの一部分にすぎなかった。アストゥアは、穏健アーリア・モデルを主張したモヴェールなどの一九世紀中頃の学者のように、ギリシアの植民地化に関する古代モデルの描き方は基本的に正しいと確信していた。ただ古代モデルについて、本来は西セム人による征服であったものを、エジプト人による征服としている点は除かれなければならないとしていた。彼は全体として、

「ミケーネ時代ギリシアのいくつかの地方でフェニキア語が話されていただけではなく、ミケーネ文明全体が本質的に、古代東方地域の西端に位置した周辺文化であった」と主張していた。[57]

アストゥアは、紀元前一四世紀以前のギリシア語にセム語が重大な影響を与えていたことを証明し、線文字Bにセム語からの借用語が存在することを指摘したが、その後のギリシア語発展の諸段階におけるさらなる例については追求しなかった。また、エジプトからの文化的影響の可能性もまったく考察しなかった。あるいは、ギリシア語の言葉、地名および神話上の名称に入っている非インド・ヨーロッパ語的な要素のほとんどは、近東からの移民流入説によって説明することができるのに、しかもそれは「先ギリシア人《プレヘレネス》」の存在を仮定する必要性をなくすことにもなるのに、彼はこの移民流入の可能性をまったく考慮しなかった。そのような問題があったにせよ、アストゥアは、古代地中海地域の歴史記述を決定的に書き変えてしまった。

『ヘレノセミティカ』は驚くほどよく売れた。しかしながら、それに対する批評があまりにも悪意に満ちていたので、アストゥアはこのテーマに関する研究を放棄してしまった。かかる非難は、彼と論争できる技量をもった数少ない学者の一人――ギリシア語とアッカド語との知識を備えたアメリカの考古学者ムーリー――によって始められた。ムーリーは、「『ヘレノセミティカ』は大きな失望である。豊富な新たな史料にもとづいてはいるが、この問題の扱い方に新しさはなく、読者はヴィクトル・ベラールの理論の焼き直しを提供されているのである」[58]と断言した。ムーリーによれば、アストゥアは青銅器時代におけるレヴァントとギリシアとの関係について何も証明していない、という。またムーリーによれば、アストゥアは、一八九〇年代のベロッホのような過度に反フェニキア的な学者を攻撃する際、現代のギリシア古典学者が主張していないような古い学説を批判対象にしていたという。しかしながら、ムーリーのこの再批判の説得力は、かかる古い学説がもち続けている影響力の実態に関するムーリー自身による次のような記述によって弱められた。「私は、近東の文明についての著名なギリシア古典学者によって、過去に出版され、かついまだに出版されている愚見を弁護するつもりはない」[59]。［傍点はバナール］

ムーリーがのべた二番目の指摘はそのとおりであろう。なぜなら、ベロッホは彼の学問分野の一定層の人々のあいだでは今でもなお広く尊敬されているからであり、しかも一八九〇年代におけるベロッホの反フェニキア主義は、一九五〇年代におけるリース・カーペンターの反フェニキア主義とほとんど違いがないからである。[60] 他方ムーリーは、現代の大多数のギリシア古典学者は、その恩師やそれ以前の世代の学者のあいだに蔓延していた人種主義および反ユダヤ主義を共有していないと指摘した点で、疑いなく正しい。しかしムーリーはまだ、急進アーリア・モデルは無垢な状態で生まれたのであり、同モデルを形成した「時代精神」、あるいは同モデルをつくりだした者の信念――それは今では受け入れられ得ないとみなされている――によって汚されていないという信じ難い考えを読者に押しつけようとしていた。

それから三年後の一九七〇年に、ムーリーは「ホメロスとフェニキア人」と題する論文において、アストゥアの『ヘレノセミティカ』に対する攻撃を再開した。そのなかでムーリーは、本章において先にあらましをのべた、従来からの定説の考え方に沿って、紀元前八世紀以前にフェニキア人が地中海地域にいた考古学的な証拠は何もないと主張し、しかも青銅器時代の地層で発見されたレヴァントの出土品については、傭兵の役務ないし交易をつうじて、または旅行者の持ち物として、ギリシア人によってもたらされたものであると主張した。ムーリーは、ホメロスが言及したフェニキア人とは、ホメロスが生きていた紀元前八世紀の時代の人々であり、トロイ戦争ないし後期ミケーネ文化期＊用語解説〔後期ヘラドス文化期〕に生きていた人々ではなかった、と主張した。彼はまた、ギリシアに対するフェニキアの影響は遅くかつ浅かったとするベロッホおよびリース・カーペンターの学説を明確かつ情熱的に堅持していた。[61] 後に、一九八〇年代におけるムーリーの学説の部分的な変節に立ち戻ることにしよう。

アストゥアの後継者か――ビリグマイアー

アストゥアは、ギリシア古典学に大きな直接的影響を与えはしなかったが、その研究業績は、古代史学者たちからある反響を引き出した。一九七六年に、「カドモスとヘラドス時代ギリシアにおけるセム人存在の可能性」と題するビリグマイアーの短い博士論文が、カリフォルニア大学サンタバーバラ校で認められた。実際、この論文は、カドモスとダナオスの伝承に関するアストゥアの研究業績を受け入れていたという理由からだけではなく、ダナオスはエジプト起源であるとする伝承をアストゥア以上に好意的に扱ったという理由からも、そのタイトルが与える印象よりも大胆なものであった。またビリグマイアーは、セム語族に起源があると認められていた多数のギリシア語の単語や地名をそのとおりであると再確認し、一九世紀に退けられていたセム語族起源の言葉をいくつか復活させた。[62]

それから七年後の一九八三年に、オランダの小さな出版社が、ビリグマイアーの研究業績を出版する予定であると発表した。しかしながら、最後の段階で出版の約束は撤回され、それは結局、世に出なかった。その具体的原因が何であったのかを知ることなくして、決定的なことはのべられない――だがこの結末は、出版社が他ならぬこの学界の異端説を提唱する本を出版することを「思いとどまらせる」一般的パターンにはまっていたことを示している、と思われる。[63] たとえばソール・レヴィンは次のように書いている。

すすんで出版してくれる出版社を見つけることは、実際の研究を進めることよりも時間がかかるし、研究が活気を与えるようなものであればあるだけ出版を嫌がられるものだということが判明した。経験から学んだことは、簡単な説明文がついているか、または何の説明もない一通の断わりの手紙を受けとるために、一年かそれ以上待たなければならないということであった。[64]

これは私自身の経験をもうまく表現しているが、サイラス・ゴードンは、彼の後期のすべての著書を家族の一人が所有する小さな印刷機で印刷し、出版していた。次に論じる予定のルース・エドワーズは、「困難な時期であることがわかっているときに、この研究業績の出版を引き受けてくれたことに」[65] 対し、その出版社に感謝している。このパターンは、学界が大学出版部に対してもっている支配力、および商業出版社に対してもっている大きな影響力を表すものであり、それらの出版社の表現によれば「水準を維持する」ために、換言すれば、异説に対する反論を抑えこむために、学界が現状を保守することを可能とする常套手段である。

ある妥協の試み——ルース・エドワーズ

どのギリシア古典学者も、ゴードンとアストゥアによる批判に対して、自説を全面的に守るために、受けて立とうとはしなかった——それともその能力がなかったのであろうか。他方、ある研究者は、これら二人のセム語学者の研究業績がもつ積極的な側面を「りっぱな」学問に組み入れるために、妥協案をつくりだそうと務めていた。それを試みたのは、ヒクソス人によるギリシア征服についてのその信念を本章四九三～五ページで論及したスタッビングズ博士の教え子、ルース・エドワーズであった。ルース・エドワーズの論文は一九六八年に書きあげられたが、彼女の著書が世に出たのは、それから一〇年も経ってからのことであった。彼女の研究業績『フェニキア人カドモス』〔一九七九〕は、本書で扱われているテーマにとって核心的な重要性をもっている。

アストゥアに対する彼女の態度は批判的なものである。彼女は、アストゥアが神話学上の類似性によって西セム語とギリシア語とを関連づけた手法を激しく批判している。なぜなら彼女の主張によれば、それらの関連づけ方の多くは、次のような理由で、厳密ではないからである。まず、アストゥアの文献解釈は疑わしい。彼が依拠しているウガリト語諸文献は、それぞれ異なる時期につくられたものである。あるいはその類似性はたんに共通の民話的モティーフの結果にすぎないものかもしれない、というものである。[66] またルース・エドワーズは、純粋に子音性の西セム語アルファベットを扱うときに必然的にともなう不明瞭さからも、アストゥアの解読の仕方を疑っている。それと同時に、アストゥアが史料批判の立場から、カドモスとダナオスについての伝承の時代的古さを否定したことに対しても、彼女は等しく容赦がなかった。彼女が指摘するところによれば、初期ギリシアのいかなる著者もそれらの伝承を批判していないことから、史料批判をしようとする者は「沈黙論証」という疑わしい論法に依拠せざるを得なかったのだ、というのである。そして彼女は、フェニキア人によるギリシア植民地化の伝承が実際にきわめて古いものであったことの証明に論を進めている。[67]

エドワーズ博士は全体として、伝承はすべてきわめて慎重に扱われなければならないし、また共通の民話的モティーフについては、できるだけその共通性を構成している要素を特定しておかなければならないとしている。しかし彼女は、カドモスとダナオスについての伝承は純粋にミケーネ的な要素を含んでいると確信しており、また、伝承からの証拠は決して他の史料からの証拠よりも主観的だというわけではないという、アストゥアの議論を肯定している。彼女はこうのべている。

　伝承を退け、伝承以外の史料に集中するよう強要する人々によって、伝承以外の史料はやはり伝承よりも客観的だと決めてかかられることがある。しかし、考古学、言語学および文献学はきわめて制約された範囲においてのみ、しかも実際にはそれらがたんなるデータの観察と記述にすぎない限りにおいてのみ、客観的であるにすぎないことを強調しておかなければならない。いったんそれらが解釈されるとなると、主観的な要素が入り込む。とくに考古学に関してこのことを、例を挙げて説明しておく必要がある。たとえば、いくつかの同一種類の出土品は、それらの損壊のレベルもまったく同じだったとしても、考古学者が異なれば異なった方法で解釈される。さらに、考古学の解釈は流行に左右される傾向がある。今世紀〔二〇世紀〕初頭においては、イギリスの前史についての物質文化の変化は、侵入の事実によって説明されるのが慣わしだった。しかし、今日、この見解は一般に否定されており、土着の内的発展によって説明されている。同様にギリシアの前史では、一八九〇年代になるまで、なんと長いあいだ、多くの青銅器時代の遺物がフェニキア人または他のオリエント人の作品として解釈される傾向がつづいてきたことか……その後なんと早くクレタの仮説〔セム語族諸語とギリシア語との接点についてのゴードンの仮説。五〇三ページ参照〕がほぼあまねく受け入れられるようになったことか、そして、現時点ではなんと一般的にギリシア本土の独立性が強調されていることか。だから、かかる「伝承以外の史料」は、前史を再現するという目的にとっておのずから客観的だというわけではない。それらには、伝説上の伝承とまさしく同じ種類の限界がある。前史研究者はつねに不完全で曖昧な素材を使って研究しているのであり、そのことがきちんと認識されていなければならない。それさえ認識されていれば、伝承という証拠を使うことについては、基本的には非論理的なところも不健全なところも……ない。[68]

かくしてエドワーズ博士は、カドモスの伝承——しかもそれにはダナオスの伝承も含まれている——に歴史的核心があることを認めてはいるが、この伝承が紀元前一六世紀のヒクソス人によるギリシアの植民地化を意味しているのか、それとも紀元前一四世紀の交易目的によるギリシアへの移民を意味しているのかについては明確にしていない。また彼女は、カドモス伝承の内容から、テーベに礎を築いたカドモス人が、クレタ島ないし近東〔後者が有力とされている〕のどちらかから来たと解釈する余地があると確信している。[69] しかし彼女は、恩師であるスタッビングズ博士および、「セム人による侵入があったかもしれないが、それがあったとしても大した違いをもたらさなかった」という「サールウォールの折衷説」に従い、ギリシアには大規模な移住はなかったということがほとんど唯一確実なことだと思われる、と次のように書いている。

もしミケーネ時代のギリシアに対してオリエントからの移民が大規模になされたとすれば、考古学の記録にそれについてのより具体的な足跡か、またはオリエントの文献における何らかの記録かのどちらかが存在しているはずである。しかしこの種の証拠はなく、また言語学上の史料によっても有力な証拠が得られていない。というのは〔アストゥアには失礼であるが〕、ギリシア語にはセム語的な言葉は比較的少なく、しかもそれらのセム語的な言葉は外来語として説明され得るからである。[70]〔傍点はエドワーズ〕

考古学での「沈黙論証」の援用、および次のように展開される言語学上の循環論に、ここで注意しておかなければならない——「ギリシア語の単語について、近東に語源を求めるのは的外れである。なぜなら、それら二つの文化のあいだには継続的な接触の証拠が何ひとつないからである……」。

だがルース・エドワーズは、ゴードンやアストゥアと距離を保とうと意識していたにもかかわらず、明らかに、ゴードンとアストゥアの研究によって深く影響されていた。一方、彼女の論文を全然知らなかったビリグマイアーが、彼女の論文と同じ方向で研究していたことは注目に値する。これらのことを総合すれば、急進アーリア・モデルが崩壊しつつあるという事態を示すことができると思う。エドワーズとビリグマイアーの両人とも、その時代の反ユダヤ主義がフェニキア人についての歴史研究に影響を与えていたことを疑わなかった。さらに、ここでもまたエドワーズは彼女の恩師であるスタッビングズ博士の説に従っていたのであるが、エドワーズもビリグマイアーも、伝承が前史についての正当な情報源であると主張していた。

鉄器時代のフェニキア人の復活

アストゥアとその後継者たちは青銅器時代のフェニキア人とカナン人を復活させたが、その一方で、初期鉄器時代のエーゲ海地域におけるフェニキア人を復活させようとする動きもあった。一九六七年に出版された『ヘラクレス＝メルカートの聖地——地中海地域におけるフェニキア人の発展に関する研究序説』で展開するベルギーのギリシア古典学者ファン＝バーチェムの諸論文は、前千年紀初頭の地中海地域におけるフェニキア人の影響の広さ、深さ、そして時代的な古さについて論じている。[71] 一九七九年にはもう一人のベルギー人学者ギ・ブンネンズによるフェニキア人の拡張に関する大研究が現われた。そのなかでギ・ブンネンズは、ベラールに見られるようなフランス語圏での親フェニキア的伝統を、一九六〇年代の学者の意識や、ギリシア古典学に関するアストゥアの政治分析と結びつけた。[72]

一九八〇年までには、ムーリーのお膝もとであるペンシルヴェニア大学でさえ、アストゥアらに影響されていた。ムーリーの教え子の一人であるヘルムが書いた論文は、紀元前一〇世紀にはすでにフェニキア人がエーゲ海地域にいたことを示す、最近の考古学的証拠を相当数挙げている。そしてヘルムは、指導教授が強くもっている考えとぶつかる結論に至ったとき、教え子が直面する困難をほのめかす次のような文を書いている。

このことは必ずしも、初期鉄器時代の状況を記述するためには近東による海洋独占という理論——後期青銅器時代におけるエーゲ海＝オリエント間の通商を示すモデルとしては拒絶されている——が復活させられるべきだ、といったことを示しているわけではない。また、フェニキア人交易者がこの時代において「キプロス＝フェニキア人」と呼ばれていたとしても、「紀元前八世紀のエーゲ海地域の至るところで、フェニキア人交易者が自分たちの商品をギリシアにもたらし、ギリシア人にもっと高度な文明的技術を教えている姿を学者が目のあたりにしていた時代」としてよみがえらせているわけでもない。むしろこの時期は、アテネなどのギリシア諸国が定期的に海洋事業に従事していたときであり、そのことを証明する証拠は十分にある、ということなのである。つまり、「提起されていることは、オリエント交易が、もっぱらではないにしても大概、キプロス出身の交易者の掌中にあったということである。キプロス島（そしておそらくはまたレヴァント沿岸）［彼は別のところでキプロス島の陶器は「実際にはフェニキア原産」であったと記している］の交易者たちは、南東エーゲ海地域と定期的に交易し、そしてキクラデス諸島、エウボイア島ならびにアッティカとはときおり交易していた」のである。[73]［傍点はバナール］

一九八〇年代半ばの現在、ムーリー自身が学説を変えつつある。彼は一九八四年に発表した論文において、明らかに考古学的証拠に圧倒されつつ、ミケーネ時代のギリシアに対する西セム人の大きな影響を認めている。[74] しかしながら、この影響を認める方向への転換やヘルムの結論にもかかわらず、初期鉄器時代のエーゲ海地域にフェニキア人がいたという問題に関しては、ムーリーは頑固に否定したままである。[75]

ナヴェとアルファベットの伝播

セム語学者による「反乱」が、アーリア・モデルの弱点であるアルファベット起源論の分野で最大の成果をあげたのは驚くべきことではない。というのは、私たちは、一九五〇年代および六〇年代の急進アーリア・モデルに対する攻撃が、イスラエル建国によってユダヤ人が自信をもち始めたこととどのように明確に結びついているかを考察してきたからである。しかも、アルファベットに関しては、イスラエル自身から挑戦がなされていたからでもある。一九四〇年代には、セム語学者であり碑銘研究者であるエルサレムのトゥール＝シナイ教授が、リース・カーペンターによるアルファベット伝来の時期のきわめて新しい時期への年代特定に反論し続けていた。そして一九七三年には、考古学者から碑銘研究者に変わったジョセフ・ナヴェの「ギリシア語アルファベットに関するセム語碑銘の一考察」と題する画期的な論文によって、アルファベット起源論に対する新たな挑戦が始まった。[76]ナヴェは、純粋に碑銘学から見直すことによって、初期ギリシア語碑文の不確定な読み順は、フェニキア語アルファベットの規則的な右から左への書き順に似ているのではなく、それに先行するカナン語アルファベットの不規則性に似ている、と論じた。同様に、多数のギリシア文字の形、とくにΑ《アルファ》とΣ《スィグマ》は、フェニキア文字ではなく、もっと早い時期の文字に似ているという。ナヴェはさらに、初期ギリシア語のΗ《エータ》とΟ《オミクロン》は、フェニキア文字の形と同一なのではなく、カナン文字の形とまったく同一であり、しかもΔ《デルタ》、Ε《イプシロン》、Ν《ニュー》、Ξ《クスィー》、Π《パイ》、Ϙ《コッパ》、Ρ《ロー》そしておそらくΘ《シータ》も含めた文字は、初期セム語族諸語の文字の形と同一ではないけれども、それらをフェニキア文字の形から派生したとみなすよりも、後期カナン文字の形から派生したとみた方が、はるかに信憑性が高いと論じた。[77]

ナヴェは、彼の構想がΚ《カッパ》とΜ《ミュー》とで壁にぶち当たっていることを認識していた。というのは、この二つの文字のもっとも古い字体は、紀元前八五〇年頃以降のフェニキア文字の字体に似ており、それ以前のものには似ていなかったからである。これらの文字についての彼の説明はきわめて苦しまぎれのものであるが、その苦しさにもかかわらず、彼は結論的には、より古い方の字体は、多くの関連証拠からフェニキア語アルファベットが統一される前の時期のものであると断言した。彼は、アヒラム王の石棺に描かれた碑文を紀元前一〇〇〇年直後の時期のものとするオルブライトの後期伝播説を受け入れていた――私の意見ではそれは間違いである――ので、彼は「沈黙論証」にもとづき、その時期にフェニキア語アルファベットが統一されたと慎重に年代を特定し、アルファベット伝播の時期をその五〇年前、つまり紀元前一〇五〇年頃とした。[78]

ナヴェの論文は『アメリカ考古学雑誌』に掲載された。カーペンターとウルマンもそれぞれの論文を同誌に発表していた。だが、定説を根底から覆すような挑戦にはよく見られるように、ナヴェの学説には学界からはほとんど反応がなかった。リース・カーペンターの一番弟子であり、オックスフォード大学のギリシア古典学者である、初期ギリシア語アルファベットを専門とするリリアン・ジェフリ博士は、彼女自身によるナヴェ論文批判を次のような短いコメントにまとめた。「ナヴェの論文は、ギリシア語碑銘研究者によって真剣に検討されるべきものである。もっとも、ギリシアでは紀元前八世紀以前の碑文が発見されていないことから、問題が残る（そしてＭ《ミュー》とΨ《プスィ》の尻尾がない字体は早い時期のものであると主張している点で彼の議論は間違っている）」[79]。おしなべて、ジェフリとその同僚たちは、「リース・カーペンターの基本的な研究業績」にその研究を基礎づけていた。もっとも、年代を紀元前八世紀以前のものと特定できるギリシア語碑文が発見されてからは、ジェフリとその同僚らは、アルファベットのギリシアへの伝播の年代を紀元前七〇〇年ではなく、紀元前八〇〇年あたりと考えるようになった[80]。たまたまこの譲歩は、カーペンターの学説の根拠となる一つの前提――アッシリア人がフェニキア人を西方に押し出す必要性――を否定することになった。またこの譲歩によって、フェニキア人による影響が出てくるとするには、それがギリシア都市国家形成以後であったことをまず論証しなければならない、と考えていたカーペンターの主要な支持を除去することとなったのである。

しかし、セム語学者のあいだでの事態は、まるで違っていた。偉大なオルブライトの後継者、フランク・クロス教授の教え子でかつ同僚である聖書学者にして碑銘研究者のカイル・マッカーターは、ナヴェとカーペンターの主張のの妥協点を探ろうと試み、その点についての考えを次のような不明確な文でまとめている。

> ギリシア人は、すでに紀元前一一世紀にはフェニキア語の書き文字を試しに使い始めていたが、どんな理由からなのかはわからないが、紀元前八世紀のはじめまで真正で独自な伝統を発展させることはなかった。それゆえギリシア語の体系は、紀元前八〇〇年頃のフェニキア語の原型を受け継いだものとするのが最善である……[81]。

マッカーター教授が、アルファベット借用の時期として二つの年代を挙げているのは正しいと思う。しかしながら、彼の説には明らかに誤解を招きそうな箇所がある。それは、定説に異議を唱えているところと、カーペンター説をはっきり受け入れているところである。実際には、マッカーターはナヴェの議論を受け入れていたのである――もしアルファベットを「試しに使い始めていた」ということが、アルファベットのより早い時期における借用でなかったとしたら、それはどういう意味だったのであろうか。他方、アルファベットの伝播についてのマッカーターのジレンマはセム語学者に広くいきわたっていたものであり、多くのセム語学者はこの伝播の年代特定をますます不鮮明にすることで、それを紀元前一一〇〇～七五〇年のあいだのどこかとしていた。[82]

しかしながら、他のセム語学者たちはアルファベット伝播の年代をそれより古い時代に特定するようになってきている。クロス教授は、ギリシア古典学者に対してますます攻撃的になってきている。彼は一九七五年に次のようにのべて、アルファベットの後期伝播説と、急進アーリア・モデルとの不可分な関係を見事に証明した。

> 東洋学者としての視点からは、アルファベットの後期借用についてのギリシア古典学者の通説的な議論はもはや説得力をもっていない。
>
> （1）フェニキア人が紀元前八世紀ないしそれ以降までは地中海西部地域にいなかったという説は、たんに間違いであり、それは「沈黙論証」という誤謬の古典的な例である。フェニキア人が西地中海の島や沿岸と接触していたのは、紀元前一一世紀からである……。
>
> （2）ギリシア人が文字を知らない暗黒時代が長かったという学説は、破綻していると思われる……。東洋学者である私にとって、この学説は……もっともいい加減なものに思える……。
>
> （3）ギリシア文字は、現存する最古のギリシア語碑文がつくられた時期（今では紀元前八世紀後半の時期に特定されている）の直前に借用されたという、広く信じられている見解は間違いである……。カナン祖語文字からフェニキア線文字につながっていくあいだに位置するさまざまな文字と、最古のギリシア文字とのあいだの距離を説明するためには、ギリシア文字が借用されたとされる時期と、最古のギリシア語碑文が出現したとされる時期とのあいだに、相当な時差を設けておかなければならない……。

（4）クレタ島、テラ島、メロス島のアルファベットに見られる古い（すなわち、類型学的に古い）特徴を適切に説明できないギリシア語文字論は、すべて長くはもたないであろう。東方にいたギリシア人ではなく、西方にいたフェニキア人が、アルファベットの最初の伝播における主役であった、と私は強く確信している。[83]

クロス教授の確信は、イスラエルにおける最近の発見によってさらに強化された。それはとくに、テル・アビブ郊外のイズベット・サルター村で紀元前一二世紀のアルファベット入門書が発見されたこと、つまり完全なアルファベットが発見されたことである。その文字は、後期フェニキア語の文字よりも、ギリシア語および古代ローマ語の文字の方にはるかによく似ていると思われる。[84]

一方、セム語碑文研究者のなかにはそのような大胆さにおびえる者がまだおり、彼らは、地中海から約二〇〇キロメートル内陸のシリア＝トルコ国境線上にあるテル・フェケリヤで最近発見された碑文に大喜びした。この碑文の文字――碑銘研究上の根拠にもとづいているわけではないが、紀元前九世紀中頃のものと暫定的に年代特定されている――は「フェニキア以前」の特徴を多くもっていたので、初期ギリシア語のアルファベットに見られる古めかしい字体は、それよりもはるかに遅い時期に伝播されたということもあり得る、と主張したのであった。[85]しかし、これらの学者でさえ、レヴァント沿岸およびそれに近接する内陸地域においては、紀元前九世紀には統一的なフェニキア文字を使って字が書かれていたことを認めている。かくして彼らは、テル・フェケリヤのタイプのアルファベットがギリシアにまで到達するのに、当時の近東においてもっとも豊かでもっとも高名であったフェニキアを、一足飛びにとび越したことにせざるを得なくなってしまった。それらの学者たちによるこの信憑性のない議論は、保守主義の力とそこに潜む既得権をあぶり出しているだけである。

しかしながら、この逆風のようなアルファベット後期伝播説にもかかわらず、アルファベットの伝播時期についての現在の一般的な傾向は、早い時期への年代特定であり、ナヴェに反対すると主張している人々のあいだでも、今では紀元前一〇世紀のどこかという年代特定が比較的普通の考え方になっている。だがそれにとどまらず、この年代を紀元前一一世紀以前のもっと古い時代に特定する試みもあった。[86] 一九八一年に、ゴードンの教え子であるロバート・スティーグリッツはナヴェを批判し、ナヴェはフェニキア語のアルファベットが形成されるぎりぎり前の時期までアルファベットの伝播はなかったと推定している点であまりにも臆病である、とする論文を発表した。そして、後期ウガリト語の文献にもとづく証拠によって、彼は、紀元前一四〇〇年までにはレヴァントに二二文字タイプのフェニキア・アルファベットが存在していたと主張した。さらに、トロイ戦争〔紀元前一三世紀〕の前にアルファベットがあったことを示す、ギリシアの有力な伝承についても論証した。かくして彼は、アルファベットが伝播されたのは紀元前一四世紀であり、それはクレタ島においてセム語を話していたエテオクレタ人（クレタ島先住民）を通じてなされたものであると主張した。[87]

いわゆる南セム語のアルファベットの誕生時期を紀元前一四世紀に断定的に特定させることになった、レバノンのベッカ谷のカーミッド・エル・ローズでの新発見にもとづき、一九八三年に私は、アルファベットのギリシア伝播についてもっと古い年代を提示した。[88] 今日生き残っている唯一の南セム語はエチオピアのアルファベットであるが、南セム語文字の碑文はアラビアとシリアの砂漠の全体から出土している。南セム語と、二二文字からなるカナン語アルファベットおよびその子孫にあたるアルファベット――それにはフェニキア語、アラム語およびアラム語の派生である現代アラビア語のアルファベットが含まれる――とのもっとも重要な違いの一つは、南セム語文字の場合、アラビア語およびセム祖語の子音字全体のうち、三〇もの文字をもっていない点である。実際に、ドイツのセム語学者であり碑銘研究者であるレーリッヒ教授とマンスフェルト教授とが、カーミッド・エル・ローズでの発見にもとづき、カナン語のアルファベットはより古い南セム語の字体からの派生である、と論じていることには信憑性がある。[89]

一九〇二年に、ドイツのセム語学者プラトリウスは、サムード語ならびにサファー語〔いずれもアラビア語の古代方言〕の文字――それら二つの言語の文字は、南セム語アルファベット系の文字のなかでは一、二を争う古さの文字であるが、カナン語には存在しない――と、ギリシア語アルファベットの最後にある、Φ《ファイ》、Χ《キー》、Ψ《プスイ》、Ω《オメガ》の、いわゆる「新文字」とのあいだには驚くほどの可視的で音声的な一致が見られることを指摘した。これらは、もっとも古いギリシア語碑文の多くに見出されるが、それらの語源はまったく解明されていなかった。プラトリウスは、これらの文字は南セム語字体のより古い方のアルファベットから派生したものであると論じた。アーサー・エヴァンズや偉大なフランス人セム語学者ルネ・デュッソーを含む多数の学者は、その類似性を認めてはいたものの、一九二〇～三〇年代に入るとこの仮説は否定されてしまった。[90] おそらく、この考え方は、急進アーリア・モデルやこの時代の考古学上の実証主義とは両立し得なかったからであると思われる。この実証主義を押しつけられた結果、学者たちは、南セム語アルファベットの早期の存在についての「証拠」を要求するようになってしまったのである。

今では、アルファベット伝来の時期が早い年代であることを示す証拠も出てきたので、私はいまや論争を再開すべき機が熟したと確信している。私は、アナトリアやエーゲ海地域などにおけるアルファベット――そして地中海のあたりから派生したアルファベット的な音節文字――についての起源はフェニキアの諸都市で二二文字カナン語アルファベットが紀元前一五世紀ないし前一四世紀に発達する前から、すでにレヴァントで使用されていたアルファベットのなかに見出せると主張した。[91] このことを認めることは、端的に古代モデルに回帰することを意味する。つまり、アルファベットが紀元前二千年紀中葉のどこかでカドモスまたはダナオスによってギリシアに導入された、と論じたヘロドトスなどの古代の著者たち――ヨセフスを例外に――の見解への回帰である。またこの回帰は、文字を知らない暗黒時代という考え方を否定することになるであろう。もしトロイ戦争〔前一三世紀〕以前からアルファベットが使われ続けていたとすれば、青銅器時代のギリシア人の歴史に関するギリシア古典時代〔前五～四世紀〕の人々の報告――とくに植民地化の伝承――の信憑性についての確信が、強められることになるであろう。

セム語族アルファベットのギリシアへの伝播を遅い年代に特定する学説に対する攻撃は、急進アーリア・モデル全体に対する総攻撃のうちのほんの一部にすぎない。ムーリー教授の学説の転換とともに、エーゲ海地域に初期西セム人がいたという主張に対する積極的な反論が崩れたことは疑いない。しかしながらこのことは、急進アーリア・モデルを維持するためのかなり強い慣性の力がもはやなくなったことを意味しているわけではない。これとの関連で見過ごすことができないのは、最新版『ケンブリッジ版古代史　第三巻第一部――中東とエーゲ海世界、紀元前一〇～八世紀』の中に、アッシリア、バビロニア、ウラルトゥ〔前一千年紀前半、アルメニア高地に興隆した王国〕、あるいはシリアやアナトリアなどの新ヒッタイト諸国、それにイスラエルとユダ王国、さらにはキプロスとエジプトに関する章は立てられているが、その時代の地中海地域において支配的な勢力だったフェニキアに関しては一章も入れられていないことである。

この『ケンブリッジ版古代史　第三巻第一部』が出版されたのは一九八二年ではあるが、その構想自体は、私が発想の転換をし始めた一九七〇年代後半よりも前の時期の学問状況を前提にしている。一九七〇年代以降のものとして、たとえば、オックスフォード大学のギリシア古典学者オスウィン・マーリによって一九八〇年に編纂された、東方のギリシアへの影響に関する文献目録を見ると、このテーマがきわめて重要なものであるにもかかわらず、なんと情けなくなるほど、わずかな研究しかなされていなかったかがわかる。また予想できるように、ほとんどの研究者たちは漠然とバビロニアに言及し、フェニキアを通らずにバビロニアからギリシアに到達することを可能にする「陸橋」〔数千年前に大陸間を結んでいたと考えられていた帯状の陸地〕の存在の方がまだましだとして、フェニキアに触れることを避けている。マーリ自身は、急進アーリア・モデルから離れる傾向を示しており、またフェニキアのギリシアへの影響というテーマについてもずっと柔軟であるようにみえる。しかしながらそのマーリでさえ、フェニキアからの影響の年代を紀元前七五〇年より後の年代に特定している。ところが、その年代以前にフェニキアが全盛期に達し、都市国家や植民のようなフェニキアの諸制度がギリシアに採用されていたのは明らかであった[92]。

エジプト人の名誉回復の可能性

このようなマーリ説、あるいはナヴェ説やクロス説を受け入れようが受け入れまいが、それらの学説について現に論争がなされているという事実は、急進アーリア・モデルによるパラダイム独占が打ち砕かれたことを意味している。それゆえ、一九八〇年代の保守的な風潮や人種主義の復活にもかかわらず、急進アーリア・モデルに対する攻撃は比較的早く成功しそうである。他方、古代モデルを復活させ、エジプト人の地位を回復するための闘いは、かなり長くかかるであろう。実際、エジプトの植民地がギリシアにあったと主張し、またエジプトで学んだギリシア人がエジプトから後でかなりの借用を行ったという説を支持しながらも、学界から異端視されずにいた学者は、東ドイツのエジプト学者ジークフリート・モレンツだけであった。モレンツは、エジプトの宗教に関する研究でよく知られ、学界でも認められてきた学者であるが、その彼が一九六九年に『ヨーロッパのエジプトとの遭遇』と題するきわめて重要な研究業績を出版した。

この研究業績は、本書で扱われている分野のいくつかをカバーしている。しかしながら、モレンツの業績は多くの重要な点で、本書『ブラック・アテナ』とは基本的に異なる。彼の研究は、古代モデルやアーリア・モデルに匹敵する枠組みを組み立てているわけではない。そしてモレンツは、知識社会学における力関係の要素のいくつかを明確に認識してはいるが、同書は知識社会学の視点から考察することをはっきりと拒否している。[93] さらにモレンツは、ギリシア語が多くの言葉を借用した可能性を考察していない。また、ギリシアによる西セム文化からの文化の借用にも言及していない。一方で彼は、とくにクレタ島を通じて、ギリシアとエジプトとのあいだにかなりの文化的接触があったことを強調している。[94] また、ダナオスをめぐる伝承には「歴史的な核心」が含まれていると明言している。[95] 彼は「ギリシア人は、エジプトでエジプトの神々について学んだだけではなく（たとえばナウクラティス〔前六世紀にエジプトに建設されたギリシアの植民都市〕で職人または商人として）、早い時期にギリシア内においてもそれらを学んでいた」と論じた。[96] 彼はまた、プラトンはエジプトに留学したが、それだけではなくギリシア内においても学んでいたと確信していた。[97]

関連する社会的、知的および学問的な力関係からすれば、大胆さと学問的緻密さとを兼ね備えたモレンツ教授によるこのような優れた研究業績でさえ、ほとんど反応をもたらさなかったことも、驚くべきことではない。この研究業績は、スイスの学者たちと共同執筆され、西側で出版された。それにもかかわらずそれは、知的にも学問的にも古代エジプトの対外関係についての有力な専門家であるヘルック教授に代表される、西ドイツのエジプト学の主流に対して、大きな影響を与えることはなかった。モレンツのこの業績は、英語にもフランス語にも翻訳されておらず、私が知っている限りでは、ドイツ語圏である「中央ヨーロッパ」以外ではほとんど知られていない。

もちろん、モレンツの『ヨーロッパのエジプトとの遭遇』は、エジプトがギリシアに大きな文化的影響を与えたと確信していたもう一つのグループ、すなわちアメリカの黒人たちにはまったく影響を与えることがなかった。セム語学者――おもにユダヤ人――は、学界の隅とはいえ、学界内から急進アーリア・モデルに対抗していたが、一方、アメリカ人のエジプト人擁護者――たいがい黒人――は、学界という枠組のまったく外からアーリア・モデルに挑戦していたのである。

黒人学者のなかで例外的にギリシア古典学の学界内において成功をおさめたのは、たとえば一流の黒人大学であるハワード大学におけるこの分野の指導的な教授、フランク・スノーデンなどごく少数であった。スノーデンを含め、それらの黒人学者は、アーリア・モデルが黒人に認めているほんのわずかな貢献を拾い集めることに集中するとともに、アーリア・モデルの二つの御法度を受け入れていた。その御法度とは、一つは、エジプト文化に黒人的なものも含まれているという考えを受け入れてはならないこと、もう一つは、ギリシア文明の形成にアフロ・アジア的要素が寄与したという考えをもってはならないことであった。[98] しかしスノーデン以外の黒人学者たちは、人種主義が一九世紀と二〇世紀のヨーロッパ文化および北アメリカ文化に広く深く浸透していったことをもっと鋭く認識しており、はるかにずっと敏感であった。このような視座をもつ研究の先駆者が、アーカンソー州の小さな大学で教えていたジョージ・ジェイムス教授である。一九五四年に彼は、『盗まれた遺産――ギリシア哲学の原作者はギリシア人ではなく、一般にエジプト人と呼ばれている北アフリカの民族だった』と題する本を出版した。『盗まれた遺産』は、青銅器時代のギリシア形成期を扱ってはいないが、古代の史料に依拠して、鉄器時代にエジプト人から借用した学問を、ギリシア人がどの程度受け入れていたかを証明した。[99] ジェイムスは、どちらかというと不正確な方法によってではあるが、エジプト人は黒人であったと主張しており、同書は黒人の意識の変革を求める、次のような感動的な訴えで結ばれている。

それは、実は精神的な解放を意味しており、それによって黒人は、何世紀にもわたり黒人を劣等感や世界的な屈辱と侮辱の牢獄に閉じ込めてきた伝統的虚偽の鎖から解き放たれるであろう。[100]［傍点はジェイムス］

コーネル大学の小さな図書館分室に『盗まれた遺産』がついに納められることになるまで、私はこの本一冊をこの大学図書館が受け入れるよう、二度も頼まなければならなかった。それは「まともな本」として認められていない。またそれは、黒人社会以外においては読まれてこなかった。[101] しかしながら、知識人の世界においては高く評価されており、また影響力もきわめて大きい。

一般に『盗まれた遺産』は、人々の心のなかで、セネガルの故シェック・アンタ・ディォプによって始められた思想学派と結びつけられている。ディォプは、ブラック・アフリカとエジプトとのあいだの不可分な関係について多くの論考を残しており、それらのなかで、ギリシア史についての古代モデルや『盗まれた遺産』におけるジェイムス理論については基本的には正しいとした。しかしながら、ディォプがもっとも関心をいだいていたのは、エジプト文明の偉大な業績、ヨーロッパの学者によるそれらの中傷、そしてヘロドトスがはっきりのべていたように、エジプト人は黒人であったという信念であった。[102]

現代の黒人学者ジェイコブ・カラザースは、興味深い分析的な論文のなかで、この問題に関して黒人の学者を三つのグループに分けた。第一のグループは、次のような「古いスクラップ集め」のグループである。

特別な訓練は受けていないが、黒人の過去についての真実を探究し、また黒人の歴史的・文化的な劣等性についての大嘘を論破することに誠実に献身しており、利用できるデータは何であろうと手に入れて、状況が許す限りそれらのデータによって証明される真実を導き出している。[103]

第二のグループには、ジョージ・ワシントン・ウィリアムズ、W・E・B・デュボイス、ジョン・ホープ・フランクリン、アンソニー・ノグエラ、アリ・マズルイなどがおり、このグループについては次のようにまとめている。

このグループは、黒人は他の人種とともにエジプト文明の構築に加わった、とだけ論じてきた。このグループ……は完全にヨーロッパ的な歴史記述の虜《とりこ》になっている……また、古代ギリシアにおける黒人の役割は真実であるという正論を主張しているが、たいていこれらの「ニグロ知識人」は、その真の意味を把握していない。[104]

カラザースは、第三のグループを「古いスクラップ集め」の延長線上にあるとみなしている。そのグループには、ディォプ、ベン・ジョッカンナンおよびチャンセラー・ウィリアムズなどがいる。カラザースは、これらの人々は「……アフリカ歴史学の構築にとって必要な要素である、アフリカの過去の事実を駆使して研究するための学際的な手法を発展させ[105]」てきたとみなしている。

しかしながら、「古いスクラップ集め」の時代が過ぎ去ってしまったことに疑いはない。しかも、ほとんどの黒人が、スノーデン教授とは異なり、白人の学問への服従を受け入れる可能性などないことも、まったく疑いはない。しかしながら、黒人知識人のあいだでの見解の相違による激しい争いがある。それらは統一される必要があるにもかかわらず、カラザースの言う第二グループと第三グループとのあいだの厳しい対立は当分続くのではないかと、私は危惧している。

たとえば一九八〇年代末に、古代エジプト人の「人種」は何か、という問題に関して、黒人学者間に対立があった。しかし、こうした問題をめぐる対立はあったものの、他方で、エジプト文明の質の高さや、ギリシアの形成に対するエジプト文明の核心的な役割に関して、彼らのあいだに重大な分裂はまったく見られない。さらにセム文化について、とくにそれがエジプトに影響を与えたと主張されるときには、彼らのあいだにはセム文化に対する共通した敵意が見られる。確かに、白人の学者――モレンツを例外として――は、ギリシア文化の創造において、西セム人が大きな役割を果たしたことをますます進んで認めるようになっているにもかかわらず、ギリシア文化に対するエジプトの根本的な影響について認めることは、いまだにとても嫌がっている[106]。私の研究の一つの側面は、これら二つの対立するアプローチを融和させることである。

修正古代モデル

おもしろいことに、私にとっては、自分自身の学問的スタンスと修正古代モデルの提唱を、学界の定説のなかに位置づけるよりも、黒人の学問の世界のなかに位置づける方が容易である。私は自分が、カラザースが「ニグロ知識人」とこきおろした第二グループに属していると思う。このグループの人々は、すべての古代エジプト人が今日の西アフリカ人に似ていると言っているわけではないが、私は、エジプトを本質的にアフリカ的とみなしているデュボイスやマズルイのようなすばらしい人たちの仲間に加わっていることに満足している。

このことは、本書のバックグラウンドにある考え方が、学界内では孤立していることを示している。しかしながら、私は、修正古代モデルがギリシア古典学者や一定の古代史学者のあいだに今日もたらしている怒りは、一時的な現象にすぎないと信じている。なぜ、そう信じるのか。第一に、急進アーリア・モデルの崩壊、および古代史へのイデオロギー批判と相対主義との導入が、学界の現状全体に対して全般的に破壊的な効果を与えていると考えられるからである。しかしながら、私が修正古代モデルは比較的近い将来成功するであろうと確信している基本的な理由は、リベラルな学界の内部においては、アーリア・モデルの政治的・知的基盤がおおかた消滅したからである。

一九四〇年代のナチス・ドイツによる野蛮な「人種」政策と「反セム」政策の嵐のあと、人種主義も反ユダヤ主義も尊敬するに足る考えではなくなった。それ以来、反ユダヤ主義はますます複雑に、またますます地下にもぐらざるを得なくなった。人種主義も、第三世界の出現以来、ますます迂回的なねじれたものにならざるを得なくなった。一方で、それと等しく重要な変化は、一九六〇年代以来生じてきた「科学」がもつ神秘性の喪失と、実証主義に対する深い懐疑である。かくして——たぶん言語の分野を例外に——、専門家によって科学的に証明されるべきだという急進アーリア・モデルの主張を、常識から守ることはもはやできなくなった。

私がこの研究を進めていたとき、関連分野外の人々は、私の歴史認識の方が、学界の権威体制による歴史認識よりも説得的であると何度も言ってくれた。専門外の人々は、なぜ、伝承によって伝えられている植民地化がそれほどあり得ないことなのか理解できない。また、なぜ、ギリシア語が他の言語と同じように扱われてはならないのか、なぜ、ギリシア語がエジプト語や西セム語によって大きな影響を受けていてはならないのか理解できない。あるいは、なぜ、ヘロドトスや他の古代ギリシア人が主張していたように、ギリシア人がその宗教をエジプトから学んだということがあってはならないのか理解できない。そして、なぜ、古代ギリシアの科学者や哲学者が、エジプトにおいてエジプトの科学や哲学から多くを学んできたことを私たちが信じてはいけないのか理解できない。要するに、人種主義と科学万能主義によるアーリア・モデルの存在根拠は、もはや誰も認める根拠とはなり得なくなったのである。これらの根拠が取り去られてしまえば、アーリア・モデルは倒壊するであろう。しかしながら、このことは結論で論じられるべき問題である。

結　論

これまで私が、数百ページにわたって提起した膨大な論点の複雑さについては、「走馬看花」（馬上で走りながら花を見る）という中国の諺《ことわざ》を使えば説明できるにしても、本書の十章にわたる内容を要約するのは、不可能である。

序章において、私は西アジアと北アフリカの過去一万年以上にわたる歴史をのべ、とくに、紀元前第二千年紀から現在までの東地中海地域の文化交流について、私の見解を詳しく論じた。本結論部では、これまでのギリシア文明の起源に関するモデルの変遷について論じた本書第Ⅰ巻『古代ギリシアの捏造』に関する問題について中心的にのべることにする。この論点をさらにすすめる前に、私は、古代モデルとアーリア・モデルが場合によっては両立可能なものであることを説明したい。私が新たに考え出した修正古代モデルは、その名称からしても古代モデルを発展させたものではあるが、インド・ヨーロッパ語族の人々が北からギリシアにやって来たことを認めているなど、アーリア・モデルのいくつかの特徴をも引き継いでいる。しかし実際には、この二つのモデルには顕著な対立があることは言うまでもない。

本書の重要な部分は、紀元前五世紀から後五世紀に至るギリシアの古典期、ヘレニズム期、その後の多神教時代のギリシア人が遠い過去と考えていた時代の叙述について、それがどのようなものであったかを論じるところにあった。そこで私は、ギリシア人がもつ自分たちの祖先の叙述についての固有の見解が、エジプト人とフェニキア人による植民地化によって文明化されていったことや、後のギリシア人がエジプトの地で学んだことによる影響についてたどってみた。私は、キリスト教とユダヤ教の聖書に記述されている伝説と、エジプト宗教やその哲学とのあいだに相反する関係があることを明らかにしようとした。このライバル関係は、あるときは表面化し、あるときは潜在しながら長い歴史を通してずっと存在していたものであるが、一八世紀以前においては、エジプトがつねにギリシアを含めたすべての「キリスト教徒的」な哲学や学問の源泉と考えられていたことは疑いがない。一方、ギリシアは「キリスト教徒的」なもののごく一部を保とうとしてきたにすぎなかった。ギリシアが生み出したものに対する喪失感や、失われた知識を取り戻そうとする情熱が、一七世紀のヨーロッパ人を科学の大発展へと駆りたてた大きな動機であった。

その次に、私は、一八世紀初頭に、キリスト教信仰に対するエジプト哲学の脅威がどのように先鋭化したかについて論じた。エジプト的英知を引き継ぎそれを巧みに利用したフリーメイソンは、キリスト教的秩序への攻撃という点で啓蒙思想の中心ともいえる位置にあった。フリーメイソンは、芸術的感性のギリシア的理想や芸術的至上主義を発展させた親エジプト主義に立脚していた点で、一八世紀啓蒙思想の「理性」の概念の対極にあった。さらにこの時代の植民地の拡大とともに広まったヨーロッパ中心主義と人種主義の展開は、温帯気候に住む人間、つまりヨーロッパ人のみがほんとうの意味で思考することができるという、思い上がった観念をもたらした。こうして、それまで哲学者として尊敬の対象であったエジプト人は、アフリカ大陸の住民であるという理由によって、その人種的区分がはっきりしないにもかかわらず、その地位から追われたのであった。古代エジプト人は、過去の栄光の時代から遠く離れてしまったという理由で、新しい「進歩的」パラダイムの形成によって貶《おとし》められたのであった。

このようにして、一九世紀初頭までには、ギリシア人は、エジプト人よりも繊細で芸術的であるとみなされていただけでなく、今やエジプト人よりも優れた哲学者、さらには哲学の創始者としてさえみなされるようになった。ギリシア人が英知と繊細さの規範として考えられるようになったことにより、知恵の働く反革命的知識人は、ギリシア研究を、近代社会で疎外された人々を再統合する手段として、さらにはフランス革命によってずたずたにされた社会秩序を修復する手段として利用することを思いついたのであった。今日私たちが理解しているギリシア古典学という学問の概念は、一八一五〜三〇年というヨーロッパにおいてはきわめて保守的な時代に形成されたものである。同時にこの時期は、ヨーロッパ人の古くからの宿敵であるアジア・アフリカのイスラム教徒を相手に全ヨーロッパ人が団結した、ギリシア独立戦争〔一八二一〜二九〕の時代でもあった。

ギリシア独立戦争と親ギリシア《フィルヘレニック》運動は、ヨーロッパの縮図としてのギリシアのイメージを強引に完成させたのである。こうして、古代ギリシアは理想化され、歴史と言語の規範を伝えるものとしてみなされるようになった。したがって、ギリシア文化が他の民族の文化に由来するなどということを主張する研究は、どんな分野であってもギリシアを冒涜するものであると受け取られた。さらに、一九世紀の熱狂的で組織的な人種主義の台頭にともなって、ギリシアがアフリカ人やセム人によって文明化され、ギリシア文化が彼らとの混血文化であるという古代から信じられてきた考え方は、忌まわしいばかりか、非科学的であるとさえみなされるようになった。セイレーンやケンタウロスの「敬神な」ギリシア神話を作り話だとして割り引いて考えなければならないのと同様に、劣った民族によってギリシアが植民地化されたという神話も退けられるべきものだとされた。逆説的なことに、一九世紀にギリシアが賞賛の対象となるにつれて、ギリシアそのものの歴史史料は軽んじられることになった。

私は、古代モデルが破壊されたのは、このような社会的な圧力の結果であり、一九世紀の北ヨーロッパ人が古代ギリシアに押しつけたものであると考えている。古代モデルが打ち捨てられ、アーリア・モデルへ移行した理由は、古代モデルにある内在的な問題や、古代ギリシア史の知識の進展にあったのではないことは明らかである。アーリア・モデルの確立は、インド・ヨーロッパ語族という概念の形成——当時のロマン主義に鼓舞されたものではあるが、それ自身は内在的に形成されたものであった——と、ギリシア語がそれに含まれるという紛れもない事実とによって、大きく支持されたのであった。しかし、ここにおいても、一八二〇年代に古代モデルの衰退をもたらした同じ社会的、知識的な圧力が一八四〇年代、五〇年代にいっそう強くなり、一九世紀後半に展開された古代ギリシアの北方起源説に重要な役割を果たすことになった。同時に、一九世紀の人間のみが「科学的」思考とは何かを知っているという考え方は、おもにドイツの学者たちに、古代ギリシアの叙述を却下し、それとはまったく関連のない新たな叙述をつくらせることに確信を与えた。

人種主義が台頭する一九世紀の動きのなかで、エジプトに対する敵愾心が強くなっていき、これまでギリシア文明の源流と考えられてきたエジプトが、ギリシアとはまったく異質な存在としてみなされるようになった。そして、ギリシア、ローマの「ほんとうの」文明とはかけ離れた、エキゾチックな文化の研究という、まったく新しいエジプト学という学問分野が形成されたのである。

エジプトの地位は、一八二〇年代の人種主義の台頭によって大きく凋落した。また、フェニキア人の地位も一八八〇年代の反ユダヤ主義の強まりによって低下し、両大戦間の反ユダヤ主義の絶頂時期には、完全に貶《おとし》められてしまった。このようにして第二次世界大戦までには、ギリシアは文化的にも言語学的にもエジプトやフェニキアから何ら重要な影響を受けてはいないし、ましてやエジプトやフェニキアによるギリシアの植民地化や、ギリシアの賢人がエジプトで学んだというような主張は荒唐無稽なものである、という考え方が強固に確立されたのである。こうした考え方は、その考えの思想的支柱であった人種主義や反ユダヤ主義が学術界においてじょじょに信用を失っていったにもかかわらず、一九四五〜六〇年に至っても生き残っていた。

一九六〇年代後半以降、急進アーリア・モデルは、おもにユダヤ人やセム主義者によって激しい攻撃を受け、古代ギリシアの形成におけるカナン人やフェニキア人の重要な役割がしだいに知られるようになっていった。しかしながら、エジプトのギリシア文明に対する大きな貢献はいまだに否定されたままである。ロマン主義と急進アーリア・モデルにとっての最後の燃料庫とも言えるギリシア語研究においても、ギリシア語におけるアフロ・アジア的な重要な影響に関する論議はいまだにばかげたものとされたままである。

私が本書全体で論じようとした主要な点は、古代モデルが破壊されてアーリア・モデルに置き換えられた理由についてであったが、それは古代モデル自体がもつ内在的な欠陥からではなく、また、アーリア・モデルの方がすべてをうまく説明でき、よりもっともらしかったからでもなく、実際には、アーリア・モデルがつくりあげたギリシアの歴史と、アーリア・モデルがつくりあげたエジプトやレヴァントの歴史との関係が、一九世紀の世界観に、わけても組織的な人種主義的世界観に合致していたからに他ならない、ということである。しかし、この「世界観」の核心となっていた「人種」という概念や、ヨーロッパ人種優位説は、その後、道徳的にも帰納的にも信用を失ってしまった。したがって、アーリア・モデルは今日では罪や誤謬と言うべきものの中から生まれたものだとのべても、不当ではないであろう。

しかし、罪や誤謬から生まれたとは言っても、それでただちにアーリア・モデルが無効になるわけではない。アーリア・モデルと同時期に、同じようないかがわしい動機によって唱えられたダーヴィニズム（進化論）も新しい発見を導く体系として今日もその有用性を保っている。ニーブール、ミュラー、クルティウスなどが、いわば「夢遊病者のような」状態にあったと考えるのがもっとも適切であろう（なお、このような表現を、アーサー・ケストラー〔イギリスの作家・ジャーナリスト、一九〇五～八三〕は、後世にはとても受け入れられそうもない的外れな理由や目的のためになされた有益な「科学的」発見を評する際に使ったのである）。第Ⅰ巻で私が主張するのは、アーリア・モデルに果たして正当性があるのか否か、それを検討する必要があるということである。つまり、仮にアーリア・モデルが怪しげな状況から生まれたとすれば、それがいかさまなものであるとは言わないにしても、果たして古代モデルに対して本当の優位性をもち続けているのかどうかは疑問である。古代ギリシアを理解するにはどちらのモデルが有効なのか。本巻と同じこうしたテーマをさらに第Ⅱ巻で論じたいと思ったのも、このためなのである。

補遺　ペリシテ人はギリシア人だったのか？

ペラスギ人（Pelasgoi）〔ギリシアに最初に住んでいた民族の呼称〕という呼称と、ペレセト人（Peleset）、つまりペリシテ人（Philistine）という呼称とのあいだにつながりがあったという説に信憑性があることは、第一章で論じたので、ここではペリシテ人とクレタ島との関連を考察する。[1] エジプト人がPrstと呼んでいた人々が、北西からやって来たことは誰も疑っていないが、その人々がクレタ島やその周辺の諸島からやって来たのか〔以下、「エーゲ海起源説」と呼ぶ〕、それともアナトリア本土からやって来たのか〔以下、「アナトリア起源説」と呼ぶ〕については諸説が紛々としている。

イギリスの考古学者サンダース博士によれば、エジプトの諸文献では、Prst（ペリシテ人）が地中海東岸のレヴァント地方にやって来たのは陸路からであったことを示しているという。このことは、侵入がエーゲ海地域から行われたのではなく、アナトリアから行われたことを示しているという。しかも、あるエジプトの文献ではPrstはTrš̌と関連づけられていたが、Trš̌とはアナトリア北西部出身のトロイ人、もしくはチュルセーノ人のことのようである。[2] 聖書では、ペリシテ人の王子の称号がスラニーム（s^erānîm）と呼ばれているが、この称号は、アナトリアの言語である新ヒッタイト語のサラワナス（Sarawanas）ないしタラワナス（Tarawanas〔国王の呼称〕）などと表される言葉から来ているか、あるいはリュディア語から借用されたと思われるギリシア語のティラノス（tyrannos, 現在の「専制君主tyrant」の語源）から来ている可能性がある。しかし、いずれにせよ、もともとはリュディア語から借用されたものであろう。ペリシテ人の巨人ゴリアテ〔ペリシテ人の巨人戦士でダビデに殺された〕のヘルメットはコーバ（qôbaʿ）と呼ばれていたが、qôbaʿという言葉はヒッタイト語でそれと同じ意味のクパッヒ（kupaḫi）という言葉に由来しているのかもしれないということも、その根拠とされてきた。[3] そもそも、ゴリアテ（Goliath）という呼称自体が、アナトリアの言語であるリュディア語のアリアテ（Alyattes）〔リュディア帝国を建設した国王、前六一九〜五六〇〕という呼称と関連しているとされてきた。[4] 最後に、紀元前六世紀のリュディア人歴史家クサントスが、リュディア人の英雄モプソスはアナトリア北西部のリュディアからフィリスティア〔古代パレスチナにあったペリシテ人の国〕に行ったとのべていたこと、これがアナトリア起源説の最大の証拠とされてきた。[5] これらの断片的な証拠のすべては、ペリシテ人がクレタ島からではなくアナトリアからレヴァントにやって来たことを論証するために利用されている。

だが、これらの指摘は、一見もっともらしそうに見えるが、実はそれほど説得的とはいえない。つまり、紀元前一三世紀後半〜一二世紀にかけての侵入の時期において、ギリシア人はキプロス島で活動していただけではなく、アナトリア南部のパンフィリア〔現在のアンタルヤ周辺〕やキリキア〔現在のトルコ・小アジア南岸地域〕でも活動していたことを考慮すれば、陸路レヴァントにやって来たペリシテ人がいたにしても、皆が皆陸路を取ったと考えなければならない理由はない。またギリシアの詩人であるカリノス〔前七二八〜六六〇〕が紀元前七世紀に記したところによれば、「モプソス〔トロイ戦争のギリシア人英雄〕に率いられた諸民族が、トロス山脈〔トルコ南部の山脈〕を越え、その一部はパンフィリアに定着したが、他の者たちはキリキアに分散し、フェニキア地方と言っていいほど遠くシリア地域にまで広がっていった」[6]という。この記述は、紀元前一二世紀初頭に書かれたラムセス三世〔ヒッタイトの南進を阻止したエジプト王、在位前一一九八〜六六〕の碑文と著しく符号する。

> ……それら外国の国々は、それらの島々において連合していた。戦争のときにはいっせいに押し寄せ、あるときは散らばった。この連合軍隊の前では、どんな国の軍隊もひれ伏すしかなかった。それら国々とは、ハッティ（Hatti）〔ヒッタイト語で中央アナトリア〕、クォデ（Qode）〔キリキア〕、カルケメシュ（Karkemesh）〔ユーフラテス川

上流〕、アルザワ（Arzawa）とアラシア（Alashiya）〔キプロス〕であった。散り散りになった一部は、アムール（Amur）〔シリア〕にテントを張った……。それらの連合諸国と同盟していた人々は、ペリシテ人（Prst）やチェケル人（Ṯkr）やシェクレシュ人（Šklš）やデネン人（Dnn）やウェシェシュ人（Wšš）であった。[7]

ラムセス三世が、この反エジプト連合を「それらの島々において」結成されたものとみなしていたことが注目される。というのは、この碑文における「それらの島々」という言葉は、エーゲ海諸島、シチリア島、そしてサルジニア島までを指しているからである。またその言葉は、それらの「海の民」〔第一九、二〇王朝エジプト領に侵入した混成民族〕の最後の作戦行動にPrst人が参加していたことを暗示しているように思われる。

　またこの碑文において、Prst人がṮkr人に結びつけられていることも注意しなければならない。というのは、Ṯkr人もペリシテに定住していたし、Ṯkrという呼称がギリシア人の英雄テウクロス（Teukros）〔クレタ島生まれとされるトロイ初代王〕とつながっていると考えられるからである。一方、Šklšという名前がシチリア島とつながっており、またDnnがダヌナ人（Danuna）〔シチリア島出身とされる〕とつながっていることから、Šklšがダナーン伝承〔つまりダナオス伝承〕とつながっていることはほぼ確実である。なお、この連合諸国の同盟者には、冒頭でのべたサンダース説においてトロイ人ではないかとされているTršは入れられていない。[8]

　ウガリト文書に「王子」を意味するSrnnという言葉が出てくる。この言葉がアナトリア諸語とつながりをもっていたかどうかはともかく、「海の民」侵入前のレヴァントにはsᵉrānîmという言葉があったので、Srnnという言葉を、侵入者であった「海の民」を構成していたアナトリア人に直接つなげることはできない。[9] 確かにQôbaᶜという言葉の方は、アナトリアの言語とされるヒッタイト語のkupaḫḫiに関係があるかもしれない。しかし、そもそも聖書に書かれているペリシテの地にヒッタイト人が頻繁に出てくるし、その地で話されていたカナン語方言にヒッタイト語が影響を与えていたことにほとんど疑問はない。[10] さらに、qôbaᶜを頭につける風習は、ペリシテ人に限られていたわけでもなかった。アストゥアが指摘するところによれば、このかぶりものを頭に付けていた人々には、サウル王〔預言者サムエルに任命されたイスラエル王国初代王、在位前一〇一五～一〇〕、エジプト人、バビロニア人、ティルスの傭兵、そしてヤハウェさえもいたという。[11] ゴリアテとアリアテという言葉がつながっている可能性があるが、しかし旧約聖書の『サムエル記』では、ゴリアテはガテ（Gath）〔ペリシテ人の都市でゴリアテ誕生の地〕のレパイム人（R^{e}pā'îm）に属していた、というふうに表現されている。現代の聖書研究者ストレンジの説によれば、ガテのレパイム人R^{e}pā'îmとはカナン人であったという。[12] だが、この説は違うような気がする。R^{e}pā'îmとは、西セムのディタヌやギリシアのタイタンのように、死者の巨人精霊であったと考える方がより信憑性がある。[13] それゆえレパイムという呼び方は、たんにゴリアテの大きさを示しているだけであり、したがって、ゴリアテとアリアテとのつながりは一つの可能性としては残る。

　だが、ペリシテ人がアナトリアから移住してきたとするアナトリア起源説の最大の論拠となっているのは、ゴリアテとアリアテとのつながり以上に、リュディア人の英雄モプソスがリュディアからペリシテのアシュケルトンに行ったという、リュディア人の伝承である。ところが、すでに論じたように、ギリシア人のモプソスや他のギリシア人英雄たちがアナトリアとキプロス島を経由してレヴァントに遠征したという別の伝承もある。ギリシア人モプソス伝承の決定的な証拠は、キリキアのカラペテにおけるヒッタイト語、またはルーウィ語のヒエログリフ（聖刻文字）とフェニキア語との二言語で書かれた紀元前八世紀の碑文の発見によって現われた。それは、ドニム（Dnnym）の王国についてと、ルーウィ語でMuksasあるいはフェニキア語でMpsと書かれたある祖先とについてのべている。[14] 紛らわしいことに、MuksasやMpsという民族名が書かれているということは、ペリシテ人がギリシアから移住して来たというエーゲ海起源説を暗示しているが、その一方で、ドニムという王朝創始者の名前が書かれているということは、アナトリアから移住してきたというアナトリア起源説を暗示している。そしてアナトリア起源説においては、後者の可能性だけが取り上げられ、ペリシテ人はアナトリアから移住してきたという伝承を根拠づける証拠とされてきたのである。それではこの二義性は何を意味しているのかというと、ペリシテ人がエーゲ海からやって来たのか、アナトリアからやって来たのかという問題との関係以前に、レヴァントには紀元前一三～一二世紀にかけての「海の民の侵入」

の時点で、すでにアナトリアからの影響があったということを意味しているのである。

ペリシテ人のなかにギリシア語使用者がいたという証拠は、それよりも信憑性がある。第一に、ペリシテ人はカフトール（Kaphtôr）つまりクレタ島、またはエーゲ海南部からやって来たとする一貫した聖書伝承がある。[15] また、傭兵がクレティ（Kᵉrēṯî）やペリティ（Pᵉlēṯî）と呼ばれており、これら二つの言葉はつねにセットで並べて使われ、ペリシテ人という意味で使われていることもある。だが一般的には、これらの言葉はクレタ人とペリシテ人のことであると考えられている。クレタ人とペリシテ人は、よくダビデ〔イスラエル王サウルに叛きペリシテに降り、彼の死後イスラエル王となる、在位前一〇〇〇～九六〇頃〕との関係で出てくるが、ダビデはペリシテ人を敵にして闘っただけではなく、ペリシテ人のために闘ったこともある。[16] ここで、アナトリアの諸民族についてヘブライ語がきわめて適切な呼び方をしていることに目を向けなければならない。それは、ヒッティ人（Ḥittî）、頻繁に出てくるヒッタイト人（Hittites）、ツバル人（Tûbal）、メセク人（Mešek）、ティラス人（Tîrâs）であり、最後の呼称は、エジプトでTršやトロイ人（Trojans）と呼ばれていた民族である可能性がある。だが、ペリシテ人はこれらの民族のどれにも結びつけられておらず、繰り返しはっきりとカフトール（Kaphtôr）、つまりクレタ島に結びつけられていた。かくして、ペリシテ人とクレタ島との聖書上の結びつけ方に疑わしいところはない。

考古学的視点からすると、聖書のペリシテ人がいたと思われる地域で多く発掘された、いわゆる「ペリシテ焼き」（ベル型ボウルや両取手付き大壺などに魚、翼を広げた鳥などの模様を付け、高度な技術で製作）が、その土地で製造されたものであるにもかかわらず、「ミケーネ文化期ⅢC」〔前一二世紀初頭〕と呼ばれる様式と似ているのは驚くべきことである。確かに、それにきわめてよく似た陶器が、キリキアのタルサス、キプロス島、クレタ島のクノッソスからも出土されている。だが、その様式がエーゲ海に起源をもつものであることに疑いはなく、またその様式の陶器が出土される他の地域は、その時期におけるギリシア人の移住についての記録とぴったり符合する地域である。[17] 紀元前一二世紀から前一〇世紀にかけてのペリシテ地方の文化が、エジプトからの強い影響を示しているという事実は、ペリシテが地理的にエジプトに近接していたことと、多くの「海の民」がエジプト人の傭兵として働いていた事実からして、驚くべきことではない。かくして、文献上および考古学上の証拠は、ペリシテ人をエーゲ海地域に関連づけている点で一致している。このような一致は、唯一ではないにしても稀なものである。だが、それにもかかわらず、イスラエルの現代の考古学者ドーサン博士は、ペリシテ人に関する大著において、ペリシテ人の物質文化がエーゲ海地域に起源をもつものであることを認めながらも、民族的にペリシテ人とは、イリュリア人〔アルバニア人がその末裔とされる〕、トラキア人〔バルカン半島東部地方の住民〕またはアナトリア人、要するに、ギリシア人以外の何かの民族であると主張している。[18]

ペリシテ人の大半はクレタ島やエーゲ海地域にその起源をもっており、しかもミケーネの陶器を製造したのはペリシテ人であるという信憑性のある仮説にもとづいて考えてみると、ペリシテ人はギリシア語を話していたということがほぼ確実になる。ヘレニズム時代まで非ギリシア的なエテオクレタ人〔クレタ島先住民〕がクレタ島に残っていたが、すでにのべたように、線文字Bの解読によって、**Prst**という言葉が最初に使われる時期より一世紀以上前から同島においてギリシア語が支配的な言語になっていたことが判明した。

ペリシテ人とギリシアとの結びつきを示す証拠は他にもある。アッシリア語文献に、**Ia-ma-ni**または**Ia-ad-na**という表現が出てくる。これらの異なった表現はふたつとも、「ギリシア語・ギリシア人（Greek）」という意味の人名である。このグリークという人物は、紀元前七一二年にペリシテの都市アシュドド〔現イスラエル西部の港町〕の王座を奪い、アッシリアに反旗をひるがえした。この人物がギリシア人であったか、それとも地元の指導者であったかについて、活発に議論されてきた。[19]だが、どちらであったとしても、ペリシテ人が急速にセム化されたことが確証されているので、**Ia-ma-ni**の問題は、紀元前八世紀のフェニキア人有力者のなかにギリシア系の人がいたという仮説によって解決され得る。

紀元前七世紀のスキタイ人のパレスチナへの侵入〔前六三三〕と、紀元前六世紀のバビロン捕囚以降、「ペリシテ（**Philistine**）」という呼称が、全面的ではないにしても、ガザ人（ʿaszzâtî）やアシュドド人（ʾašdôdî）という言葉に代えられていった。**Gazan**と**Ashdodite**という呼び方は、ペリシテ地方の二つの主要都市の地名〔ガザとアシュドド〕にちなんだ呼称である。紀元前四〇〇年ごろ、ネヘミア〔前五世紀のユダヤの指導者で『ネヘミア記』に詳しい〕は、ユダヤ人がアシュドド（Ashdod）の女性と結婚することをとがめ、「アシュドドの言語」を「ユダヤ人の言語（Yᵉhûdît）」に対する脅威であるとのべた。[20]「アシュドドの言語（ʾašdôdît）」という言葉の意味はさだかではないが、この時代にはユダヤ人はアラム語とヘブライ語の両方を話していたので、ネヘミアがこれらの言語と同じような西セム語という意味でʾašdôditという言葉を使っていたとは考えられない。他方、ギリシア語は急速に東地中海地域全体に広がっていったので、ギリシア語の方が「ユダヤ人の言語」にとっての脅威であった可能性がはるかに大きかったと思われる。一方で、聖書で使われている言葉に、言語としての意味での「ギリシア語（Greek）」という言葉はまったくない。したがって、ネヘミアは「アシュドドの言語（ʾašdôdît）」という言葉で「ギリシア語（Greek）」を指し示そうとしていたとみることには信憑性があると思われる。これが、ギリシア人とペリシテ人とのつながりについてのもう一つの論拠である。

この時代におけるペリシテ地方とギリシアとの接触についてのさらなる論拠は、紀元前四〇〇年頃のガザが、アッティカの重量単位に従って硬貨を鋳造していたアテネ以東唯一の都市であったことである。確かに、それらの硬貨にはフェニキア文字が刻まれており、しかも、ある硬貨にはYhd（ユダヤ人）やYhw（ヤハウェ）という文字さえあった。また、それらの硬貨の坐像模様はイスラエルの神であると思われる。[21]だが、アテネから出土した他の硬貨のなかには**ΜΕΙΝΩ**という文字が刻まれているものがあり、この文字はクレタのミノス（Minos）王に関係しているのではないかと思われる。[22]

アレクサンドロス大王による攻撃〔前三三二〕から守るためのヤッファ〔現在のテルアビブ〕とガザによる激戦にもかかわらず、その後のパレスチナ地域のギリシア化は、フェニキアやユダヤの地域の場合に比べ、はるかに徹底的なものであった。現代の偉大なヘレニズム史家ヴィクトル・チェリコヴェールがのべているように、このことは、同地域がギリシア文化に傾斜していたことを物語っているものと思われる。[23]その証拠に、たとえば、ビザンチウムのステファーノスは、西暦五世紀にその著書のなかで、ガザで信仰されていたマルナス神とは「クレタ島生まれの」ゼウス神のことであるとのべている。[24]

要約すると、以下のようになる。「海の民」による侵入にもっとも類似している事例は、十字軍による侵入（一一世紀末〜一三世紀後半にかけての七次にわたるキリスト教勢力によるエルサレム攻略）であると思われる。北方からの巨大なうねりのような十字軍の侵入は、大混乱の時期に陸路と海路からなされ、部隊は略奪と定住地とを求めて縦横に展開した。十字軍の兵士たちは、その多くがロマンス諸語を話していたが、具体的には、ドイツ語や英語を含むそれぞれの民族の言語が話されていたのである。それと同じように、「海の民」の兵士たちも、ギリシア語とアナトリア諸語も含め、さまざまな言語を話す人々で構成されていたに違いない。このことから結論づけられることは、ペリシテ人以外の集団はアナトリア諸語を話していたが、ペリシテ人の大部分はギリシア人であったということである。しかしそもそも、線文字Bがギリシア語として解読されるまでは、ペリシテ人とクレタ島とを関連づけることには何の問題もなかったので、ペリシテ人を先ギリシア人《プレヘレネス》と考えることは自然なことであった。なぜ、一九五二年以降、研究者たちはペリシテ人をギリシア人に結びつける有力な証拠があることを認めなくなったのか。その理由は、ペリシテ人をヘレネス（古代ギリシア人）のまさに正反対、つまり「文化の敵」とみなす一九〜二〇世紀の見方によって初めて説明できる。

解説

『ブラック・アテナ』をどう読むか
――「ブラック・アテナ論争」を中心に

■幸泉哲紀

論争の書『ブラック・アテナ』

現代世界の時事問題を取り上げたものでは時折見られるけれども、古代世界について書かれた学者による専門書で、学界で大きな論争を呼ぶだけでなく、一般の読者からも注目され、大きな反響を得た書物があるとすれば、それはきわめて稀なことと言えるだろう。『ブラック・アテナ』は、まさにそうした稀な話題の書である。ローマ大学の教授で古代中近東史を専門とするマリオ・リベラニのことばを借りれば、「東部地中海世界の古代史を取り上げたものの中で聖書以来もっとも議論された書物[1]」である本書に対しては、これまで数百に及ぶ書評、評論が書かれている。また、学界以外の雑誌などでも大きく取り上げられ、たとえば、広い読者層をもつ『ニューズウィーク』誌は、一九九一年の九月二三日号で「クレオパトラは黒かったか?」という見出しのもと、この書が巻き起こした「ブラック・アテナ論争」をセンセーショナルに取り上げている。

アイビー・リーグの一大学の学者が書いた古代史に関する専門的な書物が、なぜこれほどまで話題になり、論争と反響を呼び起こすことになったのか。まず、書物の名前からして挑発的である。『ブラック・アテナ』という表題にしろ、第I巻に付された「古代ギリシアの捏造」という副題にしろ、まるで論争を呼ぶことを期待しているような、この書に対する著者の思い入れが見られる。『ブラック・アテナ』の著者マーティン・バナールは一九三七年ロンドン生まれのイギリス人で、共産主義科学者の父と作家である母をもつ家庭で育ったインテリ中のインテリである。アメリカのハーバード、バークレイで大学院教育を受け、ケンブリッジ大学より東洋学で博士号を取得するなど、アメリカとイギリスの最高レベルの大学で高等教育を受けた学歴をもつ。一九七二年以来、アメリカのアイビー・リーグの名門校コーネル大学で中国史の教職に就いており、まさに学問の世界ではエリート中のエリートとしての道を歩んできた人物である。後にのべるが、実はこのエリート中のエリートとしての彼の経歴が『ブラック・アテナ』に関する論争の激しさの高まりに絡んでくるのである。もちろん、論争を呼ぶことになったのは書物の表題や著者の経歴だけではない。この書の内容そのものがきわめて挑発的なものとなっているのである。

『ブラック・アテナ』が提起したもの

『ブラック・アテナ』では、古代ギリシア文明に関して二つの主な主張がなされている。一つは歴史学における主張であり、もう一つは知識社会学についての主張である。歴史学における主張とは、エジプト人とフェニキア人が古代ギリシア文明の展開に大きな影響を与えたという「修正古代モデル」の主張であり、知識社会学についての主張とは、エジプト人とフェニキア人の古代ギリシア文明への影響を無視すべき程度のものとする「アーリア・モデル」は、一九世紀ヨーロッパの歴史学者が「捏造」したものであるという主張である。

これらの主張を展開するにあたり、バナールは「モデル」という、これまでの歴史学ではあまり言及されることのなかった概念を使用している。「モデル」という概念は、自然界の事象を説明するための用具として自然科学においてはごく普通に使用されるけれども、人文科学、とくに歴史学においてはこれまでほとんど使用されることがなかった。バナールが「モデル」という概念で意味するのは、「還元され、単純化された表現」ということである。どの時代、どの世界を取り上げるにせよ、歴史学においては多くの、しかも時には相矛盾する史料を注意深く整理・分析する作業が必要であり、その作業を行うことで初めて何が起こったかについての信頼のおける解釈が可能になるからである。しかし直接観察することが不可能な過去の世界の事象については、いかに多くの史料を収集したとしても、それらの史料の信憑性や関連性について、歴史学者個人の判断が入らざるを得ない。そこで史料が語るところを「還元し、単純化された表現」によって形にすることが余儀なくされる。この点で、歴史学者が表現するものも、自然科学者が自然界の事象を「還元し、単純化されたモデル」でもって表現するのと同じ手続きだと言うことができる。この手続きには歴史学者個人の価値観や社会的な背景が絡んでくる余地があり、その限りにおいて、歴史学者の解釈もまた、一つの「モデル」として、知識社会学的な視点からその信憑性を吟味する必要が出てくるわけである。

『ブラック・アテナ』においては、これまで歴史学者のあいだで採用されることのなかった概念や視点が取り入れられており、実はこのことが学界からの反発を呼ぶ一つの原因となってきた。この点については後に詳しく触れることにして、ここでは本書で使用されている「モデル」という語を、歴史事象に関する見方と解釈という意味で、「見解」という語に置き換えて、その焦点となる「三つのモデル」を簡単に紹介しておくことにしたい。

まず、「古代モデル」とは、その優れた科学、哲学、言語、芸術などで代表されるギリシア文化が興隆するのは、紀元前一五〇〇年頃に起こったエジプト人とフェニキア人による植民地化の結果とする見解で、この見解を代表するのがヘロドトスなど古代の歴史家である。この見解の根拠となるのは、青銅器時代（紀元前三二〇〇～一二〇〇年頃）、アフリカ・アジア地域の住民の方がエーゲ海周辺の住民よりも文化的にも軍事的にも進んだものをもっていたという点にある。

これに対して「アーリア・モデル」というのは、ギリシア文明をもってヨーロッパ、そして広く西洋文明の起源とする見解で、この見解が登場するのは一九世紀のヨーロッパである。一八世紀末、東インド会社の判事としてインドに赴任した東洋学者ジョーンズによるサンスクリット語と古代ギリシア語の相似性の発見などが契機となり、一九世紀初頭には、ロゼッタ碑文の研究で知られているイギリス人の医者で物理学者のヤングによる「インド・ヨーロッパ」ということばが出回るようになる。そして、産業革命以降の経済発展の成果のもと、世界に進出したイギリスはじめヨーロッパ諸国における白人優越主義の台頭によって、この見解は広く受け入れられるようになっていく。

最後に、「修正古代モデル」とは、「アーリア・モデル」の信憑性の度合いの低さを明らかにし、ギリシア文明に対するエジプトやフェニキアの影響を認める見解で、この見解を展開させたのがバナールである。ギリシアにはインド・ヒッタイト語を使用するペラスギ人と呼ばれる人々が住んでおり、バナールは主に彼らの言語に見られるエジプト語やセム語の影響をもってこの見解の根拠としている。これらの影響がもっとも顕著であったのは紀元前一七〇〇〜一五〇〇年頃であり、アルファベットもこの頃伝えられたとしている。

バナールの学界批判と学界からの反論

学術書としての『ブラック・アテナ』の特色は、多くの関連分野の先行研究を取り入れつつ、新たな独自の見解、つまり「修正古代モデル」を提唱している点にある。そしてバナールは自らの「モデル」がこれまでの「モデル」よりも優れた「モデル」であることを説得するために、『科学革命の構造（*The Structure of Scientific Revolutions*）』（一九六二）のなかで科学史家クーンが提唱し、多くの学問分野の学者から注目を集めることとなった「パラダイム」という概念を援用している。

歴史学の研究者と言っても、バナールの専門は中国の近代史であり、したがって古代ギリシアについての研究を発表したと言っても、これまで定説となってきた専門家による見解を無視する、門外漢の素人的な思いつきとして片付けられかねないところがある。実際、コーネル大学のバナールの同僚で科学史研究家のL・P・ウィリアムズは、「なぜ私は『ブラック・アテナ』を読むことを中止したのか」というきわめて皮肉なタイトルの書評のなかで、「私は『ブラック・アテナ』を政治的、かつ人種的な動機にもとづいて書かれたごみの類に属するものとして読むのを止めた」(2)と書いている。こうした批判があることを充分予測したうえで、バナールは『ブラック・アテナ』の序章の枕言葉に、「ある分野で、新しいパラダイムの基本を創り出した者は、これまでほとんど例外なしに、その分野での若輩者かそれとも新参者かのどちらかであった」というクーンの言葉を配置しているのである。

しかし、決して素人ではないにせよ、「門外漢」バナールの「修正古代モデル」は、もともと「モデル」という概念になじみの薄い古代史専門の多くの学者から反感を買い、批判を招くことになった。そもそも「古代モデル」というモデル自体、古代の歴史家が展開したものではなく、バナールが「捏造」したものだというのがこれら専門家たちによる批判の要点である。

古代史を専門とする学者のなかでも、もっとも熾烈な批判を展開したのは、ウェルズリー大学の人文学教授で古代ギリシア・ローマ史を専門とするM・レフコビッツである。ギリシア文明の源流をアフリカに見出すことはできないという定説を主張する彼女は、バナールへの反論として出版した書物の表題を『アフリカからではない（*Not Out of Africa*）』（一九九七）としただけではなく、その副題を「いかにしてアフリカ至上主義が神話を歴史として教える言い訳となったか（*How Afrocentrism Became an Excuse to Teach Myth as History*）」とし、バナールの見解が歴史ではなく神話の領域に属することを示唆した。彼女の批判の一つは、ヘロドトスやプラトンなど、バナールが「修正古代モデル」を展開するために引用した著作の歴史史料としての信憑性である。また彼女は、バナールが拠って立つ「アフリカ至上主義」はホロコーストやユーゴスラビアで起こったような民族浄化の考えにつながる懸念さえあると表明している。

「修正古代モデル」をめぐるバナールと専門家との論争

バナールが『ブラック・アテナ』で展開した「修正古代モデル」は、時には感情的とも見える大きな論争を学界で呼び起こすことになる。その背景にある知識社会学に関する議論は後に触れるとして、そもそもバナールと古代史の専門家との間の論争とはいったい何に関するものだったのであろうか。ここでは、一九九六年に前述のレフコビッツが、ウェルズリー大学の同僚で、アレクサンドロス大王の研究で知られるギリシア・ラテン古代史専門のG・ロジャーズとの共同編纂で出版した『ブラック・アテナ再考（*Black Athena Revisited*）』と、二〇〇一年にバナールが出版した『ブラック・アテナの反論（*Black Athena Writes Back*）』という二つの書を軸に、両者間で行われた「ブラック・アテナ論争」の内容について簡単に紹介することにしたい。

『ブラック・アテナ再考』は、エジプト学、考古学、人類学、古代学、歴史学、言語学、人文科学、中近東史、科学史など一九人の専門家が展開した、バナールの「修正古代モデル」への批判である。ここで彼らが展開している批判は、以下の三つにまとめることができる。

まず第一は、語源に関するバナールの議論への批判である。バナールはアテネ、アフロディテ、その他ギリシアの地名や固有名詞にはエジプトからの影響が見出せるとしているが、それは信憑性のない憶測にすぎないという批判である。つまり、似たような語は借用語として取り入れられることもあり、文法や実際の使用のされ方を詳細に検討しなければ、その受容の過程は決定できないと言うのである。言語学における通説は、あくまでギリシア語はインド・ヨーロッパ語族の一つであるとされている。

第二の批判は、先述のレフコビッツによる批判、すなわち、バナールの「修正古代モデル」が根拠としているヘロドトスやプラトンなどの記述は、きわめて信憑性に乏しいという批判である。つまり、ヘロドトスは自らエジプトを旅して見聞きしたことを記録したと言っているが、そもそも彼はギリシアの言語や芸術におけるエジプトの影響については何も語っていないと言うのである。また、その唯一の例外とされている神の名前に関しても、ヘロドトスはギリシアの神の名前のほぼすべてがエジプトから来たとのべ、その根拠については、「聞き出すことでこのことを知った」と言っているが、そもそも彼は自らの記述の出典についてはきわめて曖昧で、その多くは印象にもとづいており、歴史というよりは神話の領域に属すると言うのである。それゆえ、神の名についてのヘロドトスの記述を、信頼すべき歴史史料として取り入れるバナールの議論は、歴史と神話の混同にすぎないとするのである。

第三の批判は、バナールが「修正古代モデル」のさらなる根拠としている近代の歴史家の議論に対するものである。「西洋文明の起源はギリシアである」とする「アーリア・モデル」に対し、一九世紀から二〇世紀にかけ、W・G・B・デュボイス、A・ガーヴィー、C・A・ディォプなど、多くの歴史家が「人類文明のルーツはアフリカである」という議論を展開したが、彼らの議論は迫害されてきた黒人たちを擁護するという政治的な動機にもとづくものであり、それらの主張の多くは歴史学的にはまったく根拠がないものだという批判である。したがって、バナールがそれを支持することは、彼が政治的に左翼に属することを証明しているにすぎないというのである。

これに対してバナールによる『ブラック・アテナの反論』は、こうした『ブラック・アテナ再考』で展開された批判に対する反論を収録したものである。この本の序言の中で、バナールはまず、自分の反論を『ブラック・アテナ再考』に収録してほしいという申し入れをレフコビッツが拒否したことについて、ひと言うらみごとをのべている。そして、『ブラック・アテナ再考』という、いかにも客観的な学術書らしい表題を掲げながら、実際は、自分の仕事に反感をもっているかどうかという基準だけで収録論文の選択を行っていると、その出版動機を批判している。そのうえで、バナールは詳細にわたって、自分に向けられた三つの批判に対する反論を展開している。

第一の、語源についての批判、これについてバナールは、ギリシア語がインド・ヨーロッパ語族の一つであることには違いはないが、その語彙の六〇％以上が非インド・ヨーロッパ語族のものであることとの意味をどう説明すればよいのか、レフコビッツらは明確に語っていないと反論する。

第二の批判、バナールの「修正古代モデル」がヘロドトスなど古代の歴史家の記述を信頼しすぎているという批判に対しては、「修正古代モデル」が根拠とした「古代モデル」は、ヘロドトスやシキュラスといった一部の歴史家のみならず、同時代の劇作家、演説家、神話収集家など、多くの人物が残した有力な史料にもとづいていることを指摘したうえで、こうした史料の総合から判断するとき、ギリシア、とくにペロポネソス半島東部にはかつて他の種族が居住していたこと、また、この地にフェニキア人がアルファベットを、エジプト人が灌漑の技術や神の名前、そしてその崇拝の仕方などを持ち込んだことに疑問の余地はないと反論する。

第三の批判、バナールの「修正古代モデル」が政治的な動機により作り上げられたものだとする批判に対しては、逆に「アーリア・モデル」は一九世紀に支配的であった「進歩」、「ロマン主義」、「白人優越主義」という三つの関連した考えから生み出されたものであると反論する。すなわち、人類の歴史を絶え間なき「進歩」と見るこのような考え方に立つならば、時代的に古いエジプト文明は当然ギリシア文明よりも原始的な文明だということになるであろう。また、ファラオという絶対的な支配者をもつエジプトよりも、市民による小規模な直接参加というギリシアの民主政治の方が、一九世紀当時の「ロマン主義」の感情には訴えやすかったということであろう。さらに、エジプト文明の影響を過小評価した当時の背景には、明らかに、エジプト人はアフリカ人であり、人種的に黒人であったとする前提から生まれた「白人優越主義」があったと言えるだろう。こうしたバナールによる反論は、一九世紀ドイツをはじめ、当時のヨーロッパ社会に関する詳細な分析から成り立っている。

もっとも、バナール、レフコビッツの両者が認めているように、古代史に関する議論においては「証拠」についての注意深い検討が必要であり、どちらのモデルが正当であるかを正確に判定することは困難である。しかし、そのうえでバナールは、自らの「修正古代モデル」が「アーリア・モデル」よりも多くの検証可能な仮説を含んでおり、「相対的な妥当性」をもっていると主張する。

レフコビッツをはじめとする古代史の専門家から見れば、「門外漢」バナールによる「修正古代モデル」は、自分たちの権威に対する明らかな挑戦である。したがって、彼女らにとって『ブラック・アテナ』は、これまで自分たちが築き上げてきた正統に属する専門書というよりも、むしろ異端の書であり、そこで展開している議論は素人が考えついた作り話にすぎないものと映るだろう。これに対してバナールは、どの分野においても、時として外部からの新しい視点がその学問に新たな展開をもたらしてきたのだとのべ、たとえば歴史学におけるシュリーマンの貢献などを挙げて反論するのである。

一方、『ブラック・アテナ再考』と『ブラック・アテナの反論』で展開された、時には感情的に走りすぎたとさえ見える学者間の激しい論争に対して、こうした論争に呑まれることなく、冷静にバナールと彼の批判者たちの議論を吟味し、それぞれの議論のメリットを評価したのが『大学における異端（*Heresy in the University*）』（一九九九）である。著者J・バーリナブラウは、ニューヨークにあるホフストラ大学のユダヤ研究の専門家である。「ブラック・アテナ論争とアメリカ知識人の責任（*The Black Athena Controversy and the Responsibilities of American Intellectuals*）」という副題をもつこの書で、バーリナブラウはバナールと彼の批判者の双方が展開した議論の要点を紹介したうえで、論争の背景となっているアメリカにおける学界の現状、さらには黒人解放運動との関連で出てきた「アフリカ至上主義」などを分析し、社会的な論争に参加する際の学者たちの姿勢について警告を発している。

世論への影響と反応

冒頭でふれたように、『ブラック・アテナ』は一般の読者からも大きな反響を呼ぶ話題の書となったが、もともとは一般読者向けではなく、学術書として出版されたものである。実際、多くの専門的史料が詰まった本書は、決して読みやすいものではなく、ウィーンのユダヤ人家庭に生まれ、女性史の先駆者として知られるラーナーは、「本書は組み立ても悪く、気の長くなるほど繰り返しが多く、さらに専門的で詳細な史料に覆われており、一般の読者や素人には勧められる書物ではない(3)」と書評でのべている。

それでは、こうした性格をもつ本書が、『聖書』以来と言われるほどの反響を呼ぶことになったのはなぜだろうか。まずその背景には、バナール自身の精力的な広報活動がある。彼はコミュニティ・センターでの講義や、大衆雑誌からのインタビュー、テレビ・ラジオのトーク・ショーなどを利用し、自らの見解の普及に積極的に取り組んできたのである。

しかし、何よりも大きな理由は、西洋文明の始まり、ヨーロッパ文明の始まりが、人種的に黒人に属すると見られるエジプト人とユダヤ人系のフェニキア人の貢献によって形成されたとする、本書それ自体の主張のなかにある。この主張が、アメリカをはじめ、現在の西洋世界に根強く残る人種差別論争に火を注ぐことになったからである。白人が築いてきた西洋文明観という通念に挑戦する本書は、公民権獲得後も時にはあからさまな、時には目に見えない差別と闘ってきた黒人たちの社会運動や自己意識に、強烈なメッセージとして訴えかける力をもっていた。しかも、西洋文明の発展過程における黒人の欠かせない役割を主張した本書は、黒人のアフリカ至上主義者の手によってではなく、イギリス生まれの白人でアイビー・リーグの大学教授によって書かれた。まさに、「修正古代モデル」という見解を一般社会に普及させたバナールの役割が、ロックンロールを通して黒人の音楽をさまざまな層に広めたエルビス・プレスリーの役割に比されるゆえんである。

人種的にエジプト人の黒人ルーツ説を唱え、そのエジプト人のギリシア文明への貢献を主張したのは、バナールが最初ではない。古いところでは、黒人の牧師で弁護士でもあり、一八八三年出版の *History of the Negro Race in America, 1619-1880* のなかで「ギリシアはエジプト人より多くを学んだ」[4]と書いているG・W・ウィリアムズがいる。また、エチオピアこそエジプト文明の源泉であり、エジプト人は自らをアフリカ人として自覚していたとのべている教育者で黒人解放運動家のデュボイスがいる。さらには、崇拝者から「ファラオ」と呼ばれたセネガル人の歴史学者ディォプも、*The African Origin of Civilization: Myth or Reality* のなかで、「エジプトの歴史には最初から最後までニグロ的要素があったことは確かである」[5]と主張するとともに、文明への歩みを踏み出すギリシアにとってエジプト人はほぼ唯一の教師であった、とのべている。

もっとも、エジプト人自身がアフリカ人としての自覚をもっていたとしても、そもそも彼らが人種的に黒人であったかどうかは、それ自体に議論の余地がある。この点に関して古典学者のF・スノーデンは、「エチオピア人はブラックと言えるけれども、エジプト人はエチオピア人と白人の中間に属する人種」だという専門家としての意見を表明している。バナールがギリシアの学芸の女神アテナを「ブラック・アテナ」と呼んだことは、学界からも一般からも注意を惹く効果を高めた。しかし、「ブラック」という語には人種差別的な意味合いが込められていることが多い。この点を配慮してか、バナールは自らの著書の書名を、『ブラック・アテナ』ではなく『アフリカのアテナ(*African Athena*)』とすべきであったと後になってのべている[6]。

一方、フェニキア人についての争点は、彼らがユダヤ人系であったかどうかに関わっている。バナールはフェニキア人が文化的にユダヤ人に近かったとしている。しかし、バーリナブラウも指摘しているように、一七、一八世紀の言語学者たちが確立した定説によれば、フェニキア語とその方言カルタゴ語は『旧約聖書』のヘブライ語に近かったとされている。いずれにせよ、ギリシア文明へのフェニキア人の影響をバナールが主張したことで、伝統的なキリスト教徒によるユダヤ教への恨みがユダヤ人排斥主義へと向かっていった一九世紀以降の西洋文明の汚点を、再び呼び覚ますことになったのだけは確かである。

私たちは『ブラック・アテナ』をどう読むべきか

『ブラック・アテナ』がいろいろな意味で問題の書であることは、上述の紹介でおわかりいただけたものと思う。レフコビッツら専門の学者によるこの書に対する極端な否定的反応に応えるかのように、フランスの批評家バッシュも、『ブラック・アテナ』がそもそもフランス語に翻訳される理由さえ見当たらないとのべている。同じことが日本においても言えるのであろうか。決してそうではないであろう。本書の日本語版の出版に際して、筆者としては『ブラック・アテナ』がたんに問題の書であるという点からだけではなく、少なくとも次の二つの点で、私たちに大きな示唆を与えてくれる書であるとのべておきたい。

その第一は、『ブラック・アテナ』がもつ学問に対する姿勢である。一般には、学問とは真理を探求するものとされ、そのためには、対象とする事象は中立的かつ客観的な立場から観察・分析されるべきだと信じられている。しかし、こうしたとらえ方は、そもそも学問というものが生きた人間の手によってなされるものであることを忘れた素朴な見方だとは言えまいか。自然科学であれ人文社会科学であれ、対象とする事象のどの側面を観察し、分析するかについては個々の研究者の選択がつねに働き、それに沿ってどのような解釈を行うかについても、個々の研究者それぞれの価値観や社会通念が反映される。歴史学、とくに古代史については、膨大な史料のなかから、何を信頼し、選択し、それによって何を読み取っていくか、他の学問以上に研究者個人のもつ価値観や社会通念が問題になると言えるだろう。「社会通念としての歴史」は、歴史家が語り、歴史学者が作り上げるものといってよい。この意味において、歴史学者個人の価値観や社会通念人々に及ぼす影響を明確に指摘し、歴史研究において知識社会学の必要性を主張したバナールの貢献は大きい。もちろん、バナールの「修正古代モデル」それ自体、同様の視点から検討されるべき必要があることは言うまでもないが、充分な検討の結果を待つまでもなく、「修正古代モデル」が古代ギリシア文明の源流について注目すべき見解を提出していることだけは明らかである。

『ブラック・アテナ』から私たちが読み取るべき第二は、「文化」や「文明」といったものに対する原理主義的な解釈への戒めである。どの時代においても、純粋な文化・文明というものは存在しない。そもそも、文化・文明の議論には「人種」という概念の曖昧さがある。事実、生物学的に見ても、「人種」といったものを明確に定義することはできない。したがって、「人種」概念を文化・文明の議論に持ち込むこと自体に無理があり、避けるべきだと言えるだろう。ちなみに、「人種」に「ホモ・サピエンス」という学術語を与えたのは、一八世紀のスウェーデンの植物学者、C・リンネである。彼は「人種」を皮膚の色でもって、赤色アメリカ人、黄色アジア人、黒色アフリカ人、白色ヨーロッパ人に分類した。そして、これは分析者リンネ自身の価値観や社会通念によるある種当然の帰結かもしれないが、彼は白色ヨーロッパ人を「積極的で頭が良く創意に満ちた」人種と規定し、白人優位の思想を展開することになったのである。「白人が築き上げてきたヨーロッパ文明」というこのような見方は、一八世紀から一九世紀にかけて、ヨーロッパが世界に君臨するようになる時代を背景にして出てきた、きわめて素朴な歴史観にもとづくものである。しかもそれは、あくまで一つの見解、すなわち一つの「モデル」にすぎなかった。これらの点を正面から指摘し、明らかにしたのも、バナールの貢献である。

世界的な規模による社会集団間の接触が増え、「文明の衝突」に対する憂慮が喧伝される今日こそ、一つの文化・文明をもって他よりも優れたものとするような原理主義的な考え方は排斥されなければならない。どの文化・文明も他の文化・文明との接触のなかで何かを学び、何かを吸収してきた「混成的文化文明」なのであり、したがって、文明の歴史とは、人類が長い時間をかけて築き上げてきた相互育成の歴史なのである。本書の具体的な展開から見出されるこのような見方こそ、二一世紀の私たちの世界に求められるもっとも大切な見方なのではないだろうか。

これら二点の他に、最後にひと言、『ブラック・アテナ』を日本語で読むことの利点についてのべたい。『ブラック・アテナ』の英語の原書は、英語の語学力のある者にとってもかなり難解な文章である。しかし、日本語訳によって、このような海渋な英語表現は、かなりの箇所で克服されることになった。幾多の議論を重ね、この翻訳を見事に完成させた訳者の方々の労力に感謝したい。

註

（1） Liberani, Mario, “The Bathwater and the Baby”, Lefkowitz, Mary R., and Guy M. Rogers (eds.), *Black Athena Revisited*, Chapel Hill: University of North Carolina Press, 1996, p. 421-7.

（2） Williams, L. Pearce, “Why I Stopped Reading Black Athena”, *Academic Questions*, Princeton: National Association of Scholars, 7 (1994), p. 37-9.

（3） Lerner, Gerda, “Comment”, *Journal of Women's History*, Bloomington: University of Indiana Press, 4 (1993), p. 90-4.

（4） Williams, George W., *History of the Negro Race in America, 1619-1880*, New York: Arno Press, 1968.

（5） Diop, Chekh A., *The African Origin of Civilization: Myth or Reality*, Chicago: Lawrence Hill, 1974.

（6） Bernal, Martin, “Black Athena and the APA”, *Arethusa*, Baltimore: Johns Hopkins University Press, Special Issue (1989), p. 17-37.

参考文献

Berlinerblau, Jacques, *Heresy in the University: The Black Athena Controversy and the Responsibilities of American Intellectuals*, New Brunswick: Rutgers University Press, 1999.

Bernal, Martin, *Black Athena Writes Back: Martin Bernal Responds to His Critics*, Durham: Duke University Press, 2001.

Lefkowitz, Mary R.,*Not Out of Africa: How Afrocentrism Became an Excuse to Teach Myth as History*, New York: New Republic Books, 1997.

Lefkowitz, Mary R., and Guy M. Rogers (eds.), *Black Athena Revisited*, Chapel Hill: University of North Carolina Press, 1996

(7) Astour (1967a, p. 11)に引用あり。Sandars (1978, p. 119).

(8) Gardiner (1947, vol. 1, pp. 124-5) 参照。ダナーン伝承については、第1章註106〜11参照のこと。

(9) Astour (1972, p. 457).

(10) Rendsberg (1982)参照のこと。

(11) Astour (1972, p. 458).

(12) Strange (1973).

(13) Lipinsky (1978, pp. 91-7); Pope (1980, pp. 170-5). 本書第Ⅲ巻も参照のこと。

(14) Astour (1967a, pp. 1-4)参照。Muksasと Mpsの発音上の関係に関しては、本書第Ⅱ巻および、Bernal (1988)参照のこと。

(15) Amos 9:7; Jer. 47:4; Gen. 10:14. テキストの修正を伴ったものとしてEzek. 25:15-17; Zeph. 2:4-7.

(16) 2 Sam. 15:18-22; 1 Sam. 27参照。ダビデ王とペリシテ人との関係については、失礼ながらJ. Strange (1973)参照のこと。

(17) M. Dothan (1973); Muhly (1973); Popham (1965). T. Dothan (1982, pp. 291-6); Snodgrass (1971, pp. 107-9), Helck (1979, pp. 135-46)参照のこと。

(18) T. Dothan(1982, pp.20-2, 291-6). 彼女に有利になる事実として、「羽根の髪飾り」、つまりPrst人によって編み上げられた、髪型を補強する髪飾りがあったという証拠がギリシアでは見られない。だがその証拠はバルカン半島にもアナトリア西部にもみられない。さらにギリシア出身であることが確実なT(ṯ)kr人やDnn人も、この髪型をしていた。

(19) これについての最近の研究成果については、Helm (1980, p.209) 参照のこと。

(20) Nehemiah, 13: 23-4.

(21) Yhdについては、ナヴェとの1983年6月エルサレムでの個人的会話による。Yhwについては、Seltman (1933, p.154) 参照のこと。

(22) Gardiner (1947, vol.1, p.202).

(23) Tcherikover (1976, pp.87-114).

(24) Gardiner (1947, vol.1, p.202). マルナスという名称はエジプト語のM3nw、つまりクレタ島を指す「西方の夕陽の山」という神秘的な言葉に起源をもっている、と私は確信している。新王国の地名Mnnwsは、結論的ではないにしても、おそらくはクレタのミノス王(Minos)やクレタ島のことであろうと考えられてきたが、それもM3nwに起源があると考えることができる。Vercoutter (1956, pp.159-82)参照のこと。これに関しては第Ⅱ巻で詳しく論じる。

(90) Evans (1909, pp. 91-100); Dussaud (1907, pp. 57-62).

(91) Bernal (1983a; 1983b; 1985b; 1987; 1988)参照のこと。

(92) Murray (1980, pp. 300-1, 80-99)参照。これらの制度をギリシアが借用したことについては、Bernal (1988) 参照のこと。刊行予定の『ケンブリッジ版古代史』第3巻第2部には、フェニキア人に関する諸論文が入れられるであろう。同書は、前8～6世紀を扱うものと思われる。第3巻第1部からフェニキア人の問題がはずされたことの意味は、同書が前750年以前のギリシアに対するフェニキア人の影響の重要性を否定しているということである。

(93) Morenz (1969, p. 44). 言語については、同書(pp. 20, 175)参照のこと。

(94) Morenz (1969, pp. 38-9).

(95) Morenz (1969, p. 49).

(96) Morenz (1969, pp. 56-7).

(97) Morenz (1969, pp. 44-8).

(98) Snowden (1970).

(99) James (1954).

(100) James (1954, p. 158).

(101) この分野での何年にもわたる研究の後、このことについてジェイムス・ターナー教授の御教示を賜わった。

(102) Diop (1974; 1978; 1985a; 1985b). とくに同著(1974, pp. xii-xvii, p.1). このテーマに関する私の見解については第5章註65～90参照のこと。

(103) Carruthers (1984, p. 34).

(104) Carruthers (1984, p. 35). Dubois (1975, pp. 40-2; 1976, pp. 120-47); J.J. Franklin (1947); Noguera (1976)参照のこと。

(105) Carruthers (1984, p.35). Diop (1974; 1978; 1985a; 1985b); Ben Jochannan (1971); C. Williams (1971) 参照のこと。

(106) モレンツはともかくとして、これについては一つ二つの例外はある。ビリグマイアーが、エジプトのダナオス神話を受け入れていることについては、本書註62参照。それよりはるかに重要な動向は、エミリー・ヴァミュール教授が、ギリシアに対してエジプトが大きな影響を与えていた可能性を研究していることである。彼女が死についてのエジプトの信仰とギリシアの信仰とのあいだの基本的な類似点に論及している Vermeule (1979, pp.69-80) 参照。

補遺

(1) 第1章註17、18参照。Macalister (1914, p. 2); Mazar (1971, p. 166)も参照。両者はJoffe (1980, p. 2)が引用している。

(2) Sandars (1978, p. 145). 古代エジプトの彫刻には頭飾りを付けた人物像が生き生きと描かれているが、ここではこの問題には立ち入らない。そうした装飾がエーゲ海やアナトリア起源だという明確な形跡が見られないからである。

(3) Bamett (1975, p. 373).

(4) Albright (1975, p. 513).

(5) Bamett (1975, pp. 363-6). もっと懐疑的な説としては、Astour (1967a, pp. 53-67; 1972, pp. 454-5) 参照のこと。

(6) Strabo, XIV.4.3. (trans. Jones, p. 325)が引用。Astour (1972, pp. 454-5)は、ギリシア人やリュディア人のさまざまなモプソスたちに関する伝承がたいへん混乱したものであることを正しくも指摘している。

(54) Astour (1967a, pp. xii-xvii).

(55) 本章註33参照。その少し後にまったく同じテーマを取り上げたものとしてKirk (1970) 参照のこと。

(56) エドワーズの反論については、1979 (pp.139-61) 参照のこと。彼女は彼の全体の論旨を損ねることなく、いくつかの有効な指摘をしている。

(57) Astour (1967a, pp. 357-8).

(58) Muhly (1968, p. 585).

(59) Muhly (1968, p. 586).

(60) かかる尊敬の現代における例としては、第9章註18参照のこと。

(61) Muhly (1970b, pp. 19-64).

(62) Billigmeier, (1976, esp. pp. 46-73).

(63) その出版社はアムステルダムのJ. C. Gieben社であり、同書のタイトルは、『カドモスとダナオス——後期青銅期時代のエーゲ海に対する近東の影響に関する研究』となるはずであった。

(64) Levin (1971a, p. ix).

(65) R. Edwards (1979, p. x).

(66) R. Edwards (1979, pp. 139-61).

(67) R. Edwards (1979, pp. 17-113). 彼女の具体的な主張については、第1章註52～57参照のこと。

(68) R. Edwards (1979, pp. 201-3).

(69) R. Edwards (1979, pp. 172-3).

(70) R. Edwards(1979, p. 171, n. 182).

(71) Van Berchem (1967, pp. 73-109, 307-38).

(72) Bunnens (1979, esp. pp. 5-26).

(73) Helm (1980, pp. 97, 126).

(74) Muhly (1984, pp. 39-56).

(75) Muhly (1985, pp. 177-91).

(76) Tur-Sinai (1950, pp. 83-110, 159-80, 277-302); Naveh (1973, pp. 1-8). 1960年代におけるBundgardの独創的ではあるがあまり影響力のない業績としては、Bernal (1988) 参照のこと。

(77) Naveh (1973, pp. 1-8).

(78) この碑文の紀元前13世紀という年代特定については、Garbini (1977); Bernal (1985b; 1987, 1988)参照のこと。

(79) Jefrery (1982, p. 823, n. 8).

(80) Jefrery (1982, p. 832).

(81) McCarter (1975, p. 126).

(82) たとえば、Millard (1976, p. 144)参照のこと。

(83) Cross (1979, pp. 108-11). 彼のすばらしい議論のほとんどすべてを支持するが、クレタ島のアルファベットがとくに古いとする彼の説には同意できない。Bernal (1987; 1988).

(84) Cross (1980, p. 17).

(85) Millard and Bordreuil (1982, p. 140)参照。これらの人々の歓びについては、Kaufman (1982, pp.142, 144, n. 18) 参照のこと。

(86) たとえば、Burzachechi (1976, pp. 82-102)参照のこと。

(87) Stieglitz (1981, pp. 606-16).

(88) Bernal (1983a; 1983b).

(89) Rolling and Mansfeld (1970, pp. 265-70).

もこれらの見解をとり、また、このとき以来その立場を穏健なものに変えた。

(24) Stubbings (1973, p. 637). エジプトで起きたこれらに関する変化には、たとえば一般に後期エジプト語と呼ばれている新言語の発展、青銅の広汎な使用の開始、そして馬、二輪馬車、剣、多段式弓および「はねつるべ」などの導入がある。

(25) Bass (1967). 彼の予備的な報告については、1961 (pp. 267-86)参照のこと。

(26) Symeonoglou (1985, pp. 226-7) 参照のこと。

(27) このような調査としては、R. Edwards (1979, pp. 132-3) 参照のこと。

(28) これに関する文献目録は、R. Edwards (1979, p. 118, notes 122-3).

(29) Mellink (1967, pp. 92-4) および Muhly (1970a, p. 305) による Stevenson Smith の業績に関する批評参照のこと。

(30) たとえば、Akurgal (1968, p. 162); Stubbings (1975, pp. 181-2) 参照のこと。

(31) Astour (1967a, pp. 350-5)参照のこと。

(32) たとえば、G. S. Kirk 教授の業績を参照のこと。

(33) Walcot (1966); West (1971)参照のこと。

(34) Fontenrose (1959)参照のこと。

(35) Webster (1958, p. 37).

(36) Szemerenyi (1964; 1966; 1974); Mayer (1964; 1967)参照。彼らの研究のより詳しい内容については第Ⅱ巻参照のこと。

(37) Levin (1968; 1971a; 1971b; 1973; 1977; 1978; 1979; 1984)参照。彼らの業績についてのさらに詳しい議論については、第Ⅱ巻参照のこと。これら二つの語族に関する彼の業績については1971a参照。序章でのべたように、ここ数年アフロ・アジア語族とインド・ヨーロッパ語族とのあいだには親縁関係があるという考え方がかなり再流行している。

(38) Brown (1965; 1968a; 1968b; 1969; 1971).

(39) Masson (1967)参照。それを賞賛した例としては、Rosenthal (1970, p.338)など参照のこと。

(40) もちろん重要な例外があった。とくに次の業績がそれである。Umberto Cassuto (1971) and Spiegel (1967).

(41) 自伝風に書かれている節を参照(Gordon, 1971 pp. 144-59).

(42) Cross (1968, pp. 437-460); Friedrich (1968, pp. 421-4), Bunnens (1979, pp. 43-4); Davies (1979, pp. 157-8)参照。これについての私自身の見解については、第5章註168参照のこと。

(43) Gordon (1971, p. 157).

(44) Gordon (1971, p. 158). それを認めたものとして、Chadwick (1973a, pp. 387-8)参照のこと。

(45) Gordon (1962a; 1963a; 1968a; 1968b; 1969; 1970a; 1970b; 1975; 1980, 1981) 参照。また、Astour (1967b, pp. 290-5) も参照。エテオクレタ人については、第1章註16参照のこと。

(46) Dahood (1981a; ,1981b); Garbini (1981); Gelb (1977; 198l); Kienast (in Cagni, 1981) 参照のこと。

(47) Gordon (1971, p. 161)参照のこと。

(48) このことは、アフリカーナーの指導者たちが古代イスラエル人に対して抱く心からの親近感にあらためて気付かせたが、今では彼らは、現代のイスラエルと同盟を確立しようとするのは小賢しい考えだと認識している。

(49) Chanaiwa (1973)参照のこと。

(50) Chadwick (1973b, vol. 2, pt 1, pp. 609-26; 1973a, pp.595-605)参照のこと。

(51) たとえば、Duhoux (1982, pp. 223-33)参照のこと。

(52) Stieglitz (1981, pp. 606-16).

(53) Neiman (1965, pp. ,113-5); Sasson (1966, pp. 126-38)参照のこと。

(83) Bury (1900, p.77). 本章註51参照のこと。

(84) 第8章註83～85参照のこと。

(85) 少なくとも前10世紀からエーゲ海地域にフェニキアの大きな影響が存在し、ギリシアのポリスと奴隷社会の制度がフェニキアに由来するという私の主張については 、Bernal (1987)参照のこと。

(86) Carpenter (1938, p. 69).

(87) Jensen (1969, p. 456).

(88) Ullman (1934, p. 366).

(89) Carpenter (1938, pp. 58-69).

(90) Parry (1971) 参照のこと。

(91) Z. S. Harris (1939, p. 61)参照。オルブライトが、アヒラム王の石棺に彫られている決定的に重要な碑文の時期確定を、通説の時期確定と辻褄が合うよう、それを後の時期に降ろすために説を変えたことについては、Garbini (1977, pp. 81-3)参照。また、Bernal (1987; 1988); Tur-Sinai (1950, pp. 83-4)参照のこと。

第10章　戦後の状況

(1) Oren (1985, pp. 173-286).

(2) たとえば、Holm (1894, vol. 1, p. 13) 参照のこと。

(3) Grumach (1968/9); Hood (1967)参照のこと。

(4) 線文字Bの解読については、Chadwick (1973a, pp. 17-27) 参照のこと。

(5) Friedrich (1957, pp. 124-31).

(6) Chadwick (1973a, pp. 24-7).

(7) Georgiev (1966; 1973, pp. 243-54); Renfrew (1973, pp. 265-79) 参照。これについての私自身の見解の概要については、序章56ページ参照のこと。

(8) このことは、孤立主義パラダイムの支持者すべてが反植民地主義的であったとか、拡散主義者すべてが植民地主義に敵対的でなかったということを意味しているわけではない。

(9) Crossland and Birchall (1973, pp. 276-8).

(10) Carpenter (1958; 1966)参照。Snodgrass (1971, pp. 18-23) も参照。

(11) Vian (1963).

(12) Bury (1951, p. 66).

(13) Kantor (1947, p. 103).

(14) Baramki (1961, p. 10).

(15) Albright (1950; 1975).

(16) Culican (1966).

(17) Thomson (1949, pp. 124, 376-7); Willetts (1962, pp. 156-8).

(18) Baramki (1961, pp. 11, 39); Jidejian (1969, pp. 34-7, 62).

(19) Huxley (1961, esp. pp. 36-7). また本章註64-5も参照のこと。

(20) Stubbings (1973, vol. 2, pt 1, pp. 627-58). この小論が最初に出版されたのは1962年であった。

(21) Stubbings (1973, pp. 631-5).

(22) Vermeule (1960, p. 74); cited in Astour (1967a, p. 358).

(23) Chadwick (1976); Dickinson (1977); Hammond (1967); Hooker (1976); Renfrew (1972) and Taylour (1964) 参照。この見解がもっともうまく表現されているのは次の文献である。Muhly (1970b, pp. 19-64). しかしながら彼の立場は変化した。それは本書後段で論じられる。Vermeule (1964)

p.94)参照のこと。

（48）Stobart (1911, p. 32). Steinberg (1981, p. 34)による引用。

（49）King and Hall (1907, p. 363).

（50）Dörpfeldt (1966, pp. 366-94); E. Meyer (1928-36, vol. 2, pt 2, pp. 113-22)参照。また、Gilcs (1924, p. 27)も参照のこと。

（51）Bury (1900, p. 77). この文章は1951年にメイグズによって改訂された第3版にも残されている。

（52）たとえばBaron (1976, pp. 168-71)参照のこと。

（53）Oren (1985,pp. 38-63).

（54）*Cornell Alumni News* 84, 9 July 1981, p. 7. これを参照できたのはPaul Hoch博士のおかげである。

（55）Childe (1926, p. 4).

（56）Myres (1924, p. 3).

（57）Myres (1924, pp. 21-3).

（58）Myres (1924, pp. 26-7).

（59）S.A. Cook (1924, p. 195).

（60）S.A. Cook (1924, p. 196).

（61）Frankfort (1946, pp. 3-27); 19世紀後半から20世紀初頭のヨーロッパ思想におけるこの問題についてのすばらしい議論として、Horton (1973, pp. 249-305)参照のこと。

（62）S. A. Cook (1924, p. 203).

（63）このことはBarnard (1981, p. 29) が指摘している。

（64）Nilsson (1950, p. 391).

（65）Blegen and Haley (1927, pp. 141-54).

（66）Blegen and Haley (1927, p. 151).

（67）Laroche (1977?, p. 213).

（68）Kretschmer (1924, pp. 84-l06). Georgiev (1973, p. 244)も参照。

（69）これらの「要素」に関する詳しい議論については第Ⅱ巻参照。

（70）第5章註125、第7章註68参照。フェニキア人とミノア人との混同については、Burns (1949, p. 687) 参照のこと。

（71）このことを証明するためのドイツ人の業績に関する文献目録としてJensen (1969, p. 574)参照。また、Waddell (1927); Graves (1948, pp. 1-124); Georgiev (1952, pp.487-95)参照のこと。

（72）Josephus, *Contra Apionem*, I.11.

（73）本章註11参照のこと。

（74）Beloch (1894, pp. 113-14).

（75）『イリアス』VI.168-9.

（76）Carpenter (1933, pp. 8-28).

（77）ギリシア語の最初のアルファベットは、外国語の音を記述するためなどに母音を使っていたセム語のアルファベットから作られたものである。この私の確信については、Bernal (1987; 1989) 参照のこと。

（78）Carpenter (1933, p.20).

（79）Woolley (1938, p.29).

（80）Jeffery (1961, p. 10, n.3) 参照のこと。

（81）Jeffery (1961, p.7).

（82）本章註33参照のこと。

（83）Bury (1900, p.77). 本章註51参照のこと。

（25）Beloch (1894, p. 112).

（26）カナン語の航海用語には、たとえばビブロス(Byblos)という都市名に関連する bybinos（ロープ)、あるいは ʾēlåh/ʾēlat（大木または標柱）を語源とする ʾēlåh, elatē (オール)、さらに gullåh (船)を語源とする gaulos (船) がある。私の考えでは、シャントレーヌ(Chantraine, 1928, p.18)はあまりにも安易にインド・ヨーロッパ語の ku(m)bara（軸）を kubern-（操舵オール）の外来原形として片づけすぎている。実際にはそう単純ではなく、√kbr（偉大な）というセム語の語根からの影響もあるように思われる。シャントレーヌは、baris がエジプト語語源である可能性を認めてはいるが、彼は——1920年代の著作において——インド・ヨーロッパ語によって説明され得ないきわめて多数の航海用語を「古代ギリシア人以前」の言葉または「地中海で蓄積されてきた言葉」であるとして、セム語からの借用であることを否定した。エジプト語を語源にしている言葉については、第Ⅱ巻を参照。

エジプトの小船の形については、テラ島で発見された壁画が次の著書に再録されている。*Thera and the Aegean World; Papers Presented at the Second International Scientific Congress, Santorini, Greece, August 1978* (ed. C. Doumas, London, 1979).

（27）Bass (1967); Helm (1980, pp. 95, 223-6)参照のこと。

（28）Beloch (1894, pp. 124-5).

（29）第1章註58-68; Beloch (1894, p. 112)参照のこと。

（30）Bunnens (1979, pp. 6-7).

（31）Armand Bérard (1971, pp. vii-xviii)参照のこと。

（32）V. Bérard (1894, pp. 31-5).

（33）V. Bérard (1894, pp. 7-10).

（34）Kropotkin (1899, pp. 385-400).

（35）V. Bérard (1902-03; 1927-9).

（36）Herodotos, I.105.

（37）Bérard (1902-03, vol. 2, pp. 207-10); Astour (1967a, p. 143). これら二人のいずれも、エジプト語が大きな影響を与えたとは考えておらず、したがって、スカンデイア（Skandeia）という言葉——それはインド・ヨーロッパ語に語源をもたない——がおそらくエジプト語の sḫmty（上・下エジプト統一の称号である白と赤の王冠）から派生したものであろうということに気づいていない。それは、p3- という冠詞がつけられ、ギリシア語の psent に書き換えられている。ベラールが同一語源をもつ異なる言葉という意味の二重語として挙げている言葉のうち、ほとんどとまでは言わないまでも多くは、実際にはギリシア語とセム語とで二重になっているのではなく、むしろエジプト語とセム語とで二重になっているのだと思う。

（38）Petrie (1894-1905,vol. 2, pp. 181-3).

（39）Weigall (1923, p. 69).

（40）Gardiner (1961, pp. 213-4).

（41）King and Hall (1907, pp. 385-6).

（42）Weigall (1923, p. 127).

（43）Freud (1939).

（44）Vercoutter (1953, pp. 98-122); Helck (1979, pp. 26-30).

（45）Evans (1909, p. 109) 参照。彼はセプティミウス・セヴェルスの報告を受け入れる理由を説明した。Gordon (1966b, p. 16)も参照のこと。

（46）第7章註68.

（47）第8章註48参照。エヴァンズが「ミノア」という言葉をつくった事情については Evans (1909

(97) ブンゼンについては、第5章註125参照。クルティウスについては、第7章註67～68参照。スミスについては、第7章註47参照。ローリンソンについては、Rawlinson (1869, pp. 119-20) 参照のこと。
(98) Gladstone (1869, p. 129).
(99) Gardner (1880, p. 97); Vermeule (1975, p. 4).
(100) Dunker (trans. 1883, vol. 1, p. 59).
(101) Holm (trans. 1894, pp. 47, 101-2).
(102) サールウォールについては第7章註29、スタッビングズについては第10章註24参照のこと。
(103) Marsh (1885, p. 191).
(104) See Friedrich (1957, pp. 59-69).
(105) Winckler (1907, p. 17). T. Jones (1969, pp. 1-47) も参照。このことに関する筆者の見解については、序論54ページ参照のこと。
(106) たとえば、Reinach (1893, pp. 699-701)参照のこと。このことは後でも論及される。
(107) Walcot (1966, pp. 1-54).

第9章　フェニキア問題の最終的解決

(1) Tsountas and Manatt (1897, p. 326).
(2) Frothingham (1891, p. 528).
(3) Van Ness Myers (1895, p. 16).
(4) R. Brown (1898, p. ix).
(5) Reinach (1892b, p. 93); Reinach (1893, p. 724)で引用。
(6) Necrologue, *Revue Archéologique* 36 (1932). および *Encyclopedia Judaica* にあるレナックについての項目参照。
(7) Reinach (1893, p. 543).
(8) Reinach (1893, p. 541).
(9) Reinach (1892b; 1893, pp. 541-2). リトアニア語やソシュールの歴史言語学、新文法学者の意義の大きさについては、Pedersen (1959, pp. 64-7, 277-300)参照のこと。
(10) Reinach (1893, pp. 561-77).
(11) Reinach (1893, p. 572).
(12) Reinach (1893, p. 704).
(13) Reinach (1893, p. 726).
(14) Beloch (1894).
(15) Momigliano (1966a, p. 247).
(16) Momigliano (1966a, pp. 259-60).
(17) Beloch (1893, vol. 1, p.34, n. 1).
(18) Lloyd-Jones (1982c, p. xx).
(19) Momigliano (1966a, p. 258).
(20) 第5章註94。
(21) ベロッホによるそれら二つの要素〔科学と蓋然性〕の驚くべき結びつけ方については、Beloch (1894, p. 114)参照のこと。
(22) Beloch (1894, p. 126).
(23) Beloch (1894, p. 125).
(24) Beloch (1894, p. 128).

(70) Benedetto (1920). ジュリアス・ベロッホによって率いられていたこの学派の反ユダヤ主義については、本書後述。

(71) ここで私は、ロイド＝ジョーンズ教授に同意する。Wilamowitz-Moellendorf (1982, p. 103, n. 405) 参照のこと。

(72) ミシュレはカルタゴ傭兵反乱の恐怖を描写することには熱心であったが、第三次ポエニ戦争〔前149～146〕については感情を交えず淡々と描いている。ローマが勝利を収めた後、奴隷にされたカルタゴ人6000人が磔にされ、カプアからローマまでの道に並べられた事実は完全に省略されている。Michelet (1831, vol.2, pp. 198-203).

(73) ゾラが『ナナ』を出版したのは、やっと1880年になってからであったが、彼は1860年代にパリの生活と腐敗についての現実主義的な小説を書き始めていた。

(74) Starkie (1971, pp. 23-6) 参照のこと。

(75) Said (1978, pp. 182-5) 参照のこと。

(76) このことが証明されたのは、Eissfeldt(1935)によってであった。Spiegel (1967, p. 63); A. R. W. Green (1975, pp. 179-83) も参照のこと。

(77) Flaubert (1862, ch. 13). このテーマが与える数多くの重要な派生的問題は、もちろんほとんど研究されてこなかった。それらの問題は本格的かつ詳細に取り組まれるべきであるが、ここで私が取り組むことはできない。

(78) Bcnedetto (1920, pp. 196-215); Spiegel (1967, pp. 62-3); A. R. W. Green (1975, pp. 182-3)参照のこと。

(79) Harden (1971, p. 95); Herm (1975, pp. 118-9)参照のこと。また、Warmington (1960, p. 164) はフローベールに対してきわめて敵対的である。

(80) Herm (1975, p. 118)によって引用。それを疑うべき理由はないが、誰がそれを最初に言い始めたのかはわからない。Kunzl (1976, pp. 15-20)参照のこと。

(81) Lohnes & Strothmann (1980, p. 563). それについて言及する者は、たいていドイツの文献から引用している。

(82) 1918年にドイツ帝国が崩壊し、1922年にイタリアでムッソリーニ政権が誕生した後、ムッソリーニ政権はローマ帝国を自己同一視し、それによってイタリアは宿敵イギリスを再びカルタゴと同一視するようになった。Cagnetta (1979, pp. 92-5) 参照のこと。

(83) たとえば、Müller (1820-4, vol. 1, p. 8)参照のこと。

(84) Movers (1840-50, vol. 2, pt 1, pp. 265-302).

(85) Movers (1840-50, vol. 2, pt 1, pp. 300-3, 420).

(86) Astour (1967a,p. 93) 参照のこと。

(87) Gobineau (1983, vol. 1, pp. 664-5).

(88) Gobineau (1983, vol. 1, p. 663).

(89) Gobineau (1983, vol. 1, p. 663).

(90) Gobineau (1983, vol. 1, p. 367).

(91) Gobineau (1983, vol. 1, p. 662).

(92) Gobineau (1983, vol. 1, pp. 420-63). これに関するシュレーゲルの見解は第5章註20参照のこと。

(93) Gobineau (1983, vol. 1, pp. 660-85).

(94) それと比べれば、ゴビノーは、イオニア諸島にあるイタカ島北部出身のセム系ギリシア人の典型であるオデュッセウス〔ホメロスの『オデュッセイア』の主人公〕の説明については難渋していた (vo1. 1, p. 661).

(95) このテーマに関して彼が書いた論文は、Gaulmier (1983, p. lxx)によって論及されている。

(96) Gobineau (1983,vol. 1, pp. 716-932).

(44) Gladstone (1869).

(45) F. M. Tuner (1981, pp. 159-70); Lloyd-Jones (1982a, pp. 110-25) 参照のこと。

(46) Rawlinson (1889, p. 23).

(47) M. Arnold (1906, p. 25). セム人の「撤退」について書いているところに、アーノルドがエルンスト・クルティウスを現代版化した記述がきわめて多くある。第7章註6およびT. S. Ehot (1971, pp. 46-7) 参照のこと。

(48) Evans (1909, p. 94) が引用。エヴァンズ自身も、この時期までには非セム系のミノア人がどこにでもいたという考え方を打ち出し、それにはフェニキア人も含まれており、グラッドストーンのこの主張に同意していた。

(49) Michelet (1962, p. 68).

(50) Michelet (1831, pp. 177-8).

(51) 第3章註27参照のこと。

(52) Gesenius (1815, p. 6). セム語族諸語の分類は、実際激しい論争になっているテーマであり、より古いフェニキア語とより新しいフェニキア語がいくつも発見され、今日それは、はるかにもっと複雑化されている。これについての私の学説については、Bernal (1980)参照のこと。ゲゼニウスがフェニキア語を、ベルベル語群ではなくむしろヘブライ語と似ているとする見方に対しては、何の疑問も出されたことがない。

(53) Gesenius (1815, p. 4); Gobineau (1983, pp. 380-1).

(54) Gobineau (1983, p. 388).

(55) Gobineau (1983, p. 149).

(56) Gobineau (1983, p. l135).

(57) Gobineau (1983, p. 1141).

(58) Gobineau (1983, p. 396).

(59) Gobineau (1983, pp. 369-72).

(60) Gobineau (1983, pp. 399-401).

(61) Gobineau (1983, pp. 401-5).

(62) Gobineau (1983, pp. 195, 413-7).

(63) Gobineau (1983, pp. 378-9, 379, n. 2).

(64) Michelet (1831 , pp. 203-11). ポリュビオスによれば、スペンディオスはイタリア南部のカンパーニャ地方出身だったという。

(65) Benedetto (1920, pp. 21-39); A. Green (1982, pp.28-31). この異国情緒による魅了に対する批判的考察としては、Said (1978, esp. pp. 180-97)参照。ジャン・ブリュノが指摘しているように、「フローベールの全著作のなかで、明らかに『サランボー』についての研究がもっとも少ない。優れた復刻版もないし、その起源は誤解されている」(Flaubert, 1973, vol. 2, p.1354). また、このテーマに関するブリュノの文献目録も参照のこと。

(66) Benedetto (1920, p. 39); A. Green (1982, p. 28); Starkie (1971, p. 14). 私は、セポイの乱がこのテーマに対するフローベールの興味を誘発し、彼はそれがカルタゴの傭兵反乱の現代版であると思い続けたと考える。そのことは、決してグリーン博士が証明した『サランボー』とフランス1848年革命とのあいだの類似性についての説を損ねるものではない。A. Green (I982, pp. 73-93) 参照のこと。

(67) 1861年5月初旬付書簡。Starkie (1971, p. 22) が英訳して引用している。

(68) Starkie (1971, pp. 20-2)参照のこと。

(69) Starkie (1971, pp. 58-9)参照のこと。

Said (1978, p. 139)も参照のこと。真のヨーロッパ人哲学者の例としてギリシア人とドイツ人を挙げたことは興味深い。ルナンが、もしロックやヒュームを取り上げたとしたら、困難に直面することになったであろう。というのは、ロックやヒュームは、もっとも孤立言語的な性格が強い英語で書いていたからである。

(25) Renan (1855), Gaulmier (1977, p. 47)で引用。

(26) セム文化を研究することによってある意味でそれを創造することになる、というルナンの考え方については、Said (1978, p. 140)参照のこと。

(27) Renan (1855); Gaulmier (1978, p.47) で引用。Faverty (1951, p.61)も参照のこと。

(28) Faverty (1951, pp. 167-74); Said (1978, pp. 137-48)参照のこと。

(29) 第5章註117～120参照のこと。もちろんこれがサイードの研究テーマである。

(30) Renan (1858, p.3569). 私が知る限り、ルナンは、セム人とイギリス人との類似性を主張する自説が、気候決定論という理論において提起している問題とどのように関係しているかについて正面から向かいあっていない。イギリス人は、赤々と燃え上がるような太陽が見られないイギリスで、これらの特徴を発展させることはできなかったはずなのだが。

(31) Faverty (1951,p. 76)で引用。

(32) Faverty (1951, esp. pp. 111-61)参照のこと。

(33) M. Arnold (1906)参照のこと。ジプシーに関する19世紀の偉大なロマン主義的著述家ジョージ・ボロー〔イギリスの小説家・言語学者、1803～81〕は、ジプシー語に対し、またアルメニア語などの東洋のインド・ヨーロッパ語族諸語に対し、おおいに関心をいだいていた (Borrow (1851, chs.27, 47) 参照)。ジプシーの自然哲学者Jasper Petulengroに関するボローの描写は、ヴィクリア朝とエドワード朝のイギリスで大好評を得た (Borrow (1857, ch.9) 参照)。だが、ジプシーあるいはボヘミアンに対するイギリス人の礼賛は、ドイツでは受け入れられなかった。ホロコーストに直面すると、ジプシーあるいはボヘミアンの言語がインド・ヨーロッパ語であったことは、ユダヤ人のゲルマン語であるイディッシュ語〔中高ドイツ語の諸方言にヘブライ語やスラブ語などが混交して成立〕がユダヤ人の身を守ってくれなかったように、彼らを擁護する理由とはならなかった。

(34) Faverty (1951, p. 167)参照のこと。

(35) Faverty (1951,pp. 162-85).

(36) 19世紀後半から20世紀初頭にかけてのイギリス衰退の主要原因としての、マシュー・アーノルドの「ヘレニズム」については、Wiener (1981, pp. 30-7)参照のこと。

(37) M. Arnold (1869, p.69). サクソン語の「成長」という言葉の使用や「運動」という言葉に含まれるダイナミズムに着目しなければならない。ヘレニズムとアーリア主義との結びつきについては、Hersey (1976)参照のこと。

(38) 第5章註119参照のこと。

(39) Russell (1895,vol. I,p. 383).

(40) イギリスにおけるシュライエルマッハーに関しては、詳しくはShaffer (1975, esp. pp. 85-7)参照。クーザンについては、Gaulmier (1978, p. 21)参照のこと。

(41) Poliakov (1974, p. 310). 20世紀におけるその類例が、ケネス・クラーク〔イギリスの美術史家、1903～83〕の「ソフトコアな」人種主義からその息子の「ハードコアな」人種主義への進展のなかに見られる。

(42) Poliakov (1974, pp. 307-9); Mosse (1964, pp. 15-30); F. R. Stem (1961, pp. 35-52). ラガルデの考え方の多くは、ルナンの考え方を敷衍したものであった。

(43) Hardy (1891, ch. 25).

のある――だが信頼できない――「親類」であるイギリス人ないしイオニア人とが類似していた、とはっきりのべている箇所は見つけられなかったが、おそらくそう考えていたと思われる。

(62) Curtius (1857-67, vol. 1, p. 31; trans. 1886, vol. 1, pp. 45-6).

(63) 前掲書。

(64) Curtius (1857-67, vol. 1, p. 20; trans. 1886, vol. 1, p. 32).

(65) Curtius (1857-67, vol. 1, p. 19; trans. 1886, vol. 1, p. 34).

(66) Curtius (1857-67, vol. 1, p. 41; trans. 1886, vol. 1, p. 58).

(67) Curtius (1857-67,vol. 1, pp. 41-3; trans. 1886, vol. 1, pp. 58-61). ブンゼンの学説については、第5章註125参照のこと。ホメロスが唯一「異邦人（バーバリアン）」――すなわち非ギリシア人――と言及しているところが意味しているのは、カリア人のことであった(*Iliad*, II.867).

(68) Curtius (1857-67, vol. 1, pp. 58-61; trans. 1886, vol. 1, pp. 81-3).

(69) リッジウェイについての真に迫った人物像については、Stewart (1959, pp. 16-8) 参照のこと。

(70) Ridgeway (1901, vol. 1, p. 88).

第8章　フェニキア人の興隆と衰退

(1) フンボルトの1816年2月29日付カロリーヌ宛書簡。Sydow (1906-16, vol. 5, pp. 194-5); Sweet, (1978-80, vol. 2, p. 208) で引用。

(2) Poliakov (1974, pp. 37-46, 210-3).

(3) 第4章註113～114参照。

(4) Disraeli (1847, Bk3, ch. 7; Bk 5, ch. 6); Eliot (1876, Bk5, ch. 40).

(5) Poliakov (1974, p. 197).

(6) Knox (1862, p. 1); Poliakov (1974, p. 232)で引用。

(7) Curtin (1971, p. 16)で引用。Curtin (1964, pp. 375-80)もまた参照のこと。

(8) Knox (1862, p. 194); Poliakov (1974, p. 362)で引用。

(9) Poliakov (1974, p. 233).

(10) ゴビノー宛ての1856年6月26日付手紙。Boissel (1983, pp. 1249-50)で引用。

(11) Michelet (1831,Bk2,ch. 3).

(12) Burnouf (1872,pp. 318-9; trams. 1888, pp. 190-1).

(13) 黄色人と黒人に対してゴビノーがいだいていたイメージについては、第5章註63～65参照のこと。

(14) Gaulmier (1983, pp. lxxii-xi) 参照のこと。

(15) Poliakov (1974, p. 235)で引用。白人、成人、男性という原則とは異なる形態の人々――非白人、子ども、知的障害者、女性――相互間の関係に関する19世紀の認識については、Gilman (1982, pp. 1-18)参照のこと。

(16) ゴビノー説の概要については、Poliakov (1974, p. 234) 参照のこと。

(17) Gobineau (1983, pp. 349-63).

(18) Gobineau (1983, pp. 364-478).

(19) 同上、とくにpp. 415-7.

(20) 1856年7月30日付手紙。Poliakov (1974, p. 238)で引用。

(21) バルテルミについては、第3章註24参照。ボシャールについては、第3章註27参照のこと。

(22) R. L. Brown(1967,p. 57).

(23) 第5章註25参照のこと。

(24) Renan (1855); Gaulmier (1977, p. 48)で引用。この文章のほとんどがRashed (1980, p. 12)で引用。

(25) C. Thirlwall (1835, vol. 1, p. 67).
(26) C. Thirlwall (1835, vol. 1, p. 71).
(27) C. Thirlwall (1835, vol. 1, p. 74).
(28) この時期のエーゲ海地域におけるエジプト人の活動については、第5章註91～99参照のこと。
(29) C. Thirlwall (1835, vol. 1, p. 74).
(30) J. C. Thirlwall (1936, pp. 98-101).
(31) Momigliano (1966b, p. 61).
(32) 前掲書。
(33) Momigliano (1966b, p. 6o); Pappe (1979, pp. 297-302).
(34) Momigliano (1966b, p. 61).
(35) Momigliano (1966b, p. 62).
(36) Momigliano (1966b, p. 63).
(37) K. O. Müller (1825, P. 59; trans. 1844, p. 1).
(38) Müller (1825, pp. 249-51; Vans. 1844, pp. 189-90); Grote (1846-56, vol. 2, pp. 157-9, 182-204).
(39) Müller (1825, p. 108; trans. 1844, pp. 189-90); Grote (1846-56, vol. 2, p. 477).
(40) F. M. Turner (1981, pp. 90-1); Momigliano (1966b, pp. 56-74).
(41) Momigliano (1966b, p. 63). グロートの神話学方法論に関する議論およびその方法論にミュラーが与えた影響に関しては、F. M. Turner (1981, pp. 87-8) 参照のこと。
(42) Grote (1846-56, vol. 1, p. 440).
(43) Momigliano (1966b, pp. 63-4).
(44) テーベにおけるカナンとフェニキア起源の発掘物の目録については、R. Edwards (1979, p. 132, n. 145); Porada (1981) 参照。エジプト第12王朝の遠征については、Farag (1980, pp. 75-81) 参照。これについての私の考え方については、序章 (p.61) および第II巻参照のこと。
(45) 学界から追い出された人々には、ポール・フカール、ヴィクトル・ベラール、サイラス・ゴードン、マイケル・アストゥア、ソール・レヴィン、ルース・エドワーズなどがいた。
(46) Momigliano (1966b, pp. 64-7).
(47) Smith (1854, pp. 14-5).
(48) 序章58～64ページ参照。修正古代モデルについては、第II巻でさらに詳しく論じる。
(49) Thucydides, I.3.
(50) 第1章註39～41参照のこと。
(51) Curtius (1857-67, vol. 1, p. 26; trans. 1886, vol. 1, p. 39).
(52) Pallotino (1978, p. 37) によって、出典が示されないまま引用されている。モムゼンの特異な学説および同学説に対する批判については、Gossman (1983, esp. pp. 21-41) 参照のこと。
(53) Sandys (1908, vol. 3, p. 207) 参照のこと。
(54) Stuart-Jones (1968, p. x).
(55) このことについて詳しくは第II巻参照のこと。
(56) Sandys (1908, vol. 3, pp. 228-9) 参照のこと。
(57) Wilamowitz-Moellendorf (1982, p. 153).
(58) Curtius (1857-67, vol. 1, p. 27; trans. 1886, vol. 1, p. 41).
(59) Curtius (1857-67, vol. 1, p. 30; trans. 1886, vol. 1, p. 45).
(60) 第6章註46～47参照のこと。
(61) Curtius (1857-67, vol. 1, pp. 30-1; trans. 1886, vol. 1, pp. 45-6). クルティウスなどのドイツ人学者たちが、陸上を拠点とする道徳的に優秀なゲルマン人やドーリス人と、海上を拠点とする才能

（157）Pfeiffer (1976, p. 187).

（158）これを正当化する試みとしては、Momigliano (1982, p. 33) 参照のこと。

第7章　ギリシア至上主義　その2

（1）イソクラテスがのべていることについては、第1章註131参照。ブンゼンからの引用については、F. Bunsen (1868, vol. 1, p. 111) 参照のこと。

（2）Shaffer (1975, p. 25).

（3）Cousin (1841, pp. 35-45). クーザンの思想は、〔東洋のものを受け入れる〕「折衷主義」を中心観念とし、プラトンに中心的な役割を与えるものであった。それは、19世紀初頭に執筆活動をしていたコンブ＝ドゥーヌから学んだものだと思われる。Wismann (1983, pp. 503-7) 参照のこと。コンブ＝ドゥーヌはしぶしぶではあったが、プラトンが魂の不滅という考え方をエジプトと東方から借用したことを認めていた。Combes-Dounous (1809, esp. vol. 1, p. 141) 参照のこと。だが1830年代までには、クーザンが何の支障もなくそれをギリシア人の才能のせいにできるようになっていた。

（4）ブンゼン、アーノルド宛1836年3月4日付書簡 (F. Bunsen, 1868, vol. 1, pp. 420-2). プロイセンにおける教授の専制については、R. S. Turner (1983a; 1985) 参照のこと。

（5）Lloyd-Jones (1982a, pp. 16-7)参照のこと。

（6）Bill (1973, p. 136) に引用されている1853年12月18日付、H.H.ヴォーガン宛てのH.G.リッデル（アリスの父で、最初の優れたギリシア語・英語辞典の著者）の書簡参照のこと。

（7）このことは、Bolgar (1979, pp. 327-38) によって詳しく論じられている。

（8）ニーブールは、ドイツ人があまり魅力的でないと感じるようになった。ニーブールの1828年のイースターの月曜日付ブンゼン宛の書簡参照。F. Bunsen (1868, pp. 316-9) に引用。

（9）T. Arnold (1845, pp. 44-50) 参照。アーノルドの優秀な教え子であったヴォーガンがオックスフォード大学の教授になったときにも、人種こそがヴォーガンにとって唯一の歴史法則であった。Bill (1973, pp. 182-5) 参照のこと。

（10）Bill (1973, pp. 8-10) 参照のこと。

（11）*Encyclopaedia Britannica*（1911）の「サールウォール」の項目およびJ. C. Thirlwall (1936, pp. 1-24) 参照のこと。

（12）シュライエルマッハーについてさらに詳しくは、Shaffer (1975, pp. 85-7 他)参照のこと。彼の「アーリア優先主義的キリスト教」信仰については、第8章註29～30参照。

（13）J. C. Thirlwall (1936, pp. 56-7).

（14）Merrivale (1899, p. 80); J. C. Thirlwall (1936, p. 57); Brookfield (1907, p.8) などに引用。

（15）Annan (1955, pp. 243-87); P. Allen (1978, p. 257) 参照のこと。

（16）Thirlwall (1936, p. 200); F. Bunsen (1868, vol. 1, p. 601).

（17）Thirlwall (1936, p. 165). 同書は1987年の状況を非常にうまく描いている！

（18）Thirlwall (1936, p. 164)に引用あり。

（19）Macaulay (1866-71, vol. 7, pp. 684-5); Jenkyns (1980, p. 14) に引用。F. M. Turner (1981, pp. 204-6) における興味深い議論を参照のこと。

（20）Grote (1826, p. 280). F. M. Turner (1981, pp. 207-8)) 参照のこと。

（21）Thirlwall (1936, p. 97); F. M. Turner (1981, pp. 203-16); Momigliano (1966b, pp. 57-61) などに引用。

（22）これらの主張については、第3章註94～95参照のこと。

（23）C. Thirlwall (1835, vol. 1, p. 63).

（24）C. Thirlwall (1835, vol. 1, p. 64).

(131) ヘロドトスによる他の入植地に関する言及については、第1章註117～24参照。ケクロプスについては、第8章註44参照のこと。

(132) *Menexenos*, 245. C-D; Müller (1820-4, vol. 1, p.107). アテネの「純粋性」とギリシアの他の地域の東方による征服とを切り離して別々に見る見方については、第4章註18参照のこと。

(133) ダナオスDanaosという名の起源についての私の見解については、第1章註107～110参照のこと。

(134) Müller (1820-4, vol. 1, p. 109).

(135) これについては、第1章註57参照のこと。

(136) Müller (1820-4, vol. 1, p. 112).

(137) Müller (1820-4,vol. 1, pp. 108, 113).

(138) Herodotos, II.51. カゾボン氏は、カビーリとのこの関係について知っていた (*Middlemarch*, ch. 20参照)。Astour (1967a, p. 155); Dupuis (1795, vol. 1, p.95) も参照のこと。

(139) ミュラーは、カビーリとエジプトの金属細工の神プタハ神信仰とのあいだの結びつきをHerodotos (III.37) が匂わせていたことに言及していない。

(140) Usener (1907, p. 11). ウズナーについてのすばらしい研究としては、Momigliano (1982, pp. 33-48) 参照のこと。

(141) モヴェールについては、第8章註86参照のこと。

(142) Müller (1820-4, vol. 1, p. 122).

(143) Müller (1825, pp. 282-3; trans. 1844, pp. 221-2).

(144) Jane Harrison (1925, p.84) は、ギリシア神話に対する近東の影響という問題に関する彼女の著書・論文の曖昧さにもかかわらず、聡明なセム語学者ロバートソン＝スミス――その宗教的な背景が彼を穏健アーリア・モデル内にとどまらせることができ、またギリシアに対する近東の影響があったと主張することを可能にしていた――と、彼ほど強烈ではなかったにしろ、その人類学への応用を論じていたギリシア古典学者フレーザーとを比較したとき、このモデルの先を見通していた。

> 異端のせいで亡命したロバートソン＝スミスは、東方に着目していた。その甲斐なく、私たちギリシア古典学者は、耳の聞こえない蛇のように耳を塞ぎ、目を閉じた。だが、『金枝篇』〔世界各地の王殺しをテーマに死と再生、呪術と宗教を研究したフレーザーの書〕という呪文が唱えられただけで、目から鱗が落ち――私たちは聞こえるようになり、理解した。

(145) Müller (1825, p. 285; trans. 1844, p. 224).

(146) Foucart (1914, pp. 2-3) について詳しくは、第5章註145および第Ⅲ巻参照のこと。

(147) Müller (1825, pp. 285-6; trans. 1844, pp. 224-5).

(148) Müller (1825, p. 290; trans. 1844, p. 229).

(149) Feldman & Richardson (1972, p. 417).

(150) Müller (1825, p. 290, trans. 1844, p. 229).

(151) 序章および第Ⅱ巻と第Ⅲ巻参照のこと。

(152) Astour (1967a, pp. 128-58); R. Edwards (1979, pp. 64-114) 参照のこと。

(153) Nissen (1962, pp. 12, 117) 参照のこと。

(154) Wilamowitz-Moellendorf (1982, p. 105).

(155) F.M. Turner (1981, p. 79).

(156) Feldman & Richardson (1972, pp. 416-8). また、F. M. Turner (1981, p. 79) 中の文献目録も参照のこと。ターナーもミュラーについてきわめて熱心に論じている。

(111) Petit-Radel (1815) 参照のこと。

(112) Pfeiffer (1976, p. 186); Gooch (1913, p. 16-7); Wilamowitz-Moellendorf (1959, p. 67; 1982, p. 127) も、似たような言葉で彼について描写している。

(113) リースによって1844年に英訳されたミュラーの『神話学序説』(1825) のドイツ語書名を参照されたい。*Prolegomena zu einer wissenchaftlichen Mythologie*. これについて、およびカントによるそれらの用語の使用については、Neschke-Hentschke (1984, p. 484) 参照のこと。

(114) R. S. Turner (1983a) 参照のこと。

(115) Gooch (1913, p. 35).

(116) Donaldson (1858, p. vii).

(117) Donaldson (1858, pp. vii-xxxix). ミュラーが長い間、「ゲッティンゲンの7人」と呼ばれていた——グリム兄弟も含む——友人や同僚と別れなかったことは意外であるが、ミュラーは、1837年にハノーヴァー王の反自由主義的な施政に抗議したことがある。

(118) 彼はエトルリア人研究において、「エトルリア民族の教育の本質と仕組みを説明し、その問題点を指摘」した功績で、プロイセン・アカデミーから表彰されている (Donaldson (1858; p. xxii)参照)。ボナパルト家が自らをエトルリア人とみなすことによって盛んにあおられた18世紀半ばのエトルリア熱とは別に、ドイツ人の中にはこの古代の民を自民族とみなす者もいた (Poliakov, 1974, pp.65-6; Borsi, 1985参照)。ニーブールは、著書の第1版でエトルリア人はアルプスの北方からやって来たと主張したが、そのことは当時のプロイセン・アカデミーの影響力の強さを物語っている。それと同時に、何も知られていなかったエトルリア人の「人間形成」に彼が強い興味を示していたことも注目すべきだろう。

(119) Pausanias, XI.36.3 (trans. P. Levi, 1971. vol. 1, p. 387).

(120) プルタルコスは、ホメロスを非難しようとして、「異邦人（バーバリアン）」という言葉を使っていた。第1章註183参照のこと。これについてのもう一つの近代的用語が *interpretatio Graeca* であり、それについての非常にバランスのとれた見解としては、Griffiths (1980) 参照のこと。私が思うに、ミニュアスという呼称——ボイオティア（「家畜村」の意味）地方やペロポネソス半島のメッセニア地方の豊穣な大草原にも存在する——は「牧夫」という意味のエジプト語mnîwにその起源がある（第Ⅱ巻参照）。

(121) インド熱中症については、第5章註6～17参照。また、Creuzer (1810-12); Momigliano (1946, pp. 152-163, repr. 1966, pp. 75-90) も参照。F・シュレーゲル、クロイツァーおよびゲーレスについては、Feldman & Richardson (1972, pp. 383, 389) 参照のこと。

(122) クロイツァーに対する批判については、Müller (1825, pp. 331-6) 参照。デュピュイに対する批判については、Müller (1834, pp. 1-30) 参照のこと。

(123)「沈黙論証」については、序章51ページ参照のこと。

(124) Müller (1825, pp. 128-9; trans.1844, pp. 68-9).

(125) Müller (1825, pp. 218-19; trans. 1844, pp. 158-9). 宗教的シンクレティズムが古代に存在していたことは確かであるが、伝承を分別しようとする動きも同じように存在していたことを疑うべき理由はまったくないと思う。

(126) Müller (1825, p. 221; trans. 1844, p. 161).

(127) Müller (1825, pp. 232-4; trans. 1844, p. 173-4).

(128) Müller (1825, pp. 239-40; trans. 1844, p. 179).

(129) ケクロプスによる植民地伝承が第12王朝の遠征によるエジプトの影響を表している可能性については、第Ⅱ巻参照。序章62ページも参照のこと。

(130) Müller (1820-4, vol. 1, pp. 106-8).

（88）Bridenthal (1970, p. 2); Fueter (1936, p. 467); Witte (1978, p. 82); Trevor-Roper (1969). ニーブールは正しかったかもしれないというモミリアーノ教授の主張は、ロマン主義の影響の大きさを少しも減ずるものではない (1957, pp. 104-14; 1977, pp. 231-51). 1842年に初版が出されたマコーレーの『古代ローマの民謡』は、ニーブールの仮説にもとづいていた。

（89）Momigliano (1982, pp. 3-15).

（90）Momigliano (1982, p. 9) が引用。

（91）Michelet (1831,vol. 1, p. xi).

（92）第7章註7～10参照のこと。

（93）Niebuhr (1847-51, vol. 1, pp. xxix-xxxi).

（94）Wilcken (1931), Witte (1979, p.183)が引用。ナチスのもとにおけるヴィルケンについては、Canfora (1980, p. 136) 参照のこと。

（95）Kielからの書簡。C. Bunsen (1868, pp. 35-40) 所収。

（96）第5章註56～58および第8章註24～28参照のこと。

（97）Iggers (1968, p. 30); Shaffer (1975, p. 85) 参照のこと。

（98）ディズレーリの『タンクレッド』（1847）第3巻第1章に出てくる賢人Sidoniaからの次の引用を参照されたい。

「すべてが人種なのであり、それ以外に真実はない」

「なぜなら、人種が他のすべてを包摂しているからである」とヘンリー卿は言った。

「まったくそのとおりだ」

（99）Witte (1979, p. 20) 参照のこと。

（100）Rytkönen (1968, p. 182); Niebuhr (1852, Lecture, VII, Pt 1, vol. 1, pp. 98-9) 参照のこと。その数年前にニーブールは、ヨーロッパ人によるアジアへの入植を願っていると次のようにのべていた。「私は、ビテュニア〔小アジア北西部にあった古代都市〕などにおけるドイツ植民地のことについて思いをめぐらしているところです」。彼のMme Hensler宛1821年8月16日付書簡、C. Bunsen (1859, p. 410) 所収を参照のこと。

（101）Niebuhr (1852, Lecture, XX vol. 1, pp. 222-3).

（102）第5章註111～112参照のこと。

（103）Niebuhr (1852, Lecture, V, vol. 1, p. 77). Lecture, VII, pp. 97-9 も参照のこと。

（104）Niebuhr (1852, Lecture, VI, vol. 1, pp. 83-4).

（105）たとえば、彼のMme Hensler宛1821年3月17日付書簡、C. Bunsen (1859, p.405) 所収を参照のこと。

（106）Niebuhr (1852, Lecture, XX, vol. 1, p. 223).

（107）Niebuhr (1852, Lecture, IX, vol. 1, p. 117).

（108）Hoefer (1852-77, vol. 8, cols 721-5).

（109）それらの「サイクロプ」建造物の起源は、アナトリアにあるのかもしれない。ミケーネの城壁や獅子門およびミケーネ地方の他の都市や要塞は、前14世紀のペロプス征服伝承などに見られるアナトリアによる影響の波が押し寄せてきた結果であると思われる。イタリアにおけるこのタイプの建造物は、古代エトルリア人と関係があるのかもしれないが、古代の伝承によれば、エトルリア人はアナトリアの北西部からやって来たのだという。これらのことから、このタイプの建造物が導入された時期は、後期青銅器時代初頭におけるギリシアに対するエジプトによる影響が本格化した後で、かつ前10～9世紀におけるフェニキアによる影響が本格化する前である、と私は確信している。

（110）イナコス王については、第1章註93～97参照のこと。

(54) Hegel (1892, vol. 1, pp. 149-50).

(55) 第4章註28参照のこと。

(56) このことにつき、詳しくはBernal (1988) 参照のこと。

(57) Marx (1939, pp. 375-413, trans. 1973, pp. 471-513). このことにつき、詳しくはBernal (1987) 参照のこと。

(58) Marx (trans. 1973, p. 110).

(59) 私は、大多数のギリシア神話の起源はエジプトかフェニキアにあると確信しているが、それと同時に、そこからの選択の仕方はギリシア独特なものであり、その限りではギリシア社会が反映されていたことも等しく明らかであると考えている。

(60) とくにHeeren (1832-4, vol. 1, pp. 470-1; vol. 2, pp. 122-3) 参照のこと。

(61) 1823年11月18日付のフンボルトから妻カロリーヌに宛てた書簡。von Sydow (1906-16, vol. 7, pp. 173-4) 所収。Heine (1830-31, vol. 2, p. 193) も参照のこと。

(62) たとえば、Hansberry (1977, pp. 27, 104, 109) 参照のこと。

(63) C. Bunsen (1859, pp. 30-5); Witte (1979, pp. 17-9).

(64) Yavetz (1976, pp. 276-96).

(65) Rytköen (1968, pp. 21, 222). Witte (1979, p. 191) も参照のこと。

(66) Momigliano (1980, p. 567).

(67) Momigliano (1982, p. 8).

(68) C. Bunsen (1859, pp. 336-7, 340); F. Bunsen (1868, vol. 1, p. 195).

(69) Witte (1979, p. 136), 1821年3月17日付Mme Hensler宛書簡。

(70) Rytköen (1968, pp. 280-2); C. Bunsen (1859, pp. 485-9).

(71) Rytköen (1968, p. 220); Momigliano (1982, pp. 8-9).

(72) Witte (1979, p. 21); C. Bunsen (1859, pp. 38-42).

(73) Witte (1979, p. 18).

(74) Momigliano (1982, p. 7).

(75) 彼は、カトリック勢力の方がまだましであるとはっきりのべている。C. Bunsen (1859, p. 125) 参照のこと。

(76) E. Fueter (1936, pp. 467-70); C. P. Gooch (1913, pp. 16-7); H. Trevor-Roper (1969).

(77) p. xiii, Rytkönen (1968, p. 306) が引用。

(78) F. Bunsen (1868, vol. 1, p. 337). 他にWitte (1979, p. 185) およびBridenthal (1970, p. 98) 参照のこと。

(79) Moltkeへの手紙、9 Dec. 1796, Bridenthal (1970, p. 98) が引用。

(80) Witte (1979, p. 167).

(81) Rytkönen (1968, pp. 67, 219).

(82) 第5章註114参照のこと。

(83) 彼のAltenstein宛1808年1月4日付書簡、およびSchuckman宛1811年5月2日付書簡を参照のこと。Witte (1978, p. 20) およびRytkönen (1968, pp. 175-6) 参照のこと。

(84) Witte (1979, p. 185).

(85) *Encyclopedia Britannica* (11th edn, 1911)にあるニーブールについての項目。

(86) Momigliano (1966d, pp. 6-9). M. Pallotino (1984, p. 15) は、古代イタリア史家のミットフォードやジュゼッペ・ミカリが、ニーブールの「近代的」歴史学方法論のさきがけであると指摘していることは正しい。

(87) Gooch (1913, p. 19) により、出典なしに引用されている。

註6～36参照のこと。本節はBernal (1986, pp. 24-7) に依拠している。

(28) Highet (1949, pp. 377-436); St Clair (1972, pp. 251-62).

(29) パブリック・スクール制については、第7章註4～10を、またアーリア主義的キリスト教については、第8章註38～42参照のこと。

(30) ギリシア独立戦争「以前」における、イギリスのロマン主義的な上流階級がどの程度地中海地域に距離感をいだいており、また同地域にどの程度の関心があったかについては、M. Butler (1981, pp. 113-37) 参照のこと。

(31) St Clair (1972, pp. 119-27).

(32) St Clair (1972, pp. 334-47). それの貴重な例外とされていた団体がΦＢＫであり、それは他の団体よりも早く創設されており、また独特な性格を持ち続けてきた。「神父」ヤーンについて、またその教導および彼による焚書については、Mosse (1964, pp. 13-30); F. R. Stern (1961, pp. 1-25) 参照のこと。

(33) それらの大理石彫刻が、この時期のイギリス人によるギリシア芸術評価およびギリシアそのものについての評価に与えた影響に関しては、St Clair (1983, pp. 166-202) 参照のこと。

(34) Haydon (1926, p. 68).

(35) Knowles (1831, p. 241).

(36) Shelley (1821, Preface).

(37) 1820年代を背景とするフローベールの『ボバリー夫人』のなかでは、女主人公はスコットの作品を読み、スコットランドのメアリー女王を崇拝していたという。この伝承が創作されたものであることについては、Trevor-Roper (1983, pp. 29-30) 参照のこと。

(38) St Clair (1972, pp. 164-84).

(39) *Courrier Français*, 7 Jun. 1821, p. 2b. Dimakis (1968, p. 123) が引用。

(40) 人種を宗教に優先させる見方については、Borrow (1843) 参照。また、Irving (1829)とプレスコットは、スペイン史について多くの業績を残している。その後に現われた「人種主義的」解釈については、Hannay (1911) 参照のこと。

(41) Fallmerayer (1835) および St Clair (1972, esp. pp. 82-4) 参照のこと。

(42) Rawson (1969, p. 319).

(43) Kistler (1960); E. M. Butler (1935, pp. 294-300) 参照のこと。

(44) Rawson (1969, pp. 338-43) 参照のこと。Speer (1970, esp. pp. 63, 159) の至るところで、ドーリス人を模範とのべている。

(45) Rawson (1969, pp. 330-43).

(46) Bury (1900, p. 62).

(47) Cartledge (1979, p. 119) は、スパルタ人によって征服されたペロポネソス半島南西部にあるメッセニア地方の古代都市メソニを「メッセニア版アイルランドのアルスター」と呼んでいた、Wade-Geary教授の短い註を引用している。Cartledge自身も別の箇所（p.116）においてこの類推を使っているが、それは反イギリス　反スパルタ的な意味あいにおいてである。

(48) リッジウェイも、スコットランドの歴史と民謡に関して著書を著している (Conway, 1937)。また、Stewart (1959, pp. 17-18) も参照のこと。

(49) ミシュレはヘーゲルの教え子であった。Hegel (1892, vol. 1, trans. 'note).

(50) Hegel (1975, pp. 154-209).

(51) Hegel (1975, ch. 6, n. 127).

(52) Hegel (1892, vol. 1, pp. 117-47).

(53) Hegel (1892, vol. 1, pp. 197-8).

の推進者たちによって踏襲されている。ホメロスの詩が口承と何か関係していることは疑いないが、私の考えでは、その詩は洗練された筆記文書であり、書き文字の長い伝統から生まれたものであると思う。ホメロスについては、さらに第1章註59参照。ギリシア語アルファベットの導入時期をホメロスの時代よりはるか以前である前1千年紀の中頃であるとする20世紀の学者と筆者の学説については、Bernal (1987; 1988) 参照のこと。

（4）Wolf (1804); Pfeiffer (1976, pp. 173-7); F. M. Turner (1981, pp. 138-9) も参照のこと。

（5）スコットランド人とウッドについては、第4章註71～72参照。その専門分野化について、R. S. Turner (1983a; 1985) 参照のこと。

（6）Monro (1911, p. 771).

（7）Pfeiffer (1976, p. 173) 参照のこと。

（8）第4章註122～123参照のこと。

（9）Humboldt (1793).

（10）Humboldt (1793); Sweet (1978-80,vol. 1, p. 126) も参照のこと。

（11）大衆のための「人間形成」という概念の当初の考え方については、Hohendahl (1981, pp. 250-72) 参照。その実際の結果については、R. S. Turner (1983b, p. 486) 参照のこと。

（12）1793年2月6日付フンボルトの手紙。Humboldt (1841-52, vol. 5, p. 34) 所収、Sweet (1978-80, vol. 1, p. 131) が引用。この問題についてはさらにSeidel (1962, pp. xix-xxix) 参照のこと。

（13）第3章註91参照のこと。同書が好評であった主な原因は、その同時代のフランス人への言及が遠回しであったことにあると評したヴィラモーヴィッツ＝メーレンドルフには失礼ながら、彼も同書がギリシア古典時代のアテネ人を見事に描写していることを認めている(1982, p. 103)。

（14）Schiller (1967, pp. 24-43).　ゲッティンゲン学派は革命派と反動派の両極端の中道であると主張されていたことについては、Marino (1975, pp. 358-71)参照のこと。

（15）Sweet (1978-80, vol. 2, p. 46).

（16）Wolf (1804, 2nd edn, p. xxvi); プファイファーは完全に肯定的にそれを引用している。Pfeiffer (1976, p.174).

（17）Humboldt (1903-36, vol. 4, p. 37, trans. Iggers, 1967, p. 59). この論文についての踏み込んだ議論として、Iggers (1968, pp. 56-62); Sweet (1978-80, vol. 2, pp. 431-40) 参照のこと。

（18）Humboldt (1903-36, vol. 3, p. 188, trans. in Cowan, 1963, p. 79).

（19）第4章註102参照のこと。

（20）第4章註57～58、第5章註1～3参照のこと。

（21）R. L. Brown (1967, pp. 12-13); Humboldt (1903-36, vol. IV, p. 294).

（22）第4章註9参照のこと。

（23）Poliakov (1974, p. 77). 詩人Klopstockによるそれについての見解については、同書96頁参照。これに関するフィヒテの演説がR. L. Brown (1967, pp. 75-6) に英訳されている。

（24）Humboldt (1903-36, vol. 1, p. 266).

（25）Iggers (1967, p. 59). このタイプの考え方は、ヘーゲルやその時代の多くの思想家たちに見られる。

（26）それに対する唯一の反論は、「人間形成」についてのフンボルトの当初の考え方（本章註11参照）のユートピア的な側面にある。Canfora教授 (1980, pp.39-56) は、20世紀初頭にギリシア古典学が右翼に「略奪」されたと主張している。だが彼は、古代学を自分の研究の基盤としてジャコバン派的に使っている。私は北ヨーロッパの社会通念に従い、それを「古代学」ないしギリシア古典学に含めないことにしている。

（27）もう一つの保守的な研究の向かい先は、もちろん「オリエント」とインドであった。第5章論」は帝国主義から多大の影響を受けているが、Daviesにおける孤立主義的な見方はヨーロッパという「普遍的大陸」のみが他者を束ねることができるとの信念にもとづいていると思われる。

(169) Langham (1981, pp. 134-99).

(170) Elkin (1974, pp. 13-4); Langham (1981, pp. 194-9).

(171) Jomard (1829a; 1829b); Tompkins (1978, pp. 44-51)も参照。

(172) 本章註109参照のこと。

(173) Tompkins (1978, pp. 93-4)参照のこと。

(174) Tompkins (1978, p. 169).

(175) Tompkins (1978, pp. 77-146).

(176) Tompkins (1978, pp. 96-107).

(177) Petrie (1931); Tompkins (1978, p. 107).

(178) Schwaller de Lubicz (1958; 1961; 1968). Tompkins (1978, pp. 168-75)もまた参照。

(179) Stecchini (1957; 1961; 1978).

(180) de Santillana (1963); de Santillana and von Derchend (1969)参照。春分・秋分点での歳差運動については第2章註9参照のこと。

(181) Neugebauer (1945)参照のこと。コペルニクスについては第2章註110-1.

(182) Neugebauer and Parker (1960-9). それらに対する軽蔑的態度の例としては、Neugebauer (1957, pp. 71-4)などが参考になろう。

(183) Neugebauer (1957, p. 78).

(184) Neugebauer (1957, p. 96).

(185) 前掲書。

(186) Lauer (1960, p. 11).

(187) Lauer (1960, p. 10).

(188) Lauer(1960, pp. 4-5; 13-4; 21-4). キュービットに関する疑問はTompkins (1978, p. 208) 参照のこと。

(189) Lauer (1960, pp. 1-3).

(190) Brunner (1957, pp. 269-70). 彼はここでの主張の中で具体的にピラミッドに言及しているわけではない。

(191) Lauer (1960, p. 10).

(192) Drioton & Vandier (1946, p. 129); Lauer (196o, p. 4) に引用。

(193) Drioton, preface to Lauer (1948); Tompkins (1978, p. 208) に引用。

(194) Brunner (1957); Brunner-Traut (1971) 参照のこと。

第6章　ギリシア至上主義　その1

(1) これについては、第4章註123、124参照のこと。

(2) 第4章註63～67参照。ヴォルフとベントリーについては、Wilamowitz-Moellendorf (1982, pp. 81-2) 参照のこと。

(3) ギリシアの古代においてホメロスが吟遊詩人とみなされていたのは疑いない。この伝承は、彼の名前が詩人を表す普通名詞であり、その語源は「発話術」という意味のエジプトの言葉であるとするきわめて信憑性の高いエジプト語源学の研究成果によって補強される。第4章註61参照。ヴォルフは、ギリシア語アルファベットの起源の問題について詳しく調べてはいない。それについての彼の考え方は推測にすぎず、その推測は20世紀における急進アーリア・モデル

(152) Brunner (1957, pp. 269-70). Hornung (1983, pp. 28-9)の文献一覧参照のこと。

(153) この点に関してはCurl (1982, p. 107)に言及あり。

(154) Iversen (1961, pp. 131-3); Curl (1982, pp. 107-52); Tompkins (1978, pp. 37-55)参照のこと。

(155) Curl (1982, pp. 153-72)がこの点について論じている。

(156) Farrell (1980, pp. 162-70). フリーメイソンが、アメリカでの葬礼習慣のエジプト化に実際に影響を与えたかどうかについての議論はなされていない。ワシントンの盛大なフリーメイソン式葬儀の影響について考えてみるのも面白かろう。学者であろうと誰であろうと、先輩に一矢報いるぐらいのことはするものであるが、それにしてもFarrell教授がこの重要な分野の開拓者であるJessica Mitford (p. 213) に対して侮辱的態度を取っているのを見るのは、悲しい思いがする。

(157) Mayes (1959, p. 295); Wortham (1971, p. 92).

(158) Brodie(1945, pp. 50-3); Franklin(1963, pp. 70-9); Irwin(1980). このことによって、19世紀のヨーロッパ文学におけるヒエログリフの重要性が否定されるわけではない（Dieckmann, 1970, pp. 128-37を参照のこと）。ここではたんにアメリカ合衆国での重要性が高まったことを言いたかっただけである。

(159) Iversen(1961, p. 121).〔原註160の内容と思われる〕

(160) Manuel(1956, pp. 155-6). スウェーデンボルグ派の思想において、エジプトが占めていた中心的位置についてはDieckmann(1970, pp. 155-60)を、また神知学についてはBlavatsky(1930; 1931)を参照のこと。〔原註159の内容と思われる〕

(161) Abdel-Malek (1969, p.190). 同じページにJean Dautry からの手紙が載っている。そこには、「サン＝シモンは、彼の出版されたものも未出版のものも含めて、スエズ運河のことについては何もしゃべっていない。しかし、大洋横断旅行についての会話をいろいろした中で、そのことに触れていたことにほとんど間違いはあるまい」と書かれている。

(162) Abdel-Malek (1969, pp. 189-98). この「覚醒」のイメージは、*La Description de l'Égypte*（『エジプト誌』）発行を記念して1826年に作成された銅製メダルに視覚表現されている。表面に描かれた図のテーマはエジプトの再発見で、勝ち誇るローマの将軍がエジプトの女王のベールを取っている様子が刻まれている。裏面はエジプトの神、女神たちの群像である。Curl(1982)のブックカバーで見ることができる。

(163) Abdel-Malek (1969, p. 302); Curl (1982, p. 187). ベルディはエジプト国歌も作曲している。

(164) Curl (1982, pp. 173-94).

(165) Black (1974, pp. 4-6).

(166) Elliot Smith (1911, pp. 63-130).

(167) しかしながら、このことによって、シルバリー・ヒルのような紀元前3千年紀の遺跡あるいは後期ストーンヘンジのような前2千年紀の遺跡に、エジプトおよび東地中海地域における発展の影響があったかどうかの可能性まで否定されるものではない。

(168) このことは、アメリカ農業およびそれにもとづく文明が基本的にローカルな性格を持つものであることを否定するものでは決してないし、またアタカマ砂漠で発見されたミイラが、前4千年紀のもの、すなわち土着のものである可能性を否定するものでもない。他方では、アメリカ文化が——少なくともメキシコ東部で発見され前1千年紀初頭まで遡るというオルメカ文化以降において——アフリカからかなりの影響を蒙っていることは大いにあり得ることである。この件についてはVan Sertima (1976, 1984)参照。同様におおいに興味をそそられるのは、アメリカに対する東アジアからの影響であるが、これはNeedham & Lu (1985)参照のこと。コロンブス以前のアメリカに対する大陸外からの影響があったとする議論への攻撃はDavies (1979)に見られる。彼にはとりわけアフリカの先進的な影響力に対して敵対意識がある(pp. 87-93)。「伝播

（125）C. Bunsen (1848-60, vol. 4, pp. 440-3).

（126）Beth (1916, p. 182).

（127）De Rougé (1869, p. 330). Hornung(1983, p. 18)に引用あり。Budge(1904, vol.1, p. 142)によると、シャンポリヨンの兄で、弟思いのFigeacは、エジプト一神教説をとっていたという。Hornung(1983, p. 18)が「……はすでに提唱されたことがあった」という過去完了形を用いるのは重要である。この意味するところは、エジプト学という近代的学問領域は、「前史」から完全に脱却すべきであること、またそこでのすべては新たな発見であったということである。

（128）Brugsch (1891, p. 90). Hornung (1983, p. 22); Renouf (1880, p. 89) に引用あり。Hornung (1983, p. 23).

（129）Preface to 2nd edn, Hornung (1983, p. 19)に引用あり。

（130）Hornung (1983, p. 24).

（131）Lieblein (1884), Budge (1904, vol. 1, pp. 69-70)に引用あり。

（132）Maspero (1893, p. 277).

（133）マスペロの息子のアンリが著名な中国学者となったのは、啓蒙主義者の関心が依然として非ヨーロッパ文明に向けられていることを示すものとして興味が持たれる。彼は第二次大戦中にゲシュタポによって殺害された。

（134）Maspero (1893, p. 277, trans. Budge, 1904, vol. 1, p. 142).

（135）前掲書。

（136）Budge (1904, vol. 1, p. 143).

（137）Budge(1904, vol. 1, p. 68). ギリシア語ἄνθος（花）の派生語であるが、もともとはnṯr（成長）から来たもの。第Ⅱ巻参照のこと。

（138）Hornung (1983, pp. 24-32).

（139）Bezzenberger (1883, p. 96).

（140）Erman(1883, p. 336). それに対する批判はWeise(1883, p. 170).

（141）Erman(1883, pp. 336-8). エジプト語の言葉とギリシア語の言葉との間の対応関係がきわめて容易に判別できる理由は、ギリシア語語彙の20～25％は実際にエジプト語から来ているからである。私に言わせれば当然のことである。

（142）Gardiner (1986, p. 23).

（143）第2章註57参照のこと。

（144）第2章註57参照のこと。

（145）Kern (1926, p. 136, n. 1).

（146）Gardiner(1927, pp. 4, 24). ガーディナーが描くエジプト人像は、詩的なところや精神性が欠けており、ヴィンケルマンの抱くギリシア人像とは根本的に異なる。19世紀末～20世紀初めにかけてのエジプト学においては、エジプト語の文書・文献類における記述が洗練されたものであることをなかなか認めようとはしなかった。最近の「退屈な」*Tale of Sinuhe*（Baines, 1982）をめぐる議論について参照のこと。同様に、エジプトの「知恵文学」は実用的なものであって、宗教性はないとみなそうとする議論があった。しかし、この20年来この傾向は影をひそめている。R.J.Williams(1981, p.11)参照のこと。

（147）Gardiner (1942, p. 53).

（148）Gardiner (1942, p. 65).

（149）Hornung (1983, p. 24).

（150）Murray (1931; 1949). Černy (1952, p. 1)参照のこと。

（151）Drioton (1948).

このパターンにまったく当てはまらない大きな例外は日本である。たしかに、日本を植民地支配体制の中に組み込もうとしても、国のスケールや力から考えると、それはきわめて困難であったかもしれないし、西洋人にとってはまず、日本よりもはるかに大きな獲物に見えた中国との関係でとらえなければならなかった。そうだとしても、日本の正真正銘の成功をパターン通りに説明しようとすると、いわば「不正行為」の結果だと言い逃れするしかなかった。そのパターンの例として、第二次大戦までは、人種的ステレオタイプにもとづいて、日本人が西欧人とやりあうには体力的に無理だとされていた。

(103) 第7章註27参照のこと。

(104) たとえば、ドラクロアの有名な絵「メソロンギの廃墟にてまさに息絶えんとするギリシア」では、胸をはだけた白人ギリシア人の背後で黒人が勝利を誇りながら立っている。

(105) Dupuis, 'Letter to Thelwall', 19 Nov. 1796; Berkely, 'Letter to Poole', 1 Nov. 1796および'To Thelwall', 17 Dec. 1796参照のこと。この部分と後続セクションはBernal論文(1986, pp. 21-3)にもとづいた内容である。

(106) 4 November 1816, Manuel (1959, p. 278)に引用あり。

(107) Hartleben(1906, vol. 1, p. 140). Iversen (1961, p. 143) において、王とシャンポリヨンとの和解について触れられているが、説明はない。

(108) Gardiner (1957, p. 14).

(109) ジョマールの十二宮碑の解釈についてはTompkins (1973, p. 49)参照のこと。これが実際にはさらに古い伝承を記している可能性についてはpp.168-75参照のこと。

(110) 1825年6月22日付のMontmorency-Lavalの手紙。Hartleben (1909, vol. I, p. 228) に所収。

(111) たとえばシャンポリヨンの1826年3月29日と8月19日付Abbé Gazzera宛の手紙。および彼の1829年6月18日付の日記。Hartleben (1909, vol. 1, pp. 304, 348; vol. 2, p. 335), Marichal(1982, pp. 14-15)参照のこと。

(112) Marichal (1982, p. 28); Leclant (1982, p. 42).

(113)『ミドルマーチ』。エリオットは、カゾボンという一風変わった名前を選択したことによって、すばらしい二重のイメージを醸し出している。彼女は『ミドルマーチ』を書きながら、この17世紀の哲学者に関する詳細な情報を友人Mark Rhtherfordから得ていた。Mark Rhtherfordは1870年代初頭にはちょうどカゾボンの伝記を執筆中であった。

(114) Humboldt, Gegen Aenderung des Museumsstatuts, 14 Juni 1833 (1903-1936, vol. 12, pp. 573-81); Sweet (1978-80, vol. 2, pp. 453-4)に引用あり。

(115) F. Bunsen (1868, vol. 1, p. 244). この理由は、ひとつにはコプト語の修得が欠かせなかったからである。

(116) F. Bunsen (1868, vol. 1, p. 254).

(117) Letter to his sister Christina, 28 Dec. 1817, in F. Bunsen (1868, vol. 1, p. 137).

(118) F. Bunsen (1868, vol. 1 p. 244); C. Bunsen (1848-80, vol. 1, pp. i, ix).

(119) C. Bunsen (1868-70,vol. 1, p. 210).

(120) それは、たとえば、R.Brown(1898)の戦闘的口調にもよく表れている。その後の進展については第9章註4参照のこと。

(121) 近年の膨大な新しい情報にもとづいたこの見解の信憑性については、第Ⅱ巻の文献一覧を参照のこと。

(122) C. Bunsen (1848-60 ,vol. 4, p. 485).

(123) Hegel (1975, pp. 196-202).

(124) Hegel (1892, vol. 1, pp. 117-47, 198).

（71）Devisse 2, pp. 136-94.

（72）Yates (1964, Frontispiece and pls 3-5).

（73）黒人とジプシーとのあいだのイメージ上の比較はChild (1882-98, vol. 3, pp. 51-74) 参照のこと。これと同類の明白な混同は、トルコ人とアフリカの黒人の頭部の描写に関して昔からイギリス人の間で見られる。第4章註42-50参照のこと。

（74）17世紀におけるこの伝承とその利用については、Jordan (1969, p. 18)で取り上げられている。

（75）Bernier(1684). Poliakov(1974, p. 143)に引用あり。

（76）Gilman (1982, pp. 61-9).

（77）Johnson(1768). Moorehead (1962, p. 38)参照のこと。コールリッジは50年後に至っても依然としてアビシニアを理想化されたオリエントの中心地だとする説に取り憑かれている。Shaffer (1975, pp. 119-21) 参照のこと。

（78）Cuvier (1831, vol. 1, p. 53). Curtin(1971, pp. 8-9)に引用あり。

（79）Hartleben (1909, vol. 2, p. 185); Bruce (1795, vol. 1, pp. 377-400); Volney (1787, pp. 74-7); Dupuis (1822, vol. 1, p. 73).

（80）Winckelmann (1964, p. 43); trans. in Gilman (1982, p. 26).

（81）De Brosses (1760). Manuel (1959, pp. 184-209)参照。この件に関して、「黒人的物神崇拝」がそれ自体として、シンボル的あるいは寓意的機能を持っていた可能性があるとはっきりとのべている説があったかどうか。18世紀の著作——ついでに言えば20世紀の著作——の中にそのことを示すものは見当たらない。Horton(1967, 1973)参照のこと。人種差別主義の根強さには驚く！

（82）Herder (1784,vol. 1, p. 43).

（83）Rawson (1969, pp. 350-1); Jordan (1969, p. 237).

（84）Blumenbach (1865, pp. 264-5).

（85）Curtin (1971, p. 9).

（86）Gobineau (1983, vol. 1, p.347). シュレーゲルの説は本書後述。

（87）Jordan (1969, pp. 580-1).

（88）Wells (1818, pp. 438-1). Curtinに引用あり(1964, p. 238)。

（89）Jeremiah 13:23.

（90）Diop (1974) の口絵、Tompkins (1973, p. 76)などでその図を見ることができる。

（91）Gran (1979, pp. 11-27).

（92）Abdel-Malek (1969, pp. 23-64); Gran (1979, pp. 111-31).

（93）Abdel-Malek (1969, p. 31).

（94）Sabry (1930, pp. 80-2); St Clair (1972, pp. 232-8).

（95）Sabry (1930, pp. 95-7); St Clair (1972, pp. 240-3).

（96）Sabry (1930, p. 135)に引用あり。

（97）Sabry (1930, p. 396).

（98）Sabry (1930, pp. 395-401).

（99）Sabry (1930, pp. 405-541); R. and G. Cattaui (1950, pp. 138-216).

（100）Abdel-Malek (1969, pp. 32-46).

（101）Abdel-Malek (1969, pp. 47-64).

（102）ド・トクヴィルは、彼の人種主義とチェロキーの否定できない経済的・社会的成功との折り合いをつけるために、彼らの成し遂げた進歩は、白人とアメリカインディアンとの間の大量の混血によるものだと主張した(1873, vol. 3, p. 142). ゴビノー(1983, vol. 1, p. 207 脚注)参照のこと。

(44) Schwab (1984, p. 488). ロシアの著述家 V. V. Bartoldが引用。

(45) Said (1974, pp. 122-48); Rashed (1980, pp. 10-1).

(46) Rahman (1982, pp. 1-9).

(47) イスラム、インド、中国文明の場合、ヨーロッパの後の文明からの借用もあったことは明白である。楔形文字の解読や解釈は疑いもなく西洋側の成果であったが、それですら、ペルシア、ユダヤ、アラビア文化の継続なしには考えられない。シャンポリヨンのヒエログリフ解読に、ヘルメス主義の伝承やコプト語の知識がどのように役立ったかは、以下本文参照のこと。

(48) 司馬遷および彼の後に続く王朝歴史編纂者たち、偉大なイブン・ハルドゥーンおよび後代のムスリム「歴史家」たちを、「歴史家」として認めないというのは馬鹿げている。この件でイスラムに関連することがらについてはAbdel-Malek(1969, pp. 199-230)を参照のこと。歴史が書けるのはアーリア人のみであるという立場の復活は、古代近東において歴史書を初めて書いたのはインド・ヨーロッパ語族のヒッタイト人であるという主張の中でなされている。Butterfield (1981, pp. 60-71)参照のこと。

(49) アフリカおよびアジアが古代ヨーロッパに与えた甚大な影響について論じることが本書のねらいであるが、さらにその後にヨーロッパ以外が与えた影響についても今後追求していきたいと考えている。ヨーロッパを唯一の「科学的」大陸だとする見解については、Rashed (1980)を参照のこと。

(50) Gobineau (1983, vol. 1, p. 221).

(51) Said (1974, esp. pp. 73-110).

(52) Chaudhuri (1974).

(53) De Tocqueville (1877, p. 241; trans. Gilbert, 1955, p. 163). この転換を見事にとらえているのはBlue (1984, p. 3)である。

(54) Humboldt (1826; 1903-36, vol. 5, p. 294).

(55) Schleicher (1865). Jespersen (1922, pp. 73-4)に引用あり。

(56) C. Bunsen (1848-60, vol. 4, p. 485). 真の歴史は東洋には存在しなかったとの見方は、少なくともヘーゲルにまで遡ることができる。

(57) 正統派クリスチャンのこの面での骨折りについては、Curtin(1964, pp. 228-43)参照のこと。19世紀における人類多元発生説の支持者についてはGould(1981, pp. 30-72)参照。Curtin(1971, pp. 1-33)も同様に参照のこと。

(58) ニーブールおよびその他の歴史家によるそれの使用については第6章参照のこと。

(59) Cordier (1899, p. 382).

(60) Bernier(1684)がその例であるが、Poliakov(1974, p. 143)に引用あり。

(61) *Punch*, 10 Apr. 1858, Dawson (1967, p. 133) とBlue (1984, p. 3)に引用あり。

(62) Cuvier (1831, vol. 1, p. 53). Curtin (1971, p. 8)に引用あり。

(63) Gobineau (1983, vol. 1, pp. 340-1).

(64) Cuvier (1831, vol. 1, p.53) . Curtin(1971, p.8)に引用あり。

(65) Gobineau (1983, vol. 1, pp. 339-40).

(66) ゴビノーは次のようにのべている。「言うまでもないが、『名誉』の語は文明の観念の一部分を成すが、どちらも黄色人種や黒色人種にとっては無縁のものである」(1983, vol. 1, p. 342).

(67) 序章参照のこと。

(68) Bk II.104.

(69) 第4章註81参照のこと。

(70) 初期キリスト教の絵画については 、Devisse (1979. 1, p. 43; 2, pp. 82-4)参照のこと。

(11) Thapar (1975; 1977, pp. 1-19) およびLeach (1986)参照のこと。
(12) Schwab (1984, pp. 51-80).
(13) Schwab (1984, pp. 195-7).
(14) Schwab (1984, p. 59) および第3章註88参照のこと。
(15) Schwab (1984, pp. 78-80).
(16) 本書第6章、9章参照のこと。
(17) Schwab (1984, p. 59).
(18) 1803年12月15日付Ludvig Tieckへの手紙 (Tieck, 1930, p. 140; cited ln Poliakov, 1974, p. 191).
(19) Schlegel (1808, p. 85). Schwab (1984, p. 175); Timpanaro (1977, pp. xxii-xxiii)参照。筆者の信ずるところでは、この件についてはジョーンズが正しく、シュレーゲルは——後のボップも——間違っていた。これについては第Ⅱ巻序章参照のこと。
(20) Schlegel (1808, trans. Millington, 1849, pp. 506-7); Poliakovに引用あり (1974, p.191).
(21) Schlegel (1808, pp. 60-70)およびTimpanaro (1977, pp. xxii-iii) 参照のこと。
(22) Schlegel (1808, pp. 68-9; trans. Millington, 1849, pp. 456-7). Rashed (1980, p. 11)も参照。
(23) Poliakov (1974,p. 191).
(24) Schlegel (1808, p. 55; trans. Millington, 1849, p.451).
(25) Timpanaro (1977, p. xix).
(26) Poliakov (1974, p. 191).
(27) Timpanaro (1977, p. xx-xxi).
(28) 第7、8章参照のこと。
(29) Schlegel (1808, pp. 41-59; trans. Millington, 1849, pp. 439-53); Timpanaro (1977, p. xix).
(30) Timpanaro (1977, p. xix).
(31) アフロ・アジア語族については序章および第Ⅱ巻参照。バルテルミについては第3章註34参照のこと。
(32) Schlegel (1808, pp. 55-9, trans. Millington, 1849, pp. 451-3).
(33) Humboldt (1903-36, vol. 4, pp. 284-313). Sweet (1978-80, vol. 2, pp. 403-4)参照のこと。Lloyd-Jones教授はSweetに関するコメントの中で、フンボルトはこの件に関して必ずしも首尾一貫していないと指摘している(1982a, p. 73).
(34) Humboldt (1903-36, vol. 5, pp. 282-92).
(35) Humboldt (1903-36, vol. 5, p. 293). シュレーゲルもまたこれら二言語について同様な比較を行ったことがある(1808, pp. 45-50).
(36) フンボルトの手紙はSchlesier (1838-1840, vol.5, p.300) およびvon Sydow (1906-16, vol. 7, p. 283)での再録あり、参照のこと。Sweet (1978-80, vol. 2, pp. 418-25) も参照のこと。
(37) Schwab (1984, pp. 482-6).
(38) Grotefend および彼の後継者についてはPedersen(1959, pp. 153-8), Friedrich(1957, pp. 50-68)参照のこと。
(39) Said (1974, pp. 123-30). p.124にミスプリントあり。1769年〔東洋語学院の設立年〕は1799年の間違いであろう。
(40) Said (1974, pp. 59-92).
(41) Cordier (1904-24)参照のこと。
(42) Cordier (1898, p. 46).
(43) Schwab (1984, pp. 24-5). シュワブは取り上げた人物がもっている偏見の多くを自らも共有している。彼のエジプト嫌いは、この本でも一貫している。

かさを称賛している。P. Von der Mühl(1952, p.173) 参照のこと。

(120) S. Gould (1981, p. 238).

(121) Wilamowitz-Moellendorff (1982, p. 96).

(122) Pfeiffer (1976, p. 171).

(123) R. S. Turner (1983a, p. 460).

(124) Manuel (1959, p. 302).

(125) フォルスターおよびハイネについては Leuschner (1958-82, esp. vol. 14) 参照のこと。フォルスターの人類学については vol. 8, pp. 133, 149-53; Harris-Schenz (1984, pp. 30-1) 参照のこと。

(126) ハイネの熱意のこもった個人的弁明については Momigliano (1982, p. 10) 参照のこと。ゲッティンゲン学派が革命と反動の両極端を避けその中道を選んだことについては、Marino (1975, pp. 358-71) 参照のこと。ゲッティンゲン学派のフランス革命に対する敵対的姿勢については、第6章註9-16参照のこと。フォルスターがパリに行こうとした第二の理由はインド語の習得とインド渡航のための準備であった。この件およびロマン主義をめぐっての複雑な経緯については Schwab (1984, p. 59) 参照のこと。フォルスターの死後、カロリーヌはシェイクスピアやサンスクリット作品の翻訳で知られるアウグスト・ヴィルヘルム・シュレーゲルに協力、後に結婚した。離婚後、彼女はその弟で哲学者のフリードリヒ・ヴィルヘルム・シュレーゲルと再婚した。彼女の書簡類は初期のドイツ・ロマン主義の有様を生き生きと映し出すものとして今日でもよく知られている (Nissen, 1962, pp. 108-9).

第5章　ロマン主義言語学

(1) ヘルダーは確かにエジプトおよびヒエログリフについて詳しい記述を残している。しかしながら、Liselotte Dieckmann は次のように指摘している。「エジプトに関する長広舌は、ただたんに『天地創造賛歌』がエジプトにおいていかに民族的なものになったかを示す目的でなされたものにすぎない」と(1970, p 153. See also pp. 146-54). ギリシア語を純粋に詩的言語だとみなした18世紀の人々の態度については、第4章註38参照のこと。

(2) 伝統的なアプローチについては、Masica (1978, pp.1-11) 参照のこと。Scollon & Scollon (1980, pp. 73-176)も参照。

(3) ラスクとボップについては Pedersen (1959, pp. 241-58)参照のこと。

(4) インド・ゲルマン語については Meyer (1892, pp. 125-30)参照のこと。Poliakov (1974, p.191)が引用。

(5) インド・ヨーロッパ諸語については Siegert (1941-42, pp. 73-99)参照。Poliakov (1974, p.191)が引用。ボップのインド・ヨーロッパ諸語という用語の用法については Bopp (1833)参照のこと。Poliakov (1974, p. 191)と Pedersen (1959, p. 262, n. 2)が引用。

(6) Schlegel (1808, p. x, trans. Millington, 1849, p. 10).

(7) Schwab (1984, p. 11); Rashed (1980, p. 10).

(8) その具体例としてジョーンズの1784年の一文を引用しておく。「エジプトは西洋人にとって、またインドは地球のより東方地域の人々にとって、知識の大きな源泉であったように思えるので……」(1807, p. 387)。ハイネによって1760～70年代に整備されたゲッティンゲン大学の図書分類によると、エジプト神話学は「西洋」の項に入っていた。19世紀のある時点から、今度は「オリエント」の項へと移されていた。

(9) Boon (1978, pp.334-8); Schwab (1984, pp. 27-33). Boon はこのことを「真の」学問以前のたんなる「前史」として描いている。

(10) Jones (1807, p. 34) および Schwab (1984, pp. 33-42)参照のこと。

(90) Clark (1954) 参照のこと。

(91) Trevelyan (198l, p. 50); Lloyd-Jones (198l, pp. xii-xiii).

(92) Trevelyan (1981, pp. 50-4); Butler (1935, pp. 70-80); Pfeiffer (1976, p. 169).

(93) L. Braun (1973, p. 165).

(94) 18世紀終わり頃のドイツ・ロマン主義については前出、人種主義については Gilman (1982, pp. 19-82) 参照のこと。

(95) philosophia という言葉への言及で最も古い四つの文献のうちの三つはエジプトに関係している。すでに触れたように (第1章註136)、たとえばイソクラテスの得ていた哲学の概念の出所もエジプトであった。現代の研究者がこのことをなかなか認めようとしない理由については Malingrey (1961) を見るとよい。彼は philosophia を一貫してエジプト「文明」として訳している。Froidefond (1971, pp. 252-3) 参照のこと。

(96) L. Braun (1973, p. 111) に Heumann (1715, p. 95) からの引用があるが、見つけられなかった。

(97) *Stromateis*, I.4. エピクロス派的ショービニスムおよびその敵対者である「フェニキア人の」ストア派との敵対関係については本章註17参照のこと。

(98) 本章註28参照のこと。

(99) 18世紀初頭におけるドイツの地位の低さについては本章註57参照のこと。

(100) 1715, vol. 1, p. 637 (L. Braun, 1973, p. 113に引用あり)。

(101) 本章註24～26参照のこと。

(102) Tiedemann (1780); L. Braun (1973, pp. 165-7) 参照のこと。

(103) Hunger (1933); Butterfield (1955, esp. p. 33); Marino (1975, pp 103-12) 参照のこと。

(104) Marino (1975, pp. 103-12); L. Braun (1973, pp. 165-7).

(105) 18世紀のドイツ人がどの程度ヴィーコの作品の影響を認識し、またその影響の排除を企てたかについては、Croce (1947, vol. 1, pp. 504-15) 参照のこと。また、Momigliano (1966c, pp. 253-76) 参照のこと。

(106) Meiners (1781-2, vol. 1, p. xxx). L. Braun (1973, pp. 175-6) に引用あり。

(107) De Santillana (1963, p. 823).

(108) 第7章註25参照のこと。

(109) Meiners (1781-2 vol. 1, pp. 123-4, 1811-15). Poliakov (1974, pp. 178-9)も参照のこと。

(110) Baker (1974, pp. 24-7); Jordan (1969, p. 222); Bracken (1973, p. 86); Gerbi (1973, pp. 3-34).

(111) ヴィーコおよびノアの洪水後における世界の住民については Manuel (1955, pp. 154-5)参照。

(112) Herder (1784-91, Bk 6, p. 2 and Bk 10, pp. 4-7). Harris-Schenz (1984, p. 28) に引用あり。探検家ゲオルグ・フォルスターは、その身のほとんどをゲッティンゲン学派に置いており、白人はコーカサス起源だとの説を奉じていた(Forster, 1786)。

(113) アーリアとはむろんインド・アーリア語やギリシア語のなかにある古語である。近代的意味で最初に使用したのはウィリアム・ジョーンズ卿のようである (1794, sect. 45)。

(114) Gobineau (1983, p. 656); Graves (1955, vol. 2, p. 407).

(115) Moscati他 (1969, p. 3). ヘブライ語、アラム語、アラビア語のあいだに関係があることは古代から知られており、シュレーツァーよりもはるかに先んじて学者たちに取り上げられていた。たとえば、第3章バルテルミに関する部分を参照のこと。

(116) Poliakov (1974, p. 188).

(117) R. S. Turner (1985) 参照のこと。

(118) ハイネに関する簡略な文献一覧は Pfeiffer (1976, p. 171, n. 5) 参照のこと。

(119) たとえば、ハイネは『イリアス』IX.383-4の信憑性を疑いはしたが、エジプトのテーベの豊

者は古く後者は新しいとされているのは問題ではあるが、それにもかかわらずギリシア語 pais, paidos の語源としてもっとも有力なのは pꜣꜣid (the child)である。インド・ヨーロッパ語の語根 pu あるいは pur はその語源としてあまり見込みがなさそうである。エジプト語 ỉd がギリシア語接尾辞 -ad (children)および父の名につける接尾辞 -ides の出所であることは、ほとんど間違いなかろう。

(68)「ロマン主義的ヘレニズム」の語の初出については H. Levin (1931) 参照のこと。B. H. Stern (1940, p. vii) も参照のこと。

(69) Simonsuuri (1979, pp. 104-6). シャフツベリーもエジプトやヒエログリフには敵対的態度をとった。

(70) St Clair (1983, p. 176). Jenkyns (1980, pp. 8-9); B. H. Stern (1940); Simonsuuri (1979, pp. 133-42) も参照のこと。

(71) 現地探訪の生き生きとした様子やそのもたらした効果については、歴史家ミシュレについての Edmund Wilson (1960, pp. 12-31) の描写に見て取ることができる。

(72) Jenkyns (1980, pp. 8-9); Turner (1981, pp. 138-40); Simonsuuri (1979, pp. 133-42); Wilamowitz-Moellendorff (1982, p. 82).

(73) Harris (1751, p. 417).

(74) Duff (1767, pp. 27-9).

(75) Wilamowitz-Moelendorff (1982, p. 83).

(76) Musgrave (1782, esp. pp. 4-5). 彼はこの論文にニュートンの年代記に対する別の批判も組み込んでいる。

(77) Winckelmann (1764, p. 128).

(78) Winckelmann (1764, p. 97).

(79) Turgot (1808-15, vol. 2, pp. 256-61). L. Braun (1973, pp. 256-61); Comte (1830-42) も参照のこと。

(80) このような馬鹿げた見解の正体を徹頭徹尾暴露して見せたのは、Jean Capart (1942, pp. 80-119) であった。ヒエログリフについてのヴィンケルマンの混乱した見方は Dieckmann (1970, pp. 137-41) で取り上げられている。

(81) こうした見解は何もアリストテレスに限られたものではなかった。たとえば、エジプト王ブシリスの伝説を描いたクレタ出土の三手の水壺にみられる肖像はきわめてリアルである (Boardman, 1964, plate 11 and p. 149). Boardman も Snowden (1970, p. 159) も、ともにブシリスが黒人の召使を従えていること、またブシリス自身が別の花瓶で黒人として描かれていることを指摘しているにもかかわらず、「ギリシアの英雄ヘラクレス」が縮れ毛をしたアフリカ黒人として描かれているという事実には目をつぶっている！　これはアーリア・モデルの完全な泣き所と言うべきであろう。ヘラクレスがなぜこのように扱われなくてはならなかったかについては第Ⅲ巻参照のこと。

(82) Winckelmann (1764, Bks 1 and 2). Iversen (1961, pp. 114-5) も参照のこと。こうした一般的な見方をとるイギリスの先人たちについては B. H. Stern (1940, pp. 79-81) 参照のこと。

(83) 第5章註 155-6, 19 世紀における「エジプト的死の観念」参照のこと。

(84) Butler (1935, pp. 11-48); 失礼ながら Pfeiffer (1976, p. 169) も参照のこと。

(85) Jenkyns (1980, pp. 148-54); F. M. Turner (1981, pp. 39-41)参照のこと。

(86) Butler (1935, pp. 294-300); Kistler (1960, pp. 83-92)参照のこと。

(87) Pfeiffer (1976, p. 170).

(88) Pfeiffer (1976, p. 169) に引用あり。

(89) Butler (1935, pp. 11-48).

(38) Turgot (1808-15, vol. 2, pp. 66-7).

(39) 第3章註33、34参照のこと。

(40) Turgot (1808-15, vol. 2, pp. 330-2).

(41) Child (1882-98, vol. 3, pp. 233-54). ユダヤ人の皮膚の色への無関心は、ウォルター・スコットの『アイヴァンホー』における時代描写と著しい対照を成す。すなわちこの作品の中では色黒であることがことさらに強調されているのである。むろん、これは19世紀初期に書かれたこともあって、「人種」や「民族」へのこだわりが反映されている。

(42) 中世における黒人の扱いについての概観はDevisse (1979, pt 1) およびChild (1882-98, vol. 1, pp. 119-21) 参照のこと。

(43) Child (1882-98, vol. 3, pp. 51-74).

(44) *Politics*. VII.7 (trans. Sinclair, 1962, p. 269).

(45) Bracken (1973, pp. 81-96; 1978, pp. 241-60). Poliakov (1974, pp. 145-6) も参照のこと。

(46) たとえばLocke (1689, Bk 5, p. 41) 参照のこと。

(47) Locke (1689, Bk 4).

(48) Locke (1689, Bk 5, pp. 25-45). この件についての議論はBracken (1973, p.86) にも見られる。

(49) Jordan (1969, p. 229).

(50) Locke (1688, Bk 3, p. 6)の引用およびコメントがJordan (1969, pp. 235-6) にある。ロックの人種主義に関するさらなる研究については、Bracken(1978, p.246)参照のこと。

(51) Bracken (1978, p. 253) 参照のこと。

(52)「民族特性論」への批評は、Jordan (1969, p. 253); Bracken (1973, p. 82); Popkin (1974, p. 143) およびS. J. Gould (1981, pp. 40-1) に引用あり。

(53) 擬似プラトン主義関係史料は*Epinomis*, 987D 参照のこと。ボダンについては第3章註26参照のこと。

(54) たとえばMontesquieu (1748, Bk 8, p. 21) 参照のこと。

(55) 樹木モデルへの批判の詳細はBernal(1988)。

(56)「18世紀フランス文化によるヨーロッパ制覇」とは言っても、イタリアがそれなりの地位を保っていた。当時音楽、絵画の分野ではイタリアが最高とされていたし、また科学の伝統という面で他を圧倒していたからである。

(57) Blackall (1958, pp. 1-35) 参照のこと。

(58) Berlin (1976, pp. 145-216); Iggers (1968, pp. 34-7).

(59) Trevor-Roper (1983).

(60) Berlin (1957, pp. 145-216).

(61) 古典ギリシア文化に占めるホメロスの役割については、Finley (1978, pp. 19-25) 参照のこと。たんに「詩人」と言えばホメロスのことであるが、この称号は彼の名前の由来として可能性のあることば、すなわちエジプト語のḥm(w)t-r、あるいはコプト語のhmēr（呪文、話すという行為、話し手）と関係があるかもしれない。

(62) Le Fèvre (1664, p. 6)はFarnham (1976, p. 146) に引用あり。

(63) Dacier (1714, pp. 10-2)はSimonsuuri (1979, pp. 53-5) に引用あり。Farnham (1976, pp. 171-9) も参照のこと。

(64) Voltaire（1765年11月4日付のM. Damilaville宛て書簡）で、Santangelo (n.d., p. 6) に引用あり。

(65) Vico (1730). この件についてはManuel (1959, pp. 154-5); Simonsuuri (1979, pp. 90-8) 参照のこと。

(66) Blackwell (1735); Simonsuuri (1979, pp. 53-5) 参照のこと。

(67) *Timaios*, 22B (trans. Bury, 1925, p.33). ỉd (child子供)およびp3 (the)の語の推定年代に関して、前

(12) Bentley (1693).

(13) Jacob (1981, p. 89).

(14) Bentley (1693). ベントリーと「ボイル講演」についての詳しい情報については、Pfeiffer (1976, pp. 146-7) 参照のこと。

(15) ベントリーの「ボイル講演」における理神論的傾向についてはForce (1985, pp. 65-6) 参照のこと。彼のキリスト教信仰の正統性についてのさらなる疑念はWestfall (1980, pp. 650-1) 参照のこと。もちろん、ニュートン、ベントリーのどちらにも反対したキリスト教徒がいたわけだが、彼らについてはForce (1985, p. 64) 参照のこと。

(16) Potter (1697); B. H. Stern (1940, p. 38, n. 49); Smith (1848) 参照のこと。後に古代ギリシア派とキリスト教徒との間の同盟に分裂が生じるが、これについてはBernal (1986, pp. 11-2) 参照のこと。

(17) *De Rerum Nat*, VI.I. 上でのべたように、ルクレティウスはエピクロス派であった。ギリシアについてのこの学派のナショナリズムもしくはショービニスムについては、第1章註170参照のこと。

(18) Potter (1697, Bk 1, pp. 1-3; Bk 2, pp. 1-2).

(19) Warburton (1739, vol. 4, p. 403). Warburtonとエジプトについての詳細はDieckmann (1970, pp. 125-8); Iversen (1961, pp. 103-5)参照のこと。

(20) Pocock (1985, p. 11).

(21) Manuel (1959, pp. 69, 191-3).

(22) Warburton (1739, vol. 4, pp. 5-26); Manuel (1959, pp. 107-12).

(23) Warburton (1739, vol. 4, pp. 229-41).

(24) ブルッカーの伝記についてはL. Braun (1973, p. 120) 参照のこと。

(25) Pocock (1985, p. 22).

(26) 前掲書。

(27) Montesquieu (1721, Letters 97, 104, 135; cited by Rashed, 1980, p. 9).

(28) *Epinomis*, 987D.

(29) たとえば日本の1870～80年代に急速な西欧化への反動として発生した国粋主義の動きがある (Pyle, 1969, pp. 60-9); Teters (1962, pp. 359-71).

(30) Goldsmith (1774, vol. 2, pp. 230-1).

(31) Turgot (1808-15, vol. 2, pp. 52-92, 255-328).

(32) Turgot (1808-15,vol. 2, pp. 55, 315).

(33) Manuel (1959, p. 69).

(34) Montesquieu (1748, Bk 18, ch. VI). むろん、これはのちに出てくる「水支配による王権強化説」――マルクスによって示唆され、ウィットフォーゲルによって発展させたもの――とは直接対立するものである。この理論によれば、水の支配が「東洋的専制主義」(オリエンタル・デスポティズム) をもたらしたという。19～20世紀の思想家とは異なり、モンテスキューはオランダの例を自説に利用した。アジア的生産様式に関する文献についてはBernal (1987) 参照のこと。

(35) Turgot (1808-15, vol. 2, pp. 65, 253, 314-6) 参照のこと。別の箇所 (p. 71) で、彼は次のように記している。「プラトンは花の種をまいた。彼の雄弁の魅力は、彼の過ちをかえって美化している」。プラトンを哲学者というより蠱惑《こわく》的な詩人とみなす潮流が19世紀にまで継続したことについてはWismann (1983, p. 496) 参照のこと。

(36) Turgot (1808-15, vol. 2, pp. 276-9).

(37) Turgot (1808-15, vol. 2, p. 70).

（86）Tompkins (1978, pp. 45-51, 201-6).

（87）クセノフォンが作家として、また『アナバシス』が作品として、ギリシアの入門書として十分なものであるかどうかについてはPharr (1959, pp. xvii-xxxii) 参照のこと。ラテン語文献でこの作品に匹敵するのはカエサルの『ガリア戦記』であろう。

（88）Madelin (1937, vol. 2, p. 248).

（89）Gibbon (1794, pp. 41,137). 彼の根深い反セム主義についてはPocock (1985,p. 12)参照のこと。

（90）『セトス物語』との比較はBadolle (1926,p. 275) 参照のこと。

（91）Badolle (1926, pp. 397-8).

（92）Barthélemy (1789, pp. 2-5). フレーレの見解については第1章註92参照のこと。

（93）Barthélemy (1789, p.62).

（94）Mitford (1784, vol.1,p.6). ミットフォードの歴史の影響については F. M. Turner (1981, pp.203-7) 参照のこと。

（95）Mitford (1784, vol. 1, p.19). クレタ宮殿文明の成立は、ミットフォードの言う「エジプト大変動」すなわちヒクソス時代のことを指すのであろうが、これよりもはるか以前のことである。

（96）Musgrave (1782, pp.4-5).

第4章　18世紀におけるエジプトに対する敵対意識

（1）第3章註7、Iversen (1961, pp. 5, 89-99); Blanco (1984, pp. 2263-4); Godwin (1979, esp. pp. 15-24) 参照のこと。

（2）Colie (1957, pp. 2-4); Pocock (1985, p. 12).

（3）Pocock (1985, p. 13). そうであるからと言って、ケンブリッジのプラトン主義者たちが、彼らによって汎神論あるいは「物活論」とみなされているスピノザの主張によって関心がもたれなくなったというわけではない (Colie, 1957, pp. 96-7).

（4）Westfall (1980, p. 815).

（5）前掲書; Manuel (1959, pp. 90-5).

（6）Pocock (1985, p. 23); Colie (1957, p. 96).

（7）Josephus, *Against Apion*; Clement, *Stromata* を参照のこと。タティアヌスについては第2章註76も参照のこと。

（8）第2章註121参照のこと。

（9）Hare (1647, pp. 12-3)はMacDougall (1982, p. 60) に引用あり。

（10）プロテスタンティズムとギリシア学との関係についての歴史文献研究の概観はLloyd-Jones (1982b, p. 19)参照のこと。

（11）Pfeiffer (1976, pp. 143-58); Wilamowitz-Moellendorf (1982, pp. 79-81). ダイガンマ（digamma）はイオニア式アルファベットに含まれていないため、一般には古代文字としてみなされている。このアルファベットがギリシアでの標準文字となったのは、前403年のペロポネソス戦争終結の年であった。私は、イオニア式アルファベットはドーリス式アルファベットよりもはるかに古いという説を提起している（Bernal(1987, 1988)）. 後者には *F* の文字が含まれているので、この文字は前1000年頃にギリシア文字に採り入れられたことになる。すなわち、アルファベット全部が伝播したと私が考えている前1600年という時期よりはかなり後の時代となる。しかしこれはBentleyの音素wの発見を否定するものではない。とはいえ、私は音の省略が必ずしも発生していないケースについては、ギリシア語によるセム語あるいはエジプト語 ʿayin の借用または少なくともその反映、もしくはそれへの意識が働いた結果なのではないかと考える。詳しくは第Ⅱ巻参照のこと。

況があるが、Farnham (1976, pp. 171-80); Simonsuuri （1979, pp. 1-45）が参考になろう。

(60) 二つの宗教を一つのものに融合させようとする試みは以前にもあった。この件については Farnham (1976, p. 39) 参照のこと。その他の国家宗教的祭祀の創始についての動きに関しては Bloch (1924, pp. 360-70) 参照のこと。

(61) 満州族康熙帝の宮廷の豪華さを思い浮かべる者もいた (Honour, 1961, pp. 21-5, 93).

(62) Marin (1981, pp. 246-7).

(63) Voltaire (1886, ch. 32, pp. 408-9).

(64) Fuhrmann (1979, pp. 114). Farnham 博士（1976, pp. 177）はホメロスや古典時代作家への彼のこだわりを誇張している。

(65) Beuchot (1854, pp. 169-71).

(66) Terrasson (1715).

(67) マネトンについては Josephus の *Contra Apionem*, I. 98 に引用がある。

(68) Terrasson (1731).『セトス物語』に対する徹底した敵対的評価については Badolle (1926, pp. 275-6) 参照のこと。Iversen (1961, pp. 121-2) も参照のこと。18 世紀の *Bildungsroman* のテーマとの関連での議論は Honolka (1984, pp. 144-54) 参照のこと。

(69) Terrasson (1731, esp. Bk 2).

(70) Terrasson (1731, Bk 7, p. 4).

(71) Chailley (1971), Nettl(1957).『魔笛』のもう一つの出典となっているのは *Journal für Freymaurer*, vol.1(1784) に掲載されている Ignaz von Born の 'Über die Mysterien der Ägyptier' である。Iversen (1961, p.122); Honolka (1984, p.144) 参照のこと。モーツァルトが 17 歳の時、まだメイソンに加入する以前のことであるが、Gebler の作でやはりセトスを題材にした *Thamos, King of Egypt* と呼ばれる作品に曲をつけた。K. Thomson (1977, pp.24-31), Honolka (1984, pp.142-4)参照のこと。『魔笛』自体の作品価値は別にして、台本はロマン主義時代にそぐわないものではあったが、生き延びることができたのは、この作品がドイツにおける最初の成功をおさめたオペラであったことも関係している。初演後の数年間にこのテーマについての反対意見はなかった。ゲーテは 1795 年に続編を書いた。Iversen (1961, p.122) 参照のこと。

(72) Rheghellini de Schio (1833, pp.7-8).

(73) Manuel (1959, pp.85-125).

(74) Manuel (1959, pp.44-5).

(75) Manuel (1959, pp.245-58).

(76) De Santillana (1963, p.819).

(77) Manuel (1959, pp.259-70).

(78) De Santillana (1963, p.819).

(79) Dupuis (1795, vol.1, p.14). 彼は 2 世紀のアッシリアのキリスト教徒で、*Letter to the Greeks* の作者タティアヌスについて触れているが、ここにはペルシア魔術、フェニキア文字、エジプトの幾何学や歴史文書についての記述が見られる（Dupuis, 同書第 1 章)。

(80) Auguis (1822, p.10).

(81) Charles-Roux (1929, p.13、1937, p.2).「主要とはいえないが」もう一つ別の要因として十字軍時代の聖ルイの不運なエジプトへの遠征についての伝承がある。

(82) R. F. Gould (1904, pp. 451-5); Beddaride (1845, pp. 96-140).

(83) Iversen (1961, p. 132) 参照のこと。

(84) Madelin (1937, pp. 235-7). *La Déade Egyptienne* (1798, vol. I, pp.1-4); Tompkins (1978, pp.49-50).

(85) Said (1978, pp. 113-226).

(33) Barthélemy (1763, p. 222).

(34) Barthélemy (1763, p. 226). この論文に対する敵意のこもった評価についてはBadolle (1926, pp. 76-8) 参照のこと。

(35) Banier (1739).

(36) Bryant (1774, esp. vol. 1, p. xv).

(37) Frye (1962, pp. 173-5); F. M. Turner (1981, pp. 78-9).

(38) Braun (1973, pp. 119-27); Pocock (1985, pp. 19-23).

(39) 早くも1712年にde la Crozeはエジプトと中国の書記体系の比較を行っている。Barthélemy (1763, p. 216) に彼の手紙が載っている。これらについてのもっとも有名な比較は、Guignes (1758) およびJ. T. Needham (1761) の行った比較である。

(40) このきわめて実りの大きかった研究分野が19世紀および20世紀の歴史学者からほとんど向きもされなかったのは、別に不思議でも何でもない。Pinot (1932); Maverick (1946); Appleton (1951) およびHonour (1961) を参照のこと。Raymond Schwab(1950) はこの点から見てきわめて誤解を生じさせるものである。第5章註7-10も参照のこと。

(41) R. F. Gould (1904, pp. 240-5).

(42) Knoop & Jones (1948, pp. 64-6).

(43) 中世のメイソン文書についての詳細な議論はGould (1904, pp. 262-85) 参照のこと。

(44) Lumpkin (1984, p. 111) 参照のこと。

(45) 1540年代Coverdaleによって翻訳された聖書を見ると、職人はヒラム・アビフと呼ばれているという事実もこれを裏付ける。17世紀初頭のジェイムス王欽定聖書にはこの呼称は出てこない。

(46) Gould (1904, p. 243).

(47) Yates (1972, p. 210). 薔薇十字団およびフリーメイソンの両者に対する信仰は、テンプル騎士団においても重要視されていた。彼らは岩のドームをエルサレム神殿の後継神殿とみなして崇拝していた。彼らは自らをエリートとして任じており、通俗的な宗教の違い——この場合はキリスト教とイスラム教——を超越するものだと自負していた。彼らは1118年以来活動を続けていたが、彼らのパレスチナにおける最後の拠点であったアッコン陥落後、1314年にフランス王によって異端として解散させられた。フリーメイソンたちは自分たちをテンプル騎士団の血を引くものだと考えている(Steel-Maret, 1893, p. 2).

(48) Popkin (1985, pp. xii-xiii).

(49) スピノザおよび彼のケンブリッジ・新プラトン主義者への影響はColie (1957, pp. 66-116)参照のこと。

(50) Jacob (1976, pp. 201-50; 1981, esp. pp. 151-7); Manuel (1983, pp. 36-7); Force (1985, pp. 100, 113).

(51) Manuel (1983, p. 36). 後になってメイソン主義者たちはトーランドが組織改編で重要な役割を果たしたことを快く思わなくなった。このことは彼の名がメイソン主義の正史から削除されているのを見てもわかる。

(52) Force (1985, p. 100).

(53) Knight (1984, pp. 236-40).

(54) Diogenes Laertius, VIII. 90.

(55) Tompkins (1973, p. 214).

(56) 詳しくはYates (1964, pp. 55-7) 参照のこと。

(57) Yates (1964, pp. 370-2).

(58) Yates (1964, pp. 367-73) 参照のこと。

(59) querelle (ギリシア・ラテンの古典と現代作品との優劣論争) についてはかなり込み入った状

はDieckmann (1970, pp. 76-7) 参照のこと。

（7）Godwin (1979); Iversen (1961, pp. 89-90); Dieckmann (1970, pp. 97-9) 参照のこと。

（8）Kircher (1652, vol. 3, p. 568; trans. Yates, 1964, pp. 417-8).

（9）Tompkins (1973, p. 30). トンプキンスのこの優れた学術書から学問的手法を示す部分が削除されているのは誠に残念である。Iversen (1961, pp. 94-6) も参照のこと。

（10）Gardiner (1957, pp. 11-12); Iversen (1961, pp. 90-8).

（11）実際どの程度つながりがあったかについてはYates (1964, pp. 407-15); Dieckmann (1970, pp. 71-5) 参照のこと。

（12）Yates (1972, pp. 180-92); Dieckmann (1970, pp. 103-4) も参照のこと。

（13）Hill (1976, p. 8).

（14）Hill (1968, p. 290); Rattansi (1963, pp. 24-6).

（15）千年王国信仰はこれらの分野においても重要な役割を果たしていたが、その影響の大きさについてはPopkin (1985, pp. xi-xix) 参照のこと。私はこの件についての文献調査を行っていない。しかしこの種の千年王国信仰とカバラ主義者の創世時の光を回復させようとの試み——学問を通じての——との間に何らかの関係を探ろうとする研究はすでに誰かが手がけているに違いないと想像する。

（16）Yates (1964, pp. 423-31); Popkin (1985, p. xii).

（17）Bullough (1931, p. 12)はPatrides (1969, p. 6) に引用あり。カドワースとヒエログリフについてはDieckmann (1970, pp. 105-7) 参照のこと。

（18）肯定論はRattansi (1973, pp. 160-5), 否定論はMcGuire (1977, pp. 95-142) 参照のこと。

（19）Manuel (1974, pp. 44-5).

（20）Tompkins (1978, pp. 30-3).

（21）McGuire and Rattansi (1966, p. 110) 参照のこと。

（22）文献上の錯綜についてはWestfall (1980, p. 434) 参照。Pappademos (1984, p. 94) も参考になる。

（23）エジプト王シェションクの年代は、今では紀元前9世紀とされている。詳細はManuel (1963, esp. pp. 101-2) 参照のこと。Westfall (1980, pp. 812-21); Iversen (1961, p. 103) も参照のこと。

（24）Friedrich (1951, p. 4) はフェニキア語とヘブライ語の関係を、オランダ語と高地ドイツ語との関係に見立てている。Albright (1970, p. 10) はヘブライ語は「カナン語の一種の方言変種」だとのべている。Menahem Sterm(1974, p.12)は次のように書いている。「ヘブライ語とフェニキア語との間には実質的な差異は存在せず……」。

（25）この件については第Ⅱ巻において詳細に論じるつもりである。

（26）Bodin (1945, p. 341).

（27）Bochart (1646).

（28）Fénelon (1833, Bk 2, pp. 22-40).

（29）Charles-Roux (1929, p. 4)に引用。

（30）ヴィーコの基本的構想は彼の *De Constantia Jurisprudentia* (結論)が出版された1721年までにすでに固まっていた。これらの言語タイプの書記体系のあいだの照応については1725年の *Scienza Nuova* の初版本（Bk4, ch.3）に見られる。カドモス神話については *De Constantia*, ch.17 参照のこと。Dieckmann（1970, pp. 119-24）も参考になる。私はこれらの文献についてのグレゴリー・ブルー氏の教示に感謝する。

（31）Montesquieu (1748, 15.5).

（32）Gibbon（1794, vol.1, pp. 41-2）参照のこと。18世紀のエジプト熱についてはIversen（1961, pp. 106-23）に詳しい。

（111）Swerdlow & Neugebauer (1984, pp. 50-1) 参照のこと。ヘルメス主義が天文学に与えた影響はコペルニクスにとどまるものではなかった。一世紀後には偉大な天文学者のケプラーが新プラトン主義あるいは新ピタゴラス主義にどっぷりと浸かっていた。Haase (1975, pp. 427-38); Fleckenstein (1975, pp. 519-33) 参照のこと。ブルーノや17世紀科学者とヘルメス主義とのかかわりについては本書後述。

（112）Blanco (1984, p. 2261).

（113）Eliot (1906, ch. 6, pp. 80-4).

（114）Sauneron *et al.* (1970-1, Introduction) 参照のこと。Khattab (1982) も参照。

（115）Hill (1976, p. 3); Rattansi (1963, pp. 24-32).

（116）Seznec (1953, p. 238).

（117）Seznec (1953, pp. 253-4).

（118）Yates (1964, p. 6).

（119）上記註99参照のこと。

（120）Yates (1964, p. 351).

（121）Yates (1964, pp. 164-5).

（122）Daneau (1578, p. 9)はManuel (1983, p. 6) に引用あり。私は、この関係をWarburton (1736-9, vol. 3, p. 398) にまでたどることができた。McGuire & Rattansi (1966, p. 130) 参照のこと。彼らは1598年出版のフリジア人学者Arceriusの手になるイアンブリコス〔シリアの新プラトン学派の哲学者、250頃～325頃〕の*Devita Pythagorae*（『ピタゴラスの女神』）の訳註までたどっている。また彼らがモスコス（Moschos）とモコス（Mochos）とを関連づけたことも指摘している（上記註70参照）。これらの議論は一見荒唐無稽かも知れないが、実はそうでもない。エジプトが、今日のフェニキア、シリア、およびメソポタミアにあたる地域に該当する「シリア」から知識の借用をしていたとの伝承は確かに存在した。さらに、モスコスをヘブライ語あるいはアラム語のMŏšehと結びつけることについては、šĭnがしばしばギリシア語では sch と表記されることや -os がはっきりと名詞語尾であることなどから、実質的な反論は出ていない。このことからイスラエル人がエジプト人に比肩しうるような、ましてやこれを上回るような知識を持っていたなどというものではない。さらには、š>schの表記方法は後のものである。これもまた、こうした伝承がギリシア時代、すなわちユダヤ人が偉大な大文学者であると信じられていた時代から存在していたとする仮定を、言語の音声面から裏付けるものである。M. Stern (1974, vol. 1, p. 10) に引用されたTheophrastos, *Peri Euseb*, 1.8参照のこと。Momigliano (1975, pp. 86-6) も参照のこと。

第3章　17～18世紀におけるエジプトの勝利

（1）Yates (1964, p. 401); Dieckmann (1970, pp. 104-5) も参照のこと。

（2）Scott (1924-36, vol. 1, pp. 41-3); Blanco (1984, pp. 2263-4).

（3）Cudworth (1743, p. 320), Yates (1964, p. 429) に引用。Dieckmann (1970, pp. 105-7). ケンブリッジのプラトン主義者およびヘルメス主義者に関してはRattansi (1975, pp. 160-15); Patrides (1969, pp. 4-6) 参照のこと。フランシス・イェーツ以前の学者は彼らのヘルメス主義への関心を重要視していない。Cassirer（1970年, ただし執筆ははるか以前になされたが）およびColie (1957)参照のこと。

（4）第2章註48参照のこと。

（5）Yates (1964, pp.398-9). Blanco (1984, p. 2264); Scott (1924-36,vol. 1, p.43) も参照のこと。

（6）Yates (1964, pp. 432-55); Blanco (1984, p. 2264). フラッドとヒエログリフ（聖刻文字）について

18世紀になって、碩学モンフォーコン（当時の最もすぐれた学者の一人であった）がフランク族のコインと勘違いして、これらの黄金虫を一緒にしてしまったのである。彼の権威のせいで、このミスはそのままずっと見過ごされてきた。このようにして、ヒルデリヒの墓には一時期約20ものエジプト黄金虫が付け加えられることになった(1976, p. 6)。

いったいなぜ、彼女はありそうもない間違いを先人たちに押し付けようとするのか。そこには、黄金虫を何が何でも抹殺してしまわねば気がすまない19～20世紀の学者たちのイデオロギー的執念がある。フランス君主制を樹立したゲルマン・フランク諸王は、フランス右派の心底においてまたフランスとドイツの同盟関係の緊密さを奉じる者たちにとってはかけがえのないものであった。〔第二次大戦中の〕フランス・ヴィシー政府のシンボルがfrancisque（フランク族の双頭の斧）であるのも決して偶然ではない。この双頭の斧こそヒルデルヒの墓の輝かしい出土品の一つであった。北方のアーリア的異邦気質から見れば、そのような墓にエジプトの黄金虫があること自体耐えられないことであった。

(89) Seznec (1953, p. 55).

(90) Blanco (1984, p. 2260); Wigtil (1984, pp. 2282-97).

(91) Festugière (1945, vol. 1, pp. xv-xvi; vol. 2, pp. 267-75). Scott (1924-36, vol. 1, pp. 48-50); Dieckmann (1970, pp. 30-31)には失礼ながら、彼はこれらのテキストが何冊もあったことについて、また15世紀前のヒューマニズムにヘルメス主義の側面があったことに気づいていないようだ。

(92) Blunt (1940, pp. 20-1).

(93) Wind (1980, p. 10) が引用。

(94) Blanco (1984, pp. 2256-60).

(95) Dieckmann (1970, pp. 27-30); Iversen (1961, p. 65); Seznec (1953, pp. 99-100) および Boas (1950).

(96) Gardiner (1927, p. 11).

(97) Wind (1980, pp. 230-5); Dieckmann (1970, pp. 32-4), また失礼ながら Blunt(1940, pp. 1-22) も参照のこと。

(98) Wind (1980, p. 7).

(99) Bruno, *Spaccio*, Dial. 3, in *Dialeghi italiani*, pp. 799-800. Yates (1964), p.223 が引用。

(100) Yates (1964, pp. 12-4). 彼女の『国家』と『饗宴』の例の選び方にはアナクロニズムが感じられる。ルネサンスにとって、古典古代後期について言えば、プラトンのもっともよく知られたテキストは『ティマイオス』であり、それは『国家』と『饗宴』とは違って、エジプト文化への明快な言及があった。

(101) Wind (1980, p. 245).

(102) そのような神秘や儀式は、古代エジプト王国にはなかっとてしても、中世にはあったという議論は、第Ⅲ巻で論じられる。

(103) Yates (1964, pp. 84-116); Dieckmann (1970, pp. 38-44).

(104) Yates (1964, p. 116).

(105) Yates (1964, pp. 360-97).

(106) Yates (1964, p. 85).

(107) Yates (1964, p. 154); Rattansi (1975, pp. 149-66); Kuhn (1970, esp. pp. 128-30) も参照のこと。

(108) Festugière (1945-1954, vol. 2, p. 319), Yates (1964, p. 36) に引用。

(109) E. Rosen (1970; 1983).

(110) この影響についての概観はSwerdlow & Neugebauer (1984, pp. 41-8) 参照のこと。この部分についてはジャミル・ラゲブ教授の協力に感謝する。

(71) Jacoby (1923-9, vol. 3, p. 812, 15-17) . Baumgarten (1981, p. 69) も参照のこと。

(72) Jacoby (1923-9, vol. 3, p. 810, 2-5). Baumgarten (1981, p. 192) も参照。

(73) Pope (1973, p. 302). 後期エジプトの宗教ではトト神の祭儀と関わりがあったように思われる「おんどり」から、一元的に判定を下すことを私は受け入れない。トト、アヌビス、ヘルメス、水星のきわめて重要な結びつきについては第Ⅱ巻で論じる。

(74) Seznec (1953, p. 12).

(75) Devisse (1979, pp. 39-40); Morenz (1969, p. 115) 参照のこと。

(76) *City of God*, 18.39.

(77) Blanco (1984, pp. 2253-8).

(78) Scholem (1974, p. 11). 死海文書〔*用語解説〕については、Gaster (1964) 参照のこと。

(79) Festugière (1961-5, esp. vol. 1).

(80) Scholem (1974, p. 9); Sandmel (1979) も参照のこと。

(81) Scholem (1974, pp. 8-30).

(82) Scholem (1974, p. 9).

(83) Scholem (1974, pp. 30-42).

(84) Lafont *et al.* (1982, pp. 207-68).

(85) Scholem (1974, p. 45).

(86) Scholem (1974, p. 31).

(87) Zervos (1920, p. 168, trans. in Blanco, 1984, pp. 2258-9).

(88) これらの黄金虫をめぐる話は、アーリア・モデルの現実の姿をよく示すものである。多くの副葬品を伴ったヒルデリヒの墓が発見されたのは1653年であるが、出土品の一部分が失われたものの、その多くは考古学趣味のあったジャン・ジャック・チフレという著名な医師のイラスト入りの本としてまもなく出版された。19世紀になって、出土品はさまざまな変転を蒙ることになった。結局、これらの貴重な史料のいくつかは、パリのCabinet des Médaillesに展示されているものの、現代の学者は17～18世紀の出版物に頼らざるを得なかった。全体として、また実物との比較が可能な部分において、現代の学者たちは先人の観察の精緻さに驚かされるのである。しかしながら、この分野での今日の最先端を走るデュマ博士は、チフレが牛の頭をアピスと見なしていることに異を唱え、さらにはその起源がスキタイ、ペルシア、ヒッタイトなどに見出せる以上、エジプトや、さらにはローマに起源を求めることは不必要だなどと主張している。彼女がスキタイとの間に「多少の類似」関係が見られると指摘するのは当然である(1976, pp. 42-3). ヒッタイトのアナトリア文化が消滅したのは、そこから1000年も以前のことであるが、ここでヒッタイトを持ち出してきた理由は、彼らの芸術に荒削りの素朴さがあり、また彼らの言語がインド・ヨーロッパ語に属するという事実だけにすぎない。ヒルデリヒがその人生の大半をローマの配下に身を置き、ハンガリーのアッティラ〔ビザンツ帝国を攻めたフン族の王、406頃～453〕の宮廷で一時期を過ごしたこと、また今日のドイツ、オーストリア、ハンガリーにあたる後期ローマ帝国の北方地域において、エジプト宗教が優に3世紀に至るまで力をもっていたこと(Selem, 1980; Wessetzky, 1961)、またキリスト教徒のシャルルマーニュ公がセラピス神を重要視していたことなどの諸事実を考慮するなら、エジプトの影響があったと考えていったいどんな不都合があるのか。しかしながら、チフレが墓にエジプトの黄金虫があったと報告しているのに対して、彼女はこれに噛み付いている。

銀貨を検査する際に、そのうちのいくつかを穿孔しているのであるが、チフレは後での比較作業のためにあらかじめ収集品の複製をとっておいた。黄金虫の場合も同様であった。

時代のものに意図的に見せかけるということは大いにあり得る。しかしながら、そこにはわざとらしさがないこと、ヘルメス文書の編集における精緻さと一貫性、古いものはすべてこの文書に由来するものだとしていること、これらの時代設定を後世のものにしたいと望んだ人々のイデオロギー的意図が鮮明に出ていることなどから、時代がより早期に遡る可能性が高い。

(49) Scott (1924-36, vol. 1, pp.45-6).

(50) Stricker (1949, pp.79-88); P. Derchain (1962, pp.175-98). Griffiths (1970, p.520)およびMorenz (1969, p. 24) 参照のこと。

(51) T. G. Allen (1974, p.280); Boylan (1922, p.96. 日付の記載なし)。Baumgarten (1981, p.73) も参照のこと。

(52) Plutarch, 61, 375F. Clement, *Stromata*, VI.4.37. これについてのプルタルコスの議論は、Griffiths (1970, pp.519-20) 参照のこと。

(53) エスナの碑文についてはM.-T. and P. Derchain (1975, pp. 7-10) 参照のこと。サッカラについてはRay (1976, p. 159) 参照のこと。Morenz (1973, p. 222) も参照のこと。.

(54) Ray (1976, pp. 136-45).

(55) T. G. Allen (1974, p. 280).

(56) John I:1. 否定については、Festugière (1944-9, vol. 1, p. 73); Boylan (1922, p.182) 参照のこと。

(57) Breasted (1901, p. 54). G. G. M. James (1954, pp. 139-151) は*Memphite Theology*の重要性については十分に認識している。ギリシア語 νόος（思考および感覚作用に用いられる心）はエジプト語nwあるいはnw3（見る、見える）から由来しているようであるが、これもまた、νοέω（知覚する、観察する）のもとになった言葉である。

(58) 通称p3 nb n p3 ḥ3ty（心臓の主人）である。レイはこれを「謎めいている」と称している (1976, p. 161). トトもラー神の心臓と見なされていた (Budge, 1904, vol. 1, pp. 400-1).

(59) Budge (1904, vol. 1, pp. 400-1).

(60) *Pyramid Texts*, 1713 C. Griffiths (1970, p. 517) である。より早期のものについてはHani (1976, pp. 60-1) 参照のこと。

(61) これらの参考資料を編集したものについてはFroidefond (1971, pp. 279-84) 参照のこと。

(62) Jacoby (1923-9, vol.3, p. 264); frags 25, 15, 9; 16, 1.

(63) フィロンの作品の断片は3世紀に教父エウセビオスが*Praeparatio Evangelica*, I.9.20-29,およびI.10において引用している。

(64) Albright (1968, pp. 194-6, 212-3); Eissfeldt (1960, pp. 1-15). ターウトスの宇宙創世論がセム的起源とエジプト的起源の混合物であることは、第Ⅲ巻で取り上げるつもりである。

(65) Baumgarten (1981, pp. 1-7, 122-3). フィロンがのべている名前のうち、ウガリト語やエジプト語でうまく説明できないものの多くは、エジプト起源のように思える。この問題は第Ⅲ巻で取りあげる。

(66) Albright (1968, p. 225). Baumgarten (1981, pp. 108-19)も、この二つの宇宙論に密接な関係があることを認めている。

(67) Budge (1904, vol. 1, pp. 292-3); Hani (1976, pp. 147-9). Derchain (1980, cols 747-56).

(68) Gardiner (1961, pp. 47-8).

(69) Renan (1868, p. 263); Albright (1968, p. 223). 他については、Baumgarten (1981, p. 92, n. 94) 参照のこと。

(70) Albright (1968, p. 193); Eissfeldt (1960, pp. 7-8). Baumgarten (1981, pp. 107-10) も参考になる。カナン文化におけるエウヘメロス説とそのギリシアへの影響についてはG. Rosen (1929, p. 12) 参照のこと。

(27) Des Places (1984, p. 2308).

(28) Hobein (vol. 2, p. 10, trans. Murray, 1951, p. 77. n. 1); Wind (1968, pp. 219-20) の引用あり。

(29) Pagels (1979, p. xix).

(30) Porphery, *Vita Plotini*, X.

(31) Des Places (1975, pp. 78-82).

(32) Plato, *Republic*, XI 参照のこと。

(33) 彼らの神学において、またグノーシス派自体のなかにおいても女性の地位が際立っているのは、後期古典期における上流階級女性の獲得した自由の反映であろう。Pagels (1979, pp. 48-69) 参照のこと。同様にして、エジプトにおける女性の社会的地位は、伝統的にカナンやギリシアなどとは比較にならないほどに高かったのである。Pagels (pp. 63-4) がMorton Smith教授を引用してのべているように、キリスト教徒の女性に対する姿勢は、宗教内部での支配的社会階級が下層階級——すなわちそこでは女性の家庭における経済的役割が必要不可欠であり、その結果として一定の平等性を保持していたのであるが——から中間階級へと移行するに従い、女性が家庭に縛られるにつれて、固定化していったのである。

(34) Blanco (1984, p. 2242).

(35) よく読まれていたヘルメス主義文献——しばしば1巻本にまとめられている——などを参照するのもよかろう。これらはNag Hammadiにあるグノーシス派文献収集の一部となっている (Blanco, 1984, pp. 2248-9, 2252). ヘルメス主義および他学派との関係などについての研究文献についてはBlanco, pp. 2243-4 参照のこと。新プラトン主義とヘルメス主義との関係については、Des Places (1975, pp. 336-7); Dieckmann (1970, pp. 18-25) 参照のこと。

(36) ヘルメス主義のグノーシス主義への影響に関する文献についてはBlanco (1984, p. 2278, n. 102) 参照のこと。新プラトン主義への影響に関してはDes Places (1975, pp. 76-7; 1984, p. 2308) 参照のこと。

(37) Yates (1964, p. 2, n. 4) が引用する Bloomfield (1952, p. 342) 参照のこと。

(38) Blanco (1984, p. 2264).

(39) Blanco (1984, p. 2272). ペイゲルスはグノーシス主義を取り上げた優れた著作の中で、エジプト、あるいはヘルメス主義のグノーシス主義に対する影響については何ものべていない一方で、インドの影響の可能性については、微細で断片的な証拠をもとにその可能性を探ろうとしていることは興味深い (1979, pp. xxi-xxii). Schwab (1984, p. 3) も参照のこと。

(40) Yates (1964, p. 3). 20世紀におけるヘルメス主義研究およびこの問題についてのフェステュギエールの研究文献についてはDieckmann (1970, pp. 18-9); Blanco (1984, pp. 2268-79) 参照のこと。

(41) コプト語原典のグノーシス文献についてはDoresse (1960, pp. 255-60) 参照のこと。

(42) Blanco (1984, p. 2273).

(43) カゾボンの研究要約はYates (1964, pp. 398-403); Blanco (1984, pp. 2263-4) 参照のこと。あるものの存在を、文献的に検証できないとの理由で否定する際に用いる技法については、本書後段で論ずるつもりである。

(44) Festugière (1944-9, vol. 1, p. 76).

(45) Kroll (1923, pp. 213-25).

(46) Cumont (1937, pp. 22-3).

(47) キュモンの歴史的役割および業績についてはBeck (1984, pp.2003-8) 参照のこと。

(48) Petrie (1908, pp. 196, 224-5; 1909, pp. 85-91) 参照のこと。ピートリのこの主張に私も賛成するが、それは証拠がないにしてもより信憑性があると思えるからである。2世紀の作家たちが、ちょうどヘリオドロスが彼の小説*Aithiopika*で行ったとされるように、自分の作品をペルシア

（2）たとえば、Baldwin Smith (1918, p. 169) 参照のこと。
（3）Juster (1914, vol. 1, pp. 209-11, 253-90).
（4）Juster (1914, vol. 1, p. 211); Baron (1952, vol. 2, pp. 93-8, 103-8).
（5）Herodotos, III. 27-43.
（6）エジプト神殿の富と奴隷の数の多さについては、Cumont (1937, pp. 115-44) 参照のこと。
（7）Ezra 1; 2-4.
（8）Neusner (1965, vol. 1, pp. 70-3).
（9）この件について、二つの相対する見解があるが、Santillana (1969); Neugebauer (1950, pp. 1-8) 参照のこと。
（10）Virgil, *Eclogues*, IV. lines 4-10 (trans. Fairclough, 1932, vol. 1, p. 29).
（11）Pulleybank (1955, pp. 7-18).
（12）Finkelstein (1970, p. 269) 参照のこと。
（13）とりわけ chs. 41-45, 367C-369C 参照のこと。Hipparchos は前 2 世紀にエジプトに居住していたが、この現象の発見者とされている。
（14）Gardiner (1961, pp. 64-5); von Bekarath (pp. 297-9).
（15）Griffiths (1970, p. 34) 参照のこと。コプト語には hasie という興味深い語があるが、これは Černy がより古い語 ḥsi（賞賛された溺死者）から派生させたものである。このことは明らかにこれらの伝説と関連がある。ギリシア語の語幹 hosio-（聖なる、汚れていない）は、インド・ヨーロッパ語の語幹√es（である）からではなく、むしろここから由来したものであろう。詳細については第Ⅲ巻で取り上げる。
（16）Lambert (1984, pp. 126-42).
（17）Gamer-Wallert (1977, pp. 228-34); Griffiths (1970, pp. 342-3, 422-3).
（18）Dågôn はギリシア語の drakōn-（魚または竜）に関連があるように思えるが、これまでもヘブライ語の dåg（魚）と同定されてきた。しかしながら、dågån は「穀物」を意味し、また古いセムの神に Dagan という名の神がいる。この神は紀元前 3 千年紀のエブラにおいて非常に有力であったようだ (Pettinato, 1981, pp. 246-8). ここでは明らかに語呂合わせが認められる。いずれにせよ、イスラエル人は魚を神聖視もタブー視もしていなかった。
（19）John 21: 1-14.
（20）Baldwin Smith (1918, pp. 129-37).
（21）*De Baptismo*, I. 初期キリスト教思想における「生ける水」の中の魚については Daniélou (1964, pp. 42-57) 参照のこと。さらにテルトゥリアヌスは別の次元でも、Pisces（魚座）は Aquarius（水瓶座）に沿ったものか、あるいはそれから発したものであることを示唆している。
（22）Hornung (1983, p. 163).
（23）*Corpus Hermeticum*, II.326-8 (trans. F. Yates, 1964, pp. 38-9).
（24）Dupuis (1822, vol. 1, pp. 75-322) 参照のこと。今日でも優れた業績である。これと類似の諸側面については第 8 章でも取り上げる。
（25）ヘルメス主義およびこれらの周辺の哲学を一つに体系化しようとする試みが、J. クロルをはじめとしてこれまでにも何人かの学者によって行われているが、これには筆者などがとてもおよびのつかない広汎な学識を必要とする。しかしながら、現代の研究はますます精緻さが求められているため、これまでのところでは総合よりも細分的手法に軍配が上がっている。Blanco (1984, p. 2268) 参照のこと。
（26）後期古典期およびルネサンス期における「三」の概念についての全般的考察については Wind (1980, pp. 41-6) 参照のこと。

(195) Arrian, V.9.5,10.6; VII.20.1.

(196) Arrian, V.2.1 (trans. Robson, vol.II, p.7).

(197) Arrian, VI.27.2 (trans. Robson, vol.II, p.191).

(198) Lane-Fox (1980, pp.121-3; エジプト式葬列については pp.408-9参照のこと)。

(199) Parke (1967, pp.222-30) 参照のこと。急進アーリア主義者の見解ならWilcken (1928;1930)を見るとよい。第三帝国でのヴィルケンの華々しい経歴についてはCanfora (1980, p.136)参照のこと。

(200) このプロセスについての文献一覧はHani (1976, p.8)参照のこと。M.J.Vermaseren編集の長期にわたるシリーズ刊行本は文字どおりこのテーマを追ったものである (*Études préliminaires aux religions orientales dans l'empire romain*. Leiden:1961).

(201) Zucker (1950, pp.151-2); Froidefond(1971, p.228); Dunand(1973, p.5).

(202) Pausanias,I.41.4;Dunand (1973, pp.13, 99).

(203) Dunand (1973, p.89).

(204) Pausanias,I.41.4; II.3.3; II.32.6; III.9.13; III.14.5; III.18.3; IV.32.6; VII.25.5; X.32.9.

(205) イシス崇拝の広がりについては、たとえば、J.Leclant (1972,1974)に膨大ではあるが、不完全な文献一覧がある。

(206) Smelik & Hemelrijk,1984, pp.1931-8.

(207) R.Lambert, 1984,とりわけpp.21-7, 157-60参照のこと。

(208) Smelik & Hemelrijk (1984, pp.1943-4).

(209) *De Republica*, III.9.14 (trans. Smelik & Hemelrijk,1984, p.1956).

(210) Smelik & Hemelrijk(1984, pp.1965-71).

(211) 例は多いが、プルタルコスがオシリスのことを「太陽が腕の中にかくまわれた」と歌っている聖歌 (54・372B)について、また古代エジプト人がラー神やオシリス神の霊を胸に抱くとのべていることなどを挙げている点に留意しなくてはならない。この件についてHani(1976, p.219)は「プルタルコスの情報に信憑性のあることがこの点からも明らかである」と書いている。

(212) Gwyn Griffiths (1980, col.167). 注目すべきことであるが、Griffithsはエジプト文明に関するギリシア側の史料を無視することには、フロワドフォンをはじめとする他の学者同様に強く反対している。

(213) Froidefond (1971).

(214) プルタルコス『イシスとオシリス』35・364.E (trans. Babbit, p.85). デルフォイの宗教とエジプトの宗教とがとりわけ密接な関係にあることを示す史料は、この作品だけでなく他にも多くある。Jeanmaire (1951, p.385); Hani (1976, p.177)参照のこと。Heliodoros, II.28も参照のこと。

(215) 13,356B; 28,362B.

(216) Griffiths(1970, pp.320-1).

(217) Clement of Alexandria, *Protreptikos*, II.13参照のこと。

(218) Snodgrass (1971, pp.116-7)参照のこと。

(219) Heliodoros, I.27.3.

(220) Apuleius, XI.5(trans. Griffiths,1975, p.75).

(221) Iamblichos, VII.5.3(trans. T.Taylor,1821, p.295).

第2章　エジプトの英知とその後の西欧へのギリシア人による伝播

(1) Gibbon (1776-88, vol. 3, pp. 28, 199-200; vol. 5, pp. 109-10). プトレマイオス朝のこの図書館は偶発的にカエサルの軍隊によって破壊されたが、再建された図書館もまたその当時で最大の規模を誇った。

書(1921, p.30)を参照していないが、同書においてマイヤーはそれが本物であり、ヘカタイオスが書いたものだとしている。J.Klausner (1976, p.195)は疑問の余地なく真性なものとして受け入れている。Astour (1967a, p.98)も参照のこと。

（169）カドモスがエジプト人であるかフェニキア人であるかについての議論はPausanias,IX.12.2を参照のこと。カドモスの上陸時期については古代の年代記作成者の間で諸説あり、論争がある。R.Edwards (1979, p.167)参照のこと。

（170）Zendotos.Diogenes Laertius, VII.3および30 (trans. Hicks, vol.II, p.141)に引用あり。

（171）Diodoros Sikeliotes,I.9.5-6 (trans. Oldfather, vol.I, pp.33-5).

（172）Diodoros Sikeliotes,V.57.1-5 (trans. Oldfather,vol.III, pp.251-3).

（173）Diodoros Sikeliotes,V.58.

（174）Oldfather,vol.III, pp.252-3.

（175）Diodoros Sikeliotes,I.9.5-6 (trans. Oldfather,vol.1,pp.33-5).

（176）Diodoros Sikeliotes,I.28-30 (trans. Oldfather,vol.1,pp.91-7).

（177）Pausanias,II.30.6 (trans. Levi,vol.I, p.202).

（178）Pausanias,II.38.4 (trans. Levi,vol.I, p.222-3).

（179）ポセイドンとセトの同定についてはすでに序章で論じたところであるが、第Ⅲ巻でさらに詳細に検討する。

（180）Pausanias,IV.35.2 (trans. Levi, vol.II, p.187).

（181）Pausanias,IX.5.1 (trans. Levi, vol.I, p.317).

（182）上記註50参照のこと。

（183）*De Malig.*13-14 (trans. Pearson & Sandbach, pp.27-9).

（184）L.Pearson & F.H.Sandbach, p.5.

（185）Pausanias,IX.16.1 (trans. Levi, vol.I, p.339, n.75).

（186）Pausanias,III.18.3 (trans. Levi, vol.II, p.62)この神託については第Ⅲ巻で取り上げる。

（187）Pausanias,III.18.3 (trans. Levi, vol.II, p.62およびLeviのnote153).

（188）F.Dunand (1973, p.3); S.Dow(1973, pp.183-232).

（189）Arrian, *Alexander*,III.3.2; Lane-Fox (1980, pp.202, 207). 角についてはアレクサンドロスの硬貨と、それよりは古いものであるが、リビア沿岸にあったギリシア植民地キレネから出土したアモンの硬貨との間に驚くべき類似が見られる (Lane-Fox,1980, pp.200-1). キレネの硬貨はしばしばアモンの肖像を刻んでいるが、どことなく「黒人の血」を感じさせる雰囲気がある。Seltman (1933, p.183)参照のこと。

（190）Arrian, IV.9.9; Lane-Fox (1980, pp.388-9).

（191）Hornung (1983, p.93-5).

（192）Diodoros Sikeliotes, Ⅲ.68-74. ギリシアとりわけクレタ島におけるシンクレティズムの重要性についての議論は第Ⅲ巻で取り上げる。

（193）Diodoros Sikeliotes, I.17.3-I.20. 海を渡ってきた文明伝播者オシリスとディオニュソスとの関連性については、プルタルコスの *De Iside*....13, 365Bも参照のこと。B.Helck（1962, col.505）はオシリスの征服伝説がエジプトの伝承にもとづいているとの説を否定している。J.Hani（1976, p.44）が書いているように、「ヘルックが、ループルの *Hymn to Osiris*（『オシリス賛歌』）がこの伝承についてのべているにもかかわらず、これを除外しているのは“おかしなこと”である」。しかし筆者にとっては少しも驚くべきことではない。Pauly Wissowaの百科事典のような、アーリア・モデルの砦のようなところではなおさらである。

（194）*Bakchai*,13-20. Fraser (1921, pp.324-5)の議論を参照のこと。

(147) Froidefond (1971, pp.240-3) の議論を参照のこと。

(148) プラトンがエジプトへ行ったかどうかについてのアーリア主義学者間の論争はFroidefond (1971, p.269, n.24)およびDavis (1979, p.122, n.3)参照のこと。Davisに次のような指摘があることに留意しなくてはならない。すなわち「伝承の内容は、いかなる古典学権威者たちの見解ともはっきりと矛盾しているわけではない」。また、プラトンのエジプト行きに対してもっとも大きな疑念のいくつかを表明しているのはT. Hopfnerであり、とりわけ彼の*Plutarch über Isis und Osiris*においてであることにも注意が必要である。

(149) *Phaidros*,274 D (trans. H.N.Fowler, p.563).

(150) *Philebos*,16C; Epinomis, 986E-987A.

(151) Davis,1979, pp.121-7.

(152) Proklos, *In Tim*.LXXVI (trans. Festugière, 1966-8, vol.1, p.111)での引用。

(153) Marx,『資本論』vol.1, Pt4 (1983, p.299).

(154) Popper (1950, p.495,662).

(155) 前者についてはA.E.Taylor (1929, p.275-86) を、後者については、たとえばLee (1955,序論)など参照のこと。

(156) Herodotos,II.29,62;Plato,*Timaios*,21E. サイスとアテネとの「実際」の関係の詳細は第II巻およびBernal (1985a, pp.78-9) 参照のこと。

(157) *Timaios*,22B (trans. Bury, 1913, p.33).

(158) *Timaios*,23A. プラトンがここで古代の伝承をそのまま記録している可能性はある（大災害の伝承の内容については第II巻で取りあげる）。また同時に神聖な語呂合わせである可能性もある。アテネにおける神官はḤt Ntを意味するが、これはサイスの宗教的名称（ということはより古いことにもなるが）であったかもしれない。序章およびBernal (1985a, p.78) も参照のこと。

(159) イソクラテスについては上記註133を、プラトンについては*Menexenos*, 245 D参照のこと。

(160) 本章註132参照のこと。

(161) *Meteorologika*, I.14.351b, 28.

(162) *Metaphysika*, I.1.981b.

(163) *De Caelo*, II.14.298a. リストから天文学を除去しようとする現代の試みについてはFroidefond (1971, p.347, n.35)参照のこと。

(164) Froidefond (1971, p.350, n.61).

(165) G.G.M.James (1954, pp.112-30)によれば、アリストテレスはこの地位についたおかげでエジプトにおける文献調査が容易となり、まったくそのおかげで驚くべき膨大な分量と分野にわたる彼の著作が可能となった。このことは、一般論として考えてみても、ギリシア人による中東征服がその1000年後のアラブ人による征服と同様であったことをうかがわせるものである。すなわち、征服によってそれ以前の文化の多くをギリシア化あるいはアラブ化し、その残りは失われてしまったということである。もっともそれを検証することはきわめて困難な作業ではあるが、真剣な取り組みが求められる。

(166) H.-J.Thissen (1980, cols1180-1).

(167) Diodoros, XL.3.2, trans. F.R.Walton & R.M.Geer, vol.XII, p.281に引用あり。

(168) この手紙はI Maccabees XII:20-2およびJosephusの*Antiquities*, XII.266の両方に見える。 モミリアーノ教授はI Maccabeesに含まれるほとんどの文献が真正なものであると確信しているが、この手紙ばかりは疑わしいという。アーリア・モデルの枠内に身を置く彼が、ユダヤ人とスパルタ人との間に関係があったとする考えを一笑に付すのは当然である (1968, p.146)。E.Rawson (1969, p.96)も同様に懐疑的である。どちらもそれに関するE.マイヤー(Meyer)の思慮深い研究

（118）Herodotos,IV.147 (trans. p.319).

（119）Herodotos,II.171 (trans. p.197).

（120）Herodotos,V.58 (trans. p.361).

（121）Herodotos,II.49-52 (trans. pp.149-51). 最新の研究の詳細はFroidefond (1971, pp.145-69); A.B.Lloyd (1976, vol.2, pp.224-6).

（122）Herodotos,II.55-8.

（123）Plutarch, *De Malig.* ここ15年来の歴史学者のヘロドトスの扱いの重要性についてはA.B.Lloyd (1976) 参照のこと。

（124）Herodotos,II.49 (trans. p.149).

（125）Thucydides,I.8.

（126）Herodotos,VI.53-4.

（127）Thucydides,I.3.2.

（128）Snodgrass (1971, p.19) などが参考になろう。

（129）Thucydides,I.3.2. この点についてのはStrabo, VIII.6.6参照のこと。καθ Ἑλλάδα καί μέσον Ἄργοζ（ヘラスとアルゴス中部を通って）という成形句が『オデュッセイア』においてはギリシアに対して頻繁に用いられている。『オデュッセイア』I. 343-4; IV. 726, 816; XV.80.

（130）Thucydides, I. 1.

（131）Panegyrikos,50 (trans. Norlin, p.149). 演説の内容については Bury (1900, pp.540-1, 568-9) 参照のこと。Snowden (1970, p.170) も参照のこと。彼はこれをギリシアで人種差別がなかったことの証拠として評価している。

（132）Diogenes Laertius, VIII.86-9; de Santillana (1963, pp.813-15).

（133）*Helen*, X.68 (trans. p.226).

（134）Bousiris, 30. Smelik & Hemelrijk (1984, p.1877) には失礼だが、彼らには反エジプト的傾向が明確にある。

（135）Bousiris,16-23.

（136）Bousiris, 28.

（137）Cicero,*Tusculanae Disputationes*,V.3.9; Sophiaの語が、エジプト語の*sbꜣ*（教える、学ぶ）から派生したものであることは第II巻で取り上げる。

（138）Bury (1900, p.541) ;Gardiner (1961, p.374) およびStrauss (1987, ch.6). サラミスの名称は、キプロス島およびアテネ南西のサラミス島にある避難港を指すのに用いられるが、これは明らかにセム語のsalam（平和）に由来するものであり、今日でもアラビア語の地名Dar es Salam（ダルエスサラーム、平和の港）に見ることができる。アテネは同盟内の弱き輩であった。

（139）Wilamowitz-Moellendorf (1919, vol.1, pp.243-4; vol.2, p.116, n.3).

（140）Plutarch, *de Iside*,10; *Lykourgos*,4; Froidefond (1971, pp.243-6). フロワドフォンはこの本の註77の中で、1世紀のストラボンも、リュクルゴスが、スパルタはエジプトからの影響を受けていることに言及していることを率直に認めている。

（141）第II巻参照のこと。

（142）*Bousiris*, 18 (trans. p.113).

（143）Froidefond (1971, p.247).

（144）Herodotos,II.81. 時代は下がるが、Diogenes Laertius,VIII.2-3でも確認できる。これを否定する立場のものとしてはDelatte (1922, p.152他) 参照のこと。

（145）*Bousiris*, 28. Isokrates, p.119.

（146）Norlinの翻訳 (p.112, n.1) なども参考になる。

ものである。これが後代のギリシア思想の中では ὕδωρ ζῶν として現われ、ユダヤ、キリスト教の伝統の中でいっそう強化される。ヘブライ語の מַיִם חַיִּים はその一例である (Leviticus14:5,6,etc). Daniélou (1964, pp.42-57)参照のこと。Ovid の *Metamorphosis* におけるラテン語でのイーオーと彼女の父 イナコス（川の水)、彼女の略奪者ゼウスである flumen および fulmen（雷）などの関係についての混乱は Ahl (1985, pp.144-6) 参照のこと。

(98) Astour (1967a, p.86) 参照のこと。

(99) Johansen & Whittle (1980, vol.2, p.65).

(100) 筆者は T.T.Duke (1965, p.133) の論点を支持する。

(101) Ahl (1985, pp.151-4). エジプト語およびギリシア語におけるイシスと月との同定については Hani（1976, p.220）参照のこと。

(102) アテナ神がエジプト起源であることは、その夫となるリビアのポセイドンとともに序章で触れておいた。詳しくは第Ⅱ巻参照のこと。

(103) Meyer (1892,vol.1, p.81); Astour (1967a, p.80) に引用。マイヤーによると、Bēlos の有声音化はこの名前がカナン語の baʿal から来たものではなく、アラム語の bʿēl から来たものに違いないことを示しているという。したがってこれは時期的に見て遅いことになる。しかしながらギリシア語においても同様に Bālos から Bēlos へと変化したことも考えられる。

(104) エジプト語・セム語のルーツの複雑さ、および phoinix という語については第Ⅱ巻で取り上げる。

(105) Astour (1967a, p.81).

(106) 相対応する二つのテキストは紀元前2500年頃のものと推定されるが、一つはシリアの都市エブラ、もう一つはメソポタミアの アブ・サラビクから出たものである。これらの中で Am-ni および DA-ne^{ki} の二つの地名は西方地域にそれぞれ対応する場所があることがわかる (G.Pettinato,1978, p.69, no.186). 著者からの直接の教示によると (1983年3月の私的な会話での)、前者はクレタの都市アムニンスに関連付けられ、紀元前2千年紀頃の線文字Bおよびエジプト文書での確認作業が現在行われているとのことである。もしそうであれば、Da-ne の土地はクレタ島を指している可能性が十分ある。これは Am-ni がたとえたんに「西方」を表す一般的な呼び名であったにしても（エジプト語で西方は ꜣimn)、同じことである。

(107) Helck (1979, pp.31-5) ;Gardiner (1947, vol.1, pp.124-6) 参照のこと。詳細は第Ⅱ巻で取り上げる。

(108) Astour (1967a, pp.1-80).

(109) Gordon (1962b, p.21);Yadin (1968)参照のこと。この件についての文献ならびに新知見は Arbeitman & Rendsburg (1981)参照のこと。

(110) Gardiner (1947, vol.1, p.126) ; Morenz (1969, p.49). 語根 ṯnỉ（老いる）が元の形であろう。死にまつわる一般的な婉曲表現によるものであろう。thanatos その他に見られるギリシア語語根√θv は「死ぬ」ことであるが、「老いる」を含意している。エジプト語における老いと死の混同については Hornung (1983, pp.151-3) 参照のこと。

(111) この伝承への疑問は本書 pp.43-5〔原書ページ〕参照のこと。

(112) Johansen & Whittle (1980, vol.2, p.5).

(113) Farnell (1985,vol.1, p.72-4) ; A.B.Cook (1925, vol.2, pt2, pp.1093-8).

(114) もう一方の戯曲はエウリピデスによる。

(115) *The Phoenician Women*, 202-49. その他の作品については *The Bakchai*,170-2,1025 および *Phrixos*, frs 819,820.

(116) 全体については R.Edwards (1979, pp.45-7) 参照のこと。

(117) Herodotos,II.182 (trans. p.201).

まいさについてはGavie (1969, p.164, n.3)参照のこと。

(76)『救いを求める人々』1s.911-14, 翻訳 Weir Smyth (pp.89-91).

(77) Diodoros, I. 24.8. 彼が得た情報によれば、IoがIsisであることは明らかである。

(78) Diodoros, 46.20. Astour (1967a, pp.86-7, 388).

(79) Johansen & Whittle (1980, vol.2, p.171).

(80) Is.155-8, 228-34, 822-4. Johansen & Whittle (1980, vol.2.p.184)参照のこと。

(81) Ahl (1985,とくにpp.17-63)参照のこと。

(82) Garvie (1969, pp.71-2). Herodotos, IV.199にはbounos（丘）と書かれている。この語は現代ギリシア語では一般的に山を表すが、ギリシア古典期にはめったに用いられていなかった。もともとは今日のリビアのキュレネ〔古代ギリシアの植民都市〕で使われていた言葉である。Garvie (p.71)およびJohansen & Whittle (1980, vol.2, pp.105-6)参照のこと。私は少なくとも語呂あわせのレベルでは、これをエジプト語語幹√bnと関連づけるのが適当だと考える。この語幹は wbn（日の出）および bnbn（先端、頂点、または古代における山）などに見られるものである。A.B.Lloyd (1976, pp.318-19)参照のこと。

(83) Garvie (1969, p.72).

(84) J. Bérard (1952, p.35).

(85) Astour (1967a, p.94). Johansen & Whittle (1980, vol.2, p.45) は注釈抜きでJ. R.ハリスの見解を引用している。ハリスはこの母音の長さについて異論を提起しているが、転写や借用による音変化を考慮したとしても、根拠薄弱である。しかもJohansen & Whittle自身が「音の長さを無視したアイスキュロス式語源探索」であるなどとのべている（p.105). ハリスの主たるねらいは純粋にイデオロギー的見地から発したもので、EpaphosとAphōphisとを関連付けるのは「荒唐無稽」だというものであった。

(86)『イリアス』1.270; 3.49および『オデュッセイア』7.25; 16. 18. Johansen & Whittle (1980, vol.2, p.105)での引用。

(87) 古代の知識についてはFréret (1784, p.37) などが参考になろう。現代についてはSheppard (1911, p.226) 参照のこと。

(88) Vercoutter (1975, cols 338-50).

(89) Van Voss (1908, cols 52-3).

(90)『救いを求める人々』260-70 (trans. Weir Smyth, 1922, vol.1, p.27).

(91) Van Voss (1980, cols 52-3) ;Budge (1904, vol.1, p.198).

(92) Castor, Eusebius (1866, p.177)による引用あり。エウセビオスのテキストの混乱についてはA.A.Mosshammer (1979, p.29-112) 参照のこと。Fréret (1784, p.20) も参照のこと。アルゴス自体の名前の解釈の多様性については、上記註8-10参照。

(93) Num.13:22-33; Deut.1:28, 2:10-21, 9:2; Josh.11:21-2, 14:12-15, 15:14および15:13-14; Judg.1:20. ペリシテ人については補遺参照のこと。Gobineau（1983, vol.1, p.663）は、イナコスおよびanaxをセム語 ˁănåq から来たものとみなしている。

(94) Num.13:22において、おそらくは元の名前をキリャト・アルバと称したヘブロンは、ツォアン〔エジプトの古都〕よりも7年も前に建設されたと特定されている。ツォアンはヒクソスの首都アヴァリスだったらしいが、紀元前17世紀もしくはそれ以前に建設された。

(95) Fréret（1784, p.37). √ˁnq（ネックレスあるいは首）からの派生は民話起源のものであろう。

(96) 借用における音声の詳細については第Ⅱ巻で扱う。

(97) Apollodoros, II.1,4. これとは異なるものについてはFrazer (1921, vol.1, pp.134-5) 参照のこと。「生命」の水、あるいは「命ある」とか「流れ行く」水などというイメージはもちろん自然の

（54）K.O.Müuller (1820-4,vol.1, pp.113-21)。
（55）R.Edwards (1979, p.77,n.70) ;Chantraine(1968-75, vol.1, p.21). 西セム語の語根は最初エブラ語のadanaに見出されたものであるが、これはエジプト語のỉdn(w)（代理、知事）から来たものかもしれない。
（56）Merkelbach and West (frs141 and 143).
（57）*Catalogue of Women*, fr.16. Strabo, VIII.6.8. およびfr.17 に引用あり。『ダナオイ人』の断片についてはKinkel (1877,fr.1)およびR.Edwards (1979, p.75)参照のこと。
（58）Parian Marble,1.11.44-5 およびHerodotos, IV.53. この問題の古代における議論についてはTatian,I.31 参照のこと。両詩人の年代考証についてはJacoby (1904, pp.152-8)参照のこと。
（59）Forrest (1982, p.286). ヘシオドスおよび彼の年代考証についての現代における研究概観および文献一覧はG.P.Edwards (1971, pp.1-10, 200-28)に見える。ホメロスについての詳細は第6章註3参照のこと。アルファベットの伝播をより遅い時期だとする議論については、第9章註74-91参照のこと。
（60）これらの年代設定およびその政治的意義についてはBernal (1987; 1988)参照のこと。
（61）よく知られているこの説についてはFinley (1978, pp.32-3) 参照のこと。フェニキア人との関連から、『オデュッセイア』の成立を『イリアス』よりもかなり遅れた時期に設定する学者もいる(Nilsson, 1932, pp.130-7; Muhly,1970). ムーリーによればこの説はすでに古代から存在しているという(Longinus, *De Sublimitate*, IX.13).
（62）Albright (1950, pp.173-6; 1975, pp.516-26); Cross (1974, pp.490-3; 1979, pp.103-4; 1980, pp.15-7); Sznycer (1979, pp.89-93); Naveh (1982, pp.40-1); Helm (1980, pp.95-6, p.126).
（63）Finley (1978, p.33).
（64）第Ⅲ巻参照のこと。
（65）Finley (1978, p.33).
（66）Forrest (1982, pp.286-7).
（67）Walcot (1966, p.16)はこの可能性を認めている。
（68）Walcot (1966, pp.27-53). ゼウスはギリシアのMardukと混同されることは決してなかったが、しばしばアモン神と同定されている。このことから、神統系譜上の彼の位置は優にエジプト紀元前2千年紀にまでさかのぼることが可能であろう。ウォルコットのエジプトおよびフェニキアに対する過小評価の意味については、第10章註33参照のこと。
（69）*Works and Days*, p.589. Biblinosという名前はBi/yblos〔ビブロス〕というフェニキアの古代港湾都市の名前から来ている。
（70）『救いを求める人々』が三部作の一つであることを最初に提起したのはヴィルヘルム・シュレーゲルであり、それは1811年のことであった。Garvie(1969, p.163)参照のこと。これらのことがらについては、Apollodoros, II.1.3およびIII.1.1, Nonnos (*Dionysiaka*, II. 679-98, III.266-319)、およびエウリピデスの*The Phoenician Women*についての評伝参照のこと。R.Edwards（1979, pp.27-8）に要領のよいまとめがなされている。Garvie（1969, p.163）も合わせて参照のこと。『アミューモーネー』についてはFrazer（1921, vol.1, p.138, n.2）参照のこと。
（71）F.R.Earp (1953, p.119). Garvie (1969, p.29)に引用されている。
（72）Garvie (1969, pp.1-28).
（73）Garvie (1969, pp.29-140).
（74）『救いを求める人々』1.154. この件についての議論はJohansen & Whittle（1980, vol.2, p.128）参照のこと。
（75）*Hekabe* 886の評伝。*Pauly-Wissowa*, IV,2 (pp.2094-8)掲載論文参照のこと。この件に関するあい

（29）Herodotos, VIII.44.　ケクロプスをエジプト人とする説については第Ⅱ巻参照のこと。エレクテウス時代のこの見方についてはDiodoros, I.29.1およびschol. Aristeides, XIII.95参照のこと。Burton (1972, p.124)に引用あり。彼を現地人とする説が有力である。
（30）Euripides, *Archelaos*,（散逸）。断片史料はStrabo, V.2.4.に見られる。
（31）『救いを求める人々』911-14.
（32）Strabo, V.2.4およびIX.2.3.
（33）Pausanias, I.28.3; III.20.5; IV.36.1; VIII.1.4-5および2.1.
（34）Pausanias,VIII.1.4.
（35）Niebuhr (1847a, vol.1, p.28).
（36）Meyer (1928, vol.2, Pt 1, p.237, n.).
（37）現代における諸説についてはAbe (1966, pp.1-6) にその概要が紹介されている。
（38）第7章註59参照のこと。
（39）Thucydides, I.3.2.
（40）Ridgeway(1901,vol.1, pp.280-92) ;Grumach (1968/69, pp.73-103, pp.400-30); Hood(1967, pp.109-34).
（41）Herodotos, I.58.
（42）Grote (1846-56,vol.2, p.350他); Gobineau (1983,vol.1, p.663); Wilamowitz-Moellendorf (1931,vol.1, pp.60-3).
（43）V. Bérard (1984); 第9章註33.
（44）本書後段および第Ⅱ巻参照のこと。
（45）Sandars (1978, p.185) ;Snodgrass (1971, pp.180-6); Wardle(1973).
（46）補遺参照のこと。
（47）Herodotos, I.58.　Abel (1966, p.13)によると、この情報が小辞gar（for）の後に続けて紹介されていることは、ヘロドトスが既知のことがらについてのべているのであり、彼自身の新しい知見を提示しているものではないことを示しているという。
（48）Herodotos, VII. 94-5 (trans. p.473).
（49）Chantraine (1968-75,vol.1, p.475b) ;T.Braun (1982, p.1-4).
（50）ギリシア文字Y(ユプシロン)は語頭母音においてh音を伴う。したがって、Yantesという形をとることは不可能であった。Paiōnは原始部族を表すギリシア名であり、とりわけアッティカと関連があるとされるが、このことからもエジプト語源が確認できる。学者たちの見解ではIōnあるいはIaōnと同じ語源から発したもとだという点で異論はないようだが、これらを互いに関連づける先ギリシア文明のメカニズムについての（あるとすればの話ではあるが）了解はないようだ。Cromey (1978, p.63)の文献一覧参照のこと。ここではたんにエジプト語の p3 iwn（異邦人）が取り上げられているだけである。
（51）クストース(Xouthos)についてはHerodotos, VII.94; VIII.44およびPausanias,VII.1.2参照のこと。イオニア人の保護者ポセイドンについては、Farnell (1895-1909, vol.4, pp.10-1, 33-4他)参照のこと。Xouthos（クストース）およびZethos（ゼトス）はおそらくSeth（セト）から派生したものであろうが、この語頭の歯擦音〔＊用語解説〕はカナン語のṢid、すなわち海と狩猟の神、およびセム語語根√ṣwd (狩り)との混同から生じたものであろう。狩猟はSethおよびPoṣeidonのどちらにとっても重要な活動であって、後者はPoṭeido/anと書かれることもある。第Ⅲ巻参照のこと。
（52）Gomme (1913). 彼の影響はいまだに持続しているが、この件についてはMuhly (1970,とりわけp.40)およびR.Edwards (1979, p.65, n.63)参照のこと。
（53）R.Edwards (1979, p.77,n70)参照のこと。

p.126）説その他の引用あり。

（7）ダナオスとラリサおよびアルゴスとの関連についてはPausanias,II.19,3参照のこと（参考文献Frazer およびLevi参照のこと）。

（8）Strabo, Ⅷ. 6.9.

（9）Ahl（1985, pp.158-9）参照のこと。

（10）ˀInb ḥḏ についてはGauthier（1925,vol 1, p.83）およびGardiner（1947, vol.II, pp.122-6）参照のこと。ヒッタイトの首都Hattus またはHattusas はともに「銀」を意味する。ギリシア語およびアナトリア語での名前が、それらよりもいっそう古いエジプト語からの借入語であるかどうか、あるいはこれらの語が都市や要塞の実際の色から出ているものであるかは何とも言えない。

（11）『イリアス』II.681.

（12）『イリアス』XVI.233. ドドナについてはさらに第Ⅲ巻でも触れることにする。

（13）『オデュッセイア』XIX.175.

（14）Aigimios, fr.8,White (1914, p.275).

（15）Diodoros, V.80.1.

（16）全体としてC.Gordon (1962a,1963a-b,1966,1967,1968a-b,1970a-b,1973,1975,1980,1981)の説に従い、Duhoux (1982, p.232)の説は採らない。Duhoux (pp.16-20)のエテオクレタ人（クレタ島先住民Eteocretan）の語源学的仮説には無理がある。eteos の語自体がインド・ヨーロッパ語に起源を持つものではない。むしろデモティック（民衆文字）に見られる ἰt およびコプト語で大麦を意味する eiōt に由来するものだと考えた方がよい。中・後期エジプト語 ἰt m ἰt は「大麦の中の大麦」ということになるが、これは「真の大麦」すなわち粒のこと、あるいはその核を示すものであろう。ギリシア語にはeteokrithos（良質のあるいは真の大麦）の語がある。古代文明では言葉遊びにもそれなりの重要な意味があった。Eteokrētesがeteokrithosとの語呂合わせであるかどうかはともかく、ἰt の語源はeteosだと考えられる。しかしながら、エジプト語 ἰt(y) やコプト語 eiōt（先祖）との混同が生じた可能性がある。アテネのアテナ女神の神殿に代々仕える神官たちの氏族名Eteoboutadēsもまたここから発したものである。

（17）J.Bérard (1951, p.129)およびLochner-Hüttenbach(p.142). クレタ島起源のペリシテ人については補遺を参照されたし。

（18）W.F.Albright (1951,p.171). アルファベットの初期の伝播についてはBernal(1987a)参照。

（19）文字表記の口頭言語への影響についてはLehmann (1973, pp.178, 226)およびPolomé (1981, pp.881-5)参照のこと。

（20）補遺参照のこと。

（21）Fr.16,*The Great Eoiai* (White, p.264).

（22）Strabo,V.2.4.

（23）Akousilaos, fr. 11. Ridgeway(1901,I, p.90)に引用されている。4世紀のエフォロスと同様に、アイスキュロスもまたその意味をペロポネソス人に限定している。Apollodoros, II.1.1参照のこと。アイスキュロスについては、彼の『救いを求める人々』(pp. 251 60) 参照のこと。

（24）Herodotos, I.58およびII.50.

（25）Herodotos, II.50-5;IV.145,VII.94. 彼のペラスギ人に関する記述についての検討はAbel (1966, pp.34-44) およびA.B.Lloyd (1976, pp.232-4) 参照。初期アテネ人を「ペラスギ人であり異邦人」とする見解についてはMeyer (1892, vol. 1, p.6) 参照のこと。

（26）M.Pallotino (1978, pp.72-3).

（27）Thucydides, I.3.2.

（28）Herodotos, II.50-5およびDiodoros, III.61.1.

原　註

序章

（1）後述第6章註143-4.

（2）後述第10章註7-9.

（3）この件についての文献は第Ⅱ巻参照のこと。

（4）Bernal (1980). ウルクの碑文については、G. Pettinato氏との1985年12月3日コーネル大学での私的な会話による。

（5）後述第10章註7-9参照。

（6）Goodenough (1970).

（7）Bernal (1989a).

（8）Warren (1965, P. 8); Renfrew (1972, pp. 345-8).

（9）Bernal (1983a, 1983b, 1987, 1990).

（10）Bernal (1980).

（11）Spyropoulos (1972; 1973).

（12）Bernal (1986, pp. 73-4).

（13）第Ⅲ巻参照。

（14）Herodotos, VI.53-5.

（15）Buck(1979, p.43)はスピロプロスの仮説について触れてはいるが、何の論評もしていない。Symeonoglou(1985)は、その仮説がのべられている論文を自著の膨大な参考文献の中に入れてさえいない。ピラミッド形式やその他に関するエジプトとの関連について、何らの検討も加えず、スピロプロスの年代考証のあら捜しに専念している（pp.273-4）。Helck(1979)はスピロプロスをまったく無視している。

第1章　古典古代における古代モデル

（1）A. de Selincourt (trans.1954,p.406) にアルゴスおよびスパルタ諸王についての言及がある。その後のスパルタ王もまたヒクソスが先祖であると信じていたが、この件については第Ⅱ巻参照のこと。

（2）『イリアス』II.681. ペラスギ人に言及している古典文献のほぼ完璧なリストはF.Lochner-Hüttenbach (1960, p.1-93)参照のこと。

（3）『イリアス』II.841. X.429およびXVII.290.

（4）最終的な判読ではないが、ここでは一応テル・アル＝ダバア（アヴァリス）遺跡の発掘者Bietak（1979 p.255）に従っておく。Laris(s)aがR-3ḥtから派生したものだとする説は、エジプト語の語頭rがギリシア語では通常lに、また中世エジプト語 $_3$、ダブル・アーレフがセム語ではrと表記されているので音声的には大きな問題はない。中世喉頭音 ḥ はしばしば消失し、またエジプト語末尾音tはギリシア語では -isと表記される。音声対応については第Ⅱ巻を参照されたい。

（5）『イリアス』II. 841およびXVII.301.

（6）Strabo, XIII.621.C.　Laris(s)aiと泥、肥沃な土地、ペラスギ人とを関連づけたK.O.Müller（1820,

State of the Troade, ed. J. Bryant. London.
Woolley, L. (1938) 'Excavations at Al Mina, Sueidia, 1 & 2', *Journal of Hellenic Studies* 58: pp. 1-30, 133-70.
Wortham, J. D. (1971) *British Egyptology 1549-1906*. Newton Abbot: David & Charles.
Yadin, Y. (1965) '"And Dan, why did he remain in the ships?"', *Australian Journal of Biblical Archaeology*, 1. 1: pp. 19-23.
——(1973) 'And Dan, why did he remain in the ships?', in J. Best, ed. *The Arrival of the Greeks*. Amsterdam: Hakkert, pp. 55-74.
Yates, F. (1964) *Giordano Bruno and the Hermetic Tradition*. London: Routledge & Kegan Paul.
——(1967) 'The Hermetic tradition in Renaissance science', in C. S. Singleton, ed., *Art, Science and History in the Renaissance*. Baltimore, pp. 255-74.
——(1972) *The Rosicrucian Enlightenment*. London: Routledge & Kegan Paul.〔フランセス・イエイツ『薔薇十字の覚醒』山下知夫訳、工作舎、1986年〕
Yavetz, Z. (1976) 'Why Rome? Zeitgeist and Ancient historians in early 19tth century Germany', *American Journal of Philology* 97: pp. 276-96.
Yoyotte, J, (1982) 'Le Panthéon égyptien de J.-F. Champollion', *Bulletin de la Société Française d'Égyptologie: séance solennelle consacrée à la commémoration du centcinquantenaire de la mort de. J.-F. Champollion* 95 : pp. 76-108.
Zafiropulo, J. and Monod, C. (1976) *Sensorium Dei dans l'hermétisme et la science*. Paris: 'Les Belles Lettres'.
Zervos, C. (1920) *Un Philosophe néoplatonicien du XIᵉs.: Michel Psellos, sa vie, son œuvre, ses luttes philosophiques, son influence*. Paris: Leroux.
Zucker, F. (1950) 'Athen und Aegypten bis auf den Beginn der hellenstischer Zeit', *Antike und Orient*: pp. 140-65. Leipzig.

Wessetzky, V. (1961) *Die ägyptische Kulte zur Römerzeit in Ungarn*. Leiden: Brill.

West, M. L. (1971) *Early Greek Philosophy and the Orient*. Oxford: Clarendon.

Westfall, R. S. (1980) *Never at Rest: A Biography of Isaac Newton*. Cambridge Uhiversity Press.

Westman, R. S. and McGuire, J. E. (1977) *Hermeticism and the Scientific Revolution: Papers read at a Clark Library Seminar Los Angeles: William Andrews Clark Memorial Library*. Los Angeles: Unversity of Califomia Press.

Whiston, W. (1957)(1720?) *Concerning God's Command to Abraham to Offer up Isaac, his Son, for a Sacrifice*. Dissertation II added to *The Life and Works of Flavius Josephus*. Philadelphia, pp. 914-21.

White, H. G. E. (1914) *Hesiod: The Homeric Hymns and Homerica*. Cambridge, Mass.: Loeb edn.

Wiener, M. J. (1981) *English Culture and the Decline of the Industrial Spirit, 1850-1980*. Cambridge University Press.

Wigtil, D. N. (1984) 'Incorrect apocalyptic: The Hermetic "Asclepius" as an improvement on the Greek original', in H. Temporini and W. Haase, eds *Aufstieg und Niedergang der römischen Welt: Geschichte und Kultur Roms im Spiegel der neueren Forschung. 17.4. Religion: (Heidentum: römische Götterkulte, orientalische Kulte in der römischen Welt[Forts.])*, ed. W. Haase, pp. 2282-97.

Wilamowitz-Moellendorff, U. von (1919) *Platon*. Berlin: Weidmann.

——(1931) *Der Glaube der Hellenen*, 2 vols. Berlin: Weidmann.

——(1959) *Geschichte der Philologie*, 3rd. edn (1927) repr. Leipzig: Teubner.

——(1982) *History of Classical Scholarship*, A. Harris, trans. London and Baltimore: Johns Hopkins University Press.

Wilcken, U. (1928) 'Alexander Zug in die Oase Siwa', *Sitzungberichte der preußischen Akademie der Wissenschaften* VIII: pp. 576-603.

——(1930) 'Alexander Zug von Ammon: Epiteg', *Sitzungberichte der Preußischen Akademie der Wissenschaften* X: pp. 159-76.

——(1931) 'Eine Gedächtnisrede auf Barthold Georg Niebuhr', *Bonner akademische Reder* 10. Bonn.

Willetts, R. (1962) *Cretan Cults and Festivals*. London: Routledge & Kegan Paul.

Williams, C. (1971) *The Destruction of Black Civilization: great issues of a race from 4500 BC to 2000 BC*. Dubugne, Iowa: Kendall/Hunt.

Williams, R. J. (1981) 'The sages of Ancient Egypt in the light of recent scholarship', *Journal of the American Oriental Society* 101/ 1: pp. 1-19.

Wilson, E. (1960) *To the Finland Station*. New York: p.b. edn.

Winckelmann, J. (1964) (1764) *Geschichte der Kunst des Altertums*, ed. W. Senff. Weimar. 〔ヴィンケルマン『古代美術史』中山典夫訳、中央公論美術出版、2001年〕

Winckler, H. (1907) *The History of Babylonia and Assyria*, J. A. Craig, trans. New York: Scribner.

Wind, E. (1968) *Pagan Mysteries in the Renaissance*, rev. edn. (1980) p.b. Oxford: Oxford University Press.

Wismann, H. (1983) 'Modus operandi, analyse comparé des études platoniciennes en France et en Allemagne au 19 ème siècle', in Bollack and Wismann, pp. 490-513.

Witte, B. C. (1979) *Der preußische Tacitus: Aufstieg, Ruhm und Ende des Historikers Barthold Georg Niebuhr 1776-1831*. Düsseldorf: Droste.

Wolf, F. A. (1804) *Prolegomena ad Homerum*. 2nd edn. Halle.

Wood, R. (1767) *A Comparative View of the Antient and Present State of the Troade. To which is Prefixed an Essay on the Original Genius and Writings of Homer*. London.

——(1775) *An Essay on the Original Genius of Homer, with a Comparative View of the Antient and Present*

——(1964) *Greece in the Bronze Age*. Chicago University Press.

——(1975) *The Art of the Shaft Graves of Mycenae*. Cincinnati: University of Cincinnati.

——(1979) *Aspects of Death in Early Greek Art and Poetry*. Berkeley and Los Angeles: University of California Press.

Vesey-Fitz-Gerald, B. (1973) *Gypsies of Britain: an Introduction to their History*, 2nd edn. Newton Abbot: David and Charles.

Vian, F. (1963) *Les origines de Thèbes: Cadmos et les Spartes*. Paris: Études et Commentaires No. 48.

Vico, G. B. (1721) *De Constantia Jurisprudenta*. Naples.

——(1725) *La Scienza Nuova*. Naples.

——(1730) *La Scienza Nuova Seconda*. Naples.

Virgil (1935) *Works*, H. R. Fairclough, trans., 2 vols (Loeb). London: Heinemann/ Cambridge, Mass. : Harvard University Press.

Volney, C. F. C. (1787) *Voyages en Syrie et en Égypte*. Paris.

Voltaire, F. M. (1886) (1768) *Siècle de Louis XIV*. Paris.〔ヴォルテール『ルイ十四世の世紀』（１）（２）（３）、岩波文庫、丸山熊雄訳、岩波書店、1982 年〕

Von der Mühll, P. (1952) *Kritisches Hypomnema zur Ilias*. Basel: Rheinhardt.

Voss, von M. H. (1980) 'Horuskinder', in Helck and Otto, vol. III, cols 52-3.

Wace, A. J. B. (1924) 'Greece and Mycenae', *Cambridge Ancient History*, 1st edn, vol. 2, *The Egyptian and Hittite Empires to c. 1000 BC*, pp. 431-72.

Waddell, L. A. (1927) *The Aryan Origin of the Alphabet*. London: Luzac.

Walcot, P. (1966) *Hesiod and the Near East*. Cardiff: University of Wales Press.

Wallace, W. P. (1966) 'The early coinages of Athens and Euboia', *Numismatic Chronicle*, 7th series. 6: pp. 23-44.

Walton, C. and Anton, J. P. (1974) *Philosophy and the Civilizing Arts*.

Warburton, W. (1738-41) *The Divine Legation of Moses, demonstrated, on the principles of a religious deist from the omission of the doctrine of a future state of reward and punishment in the Jewish dispensation*. London.

Wardle, K. A. (1973) 'North West Greece in the Late Bronze Age: the archaeological background', paper presented to the *Third International Colloquium on Aegean Prehistory*, Sheffield.

Warmington, B. H. (1960) *Carthage*. London: Robert Hale.

Warren, P. M. (1965) 'The first Minoan stone vases and early Minoan chronology', *Kretika Chronika* 19: pp. 7-43.

——(1967) 'Minoan stone vases as evidence for Minoan foreign connections in the Aegean Late Bronze Age', *Proceedings of the Prehistoric Society*, 33 ; pp. 37-48.

Webster, T. B. L. (1958) *From Mycenae to Homer*. London: Methuen.

Weigall, A. (1923) *The Life and Times of Akhnaton*. New York: Putnam.

Weir Smyth, H. (1922) *Aeschylus*, 2 vols (Loeb). London: Heinemann/Cambridge, Mass.: Harvard University Press.

Weise, O. (1883) 'Miscellen', *Beiträge zur Kunde der Indogermanischen Sprachen* 7: pp. 167-71.

Wells, W. C. (1818) *An Account of the Female of the White Race of Mankind, Part of Whose Skin Resembles that of a Negro; with some Observations on the Causes of the Differences in Colour and Form Between the White and the Negro Races of Men Appended to Two Essays: One upon Single Vision with Two Eyes and the other* ... London.

Thucydides, (1954) *The Peloponnesian War*, R. Warner, trans. London: Penguin. 〔トゥーキュディデース『戦史』上・中・下、久保正彰訳、岩波文庫、1966〕

——(1980) *Histories*, C. F. Smith, trans. (Loeb). London: Heinemann/Cambridge, Mass.: Harvard University Press.

Tieck, L. (1930) *Ludwig Tieck und die Brüder Schlegel, Briefe mit Einleitung und Anmerkungen*, H. Lüdete, ed., Frankfurt a. M.: Baer.

Tiedemann, P. (1780) *Griechenlands erste Philosophen oder Leben und System des Orpheus, Pherekydes, Thales und Pythagoras*. Leipzig.

——(1793) *Geist der spekulativen Philosophie*. Marburg.

Timpanaro, S. (1977) Introduction to Schlegel, *Über die Sprache und Weisheit der Indier*. Amsterdam.

Tocqueville, A. de (1837) *De la Démocratie en Amérique*, 3 vols. Brussels. 〔トクヴィル、『アメリカのデモクラシー』第1巻（上）（下）、岩波文庫、松本礼二訳、岩波書店、2005年〕

——(1877) *L'ancien régime et la révolution*, 8th edn. Paris; trans. S. Gilbert (1955) as *The Old Regime and the French Revolution*. New York.

Tompkins, P. (1978) *The Secrets of the Great Pynamid*. London: Penguin.

Trevelyan, H. (1981) *Goethe and the Greeks*, 2nd edn: Cambridge University Press.

Trevor-Roper, H. (1969) *The Romantic Movement and the Study of History* (John Coffin Memorial Lecture). London: Athlone.

——(1983) 'The Highland tradition of Scotland', in Hobsbawm and Ranger, *The Invention of Tradition*. Cambridge University Press, pp. 15-41.

Tsountas, C. and Manatt, J. (1897) *The Mycenaean Age*. Boston.

Turgot, A. (1808-15) *Oeuvres de M. Turgot Ministre d'État, Précédées et accompagnées de Mémoires et de Notes sur sa Vie, son Administration et ses Ouvrages*, 9 vols. Paris.

Turner, F. M. (1981) *The Greek Heritage in Victorian Britain*. New Haven: Yale University Press.

Turner, R. S. (1983a) 'Historicism, *Kritik*, and the Prussian professoriate', in Bollack and Wismann, pp. 450-78.

——(1983b) 'Discussion', in *Bollack and Wismann*, p. 486.

——(1985) 'Classical philology in Germany: toward a history of the discipline', Paper presented to *The Fabrication of Ancient Greece 1780-1880*, Conference held at Cornell 22-23 April 1985.

Tur-Sinai, S. (1950) 'The origin of the alphabet', *The Jewish Quarterly Review* 61: pp. 83-110, 159-80, 277-302.

Ullman, B. L. (1934) 'How old is The Greek alphabet?', *American Journal of Archaeology* 38: pp. 359-81.

Usener, H. (1907) 'Philologie und Geschichtswissenschaft', in *Vortäge und Aufsätze*, 2 vols. Leipzig, vol. 2, p. 11.

Van Berchem, D. (1967) 'Sanctuaires d'Hercule-Melqart: contribution à l'étude de l'expansion Phénicienne en Méditerranée', *Syria*: pp. 73-109, 307-38.

Van Ness Myers, P. (1895) *A History of Greece for Colleges and High Schools*. Boston.

Van Sertima, I. (1976) *They Came Before Columbus*. New York: Random House.

——(1984) 'Nile Valley presence in America BC', *Journal of African Civilizations* 6.2: pp. 221-46.

Vaux de Foletier, F. de (1970) *Mille ans d'histoire des Tsiganes*. Paris: Fayard.

Vercoutter, J. (1956) *L'Égypte et le monde égéen préhellénique*. Paris: Maisonneuve.

——(1975) 'Apis', in Helck and Otto, vol. 1, cols 338-50.

Vermeule. E. (1960) 'The fall of the Mycenaean Empire', *Archaeology* 13.1 : pp. 66-75.

Stuart-Jones, H. (1968) Preface, *Greek-English Lexicon: Liddell and Scott*. Oxford, pp. i-xii.

Stubbings, F. H. (1973). 'The rise of Mycenaean civilization', *The Cambridge Ancient History,* 3rd edn, vol. 2, pt 1, *The Middle East and the Aegean 1800-1380 BC*, pp. 627-58.

——(1975) 'The expansion of Mycenaean civilization', *The Cambridge Ancient History*, 3rd edn, vol. 2, pt 11, *The Middle East and the Aegean Region c. 1380-1000 BC*, pp. 165-87.

Sturtevant, E. H. (1942) *Indo-Hittite Laryngeals*. Baltimore: Linguistic Society of America.

Sweet, P. R. (1978-80) *Wilhelm von Humboldt: A Biography*, 2 vols. Columbus: Ohio State University Press.

Swerdlow, N. M. and Neugebauer, O. (1984) *Mathematical Astronomy in Copernicus's De Revolutionibus*, 2 pts. New York/Berlin: Springer.

Sydow, A. von (1906-16) *Wilhelm und Caroline in ihren Briefe*, 7 vols. Berlin: Mittler und Sohn.

Symeonoglou, S. (1985) *The Topography of Thebes: From the Bronze Age to Modern Times*. Princeton University Press.

Szemerényi, O. (1964) 'Structuralism and substratum: Indo-Europeans and Aryans in the Ancient Near East', *Lingua* 13: pp. 1-29.

——(1966) 'Iranica II', *Die Sprache* 12: pp. 190-205.

——(1974) 'The origins of the Greek lexicon: *Ex Oriente Lux*', *Journal of Hellenic Studies* 94: pp. 144-57.

Sznycer, M. (1979) 'L'inscription phénicienne de Tekké près de Cnossos', *Kadmos* 18: pp. 89-93.

Tatian, Dods と Smith 参照のこと。

Taylor, A. E. (1929) *Plato: The Man and His Work*, 3rd edn. London: Methuen.

Taylor, T. (1821) *Iamblichus on the Mysteries of the Egyptians, Chaldaeans and Assyrians*. Walworth.

Taylour, W. (1964) *The Mycaeneans*. London: Thames & Hudson.

Tcherikover, V. (1959) *Hellenistic Civilization and the Jews*, S. Applebaum, trans. Philadelphia.

——(1976) *Hellenistic Palestine in the Hellenistic Age: Political History of Jewish Palestine from 332 BCE to 67 BCE*, ed. A. Schalit, vol. 6 in *The World History of the Jewish People*. London: W. H. Allen.

Teich, M. and Young, R. (1973) *Changing Perspecives in the History of Science: Essays in Honour of Joseph Needham*. London: Heinemann.

Terrasson, J. (1715) *Dissertation critique sur l'Iliad d'Homère, où à l'occasion de ce poème, on cherche les règles d'une poétique fondée sur la raison et sur les exemples des anciens et des modernes*, 2 vols. Paris.

——(1731) *Sèthos, histoire ou vie tirée des monuments de l'ancienne Égypte*. Paris. 〔『ユートピア旅行記叢書 10』永見文雄訳、岩波書店、2000 年に収録〕

Teters, B. (1962) 'The Genro In and the National Essence Movement', *Pacific Historical Review* 31: pp. 359-71.

Thapar, R. (1975) *The Past and Prejudice*. New Delhi: National Book Trust.

——(1977) 'Ideology and the interpretation of early Indian history', in *Society and Change: Essays In Honour of Sachin Chaudhuri*. New Delhi, pp. 1-19.

Thirlwall, C. (1835-44) *A History of Greece*, 8 vols. London.

Thirlwall, J. C. Jr (1936) *Connop Thirlwall, Historian and Theologian*. London: Society for the Promotion of Christian Knowledge.

Thissen, H.-J. (1980) 'Manetho', in Helck and Otto, *Lexikon*, vol. III, cols 1179-81.

Thomson, G. (1941) *Aeschylus and Athens — A Study in the Social Origin of Drama*. London: Lawrence & Wishart.

——(1949) *Studies in Ancient Greek Society 1, The Prehistoric Aegean*. London: Lawrence & Wishart.

Thomson, K. (1977) *The Masonic Thread in Mozart*. London: Lawrence & Wishart.

Smyth. C. P. (1864) *Our Inheritance in the Great Pyramid*. London.

——(1867) *Life and Work at the Great Pyramid*. Edinburgh.

——(1874) *The Great Pyramid & the Royal Society*. London.

Snodgrass, A. (1971) *The Dark Age of Greece: An Archaeological Survey of the Eleventh to the Eighth centuries BC*. Edinburgh University Press.

Snowden, F. M. S. (1970) *Blacks in Antiquity: Ethiopians in the Greco-Roman Experience*. Cambridge, Mass.: Harvard University Press.

Sourvinou-Inwood, C. (1973) 'The problem of the Dorians in tradition and archaeology', paper presented to *the Third International Colloquium on Aegean Prehistory*, Sheffield.

Speer, A. (1970) *Inside the Third Reich*, R. and C. Winston, trans. London: Weidenfeld & Nicolson.

Spiegel, S. (1967) *The Last Trial: On the Legends and Lore of the Command to Abraham to Offer Isaac as a Sacrifice: The Akedah*, J. Goldin, trans. New York: Pantheon.

Spyropoulos, T. (1972) 'Αἰγυπτιακὸζ 'Εποικισμὸζ ἐν Βοιωτίαι', *Ἀρχαιολογικὰ Ἀνάλεκτὰ ἐζ Ἀθηνῶν* 5: pp. 16-27.

——(1973) 'Εἰσαγωγὴ εἰζ τὴν Μελέτην τοῦ Κωπαϊκοῦ Χώρου', *Αρχαιολογικὰ Ἀνάλεκτα ἐζ Ἀθηνῶν* 6: pp. 201-14.

Starkie, E. (1971) *Flaubert the Master: A Critical and Biographical Study (1856-1880)*. New York: Atheneum.

Stecchini, (1957) 'The Delphian column of the dancers', *American Journal of Archaeology* 61: p. 187, note.

——(1961) 'A history of measures', *American Behavioral Scientist* 4.7: pp. 18-21.

——(1978) 'Notes on the relation of ancient measures to the Great Pyramid', in Tompkins, *The Secrets of the Grate Pyramid*, pp. 287-382.

Steel-Maret (1893) 'La Franc-Maçonnerie: ses origines, ses mystères et son but', in *Archives Secrètes de la Franc-Maçonnerie*. Lyon.

Steinberg, R. (1981) *Modern Shadows on Ancient Greece: Aegean-Levantine Connections in the Late Bronze Age*. Cornell University, MA thesis.

Stella, L. A. (1951-2) 'Chi furono i Populi del Mare', *Rivista di antropologia* 39: pp. 3-17.

Stern, B. H. (1940) *The Rise of Romantic Hellenism in English Literature, 1732-1786*. Menasha, Wisconsin: G. Banta.

Stern, F. R. (1961) *The Politics of Cultural Despair; a Study in the rise of the Germanic ideology*. Berkeley: University of California Press.

Stern, M. (1974) *Greek and Latin Authors on Jews and Judaism*, vol. I, *From Herodotus to Plutarch*. Jerusalem: Israel Academy of Humanities and Sciences.

Stewart, J. G. (1959) *Jane Ellen Harrison: A Portrait from Letters*. London: Merlin.

Stieglitz, R. R. (1981) 'The letters of Kadmos: mythology, archaeology and eteocretan',ανντφπο απο τον α' (2) τομο των πεπραγμενων τον δ' διέθνονσ κρητολογικοῦ συνεδριδυ ('Ηράκλειο, 29, Αὐγούστου– 3 Σεπτεμβρίου 1976). Athens, vol. 2, pp. 606-16.

Stobart, J. C. (1911) *The Glory that was Greece*. Philadelphia: Lippincott.

Strabo (1929) *The Geography*, H. L. Jones, trans. 8 vols. Cambridge, Mass.: Loeb.

Strange, J. (1973) 'Biblical material on the origin of the Philistines', paper presented to the *Third International Colloquium on Aegean Prehistory*, Sheffield.

Strauss, B. S. (1987) *Athens After the Peloponnesian War*, Ithaca: Cornell University Press.

Stricker, B. H. (1949). 'The Corpus Hermeticum', *Mnemosyne*, Series 4, vol. 2: pp. 79-80.

Oxford.

Schlegel, F. von (1808) *Über die Sprache und Weisheit der Indier*. Heidelberg. trans. as 'On the language and philosophy of the Indians', by E. J. Millington (1949) in *Aesthetic and Miscellaneous Works of Friedrich von Schlegel*. London.

——(1939) *Cours d'histoire universelle (1805-1806)*. J. J. Anstett, ed. Paris: Patissier.

Schleicher, A. (1865) *Über die Bedeutung der Sprache für die Naturgeschichte des Menschen*. Weimar: H. Böhlen.

Schlesier, G. (1838-40) *Schriften von Friedrich von Gentz*, 5 vols. Mannheim.

Scholem, G. G. (1960) *Jewish Gnosticism, Merkehbah Mysticism and the Talmudic Tradition*. New York: Jewish Theological Seminary of America.

——(1965) *On the Kabbalah and its Symbolism*, R. Mannheim, trans. New York: Schocken.

——(1970) *Kabbalah*. New York: Quadrangle.

——(1974) *Major Trends in Jewish Mysticism*. New York: Schocken.

Schwab, R. (1950) *La Renaissance Orientale*. Paris: Bibliothèque Historique.

——(1984) G. Patterson-Black and V. Reinking, trans. New York: Columbia University Press.

Schwaller de Lubicz, R. A. (1958) *Le Temple de l'homme: Apet du sud à Louqsor*. Paris: Caractères.

——(1961) *Le Roi de la théocratie pharaonique*. Paris: 'Homo Sapiens'.

——(1968) *Le Miracle égyptien*. Paris: Flammarion.

Scollon, R. and S. B. K. (1980) *Linguistic Convergence: An Ethnography of Speaking: At Fort Chipewyan, Alberta*. New York, San Francisco and London: New York Academic Press.

Scott, W. (1924-36) *Hermetica*, 4 vols. Oxford: Clarendon.

Seidel, S. (1962) *Der Briefwechsel zwischen Friedrich Schiller und Wilhelm von Humboldt*, 2 vols. Berlin: Aufban Verlag.

Selem, P. (1980) *Les Religions orientales dans la Pannonie Romaine: Partie en Yougoslavie*. Leiden: Brill.

Seltman, C. (1933) *Greek Coins: A History of Metallic Currency and Coinage Down to the Fall of the Hellenistic Kingdoms*. London: Methuen.

Seznec, J. (1953) *The Survival of the Pagan Gods: The Mythological Tradition and its Place in Renaissance Humanism and Art*, B. E. Sessions, trans. New York: Pantheon.

Shaffer, E. S. (1975) *Kublai Khan and the Fall of Jerusalem: The Mythological School of Biblical Criticism and Secular Literature 1770-1880*. Cambridge University Press.

Shelley, P. B. (1821) *Hellas*. London.

Sheppard, J. T. (1911) 'The first scene of the Suppliants of Aeschylus', *Classical Quarterly* 5: pp. 220-9.

Siegert, H. (1941-2) 'Zur Geschichte der Begriffe "Arische" und "arich", *Wörter und Sachen* 4: pp. 73-99.

Simonsuuri, K. (1979) *Homer's Original Genius: Eighteenth Century Notions of the Early Greek Epic (1688-1798)*. Cambridge University Press.

Smelik, K. A. D. and Hemelrijk, E. A. (1984) '"Who knows not what monsters demented Egypt worships?" Opinions on Egyptian animal worship in Antiquity as part of the ancient conception of Egypt', in H. Temporini and W. Haase, eds *Aufstieg und Niedergang der römischen Welt: Geschichte und Kultur Roms im Spiegel der neueren Forschung*. 17.4, *Religion: (Heidentum: römische Götterkulte, orientalische Kulte in der römischen Welt [Forts.])*, ed. W. Haase, pp. 1852-2000.

Smith, W. (1848) *A Classical Dictionary of Greek and Roman Biography, Mythology and Geography*. London.

——(1854) *A History of Greece: From the Earliest Times to the Roman Conquest*. New York.

Röllig, V. W. and Mansfeld, G. (1970) 'Zwei Ostraka vom Tell Kāmid el Loz und ein neuer Aspekt für die Entstehung des kanaanäischen Alphabets', *Die Welt des Orients* 5. 2: pp. 265-70.

Rosen, E. (1970) 'Was Copernicus a Hermeticist?', *Minnesota Studies in the Philosophy of Science* 5: pp. 164-9.

——(1983) 'Was Copernicus a Neoplatonist?', *Journal of the History of Ideas* 44.3 : pp. 667-9.

Rosen, G. (1929) *Juden und Phönizier*. Tübingen: Mohr.

Rosenthal, F. (1970) Review of *Recherches sur les plus anciens emprunts sémitiques en grec*, by E. Masson, in *Journal of the American Oriental Society* 90: pp. 338-9.

Rothblatt, S. *The Revolution of the Dons: Cambridge and Society in Victorian England*. Cambridge University Press.

Rougé, E. de (1869) 'Conférence sur la religion des anciens Égyptiens', *Annales de philosophie chrétienne*, 5th ser. pp. 328-30.

Russell, B. (1961) *History of Western Philosophy: and its Connections with Political and Social Circumstances from the Earliest Times to the Present Day*, new edn. London: Allen & Unwin.

Russell, F. W. E. (1895) *The Letters of Matthew Arnold*, 2 vols. New York.

Rytkönen, S. (1968) *B. G. Niebuhr als Politiker und Historiker*. Helsinki: Annales Academiae Scientiarum Fennicae, ser. B. vol. 156.

Sabry, M. (1930) *L'Empire Égyptien sous Mohamed-Ali et La Question d'Orient (1811-1849)*. Paris: Geuthner.

Saggs, H. W. F. (1962) *The Greatness that was Babylon*. New York: Hawthorn Books.

Said, E. (1978) *Orientalism*. New York and London: Vintage. 〔サイード、『オリエンタリズム』(上)(下)、平凡社ライブラリー、今沢紀子他訳、平凡社、1993年〕

St Clair, W. (1972) *That Greece Might Still be Free: The Philhellenes in the Greek War of Independence*. London: Oxford University Press.

——(1983) *Lord Elgin and the Marbles*. 2nd rev. edn. Oxford University Press.

Saldit-Trappmann, R. (1970) *Tempel der ägyptischen Götter in Griechenland und an der Westküste Kleinasiens*. Leiden: Brill.

Sandars, N. K. (1978) *The Sea Peoples: Warriors of the Ancient Mediterranean 1250-1150 BC*. London: Thames & Hudson.

Sandmel, S. (1979) *Philo of Alexandria: An Introduction*. New York/Oxford: Oxford University Press.

Sandys, J. E. (1908) *A History of Classical Scholarship*, 3 vols. Cambridge University Press.

Santangelo, G. S. (1984) *Madame Dacier, una filologa nella 'Crisi' (1672-1720)*. Rome: Bulzoni.

Santillana, G. de (1963) 'On forgotten sources in the history of science', in A. C. Crombie, ed. *Scientific Change: Historical Studies in the Intellectual, Social and Technical Conditions for Scientific Discovery and Technical Invention, from Antiquity to the Present*. London, pp. 813-28.

Santillana, G. de and von Dechend, H. (1969) *Hamlet's Mill: an Essay in Myth and the Frame of Time*. Boston: Gambit.

Sasson, J. M. (1966) 'Canaanite maritime involvement in the second millennium BC', *Journal of the American Oriental Society* 86: pp. 126-38.

Sauneron, S. *et al.* (1970-) *Collection des voyageurs occidentaux en Égypte*. Cairo: Institut Français d'archéologie orientale.

Schiller, F. von (1967) *Über die ästhetische Erziehung des Menschen: in einer Reihe von Briefen (On the Aesthetic Education of Man: In a Series of Letters)*, E. M. Wilkinson and L. A. Willoughby, trans.

Philosophy and the Civilizing Arts, pp. 126-65.

——(1985) Introduction to Force, pp. xi-xix.

Popper, K. R. (1950) *The Open Society and its Enemies*, 2 vols. Princeton University Press.〔カール・ポパー『開かれた社会とその敵』第1部・第2部、内田詔夫・小河原誠訳、未來社、1980年〕

Porada, E. (1965) 'Cylinder seals from Thebes: a preliminary report', *American Journal of Archaeology* 69: p. 173.

——(1966) 'Further notes on the cylinders from Thebes', *American Journal of Archaeology* 70: p. 194.

——(1981) 'The cylinder seals found at Thebes in Boiotia, with contributions on the inscriptions from Hans G. Güterbock and John A. Brinkman', *Archiv für Orientforschung* 28: pp. 1-78.

Porphery, *Vita Plotini*.

Potter, J. (1697) *Archæologia Græca, or the Antiquities of Greece*, 4 vols. London.

Praetorius, G. F. (1902) 'Zur Geschichte des griechischen Alphabets', *Zeitschrift der Deutschen Morgenländischen Gesellschaft* 56 : pp. 676-80.

Pulleybank, E. G. (1955) *The Background of the Rebellion of An Lu-shan*. Cambridge University Press.

Pyle, K. B. (1969) *The New Generation in Meiji Japan: Problems of Cultural Identity 1885-1895*. Stanford University Press.

Rahman, A. (1982) *Science and Technology in Medieval India*. New Delhi: Vikas.

——(1983) *Intellectual Colonization: Science and Technology in West-East Relations*. New Delhi: Vikas.

Rashed, R. (1980) 'Science as a Western phenomenon', *Fundamenta Scientiae* 1: pp. 7-21.

Rattansi, P. M. (1963) 'Paracelsus and the Puritan revolution', *Ambix* 11 : pp. 24-32.

——(1973) 'Some evaluations of reason in sixteenth- and seventeenth - century natural philosophy', in Teich and Young, pp. 148-66.

Rawlinson, G. (1869) *A Manual of Ancient History*. Oxford.

——(1889) *History of Phoenicia*. London.

Rawson, E. (1969) *The Spartan Tradition in European Thought*. Oxford: Clarendon.

Ray, J. D. (1976) *The Archive of Hor*. London: Egypt Exploration Society.

Reghellini de Schio (1833) *La Maçonnerie considérée comme le résultat des religions égyptienne, juive et chrétienne*. Paris.

Reinach, S. (1892a) *L'Origine des Aryens: Histoire d'une Controverse*. Paris.

——(1892b) 'Résumé of Tsountas', in *Revue Archéologique* 1: p. 93.

——(1893) 'Le mirage oriental', *Anthropologie* 4: pp. 539-78, 699-732.

Renan, E. (1855) *Histoire générale et système composée des langues sémitiques*. Paris.

——(1858) *Études d'histoire religieuse*, 3rd edn. Paris.

——(1868) 'Mémoire sur l'origine et caractère véritable de l'histoire phénicienne qui porte le nom de Sanchunation', *Mémoires de l'Académie des inscriptions et Belles-Lettres* 23: pp. 241-334.

Rendsburg, G. (1982) 'A new look at Pentateuchal HW'', *Biblica* 63. pp. 351-69.

Renfrew, C. (1972) *The Emergence of Civilization: The Cyclades and the Aegean in the Third Millennium BC*. London: Methuen.

——(1973) 'Problems in the general correlation of archaeological and linguistic strata in prehistoric Greece: the model of autochthonous origin', in Crossland and Birchall, pp. 265-79.

Renouf, P. I. P. (1880) *Lectures on the Origin and Growth of Religion*. London.

Ridgeway, W. (1901) *The Early Age of Greece*, 2 vols. Cambridge University Press.

Robertson Smith, W. (1894) *The Religion of the Semites: The Fundamental Institutions*. Cambridge.

——(1894-1905) *A History of Egypt*, 3 vols. London.
——(1908) 'Historical references in Hermetic writings', in *Transactions of the Third International Congress of the History of Religions*, Oxford 1: pp. 196-225.
——(1909) *Personal Religion in Egypt before Christianiy*. New York: Harpers Library of Living Thought.
——(1931) *70 Years of Archaeology*. London: Sampson Low.
Pettinato, G. (1978) 'L'Atlante Geografico nel Vicino Oriente antico Attestate ad Ebla ed ad Abu Salabikh', *Orientalia* 46: pp. 50-73.
——(1979) *Ebla: un impero inciso nell'argilla*. Milan: Mondadori, trans. (1981) as *The Archives of Ebla: An Empire Inscribed in Clay, with an Afterword by Mitchell Dahood S. J.* Garden City: Doubleday.
Pfeiffer, R. (1976) *History of Classical Scholarship: From 1300-1850*. Oxford: Clarendon.
Pharr, C. (1959) *Homeric Greek: A Handbook for Beginners*, 2nd edn. Norman, Okla.: University of Oklahoma Press.
Picard, C. (1937) 'Homère et les religions de l'Égypte', *Revue archéologique* 6me Série, 10: pp. 110-13.
——(1948) *Les Religions Préhelleniques*. Paris: Presses Universitaires de France.
Pierce, R. H. (1971) 'Egyptian loan words in Ancient Greek?', *Symbolae Osloenses* 46: pp. 96-107.
Pinot, V. (1932) *La Chine et l'esprit philosophique en Europe 1640-1740*. Paris: Geuthner.
Plato, (1914-192?) 12 vols, H. N. Fowler, trans. *Kratylos*.
—— *Kritias*.〔プラトン「クリティアス」田中頭安彦訳、岩波書店、1975年（田中美知太郎・藤沢令夫編『プラトン全集12』所収）〕
—— *Menexenos*.〔プラトン「メネクセノス」津村寛二訳、岩波書店、1975年（田中美知太郎・藤沢令夫編『プラトン全集10』所収）〕
—— *Republic*.〔プラトン『国家』藤村令夫訳、岩波文庫、1979年。プラトン「国家」藤村令夫訳、岩波書店、1976年（田中美知太郎・藤沢令夫編『プラトン全集11』所収）〕
—— *Timaios*,〔プラトン「ティマイオス」種山恭子訳、岩波書店、1975年（田中美知太郎・藤沢令夫編『プラトン全集12』所収）〕Lee, 1955参照のこと。
Platon, N. and Stassinopouloutouloupa, E. (1964) 'Oriental seals from the Palace of Cadmus: unique discoveries in Boeotian Thebes', *Illustrated London News*, 28 November: pp. 859-61.
Plutarch, *De Iside et Osiride*, trans. F. C. Babbit (1934-5) in *Plutarch's Moralia*, 16 vols (Loeb). Cambridge, Mass.: Harvard University Press/London: Heinemann, vol. 5, pp. 7-191.〔プルタルコス『エジプト神イシスとオリシスの伝説について』柳沼重剛訳、岩波文庫、1996年〕
—— *De Herodoti Malignitate*, trans. L.Pearson and F.H. Sandbach in *Plutarch's Moralia*, vol. 11, pp. 9-133.
Pocock, J. G. A. (1985) 'Gibbon as an Anglican manqué: clerical culture and the *Decline and Fall*', Miriam Leranbaum Memorial Lecture, SUNY, Binghamton, 17 April.
Poliakov, L. (1974) *The Aryan Myth: A History of Racist and Nationalist Ideas in Europe*, E. Howard, trans. London: Chatto & Windus and Heinemann for Sussex University Press.
Polomé, E. C.(1981) 'Can graphemic change cause phonemic change?, in Arbeitman and Bomhard, pp. 881-8.
Pope, M. (1973) *Job: A New Translation with Introduction and Commentary*, 3rd edn. Garden City, NY: Anchor.
——(1980) 'The cult of the dead at Ugarit', in G. Young, ed. *Ugarit in Retrospect: 50 Years of Ugarit and Ugaritic*. Winona Lake: Eisenbraun, pp. 170-5.
Popham, M. (1965) 'Some Late Minoan pottery from Crete', *Annual of the British School at Athens* 60: pp. 316-42.
Popkin, R. H. (1974) 'The philosophical basis of modern racism', in C. Walton and J. P. Anton, eds

Octavianus (1852) 3 vols. Philadelphia.

——(1847-51) *The History of Rome*, J. C. Hare and C. Thirwall, trans. 4th edn, 3 vols. London.

Nilsson, M. P. (1932) *The Mycenaean Origin of Greek Mythology*. Berkeley: University of California Press.

——(1950) *The Minoan Mycenaean Religion*. 2nd rev. edn. Lund. C. W. K. Gleerup.

Nissen, W. (1962) *Göttinger Gedenktafeln: Ein biographischer Wegweiser*. Göttingen: Vandenhoek & Ruprecht.

——(1975) 'Ergänzungen', *Göttinger Gedenktafeln: Ein biographischer Wegweiser*. Göttingen.

Noguera, A. (1976) *How African was Egypt: A Comparative Study of Egyptian and Black African Cultures*. New York: Vantage Press.

Nonnos, (1940) *Dionysiaca*, 3 vols, trans. W. H. D. Rouse, notes by H. J. Rose and L. R. Lind (Loeb). Cambridge, Mass.

Oren, D. A. (1985) *Joining the Club: A History of Jews at Yale*. New Haven: Yale University Press.

Otto, E. (1975) 'Ägypten im Selbstbewußtsein des Ägypters', in Helck and Otto, cols 76-8.

Paaw, C. de (1773) *Recherches philosophiques sur les Égyptiens et les Chinois*. Berlin.

Pagels, E. (1979) *The Gnostic Gospels*. New York: Random House.

Pallottino, M. (1978) *The Etruscans*, rev. and enl. edn, trans. J. Cremona, ed. D. Ridgeway. London: Penguin.

——(1984) *Storia della Prima Italia*. Milan: Rusconi.

Pang, K. D. and Chou, H. H. 'Three very large volcanic eruptions in Antiquity and their effects on the climate of the Ancient World', paper abstract in *Eos* 66.46. 12 Nov. 1985: p. 816.

Pappademos, J. (1984) 'The Newtonian synthesis in physical science and its roots in the Nile Valley', *Journal of African Civilizations* 6.2: pp. 84-101.

Pappe, H. O. (1979) 'The English Utilitarians and Athenian democracy', in Bolgar, *Classical Influences...*, pp. 297-302.

Parke, H. W. (1967) *The Oracles of Zeus: Dōdōna, Olympia and Ammon*. Oxford: Blackwell.

Parker, R. A. and Neugebauer, O. (1960-4) *Egyptian Astronomical Texts*, 4 vols. London: Lund Humphries for Brown University Press.

Parmentier, L. (1913) *Recherches sur le traité d'Isis et d'Osiris de Plutarque*. Brussels: Académie Royale de Belgique.

Parry, M. (1971) *The Making of Homeric Verse: The Collected Papers of Milman Parry*. Oxford : Clarendon.

Patrides, C. A. (1969) *The Cambridge Platonists*. Cambridge University Press.

Paulys Real-Encyclopädie der classischen Altertumswissenschaft, ed. G. Wissama *et al.* (1894—). Stuttgart, München.

Pausanias, *Guide to Greece*, Frazer と Levi を参照のこと。〔パウサニアス『ギリシア案内記』上・下、馬場恵二訳、岩波文庫、1991 年〕

Pedersen, H. (1959) *The Discovery of Language: Linguistic Science in the Nineteenth Century*, J. W. Spargo, trans. Bloomington: Indiana University Press.

Pendlebury, J. D. S. (1930a) *Aegyptiaca*. Cambridge University Press.

——(1930b) 'Egypt and the Aegean in the Late Bronze Age', *Journal of Egyptian Archaeology* 16: pp. 75-92.

Petit-Radel, F. (1815) 'Sur l'origine grecque du fondateur d'Argos', *Mémoires de l'Institut Royal de France, Classe d'Histoire et de Littérature Ancienne* 2: pp. 1-43.

Petrie, W. M. F. (1883) *The Pyramids and Temples of Gizeh*. London.

——(1893) *The Great Pyramid*. London.

Müller, K. O. (1820-4) *Geschichten hellenischer Stämme und Städte*, 3 vols. Breslau, Vol. 1, *Orchomenos und die Minyer*, vols II and III, *Die Dorier*; vols 2 and 3 trans. H. Tufnell and G. C. Lewis as *The History and Antiquities of the Doric Race* (1830) 2 vols. London.

——(1825) *Prolegomena zu einer wissenschaftlichen Mythologie*. Göttingen. trans. J. Leitch as *Introduction to a Scientific System of Mythology* (1844) London.

——(1834) 'Orion', *Rheinisches Museum* 2: pp. 1-30.

——(1858) *A History of the Literature of Ancient Greece, Continued by J. W. Donaldson*, 3 vols. London.

Murray, G. (1951) *Five Stages of Greek Religion*. Oxford: Clarendon.

Murray, M. (1931) *Egyptian Temples*. Marston, London: Sampson Low.

——(1949) *The Splendour that was Egypt*. London: Sidgwick & Jackson.

Murray, O. (1980) *Early Greece*. Brighton: Harvester/Atlantic Highlands, NJ: Humanities.

Musgrave, S. (1782) *Two Dissertations: 1) On the Grecian Mythology: 2) An Examination of Sir Isaac Newton's Objections to the Chronology of the Olympiads*. London.

Myres, J. L. (1924) 'Primitive man in geological time', *Cambridge Ancient History*, 1st edn, vol. 1, pp. 1-97.

Naveh, J. (1973) 'Some Semitic epigraphical considerations on the antiquity of the Greek alphabet', *American Journal of Archaeology*: pp. 1-8.

——(1982) *Early History of the Alphabet: An Introdution to West Semitic Epigraphy and Paleography*. Jerusalem: Magnes/Leiden: Brill.

Needham, J. and Lu, G. D. (1985) *Transpacific Echoes and Resonances: Listening Once Again*. Singapore: World Scientific.

Needham, J. T. (1761) *De Inscriptione quadam Ægyptiaca Taurini inventa et Characteribus Ægyptiis olim et Sinis commumibus exarata idolo cuidam antiquo in regia universitate servato ad utrasque Academias Londonensem et Parisiensem Rerum antiquarum, investigationi et studio præpositas data Epistola*. Rome.

Neiman, D. (1965) 'Phoenician place names', *Journal of Near Eastern Studies* 24: pp. 113-15.

Neschke-Hetschke, A. B. (1984) 'Discussion', in Bollack and Wismann, pp. 483-4.

Nettl, P. (1957) *Mozart and Masonry*. New York: Philosophical Library.

Neugebauer, O. (1945) *Mathematical Cuneiform Texts*. New Haven: American Oriental Society and the American Schools of Oriental Research.

——(1950) 'The alleged Babylonian discovery of the precession of the equinoxes', *Journal of the American Oriental Society* 70: pp. 1-18.

——(1957) *The Exact Sciences in Antiquity*. Providence.

Neugebauer, O. and Parker, R. A. (1960-9) *Egyptian Astronomical Texts*, 4 vols. Providence and London: Brown University Press. Swerdlow も参照のこと。

Neusner, J. (1965-70) *A History of the Jews in Babylonia*, 5 vols. Leiden: Brill.

Newton, I. *A Dissertation upon the Sacred Cubit of the Jews and the Cubits of several Nations: in which from the dimensions of the Greatest Pyramid as taken by Mr. John Greaves, the ancient Cubit of Memphis is determined.*

—— *Principia Mathematica.*

—— *The Origins of Gentile Theology.*

Niebuhr, B. (1828-31, enl. edn) *Romische Geschichte*, 2 vols. Berlin.

——(1847) *Vorträge über alte Geschichte an der Universität zu Bonn gehalten*, 3 vols. Berlin. trans. L. Schmitz as *Lectures on Ancient History from the Earliest Times to the Taking of Alexandria by*

——(1966b) 'George Grote and the study of Greek history', *Studies in Historiography* (1966) London, pp. 56-74.

——(1966c) 'Vico's scienza nuova: Roman "Bestioni" and Roman "Eroi"', *History and Theory* 5: pp. 3-23, repr. in *Essays on Ancient and Modern Historiography* (1977), pp. 253-76.

——(1966d) 'Ancient history and the antiquarian', *Studies in Historiography*, pp. 6-9.

——(1968) *Prime linee di storia della tradizione Maccabaica*. Amsterdam: Hakkert.

——(1975) *Alien Wisdom: The Limits of Hellenization*. Cambridge University Press.

——(1980) 'Alle origini dell'interesse su Roma arcaica, Niebuhr e l'India, *Rivista Storica Italiana* 92: pp. 561-71.

——(1982) 'New paths of Classicism in the nineteenth century', *History and Theory Beiheft* 21.

Monro, D. B. (1911) 'Wolf, Friedrich August', *Encyclopaedia Britannica*, 11th edn, vol. 28, pp. 770-1.

Montesquieu, C. de (1721) *Lettres Persanes*. Paris.

——(1748) *L'esprit des lois*. Paris. 〔モンテスキュー『法の精神』（上・中・下）野田良之他訳、岩波書店、1987年〕

Moorehead, A. (1962) *The Blue Nile*. New York: Harper & Row.

More, H. (1931) *Philosophical Poems of Henry More*. G. Bullough, ed. Manchester University Press.

Morenz, S. (1969) *Die Begegnung Europas mit Ägypten*. Zürich and Stuttgart: Artemis.

——(1973) *Egyptian Religion*, A. E. Keep, trans. London: Methuen.

Moscati, S. (1968) *Fenici e cartaginesi in Sardegna*. Milan: A. Mondadori.

Moscati, S., Spitaler, A., Ullendorf, E., and von Soden, W. (1969) *An Introduction to the Comparative Grammar of the Semitic Languages: Phonology and Morphology*. Wiesbaden: Harrasowitz.

Mosse, G. (1964) *The Crisis of German Ideology: Intellectual Origins of the Third Reich*. New York: Grosse & Dunlap.

Mosshammer, A. A. (1979) *The Chronicle of Eusebius and the Greek Chronographic Tradition*. Lewisburg: Bucknell University Press.

Movers, F. C. (1841-50) *Die Phönizier*, 2 vols, 4 books. Bonn and Berlin.

Muhly, J. D. (1968) Review of *Hellenosemitica*, by M. C. Astour. *Journal of the American Oriental Sociey* 88: pp. 585-8.

——(1970a) Review of *Interconnections in the Ancient Near East*, by W. S. Smith. *Journal of the American Oriental Society* 90: pp. 305-9.

——(1970b) 'Homer and the Phoenicians: The relations between Greece and the Near East in the Late Bronze Age and Early Iron Ages', *Berytus* 19: pp. 19-64.

——(1973) 'The Philistines and their pottery', paper presented to the *Third International Colloquium on Aegean Prehistory*. Sheffield

——(1979) 'On the Shaft Graves at Mycenae', *Studies in Honor of Tom B. Jones*, M. A. Powell and R. M. Sack, eds. Neukirchen-vlugn: Butzon & Bercker kevelaer, pp. 311-23.

——(1984) 'The role of the Sea Peoples in Cyprus during the L.C. 111 Period,' in *Cyprus at the Close of the Late Bronze Age*, V. Karageorgis, ed. Nicosia: G. Leventis Foundation, pp. 39-56.

——(1985) 'Phoenicia and the Phoenicians', *Biblical Archaeology Today: Proceedings of the International Congress on Biblical Archaeology, Jerusalem, April 1984,* A. Biran *et al.*, eds Jerusalem: Israel Exploration Society, Israel Academy of Sciences and Humanities American Schools of Oriental Research, pp. 177-91.

Müller, C. (1841-70) *Fragmenta Historicorum Graecorum*. Paris.

American Journal of Archaeology 1: pp. 190-5.
Marx, K. (1939) *Grundrisse der Kritik der politischen Ökonomie, Verlag für fremdsprachige Literatur*. Moscow and Berlin. trans. Martin Nicolaus (1973) as *Karl Marx, Grundrisse*. New York: Vintage Books.
——(1983) *Das Kapital: Kritik der politischen Ökonomie, erster Band, Hamburg 1867 Text*. Ser. 2, vol. 5, in *Karl Marx - Friedrich Engels, Gesamtausgabe (MEGA)* 1975-1983. Berlin: Dietz Verlag.
Masica, C. P. (1978) *Defining a Linguistic Area: South Asia*. Chicago University Press.
Maspero, G. (1893) *Études de mythologie et d'archéologie égyptiennes*. Paris.
Masson, E. (1967) *Recherches sur les plus anciens emprunts sémitiques en grec*. Paris: Klincksieck.
Matz, F. (1973) 'The zenith of Minoan civilization', *The Cambridge Ancient History*, 3rd edn, vol. 2, pt 1, *The Middle East and the Aegean c. 1800-1380 BC*, pp. 557-81.
Maverick, L. (1946) *China a Model for Europe*. San Antonio: Paul Anderson.
Maximus of Tyre (1910) ed. H. Hobein. Leipzig: Teubner.
Mayer, M. L. (1964) 'Note etimologiche III', *Acme* 17: pp. 223-9.
——(1967) 'Note etimologiche IV', *Acme* 20: pp. 287-91.
Mayes, S. (1959) *The Great Belzoni*. London: Putnam.
Mazar, B. (1971) *World History of the Jewish People*, vol. 3. London: W. H. Allen.
Meiners, C. (1781-2) *Geschichte des Ursprungs, Fortgangs und Verfalls der Wissenschaft in Griechenland und Rom*. Lemgo.
——(1811-15) *Untersuchungen über die Verscheidenheiten der Menschenrassen*, 3 vols. Tübingen.
Mellink, M. J. (1967) Review of *Interconnections in the Bronze Age* by W. S. Smith. *American Journal of Archaeology* 71: pp. 92-4.
Merkelbach, R. and West, M. L. (1967) *Fragmenta Hesiodea*. Oxford: Clarendon.
Meyer, E. (1892) *Forschungen zur alten Geschichte*, 2 vols. Halle.
——(1921) *Ursprung und Anfange des Christentums, II. Die Entwicklung des Judentums und Jesus von Nazaret*. Stuttgart and Berlin: Cotta.
——(1928-36) *Geschichte des Altertums*, 4 vols. Stuttgart and Berlin: Cotta.
Meyer, G. (1892) 'Von wem stammt die Bezeichnung Indogermanen?', *Indogermanische Forschungen* 2: pp. 125-30.
Michael, H. N. and Weinstein, G. A. (1977) 'New radio carbon dates from Akrotiri', *Thera. Temple University Aegean Symposium* 2: pp. 27-30.
Michelet, J. (1831) *Histoire Romaine*, 2 vols. Paris.
——(1962) (1831) *Introduction à l'histoire universelle*. Paris: A. Colin.
Millard, A. R. (1976) 'The Canaanite linear alphabet and its passage to the Greeks', *Kadmos* 15: pp. 130-44.
Millard, A. R. and Bordreuil, P. (1982) 'A statue from Syria with Assyrian and Aramaic inscriptions', *Biblical Archaeologist* 45.3: pp. 135-41. Abou-Assaf の項も参照のこと。
Mitford, W. (1784-1804) *The History of Greece*, 8 vols. London.
Momigliano, A. (1946) 'Friedrich Creuzer and Greek historiography', *Journal of the Warburg and Courtauld Institute* 9: pp. 152-63.
——(1957) 'Perizonus, Niebuhr and the character of the early Roman tradition', *Journal of Roman Studies* 47: pp. 104-14, repr. in his *Essays on Ancient and Modern Historiography* (1977). Oxford, pp. 231-51.
——(1958) 'The Place of Herodotos in the History of Historiography', *History* 4: pp. 1-13.
——(1966a) 'Giulio Beloch', in *Dizionario Biografico degli Italiani*, vol. 8, pp. 32-45, repr. in *Terzo Contributo alla storia degli studi classici e del mondo antico*, 1966. Rome, pp. 239-65.

Duckworth.
——(1982b) *Classical Survivals: The Classics in the Modern World*. London: Duckworth.
——(1982C) 'Introduction to Wilamowitz-Moellendorf', *History of Classical Scholarship*: ixxxii.
Lochner-Hüttenbach, F. (1960) *Die Pelasger*. Vienna.
Locke, J. (1688) *Essay Concerning Human Understanding*. London. 〔ジョン・ロック『人間悟性論』(上・下)、加藤卯一訳、岩波文庫、1993年〕
——(1689) *The True End of Civil Government*. London.
Lockyer, J. N. (1893) *The Early Temple and Pyramid Builders*. Washington.
——(1894) *The Dawn of Astronomy*. London.
Lohnes, W. F. W. and Strothmann, F. W. (1980) *German: a Structural Approach*, 3rd edn. New York: Norton.
Lorimer, H. L. (1950) *Homer and the Monuments*. London: Macmillan.
Lucretius, *De Rerum Natura*. 〔ルクレーティウス『物の本質について』樋口勝彦訳、岩波文庫、1961年〕
Lumpkin, B. (1984) 'Mathematics and engineering in the Nile Valley', *Journal of African Civilizations* 6.2: pp. 102-19.
Macaulay, T. B. (1842) *Lays of Ancient* Rome. London.
——(1866-71) *The Works of Lord Macaulay Edited by His Sister, Lady Trevelyan*, 8 vols. London.
McCarter, K. (1975) *The Antiquity of the Greek Alphabet and the Early Phoenician Scripts*. Missoula, Montana: Scholars Press for Harvard Semitic Museum.
MacDougall, H. A. (1982) *Racial Myth in English History*. Montreal, Hanover Vt. and London: Harvest House, University Press of New England.
Macqueen, J. G. (1975) *The Hittites and Their Contemporaries in Asia Minor*. London: Thames & Hudson.
McGready, A. G. (1969) 'Egyptian words in the Greek vocabulary', *Glotta* 44: pp. 247-54:
McGuire, J. E. (1977) 'Neoplatonism and Active Principles: Newton and the Corpus Hermeticum', in Westman and McGuire, pp. 95-142.
McGuire, J. E. and Rattansi, P. M. (1966) 'Newton and the pipes of Pan', *Notes and Records of the Royal Society* 21: pp. 108-43.
Madelin, L. (1937) *Histoire du consulat et de l'empire*, 8 vols. Paris: Hachette, vol. 2, *L'ascension de Bonaparte*.
Malingrey, A. M. (1961) *Philosophy: Étude d'un groupe de mots dans la littérature grecque des Présocratiques au IVe s. ap. J. -C.* Paris: Klincksieck.
Mallet, D. (1888) *Le Culte de Neïth à Saïs*. Paris.
Manuel, F. E. (1956) *The New World of Henri Saint Simon*. Cambridge, Mass.: Harvard University Press.
——(1959) *The Eighteenth Century Confronts the Gods*. Cambridge, Mass.: Harvard University Press.
——(1963) *Isaac Newton, Historian*. Cambridge, Mass.: Harvard University Press
——(1974) *The Religion of Isaac Newton*. Oxford: Clarendon.
——(1983) *The Changing of the Gods*. Hanover Vt. and London.
Marichal, R. (1982) 'Champollion et l'Académie', *Bulletin de la Société Française d'Égyptologie* 95: pp. 12-31.
Marin, L. (1981) *Le Portrait du Roi*. Paris: Minuit.
Marino, L. (1975) *I maestri della Germania, Göttingen 1770-1820*. Turin: Einaudi.
Marsh, (1885) 'Review of *A History of Art in Phoenicia and its Dependencies*, by G. Perrot and C. Chipiez',

Lauer, J. F. (1948) *Le Problème des Pyramides d'Égypte*. Paris: Payot.
——(1960) *Observations sur les pyramides*. Cairo: Institut Français d'Archéologie Orientale.
Leach, E. (1966) 'The legitimacy of Solomon, some structural aspects of Old Testament history', *European Journal of Sociology* 7: pp. 58-101.
——(1986) *Aryan Invasions over Four Millennia*, Wenner-Gren Symposium no. 100, 'Symbolism Through Time'. Fez: 12-21 Jan.
Leclant, J. (1972) *Inventaire Bibliographique des Isiaca: Répertoire analytique des travaux relatifs à la diffusion des cultes isiaques, A-D*. Leiden: Brill.
——(1974) *E-K*.
——(1982) 'Champollion et le Collège de France', *Bulletin de la Société, Française d'Égyptologie* 95 : pp. 32-46.
Lee, H. D. P. (1955) *Plato: The Republic*. London: Penguin.
Le Fèvre, T. (1664) *Les Poètes grecs*. Saumur.
Lehmann, W. P. (1973) *Historical Linguistics: an Introduction*. New York: Holt, Reinhart & Winston.
Levi, P. (1971) *Pausanias' Guide to Greece*, 2 vols. London: Penguin.
Levin, H. (1931) *The Broken Column; a Study in Romantic Hellenism*. Cambridge, Mass.: Harvard University Press.
Levin, S. (1968) 'Indo-European penetration of the civilized Aegean world as seen in the "Horse" tablet of Knossos (Ca895)', *Attie memorie del 1º congresso internazionale di micinilogia. Roma, 27 Settembre-3 Ottobre 1967*, pp. 1179-85.
——(1971a) *The Indo-European and Semitic Languages*. Albany: State University of New York Press.
——(1971b) 'The etymology of νέχταρ exotic scents in early Greece', *Studi Micenei ed Egeo-Anatolici*, 13: pp. 31-50.
——(1973) 'The accentual system of Hebrew, in comparison with the ancient Indo-European languages', *Fifth World Congress of Jewish Studies*, 4: pp. 71-7.
——(1977) 'Something stolen : a Semitic participle and an Indo-European neuter substantive', in P. Hopper, ed., *Studies in Descriptive and Historical Linguistics: Festschrift for Winfred P. Lehmann*. Amsterdam: John Benjamin, pp. 317-39.
——(1978) 'The perfumed goddess', *Bucknell Review* 24: pp. 49-59.
——(1979) 'Jocasta and Moses', mother Jochabed, Teiresias-Teipeσιασ, suppl. 2: pp. 49-61.
——(1984) 'Indo-European descriptive adjectives with 'Oxytone' accent and Semitic stative verbs', *General Linguistics* 24.2: pp. 83-110.
Lewy, H. (1895) *Die semitischen Fremdwörter im Griechischen*. Berlin.
Lieblein, J. (1884) *Egyptian Religion*. Christiania and Leipzig.
Linforth, I. M. (1911-16) 'Epaphos and the Egyptian Apis', *University of California Publications in Classical Philology* 2: pp. 81-92.
——(1926) 'Greek gods and foreign gods in Herodotus', *University of California Publications in Classical Philology* 9.1: pp. 1-25.
——(1940) ' Greek and Egyptian gods (Herodotus II, 50, 52), *Classical Philology* 35: pp. 300-1.
Lipinsky, E. (1978) 'Ditanu', *Studies in Bible and the Ancient Near East, Separatum*: pp. 91-110.
Lloyd, A. B. (1976) *Herodotos Book II*, vol. II: *Commentary 1-98*. Leiden: Brill.
Lloyd-Jones, H. (1981) Foreword, in Trevelyan, *Goethe and the Greeks*, pp. i-xlvii.
——(1982a) *Blood for the Ghosts: Classical Influences in the Nineteenth and Twentieth Centuries*. London:

Keightly, D. N. (1978) *Sources of Shang History: The Oracle Bone Inscriptions of Bronze Age China.* Berkeley: University of California Press.

——(1983) ed., *The Origins of Chinese Civilization.* Berkeley: University of California Press.

Kern, O. (1926) *Die Religion der Griechen.* Berlin: Weidmann.

Khattab, A. (1982) *Das Ägypthenbild in den deutschsprachigen Reisebeschreibungen der Zeit von 1285-1500.* Frankfort a. M.: Europäische Hochschulschriften Reihe 1 Deutsche Sprache und Literatur.

Kienast, B. (1981) 'Die Sprache von Ebla und das Altsemitische', in Cagni, pp. 83-98.

King, L. W. and Hall, H. R. (1907) *Egypt and Western Asia in the Light of Recent Discoveries.* London: Grolier Society.

Kinkel, I. G. (1877) *Epicorum Graecorum Fragmenta.* Leipzig.

Kircher, A. (1652) *Oedipus Aegyptiacus.* Rome.

Kirk, G. S. (1970) *Myth: its Meanings and Functions in Ancient and Other Cultures.* Berkeley and Cambridge: University of California Press. 〔カーク『神話——その意味と機能』内堀基光訳、社会思想社、1976年〕

Kistler, M. O. (1960) 'Dionysian elements in Wieland', *Germanic Review* 25.1: pp. 83-92.

Klausner, J. (1976) 'The First Hasmonean rulers: Jonathan and Simeon', in A. Schalit, ed. *World History of the Jewish People: VI, The Hellenistic Age.* London: W. H. Allen, pp. 183-210.

Knight, S. (1984) *The Brotherhood: The Secret World of the Freemasons.* London, New York: Granada.

Knoop, D. and Jones, G. P. (1948) *The Genesis of Freemasonry: An Account of the Rise and Development of Freemasonry in its Operative, Accepted and Early Speculative Phases.* University of Manchester Publications.

Knowles, J. (1831) *The Life and Writings of Henry Fuseli, Esq. M. A., R. A.* London.

Knox, R. (1862) *The Races of Men: A Philosophical Inquiry into the Influence of Race over the Destinies of Nations.* London, 2nd edn.

Kretschmer, P. (1924) 'Das nt-suffix', *Glotta* 13: pp. 84-106.

Kroll, J. (1923) 'Kulturhistorisches aus astrologischen Texten', *Klio* 18: pp. 213-25.

Kropotkin, P. (1899) *Memoirs of a Revolutionist.* New York and Boston: Houghton Mifflin.

Kuhn, T. (1970) *The Structure of Scientific Revolutions*, 2nd edn. Chicago University Press. 〔トーマス・クーン『科学革命の構造』中山茂訳、みすず書房、1971年〕

Kunzl, A. (1976) *Der Gegensatz Rom-Kartago im Spiegel historisch-politischer Äusserungen der Zeit um den Ersten Weltkrieg.* Erlangen, thesis.

Lafont, R., Labal, P., Duvernoy, J., Roquebert Martel, P. and Pech, R. (1982) *Les Cathares en Occitanie.* Paris: Fayard.

La Marche, V. C. and Hirschbeck, K. K. (1984) 'Frost rings in trees as records of major volcanic eruptions', *Nature* 307, 12 Jan. pp. 121-6.

Lambert, R. (1984) *Beloved and God: the Story of Hadrian and Antinous.* New York: Viking

Lane-Fox, R. (1980) *The Search for Alexander.* Boston and Toronto: Little Brown.

Langham, I. (1981) *The Building of British Social Anthropology: W. H. R. Rivers and his Cambridge Disciples in the Development of Kinship Studies, 1898- 1931.* Dordrecht, Boston and London: J. D. Reidel.

Laroche, E. (1977?) 'Toponymes et frontières linguistiques en Asie Mineure', in *La Toponymie Antique: Actes du Colloque de Strasbourg, 12-14 juin 1975.* Leiden: Brill, pp. 205-13.

Lattimore, R. (1939) 'Herodotus and the names of the Egyptian gods', *Classical Philology* 34: pp. 357-65.

Isokrates (1928-44), 3 vols, 1 & 2 trans. G. Norlin; 3, trans. L. Van Hook. Cambridge, Mass.: Loeb.

Iversen, E. (1957) 'The Egyptian origin of the Archaic Greek canon', *Mitteilungen des Deutschen Archäeologischen Instituts Abt. Kairo* 15 : pp. 134-47.

——(1961) *The Myth of Egypt and its Hieroglyphs in European Tradition*. Copenhagen: Gad.

Jacob, M. C. (1976) *The Newtonians and the English Revolution 1689-1720*. Ithaca, NY: Cornell University Press.

——(1981) *The Radical Enlightenment: Pantheists, Freemasons and Republicans*. London: Allen & Unwin.

Jacoby, F. (1904) *Das Marmor Parium*, ed. and ann. Weidmann. Berlin.

——(1923-9) *Fragmente der griechischen Historiker*, ed. and ann. Weidmann. Berlin.

James, G. G. M. (1954) *Stolen Legacy, The Greeks were not the authors of Greek Philosophy, but the people of North Africa, commonly called the Egyptians*. New York: Philosophical Library.

Jeanmaire, H. (1951) *Dionysos*. Paris: Payot.

Jeffery, L. H. (1961) *The Local Scripts of Archaic Greece: A Study in the Origin of the Greek Alphabet and its Development from the Eighth to the Fifth Centuries BC*. Oxford: Clarendon.

——(1976) *Archaic Greece: The City-States c. 700-500 BC*. London/New York: St Martin's.

——(1982) 'Greek alphabetic writing', *Cambridge Ancient History*, vol. 3, pt 1, pp. 819-33.

Jenkyns, R. (1980) *The Victorians and Ancient Greece*. Oxford: Blackwell.

Jensen, H. (1969) *Sign, Symbol and Script: An Account of Efforts to Write*, 3rd rev. edn, trans. G. Unwin. New York: Putnam.

Jespersen, O. (1922) *Language: its Nature, Development and Origin*. London: Allen & Unwin.

Jidejian, N. (1969) *Tyre Through the Ages*. Beirut: Dar el-machreq.

Joffe, A. H. (1980) *Sea Peoples in the Levant*. Cornell, Department of Near Eastern Studies, undergraduate thesis.

Johansen, H. F. and Whittle, E. W. (1980) *Aeschylus: the Suppliants*, 3 vols. Aarhus: Gyldenda.

Johnson, S. (1768) *The History of Rasselas Prince of Abissinia: An Asiatic Tale*. Philadelphia.

Jomard, E. F. (1829a) *Description générale de Memphis et ses pyramides*. Paris.

——(1829b) *Remarque sur les pyramides*. Paris.

Jones, T. (1969) *The Sumerian Problem*. London, New York, Toronto and Sydney: John Wiley & Sons.

Jones, W. (1784) 'On the gods of Greece, Italy and India', in *The Works of Sir William Jones, with the Life of the Author by Lord Teignmouth*, 13 vols, London, 1807, vol. 1, pp. 319-97.

——(1786) 'Third anniversary discourse before the Asiatick Society (of Bengal)', in *The Works of Sir William Jones, with the Life of the Author by Lord Teignmouth*, 13 vols, London, 1807, vol. 1, pp. 25-39.

——(1794) *The Laws of Manu. Calcutta.*

Jordan, W. D. (1969) *White Over Black: American Attitudes Toword the Negro: 1550-1812*. Baltimore: Penguin.

Josephus, *Contra Apionem*.

—— *Antiquitates Judaicae*. 〔ヨセフス『ユダヤ古代誌』全6巻、秦剛平訳、ちくま学芸文庫、1979年〕

Juster, J. (1914) *Les Juifs dans l'Empire romaine*, 2 vols. Paris: Geuthner.

Kantor, H. J. (1947) 'The Aegean and the Orient in the second millennium BC', *American Journal of Archaeology* 51: pp. 1-103.

Kaufman, S. A. (1982) 'Reflections on the Assyrian-Aramaic bilingual from Tell Fakhariyeh', *MAARAV* 3/2: pp. 137-75.

and London: Oxford University Press.

Hill, C. (1968) *The World Turned Upside Down*. London: Temple Smith.

——(1976) *Science and Magic in Seventeenth Century England*, text of a lecture given at the J. D. Bernal Peace Library, 19 Oct. 1976.

Hodge, C. (1976) 'Lisramic (Afroasiatic): an overview', in M. L. Bender, ed., *The Non-Semitic Languages of Ethiopia*. East Lansing, Mich., pp. 43 -65.

Hoefer (1852-77) *Nouvelle Biographie générale*, 46 vols. Paris.

Hohendahl, P. U. (1981) 'Reform als Utopie: Die preußiche Bildungspolitik 1809-1817', in W. Voßkamp, ed., *Utopieforschung: Interdisziplinäre Studien zur neuzeitlichen Utopie*, vol. 3, pp. 250-72.

Holm, A. (1886-94) *Griechische Geschichte von ihrem Urspunge bis zum Untergange der Selbständigheit des griechischen Volkes*, 4 vols, Berlin, trans. 1894 as *History of Greece*. London: Macmillan.

Honolka, K. (1984) *Papageno: Emanuel Schikaneder: Der Große Theartermann der Mozart-Zeit*. Salzburg: Residenz Verlag.

Honour, H. (1961) *Chinoiserie: The Vision of Cathay*. London: John Murray.

Hood, S. (1967) *Home of the Heroes: The Aegean Before the Greeks*. London: Thames & Hudson.

Hooker, J. T. (1976) *Mycenaean Greece*. London: Routledge & Kegan Paul.

Hopfher, T. (1922/3) *Fontes Historiae Religonis Aegyptiacae*, 2 vols. Bonn: Marci et Weberi.

——(1940-1) *Plutarch über Isis und Osiris*, 2 vols. Prague: Orientalisches Institut.

Hornung, E. (1971) *Der Eine und die Vielen: Ägyptische Gottesvorstellungen*. Darmstadt, trans. J. Baines (1983) as *Conceptions of God in Ancient Egypt: The One and the Many*. London: Routledge & Kegan Paul.

Horton, R. (1967) 'African traditional thought and Western science', *Africa* 37: pp. 50-71, 155-87.

—— (1973) 'Lévy-Brühl, Durkheim and the scientific revolution, in R. Horton and R. Finnegan, eds *Modes of Thought: Essays on Thinking in Western and Non-Western Societies*. London: Faber & Faber.

Humboldt, W. von. (1793) 'Über das Studium des Altertums und des Griechischen insbesondre', *Gesammelte Schriften*, vol. I, pp. 255-81.

——(1821) 'Ueber die Aufgabe des Geschichtsschreibers', *Gesammelte Schriften*, vol. 4, pp. 35-56.

——(1826) 'Lettre à Monsieur Abel-Remusat sur la nature des formes grammaticales en générale, et sur la génie de la langue chinoise en particulier', *Journal Asiatique* 9: p. 115; reprinted, *Gesammelte Schriften*, vol. 5, pp. 254-308.

——(1841-52) *Wilhelm von Humboldts gesammelte Werke*, ed. C. Brandes, 7 vols in 4. Berlin.

——(1903-36) *Wilhelm von Humboldts gesammelte Schriften*, 17 vols. Berlin: Leitzmann and Gebhardt.

Hunger, K. (1933) *Die Bedeutung der Universität Göttingen für die Geschichtsforschung am Ausgang des achtzehnten Jahrhunderts*. Berlin: E. Ebering.

Huxley, G. (1961) *Crete and the Luvians*. Oxford: the author.

Iggers, G. I. (1967) [trans. of W. von Humboldt's] 'The task of the historian', *History and Theory* 6. pp. 57-71.

——(1968) *The German Conception of History: The National Tradition of Historical Thought from Herder to the Present*. Middletown, Conn.: Wesleyan University Press.

Irving, W. (1829) *The Conquest of Granada*. New York.

——(1852) *The Alhambra*. New York.

Irwin, J. T. (1980) *American Hieroglyphics: the Symbol of Egyptian Hieroglyphics in the American Renaissance*. New Haven: Yale University Press.

behalfe of our English Nation against her grand (yet neglected) grievance, Normanisme. London.
Harris, J. (1751) *Hermes: Or, a Political Inquiry, Concerning Language and Universal Grammar*. London.
Harris, Z. S. (1939) *The Development of the Canaanite Dialects: An Investigation in Linguistic History*. New Haven: American Oriental Society.
Harris-Schenz, B. (1984) *Black Images in Eighteenth Century German Literature*. Stuttgart: Heinz.
Harrison, J. (1903) *Prolegomena*. Cambridge University Press.
——(1925) *Reminiscences of a Student's Life*. London: Hogarth.
Hartleben, H. (1906) *Champollion sein Leben und sein Werk*, 2 vols. Berlin: Weidmann.
——(1909) *Lettres de Champollion le Jeune recuellies et annotées*, 2 vols. Paris: Bibliothèque Ègyptologique.
Havelock, A. E. (1982) *The Literate Revolution in Greece and its Cultural Consequences*. Princeton University Press.
Haydon, B. R. (1926) *Autobiography and Memoirs*, new edn, ed. Aldous Huxley. London: P. Davies.
Heeren, A. H. L. (1824) *Ideen über die Politik, den Vehrkehr und den Handel der vornehmsten Völker der alten Welt*, 2 vols, Göttingen, trans. B. W. Talboys (1832-4) as *Reflections on the Politics, Intercourse, and Trade of the Principal Nations of Antiquity*, 2 vols. Oxford.
Hegel, G. W. F. (1892) *Lectures on the History of Philosophy*, E. S. Haldane and F. H. Simson, trans., 3 vols. London. 〔ヘーゲル『歴史哲学講義』(上)(下)、岩波文庫、長谷川宏訳、1994年〕
——(1967) *Philosophy of Right*, trans. with notes by T. M. Knox. London: Oxford University Press. 〔ヘーゲル「法哲学」『世界の名著35ヘーゲル』岩崎武雄編集、藤野渉他訳、中央公論社、1967年〕
——(1975) *Lectures on the Philosphy of World History: Introduction: Reason in History*, H. B. Nisbet, trans. Cambridge University Press.
Heine, H. (1830-1) *Reisebilder*, 2 vols. Hamburg.
Helck, W. (1962) 'Osiris' in *Pauly Wissowa*, suppl. 9: pp. 469-513.
——(1971) *Die Beziehungen Ägyptens zu Vorderasien im 3. und 2. Jahrtausend v. Chr*. 2nd improved edn, Wiesbaden.
——(1979) *Die Beziehungen Ägyptens und Vorderasiens zur Ägäis bis ins 7. Jahrhundert v. Chr*. Darmstadt: Wissenschaftliche Buchgesellschaft.
Helck, W. and Otto, E. (1975) *Lexikon der Ägyptologie*, vol. I. Wiesbaden: Harrasowitz.
——(1977) —— vol. II.
——(1980) —— vol. III.
——(1982) —— vol. IV.
Heliodoros (1935) *Aithiopika*, J. Maillon, trans., 2 vols. Paris: 'Belles Lettres'.
Helm, P. R. (1980) *'Greeks' in the Neo-Syrian Levant and 'Assyria' in Early Greek Writers*. Philadelphia, PhD thesis.
Hemmerdinger, B. (1969) 'Noms communs d'origine égyptienne' *Glotta* 44: pp. 238-47.
Herder, J. G. (1784-91) *Ideen zur Philosophie der Geschichte der Menschheit*, 4 vols. Riga and Leipzig.
Herm, G. (1975) *The Phoenicians: The Purple Empire of the Ancient World*, C. Hillier, trans. New York.
Herodotos (1954) *Herodotus: The Histories*, A. de Selincourt, trans. London. 〔ヘロドトス『歴史』上・中・下、岩波文庫、2001年〕
Hersey, G. (1976) '"Aryanism" in Victorian England', *Yale Review* 66: pp. 104-13.
Hester, D. A. (1965) 'Pelasgian a new Indo-European language?' *Lingua* 13: pp. 335-84.
Heumann (1715) *Acta Philosophorum*. Halle.
Highet, G. (1949) *The Classical Tradition: Greek and Roman Influences on Western Literature*. New York

Συμποσίον ἐν Δελφοῖζ 1: pp. 163-71.
——(1971) *Forgotten Scripts: The Story of their Decipherment*. London: Penguin.
——(1975) 'The decipherment of Minoan and Eteocretan', *Journal of the Royal Asiatic Society*: pp. 148-58.
——(1980) 'A new light on the Minoan language', Πεπραγμένα pp. 205-9.
——(1981) 'The Semitic language of Minoan Crete', in Arbeitman and Bomhard, pp. 761-82.
——(1983) 'The Greek unilinguals from Praisos and Dreros and their bearing on Eteocretan and Minoan', Πεπραγμένα τοῦ Γ´ Διέθνουζ Κρητογικοῦ Συνεδρίου : pp. 97-103.
Gossman, L. (1983) 'Orpheus Philologus: Bachofen versus Mommsen on the study of Antiquity', *Transactions of the American Philosophical Societey* 73: pt 5.
Gould, R. F. (1904) *A Concise History of Freemasonry*. London: Gale and Polden.
Gould, S. J. (1981) *The Mismeasure of Man*. New York: Norton.
Gran, P. (1979) *Islamic Roots of Capitalism: Egypt 1760-1840*. Austin: University of Texas Press.
Graves, R. (1948) *The White Goddess*. London: Faber & Faber.
——(1955) *Greek Myths*, 2 vols. London: Penguin.〔グレイヴズ『新版　ギリシア神話』高杉一郎訳、紀伊国屋書店、1998年〕
Green, A. (1982) *Flaubert and the Historical Novel*. Cambridge University Press.
Green, A. R. W. (1975) *The Role of Human Sacrifice in the Ancient Near East*. Missoula, Montana: Scholars Press for the American Schools of Oriental Resarch.
Griffiths, J. G. (1970) *Plutarch's De Iside et Osiride*. Cambridge University Press.
——(1975) *Apuleius of Madauros, The Isis Book (Metamorphosis, Book XI)*. Leiden: Brill.
——(1980) 'Interpretatio Graeca', in Helck and Otto, vol. III, cols 167-72.
——(1982) 'Plutarch', in Helck and Otto, vol. IV, cols 1065-7.
Griggs, E. L. (1956-71) *Collected Letters of Samuel Taylor Coleridge*, 5 vols. Princeton University Press and Oxford: Clarendon.
Grimm, G. (1969) *Die Zeugnisse ägyptischer Religion und Kunstelemente in römischen Deutschland*. Leiden: Brill.
Grote, G. (1826) 'Mitford's *History of Greece*', in the *Westminster Review* 5: pp. 280-331.
——(1846-56) *A History of Greece*, 12 vols. London.
Grumach, E. (1968/9) 'The coming of the Greeks', *Bulletin of the John Rylands Library* 51: pp. 73-103, 400-30.
Guignes, C. L. J. de (1758) *Mémoire dans lequel on prouve que les chinois sont une colonie égyptienne*. Paris.
Haase, R. (1975) 'Kepler's harmonies between Pansophia and Mathesis Universalis, in Beer and Beer, pp. 427-38.
Hammond, N. G. L. (1967) *A History of Greece to 322 BC*, 2nd edn. Oxford: Clarendon.
Hani, J. (1976) *La Religion égyptienne dans la pensée de Plutarque*, collection d'études mythologiques. Centre de Recherche Mythologique de l'Université de Paris. Paris: 'Les Belles Lettres'.
Hannay, D. (1911) 'Spain, history', *Encyclopaedia Britannica*, 11th edn.
Hansberry, L. W. (1977) *Africa and the Africans as seen by Classical Writers: The Leo William Hansberry African History Notebook*, 2 vols, ed. J. E. Harris. Washington: Howard University Press.
Harden, D. (1971) *The Phoenicians*. London: Penguin.
Hardy, T. (1891) *Tess of the d'Urbervilles*.〔ハーディ『テス』上・下、井上宗次・石田英二訳、岩波文庫、1960年〕
Hare, J. (1647) *St Edward's Ghost: or, Anti-Normanisme. Being a Patheticall Complaint and Motion in the*

Gibbon, E. (1776-88) *The Decline and Fall of the Roman Empire*, 6 vols. London. 〔ギボン『ローマ帝国衰亡史』中野好之他訳、筑摩書房、ちくま学芸文庫、1996年〕

——(1794) 'Memoirs of my life and writings', *Miscellaneous Works of Edward Gibbon Esquire with Memoirs of His Life and Writings, Composed by Himself: Illustrated from His Letters with Occasional Notes and Narrative by John Lord Sheffield*, 2 vols. London, vol. 1, pp. 1-185. 〔ギボン『ギボン自叙伝――わが生涯と著作との思い出』村上至孝訳、岩波書店、1997年〕

Giles, P. (1924) 'The peoples of Europe', *Cambridge Ancient History*, vol. 2, *The Egyptian and Hittite Empires to c. 1000 BC*. Cambridge University Press, pp. 20-40.

Gillings, R. J. (1973) *Mathematics in the times of the Pharaohs*. Cambridge, Mass.

Gilman, S. (1982) *On Blackness without Blacks. Essays on the Image of the Black in Germany*. Boston.

Gimbutas, M. (1970) 'Proto-Indo-European culture: the Kurgan culture during the fifth, fourth and third millennia', *Indo-European and Indo-Europeans: Papers Presented at the Third Indo-European Conference at the University of Pennsylvania*, eds. G. Cardona, H. M. Hoenigswald and A. Senn. Philadelphia: University of Pennsylvania Press, pp. 155-97.

Gladstone, W. (1869) *Juventus Mundi: The gods and men of the heroic age*. London. Macmillan.

Glanville, S. (1942) *The Legacy of Egypt*. Oxford: Clarendon.

Gobineau, J. A. de (1983) *Oeuvres*, 2 vols. Paris: Pléiades.

Godwin, J. (1979) *Athanasius Kircher: A Renaissance Man and the Quest for Lost Knowledge*. London: Thames & Hudson.

Goldin, J. (1967) Introduction, in Spiegel, *The Last Trial*, pp. i-xxvi.

Goldsmith, O. (1774) *History of the Earth*, 8 vols. London.

Gomme, A. W. (1913) 'The legend of Cadmus and the Logographi', *Journal of Hellenic Studies*, pp. 53-72, 223-45.

Gooch, C. P. (1913) *History and Historians in the Nineteenth Century*. London: Longman.

Goodenough, W. H. (1970) 'The evolution and pastoralism and Indo-European origins', in *Indo-European and Indo-Europeans: Papers Presented at the Third Indo-European Conference at the University of Pennsylvania*, eds. G. Cardona, H. M. Hoenigswald and A. Senn, pp. 253-65.

Gordon, C. (1962a) 'Eteocretan', *Journal of Near Eastern Studies* 21: pp. 211-14.

——(1962b) *Before the Bible: The Common Background of Greek and Hebrew Civilizations*. New York: Harper & Row.

——(1963a) 'The Dreros bilingual' *Journal of Semitic Studies* 8: pp. 76-9

——(1963b) 'The Mediterranean factor in the Old Testament', *Supplements to Vetus Testamentum* 9: pp. 19-31.

——(1965) *Ugaritic Textbook, Analecta Orientalia* 18. Rome: Pontificum Institutum Biblicum.

——(1966) *Evidence for the Minoan Language*. Ventnor.

——(1968a) 'The present status of Minoan studies', *Atti*: pp. 383-8

——(1968b) 'Northwest Semitic texts in Latin and Greek letters', *Journal of the American Oriental Society* 88: pp. 285-9.

——(1968c) 'The Canaanite text from Brazil', *Orientalia* 37: pp. 425-36

——(1968d) 'Reply to Professor Cross', *Orientalia* 37: pp. 461-3.

——(1969) 'Minoan', *Athenaeum* 47: pp. 125-35.

——(1970a) 'Greek and Eteocretan unilinguals from Praisos and Dreros', *Berytus* 19: pp. 95-8.

——(1970b) 'In the wake of Minoan and Eteocretan',Πρακτικά του Α΄ Διέθνουσ Ἀνθρωπιστικοῦ

Fréret, N. (1784) 'Observations générales sur l'origine et sur l'ancienne histoire des premiers habitants de la Grèce', *Académie des Inscriptions*, 1784-1793 47 (published 1809). *Mémoire de Littérature*: pp. 1-149.

Freud, S. (1939) *Moses and Monotheism*, Katherine Jones, trans. London: Hogarth.

Friedrich, J. (1951) *Phönizisch-punische Grammatik*. Rome: Analecta Olientalia.

——(1957) *Extinct Languages*, F. Gaynor, trans. New York: Philosophical Library.

——(1968) 'Die Unechtheit der phönizischen Inschrift aus Parahyba, *Orientalia* 37: pp. 421-4.

Froidefond, C. (1971) *Le mirage égyptien dans la littérature grecque d'Homère à Aristote*. Paris: Ophrys.

Frothingham, A. (1891) 'Archaeological news', *American Journal of Archaeology* 6: pp. 476-566.

Frye, N. (1962) *Fearful Symmetry*. Boston: Beacon.

Fueter, E. (1936) *Geschichte der neueren Historiographie*. Berlin and Munich: R. Oldenberg.

Fuhrmann, M. (1979) 'Querelle des Anciens et des Modernes, der Nationalismus und die deutsche Klassik', in Bolgar, *Classical Influences*, pp. 107-28.

Fung Yu-lan (1952) *A History of Chinese Philosophy*, D. Bodde, trans., 2 vols. Princeton University Press.

Gamer-Wallert, I. (1977) 'Fische, religiös', in Helck and Otto, cols 228-34.

Garbini, G. (1977) 'Sulla datazione dell'iscrizione di Ahiram', *Annali dell'Istituto Orientale di Napoli* 627: pp. 81-9.

——(1978) 'La Lingua di Ebla', *La Parola del Passato* 181: pp. 241-51.

——(1981) 'Considerations on the language of Ebla', in Cagni, pp. 75-82.

Gardiner, A. H. (1927) *Egyptian Grammar*. Oxford: Clarendon.

——(1942) 'Writing and literature', in S. R. A. Glanville, ed., *The Legacy of Egypt*. Oxford: Clarendon, pp. 53-79.

——(1947) *Ancient Egyptian Onomastica*, 3 vols. Oxford University Press.

——(1957) *Egyptian Grammar*, 3rd edn. Oxford: Clarendon.

——(1961) *Egypt of the Pharaohs*. Oxford: Clarendon.

——(1986) (1945-55) *My Early Years*, ed. J. Gardiner. Isle of Man: Andreas.

Gardner, P. (1880) 'Stephani on the tombs at Mycenae', *Journal of Hellenic Studies* 1: pp. 94-106.

Garvie, A. F. (1969) *Aeschylus' Supplices: Play and Trilogy*. Cambridge University Press.

Gaster, T. H. (1964) *The Dead Sea Scriptures: In English Translation*. Garden City New York. Anchor Books.

Gaulmier, J. (1978) *Ernest Renan: Judaisme et Christianisme: textes présentés par Jean Gaulmier*. Paris.

——(1983) Introduction to Gobineau, *Oeuvres*, vol. 1, pp. i-lxxxvii.

Gauthier, H. (1925-31) *Dictionnaire des noms géographiques contenus dans les textes hiéroglyphiques*, 5 vols. Cairo : L'Institut Français d'archéologie orientale.

Gelb, I. J. (1977) 'Thoughts about Ibla: A Preliminary Evaluation, March 1977', *Syro-Mesopotamian Studies* 1.1: pp. 1-26.

——(1981) 'Ebla and the Kish civilization', in Cagni, pp. 9 73.

Georgiev, V. I. (1952) 'L'origine minoenne de l'alphabet phénicienne', *Archív Orientální* 20: pp. 487-95.

——(1966) *Introduzione alla storia delle lingue indoeuropee*. Rome: Edizione de l'Ateneo.

——(1973) 'The arrival of the Greeks in Greece: the linguistic evidence', in Crossland and Birchall, pp. 243-54.

Gerbi, A. (1973) *Dispute of the New World: The History of a Polemic, 1750-1900*, rev. and enl. edn. Pittsburgh: University of Pittsburgh Press.

Gesenius, F. H. W. (1815) *Geschichte der hebräischen Sprache und Schrift*. Leipzig.

Farnell, L. R. (1895-1909) *The Cults of the Greek States*, 5 vols. Oxford: Clarendon.

Farnham, F. (1976) *Madame Dacier: Scholar and Humanist*. Monterey: Angel Press.

Farrell, J. J. (1980) *Inventing the American way of Death*. Philadelphia: Temple University Press.

Faverty, F. (1951) *Matthew Arnold: The Ethnologist. Evanston*, Ill.: Northwestern University Press.

Fay, B. (1961) *La francmaçonnerie et la révolution intellectuelle du XVIIIe siècle*. Paris: Libraire Français.

Feldman, B. and Richardson R. D. (1972) *The Rise of Modern Mythology 1680-1860*. Bloomington and London: Indiana University Press.

Fénelon, F. de S. de la M. (1833) (1699) *Télémaque, fils d'Ulysse*. Philadelphia.

Festugière, R. P. (1944-9) *La révélation d'Hermès Trismégiste*, 3 vols. Paris: Lecoffre, vol. 1, *L'astrologie et les sciences occultes*.

——(1945) trans. *Corpus Hermeticum*, 4 vols. Paris: Société d'édition 'Les Belles Lettres'.

——(1961-5) *Les Moines d'Orient*, 4 vols in 3. Paris: Éditions du Cerf.

——(1966-8) *Prolius, Commentaire sur le Timée*, 5 vols. Paris.

Finkelstein, L. (1970) *Akiba: Scholar, Saint and Martyr*. New York: Atheneum.

Finley, M. I. (1978) *The World of Odysseus*. New York, rev. reset edn. 〔フィンリー『オデュッセウスの世界』下田立行訳、岩波文庫、1994年〕

——(1980) *Ancient Slavery and Modern Ideology*. New York.

——(1981) *The Legacy of Greece: A New Appraisal*. Oxford: Clarendon.

Flaubert, G. (1857) *Madame Bovary*. Paris.

——(1862) *Salammbô*. Paris.

——(1973) *Oeuvres*, 3 vols., ed. and ann. J. Bruneau. Paris: Pléiades.

Fleckenstein (1975) 'Kepler and Neoplatonism', in Beer, pp. 519-33.

Fontenrose, J. (1959) *Python: a Study in Delphic Myth and its Origins*, Berkeley: University of California Press.

Force, J. E. (1985) *William Whiston: Honest Newtonian*. Cambridge University Press.

Forrest, W. G. G. (1982) 'Central Greece and Thessaly', *Cambridge Ancient History*, 2nd edn, vol. 3, pt 3, *The Expansion of the Greek World, Eighth to Sixth Centuries BC*. eds. J. Boardman and N. G. L. Hammond, pp. 286-99.

Forster, G. (1786) 'Noch etwas über die Menschenraßen', *Der Teutsche Merkur*. Aug.

——(1958-) Georg Forsters Werke. Berlin: Akademie der Wissenschaften der D. D. R. Zentralinstitut für Literaturgeschichte.

Foucart, P. (1914) *Les Mystères d'Eleusis*. Paris: A. Picard.

Frankfort, H. and H. A. (1946) 'Myth and reality', in *The Intellectual Adventure of Ancient Man*. University of Chicago Press.

Franklin, J. H. (1947) *From Slavery to Freedom: A History of American Negroes*. New York: Knopf.

Franklin, H. B. (1963) *The Wake of the Gods: Melville's Mythology*. Stanford: Stanford University Press.

Frazer, J. (1890-1915) *The Golden Bough: A Study in Magic and Religion*, 9 vols. London: Macmillan. 〔フレイザー『金枝篇』全5冊、永橋卓介訳、岩波文庫、1951年〕

——(1898) *Pausanias's Description of Greece*, 6 vols. London.

——(1911) *The Dying God, The Golden Bough*, vol. 3. London: Macmillan.

——(1921) *Apollodoros; The Library*, 2 vols. Cambridge, Mass. Apollodoros 参照のこと。

Freeman-Greville, G. S. P. (1962) *The East African Coast: Select Documents from the First to the Earlier Nineteenth Centuries*. Oxford: Clarendon.

Arts, Particularly in Poetry. London.
Duhoux, Y. (1982) *L'Étéocrétois: Les textes, la langue*. Amsterdam: J. C. Gieben.
Duke, T. T. (1965) review, *The Classical Journal* 61.3: pp. 131-6 (p.133).
Dumas, F. (1976) *Le Tombeau de Childéric*. Paris: Le Cabinet.
Dunand, F. (1973) *Le culte d'isis dans le bassin de la Méditerranée*, 3 vols. Vol. II: *Le culte d'isis en Grèce*. Leiden: Brill.
Dunker, M. (1880) *Griechische Geschichte*, S. F. Alleyne, trans. (1883), 3 vols. London.
Dupuis, C. F. (1822) (1795) *Origine de tous les cultes, ou la religion universelle*, 12 vols in 7. Paris.
——(An XII) Discours prononcé à la rentrée du Collège de France Le 1er Frimaire.
Dussaud, R. (1907) *Les Arabes en Syrie avant l'Islam*. Paris: Leroux.
——(1931) 'Victor Bérard (necrologue)', *Syria* 12: pp. 392-3.
Earp, F. R. (1953) 'The date of the Supplices of Aeschylus', *Greece and Rome*: pp. 118-23.
Edwards, G. P. (1971) *The Language of Hesiod in its Traditional Context*. Oxtford: Blackwell.
Edwards, I. E. S. (1947) *The Pyramids of Egypt*. London: Penguin.
Edwards, R. (1979) *Kadmos the Phoenician: A Study in Greek Legends and the Mycenaean Age*. Amsterdam: Hakkert.
Eissfeldt, O. (1935) 'Molk als Opferbegriff im Punischen und Hebräischen und das Ende des Gottes Moloch', *Beiträge zur Religiongeschichte des Altertums*, vol. 3.
——(1960) 'Phönikische und griechische Kosmogonie', in *Éléments orientaux dans la religion grecque ancienne*. Paris, pp. 1-15.
Eliot, G. (1906) (1864) *Romola*, 2 vols. Chicago: Mc Clarg.
——(1871-2) *Middlemarch*, 2 vols. London and Edinburgh. 〔ジョージ・エリオット『ミドルマーチ』(1)~(4)、講談社文芸文庫、工藤好美他訳、講談社、1998年〕
——(1876) *Daniel Deronda*, 2 vols. Edinburgh and London.
Eliot, T. S. (1971) *The Complete Poems and Plays: 1909-1950*. New York: Harcourt Brace.
Elkin, A. P. (1974) 'Sir Grafton Elliot Smith: the man and his work; a personal testimony', in *Grafton Elliot Smith: The Man and His Work*. Sydney University Press, pp. 8-15.
——(1974a) 'Elliot Smith and the diffusion of culture', in *Grafton Elliot Smith: the Man and His Work*. Sydney University Press, pp. 139-59.
Elliot Smith, G. (1911) *The Ancient Egyptians and their Influence Upon the Civilization of Europe*. London: Harper.
——(1923) *The Ancient Egyptians and the Origin of Civilization*. London: Harper.
Erman, A. (1883) 'Aegyptische Lehnwörte im Griechischen', *Beiträge zur Kunde der indogermanischen Sprachen* 7 : pp. 336-8.
Erman, A. and Grapow, H. (1982) *Wörterbuch der ägyptischen Sprache*, 7 vols. Berlin: Akademie Verlag.
Eusebius (1866) *Chronicorum*, trans. from the Armenian by H. Petermann, ed. A. Schoene. Berlin: Weidmann.
Evans, A. (1909) *Scripta Minoa*. Oxford: Clarendon.
——(1921-35) *The Palace of Minos*, 4 vols in 6. London: Macmillan.
Fallmerayer, J. P. (1835) *Welchern Einfluss hatte die Besetzung Griechenlands durch die Slawen auf das Schicksal der Städte Athen und der Landschaft Attika*. Stuttgart and Tübingen.
Fan Xiangyong (1962) *Guben Zhushu Jinian Jixiao Dipu*. Shanghai.
Farag, S. (1980) 'Une inscription memphite de la XIIe dynastie', *Revue d'Égyptologie* 32: pp. 75-81.

römischen Welt [Forts.]), ed. W. Haase, pp. 2300-35.

Devisse, J. (1979) *L'image du noir: dans l'art occidental 2. Des premiers siècles chrétiens aux 'grands découverts' pt 1: De la menace démoniaque à l'incarnation de la sainteté;* pt 2*: Les Africains dans l'ordonnance chrétienne du monde (XIVe-XVIe siècle)* Lausanne: Fondation de la menil.

Dickinson, O. T. P. K. (1977) *The Origins of Mycenaean Civilization.* Gotenborg: Studies in Mediterranean Archaeology No. 49.

Dieckmann, L. (1970) *Hieroglyphics: The History of a Literary Symbol.* St Louis: Washington University Press.

Dimakis, J. (1968) *La guerre de l'indépendance grecque vue par la presse française (période 1821-1824): contribution à l'étude de l'opinion publique et du mouvement philhellénique en France.* Thessalonika.

Diodoros Sikeliotes (1933-67) *The Library of History,* 12 vols, C. H. Oldfather, trans. Cambridge, Mass. (vols 11 and 12 trans. F. R. Walton and R. M. Geer).

Diogenes Laertius (1925) *Lives of Eminent Philosophers,* R. D. Hicks, trans. 2 vols. Cambridge, Mass. 〔ディオゲネス・ラエルティオス『ギリシア哲学者列伝』上・中・下、加来彰俊訳、岩波文庫、1984年〕

Diop, C. A. (1974) *The African Origin of Civilization: Myth or Reality?,* M. Cook, trans. Westport, Conn.: L. Hill.

——(1978) *The Cultural Unity of Black Africa.* Chicago.

——(1985a) 'Africa: cradle of humanity', Nile Valley Civilizations: pp. 23-8.

——(1985b) 'Africa's contribution to world civilization: the exact sciences', *Nile Valley Civilizations:* pp. 69-83.

Disraeli, B. I. (1847) *Tancred; or the New Crusade.* Liepzig: Tauschnitz.

Dods, M. and Smith, T. (trans.) (1867) *Tatian, Theophilus and the Clementine Recognition,* vol. 3, *The Ante-Nicene Christian Library.* Edinburgh, pp. 1-39, esp. 35-6.

Dolgopolskii, A. B. (1973) *Sravitelno-istoricheskaya fonetika kushchitskikh yazykov.* Moscow: Nauka.

Donaldson, J. W. (1858) Introduction in Müller, *A History of the Literature of Ancient Greece,* 3 vols. London, vol. 1, pp. i-xxxix.

Doresse, J. (1960) *The Secret Books of the Egyptian Gnostics,.* London: Hollis & Carter.

Dörpfeldt, W. (1966) (1935) *Alt-Olympia: Untersuchungen und Ausgrabungen zur Geschichte des ältesten Heiligtums von Olympia und der älteren griechischen Kunst* (reprint). Osnabrück: Zeller.

Dothan, M. (1973) 'Philistine material culture and its Mycenaean affinities', in Karageorghis, ed. *The Mycenaeans in the East Mediterranean.* Nicosia.

Dothan, T. (1982) *The Philistines and their Material Culture.* Jerusalem and New Haven: Yale University Press.

Doumas, C. (1979) *Thera and the Aegean World: Papers Presented at the Second International Scientific Congress, Santorini, Greece, August 1978.* London.

Dow, S. (1937) 'The Egyptian cults in Athens', *Harvard Theological Review* 30, 4: pp. 183-232.

Drioton, E. (1948) 'Le monothéisme de l'ancienne Égypte', *Cahiers d'histoire égyptienne* 1: pp. 149-68.

——(1948a) Preface, in Lauer, *Le Problème des Pyramides d'Égypte.*

Drioton, E. and Vandier, J. (1946) *L'Égypte.* Clio. Paris: Introduction aux études historiques.

Dubois, W. E. B. (1975) *The Negro.* New York: Kraus-Thompson Organization.

——(1976) *The World and Africa.* New York: Kraus-Thompson Organization.

Duff, W. (1767) *An Essay on Original Genius: and its various Modes of Exertion in Philosophy and the Fine*

of the American Schools of Oriental Research (1900-1975). Cambridge, Mass., pp. 97-123.
——(1980) 'Newly found inscriptions in Old Canaanite and Early Phoenician scripts', *Bulletin of the American Schools of Oriental Research* 238: pp. 1-21.
Crossland, R. A. and Birchall, C. (1973) *Bronze Age Migrations in the Aegean: Archaeological and Linguistic Problems of Greek Prehistory*. London: Duckworth.
Crum, W. (1939) *A Coptic Dictionary*. Oxford: Clarendon.
Cudworth, R. (1743) (1676) *The True Intellectual System of the Universe*, 2nd edn. London.
Culican, W. (1966) *The First Merchant Venturers: The Ancient Levant in History and Commerce*. London: Thames & Hudson.
Cumont, F. (1929) *Les religions orientales dans le paganisme romain*, 3rd edn. Paris: Annales du Musée Guimet, Bibliothèque de Vulgarisation.
——(1937) *L'Égypte des Astrologues*. Brussels: Fondation Égyptologique de La Reine Elizabeth.
Curl, J. S. (1982) *The Egyptian Revival, An Introductory Study of a Recurring Theme in the History of Taste*. London: Allen & Unwin.
Curtin, P. (1964) *The Image of Africa: British Ideals and Action, 1780-1850*. Madison: Wisconsin University Press.
——(1971) *Imperialism: the Documentary History of Western Civilization*. New York: Harper & Row.
Curtius, E. (1857-67) *Griechische Geschichte*, 4 vols. Berlin, trans. A. W. Ward (1886) as *History of Greece*, 5 vols. New York.
Cuvier, G. (1817) *Le règne animal distribué d'après son organisation*. Paris, trans. M. Mac Murtrie (1831) as *The Animal Kingdom*, 4 vols. New York.
Dacier, A. Le F. (1714) *Des Causes de la Corruption du goût*. Paris.
Dahood, M. (1981a) 'The linguistic classification of Eblaite', in Cagni, pp. 177-89.
——(1981b) 'Afterward: Ebla, Ugarit and the Bible', in Pettinato, *The Archives of Ebla*, pp. 271-321.
Daniélou, J. (1964) *Primitive Christian Symbols*, D. Attwater, trans. Baltimore: Helicon.
Dart, R. A. (1974) 'Sir Grafton Elliot Smith and the evolution of man', *Grafton Elliot Smith: The Man and his Work*. Sydney University Press, pp. 25-38.
Davies, N. (1979) *Voyagers to the New World*. London: Macmillan.
Davis, W. M. (1979) 'Plato on Egyptian art', *Journal of Egyptian Archaeology* 66: pp. 121-7.
Dawson, R. (1967) *The Chinese Chameleon: An Analysis of European Conceptions of Chinese Civilization*. London: Oxford University Press.
Delatte, A. (1922) *La vie de Pythagore de Diogène Laerce*. Brussels: Académie Royale de Belgique, Classe de Lettres etc.
Delia, R. (1980) *A Study in the Reign of Senwosret III*, Columbia University, PhD thesis.
Derchain, M.-T. & P. (1975) 'Noch einmal "Hermes Trismegistos"', *Göttinger Miszellen* 15: pp. 7-10.
Derchain, P. (1962) 'L'authenticité de l'inspiration égyptienne dans le "Corpus Hermeticum"', *Revue de l'Histoire des Religions*: pp. 175 -98.
——(1980) 'Kosmogonie'. Helck and Otto, cols 747-56.
Des Places, E. (1964) 'Les *Mystères d'Égypte* et les *Oracles Chaldaïques*', *Oikumene*: pp. 455-60.
——(1975) 'La religion de Jamblique', *Entretiens sur l'Antiquité classique* 21: pp. 69-94.
——(1984) 'Les oracles Chaldaïques', in H. Temporini and W. Haase, eds (1972-) *Aufstieg und Niedergang der römischen Welt: Geschichte und Kultur Roms im Spiegel der neueren Forschung*, 21 vols. Berlin/New York, vol. 17.4. *Religion: (Heidentum: römische Götterkulte, orientalische Kulte in der*

Clark, W. M. (1954) *Christoph-Martin Wieland and the Legacy of Greece: Aspects of his Relationship to Greek Culture*. Columbia University, PhD thesis.
Clement of Alexandria, *Stromata*.
—— *Protrepticus*.
Coleridge, S. T., Griggs, E. L. 参照のこと。
Colie, R. L. (1957) *Light and Enlightenment: A Study of the Cambridge Platonists and the Dutch Arminians*. Cambridge University Press.
Combes-Dounous (1809) *Essai Historique sur Platon, et coup d'œil rapide sur l'histoire du Platonisme depuis Platon jusqu'à nous*. Paris.
Comte, A. (1830-42) *Cours de philosophie positive*, 6 vols. Paris: Bachelier.
Conan-Doyle, A. (1968) *The Adventure of the Devil's Foot*, in *The Annotated Sherlock Holmes*, 2 vols. London: Murray, pp. 508-26.〔コナン＝ドイル『悪魔の足』亀山竜樹訳、学研、1982年〕
Conway, R. S. (1937).'William Ridgeway', *Dictionary of National Biography: Twentieth Century 1922-1930*. Oxford University Press, pp. 720-2.
Cook, A. B. (1914-40) *Zeus: A Study in Ancient Religion*, 3 vols, 5 pts. Cambridge University Press.
Cook, R. M. (1937) 'Amasis and the Greeks in Egypt', *Journal of Hellenic Studies* 57: pp. 227-37.
Cook, S. A. (1924) 'The Semites', *Cambridge Ancient History*, 1st edn, vol. 1, pp. 181-237.
Cordier, H. (1898) 'Les études chinoises: 1895-1898', Suppl. to *T'oung-Pao* 9: pp. 44-51.
——(1899) 'Deux voyageurs dans l'Extrême Orient au XVe et au XVIe siècles: essai bibliographique, Nicolò de Conti-Lodovico de Varthema', *T'oung-Pao*, 10: pp. 380- 404.
——(1904-24) *Bibliotheca Sinica: dictionnaire bibliographique des ouvrages relatifs à l'Empire Chinois*, 2nd edn, 5 vols. Paris: Librairie Orientale et Américaine.
Corpus Hermeticum (1945-54) text established by A. D. Nock, trans. (into French) by A.-J. Festugière, 4 vols. Paris.
Cory, I. P. (1832) *Sanchunation, Ancient Fragments of the Phoenician, Chaldaean, Egyptian, Tyrian, Carthaginian, Indian, Persian and Other writers, With an Introductory Dissertation and an Inquiry into the Philosophy and Trinity of the Ancients*. London.
Cousin, V. (1841) *Cours de l'histoire de la philosophie: Introduction à l'histoire de la philosophie*. Paris.
Cowan, M. (1963) *An Anthology of the Writings of Wilhelm von Humboldt: Humanist Without Portfolio*. Detroit: Wayne State University Press.
Cramer, M. (1955) *Das altägyptische Lebenszeichen (Ankh) im christlichen (koptischen) Ägypten*. Wiesbaden: Harrasowitz.
Creutzer, F. (1810-12) *Symbolik und Mythologie der alten Völker besonders der Griechen*, 4 vols. Leipzig/Darmstadt.
Croce, B. (1947) *Bibliographica Vichiana*, 2 vols. Naples: Atti dell'Accademia Pontaniana.
Crombie, A. C. (1963) ed. *Scientific Change: Historical Studies in the Intellectual, Social and Technical Conditions for Scientific Discovery and Technical Invetion, from Antiquity to the Present: Symposium on the History of Science Held at the University of Oxford, 9-15 July 1961*. London: Heinemann.
Cromey, R. D. (1978) 'Attic Παιανια and Παιονιδαι', *Glotta* 56: pp. 62-9.
Cross, F. M. (1968) 'The Phoenician inscription from Brazil. A nineteenth century forgery', *Orientalia* 37: pp. 437-60.
——(1974) 'Leaves from an epigraphist's notebook', *The Catholic Biblical Quarterly* 36: pp. 490-3.
——(1979) 'The early alphabetic scripts', in Cross, ed. *Symposia, Celebrating the Seventy-Fifth Anniversary*

Cagnetta, A. (1979) *Antichisti e impero fascista*. Bari: Dedalo.
Cagni, L., ed. (1981) *La Lingua di Ebla: Atti del convegno internationale (Napoli, 21-23 aprile 1980)*. Naples: Istituto Universitario Orientale, Seminario di Studi Asiatici, p. 14.
Canfora, L. (1980) *Ideologie del Classicismo*. Turin: Einaudi.
Capart, J. (1942) 'Egyptian art', in Glanville, *Legacy of Egypt*. Oxford: Clarendon, pp. 80-119.
Carpenter, R. (1933) 'The antiquity of the Greek alphabet', *American Journal of Archaeology* 37: pp. 8-29.
——(1938) 'The Greek alphabet again', *American Journal of Archaeology* 42: pp. 58-69.
——(1958).'Phoenicians in the west', *American Journal of Archaeology* 62: pp. 35-53.
——(1966) *Discontinuiy in Greek Civilization*. Cambridge.
Carruthers, J. (1984) *Essays in Ancient Egyptian Studies*. Log Angeles.
Cartledge, P. (1979) *Sparta and Lakonia: A Regional History 1300-362 BC*. London: Routledge & Kegan Paul.
Cassirer, E. (1970) *The Platonic Renaissance in England*, J. P. Pettegrove, trans. New York: Gordian Press.
Cassuto, U. (1971) *The Goddess Anath: Canaanite Epics of the Patriarchal Age*, I. Abraham, trans. Jerusalem: Magness.
Cattaui, R. and G. (1950) *Mohamed-Aly en Europe*. Paris: Geuthner.
Černy, J. (1952) *Egyptian Religion*. London: Hutchinson. 〔チェルニー『エジプトの神々』吉成薫・吉成美登里訳、六興出版、1988 年〕
Chadwick, J. (1973a) *Documents in Mycenaean Greek*. 2nd edn. Cambridge University Press.
——(1973b) 'The Linear B tablets as historical documents', *Cambridge Ancient History*, 3rd edn, vol. 2, pt 1, *The Middle East and the Aegean Region, c. 1800-1380 BC*, pp. 609-26.
——(1976) *The Mycenaean World*. London: Cambridge University Press. 〔チャドウィック『ミュケーナイ世界』安村典子訳、みすず書房、1983 年〕
Chailley, J. (1971) *The Magic Flute, Masonic Opera*, H. Weinstock, trans. New York: Knopf.
Champollion, J. F. (1814) *L'Égypte sous les Pharaons: ou recherches sur la géographite, la religion, la langue, les écritures et l'histoire de l'Égypte avant l'invasion de Cambyse*. Grenoble.
——(1909) Hartleben, H. 参照のこと。
Chanaiwa, D. (1973) *The Zimbabwe Controversy: A Case of Colonial Historiography*. Syracuse, NY: Program of Eastern African Studies.
Chandler, R. (1769) *Ionian Antiquities, Published with Permission with the Society of Dilletanti*. London.
Chang, K. C. (1980) *Shang Civilization*. New Haven: Yale University Press.
Chantraine, P. (1928) 'Sur le vocabulaire maritime des grecs', in *Étrennes de linguistique: offertes par quelques amis à Émile Benveniste*. Paris: Geuthner, pp. 1-25.
——(1968-75) *Dictionnaire étymologique de la langue grecque*, 4 vols. Paris: Klincksieck.
Charles-Roux, F. (1929) 'Le projet français de conqête de l'Égypte sous le règne de Louis XVI', *Mémoires de l'Institut d'Egypte* 14: pp. 1-85.
——(1937) *Bonaparte Governor of Egypt*, E. W. Dickes, trans. London: Methuen.
Chaudhuri, N. C. (1974) *Scholar Extraordinary: The Life of Professor the Right Honourable Max Müller PC*. London: Chatto & Windus.
Child, F. J. (1882-98) *The English and Scottish Popular Ballads*, 5 vols. Boston.
Childe, G. F. (1926) *The Aryans*. London: Kegan Paul.
Cicero, *The Nature of the Gods*.
—— *Tusculanae Disputationes*.

Brown, R. (1898) *Semitic Influences in Hellenic Mythology*. London: Williams and Norgate.

Brown, R. L. (1967) *Wilhelm von Humboldt's Conception of Linguistic Relativity*. The Hague and Paris: Mouton.

Bruce, J. (1795) *Travels to Discover the Sources of the Nile, In the Years 1768, 1769, 1770, 1771, 1772 and 1773*, 5 vols. London: G. G. and J. Robinson.

Brugsch, H. (1879-80) *Dictionnaire géographique de l'ancienne Égypte*. Leipzig.

——(1891) *Religion und Mythologie der alten Ägypter*. Leipzig.

Brunner, H. (1957) 'New aspects of Ancient Egypt', *Universitas* 1.3 : pp. 267-79.

Brunner-Traut, E. (1971) 'The origin of the concept of the immortality of the soul in Ancient Egypt', *Universitas* 14. 1: pp. 47-56.

Bryant, J. (1774) *A New System or an Analysis of Ancient Mythology*, 3 vols. London.

Buck, R. J. (1979) *A History of Boiotia*. Edmonton: University of Alberta Press.

Budge, W. (1904) *The Gods of the Egyptians: or Studies in Ancient Egyptian Mythology*, 2 vols. London: Methuen.

Bullough, G. (1931) *Philosophical Poems of Henry More, Comprising Psychozoia and Minor Poems*. Manchester University Press.

Bunnens, G. (1979) *L'expansion phénicienne en méditerranée: essai d'interprétation fondé sur une analyse des traditions littéraires*. Brussels and Rome: Institut historique belge de Rome.

Bunsen, C. (1848-60) *Egypt's Place in Universal History*, C. H. Cotrell, trans. 5 vols. London: Longman.

——(1852) *The Life and Letters of Barthold George Niebuhr, with Essays on his Character and Influence*, 2 vols. London.

——(1859) *The Life and Letters of Barthold George Niebuhr*. New York.

——(1868) Statement of a Plan of Intellectual Labour Laid Before Niebuhr, at Berlin, January 1816. Trans. F. Bunsen, vol. 1, pp. 85-90.

——(1868-70) *God in History, or the Progress of Man's Faith in the Moral Order of the World*, S. Winckworth, trans., 3 vols. London: Longman.

Bunsen, F. (1868) *A Memoir of Baron Bunsen... Drawn chiefly from family papers by his widow Frances Baroness Bunsen*, 2 vols. London: Longman.

Burnouf, E. (1872) 'La science des religions', Paris; trans. J. Liebe (1888) as *The Science of Religion*, London.

Burn, A. R. (1949) 'Phoenicians', *Oxford Classical Dictionary*, pp. 686-88.

Burton, A. (1972) *Diodorus Siculus, Book 1: a Commentary*. Leiden: Brill.

Bury, J. B. (1900) *A History of Greece to the Death of Alexander the Great*. London: Macmillan.

——(1951) *A History of Greece to the Death of Alexander the Great*. London: Macmillan, 3rd edn., rev. R. Meiggs.

Burzachechi, C. (1976) 'L'adozione dell'alfabeto nel mondo greco', *Parola del Passato* 31: pp. 82-102.

Butler, E. M. (1935) *The Tyranny of Greece over Germany. A Study on the Influence Exercised by Greek Art and Poetry over the Great German Writers of the Eighteenth, Nineteenth and Twentieth Centuries*. Cambridge University Press.

Butler, M. (1981) *Romantics Rebels and Reactionaries: English Literature and its Background, 1760-1830*. Oxford University Press.

Butterfield, H. (1955) *Man and His Past: the Study of Historical Scholarship*. Cambridge University Press.

——(1981) *The Origins of History*. ed. A. Watson. New York: Basic Books.

Bollack, M. and Wismann, H. (1983) *Philologie und Hermeneutik im 19. Jahrhundert II: Philologie et herméneutique au 19ème siècle*. Göttingen: Vandenhoek und Ruprecht.

Bomhard, A. (1976) 'The placing of the Anatolian languages', *Orbis* 25.2: pp. 199-239.

——(1984) *Toward Proto-Nostratic: A New Approach to the Comparison of Indo-European and Afroasiatic*. Amsterdam: John Benjamin.

Boon, J. (1978) 'An endogamy of poets and vice versa; exotic ideas in Romanticism and Structuralism', *Studies in Romanticism* 18: pp. 333-61.

Bopp, F. (1833) *Vergleichende Grammatik des Sanskrit, Zend, Griechischen, Lateinischen, Litthauschen, Gothischen und Deutschen*. Berlin, trans. E. B. Eastwick, as *A Comparative Grammar of the Sanskrit, Zend, Greek, Latin, Lithuanian, Gothic, German and Slavonic Languages*, 3 vols. London, pp. 1845-50.

Bordreuil, P. (1982) Abou-Assafの項を参照のこと。

Borrow, G. (1843) *The Bible in Spain*. London: John Murray.

——(1851) *Lavengro*. London: John Murray.

——(1857) *Romany Rye*. London: John Murray.

Borsi, F. *et al*. (1985) *Fortuna degli estruschi*. Milan: Electa.

Boylan, P. (1922) *Thoth the Hermes of Egypt: A Study of Some Aspects of Theological Thought in Ancient Egypt*. London: Oxford University Press.

Bracken, H. (1973) 'Essence, accident and race', *Hermathena* 116: pp. 91-6.

——(1978) 'Philosophy and racism', *Philosophia* 8: pp. 241-60.

Brady, T. H. (1935) 'The reception of Egyptian cults by the Greeks (330-300 BC)', *The University of Missouri Studies* 10: 1.

Braun, L. (1973) *Histoire de l'histoire de la philosophie*. Paris: Ophrys.

Braun, T. F. R. G. (1982) 'The Greeks in the Near East', *Cambridge Ancient History*, 2nd edn, vol. 3, pt 3, *The Expansion of the Greek World, Eighth to Sixth Centuries BC*, pp. 1-31.

Breasted, J. H. (1901) 'The philosophy of a Memphite priest', *Zeitschrift für ägyptische Sprache und Altertumskunde* 39: pp. 39-54.

——(1912) *The Development of Religion and Thought in Ancient Egypt*. Chicago: Scribner.

Bridenthal, R. (1970) *Barthold George Niebuhr, historian of Rome: a Study in Methodology*. Columbia University, thesis.

Brodie, F. M. (1945) *No Man Knows My History: The Life of Joseph Smith the Mormon Prophet*. New York: Knopf.

Brookfield, F. (1907) *The Cambridge Apostles*. New York. Scribner.

Brosses, C. de (1760) *Du Culte des dieux fétiches ou parallèle de l'ancienne religion de l'Égypte avec la religion actuelle de Nigritie*. Paris.

Brown, J. P. (1965) 'Kothar, Kinyras and Kytheria', *Journal of Semitic Studies* 10: pp. 197-219.

——(1968a) 'Literary contexts of the common Hebrew Greek vocabulary', *Journal of Semitic Studies* 13: pp. 163-91.

——(1968b) 'Cosmological myth and the Tuna of Gibraltar', *Transactions of the American Philological Association* 99 : pp. 37-62.

——(1969) 'The Mediterranean vocabulary of the vine', *Vetus Testamentum* 19: pp. 146-70.

——(1971) 'Peace symbolism in ancient military vocabulary', *Vetus Testamentum* 21 : pp. 1-23.

——(1979-80) 'The sacrificial cult and its critique in Greek and Hebrew', pt 1, *Journal of Semitic Studies 24:* pp. 159-74; pt 2, *Journal of Semitic Studies* 25: pp. 1-21.

indogermanischen Sprachen 7: p. 96.

Bietak, M. (1979) *Avaris and Piramesse: Archaeological Exploration in the Eastern Nile Delta. Proceedings of the British Academy* 65. London.

Bill, E. G. W. (1973) *University Reform in Nineteenth Century Oxford: A Study of Henry Halford Vaughan.* Oxford: Clarendon.

Billigmeier, J. C. (1976) *Kadmos and the Possibility of a Semitic Presence in Helladic Greece.* University of California, Santa Barbara, thesis.

Black, H. D. (1974) 'Welcome to the centenary commemoration', in Elkin and Macintosh, eds *Grafton Elliot Smith.* Sydney University Press, pp. 3-7.

Blackall, E. (1958) *The Emergence of German as a Literary Language, 1700-1775.* Cambridge University Press.

Blackwell, T. (1735) *Enquiry into the Life and Writings of Homer.* London.

Blanco, A. G. (1984) 'Hermeticism: bibliographical approach', in H. Temporini and W. Haase, eds (1972-) *Aufstieg und Niedergang der römischen Welt: Geschichte und Kultur Roms im Spiegel der neueren Forschung,* 21 vols. Berlin/New York. Vol. 17.4. *Religion: (Heidentum: römische Götterkulte, orientalische Kulte in der römischen Welt[Forts.])* ed. W. Haase, pp. 2240-81.

Blavatsky, H. P. (1930) *The Secret Doctrine...* Los Angeles: The Theosophy Co.

——(1931) *Isis Unveiled...* Los Angeles: The Theosophy Co.

Blegen, C. W. and Haley, J. (1927) 'The coming of the Greeks: the geographical distribution of prehistoric remains in Greece', *American Journal of Archaeology* 32: pp. 141-52.

Bloch, M. (1924) *Les Rois Thaumaturges: Étude sur le caractère surnaturel attribué à la puissance royale particulièrement en France et en Angleterre.* Strasbourg and Paris: Publications de la Faculté des Lettres de l'Université de Strasbourg.

Bloomfield, M. W. (1952) *The Seven Deadly Sins.* East Lansing: Michigan State University Press.

Blue, G. (1984) *Western Perceptions of China in Historical Perspective.* Talk at the China Summer School, Selwyn College, Cambridge.

Blumenbach, J. F. (1795) *De Generis Humani Varietate Nativa.* Göttingen, 3rd. edn.

——(1865) *Anthropological Treatises of Johann Friedrich Blumenbach,* ed. and trans. T. Bendyshe. London.

Blunt, A. (1940) *Artistic Theory in Italy: 1450-1600.* Oxford: Clarendon.

Boardman, J. (1964) *The Greeks Overseas: The Archaeology of Their Early Colonies and Trade.* London: Penguin.

Boas, G. (1950) trans. *The Hieroglyphics of Horapollo.* New York: Pantheon.

Bochart, S. (1646) *Geographia Sacræ Pars Prior: Phaleg seu de Dispersione Gentium et Terrarum Divisione Facta in Ædificatione Turris Babel etc. Pars Altera: Chanaan, seu de Coloniis et Sermone Phœnicum.* Munich.

Bodin, J. (1945) *Method for the Easy Comprehension of History,* B. Reynolds, trans. New York: Columbia University Press.

Boissel, J. (1983) 'Notices, notes et variantes', in Gobineau, *Oeuvres,* vol. 1, pp. 1177-471.

Bolgar, R. R. (1979) 'Classical influences in the social, political and educational thought of Thomas and Matthew Arnold', in Bolgar, ed., *Classical Influences on Western Thought AD 1650-1870: Proceedings of an International Conference held at King's College, Cambridge, March 1977.* Cambridge University Press, pp. 327-38.

——(1981) 'The Greek legacy', in Finley, pp. 429-72.

Beer, A. and Beer, P. (1975) *Kepler Four Hundred Years: Proceedings of Conferences Held in Honour of Johannes Kepler*. Oxford: Pergamon.

Beloch, J. (1893) *Griechische Geschichte*, Strasbourg.

——(1894). 'Die Phoeniker am aegäischen Meer', *Rheinisches Museum* 49: pp. 111-32.

Benedetto, L. F. (1920) *Le Origini di 'Salammbô'*. Florence: Istituto di Studi Superiori Pratici in Firenzi Sezione di filologia e filosofia.

Ben Jochannan, Y. (1971) *Black Man of the Nile, Africa, Africa the Mother of Civilization*. New York: Alkebu Lan Books.

Bentley, R. (1693) *A Confutation of Atheism from the Structure and Origin of Humane Bodies*. London.

Benz, F. L. (1972) *Personal Names in the Phoenician and Punic Inscriptions*. Rome : Biblical Institute.

Bérard, A. (1971) Préface, in V. Bérard, *Les Navigations d'Ulysse*, 3 vols. Paris: Librairie Armand Colin.

Bérard, J. (1951). 'Philistines et préhellènes', *Revue Archéologique*, série 6: pp.129-42.

——(1952). 'Les hyksos et la légende d'io: Recherches sur la période pré-mycenienne, *Syria* 29: pp. 1-43.

Bérard, V. (1894) *De l'origine des cultes arcadiens: Essai de méthode en mythologie grecque*. Paris: Bibliothèque des Écoles Françaises d'Athènes et de Rome.

——(1902-3) *Les Phéniciens et l'Odysée*, 2 vols. Paris: Librairie Armand Colin.

——(1927-9) *Les Navigations d'Ulysse*. Paris: Librairie Armand Colin.

Berlin, I. (1976) *Vico and Herder. Two Studies in the History of Ideas*. London: Hogarth.

Bernal, M. (1980). 'Speculations on the disintegration of Afroasiatic', paper presented at the 8th conference of the North American Conference of Afroasiatic Linguistics, San Francisco, April and to the 1st International Conference of Somali Studies, Mogadishu, July.

——(1983a) 'On the westward transmission of the Canaanite alphabet before 1500 BC', paper presented to the American Oriental Society, Baltimore (April).

——(1983b) 'On the westward transmission of the Semitic alphabet before 1500 BCE', paper read at the Hebrew University, Jerusalem (June).

——(1985a) 'Black Athena: the African and Levantine roots of Greece', *African Presence in Early Europe, Journal of African Civilizations* 7.5 : pp. 66- 82.

(1985b) Review of *Sign, Symbol, Script: An Exhibition on the Origins of the Alphabet*, in *Journal of the American Oriental Society* 105.4: pp. 736- 7.

——(1986) 'Black Athena denied: the tyranny of Germany over Greece', *Comparative Criticism* 8: pp. 3-69.

——(1987) 'On the transmission of the alphabet to the Aegean before 1400 BC', *Bulletin of the American Schools of Oriental Research* 267: pp. 1-19.

——(1988) "How the sceds of language were sown: [Review of] *Archaeology and Languages: The Puzzle of Indo-European* by Colin Renfrew," *Manchester Guardian Weekly* 6 March, p.27.

——(1989) 'First land then sea: thoughts about the social formation of the Mediterranean and Greece', in E. Genovese and L. Hochberg, eds. *Geography in Historical Perspective*. Oxford: Blackwell.

——(1990) *Cadmean Letters: The Westward Diffusion of The Semitic Alphabet Before 1400 BC*. Winona Lake: Eisenbrauns.

Bernier, F. (1684) *Nouvelle Division de la terre par les différentes espèces ou races qui l'habitent*. Paris.

Beth, K. (1916) 'El und Neter', *Zeitschrift für die alttestamentliche Wissenschaft* 36: pp. 129-86.

Beuchot, A. 'Jean Terrasson, 1852-77', *Biographie Universelle: Ancienne et Moderne*. Paris, vol. 41, pp. 169-71.

Bezzenberger, A. (1883) 'Aus einem briefe des herrn dr. Adolf Erman', *Beiträge zur Kunde der*

Astour, M. C. (1967a) *Hellenosemitica: An Ethnic and Cultural Study in West Semitic Impact on Mycenaean Greece*. Leiden: Brill.

——(1967b). 'The problem of Semitic in Ancient Crete', *Journal of the American Oriental Society* 87: pp. 290-5.

——(1972).'Some recent works on Ancient Syria and the Sea People', *Journal of the American Oriental Society*, 92.3: pp. 447-59.

Auguis, P. R. (1822) Introduction, in vol. 7 (pp. 1-26) of Dupuis, *Origine de tous les cultes, ou la religion universelle*, 12 vols. Paris.

Badolle, M. (1926) *L'Abbé Jean-Jacques Barthélemy (1716-1795) et l'Hellénisme en France dans la seconde moitié du XVIIIe siècle*. Paris: Presses Universitaires de France.

Baines, J. (1982). 'Interpreting *Sinuhe*' *Journal of Egyptian Archaeology* 68: pp. 31-44.

Baker, J. R. (1974) *Race*. London: Oxford University Press.

Baldwin Smith, E. (1918) *Early Christian Iconography and the School of Provence*. Princeton: University Press.

Banier, A. (1739) *The Mythology of the Ancients Explained*, anon. trans. London: A. Millar.

Baramki, D. (1961) *Phoenicia and the Phoenicians*. Beirut: Khayats.

Barnard, K. (1981) *The Paradigm of Race and Early Greek History*, paper for an undergraduate course, Government 352. Cornell.

Barnett, R. D. (1956) 'Ancient Oriental influence on Archaic Greece', *The Aegean and the Near-East, Studies Presented to Hetty Goldman*, ed. S. Weinberg. Locust Valley, NY: Augustin, pp. 212-38.

——(1960)'Some contacts between Greek and Oriental religions', *Éléments orientaux dans la religion grecque ancienne*, ed. O. Eissfeldt. Paris: Presses Universitaires de France, pp. 143-53.

——(1975) 'The Sea Peoples', *Cambridge Ancient History*, 3rd edn, vol. II, pt 2, pp. 359-78.

Baron, S. W. (1952) *A Social and Religious History of the Jews*. New York: Columbia University Press, vols 1-2.

——(1976) *The Russian Jew under Tsars and Soviets*. New York: 2nd enl. edn.

Barthélemy, J-J. (1750) 'Réflexions sur quelques monuments et sur les alphabets qui en résultent', *Recueils des Mémoires de l'Académie des Inscriptions* 30: pp. 302-456.

——(1763) 'Réflexions générales sur les rapports des langues égyptienne phénicienne et grecque', *Recuiels des Mémoires de l'Académie des Inscriptions* 32: pp. 212 -33.

——(1789) (1788) *Voyage du jeune Anacharsis en Grèce vers le milieu du IVe siècle avant l'ère vulgaire*. Paris.

Bass, G. (1961). 'Cape Gelidonia Wreck: preliminary report', *American Journal of Archaeology* 65: pp. 267-86.

——(1967) 'Cape Gelidonia: a Bronze Age shipwreck', *Transactions of the American Philosophical Society* 57: pt 8.

Baumgarten A. J. (1981) *The Phoenician History of Philo of Byblos: A Commentary*. Leiden: Brill.

Beck, R. (1984) 'Mithraism since Franz Cumont', in H. Temporini and W. Haase, eds (1972-) *Aufstieg und Niedergang der römischen Welt: Geschichte und Kultur Roms im Spiegel der neueren Forschung*, 21 vols. Berlin/New York. vol. 17.4. *Religion: (Heidentum: römische Götterkulte, orientalische Kulte in der römischen Welt[Forts.])* ed. W. Haase, pp. 2003-112.

Beckarath, J. von (1980) *Kalender*, in Helck and Otto, cols 297-9.

Beddaride, M. (1845) *De l'Ordre Maçonique de Misraim*. Paris.

参考文献

Abdel-Malek, A. (1969) *Idéologie et renaissance nationale: l'Égypte moderne*. Paris: Éditions Anthropos, 2nd edn.

Abel, L. S. (1966) *Fifth Century BC Concepts of the Pelasgians*. Stanford University, MA thesis.

Abou-Assaf, A., Bordreuil, P. and Milliard, A. R. D. (1982) *La Statue de Tell Fekheriyé: et son inscription bilingue assyro-araméenne*. Études Assyriologiques Éditions recherche sur les civilisations no. 7, Paris.

Ahl, F. (1985) *Metaformations: Soundplay and Wordplay in Ovid and Other Classical Poets*. Ithaca, NY: Cornell University Press.

Akurgal, E. (1968) *The Art of Greece: Its Origins in the Mediterranean and the Near East*. New York: Crown Publishers.

Albright, W. F. (1950) 'Some Oriental glosses on the Homeric proble', *American Journal of Archaeology* 54 : pp.162-76

——(1968) *Yahweh and the Gods of Canaan: A Historical Analysis of Two Contrasting Faiths*, London: Athlone.

——(1970) 'The biblical period', in L. Finkelstein, *The Jews Their History*. New York: Schocken, pp. 1-71.

——(1975) 'Syria, the Philistines and Phoenicia', *Cambridge Ancientt History*, 3rd edn, vol. II, pt 2, *History of the Middle East and the Aegean Region 1380-1000 BC*, pp. 507-36.

Allen, P. (1978) *The Cambridge Apostles: The Early Years*. Cambridge University Press.

Allen, T. G. (1974) (trans.) *The Book of the Dead or Going Forth by Day*. Chicago: Oriental Institute.

Annan, N. (1955) 'The intellectual aristocracy', in J. H. Plumb, ed., *Studies in Social History: A Tribute to G. M. Trevelyan*. London: Longman, pp. 243-87.

Apollodoros (1921) *The Library*, J. G. Frazer, trans., 2 vols. Cambridge, Mass.: Loeb. 〔アポロドーロス『ギリシア神話』高津春繁訳、岩波文庫、1978年〕

Appleton, W. W. (1951) *A Cycle in Cathay, The Chinese Vogue in England in the 17th and 18th Centuries*. New York: Columbia University Press.

Arbeitman, Y. and Bomhard A. R., eds (1981) *Bono Homini Donum: Essays in Historical Linguistics, in Memory of J. Alexander Kerns*, 2 vols. Amsterdam: John Benjamin.

Arbeitman, Y. and Rendsburg, G. (1981). 'Adana revisited: 30 years later', *Archiv Orientální* 49: pp. 145-57.

Aristotle, *De Caelo*.

—— *Metaphysica*.

—— *Meteriologica*.

——(1962) *Politics*, T. A. Sinclair, trans. London: Penguin.

Arnold, M. (1869) *Culture and Anarchy*. London: Smith Elder.

——(1883) *Literature and Dogma*. London: Smith Elder.

——(1906) *The Scholar Gypsy and Thyrsis*. London: Macmillan. F. W. E. Russell 参照のこと。

Arnold, T. (1845) *Introductory Lectures on Modern History*. New York.

——(1864) *A French Eton*. London.

Arrian (1929) *Anabasis of Alexander*, E. Iliff, trans. Robson. New York: Putnam. 〔アッリアノス『アレクサンドロス大王東征記』大牟田章訳、岩波文庫、2001年〕

ミノア（文明） 82

アーサー・エヴァンズがクレタ島の伝説上の王ミノスにちなんで命名したもので、ギリシア語を話す人々が到着する以前のクレタ文明を指す。また、この語は彼が確立した陶器年代三区分法を指す場合にも用いられる。

唯物論 208

世界は物質からなっているという思想。紀元前4、5世紀にギリシアでデモクリトスによって初めて唱えられた。

唯名論 240

観念的形相や普遍は単なる名前として存在しているにすぎないとする考えで、実在論や本質主義と対立する見解。

有声音化 29

子音構造に母音を付け加えて発声すること。

裸行者 141

裸の哲学者。ギリシア人がインドやエチオピアの聖人に与えた名前。

理神論者 200

体系・組織化された宗教を否定し、神の存在の確証は自然のなかにあるとする、17～18世紀の思想家のグループ。彼らのキリストの神性への疑問視は、アリウス派やユニテリアン派へつながるものであった。

流音

lやrなど息の流動が特徴的な子音。

リュキア（語） 55

南アナトリアの地域名。リュキア語は**アナトリア諸語**であり、**ヒッタイト語**から間接的に派生したもの。リュキア語のアルファベットを刻んだ銘板は紀元前5世紀までさかのぼることができる。

リュディア（語） 55

北西アナトリアの地域名。リュディア語は**アナトリア諸語**に含まれる。エトルリア人はリュディアから移動してきたという伝承が残っている。リュディア語アルファベットの碑文は紀元前5世紀までさかのぼることができる。

レムノス島 90

北西エーゲ海の島。ここでは古典期には**エトルリア語**に関係があるとされる非インド・ヨーロッパ語が話されていた。

ヘルメス文書　68

トト神、ヘルメス神信仰に起源を発する神秘的、魔術的、哲学的内容をもった一連の文書。おそらくは紀元前1千年紀後半に**エジプト語**（**デモティック**）で、あるいはこれとは別に紀元後200～400年に**コプト語**で初めて文書化されたものと考えられる。後に**ヘルメス主義**の中心的な文献として重視された。

ヘレスポント　90

地中海と黒海を結ぶヨーロッパとアジアの境界をなす海峡。現在名は、ダーダネルス海峡。

ヘレニズム文化　147

紀元前4世紀のアレクサンドロス大王の征服の時代から、紀元前1世紀のローマ帝国に併合されまでの時代における、東地中海全域に及んだギリシア文化を指す。

ヘレネス（古代ギリシア人）　43

この言葉は、とりわけ北ギリシアのテッサリアに関連づけられた意味あいで用いることもある。18世紀後半以降になって、「高貴な」、「北方の」、「**アーリア人種**の」という意味あいが新たに付け加えられた。

ヘロドトス　62

小アジアのハリカルナッソス出身のギリシア最初期の歴史家。紀元前485～425年。

ボイオティア地方　61

青銅器時代に富と権力を誇ったことで知られる中部ギリシアの地方。コパイス湖の浅瀬が広がっている。初期青銅器時代の末期頃に大規模に干拓が行われた。テーベがその中心都市。

ボハイル方言　111

もともとナイル川西部デルタ地方において話されていた**コプト語**の方言。後にキリスト教時代エジプトの標準語となった。

翻訳借用

他の言語から表現や慣用句をそのまま自言語に置き換えて借用すること。

マニ教　177

3世紀にペルシアの宗教改革家マニによって創唱された宗教。**ゾロアスター教**の二元論をいっそうすすめ、物質や肉体を邪悪なものとみなした。その信者は、禁欲と質素な生活を厳しく守る選ばれた者と、結婚と質素な生活を許される一般信者に分かれる。6世紀にキリスト教によって弾圧を受けたが、マニ教的異端は、中世においては比較的よくみられた。それらのうちでは、**カタリ派**あるいはアルビ派と呼ばれた人々が有名。

ミケーネ　46

ペロポネソス半島東北部のアルゴス近くにあった都市で、青銅器時代の主要な都市として知られていた。

ミケーネ文明　80

ミケーネで初めて発見された青銅器時代の物質文化の名称。広い意味では後期青銅器時代のギリシア文化全体を指す。

プトレマイオス朝　137

アレクサンドロス大王の死後、エジプトの支配者となった将軍プトレマイオス1世を継承した王朝。この王朝の最後の支配者は、カエサルとアントニウスの二人に愛されたクレオパトラ7世で、紀元前30年に劇的な死を遂げた。

プトレマイオス朝文化

プトレマイオス朝支配下のエジプトの文化。

プッティーニ

男児を描いた絵、彫刻など。

フリュギア（語）　55

北**アナトリア**にある地域名と言語。紀元前1千年紀前半に、この地域に強大な国家が形成された。そこでの言語はアルファベットで表記されていたが、**アナトリア諸語**ではなく、ギリシア語に近いインド・ヨーロッパ系言語であった。

フリ人　62

紀元前2千年紀に東**アナトリア**とシリアに住んでいた人々。彼らの言語は消滅したが、**インド・ヒッタイト語族**、**アフロ・アジア語族**のいずれにも属さない。

閉鎖音　29

英語における　b、p、d、t、g、k　の文字を発音する際にみられるような、息を完全に破裂させて発音する子音。

ヘブライ語　22

紀元前1500～500年にかけてイスラエル王国、ユダ王国、モアブ王国で話されていた**カナン語**の方言。他のカナン語方言が消滅したこともあり、以来、宗教上の理由から特別な言語として位置づけられている。

ペラスギ人（ペラスゴイ人）　87

古典期のギリシアの伝承によれば、ギリシアのもっとも初期の住民とされる。

ヘラドス文化期　41

ギリシア本土の三つの**陶器時代区分**のこと。ほぼクレタ島における**陶器年代区分ミノア文明**期に相当する。

ペリシテ人　89

紀元前13世紀後半から12世紀にかけて、**アナトリア**とエーゲ方面からエジプトとレヴァントへと侵入した民族。

ペルシア帝国　114

紀元前6世紀半ばにキュロス大王が建国した帝国。ギリシアによる巻き返しを受けるまで、中東、小アジア、エーゲ海地域を支配していた。紀元前4世紀後半にアレクサンドロス大王によって滅ぼされた。

ベルベル語　54

北西アフリカの原住民の言語。現在でもエジプト西部の砂漠からモロッコにかけての山岳地域や辺境地に住む人々によって話されている。

ヘルメス主義　68

ヘルメス文書に記されている神秘的、魔術的、哲学的力を信仰する宗派。ヘルメス主義は後期**ギリシア古典期**、ローマ時代およびルネサンス時代に流行した。

汎神論 70

万物の中に神が存在し、万物が神であるという思想。この世界観はエジプト宗教とギリシア宗教と重なるところが多い。17世紀のスピノザの著作の出版以降、この思想の重要性が認識されるようになった。

ヒエラティック（神官文字）

エジプト語の表記に用いられた文字で、ヒエログリフからじょじょに発展したもので、紀元前2500年頃に成立。正式文字であった象形文字のヒエログリフが筆記体へと発展したものであるが、用法は同一の原則にもとづく。

ヒエログリフ（聖刻文字） 57

エジプト語を書き表すのに用いられた文字で、紀元前4千年紀末までさかのぼることが確認されている。単一、二重、三重子音などの表音記号と、語の意味範疇を示す「決定詞」とで構成されている〔象形文字の総称。おもに記念碑に書くのに用いられた〕。

鼻音

鼻腔を使って発音するmやnのような子音。鼻音化は、bや p の前の m、d や t の前の n、g や kの前の ngなど、閉鎖音の前に鼻音が入るのが共通に見られる特徴である。

ヒッタイト 48

紀元前2千年紀を通じて中央アナトリアにヒッタイト人が築いた帝国。その言語はアナトリア諸語に属し、楔形文字が使われていた。

ピタゴラス 124

ギリシアの哲学者、数学者。紀元前582～500年。エジプトで数学と宗教原理を学び、それをギリシアに持ち帰り、弟子たちとともに教団を設立した。

ピタゴラス学派 122

一般にエジプト的伝統にもとづく「同胞団」的組織で、ピタゴラスの思想を奉じる。紀元前5～4世紀にシチリア島と南イタリアのギリシア人社会において政治、宗教、科学などの分野で重要な役割を果たした。

ビブロス 141

現在のレバノン南部にあった古代の港湾都市。紀元前4千年紀以来、エジプトとの緊密な交流によって、レヴァントのもっとも重要な港であった。紀元前2千年紀末にシドンの興隆によってその地位は奪われた。

フェニキア 22

現在のレバノンからイスラエル北部にかけての地中海沿岸で栄えた諸都市。ビブロス、ティルス、シドンがその主要な都市。フェニキアという名前は古代を通してこの地域の名称であった。しかしながら、諸都市が全盛を誇った紀元前1100～750年の時代におけるこの地域をとくに指すことが多い。フェニキア人の言語は、ヘブライ語と同様にカナン語の一方言であった。アルファベットを発明したのはフェニキア人だとしばしば言われている。アルファベットがこの地域で生まれた可能性が高いが、しかし、それが発明されたのはフェニキア時代よりもはるか以前の時代のことである。

陶器年代区分 52

考古学者による陶器の様式をもとにした時代区分。

トカラ語 35

現在の中国西新疆ウイグル自治区のトルコ語地域において、紀元1千年紀に話されていた**インド・ヨーロッパ語族**に属する言語。トカラ語は西インド・ヨーロッパ語と共通する特徴をもつが、それらはもはやインド・アーリア語には残っていない。このため、初期インド・ヨーロッパ語の特徴を研究する上で貴重な情報源となっている。

土着 88

その土地固有のもの。

ドーリス人 64

もともと北西ギリシアに住んでいた民族で、紀元前12世紀にギリシア南部のほとんど全域にわたり侵入した。ドーリス人の建てた国家でもっともよく知られているのが、スパルタである。

軟口蓋音

kやgのように舌を口の奥の部分に押し当てて発音する閉鎖音。

年輪年代学 63

樹木の年輪を利用することにより、木材の年代測定およびその考古学的史料としての年代決定を行う方法。

パウサニアス 92

膨大な『ギリシア案内記』を著した2世紀のギリシアの作家。

歯音

舌を歯茎に当てて発する子音。dやtなどがその例。

歯擦音 602

s、š、ṣ、z のような「スー」「シュー」などの音を伴う子音。

ハシディズム 176

ヘブライ語のḥåsîd（敬虔な）に由来し、二つのユダヤ教徒の宗教運動を指すのに用いる。一つは、紀元前300～175年にかけての、ユダヤ人をギリシア化しようとした**セレウコス朝**に対する抵抗運動。もう一つは18世紀のタルムード信奉者の合理主義に対するメシア信奉者の反動として。

バビロン 148

メソポタミア中南部の古代都市。いくつかの重要な王朝の都であったが、紀元前600～538年には新バビロニア帝国の首都となった。

ハラッパ 58

モヘンジョダロとともに紀元前2500～1700年にかけて北西インドで栄えたインダス文明の都市名であるが、古代文明の名称としても用いられている。北から侵入して来た**アーリア人**によって滅ぼされたとされている。この文明で使用されていた文字は未だに解読されていないが、彼らの言語はおそらくは、今日なお南インドでの主要な言語であり、西パキスタンの一部で話されているドラビタ語族に属するものと考えられる。

線文字B　59

　線文字Aから派生した音節文字。紀元前1400年頃からギリシアのミケーネとクレタ島で使われていたことが確認されているが、おそらくそれより以前より使われていたと考えられる。

ゾロアスター教　160

　ペルシア帝国の国教。紀元前7世紀頃の宗教改革者によって始められたと一般には考えられているが、実際には、それよりもはるかに古く、紀元前2千年紀に始まったものであろう。その教えによれば、宇宙は善と悪との不断で微妙なバランスの上に立つ闘争の場であるとされている。ゾロアスター教はアレクサンドロス大王の征服によって、その後イスラムによって事実上壊滅させられた。しかし今日、ホメイニ支配下のイランの辺境でなお生き延びているものと思われる。現在も世界各地でパルシー教徒によって盛んに信仰されている。

多元発生説　271

　単一起源説に対して、複数の起源を主張する立場のことであるが、とりわけ人類と言語の起源に関して用いられる。

単一起源説　286

　すべての事象はひとつの起源にさかのぼれるという考え方。本書においては、人類および言語の起源に限定して用いる。**多元発生説**に対置される。

中期ヘラドス文化期　41

　陶器年代区分によるギリシア本土の時代。紀元前2000～1650年。

中期ミノア文化期　492

　陶器年代区分によるクレタ島の時代。ほぼエジプト中王国時代（紀元前2000頃～1650年頃）に相当する。

ディオドロス・シケリオテス　88

　シチリア島出身のギリシアの歴史家（紀元前80～20年頃）。『歴史文庫』の著者として知られている。

ティルス　103

　古代フェニキアの都市。最盛期は紀元前10～9世紀であったが、紀元前333年のアレクサンドロス大王による破壊まで政治的文化的に重要な役割を果たした。ァ

デモティック（民衆文字）　31

　厳密には、**ヒエログリフ（聖刻文字）**や**ヒエラティック（神官文字）**から派生した筆記文字を指し、紀元前7世紀以降のエジプトで使われていた。この時期の言語を指すのにも用いられる。

テラ島　51

　クレタ島の北110キロに位置する火山島。紀元前2千年紀に大噴火を起こした。従来の説によれば、噴火は紀元前1500～1450年とされていたが、筆者はこれよりも150年早い1626年説を主張している。

トゥキュディデス　66

　ペロポネソス戦争についての記録を残したギリシアの歴史家。紀元前460～400年。

親縁関係　73

言語間の「親縁的」な関係は、共通する単一の親または祖先にあたる言語から生まれたことによって発生する。たとえば、フランス語とルーマニア語は非常に多くの違いがあるにもかかわらず、ともに平俗ラテン語からともに派生したという理由で、親縁関係があるといえる。

唇音

ｂ、ｐ、ｍなど上下の唇を用いて作り出す子音。

『神統記』　101

神々の血脈、誕生の系譜。多くの詩の題名や主題として用いられている。ヘシオドスの書いたものが最もよく知られている。

唇軟口蓋音

軟口蓋音であるが、両唇を丸めて発音する。英語の qu、k^w、g^w などがこれにあたる。

新プラトン主義　67

2世紀にエジプトで始まった哲学。プラトンの観念論、神秘哲学、エジプト・ギリシア宗教を発展させたもの。6世紀はじめにキリスト教正統派によって弾圧を受けたが、中世にはキリスト教の内部で生き残った。その後、ルネサンス期にはキリスト教的装いのもとで復興した。

ストア哲学　129

キティオンのゼノンが創始した哲学。ヘレニズム時代、ローマ時代において盛んになった。世界は物質的であり、全能者である神自体がすべてのものに浸透していると主張した。彼らは義務の遂行、真の自由の獲得のために、精神の静謐の重要性を強調した。

ストラボン　87

紀元前1世紀から後1世紀に生きたギリシアの地理学者。

西暦紀元

西暦紀元はＣＥ（Common Eraの略）と記す。キリスト紀元を示すＡＤ（Anno Dominiの略、「主の年」の意）には宗教的色合いがあるので、これを避けるために、非キリスト教徒、とりわけユダヤ教徒が用いる年号。

接辞付加／膠着　272

語幹を変化させないで、接頭辞、接尾辞、挿入辞を単語に付加すること。屈折言語あるいは孤立言語に含まれない言語を指す用語。膠着言語としてよく知られているのはアルタイ諸語であるが、その中でもトルコ語とモンゴル語が代表的。さらに日本語やハンガリー語までもアルタイ諸語に含まれる可能性がある。

セレウコス朝　148

アレクサンドロス大王の将軍であったセレウコスがシリア、メソポタミアに打ち立てた王朝。

線文字Ａ　59

クレタ島および周辺島嶼で、ギリシア語成立以前に使われていた音節文字。

語根　107

語を構成する要素の中で最も本質的な部分。

語頭添加音

語が子音で始まることを避けるために、語頭に置かれる母音のこと。とりわけ、二重子音の前に母音が添加されることはよく見られる現象である。

コプト（語）　23

エジプト人キリスト教徒の言語および文化。15～16世紀まで実際に人々のあいだで話されていた。現在でもエジプト人キリスト教徒の典礼において使われている。文字としてはギリシア語アルファベットと、いくつかの**デモティック（民衆文字）**を利用した補助的文字を使用。エジプト語として最も新しい形を残しているのがコプト語である。

孤立言語　274

中国語や英語などのように、語の活用（屈折）が比較的少なく、意味の伝達に統語機能や語順が重要な働きをする言語で、**屈折言語**や**膠着〔接辞付加〕**言語などとは異なる分類型に属する。

三段櫂船　135

古代ギリシアのガレー帆船で、両舷に三段のオールが取り付けてあった。

死海文書　593

1940年代に死海の沿岸の洞窟で発見された文書。その内容は、紀元前3世紀から後2世紀にかけてのユダヤ教宗派の教義・組織や信仰生活について記されているものがほとんどである。ユダヤ教エッセネ派やキリスト教の起源についての重要な史料となっている。

歯間音

thの音のように、歯と歯の間に舌を挟んで発声する子音。

初期ヘラドス文化期　59

ギリシア本土の初期青銅器時代（紀元前約2900～約2000年）に対応する**陶器年代区分**。

初期ミノア文化期　58

クレタ島の初期青銅器時代（紀元前約3000～約2000年）に対応する**陶器年代区分**。

シドン　121

海の神シドに捧げられた古代**フェニキア**の都市。もっとも栄えたのは初期鉄器時代。このためシドン人という語は、聖書およびホメロスなどの初期の歴史書において、一般的にはフェニキア人のことを指していた。紀元前9世紀、シドンの繁栄はそのライバルであった**ティルス**の侵略によって終わった。

重農主義者　205

百科全書派とも重なるフランスの哲学者、官僚の学派。18世紀半ばのフランスの行政の効率化と国力の増強に重要な役割を果たした。フランソワ・ケネーがもっとも重要な人物。彼の打ち立てた自律的な経済学理論体系では、中国の経済理論にならって、すべての富の源泉は土地であるという理論を奉じる。

記念石柱　90
彫刻や刻銘が刻まれた直立した石柱。
ギリシア古典期　87
紀元前5～4世紀のギリシア。最も偉大で純粋なギリシア精神が発現された時代と一般にみなされている。
ギリシア前古典期（アルカイック時代）　87
紀元前8～6世紀にかけてのギリシアを指す時代区分。この時代にポリスと呼ばれる都市国家、マルクス主義の言う奴隷社会が建設された。
楔形文字　57
湿った粘土に爪型の楔を用いて刻印したメソポタミア地方で発達した書記体系。
屈折言語　272
ラテン語やギリシア語、ドイツ語のように、意味伝達をする際に、語を活用させたり、変化させるなど、語形を変えること（屈折）に大きく依存している言語。屈折言語の他に、**孤立言語**や**膠着〔接辞付加〕**言語などがある。
グノーシス派　144
キリスト教およびユダヤ教の宗派名。「グノーシス」とは、本来知識・認識を意味するギリシア語である。一般信者の信仰とは別に、少数のエリートのみが高度な修行によって「グノーシス」を獲得できるという考え方に立っている。
ケクロプス　62
伝説上のアテネの建設者で王。一般にはギリシア土着民とされるが、エジプトからの移住者という伝承もある。後者の証拠については序章参照。
決定詞
ヒエログリフ（聖刻文字）による語の表記における要素の一つ。発音はされないが、語に付加されて意味を限定する働きをもつ要素。
原ギリシア（人、語）　93, 94
ギリシア語あるいはギリシア人の起源として復元された言語、または人々のことであるが、未検証の概念である。
原子論　208
物質はこれ以上分割できない微少な原子からできているという、**ピタゴラス学派**の人々とエジプトで研究したデモクリトスが紀元前5世紀に立てた考え方。後に**エピクロス派**のあいだに広がった。19世紀にジョン・ドールトンが復活させた。
後期ヘラドス文化期／後期ミケーネ文化期　508
ギリシア本土における**陶器年代区分**で、紀元前1650頃～1100年頃の時代。
後期ミノア文化期　52
クレタ島における**陶器年代区分**で、紀元前1650頃～1450年頃の時代。この時代にクレタ島はギリシア人による支配に入る。
語幹　229
語根から派生した語形で、特殊な有声音化や各種の接頭辞や接尾辞が加わったもの。

レスチナ地域全体におよぶ交易網と支配領域を形成していた。

エブラ語 503

エブラの言語で、セム系の独立した言語。**カナン語**の前身であった可能性がある。

絵文字

表そうとする対象物を絵として、あるいは直接的な形で表現した文字表記方法。

エラトステネス 198

ギリシアの数学者でアレクサンドリアの大図書館の館長を務めた。地球の円周距離と地軸の傾きを初めて測定した。紀元前275～195年。

オリンピア競技会 100

ペロポネソス半島北西部のオリンピアで行われていた宗教的祭典競技会。紀元前776年以降、4年ごとに開催されていたが、後4世紀末にキリスト教徒でローマ皇帝のテオドシウスによって廃止された。19世紀末になって、アーリア・モデルの高揚の中で復活した。

オルペウス教団 139

オルペウス神の信徒。**ピタゴラス学派**と非常によく似ており、オルペウス教団はエジプト宗教への帰依を説き、とりわけ霊魂が不滅であることに関心を寄せた。

音位転換

言語において子音あるいは母音の位置が入れ替わること。

音声対応

実際上あるいは語源上、音声の類似が存在する関係を指す。

音素

言語における意味を担っている最小の音声単位。

カタリ派 177

中世ヨーロッパの**マニ教**的キリスト教の異端派で、ギリシア語のKathar（純粋）に由来する。9世紀ブルガリアに初めて現われたとされる。12世紀のラングドック地方（フランス南部）で広まったアルビ派がもっとも有名。

カナン（語） 22

カナン語はセム系言語であるが、**エジプト語**の強い影響を受けている。紀元前1500年から、**アラム語**に取って代わられる紀元前500年までのあいだ、シリア南部・パレスチナ地方で話されていた。**フェニキア語**と**ヘブライ語**は、後のカナン語の代表的な方言である。また、カナンという語は、「カナン地域」という意味で、後期青銅器時代（紀元前1500～1100年）におけるこの地域での物質文化を表すのにも用いられている。

カリア 55

南西**アナトリア**の地方。話されていた言語は**アナトリア諸語**であると思われるが、非**インド・ヒッタイト語族**であった可能性がある。アルファベットの使用は紀元前6世紀にさかのぼる。

キティオンのゼノン 129

ストア哲学の創始者。**フェニキア人**でアテネに移住した。キティオンはキプロス島の地名。紀元前336～264年。

エウヘメロス説 67

神として崇められているものは、人間である英雄を神格化したものであるという、**エウヘメロス**が唱えた説。それを拡大した用法として、宗教的信仰発生の由来や根源を理性的用語で説明することに用いられることがある。

エジプト語 23

本書においては、現在のエジプトで話されているアラビア語方言のことではなく、**アフロ・アジア語族**に属する独立した言語である古代エジプトで話されていた言語のことを指す。紀元前3250〜2200年にかけての古王国時代に話されていた古エジプト語、紀元前2200〜1750年にかけての中王国時代の中エジプト語に分けられる。中エジプト語は、これに続く1500年のあいだ公式言語としての位置を保っていた。「エジプト語」と言えば、断りのない限りはこの中エジプト語を指す。新エジプト語は紀元前16世紀まで話されていたが、書き言葉としては紀元前10世紀までに一般には使われなくなっていた。筆者は、ギリシア語に大きな影響を与えたのは新エジプト語であると見ている。その次の時代に出てくる**デモティック（民衆文字）**と**コプト語**については、それぞれの項を参照のこと。

エジプト多神教 145

多神教としてのエジプト宗教の独自性、重要性を強調するため、とくにヘレニズムおよびローマ時代の多神教信仰を指すために用いた本書における用語。

エッセネ派 174

ほぼイエス・キリストと同時代に、ユダヤや周辺の砂漠地帯で共同生活を送っていた禁欲的なユダヤ教の一派。ユダヤ教の教義を記した古代の**死海文書**は、エッセネ派によるものであるとされ、エッセネ派の宗教組織と信仰がキリスト教の誕生において重要な役割を果たしたという説の裏付けになるものとの見方が強まっている。

エトルリア文明／エトルリア語 55

イタリア中部で栄えた古代文明。エトルリア人は北西**アナトリア**の**リュディア**からやって来たというのが古代における有力な説であった。その言語は今なお不明な点が多いが、**アナトリア諸語**である可能性が高い。エトルリア語と極めて近縁にあると見られる言語が、**レムノス島**の碑文から見つかっている。エトルリア文明は紀元前9〜6世紀に**フェニキア**文明から強い影響を受けたと考えられる。この影響はラテン文明の形成において重要な役割を果たした。

エピクロス 255

ギリシア人の哲学者で、**エピクロス派**の創始者。紀元前341〜270年。

エピクロス派 208

エピクロスを始祖とする哲学の一派。哲学の目的は知的快楽や心の平静さを通して人生を幸福なものとするところにあるとされた。この考えは、後年「食べて飲んで陽気になろう、明日は死ぬのだから」という単純化された信条として広まり、一神教からは物質主義的無神論の典型とみなされた。

エブラ 58

1970年代初めて発掘されたシリアの古代都市。紀元前2500年前後にシリア・パ

アルメニア語　55

東**アナトリア**の古代人が話していた**インド・ヨーロッパ語族**の言語。ギリシア語に非常に近いと言われることもある。しかし、現存している最も初期の文書が、紀元後4世紀までしかさかのぼれないことから、その類似性はギリシア語からの影響によるもの、あるいはセム語との日常的接触によるものかもしれない。

アロゲネス　146

ギリシア都市に居住する異邦人。奴隷よりは多くの権利を与えられていたが、市民並みの権利は持たなかった。

暗黒時代（ギリシア史）　81

ギリシア史の時代区分で、紀元前12世紀のミケーネ宮殿崩壊から、紀元前8世紀の**ギリシア前古典期（アルカイック時代）**の幕開けまでの期間を指す。

暗黒時代（キリスト教史）　67

キリスト教世界における時代区分で、通常5世紀の西ローマ帝国の没落から、9世紀または10世紀初めとされる中世の開始までの期間を指す。

イオニア人　90

ドーリス人の征服後も生き残った中部および南部ギリシア人。その一部は**アナトリア**の西海岸に移住した。アテネは彼らが建設した最も著名な都市国家。

イソクラテス　120

ギリシアの雄弁家、教育者でソクラテスの弟子。紀元前436～338年。

一元論　150

本書で言う一元論は、万物存在の基礎には単一の原因があるに違いないとする考え方のことを指す。

喉頭音　48

喉頭部あるいは喉全体で発声する子音。より詳しく見るなら、軟口蓋摩擦音であるḫおよびǵ、咽頭音であるḥおよびʿ、喉頭音であるʾおよびhに分類できる。ǵを除くすべての音はセム語とエジプト語に存在するが、hを除くすべての音はインド・ヨーロッパ語からは消滅した。

インド・ヒッタイト語族　56

アナトリア諸語および**インド・ヨーロッパ語族**を含む「上位」グループ。〔35ページ表2参照〕

インド・ヨーロッパ語族　23

ヨーロッパのすべての言語（ただし、バスク語、フィンランド語、ハンガリー語を除く）、イラン語、北インド諸語、**トカラ語**を含む語族。**フリュギア語**と**アルメニア語**は、アナトリア地域の言語ではあるが、分類上は**アナトリア諸語**ではなくてインド・ヨーロッパ語族に含まれる。〔35ページ表2参照〕

エウドクソス　121

偉大なギリシア人天文学者、数学者。**アナトリア**沿岸のクニードス出身で、エジプトで学んだ。紀元前400頃～350年頃。

エウヘメロス　170

紀元前300年前後に活躍した哲学者で、**フェニキア**出身とみられている。

用語解説

＊50音順。文中の太字は用語解説の項目。各項目横の数字は本文初出ページ（数字のない項目は本書第Ⅱ・Ⅲ巻で使われる用語を含めた関連用語）。すでに一般に普及している概念の項目（意味論 semantic や地名 toponym など）については、訳者の判断で割愛した。

アッカド語 97

古代メソポタミアで話されていた**セム語**系言語。シュメール語と相互に強い影響を与えあった。紀元前5世紀前後に**アラム語**に取って代わられた。

アッシリア 54

紀元前3千年紀中頃の北部メソポタミアの古代王国。紀元前2千年紀末と紀元前900～600年にかけて繁栄した。ここで話された言葉は、もともと**アッカド語**の方言であった。

アトランティス 126

プラトンの著書にのべられている大西洋の底に沈んだといわれる大陸。近代になってアトランティスとは**テラ島**ではないかという説が出されている。

アナトリア 23

現代のトルコ領にほぼ相当する地域を指す古代地域。

アナトリア諸語 55

アナトリア地域の言語。**インド・ヒッタイト語族**に属しているが、インド・ヨーロッパ系言語とは区別される。ヒッタイト語、パラ語、ルーウィ語、**リュキア語**、**リュディア語**、他におそらくはカリア語とエトルリア語なども含まれる。〔35ページ表2参照〕

アフロ・アジア語族（諸語） 29

ハム・セム語族とも呼ばれ、いくつかの語族を含む「上位」グループの名称。この中には**ベルベル語**、チャド語、**エジプト語**、セム語、東・南・中央クシ語などがある。〔34ページ表1参照〕

アラム語 411

もともと現在のシリア地域においてもともと話されていた西セム系言語。**アッシリア**、新バビロニア、ペルシア帝国の大半でリンガ・フランカ（共通語）として用いられた。紀元前1千年紀中頃に、東地中海地域において、**カナン語**に属する**フェニキア語**およびヘブライ語に取って代わったが、後になってギリシア語とアラビア語にその地位を奪われた。しかし辺境農村地域においては現在でも使用されている。

アーリア人 59

インド・ヨーロッパ語族の一語派であるインド・イラン語を話している人々の名称。アーリア人は、紀元前2千年紀前半にイランとインドに侵入したとみられている。後に19世紀後半になるとインド・ヨーロッパ「人種」全体に対する呼称として使われるようになった。

540, 565, 580, 585, 591, 599, 601
ユピテル・セラピス神　Jupiter Serapi　179

ヨーロッパ中心主義　Europocentrism　202, 204, 242, 249, 255-6, 259, 529
ヨセフス　Iōsēphus　228, 473, 520

ラ　行

ラー神　Ra, Re　106, 136, 209-10, 594, 597
ライプニッツ　Leibniz, G.W. von　236, 243
ラウアー　Lauer, J. F.　325-9
ラガルデ　Lagarde, P.　417, 565
ラゲプ　Ragep, J.　26, 592
ラコニア地方　Lakonia　92, 135, 345-6, 456
ラスク　Rask, C.　267, 582
ラダマンテュス王　Rhadamanthys　98
ラッシェド　Rashed, R.　277
ラッセン　Lassen, C.　405
ラムセス（二世、三世）　Ramessēs　213, 293, 306, 535-6
ラリサ　Laris(s)a　87-8, 605
ラロシュ　Laroche, E.　471

リーバー　Lieber, F.　353
リーブライン　Lieblein, J.　304-5, 308
リヴィウス　Livy　356
理神論、理神論者　deism, deists　200, 207-8, 231-3, 356, 586
リッジウェイ　Ridgeway, W.　93, 346, 400, 573
リッター　Ritter, C.　455
リトアニア語　Lithuanian　446, 562
リトケーネン　Rytkönen, S.　352-3, 355, 357
リノス　Linos　195
リバーズ　Rivers, W. H. R.　319
リビア　Libya　95, 116, 135, 202, 432, 463, 598, 601-2
リュキア（語）　Lycia, Lycian　55, 456, 470
リュクルゴス　Lykūrgos　123, 126, 600
リュディア（語）　Lydia, Lydian　55, 90, 470, 534-5, 556
リンネ　Linnaeus, Carolus　242, 259
輪廻（思想）　metempsychosis　153-4, 158, 177

ル・フェーブル　Le Fevre, T.　245
ルーウィ語　Luvian　55, 471, 537
ルイ九世（聖王）　Louis IX (Saint L.)　588
ルイ一四世（太陽王）　Louis XIV (Sun King)　211-2
ルイ一五世　Louis XV　205
ルイ一六世　Louis XVI　235, 335
ルイ一八世　Louis XVIII　297
ルキアノス　Lūkiānos　139, 250
ルクレティウス　Lucretius　208, 231, 586
ルソー　Rousseau, J.-J.　72, 242-3, 389
ルター　Luther, Martin　229
ルター（ルーテル）派教会　Lutheran Church　382
ルトロンヌ　Letronne, J. A.　297
ルナン　Renan, E.　170, 221, 360, 407, 410-6, 418, 422, 427, 445, 469, 565
ルネサンス　Renaissance　67-8, 75, 154, 172, 176, 178, 180-8, 190, 194, 200, 204, 207, 215, 228-9, 245, 247, 251, 281, 285, 289, 302, 323, 364, 592, 596
ルノーフ　Renouf, Sir Peter le Page　304

レーリッヒ　Röllig,V. W.　519
レイ　Ray, J.　26, 167, 594
レヴィン，ソール　Levin, Saul　498, 509, 567
レッシング　Lessing, G. E.　255
レナック，サロモン　Reinach, S.　76, 271, 440, 444-8, 452-3, 473, 500, 562
レナック，ヨセフ　Reinach, J.　445
レプシウス　Lepsius, R.　299
レムノス島（語）　Lemnos　55, 90
レンフルー　Renfrew, C.　56-8, 490, 494

ローゼン　Rosen, E.　185
ローソン　Rawson, E.　344
ロードス島　Rhodes　80, 130, 449, 456, 475
ローリンソン　Rawlinson, G.　419, 433, 562
ロシア　Russia　205, 247, 290, 292, 440, 453, 465, 486, 580
ロシェット　Rochette, R.　297, 364-5
ロゼッタストーン　Rosetta Stone　296, 361, 374
ロッキャー　Lockyer, Sir Norman　322-3
ロック，ジョン　Locke, John　71, 156, 239-41, 248, 254, 565, 585
ロバートソン＝スミス　Robertson Smith, W.　457, 569
ロマン主義　Romanticism　72-3, 75, 78-9, 103, 182, 202, 219-21, 224-5, 238, 242-5, 247-50, 253-5, 258-60, 262-4, 266, 268-71, 274-5, 279, 283, 287, 294, 296-8, 303, 314, 319-20, 329, 332-4, 336, 338-40, 342-4, 347, 350-2, 354-60, 362-8, 371, 374, 378, 381-3, 385, 387-9, 392, 396, 398, 400, 411, 445-8, 473, 478-9, 486, 498, 530-1, 565, 571, 573, 582-3, 585, 588
ロボ司祭　Lobos, Father　286

ワ　行

ワーズワース　Wordsworth, William　381, 383

マリエット　Mariette, A.　317
マルクス　Marx, Karl　125, 339, 346, 348-9, 469, 586
マルナス（神）　Marna　540, 555
マレー　Murray, M.　314
マンスフェルト　Mansfeld, J.　519

ミカリ　Micali, G.　572
ミケーネ、ミケーネ文明の　Mycenae, Mycenaean　46-7, 64, 80-1, 93-5, 97, 99, 101-2, 111, 119, 132, 391, 403, 434, 441-3, 447, 453, 462, 464, 470-1, 479, 492-4, 496, 504, 507-8, 511-2, 514, 538-9, 571
ミシュレ　Michelet, J.　79, 358, 407-8, 414, 416, 418, 421, 425, 427, 563, 573, 584
ミタンニ（王国）　Mitanni　461
ミットフォード，ウィリアム　Mitford, William　66, 222-3, 250, 376, 384-5, 388, 390, 572, 587
ミノア語（人）　Minoan(s)　58, 400, 441, 462-4, 472, 496, 503, 560-1, 564
ミノス（クレタの王）　Minos　61, 463, 540, 555
ミハエリス　Michaelis, J. D.　260, 263
ミュラー　Müller, K.O.　46, 76-9, 99, 271, 279, 331, 362-377, 385-7, 389, 391-6, 430, 446-8, 450-1, 491, 497, 532, 567, 569-70
ミル，ジョン・スチュアート　Mill, John Stuart　389
民謡　folksong　244-5, 332, 357-8, 383

ムーア人　Moors　286, 343
ムーリー　Muhly, J.D.　507-8, 513-4, 520, 603
ムサイオス　Mousaios　195
無神論　atheism　207, 226, 356, 378
ムハンマド　Muhammad　210, 236, 469
ムハンマド・アリ　Muhammad Ali　290-4, 317, 387

メイグズ　Meiggs, R.　492, 560
メソポタミア　Mesopotamia　54-9, 67, 73, 127, 149, 155, 159-60, 163, 172, 194, 234, 324-5, 403, 436-7, 459, 469, 591, 601
メソロンギ　Missolonghi　291, 578
メッセニア地方　Messenia　92, 397, 570, 573
メッテルニヒ　Metternich　291
メディチ家のコジモ　Medici, Cosimo de'　68, 183
メネクセノス　Menexenos　369
メネラオス　Menelaos　394
メムノン　Memnōn　62, 391
メランプス　Melampous　133
メリッソス　Melissos　195
メルヴィル　Melville, Herman　315-6
メルセンヌ　Mersenne, M.　194
メロス島　Melos　518
メンチュヘテプ　Menthotpe　61
メンデス神　Mendes　62
メンデルスゾーン　Mendelsohn, Moses　272
メンフィス　Memphis　62, 88, 108, 111, 166, 202, 214

モーザー　Moser, J.　352, 365
モーセ　Moses　67, 128, 173, 190, 210, 405, 461
モーツァルト　Mozart, Wolfgang A.　214, 220, 286, 288, 317, 588
モア　More, H.　197
モヴェール　Movers, F.C.　370, 430-2, 436, 477, 506, 569
モコス　Mochos　170, 591
文字の使用　writing　55, 57, 59, 69, 91, 115, 124, 389, 445
モスコス　Moschos　190, 591
モプソス　Mopsos　535, 537, 566
モミリアーノ　Momigliano, A.　352-7, 374, 388-90, 449, 571, 599
モムゼン　Mommsen, Theodor　381, 395, 404, 448-9, 567
モレア（ペロポネソス）　Morea　291
モレンツ　Morenz, S.　84, 522-3, 525
モロク神　Moloch　79, 403, 428-9, 447
モンテスキュー　Montesquieu, C. L. de　72, 203-4, 234, 236, 241, 251, 255-6, 352, 355, 386
モントゥ神　Mont (Mntw)　61-2

ヤ　行

ヤーン（神父）　Jahn, (Father) F.L.　340, 573
ヤヴェッツ　Yavetz, Z.　352
ヤハウェ　Yahweh　63, 209, 537, 540
八柱の神（ヘルモポリスの）　Ogdoad (Hermopolis)　170
ヤペテ　Japhet　260, 405, 410, 422
ヤム神　Yam　63
ヤング，エドワード　Young, E.　203
ヤング，トーマス　Young, T.　267

ユークリッド　Euclid　206, 328
ユウェナリス　Iuvenālis　139
ユダヤ人、ユダヤ教　Jews, Judaism　45, 78-80, 82, 128-9, 146, 148-52, 156-7, 159, 172, 174-8, 184, 188-9, 200, 202, 208, 210, 218, 220, 225-6, 228, 230, 238, 272, 286, 288, 362, 378, 383, 402-11, 417-24, 428-30, 437, 440, 444-8, 459, 461-2, 465-6, 469, 473, 475, 480, 482-6, 500-1, 503, 505, 515, 523, 529, 531,

556, 561, 567
ベラール，ジャン　Bérard, Jean　89, 107
ヘラクレス　Herakles　64, 95, 133, 211, 217, 513, 584
ペラスギ人　Pelasgians　87-97, 105, 115-6, 221, 286, 346, 369-70, 385, 392, 397, 400, 454, 463-4, 534, 605-6
ヘラドス文化期　Helladic period　59-61, 471, 496, 508
ベリー　Bury, J. B.　345-6, 465, 468, 476, 492
ヘリオドロス　Hēliodōros　595
ヘリオポリス　Heliopolis　209
ペリシテ（人）　Philistia, Philistines　89-90, 109, 152, 432, 534-41, 555, 602, 605
ペルシア帝国　Persian Empire　114, 128, 150
ペルセウス　Perseus　118, 133, 173
ヘルダー　Herder, J. G.　244-5, 254, 260, 266-7, 288, 360, 430, 582
ヘルダーリン　Hölderlin, F.　252
ヘルック　Helck,W.　522, 598
ベルニエール　Bernier, F.　286
ベルベル語　Berber　54, 343, 422-3, 564
ヘルム　Helm, P.R.　513-4
ヘルメス・トリスメギストス　Hermes Trismegistos　67, 144, 155, 161, 165-6, 168, 170-3, 182, 184, 195, 209-10, 285
ヘルメス主義　Hermeticism　155, 157-64, 166, 172-80, 188-9, 192-8, 202, 207-9, 225-6, 229, 304-5, 324-5, 580, 591-2, 595-6
ヘルメス文書　Hermeric Texts　67-70, 153, 158, 160-6, 172, 179, 181-3, 185-6, 190, 192-4, 197, 209-10, 230, 322, 594
ヘルモポリス　Hermopolis　151, 170
ヘレン　Hellen　93, 119-20, 397, 506
ペロー　Perrault, C.　211
ベロッホ　Beloch, J.　79, 430, 440, 447-54, 472-4, 479, 496, 507-8, 563
ヘロドトス　Hērodotos　62, 70, 90-3, 95-6, 98, 100. 114-8, 122-1, 124, 127-9, 133-4, 203, 206, 213, 251, 285, 326, 357, 368-9, 451, 456, 459, 520, 524, 327, 569, 600, 604
ペロプス　Pelops　64, 98, 118, 127, 437, 571
ベン・ジョッカンナン　Ben Jochannan,Y.　525
ベントリー　Bentley, R.　71, 230-1, 295, 332, 575, 586

ポーコック　Pocock, J. G. A.　227, 232-3
ホーソーン　Hawthorne, Nethaniel　315-6
ポープ　Pope, M.　171
ボイエ　Boie, M. C.　351, 354
ボイオティア人、ボイオティア地方　Boiotian, Boiotia　61, 92, 97, 116, 118, 133, 368-9, 387, 391, 456, 570
ホイマン　Heumann, K. A.　255-6
ボイラン神父　Boylan, P.　165, 167
ボイル　Boyle, Sir Robert　230, 586
ポエニ戦争　Punic War　407-8, 425, 563
ボシャール　Bochart, S.　201, 204, 411, 566
ポセイドン神　Poseidon　63, 97, 103, 132, 598, 601, 604
ボダン　Bodin, J.　201, 241, 585
ポッター　Potter, J.　231
ポッパー　Popper, K. R.　125
ボップ　Bopp, F.　267, 581-2
ホッブス，トマス　Hobbes, Thomas　208, 226
ホフマン　Hoffmann, J. G. E.　171
ホメロス　Homēros　49, 61, 81-2, 87-90, 99-102, 107, 109-10, 119, 133, 141, 180, 195, 211-2, 219, 225, 229-30, 244-6, 248-9, 266, 332-3, 351, 367, 386, 394, 419, 434, 442, 473-4, 479, 501-3, 508, 563, 566, 570, 574-5, 585, 588, 603
ホラポロン　Horapllōn　181, 196
ポリアコフ　Poliakov, L.　407, 409
ポリュビオス　Polybios　425, 427, 564
ホルヌンク　Hornung, E.　153, 304, 314
ポルフュリオス　Porphyrios　179
ホルム　Holm, A.　435-6, 450 ,495
ポロネウス王　Phoroneus　221, 363
ボンハード，アラン　Bomhard, A.R.　26
ポンペイ　Pompeii　138

マ　行

マーリ　Murray, Oswyn　521
マイネルス　Meiners, C.　256-8
マイヤー，エドゥアルト　Meyer, E.　92, 449-50, 464, 599-600
マイヤーズ　Myres, J.　468
マクシモス（ティルスの哲学者）　Maximos　156, 171
マクファーソン　Macpherson, James　245-6
マコーレー　Macaulay, Thomas Babington　384-5, 571
マスグレーヴ　Musgrave, S.　223, 250, 392
マスペロ　Maspero, G.　305, 307, 310, 317, 322, 329, 577
マズルイ　Mazrui, Ali　525-6
マソン　Masson, E.　499
マッカーター　McCarter, K.　516-7
マックス・ミュラー　Max-Müller, F.　279
マニュエル　Manuel, F.　198, 215-7, 233, 262
マネトン　Manethōn　128, 213, 588
マハフィー　Mahaffy, J. P.　346
マラン　Marin, L.　211

プファイファー　Pfeiffer, R.　253, 262, 364, 374, 574
フュースリ　Fuseli, H.　341
ブライアント, ジェイコブ　Bryant, J.　204, 390
ブラウン, ジョン・ペアマン　Brown, J. P.　498
ブラウン, ロバート　Brown, R.　443-4
ブラックウェル　Blackwell, T.　246, 248, 266
ブラッケン　Bracken, H.　240
フラッド　Fludd, R.　195, 591
ブラティーニ　Burattini　198-9
プラトリウス　Praetorius, G. F.　519-20
プラトン　Plato　65-6, 69, 120, 124-7, 130, 139-40, 156, 159-69, 174, 180-5, 193-8, 204, 210, 234-6, 245, 247, 250, 308, 328, 369, 416, 470, 522, 568, 585-7, 591-2, 599
フランクフォルト, アンリ　Frankfort, Henri　469
フランクリン, ジョン・ホープ　Franklin, John Hope　524
フランクリン, ベンジャミン　Franklin, Benjamin　241
ブランコ　Blanco, A.G.　160, 186
フリードリッヒ大王　Friedrich der Grosse　243, 254
フリーメイソン　Freemasonry　69-71, 74-6, 192-200, 206-10, 214, 216, 218-9, 225, 230, 242, 265, 275, 286, 288, 295-6, 305, 315-6, 320, 366, 404, 529, 570, 589
フリ語（人）　Hurrian(s)　23, 62, 461, 497
ブリデンタール　Bridenthal, R.　355
フリュギア（語）　Phrygia, Phrygian　55-6, 59, 109, 142, 368, 398
ブリュナー　Brunner, H.　314, 327
ブルー, グレゴリー　Blue, Gregory　25, 590
ブルース　Bruce, J.　287
プルードン　Proudhon, P.-J.　457
ブルーノ　Bruno, G.　68-71, 182, 188-9, 193, 195-6, 207-10, 226, 228, 230, 591
ブルームフィールド　Bloomfield, M.W.　160
ブルーメンバッハ　Blumenbach, J. F.　71, 259, 261-2, 288, 300
ブルクシュ, ハインリヒ　Brugsch, H.　304-5, 308
プルタルコス　Plutarch　86, 117, 123, 133-4, 139-41, 151, 161, 163, 165, 181, 219, 251, 288, 570, 594, 597-8
ブルッカー　Brucker, J.　204, 232-4, 236, 255-7, 586
ブレーク, ウィリアム　Blake, William　204, 405
ブレーゲン, カール　Blegen, C. W.　471-2
フレーザー, ジェームズ　Frazer, J.G.　46, 136, 371, 457, 497, 569
フレーレ, ニコラス　Fréret, N.　109, 215, 221, 227, 233, 362, 587
プレスコット　Prescott, W.H.　573
プレスター・ジョン　Prester John　286
ブレステッド, ジェイムス　Breasted, J. H.　167, 311-2
フロイト　Freud, Sigmund　462
フローベール　Flaubert, Gustave　79, 403, 408, 425-9, 563-4, 573
プロティノス　Plōtinos　157, 198
プロメテウス　Promētheus　260, 405
フロワドフォン　Froidefond, C.　123-4, 140, 597
ブンゼン, エルンスト　Bunsen, E.　417
ブンゼン, クリスティアン　Bunsen, C.　279-80, 298-302, 343, 355, 360-1, 374, 380-3, 400, 413, 416-7, 433, 448, 472, 562, 566, 568
ブンゼン, フランシス　Bunsen, F.　353, 355
フンボルト, アレクサンダー・フォン　Humboldt, A.von　298, 361
フンボルト, ヴィルヘルム・フォン　Humboldt, W.von　253, 271,274, 280, 298, 301, 330-8, 344, 350, 356, 360-1, 364, 374, 376, 378, 380-1, 384, 404, 411, 413, 448, 478, 566, 572, 574, 581

ヘーゲル　Hegel, G. W. F.　236, 244, 301, 339, 346-50, 573-4, 580
ベーコン, フランシス　Bacon, Francis　236
ベート　Beth, K.　303
ヘーラクレイダイ　Hērakleidai　64, 93, 95, 394, 488
ヘア　Hare, J.　380-3, 388
ペイゲルス, エレーヌ　Pagels, E.　158, 595
ヘイラン　Heeren, A. H. L.　263, 346, 350, 374
ヘカタイオス(アブデラの)　Hekataios (Abdera)　128, 169, 598
ヘシオドス　Hēsiods　88-90, 92, 99-102, 110, 133, 367, 603
ヘシキオス　Hesychios　89, 459
ベッツェンベルガ　Bezzenberger, A.　308
ベトナム　Vietnam　94, 235
ベネデット　Benedetto, L. F.　425, 427
ヘブライ語（人）　Hebrew　45-6, 82, 175, 183, 189, 200-1, 209, 220, 246, 272-3, 296, 300, 365, 406, 410, 414-6, 419-21, 424, 431-2, 459, 464, 469, 498, 501, 538, 540, 564-5, 583, 590-1, 596, 601
ヘメルリーク　Hemelrijk, E. A.　138
ベラール, ヴィクトル　Bérard, Victor　440, 452-4, 457-60, 476, 486, 502, 505, 507, 513,

196-7, 207-9, 216, 226, 316, 589
パラケルスス　Paracelsus　67, 186, 197
バラッド　ballads　225, 238, 244-5
ハラッパ　Harappa　58
ハラム　Hallam, A.H.　381
バラムキ　Baramki, D.　492-3
バラモン　Brahims　269-70
ハリス，ジェイムス　Harris, J.　249, 389, 602
ハリソン，ジェーン　Harrison, Jane　46, 371, 457, 497
バルテルミ　Barthélemy, J.J.　200, 203-4, 220-1, 237, 267, 273, 335, 363, 411, 566, 581, 583
パルミラ語　Palmyrene　203
パルメニデス　Parmenidēs　195
パレスチナ　Palestine　58, 89, 147, 176, 418, 474, 486, 500, 502, 539-40, 589
汎神論　pantheism　70-1, 177, 207-8, 228, 232, 587
汎ヘレニズム　Panhellenism　120
反ユダヤ主義　anti-Semitism　23-4, 78-81, 83, 260, 272, 300, 302, 362, 387, 402-8, 416-7, 420, 427, 430, 436, 440, 444-5, 448, 452, 457, 460, 462, 465-6, 482-3, 485-6, 503, 508, 513, 526, 531, 563

ピートリ，フリンダーズ　Petrie, Sir W.M.Flinders　68, 164-5, 193-4, 322-3, 460-1
ヒエログリフ（聖刻文字）　hieroglyphs　57, 69, 74, 112, 181, 187, 195-6, 199-200, 266, 275, 295-6, 298-9, 316, 341, 361, 537, 576, 580, 582, 584, 590-1
ピカール　Picard, J.　199
ヒクソス　Hyksos　62-3, 65, 87-8, 95, 107, 113-4, 126, 128-9, 132, 285, 297, 302, 361, 370, 431, 493-5, 510, 512, 587, 602, 606
ピコ・デッラ・ミランドラ　Pico della Mirandola　183
ピタゴラス、ピタゴラス学派　Pythagras, Pythagreanism　122-4, 126, 139-40, 161, 163, 172, 183, 195, 197, 233-4, 236, 323, 326, 328, 347
ヒッタイト（語）　Hittite　48, 55-7, 109, 437-8, 470-1, 496, 498, 535-8, 580, 593
ピティオティス　Phthia　90, 93
ヒトラー　Hitler, Adolf　417, 486
ビブロス　Byblos　141, 478, 561, 603
ヒュアンテス人　Hyantes　97, 132
ヒューウェル　Whewell, W.　380, 382
ヒューム，デイヴィッド　Hume, David　71, 180, 239, 241, 254, 565
ヒュパティア　Hypatia　144-5, 158
ビュフォン　Buffon, G. L. Leclerc　259
ビュルヌッフ，ウージェーヌ　Burnouf,Eugene　408
ビュルヌッフ，エミール・ルイ　Burnouf, Emile Louis　408-9
ピラミッド　Pyramid(s)　61, 74-5, 84, 168, 196, 198-9, 207, 210, 218-9, 266, 310, 315, 318-23, 325-9, 366, 575, 606
ヒラム・アビフ　Hiram Abif　200, 206, 589
ビリグマイアー　Billigmeier, J. C.　508-9, 512-3, 556
ヒル　Hill, C.　197
ヒルデリヒ　Childeric　179, 592-3
ピンダロス　Pindaros　135

フード　Hood, S.　93
ファン＝バーチェム　Van Berchem, D.　513
フィストン　Whiston, W.　209, 227, 233, 295
フィチーノ，マルシリオ　Ficino, Marsilio　68, 183-4, 186
フィヒテ　Fichte, J. G.　244, 574
フィロン（アレクサンドリアの）　Philon (Alexandria)　174-5
フィロン（ビブロスの）　Philon (Byblos)　169-71, 594
フェイディアス　Pheidias　156
フェステュギエール　Festugière, R. P.　158, 160-1, 165, 167, 595
フェニキア、フェニキア語（人）　Phœnicia, Phœnician(s)　43, 49, 64-6, 73, 76, 78-83, 86, 91, 93, 97-102, 111, 114-8, 120, 122, 129-33, 169-71, 194, 200-1, 203-4, 206, 210, 214, 220-1, 228, 236-7, 258, 273, 302, 343-4, 362-3, 369-71, 377, 385, 387-8, 391-3, 399-400, 402-81, 490-4, 496, 498-501, 503-5, 507-8, 510-521, 528, 531, 535, 537, 539-40, 556, 559-60, 564, 567, 571-2, 583, 588, 590-1, 598, 603
フェネロン　Fénelon, F.de S.de la M.　202, 212-4, 220
フォス　Voss, M.H.von　351
フォルスター　Forster, G.　263, 350, 582-3
フォレスト　Forrest, G.　100
フォンテンローズ，ジョセフ　Fontenrose, J.　497, 505-6
フォントネル　Fontenelle, B. de　215
フカール，ジョルジョ　Foucart, G.　312
フカール，ポール　Foucart, P.　312, 372, 457, 460, 567
『ブシリス』　*Bousiris*　121-4
プセロス　Psellos, M.　178-9, 181
フッカー　Hooker, J. T.　494
プティ＝ラデル　Petit-Radel, F.　363-4
プトレマイオス（天文学者）　Ptolemaios　158
プトレマイオス一世　Ptelemaios I　137

252, 302, 344-6, 365-6, 368, 374, 394, 397-8, 433, 488, 567
同性愛　homosexuality　75, 252, 313
トゥキュディデス　Thucydidēs　66, 90, 93, 118-20, 357, 394, 451, 465
東洋学（オリエンタリズム）　Orientalism　218, 268, 275-8, 297-8, 506
トゥール＝シナイ　Tur-Sinai, S.　480, 514
ドゥンカー，マクス　Dunker, M.　434-5
トト神　Thoth　67, 124, 151, 162, 165-73, 188, 593-4
ドドナ　Dodona　88, 90, 95, 116, 605
トトメス３世　Thothmes III　306
トムソン　Thomson, G.　493
トライチュケ　Treitschke, H.von　355
ドラクロア　Delacroix, E.　578
ドリオトン　Drioton, Abbé Étienne　314, 329
トルコ　Turkey　55, 205, 234, 275, 280, 289-94, 343, 361, 400, 419, 441, 445, 495, 518, 579
奴隷制　slavery　71, 74, 239-40, 242, 383, 424
ドレフュス事件　Dreyhus Affair　440, 445
トロイ　Troy　46, 87, 249, 391, 451, 534, 536, 538
トロイ戦争　Trojan War　70, 87, 119, 150, 169, 200, 213, 394, 473, 508, 519-20, 535
トンプキンス　Tompkins, P.　84, 324, 590

ナ　行

ナヴェ　Naveh, J.　25, 514-7, 519, 521, 555
ナウクラティス　Naukratis　522
ナチス　Nazis, Nazism　256, 272, 345, 359, 404, 417, 423, 465-7, 502-3, 526, 571
ナポレオン一世　Napoleon I　74, 216, 218-20, 245, 265, 270, 275, 289-90, 294, 296-7, 307, 314, 316-7, 320, 335, 338, 408

ニーチェ　Nietzshe, F.W.　253, 345, 404
ニーブール，カルステン　Niebuhr, C.　350-1, 353-4
ニーブール，バートルト　Niebuhr, B.　92, 298-9, 330-3, 346, 350-62, 364, 377, 380-1, 383, 387, 389, 393, 398, 400, 407, 413, 448-9, 468, 532, 568, 570-2, 580
ニケーア　Nysa　136
西セム（語）　West Semitic　46, 49, 64（エジプト・セム）, 82-3, 96-7, 112, 393, 437, 493, 497-9, 502, 506-7, 510, 514, 520, 522, 525, 527, 537, 541
ニネヴェ　Nineveh　425
日本　Japan　235, 282, 290, 486, 578, 586
ニュートン　Newton, Sir Isaac　67, 70-1, 186, 198-201, 208-9, 227-8, 230-4, 236, 295, 586
ニューマン枢機卿　Newman, Cardinal　382
ニルソン　Nilsson, M.　470

ネイト神　Nēit　63, 126
ネヘミア　Nehemiah　540
ネロ皇帝　Nero, Em.peror　296, 463
年輪年代学　dendrochronology　63

ノア　Noah　170, 173, 203, 259-60, 280, 300-1, 305, 405, 410
ノイゲバウアー　Neugebaur,O.　324-5
ノグエラ　Noguera, A.　525
ノックス　Knox, R.　406-7

ハ　行

バーク，エドモンド　Burke, Edmund　352, 354-5
バークリー　Berkeley, G.　295
パーシー主教　Percy, T.　245, 383
バーチ，サミュエル　Birch, S.　299, 489
ハーディ　Hardy, Thomas　417-8
ハーデン　Harden, D.B.　492
ハーマン　Hamann, J.G.　266
ハーレイ　Haley, J.　471-2
ハイネ，クリスティアン・ゴットローブ　Heyne, C. G.　261-3, 299, 322-3, 336, 345, 350-1, 374, 582-3
ハイネ，ハインリヒ　Heine, Heinrich　252, 345, 350
バイロン　Byron, Lord　291, 342
パウサニアス　Pausaniās　92, 131-2, 135, 138, 365-6, 368, 453
バウムガルテン　Baumgarten, A. J.　169, 171
『バガヴァッド・ギーター』　*Bhagabad Gita*　271
バクーニン，ミハイル　Bakunin, Mikhail　457
ハクスリ　Huxley, G.　493
バス，ジョージ　Bass,G.　495-6
バスク語　Basque　274
バッジ　Budge, W.　307-8
バトラー　Butler, E.M.　253, 352
パトリティウス　Patritius　186
バニエ　Banier, A.　204, 215
バビロン　Babylon　148-9, 425, 436, 539
バベルの塔　Babel,Tower of　200, 271, 411
ハム　Ham　206, 285, 410, 422
ハム人、ハム語　Hamites, Hamitic　273, 288, 305, 410, 422-6, 431-2
ハモンド　Hammond, N.G.　494
パラ語　Palaic　55-6
薔薇十字団（思想）　Rosicrucianism　68-9,

創造主　God　209, 211
ソクラテス　Sokrates　217, 233-4, 261, 381-2
ソシュール　Saussure F.　48, 446, 562
ゾラ，エミール　Zola, Émile　428, 563
ゾロアスター教　Zoroastrianim　160, 163, 177, 182
ソロモン王のエルサレム神殿　Solomon's Temple, Jerusalem　175, 200, 206

タ　行

ダーヴィニズム　Darwinism　532
ダーウィン　Darwin　242, 407
ターウトス　Taautos　169-71, 594
ターナー　Turner, C. F. M.　373, 569
ターナー　ジェイムス　Turner, J　26, 556
ターナー，スティーブン　Turner, S.　26, 262
ターレス　Thales　328
第三世界　Third World　46, 486-7, 526
太陽崇拝　sun-worship　209, 211, 417
太陽中心説　heliocentricity　68, 185, 199
タキトゥス　Tacitus　356
ダシエ，アンドレ　Dacier, André　246, 298
ダシエ，アンヌ　Dacier, Anne　212, 229, 245-6, 332
多神教　pagan, polytheism　142, 145, 147, 157, 159, 162, 164, 180, 186-8, 303, 340, 460, 528
竪穴墓　Shaft Graves　494
タティアヌス　Tatian　228, 587-8
ダナオス、ダナオイ人　Danaos, Danaans　63, 65, 83, 88-9, 91, 94-6, 98-100, 102-4, 106-7, 110-21, 127-8, 130-3, 201, 214, 221, 293, 362, 369-70, 386-7, 394, 431, 433, 437, 473, 493, 505-6, 509-12, 520, 522, 556-7, 569, 603, 605
ダヌー　Daneau, L.　190
ダビデ王　David　416, 538, 555
ダフ，ウィリアム　Duff, W.　250
ダマスキオス　Damaskios　170

チフレ　Chiflet, J.-J.　593
チェリコヴェール　Tcherikover, V.　540
チャイルド，ゴードン　Childe, F.Gordon　467
チャドウィック，ジョン　Chadwick, J.　489, 494, 504
中国、中国語　China, Chinese　20, 69, 73-4, 94, 146-7, 150, 192, 205, 207, 225, 235-6, 242, 247, 250, 259, 266, 274, 276, 278-83, 293, 300-1, 340, 343, 347, 428, 445, 486, 528, 578, 580, 589
チュルゴー　Turgot, A .R.　235-7, 251
チョムスキー　Chomsky, Noam　240

ツーンダス　Tsountas, C.　441-3, 445, 447

テーベ（ボイオティアの）　Thebes (Boiotia)　61-3, 65, 83-4, 91, 98, 114, 121, 131, 135, 138, 362, 369-70, 373, 392, 433, 465 ,473, 491, 493, 496, 512, 567
テーベ（エジプトの）　Thebes (Egypt)　95, 116, 202, 460, 583
デーメーテール　Demeter　64, 115, 133, 141
ティーデマン　Tiedemann, D.　256
ディールス　Diels, H.　217
ディオドロス・シケリオテス　Diodoros Sikeliotes　88, 91, 105, 130-1, 136, 206, 213, 251, 368
ディオニュシオス・スキトブラキオン　136
ディオニュシオス（ハリカルナッソスの）　Dionysios (Halikarnossos)　363
ディオニュソス神　Dionysos　64, 115-6, 133, 136-7, 140, 142, 252, 345, 417, 489, 598
ディォプ　Diop, Cheikh Anta　524-5
ディズレーリ，ベンジャミン　Disraeli, Benjamin　405-6, 418, 571
ディッキンソン　Dickinson, O. T. P. K.　494
テイラー　Taylour, W.　494
ティルス　Tyre　103, 111, 114, 116, 156, 419, 421, 424-5, 473, 537
デヴィセ　Devisse, J.　285
テウクロス　Teukros　536
デカルト　Descartes, Rene　236, 241
テニソン　Tennyson, Alfred, Lord　381
デモクリトス　Dēmokritos　208
デモステネス　Dēmosthenēs　219
デュッソー，ルネ　Dussaud, R.　520
デュピュイ　Dupuis, C. F.　70, 215-8, 265, 287, 294-7, 320, 324, 366, 570
デュボイス　Dubois, W. E. B.　524, 526
デュマ　Dumas, F.　593
テラソン　Terrasson, J.　212-4, 246, 286
テラ島　Thera　51, 125, 450, 518, 561
デルケイン　Derchain, P.　165
デルフォイ　Delphoi　140-1, 597
デルプフェルト　Dörpfeldt, W.　464
テレマコス　Telemachus　202, 220
（文化）伝播論　diffusion(ism), cultural　75, 127, 266, 317-20, 490, 576

ド・トクヴィル　Tocqueville, A.de　280, 410, 422-3, 579
ド・ブロス　Brosses, C. de　288
ド・ルージュ　Rouge, E. de　304
ド・ルービッツ　Lubicz, Schwaller de　323-4
ドーサン　Dothan, T.　539
トーランド　Toland, J.　208-10, 228, 230-1, 295, 589
ドーリス人　Dorians　64, 88-90, 93-6, 133,

339, 342, 344, 377, 456, 466
信仰、儀式　cults, religious　59, 61, 453, 461
人種主義　racism　44, 71, 73-5, 78, 224-5, 238-42, 244, 255-6, 272, 279-81, 284-6, 289, 294, 304, 306-8, 311, 318-9, 321, 327, 332, 339, 348, 351, 356, 360, 362, 377, 386-9, 400, 404, 406-11, 414-5, 422, 432, 447, 449, 460, 465-8, 485-7, 495, 503, 508, 521, 523, 526-7, 529-31, 565, 573, 579, 583, 585
神統系譜学　theogony　102, 233
ジンバブウェ　Zimbabwe　503
新プラトン主義　Neo-Platonism　66-8, 70-1, 142, 155-60, 172-5, 178-185, 209, 226, 228, 232, 236, 589, 591, 595
新ヘレニズム　Neo-Hellenism　219-21, 244, 248, 250, 253-4, 261-3, 416
進歩主義（者）　progressive(s)　258-9, 263, 279, 327, 352, 378, 404
「進歩」　'progress'　50, 72, 74, 76-7, 119, 182, 211-2, 215, 220, 224-5, 232, 234-8, 241-2, 247, 249, 251-2, 267, 273, 289, 301, 312, 321, 348, 374
神話学　mythology　46, 111, 204, 215, 373, 379, 497, 506, 510, 582

スーダン　Sudan　54, 291
スイス　Switzerland　48, 67, 248, 341, 389, 397, 453, 457, 522
スウィンバーン　Swinburne, Algernon C.　71
スカリジェ　Scaliger, J.　200
スカンデイア　Skandeia　459, 561
スコット卿, ウォルター　Scott, Sir Walter　342
スコット教授，ウォルター　Scott, Prof. Walter　164-5, 585
スコットランド　Scotland　229, 244-5, 248, 254, 287, 322, 333, 341-2, 355, 357, 573-4
スタッビングズ　Stubbings, F.　436, 493-5, 510-3, 562
スチュアート・ジョーンズ　Stuart Jones, H.　395
スティーグリッツ　Stieglitz, R.　519
ステッキーノ　Stecchini, L. C.　323-4
ステファーノス（ビザンチウムの）　Stephanos of Byzantium　540
ストア哲学　Stoicism　129, 583
ストラボン　Strabo　87-8, 92, 455, 600
ストリッカー　Stricker, B. H.　165
ストレンジ　Strange, J.　537
スノーデン　Snowden, F.　523, 525
スパルタ　Sparta　119-20, 122-9, 135, 344-6, 384, 397-8, 400, 573, 599-600, 604
スピノザ　Spinoza, B. de　70, 208, 227, 232, 587, 589
スピロプロス　Spyropoulos, T.　61, 84, 606
スフィンクス　Sphinx　53, 61, 289
スペイン　Spain　77, 174, 176-8, 229, 343, 455
スペンサー　Spencer, Herbert　407
スミス，ウィリアム　Smith, Sir William　231, 373, 392, 433, 606, 562
スミス，ジョージ　Smith, G.　489
スミス，ピアッツィ　Smyth, C. Piazzi　322, 326, 328-9
スメリク　Smelik, K. A. D.　138

聖アウグスティヌス　Augustine, St　67, 173, 179, 188, 215
聖書　Bible　63, 67, 79, 82, 89, 105, 109, 112, 144, 149, 151-2, 154, 161, 171, 173-5, 178-9, 184, 188, 190, 193-4, 200, 206, 219-20, 227-9, 241, 259-60, 271, 289, 296-7, 300, 403, 410-1, 413, 415, 417, 422-3, 427-30, 437, 499, 501-3, 505, 516, 529, 534, 536-8, 540
聖パウロ　Paul, St　160-1, 417
セヴェルス，ルキウス・セプティミウス　Severus, Lucius Septimius　138, 462, 561
ゼウス（神）　Zeus　49, 62, 88, 99, 102-3, 105-7, 113, 541, 601, 603
セズネック　Seznec, J.　172, 187
セソストリス　Sesōstris（センウセレト）　60, 62, 200, 202-3, 212, 220, 391
セト神　Seth (Sutekh, St)　63, 97, 132, 598, 604
セトス　Sethōs (Sety)　213-4, 220, 286, 587-8
ゼトス王　Zethos　61, 98, 604
ゼノン（キティオンの）　Zēnōn (Kitiōn)　129
ゼノン（ロードスの）　Zēnōn (Rodhos)　130
セム（ノアの息子）　Shem　405, 410
セム人、セム語　Semites, Semitic　42, 44, 46, 54, 57-8, 60, 62-4, 73-4, 78-89, 94-5, 100, 105-6, 111-3, 201, 203, 221, 238, 260, 267, 271-3, 275, 279-80, 288, 299-305, 318, 370, 373, 396, 400, 402-80, 489-512, 514, 519, 525, 527, 530-1, 539, 560,-1, 563-5, 569, 587, 596, 600-3
セラピス神（神殿）　Serapis　144, 179, 593
ゼルヴォス　Zervos, C.　178
センウセレト　Senwosret → セソストリス参照
先ギリシア人　Pre-Hellenes　49, 77-8, 89, 393, 441, 464, 470-2, 488, 507, 541
先ギリシア（文明・言語）　Pre-Hellenic　23, 43, 80, 89, 463, 471, 488, 491, 604
千年王国信仰　millenarianism　197, 207, 212, 590
線文字A、B　Linear A and B　47, 49, 59, 81-2, 96, 111-2, 394, 479, 488-90, 499, 502-5, 507, 517, 539, 541

考古学　archaeology　47-9, 51-3, 56, 58, 63, 83, 93, 101, 141, 166, 318, 322-4, 333, 367, 374, 390-1, 436, 441, 445, 448, 451, 453, 456, 460, 471, 475, 487, 490-6, 499, 506, 508, 511-4, 520, 538-9
功利主義　Utiliarianism　388-9
黒人　Black races　61, 71, 75, 104, 141, 240, 258-9, 264, 282-9, 294, 409-10, 423-6, 431-3, 461, 468, 483, 485, 487, 523-6, 579, 584-5, 598
古代エジプト　Egyptian, Ancient　106, 128, 144, 151, 157, 181, 183, 185, 192-3, 195-6, 199, 201-3, 210, 212-3, 230, 233, 246, 251, 264, 283-4, 286, 288-9, 295, 299, 304, 307, 310, 312, 314, 317
古代モデル　Ancient Model　42-4, 46, 49-53, 62-6, 75-7, 81, 86, 88, 93-5, 98, 104, 123, 127, 131, 133-4, 140, 163, 190, 220, 222-5, 232, 238, 242, 248, 250, 258, 261, 264, 294, 298, 312, 329-32, 339, 343, 346, 349-51, 362-4, 366-7, 372, 374, 376-7, 385-7, 392-5, 433, 437, 479, 483-5, 488, 491, 493, 495, 498, 507, 520-2, 524, 528, 530-2
——修正古代モデル　Revised Ancient Model　43-4, 49, 51, 63, 84, 93, 95, 97, 393, 526, 528
ゴビノー　Gobineau, J. A. de　260, 271, 278, 282-3, 288, 403, 408-11, 422-5, 431-3, 436, 459, 477, 487, 563, 566, 579-80
コプト語　Coptic　31, 111, 171, 196, 203-4, 220, 226, 273, 280, 296, 578, 580, 585, 595-6
コペルニクス　Copernicus　68, 184-5, 188, 211, 324, 575, 591
コリア　Korea　235
ゴリアテ　Goliath　535, 537
コリー　Colie, R. L.　227
コルサリス，アンドレア　Corsalis, A.　281
コント，オーギュストゥ　Comte, Augustev　251, 389
コンドルセ　Condorcet　235-6
ゴンム　Gomme, A.W.　98-9

サ　行

サールウォール　Thirlwall, Connop　376, 380-8, 391-2, 400, 416, 436, 495, 512, 562, 568
サイード　Said, E.　218, 275, 277, 565
サイス　Saïs　66, 126-7, 130-1, 368, 599
サシ　Sacy, I. Sylvestre de　275, 297-8
サラミス島　Salamis　122, 399, 456, 600
サン＝シモン　Saint-Simon, C. H.de　316-7, 576
サンスクリット　Sanskrit　73, 220, 264, 268-71, 273-4, 276, 337, 393, 408, 446, 544
サンダース　Sandars, N. K.　534, 536
サンティリャーナ　Santillana, G. de　216-7, 257, 323-4

ジェイコブ，マーガレット　Jacob, M.　200, 207
シェイファー　Shaffer, E.　26, 378
ジェイムス，ジョージ　James, George G. M.　84, 484, 523-4
ジェファーソン，トマス　Jefferson, Thomas　295
ジェフリ，リリアン　Jeffery, L. H.　476, 516
シェリー　Shelley, Percy B.　71, 341-2, 344, 348, 364, 384
シオニズム　Zionism　82, 362, 500
シカネーダー　Schikaneder, E.　214, 220, 288
疾風怒濤派　'storm and stress' school　245
ジディジャン　Jidejian, N.　493
シドン　Sidon　121, 170, 222, 424-5, 451, 454
ジプシー（語）　Gypsies　238, 285, 414, 565, 579
ジャウエット　Jowett, Benjamin　379
『シャクンタラ』　*Shakuntala*　270
シャフツベリー　Shaftesbury　248, 584
ジャブロン　Jabulon　209
シャンポリヨン　Champollion, J.-F.　74, 265, 276, 287, 294-300, 303-4, 307, 320-1, 329, 361, 365, 374, 576, 578, 580
重農主義者　Physiocrats　205-6, 235-6, 280
シュメール人（語）　Sumerian　54, 57-8, 403, 436-7
シュライエルマッハー　Schleiermacher, F. E. D.　381, 416, 565, 568
シュライヒャー　Schleicher, A.　280
シュリーマン　Schliemann, H.　46-7, 80, 374, 403, 434, 441-2, 453, 457-8, 464, 488, 494
シュレーゲル，ヴィルヘルム　Schlegel, August Wilhelm von　244, 268, 271, 582, 603
シュレーゲル，フリードリヒ・フォン　Schlegel, Friedrich von　244, 268, 271-3, 288, 300, 339, 344-5, 366, 405, 411, 432, 563, 570, 579, 581-2
シュレーツァー　Schlözer, A. L.　260, 267, 583
シュワブ，レイモン　Schwab, R.　268, 275-8, 314, 408, 581
ショーレム　Scholem, G.　175-6
ジョーンズ　Jones, Sir William　269-70, 581-3
ジョイス　Joyce, James　106, 459
ジョマール　Jomard, E.-F.　219, 294, 296-7, 320-4, 326, 328-9, 578
ジョンソン　Johnson, Samuel　286-7
シラー　Schiller, F.von　334-5, 384
シワ・オアシス　Siwa oasis　95, 135
親ギリシア主義　Philhellenism　76, 219, 331,

キティラ島　Kythera　456, 459
キネー　Quinet, E.　268, 275, 277
キプロス（語、人）　Cyprus (Cypriot)　57-9, 80, 122, 142, 146, 399, 443, 456, 474-5, 489, 513-4, 521, 535-8, 600
ギ・ブンネンズ　Bunnens, G.　452, 513
ギボン，エドワード　Gibbon, Edward　203, 220, 222, 356-7
キュヴィエ　Cuvier, G.　282-3, 288
キュドーニア人　Kydonians　88
キュモン，フランツ　Cumont, F.　162-4, 595
ギリシア至上主義　Hellenomania　222, 30-401
ギリシア独立戦争　Greek War of Iindependence　275, 291, 331, 340-43, 372, 384, 530, 573
ギリシア悲劇　Greek tragedy　102, 104, 114, 118
キルヒャー　Kircher, A.　195-6, 198, 203, 226

クーザン，ヴィクトル　Cousin, Victor　378, 380, 416, 568
グーチ　Gooch, G. P.　356, 364-5
グールド　Gould, S.　261
クーン　Kuhn, T.　42
楔形文字　cuneiform　57-9, 275, 374, 403, 436, 499, 580
クサントス　Xanthos　535
クストース　Xouthos　96-7, 604
クセノフォン　Xenophōn　123, 137, 219, 587
クック，J．　Cook, James　263
クック，S．A．　Cook, S. A.　469-70
グデナフ　Goodenough, W. H.　56
グノーシス主義（派）　Gnosticism, Gnostics　67, 144, 155-60, 162, 170, 172, 175, 226, 595
クノッソス（宮殿）　Knossos　80, 391, 462, 464, 538
グラッドストーン　Gladstone, William E.　419-21, 433-4, 457-8, 463, 564
クラナオイ人　Kranaoi　91
クラプロート　Klaproth, H. J.　267
クラントル　Krantor　125
グリーブズ　Greaves, J.　198-9
クリカン，ウィリアム　Culican, W.　493
グリム兄弟　Grimm brothers　374, 570
クルガン文化　Kurgan culture　55-6
クルティウス，エルンスト　Curtius, Ernst　92, 394-400, 433, 435, 463, 472, 532, 562, 564, 567
クルティウス，ゲオルグ　Curtius, Georg　395-6
グルマッハ，エルンスト　Grumach, E.　93
グレイヴズ，ロバート　Graves, Robert　472
クレオパトラ　Kleopatra　137, 147, 542
クレタ（島）　Crete　48, 56, 58, 60-3, 80, 82, 88-90, 95, 98, 142, 222, 291-3, 302, 400, 432, 440-1, 443, 449, 456, 462-3, 470, 475, 479, 493-4, 501-4, 511-2, 518-9, 522, 534-5, 538-9, 540-1, 555, 557, 584, 598, 601, 605
クレタ島先住民→エテオクレタ人
クレッチマー　Kretschmer, P.　471-2
クレメンス（アレクサンドリアの）　Clēmēns　165, 228, 255
クローヴィス　Clovis　179
グローテフェント　Grotefend, G. F.　275
グロート　Grote, Georg　93, 376-7, 384-5, 388-91, 400, 433, 567
クローマー　Cromer, Lord　308
クロイツァー　Creuzer, J.　366, 570
クロス　Cross, F.　516-8, 521
クロノス　Kronos　170
クロポトキン　Kropotkin, Prince Peter　457
クロル　Kroll, J.　162, 596

ゲーテ　Goethe, J. W.von　245, 253-5, 270, 588
啓蒙主義　Enlightenment　69-71, 192, 200, 205-9, 225, 228, 230, 232, 242, 244, 246-8, 266, 269, 274, 289, 298, 302, 306, 336, 338, 352, 354-7, 367, 404, 577
ゲオルギエフ　Georgiev, V. I.　56-7, 490
ケクロプス　Kekrops　62, 91, 94, 98, 120, 126, 131, 142, 221, 362, 368-9, 387, 569-70, 604
ケストラー　Koestler, Arther　532
ゲゼニウス　Gesenius, W.　422, 564
ゲッティンゲン（大学）　Göttingen (University)　72, 76, 254-7, 259-61, 267, 275, 299, 304, 332-4, 350-2, 356, 358, 364-5, 373, 396, 463, 570, 574, 582-3
ケプラー　Kepler, Johannes　236, 591
ケルコプス（ミレトスの）Kerkops (Miletos)　88
原ギリシア（語）　Proto-Greek　93-4
言語学　linguistics　196, 201, 237, 244, 264-329, 374, 390-1, 395, 407, 411, 414, 422, 471, 487, 511-2, 531
原子論　atomism　208, 226
原住地文化起源モデル　Autochtonous Origin, Model　50, 490-1

コーカソイド（白色人種）　Caucacian　72, 259-60, 264, 267, 270, 405-6
ゴードン，サイラス　Gordon, Cyrus　22-3, 82-4, 467-8, 500-5, 509-10, 512, 519, 558, 567
コール　Cole, J. H.　323
ゴールドスミス　Goldsmith, Oliver　235
コールリッジ　Coleridge, S. T.　24, 295, 381, 383, 579

ヴォルテール　Voltaire　212, 246, 357
ヴォルネー　Volney, C. F. de　287
ヴォルフ　Wolf. F. A.　332-4, 336, 361-2, 364, 389, 451, 575
ウォレン　Warren, P.　58
ウガリト（語）　Ugarit (Ugaritic)　82, 169, 497, 499, 501-3, 505, 510, 519, 536, 594
ウズナー　Usener, H.　370, 569
ウッド　Wood, R.　249, 333, 574
海の民　Sea Peoples　536-8, 541
ウルマン　Ullman, B. J.　478-80, 515

英国国教会　Anglican Church　378-9, 382
エヴァンズ，アーサー　Evans, Sir Arthur　80-1, 400, 440, 462-4, 470, 479, 488, 492, 501, 520, 561, 564
エウセビオス　Eusebius　109, 594, 602
エウドクソス（クニードスの）　Eudoxos (Knidos)　121, 127, 140, 195, 209
エウヘメロス説　Euhemerism (Euhēmeros)　168-70, 172-3, 215, 594
エウリピデス　Euripidēs　91, 94, 100, 114, 136, 195, 601, 603
エウロペ　Eurōpē　98-9, 103, 115
エジプト神官階級　Egyptian priesthood　70
エチオピア（語）　Ethiopia, Ethiopic　54, 62, 141-2, 146, 286-9, 350, 411, 418, 422, 519
エッセネ派　Essenes　174
エテオクレタ人（クレタ島先住民）　Eteocretan(s)　88, 503, 519, 539, 558, 605
エトルリア語（人）　Etruscan(s)　55, 90, 201, 358, 365, 456
エドワーズ　Edwards, I. G. S.　325
エドワーズ，ルース　Edwards, Ruth　506, 509-10, 512-3, 557, 567
エピクロス（派）　Epicureanism　208, 255, 583, 586
エフォロス　Ephoros　130, 605
エブラ（語）　Ebla, Eblaite　58-9, 503, 596, 602
エラスムス　Erasmus　190, 194, 229
エラトステネス　Eratosthenēs　198
エリオット　Eliot, T. S.　419-20
エリオット，ジョージ　Eliot, George　186, 298, 405, 578
エリオット・スミス　Elliot Smith, G.　75, 266, 317-20
エルギンの大理石彫刻　Elgin Marbles　341
エルマン，アドルフ　Erman, A.　309-11, 317, 329
エレウシス（の秘儀）　Eleusis　64, 110, 141-2, 312
エレクテウス　Erechtheus　91, 94, 604

オールドファザー　Oldfather, C. H.　131
オーレン　Oren, D. A.　465
黄道十二宮　Zodiac　61, 217, 296, 320
オシアン　Ossian　219, 244-5, 249, 355
オシリス神　Osiris　106, 134, 136-7, 139-40, 142, 151-2, 155, 157, 207, 209-10, 213, 597-8
オスマン帝国　Ottoman Empire　289, 291-2
オデュッセウス　Odysseus　458-9
オリンピア競技会　Olympiad　100, 120, 391
オルブライト　Albright, W. F.　169-70, 493, 515-6, 559
オルペウス　Orpheus　106, 183, 195
オルペウス教　Orphism　139-40

カ　行

ガーヴィー　Garvie, A.　104, 107
ガーディナー，アラン　Gardiner, A.　112, 296, 310, 312-3, 577
ガーディナー, マーガレット　Gardiner, M.　27
カーペンター，リース　Carpenter, Rhys　430, 472, 475-80, 491, 508, 514-6
カーライル，トーマス　Carlyle, Thomas　383
カエサル　Caesar, Julius　137, 147, 150, 306, 587, 597
カゾボン　Casaubon, I.　68-71, 161, 165, 192-5, 197-8, 201, 229-30, 298, 569, 578, 595
カドモス　Kadmos　61, 63, 83, 91, 98-101, 114-6, 118-9, 121, 127-33, 201, 203, 214, 221, 362, 369-70, 373, 387, 392, 430, 433, 437, 473, 491, 493, 496, 505-6, 508-12, 520, 557, 598,
カドワース　Cudworth, R.　193, 197, 226-7, 590
カナン語（人）　Canaanite(s)　22, 31, 89, 99, 173, 201, 209, 422, 424, 427, 429, 432, 465, 473-4, 477, 480, 483, 496, 498-500, 503-4, 513, 515, 519-20, 531, 536-7, 590, 594-5, 601, 604
カプラン，ハリー　Caplan, H.　466
カラザース　Carruthers, J.　524-6
カリア（語）　Caria(n)　55, 400, 456, 470, 566
カリノス　Kallinos　535
ガリレオ　Galileo　196, 236, 257, 323
カルタゴ　Carthage　79, 350, 403, 418, 421-2, 424-30, 447, 455, 563
ガレノス　Galen　212
カント　Kant, Immanuel　244, 333, 364, 412, 570
カンパネラ　Campanella, T.　184, 209-10

キートリー　Keightley, T.　373
キケロ　Cicero　138

アリウス主義　Arianism　209, 231
アリストテレス　Aristotelēs　73, 127-8, 160, 185, 193, 212, 236, 239-41, 250, 307-8, 326, 347, 384, 412, 416, 584, 599
アル・ミナ　Al Mina　102, 475
アルカディア（地方）　Arkadia　90, 92, 94, 363, 453-4
アルゴス　Argos　63, 65, 87-8, 90-2, 98-9, 103-5, 107, 109, 111-4, 118, 121, 128, 131, 363, 369, 602, 605-6
アルゴス人　Argives　88, 91, 109, 133, 394
アルジェリア　Algeria　275, 428
アルテミス神　Artemis　64
アルファベット　alphabet　59, 63, 79-81, 89, 100, 171, 175, 181, 196, 200, 230, 332, 411, 441, 456, 472-80, 491, 499, 503, 510, 514-20, 545, 548
アルベルティ　Alberti, L. B.　181
アルメニア語（人）　Armenian(s)　55-6, 59, 565
アレイオス王（スパルタ）　Areios (Sparta)　128
アレクサンドリア　Alexandria　136, 144-6, 153, 165, 174, 213, 328
アレクサンドロス大王　Alexandros　128-9, 135-7, 146, 163, 219, 306, 474, 483, 540, 598
アントニウス，マルクス　Antonius, Marcus　137, 147
アンファンタン　Enfantin, Prosper　316

イーオー　Io　102-5, 107-11, 601
イアソン　Iasōn　505
イェーツ　Yates, F.　68, 182, 184-5, 188-9, 193-4, 197, 207, 226, 591
イエス・キリスト　Jesus Christ　152-3, 155, 195, 209, 417
イエンセン，ハンス　Jensen, H.　478
イオニア（人）　Ionia, Ionians　90, 93-4 96-8, 111, 132, 233-4, 302, 344, 365, 398-400, 563, 566, 587, 604
イオン　Iōn　96-7
イシス神　Isis　111, 138, 140-2, 166, 597, 601
イシドルス（セビーリャの）　Isidōrus (Sevilla)　206
イスラエル（人）　Israel, Israelites　63, 82, 105, 128, 157, 170, 173, 200, 209, 227, 236, 427, 462, 486, 500, 514, 518, 521, 540, 558, 591, 596
イスラム　Islām　68, 172-4, 176, 185, 218, 225, 275, 324, 342, 347, 361, 426, 486, 580, 589
イスラム教徒　Muslim　230, 292, 426, 483, 487, 530
イソクラテス　Isokratēs　120-4, 126-7, 377, 568, 583, 599
一神教　monotheism　145, 148, 159, 170, 173, 221, 225, 233, 303-4, 308, 314, 413, 460, 462
イナコス王　Inachos, King　98, 102, 109-10, 221, 363, 571, 601-2
イムヘテプ　Imhotep　327
インド　India　55, 57, 59, 73, 77, 136-7, 146, 154, 161, 164, 181, 220, 264-5, 268-79, 285, 288, 298, 301-2, 311, 314, 347, 352, 357-8, 366, 370, 374, 377, 393, 397, 408, 426, 432, 445-6, 486, 497-8, 506, 574, 580, 582
インド・ゲルマン（語）　Indo-German　267, 270, 280, 299-300, 308, 340, 398, 407, 416, 582
インドシナ半島　Indo-China　428
インド・ヒッタイト（語）　Indo-Hittite　44, 56-7
インド・ヨーロッパ（語）　Indo-European　43-4, 46, 48, 62, 64, 73, 76-7, 94, 96, 110, 165, 242, 260, 264-7, 270-1, 273-4, 278, 280, 300, 304-6, 308, 370, 373-4, 377, 392-3, 395-7, 410-6, 418, 437, 441, 446, 450, 455, 459, 463, 467, 471-2, 490-1, 498, 507, 528, 530, 558, 561, 565, 580, 582, 584, 593, 596, 605

ウーリー　Woolley, Sir Leonard　475, 492
ヴァミュール　Vermeule, E.　26, 493, 556
ヴィーコ　Vico, G. B.　202, 246, 257, 259, 332, 583, 590
ヴィーラント　Wieland, C.-M.　254, 345
ヴィアン　Vian, F.　491
ヴィッテ　Witte, B. C.　355
ヴィラモーヴィッツ＝メーレンドルフ　Wilamowitz-Moellendorf, U. von　93, 122, 250, 373, 396, 404, 449, 574
ウィリアムズ，ジョージ・ワシントン　Williams, G. W.　524
ウィリアムズ，チャンセラー　Williams, C.　525
ヴィルケン　Wilcken, U.　359, 449, 571
ヴィレッツ　Willetts　493
ヴィロロー　Virolleaud, C.　505
ヴィンケルマン　Winckelmann, J. J.　221, 250-5, 261-2, 287-8, 312, 332-3, 341-2, 344-5, 414-5, 417, 577, 584, 597
ウインド　Wind, E.　181
『ヴェーダ』　*Vedas*　220, 270
ウエスト　West, M. L.　497
ウェストフォール　Westfall, R..S.　227
ウェルズ　Wells, W. C.　289
ヴェントリス　Ventris, M.　47-9, 82, 488-9, 502, 504
ウォーバートン　Warburton, W.　232-3, 236
ウォルコット　Walcot, P.　437, 497, 505-6, 603

索　引

ア　行

アーノルド，トーマス　Arnold, Thomas　358, 376, 379-80, 382-3, 414-6, 568
アーノルド，マシュー　Arnold, Matthew　380, 414-6, 418-9, 422, 565
アーリア語（人）　Aryan(s)　59, 74, 46-8, 93, 162, 260, 264, 270-2, 288, 300, 302, 319, 345, 358, 377, 392-7, 407-9, 414, 472, 486, 488, 492, 502, 580
アーリア・モデル　Aryan Model　42-4, 46, 49-52, 65, 75-7, 84, 92, 94, 97, 116, 122, 130, 137, 139, 143, 145, 161, 163-6, 188, 216, 248, 268, 298, 328-9, 373, 376, 391, 393-5, 402, 431, 440-1, 444, 479, 484, 491-2, 496, 498-9, 514, 522-3, 526-8, 530-2, 584, 593, 598-9.
——穏健アーリア・モデル　'Broad'　81, 83-4, 371, 393, 451,474, 479, 482, 484, 506, 569
——急進アーリア・モデル　'Extreme'　80-4, 160, 432, 450, 452, 456, 459, 464, 472, 474-5, 480, 484, 487-90, 493, 495, 497-9, 501, 504, 508, 512, 517, 520-6, 531, 575, 597
アール，フレドリック　Ahl, F.　24, 106, 111
アイオリス人　Aiolians　94
アイギュプトス　Aigyptos　63, 99, 103-4, 110-4, 126, 367
アイスキュロス　Aischylos　65-6, 90-2, 94, 99-100, 102-5, 113-4, 602, 605
アイスフェルト　Eissfeldt, O.　169-70
アヴァリス　Avaris　87, 606
アオネ人　Aones　97, 132
アカイア（人）　Achaia (Akaioi)　64, 87-9, 96, 136, 394
アガメムノン　Agamemnon　394, 434
アキナス，トマス　Aquinas, Thomas　184
アケナトン　Akhenaton (Amenophis IV)　460-2
アシュモール　Ashmole, E　207
アストゥア，マイケル　Astour, Michael　22-3, 82-4, 105-7, 112, 431, 496, 500, 505-13, 536, 567
アダムズ　Adams, J.　295
アッカド語　Akkadian　97, 434, 436, 499, 502-3, 507
アッシリア（人）　Assyria, Assyrians　54, 96, 118, 133, 222, 278, 403, 430, 432, 436, 464, 477, 516, 520, 539, 588
アテナ神　Athēna, Athēnē　63-4, 111, 114, 126, 173, 601, 605
アテネ、アテネ人　Athēnai, Athēnaioi　62, 65-6, 88, 90-4, 96, 104, 119-28, 130-1, 135, 138, 142, 183, 186-7, 214, 231, 248, 254, 332, 362, 364-5, 368, 377, 384, 398, 408, 442, 452, 514, 569, 574, 599-600, 605
アテン（神）　Aten, Aton　460-2
アドニス　Adōnis　99
アトランティス　Atlantis　125-6
アナト神　ˁAnåt　63
アナトリア、アナトリア語（人）　Anatolia, Anatolian　55-9, 64, 88, 90, 92, 95-6, 112, 118, 393, 397-8, 437, 450-1, 463, 470-1, 477, 488, 490, 493, 504, 520, 534-8, 540, 555-6, 571, 593, 605
アナン，ノエル　Annan, N.　382
アヌビス神　Anubis　138, 168, 172, 593
アヒラム（ビブロス王）　Ahiram (Byblos)　478, 515, 559
アブラハム　Abraham　105, 128, 172, 195, 296, 361, 423
アフロ・アジア（語）　Afroasiatic　53-4, 56, 201, 204, 273, 338, 498, 558, 581
アフロディテ神　Aphrodite　64, 459
アポロン神　Apollōn　108, 138, 150. 211, 138, 345, 364, 368
アマルナ　(El) Amarna　460
アムピオン王　Amphion　61, 98
アメネメス　Ammenemes　62, 391
アモン（神）　Am(m)on　60, 62, 94, 106, 135-7, 204, 541, 451, 460-1, 598, 603
アモン＝ラー（神）　Amon-Ra　106, 136
アラビア（人）、アラブ人　Arabia(n), Arabs　54, 181, 272, 275, 287-8, 290, 296, 351, 343, 405, 418, 431-2, 455, 469, 486-7, 519, 580, 599
アラビア語　Arabic　181, 272, 275, 296, 351, 411, 422-3, 519, 583, 600
アラム人、アラム語　Aramaic　228, 299, 300, 411, 422-3, 474, 519, 540, 583, 591, 601

本訳書に参加した人々（50音順）

片岡幸彦（かたおか　さちひこ）　監訳者紹介参照。

北島義信（きたじま　ぎしん）　四日市大学環境情報学部教授。真宗高田派正泉寺住職。GN21理事長。アフリカ英語文学。宗教社会学。主著として、『親鸞復興』（同時代社、2004）、『地球村の思想』（共著、新評論、2001）、『下からのグローバリゼーション』（共著、新評論、2006）他。翻訳書として、グギ・ワ・ジオンゴ『川をはさみて』（門土社、2002）他。

幸泉哲紀（こいずみ　てつのり）　オハイオ州立大学経済学部・龍谷大学国際文化学部教授を経て、GN21副理事長。比較文明、比較思想。主著として、“Interdependance and Change in the Global System”（University Press of America,1993）、『地球村の思想』（共著、新評論、2001）、『国際文化学序説』（共著、多賀出版、2004）他。

小林和弘（こばやし　かずひろ）　GN21理事。フリーライター。翻訳書として、F. ダルマイヤー『オリエンタリズムを超えて』（共訳、新評論、2000）。

佐伯　学（さえき　まなぶ）　GN21理事。外国語教育、異文化コミュニケーション論。翻訳・通訳業。

松本祥志（まつもと　しょうじ）　札幌学院大学法学部教授。GN21副理事長。国際法、異文化交流。主著として、『平和・人権・NGO』（共著、新評論、2004）、『下からのグローバリゼーション』（共著、新評論、2006）、翻訳書としてF. ダルマイヤー『オリエンタリズムを超えて』（共訳、新評論、2001）他。

山本　伸（やまもと　しん）　四日市大学環境情報学部教授。GN21常任理事。カリブ文学。主著として、『カリブ文学研究入門』（世界思想社、2004）、『下からのグローバリゼーション』（共著、新評論、2006）他。翻訳書として、『クリック？クラック！』(五月書房、2001)、『中心の発見』(共訳、草思社、2003）他。

監訳者紹介

片岡幸彦（かたおか　さちひこ）

立命館大学法学部・国際関係学部教授、羽衣国際大学教授、国立ハノイ人文社会科学大学客員教授等を経て、グローバルネットワーク 21（ＧＮ21）代表。国際関係論、地域研究論。主著として、『アフリカ　顔と心』（青山社、1986）、『地球化時代の国際文化論』（お茶の水書房、1994）他。編著として、『人類・開発・ＮＧＯ』（新評論、1997）、『地球村の思想』（新評論、2001）、『下からのグローバリゼーション』（新評論、2006）他。翻訳書として、Ｏ．センベーヌ『帝国の最後の男』（共訳、新評論、1988）、Ｔ．ヴェルフェルスト『文化・開発・ＮＧＯ』（監訳、新評論、1994）他。

●グローバルネットワーク21〈人類再生シリーズ〉⑤
ブラック・アテナ　古代ギリシア文明のアフロ・アジア的ルーツ
――Ⅰ. 古代ギリシアの捏造 1785―1985

（検印廃止）

2007年 5 月15日　初版第 1 刷発行
2008年 2 月15日　初版第 2 刷発行
2021年11月15日　初版第 3 刷発行

監訳者　片　岡　幸　彦

発行者　武　市　一　幸

発行所　株式会社　新　評　論

〒169-0051　東京都新宿区西早稲田 3-16-28
http://www.shinhyoron.co.jp

TEL　03(3202)7391
FAX　03(3202)5832
振替　00160-1-113487

定価はカバーに表示してあります
落丁・乱丁本はお取り替えします

装幀　山田英春
印刷　フォレスト
製本　松岳社

Printed in Japan
ISBN978-4-7948-0737-3-C0022